CompTIA A+

Markus Kammermann, Ramon Kratzer

CompTIA AUTHORIZED PARTNER PROGRAM

CompTIA A+

Systemtechnik und Support von A bis Z

Vorbereitung auf die Prüfungen 220-901 und 220-902

certins® certified technical trainings and courseware

mitp

Bibliografische Information der Deutschen Nationalbibliothek
Die Deutsche Nationalbibliothek verzeichnet diese Publikation in der Deutschen Nationalbibliografie; detaillierte bibliografische Daten sind im Internet über <http://dnb.d-nb.de> abrufbar.

Bei der Herstellung des Werkes haben wir uns zukunftsbewusst für umweltverträgliche und wiederverwertbare Materialien entschieden.
Der Inhalt ist auf elementar chlorfreiem Papier gedruckt.

ISBN 978-3-95845-465-1
4. Auflage 2016

www.mitp.de
E-Mail: mitp-verlag@sigloch.de
Telefon: +49 7953 / 7189 – 079
Telefax: +49 7953 / 7189 – 082

Dieses Lehrmittel wurde für das CompTIA Authorized Curriculum durch ProCert Labs geprüft und ist CAQC-zertifiziert. Weitere Informationen zu dieser Qualifizierung erhalten Sie unter www.comptia.org/certification/caqc/ sowie unter der Adresse www.procertlabs.com

Das Bildmaterial in diesem Buch, soweit es nicht von uns selber erstellt worden ist, verwenden wir unter Einhaltung der Copyrights und mit freundlicher Unterstützung folgender Unternehmen:

AMD Corporation
Brother Schweiz AG, CH-Baden
Canon Schweiz AG, CH-Dietlikon
Daetwyler Cables, Daetwyler Schweiz AG, CH-Altdorf
Fujitsu Technologies Schweiz AG, CH-Regensdorf
F-Secure Corporation
Giger Papier Schweiz AG, CH-Mägendorf
Hewlett-Packard Schweiz AG, CH-Zürich
Intel Corporation
Kingston Technology Schweiz, CH-Dänikon
NETGEAR Switzerland GmbH, CH-Zürich
Ricoh Deutschland GmbH, D-Hannover
Samsung Electronics Austria GmbH, CH-Zürich
Verbatim GmbH, D-Eschborn
Zyxel Corporation

Lektorat: Katja Völpel
Korrektur: Jürgen Dubau
Satz: III-satz, Husby, www.drei-satz.de
Druck: Medienhaus Plump GmbH, Rheinbreitbach

Inhaltsverzeichnis

Einleitung CompTIA A-Plus

Lernziele

Jeder der folgenden fünf Buchteile wird durch die dazugehörigen Lernziele eingeleitet. So wissen Sie, welche Fortschritte Sie in diesem Teil erreichen können, um die einzelnen Themengebiete (Objectives) erfolgreich beantworten zu können.

Auch die Einleitung verfolgt konkrete Lernziele, damit Sie sich für die vier Fachteile und den Prüfungsteil gut vorbereiten können. Die Lernziele für die Einleitung erreichen Sie, wenn Sie die nächsten beiden Kapitel durcharbeiten. Nach Durcharbeit und Erfolgskontrolle mit den Fragen am Ende der Kapitel erreichen Sie folgende Lernziele:

- Sie wissen, wer CompTIA ist.
- Sie kennen die Einordnung von CompTIA A-Plus als Zertifizierung.
- Sie kennen die Themengebiete von CompTIA A-Plus 220-901 und 220-902.
- Sie schätzen sich mit Ihren bisherigen Kenntnissen richtig ein und wissen, ob Sie für das Erlernen von CompTIA A-Plus 220-901 und 220-902 die notwendigen Voraussetzungen mitbringen.

Kapitel 1

Sprechen Sie Computer?

Seit mehr als dreißig Jahren lese ich fast täglich eine Werbung über Computersysteme wie die folgenden beiden:

Abb. 1.1: Ein leistungsfähiger Bürocomputer aus dem Jahre 1985

Abb. 1.2: So sieht Business Computing im Jahre 2016 aus (© Fujitsu R 726)

Zwischen diesen beiden Werbungen liegen jetzt gute dreißig Jahre. Dreißig Jahre, während denen ich über fünfzehn verschiedene Computersysteme unter oder auf meinem Schreibtisch stehen hatte und habe, vom Tower bis zum Tablet.

Vom Prozessor bis zum Betriebssystem haben sich viele Aspekte verändert – und sie werden sich weiter ändern. Und zu jeder neuen Entwicklung gibt es neue Begriffe, neue Technologien und neue Abkürzungen, wie sie in der Werbung gerne eingesetzt werden – aber sprechen Sie Computer? Als Fremd- oder als Muttersprache?

Der Weg von der Abkürzung (ein Wort nennen) bis zum Verständnis (Erklären oder selber bauen können) der dahinterliegenden Zusammenhänge ist lang – dieses Buch möchte Sie auf diesem Weg begleiten, mit Erklärungen, mit Zusammenhängen und mit Bezug zur Praxis. Wir klären die Grundlagen, wir betrachten die Entwicklungen – und am Schluss finden Sie die Thematik hoffentlich ebenso spannend wie ich sie seit fast dreißig Jahren finde und mich immer aufs Neue damit auseinandersetze.

Aber dieses Buch erklärt nicht nur, es führt Sie auch zu einer Zertifizierung hin, die Ihnen am Ende bescheinigt, dass Sie verstanden haben, was Sie hier lernen. Diese Zertifizierung stammt von CompTIA, dem internationalen Branchenverband der Informatik. Auf der Website von CompTIA heißt es dazu sinngemäß: »Die CompTIA A+-Zertifizierung bestätigt der zertifizierten Person aktuelle Kenntnisse und Fähigkeiten für den PC-Support. Mit der Zertifizierung CompTIA A+ können Absolventen nachweisen, dass sie Aufgaben wie Installation, Konfiguration oder die Fehlerdiagnose von PC-Systemen sowie die Grundlagen der Netzwerkadministration zuverlässig beherrschen. Das Examen beinhaltet darüber hinaus auch Komponenten wie Sicherheit, Kommunikation und den professionellen Umgang mit Kunden.«

Das Ziel dieses Buchs über die Zertifizierung CompTIA A+ besteht somit darin, Sie mit den Komponenten und Funktionen von PC- und Notebook-Systemen wie auch mobilen Geräten, Peripheriegeräten sowie aktuellen Betriebssystemen und Anwendungen vertraut zu machen. Darüber hinaus werden weitere wichtige Themen bis hin zu den Grundlagen der Netzwerkadministration sowie Fragen der Sicherheit und Umweltverträglichkeit in der Informatik angesprochen.

1.1 Wer ist CompTIA?

CompTIA ist ein weltweiter Verband der Informationstechnologieindustrie. Der Verband wurde 1982 in den USA gegründet und zählt heute mehr als 20.000 Unternehmen und professionelle Branchenangehörige als Mitglieder. CompTIA hat Mitglieder in mehr als 100 Ländern und liefert Technologiestandards in den Bereichen internetfähige Dienstleistungen, E-Commerce, herstellerunabhängige

Zertifizierung, Kundenzufriedenheit, Public Policy sowie Ausbildung. Die Arbeit von CompTIA beruht auf einem kooperierenden Mitgliedsmodell, d.h. Hersteller, Dienstleister und Beschäftigte der IT-Industrie arbeiten bei der Formulierung und Umsetzung konkreter Ziele zusammen.

Insbesondere im Bereich der IT-Zertifizierung hat sich CompTIA weltweit einen anerkannten Ruf erworben und ist heute der größte herstellerunabhängige Anbieter von Zertifizierungen im Bereich der Informationstechnologie. Basis für die anerkannte Güte der CompTIA-Zertifikate ist nicht zuletzt deren gemeinschaftliche Entwicklung durch IT-Fachkräfte und Mitgliedsunternehmen. Da ein großes Problem der IT-Branche der Wildwuchs zahlreicher Fort- und Weiterbildungsmaßnahmen ist, bietet CompTIA insbesondere im Rahmen der technischen Grundausbildung hochwertige Zertifikate an, die Privatpersonen wie Unternehmen die Orientierung auf dem unübersichtlichen Fortbildungsmarkt erleichtern sollen.

Das erklärte Ziel von CompTIA ist die Etablierung von technischen und fachlichen, aber auch ethischen und professionellen Qualitätsstandards in der IT-Industrie. Indem Unternehmen wie Compaq, Hewlett-Packard, IBM, Intel, Microsoft und Ricoh die Entwicklung der Zertifikate von CompTIA finanziell und mit ihrem Know-how unterstützen, gewinnen diese gleichzeitig Anhaltspunkte über die Fachkompetenz und ein sicheres Anforderungsprofil für die Auswahl von Mitarbeitern.

Weltweit haben mehr als zwei Millionen Menschen CompTIA-Zertifikate in PC-Anwendung, Netzwerktechnologie, Servertechnologie, Document Imaging, Internet- und E-Business-Technologie erworben, davon über eine Million das A+-Zertifikat.

1.2 Die CompTIA A+ Zertifizierung

Das CompTIA A+-Zertifikat beruht auf einem Prüfungsverfahren, das fortgeschrittenen Anfängern mit Ausbildung und eigener Felderfahrung einen Nachweis ihrer Kompetenz im Bereich PC-Support liefert.

Die Zertifizierung richtet sich an Personen, die in einem technischen Unternehmensumfeld mit intensivem Kundenkontakt arbeiten oder zukünftig arbeiten wollen. Entsprechende Berufsbezeichnungen sind unter anderem: Betriebstechniker, IT-Administrator, Kundendiensttechniker oder PC-Techniker.

Das CompTIA A+-Programm stützt sich auf Anforderungen von Herstellern, Distributoren und Partnern in der Industrie sowie relevante Publikationen. Das A+-Zertifikat bestätigt der geprüften Person, dass sie über das notwendige Wissen und die Fertigkeiten verfügt, um sich als Einsteiger mit sechs Monaten Berufserfahrung im PC-Support zu qualifizieren. Die Zertifizierung deckt dabei ein weites Feld von Hardware- und Software-Technologien ab, die ganz bewusst an keinen bestimmten Hersteller gebunden sind.

CompTIA A+ ist zudem ISO-17024-akkreditiert und unterliegt daher regelmäßigen Audits und Überarbeitungen der Prüfungsziele.

Das Examen CompTIA A+ 220-901 deckt die Grundlagen der Computertechnologie ab, die Installation und Konfiguration von IT-Systemen und dazugehöriger Hardware und die Grundlagen von Netzwerken.

Das Examen CompTIA A+ 220-902 prüft die notwendigen Fähigkeiten, um PC-basierte Betriebssysteme zu installieren und konfigurieren, ebenso wie die Konfiguration grundlegender Funktionen (z.B. Netzwerkverbindung und Mail) für mobile Systeme, welche mit Android oder Apple iOS betrieben werden.

Die Wissensgebiete für die beiden Examen sehen daher wie folgt aus:

Für das Examen 220-901		
1.0	Hardware	34%
2.0	Netzwerke	21%
3.0	Mobile Geräte	17%
4.0	Fehlerbehebung bei Hardware und Netzwerken	28%

Für das Examen 220-902		
1.0	Windows-Betriebssysteme	29%
2.0	Andere Betriebssysteme und Technologien	12%
3.0	Sicherheit	22%
4.0	Software-Fehlerbehebung	24%
5.0	Arbeitsabläufe	13%

Die Prozentzahlen, die jedem Wissensgebiet zugeordnet sind, zeigen Ihnen die Gewichtung des jeweiligen Themas für die Examen an und damit die Anzahl der Fragen, die im Verhältnis bei der Prüfung in etwa zu erwarten sind.

Jedes dieser Wissensgebiete ist anschließend in einzelne Kapitel und Stichworte unterteilt. Die vollständige Liste dieser Lernziele finden Sie ebenfalls in diesem Buch, und zwar in Kapitel 29. Diese Liste ermöglicht Ihnen zum einen eine zuverlässige Zuordnung der Anforderungen von CompTIA in Bezug zu diesem Buch, zum anderen ist sie ein hilfreiches Nachschlagewerk, falls Sie gezielt Informationen zu einem bestimmten Stichwort suchen.

Entsprechend behandeln wir in diesem Buch ausführlich die oben genannten Themenbereiche und vermitteln Ihnen das für die Zertifizierung notwendige Wissen. Im Zentrum steht dabei weniger die Auflistung aller möglichen und unmöglichen Abkürzungen aus diesem Bereich, sondern die Schaffung des Verständnisses für die Thematik der PC-Systeme, Netzwerke und deren Support. Für die Abkürzungen finden Sie zudem ein Glossar im Anhang dieses Buchs.

Für weitere Informationen begeben Sie sich bitte auf die Website von CompTIA unter `www.comptia.de` oder `www.comptia.org`. Dort finden Sie auch eine genaue Auflistung der zurzeit gültigen Prüfungsthemen, auf Englisch auch »Objectives« genannt.

1.3 Voraussetzungen für CompTIA A+

Gemäß der Website von CompTIA (`www.comptia.org`) gibt es keine vorgeschriebenen Minimalvoraussetzungen, die für die Zulassung zum Examen verlangt werden.

CompTIA empfiehlt aber den Teilnehmenden der Zertifizierung sechs bis zwölf Monate Erfahrung im PC-Support oder im Außendienst bzw. eine entsprechende Ausbildung mit praktischen Übungen.

Diesen Empfehlungen kann ich als Autor nur zustimmen. Dieses Buch kann Ihnen wohl das Wissen, nicht aber die praktischen Erfahrungen vermitteln, die im Bereich Systemtechnik und Support nötig sind, um erfolgreich zu sein. Wenn Sie sich also auf die Zertifizierung vorbereiten möchten, lesen Sie dieses Buch, aber installieren Sie auch selber Computersysteme, gehen Sie in ein Training und üben Sie sich praktisch in der Fehlerbehebung und Konfiguration. Oder um den Titel des Kapitels aufzunehmen: Hier lernen Sie Vokabular und Grammatik, aber sprechen müssen Sie selber, um die Sprache zu beherrschen.

Weitere Einzelheiten zu den Examen finden Sie in Abschnitt 29.1 »Was von Ihnen verlangt wird«. Besuchen Sie zudem die Website der CompTIA (`www.comptia.org`), um sich regelmäßig auf den neuesten Stand zu bringen.

1.4 Zum Aufbau dieses Buches

Die Themenvielfalt der CompTIA A+-Zertifizierung ist sehr weitläufig. Sie umfasst zum einen die gängige Hardware heutiger Computersysteme, aber auch zahlreiche Peripheriegeräte. Ebenso gehören Support und Unterhalt dieser Systeme dazu. Dann gibt es auch noch das Thema Netzwerktechnik und das Thema Sicherheit. Damit Sie sich bei dieser Themenvielfalt zurechtfinden können, stelle ich Ihnen an dieser Stelle das Konzept des Buches vor: Wo finden Sie was?

Das Buch unterteilt die Thematik in vier Bereiche, um Ihnen eine Struktur für das Lesen und Lernen anzubieten. Die vier Bereiche lehnen sich dabei an die Wissensgebiete der beiden Prüfungen an, vereinen die Thematik aber auf eine einzige Struktur und nicht 4 + 5 Gebiete (analog zu den Examen).

So gesehen bietet Ihnen die folgende Aufzählung eine Zuordnung der Schwerpunkte, die Ihnen zur Orientierung dienen möchte.

Themenbereiche	Schwerpunkt in Examen 220-901	Schwerpunkt in Examen 220-902
Hardware-Grundlagen	Kapitel 3 bis 9	
PC-Support technisch	Kapitel 10 bis 14	
Umgang mit Kunden		Kapitel 15
Betriebssysteme, Installation, Betrieb und Unterhalt, Fehlersuche		Kapitel 16 bis 22
Netzwerktechnik und Support	Kapitel 23 bis 26	
Sicherheit		Kapitel 27 bis 28

Tabelle 1.1: Der Aufbau des Buches und die Zuordnung der Themen zu den Examen

Bei jedem Kapitel finden Sie zudem die Zuordnung zu den Lernzielen der jeweiligen CompTIA A+-Prüfung, sodass Sie die Lernziele den Inhalten zuordnen können.

Nach diesen Themenbereichen finden Sie die notwendigen Prüfungsinformationen sowie eine Testprüfung, welche Ihnen zur Standortbestimmung nach Durcharbeiten dieses Buches verhelfen wird.

Anzumerken ist an dieser Stelle, dass wir auch wirklich Inhalte, die nicht mehr gefragt sind, gelöscht haben. Ich bin kein Verfechter endemischen Zuwachses. Und wenn diese Auflage etwas umfangreicher geworden ist, so darum weil die Thematik der Betriebssysteme wesentlich stärker gewichtet und vor allem breiter aufgestellt ist als in früheren Prüfungen. Aber alte Inhalte wie IDE, SD-RAM, ISA/EISA, AGP, Windows XP von Installation bis Support, einige Netzwerktechnologien – all diese Themen haben wir auch ganz bewusst entfernt, weil sie im Alltag nicht mehr (oder kaum) vorkommen und weil sie im Rahmen der CompTIA A+-Prüfung ganz sicher nicht mehr gefragt sind. Das heißt zum einen, Sie lernen keine »veralteten« Informationen und zum anderen, Sie können gut die alte Auflage des Buches behalten, falls Sie diese Informationen nicht verlieren möchten.

1.5 Persönliches zur 4. Auflage

Meinen ersten eigenen PC habe ich 1986 als Student gekauft – und schon nach 24 Stunden hatte ich ihn erfolgreich zerstört. »Sie haben versehentlich die Nullspur formatiert« war der lapidare Kommentar des Verkäufers, und ich konnte wieder einige Tage warten, bis das Gerät mit neu hergerichteter Festplatte zurückkam. Das Spiel wiederholte sich so (leider) noch einige Male, und erklären konnte mir eigentlich niemand so richtig, was ich jeweils angerichtet hatte – es war »halt so«.

Aber damit wollte ich mich nicht abfinden – und das war mein Einstieg in die Informatik, was von meinem damaligen Studiengebiet, der Theologie, ziemlich weit weg war ...

Aber über die Jahre lernt man ja dazu, und über eine Anstellung als Abteilungsleiter für Informatik und seit vielen Jahren als System- und Netzwerktechniker und international tätiger Ausbilder für Informatik kommen viele Erfahrungen dazu. Dazu gehört natürlich auch die Ausbildung, die ich als Systemtechniker absolviert habe. Und schon bald begann ich, auch als Autor über die Themen zu schreiben, an denen ich arbeitete. Die ersten Themen waren Windows 3.1, Ami Pro und die Grundlagen von Computersystemen Anfang der 1990er-Jahre.

Es ist bemerkenswert zu sehen, was sich in dieser Zeit bis heute alles verändert hat und noch verändern wird. Ich kann es darum auch in diesem Buch nicht ganz lassen, Sie hin und wieder mit auf die Reise zu nehmen, sich das eine oder andere aus der Geschichte anzuhören (ja, 640 KB Arbeitsspeicher waren mal richtig viel ...) oder einen Blick in die Zukunft zu werfen, denn was heute »Morgen aktuell« genannt wird, wird für Sie in ein oder zwei Jahren schon wieder »heutiger« Alltag sein.

Die Thematik der Systemtechnik ist und bleibt daher für mich immer sehr faszinierend. Ich hoffe, Ihnen geht es beim Lesen dieses Buches genauso, und diese Begeisterung wird Sie dann auch für Ihre Examen beflügeln.

Mein besonderer Dank für diese Auflage geht an meinen Mitarbeiter Ramon Kratzer. Er hat sich wirklich um viele Details dieser Auflage gekümmert, hat seine ganzen Apple-Kenntnisse mit eingebracht und sich um die Einordnung der Lernziele ebenso gekümmert wie um die Zuordnungstabellen, die Sie am Ende des Buches finden. Zudem hat es wirklich Freude gemacht einmal auf diese Weise zu zweit zu schreiben und einander zu ergänzen. Danke auch an Romina Caruso, welche sich stundenlang um die Bearbeitung der Grafiken und Bilder gekümmert hat.

Bedanken möchte ich mich auch bei den zahlreichen Leserinnen und Lesern, die mir immer wieder schreiben, Unklarheiten zu Tage fördern oder Vereinfachungen fordern, Fehler mit mir diskutieren und so einen wesentlichen interaktiven Beitrag zu diesem Buch liefern, den ich als Autor sehr schätze.

Bedanken möchte ich mich auch bei den vielen Herstellern und ihren Kommunikationsabteilungen, die uns, zum Teil mit erheblichem Aufwand, mit Bildmaterial und Unterlagen unterstützt haben.

Mein Dank geht an den Verlag mitp. Wir schreiben nächstens an die zehn Jahre zusammen Bücher, Thema um Thema, Auflage um Auflage. Nebst aller Arbeit gehört dazu immer auch die Freude über ein fertig gestelltes Werk. In diesem Sinn Dank an Katja Völpel, meine Lektorin für die wirklich konstruktive Zusammenarbeit und an Jürgen Dubau, der Mal für Mal meine Helvetismen sucht und eliminiert und mit viel Geduld für eine lesbare, deutsche Sprache arbeitet. Mich freut diese Zusammenarbeit und natürlich auch, dass wir gemeinsam Erfolg haben mit unseren Ideen und Werken.

Vorbereitung auf CompTIA A+

Bevor Sie in diesem Buch mit der Thematik von CompTIA A+ beginnen, möchte ich Ihnen die Chance geben, Ihr bestehendes Wissen zu überprüfen und so festzustellen, ob Sie für Ihr Unterfangen »CompTIA A+« bereit sind.

Dazu habe ich Ihnen folgende Fragen und Grafiken zusammengestellt, mit denen Sie eine Standortbestimmung durchführen können. Wenn Sie mehr als fünf von zehn Fragen richtig beantworten können, sind Sie gut vorbereitet für dieses Buch. Wenn nicht, empfehle ich Ihnen mit dem Grundlagenwerk »CompTIA IT Fundamentals« zu beginnen, das Ihnen diese Grundlagen erklärt und das letztes Jahr erschienen ist.

2.1 Prüfen Sie Ihr Wissen

1. Sie möchten auf Ihrem Computersystem das neue Windows 8.1 installieren. Wie nennen Sie diese Software korrekterweise?
   A. Computerprogramm
   B. Anwendung
   C. Betriebssystem
   D. Hardware
2. Ein Kunde ruft Sie an und bemängelt, dass sein PC nicht mehr startet. Da der Kunde auch keine Statusleuchten an der Front des PC blinken sieht und kein Geräusch hört – was werden Sie mit ihm als Erstes überprüfen?
   A. Ob das Betriebssystem aktuell ist
   B. Ob das Stromkabel in der Steckerleiste am Boden richtig sitzt
   C. Ob der Monitor eingeschaltet ist
   D. Ob der PC noch Garantie hat
3. Sie möchten an Ihrem Notebook die Bildschirmauflösung ändern, damit die Buchstaben auf dem Display größer angezeigt werden. Wo können Sie dies bei Windows 7 ändern?
   A. Im BIOS beim Starten
   B. Im Windows Explorer
   C. In der Bildschirmsteuerung
   D. In der Systemsteuerung

4. Wozu können Sie einen DVD-Player einsetzen?
   A. Um CDs und DVDs abzuspielen
   B. Um DVDs abzuspielen
   C. Um CDs und DVDs zu beschreiben
   D. Um DVDs zu beschreiben
5. Wie viele Bits weist ein Byte auf?
   A. 1
   B. 2
   C. 8
   D. 10
6. Welches der folgenden Geräte können Sie nach dessen Einbau mit Wechselmedien bedienen (zwei Antworten auswählen)?
   A. DVD-ROM
   B. Scanner
   C. Externe USB-Festplatte
   D. Cardreader
7. Was bezeichnet man als LAN?
   A. Eine Grafikkarte für PCs
   B. Ein lokales Netzwerk
   C. Ein labiles System, das immer abstürzt
   D. Ein Betriebssystem als Alternative zu Windows
8. Wie heißt das Nachfolgesystem für Windows 8?
   A. Windows 9
   B. Windows Vista
   C. Windows 2012
   D. Windows 10
9. Was bezeichnet der Begriff »NTFS«?
   A. Neues File Transfer System – System, um Daten zu kopieren
   B. Narrow Tech Font System – Schriftarten für Windows-Systeme
   C. New Technology File System – Dateisystem für Windows-Systeme
   D. Near Trans Folio Scan – Speicherverfahren für Festplatten
10. Welches Gerät können Sie *nicht* an einem USB-2.0-Anschluss einstecken?
    A. Monitor
    B. Digitalkamera
    C. Scanner
    D. Drucker

2.2 Fragen zu einem Computersystem

Nach den theoretischen Fragen kommen Sie jetzt zu einem praktischen Teil und nehmen sich in drei Schritten ein Computersystem genauer vor.

Bitte beschriften Sie die Abbildungen anhand der beigestellten Buchstaben und Nummern, soweit Sie diese erkennen – und machen Sie sich keine Sorgen, wenn Sie etwas nicht wissen! Die folgenden Kapitel werden es Ihnen ermöglichen, das fehlende Wissen zu erlernen.

Falls Sie bei den folgenden Aufnahmen der Ansicht sind, diese seien etwas älter ... dann haben Sie Recht. Ich habe lange überlegt, ob ich die Aufnahmen aktualisieren soll, aber die hier gezeigten Bilder weisen eine Fülle von Schnittstellen und Komponenten auf, die »moderne« Systeme nicht mehr bieten – im Support werden Sie aber genau diese Vielfalt noch auf Jahre hinaus antreffen. Zur Verdeutlichung dieses Umstands habe ich Ihnen nebst den zu beschriftenden drei Systemen auch jeweils ein modernes Gegenstück dazugestellt.

2.2.1 Die Front eines PC-Systems

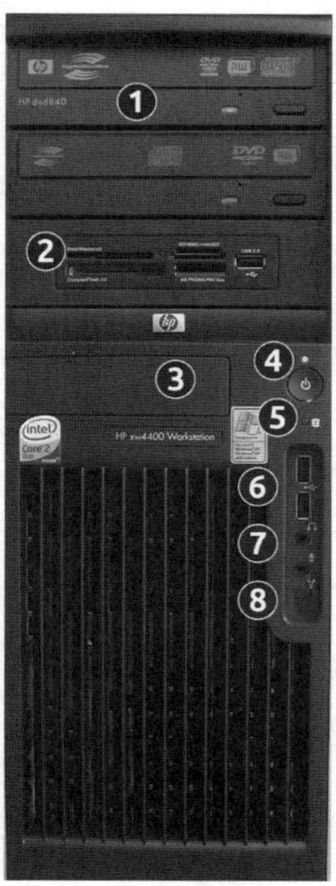

Nr.	Bezeichnung
1	=
2	=
3	=
4	=
5	=
6	=
7	=
8	=
9	=

Weitere Anmerkungen oder Beobachtungen

Abb. 2.1: Die Gehäusefronten von Workstations von 2008 und von 2016

2.2.2 Rückseitige Anschlüsse

Die folgende Abbildung zeigt die Schnittstellen an der Rückseite eines PC-Systems. Welche davon können Sie identifizieren?

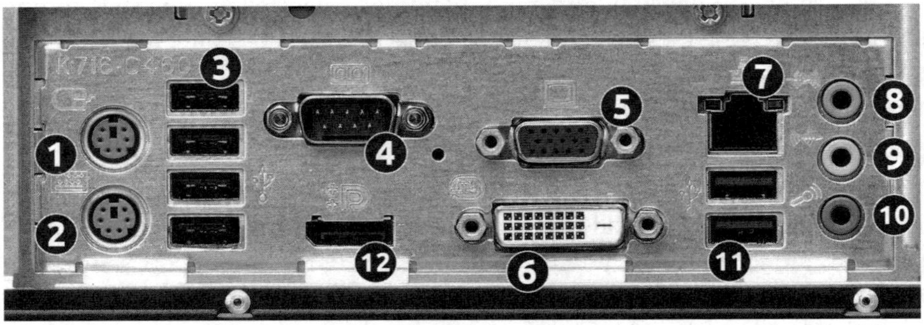

Abb. 2.2: Schnittstellen an der Rückseite des PCs

Nummer	Beschreibung
❶	
❷	
❸	
❹	
❺	
❻	
❼	
❽	
❾	
❿	
⓫	
⓬	

2.2.3 Blick auf das Mainboard

Welche Elemente auf dieser Abbildung können Sie identifizieren? Beschreiben Sie die Ihnen bekannten Merkmale folgender Mainboards.

Abb. 2.3: Das Mainboard (Foto M. Kammermann) im Jahre 2007

Abb. 2.4: Mainboard eines aktuellen PCs von 2016 (Micro-ATX, Skylake-Architektur, © Fujitsu)

Nummer	Beschreibung
❶	
❷	
❸	
❹	
❺	
❻	
❼	
❽	
❾	
❿	
⓫	
⓬	
⓭	
⓮	

Die Antworten auf alle Fragen in diesem Kapitel finden Sie in Abschnitt A.3, »Antworten zu den Kapitelfragen«.

Teil I

Hardware-Grundlagen

Vom Mainboard bis zum Drucker
– So funktioniert Hardware

Lernziele

In diesem ersten Teil dreht sich alles um Hardware. Sie lernen die zentralen Komponenten von Informatiksystemen kennen, aber auch unterschiedliche Geräte, welche mit Computersystemen direkt zusammenarbeiten.

Nach Durcharbeiten der dazugehörigen Kapitel und erfolgreicher Beantwortung der Kapitelfragen haben Sie folgende Lernziele erreicht:

- Sie kennen die Grundlagen der elektronischen Datenverarbeitung.
- Sie verstehen die Zusammenhänge zwischen den einzelnen Komponenten auf einem Mainboard und wissen, welche Funktion die einzelnen Komponenten dabei ausüben.
- Sie können verschiedene Schnittstellenkonzepte unterscheiden und kennen deren Eigenschaften.
- Sie kennen unterschiedliche Typen von Speichermedien und können sie anhand ihrer Eigenschaften voneinander unterscheiden.
- Sie können die Funktion verschiedener Peripheriegeräte wie Monitor, Drucker, Eingabegeräte oder Schnittstellenkarten beschreiben.
- Sie kennen die wesentlichen Eigenschaften mobiler Hardware.

In diesem Teil:

Kapitel 3

Vom Bit bis zum Personal Computer

CompTIA-Prüfungsziele, die in diesem Kapitel behandelt werden:

Für das Examen 220-901	
3.4	Erläutern der Eigenschaften verschiedener Typen von anderen Mobilgeräten ■ Tablets, Smartpgoable-Technologiegeräte, Phablets, eBook Readers, Intelligente Kamera, GPS

Die Welt der Computer ist vielfältig, und sie befindet sich in einer rasanten Entwicklung, bei der noch kein Ende abzusehen ist.

So sah die Vorstellung eines Heimcomputers 1954 aus:

Scientists from the RAND Corporation have created this model to illustrate how a "home computer" could look like in the year 2004. However the needed technology will not be economically feasible for the average home. Also the scientists readily admit that the computer will require not yet invented technology to actually work, but 50 years from now scientific progress is expected to solve these problems. With teletype interface and the Fortran language, the computer will be easy to use

Abb. 3.1: So stellte man sich den Heimcomputer der Zukunft im Jahr 1954 vor.

Der Text dazu besagt: *Dieses Modell wurde 1954 von Wissenschaftlern der RAND Corporation entworfen, um aufzuzeigen, wie ein »Home Computer« im Jahre 2004 ausschauen könnte, obwohl die dazu benötigte Technologie für den Durchschnittsbürger nicht bezahlbar sein wird. Auch geben die Wissenschaftler zu, dass die notwendige Technologie noch erfunden werden muss, um diesen Computer zu betreiben. Aber man geht davon aus, dass die Wissenschaft in den nächsten 50 Jahren diese Probleme lösen wird. Mit Fernschreiber-Schnittstelle und der Programmiersprache Fortran wird der Computer einfach zu bedienen sein.*

Und heute? Heute verfügen wir über Notebooks, die 1,5 cm dünn sind und das Tausendfache an Leistung des oben gezeigten Rechners erbringen. Doch fangen wir vorne an.

3.1 Die Welt der Elektronik

In der realen Welt messen wir Dinge wie Farben oder Töne in Form von sogenannten analogen Werten. Das heißt, es sind mehrstufige, z.T. auch fließende Werte, welche wir genauso messen können, wie sie auftreten. Wir zeichnen dann dazu etwa eine Tonleiter oder eine Farbmessskala, um alle Werte zu erfassen.

Computer kennen dagegen nur ein zweiteiliges, binär genanntes Wertesystem. Dieses basiert auf ihrer grundlegenden Funktion: STROM und KEIN STROM.

Digitale Signale können somit numerisch betrachtet zwei Werte annehmen: entweder den Wert 0 oder den Wert 1. Man spricht daher auch von binären Signalen oder Binärdaten.

Diese Minimalinformation, nämlich ob an einer bestimmten Stelle Strom fließt oder nicht, und die sich daraus ergebende Information nennt man ein Bit. Ein Bit ist die Information, ob ja oder nein, ob ein oder aus, ob schwarz oder weiß und damit die kleinste Informationseinheit in der elektronischen Datenverarbeitung. Und da ein Computer im Wesentlichen ein elektronisches Gerät ist (in dessen Schaltkreisen Strom fließen kann oder eben nicht), müssen alle Daten mithilfe dieser kleinsten Informationseinheit, dem Bit, dargestellt werden.

Damit haben wir das wesentliche Problem zwischen realer Welt und Computerwelt bereits beschrieben: Wie bekommt man die endlos vielfältige Information der realen Welt in die binäre Welt der Computer?

Nehmen wir als ein Beispiel nur die Schrift. Der Computer kann zwei Zeichen darstellen: 0 und 1. Unser Alphabet hat aber wesentlich mehr Buchstaben. Selbst wenn wir also eine Übersetzungstabelle programmieren, kann der PC an sich nur A und B schreiben, und das bedeutet: AAA BBAB BAAAAA BB AAAAA (übersetzt = das wäre mühsam zu lesen).

Zur Übertragung von analogen Daten gibt es daher verschiedene Methoden, um sie in die Welt der Computer zu übertragen. Wir unterscheiden dabei im Wesentlichen Zahlen, Texte, Bilder und Töne.

Darstellung von Zahlen

Bei Zahlen hat sich das 0/1-System am schnellsten umsetzen lassen. Man nennt es das binäre Zahlensystem (bi = zwei). Wir Europäer rechnen demgegenüber meistens im dezimalen Zahlensystem mit den Werten im System 1, 10, 100 usw.

Eine Binärziffer, also 0 oder 1, kann man elektronisch durch eine einfache Schaltung abbilden, die entweder Strom aufweist (on) oder keinen Strom (off). Und damit können wir exakt eine Information speichern. Diese kleinste Einheit einer elektronischen Schaltung nennt sich Bit. Das Wort ist eine Abkürzung des englischen Wortes für Binärziffer: *binary digit.*

Durch das Verknüpfen mehrerer Schaltungen lassen sich entsprechend auch mehr Informationen abbilden. Oder anders gesagt: 1 Bit kann durch die Schaltung on/off zwei Informationen wiedergeben, z.B. on = 0 und off = 1. Zwei Bit ergeben dann bereits vier mögliche Informationen, entsprechend den Zuständen 0-0, 1-0, 0-1, 1-1. Bei drei Bit hintereinander ergeben sich dann acht Möglichkeiten usw.

Darstellung von Texten

Bei Textdaten geht man folgendermaßen vor: Jeder Text besteht aus einzelnen Zeichen. Diese Zeichen können Buchstaben, Ziffern oder Sonderzeichen sein wie etwa ein Fragezeichen oder ein Doppelpunkt oder Ähnliches. Diese Zeichen nummeriert man nun von 0 bis n durch und stellt jedes Zeichen durch seine Nummer dar. Die Anzahl der darstellbaren Zeichen ist definiert, und zwar in einer Tabelle, auch Code genannt. Am bekanntesten ist der ASCII-Code (American Standard Code for Information Interchange). Dieser ASCII-Code bietet Platz für 256 unterschiedliche Zeichen. Allerdings wurden davon nur die unteren 128 genutzt. Er wurde durch den ANSI-Code ersetzt, welcher heute auch von Apple oder Windows eingesetzt wird. Unter der ISO-Norm ISO-8859 wurden dann verschiedene länderspezifische Zeichentabellen entwickelt, zum Beispiel ISO-8859-1 (Latin) als erster von insgesamt 16 ländereigenen Zeichensätzen. Er ist für Westeuropa eingerichtet und beinhaltet z.B. deutsche, französische oder auch skandinavische Sonderzeichen. Die Version ISO-8859–2 dagegen enthält dann die Sonderzeichen slawischer Sprachen (Latin-2). Und so finden Sie zu jeder ISO-8859-Norm von 1 bis 16 die entsprechenden länderspezifischen Eigenheiten.

Um verschiedene regionale Zeichen in weniger Zeichensätze zu integrieren, wurde in der Folge der Unicode entwickelt, welcher zuerst in 16 Bit und später in 32 Bit (Unicode 2.0) entwickelt wurde. Hierin finden über eine Million Schriftzeichen Platz, auch spezielle Schriften wie die Braille-Blindenschrift sind Teil dieses Standards.

UTF-8 (Unicode Transformation Format 8-Bit) wiederum ist eine Unicode-Variante, welche von 0 – 127 die ASCII-Zeichen beinhaltet. Dieser Zeichensatz ist besonders im Internet weit verbreitet.

Darstellung von Bildern

Bilder und Grafiken werden ebenfalls mithilfe von Zahlen dargestellt. Dazu gibt es prinzipiell zwei Möglichkeiten: die pixelorientierte Darstellung (Bilder, Fotos) sowie die Vektorgrafikdarstellung (Grafiken, Schemata).

Entweder wird eine Grafik somit in Kurven erfasst (Vektoren), die dann mehr oder weniger frei skalierbar sind oder das Bild wird in einzelne Bildpunkte, sogenannte Pixel zerlegt, z.B. bei einer digitalen Aufnahme oder einem Scan. Jedem Pixel wird dann eine Farbe zugewiesen. Die Farben werden wiederum durchnummeriert. So wird ein Bild durch sehr viele Farbnummern dargestellt.

Nehmen wir an, ein Bild besteht aus 50 × 50 Pixel, das sind insgesamt 2500 Pixel. Wie viele Bit nun für jedes Pixel benötigt werden, hängt davon ab, wie viele verschiedene Farben in dem Bild vorkommen sollen: Je mehr Farben vorkommen, desto größer kann die Zahl werden, die eine bestimmte Farbe kennzeichnet. Wenn jedes Pixel eine von 256 Farben annehmen kann, so werden die einzelnen Farben, die im Bild vorkommen, mit den Zahlen von 0 bis 255 gekennzeichnet. Für die Darstellung dieses Zahlenbereichs ist genau ein Byte erforderlich (wie bei den 256 ASCII-Zeichen). Für die Speicherung des Bildes werden daher 2500 Byte benötigt.

Die Anzahl der Bit, die für die Speicherung eines bestimmten Zahlenbereichs erforderlich ist, kann rechnerisch ermittelt werden. Die folgende Tabelle gibt die wichtigsten Werte an:

Anzahl Farben	Anzahl der benötigten Bit
2	1
4	2
8	3
16	4
64	6
256	8
65.536	16
16.777.216	24 (True Color genannt)

Tabelle 3.1: Farben und benötigte Bits zu deren Darstellung

Darstellung von Tönen

Auch Töne sind analoge Signale. Die Umwandlung in digitale Signale erfordert hierbei sehr viel Speicherplatz, da jeder Ton individuell abgetastet und umgewandelt werden muss. Übliche Abtastfrequenzen sind: 44.100 Hz (für Hi-Fi-Qualität), 22.050 Hz (für Sprache ausreichend) und 11.025 Hz (Telefonqualität). Pro Abtastung werden Informationen mit 8 Bit oder 16 Bit (je nach Qualitätsanforderungen) gespeichert. Will man Stereoton, muss der Platzbedarf noch mit 2 multipliziert werden.

3.2 Ganz klein und ganz groß

In der Elektrotechnik muss wie eben erläutert vielfach mit sehr großen und sehr kleinen Werten gerechnet werden. Um nicht immer mit unhandlich langen Zahlen hantieren zu müssen, werden den Zehnerpotenzen (10^3) Multiplikatorwerte beigefügt. Die folgende Tabelle gibt Ihnen einen Überblick über die dezimalen Präfixe für Zahlenmultiplikatoren.

Begriff	Abk.	Potenz	Zahlenwert
Yocto	y	10^{-24}	0.000 000 000 000 000 000 000 001
Zepto	z	10^{-21}	0.000 000 000 000 000 000 001
Ato	a	10^{-18}	0.000 000 000 000 000 001
Femto	f	10^{-15}	0.000 000 000 000 001
Pico	p	10^{-12}	0.000 000 000 001
Nano	η	10^{-9}	0.000 000 001
Micro	µ	10^{-6}	0.000 001
Milli	m	10^{-3}	0.001
Centi	c	10^{-2}	0.01
Deci	d	10^{-1}	0.1
Eins	-	10^{0}	1
Deka	da	10^{1}	10
Hecto	h	10^{2}	100
Kilo	k	10^{3}	1000
Mega	M	10^{6}	1 000 000
Giga	G	10^{9}	1 000 000 000
Tera	T	10^{12}	1 000 000 000 000
Peta	P	10^{15}	1 000 000 000 000 000
Exa	E	10^{18}	1 000 000 000 000 000 000
Zetta	Z	10^{21}	1 000 000 000 000 000 000 000
Yotta	Y	10^{24}	1 000 000 000 000 000 000 000 000

Tabelle 3.2: Multiplikatoren

Die Vorschläge zur Weiterführung nach dem Yotta lauten Xona, Weka, Vunda usw., sie reichen mittlerweile bis zum Faktor 10^{63}, der sich dann Luma nennt. Behalten Sie das im Auge, wenn Sie in zwanzig Jahren einen Speicherkristall kaufen möchten.

Beispiele, die sich aus dieser Tabelle ableiten lassen:

- ηF (nanoFarad): Kapazität eines kleinen Kondensators
- µm (Micrometer): Millionstelmeter
- mg (Milligramm): Tausendstelgramm
- cl (Centiliter): Hundertstelliter
- dB (Dezibel): Dämpfungs- und Lautstärkemaß
- Kbps (Kilobit pro Sekunde): Datenübertragungskapazität

Nun ist es aber wie erwähnt so, dass die Informatik binär rechnet. Damit wird zwar z.B. eine SD-Karte mit 1 GB (Gigabyte = 1.000.000.000 Bytes) angeschrieben, genau genommen enthält sie aber eben 1.073.741.824 Byte, was doch zahlenmäßig eine ziemliche Differenz ist. Und je größer die Multiplikatoren werden, desto größer wird auch die effektive Differenz.

Daher wurde von der IEC 1998 in Anlehnung an das internationale Einheitensystem (SI) ein eigenes System für die binäre Bezeichnung von Multiplikatoren eingeführt. Es ist aber nicht Teil des SI, sondern eigenständig und lediglich daran orientiert.

Die wichtigsten Multiplikatoren lauten:

Begriff	Abk.	Potenz	Zahlenwert
Kibi	Ki	2^{10}	1 024
Mebi	Mi	2^{20}	1 048 576
Gibi	Gi	2^{30}	1 073 741 824
Tebi	Ti	2^{40}	1 099 511 627 776
Pebi	Pi	2^{50}	1 125 899 906 842 624
Exbi	Ei	2^{60}	1 152 921 504 606 846 976
Zebi	Zi	2^{70}	1 180 591 620 717 411 303 424
Yobi	Yi	2^{80}	1 208 925 819 614 629 174 706 176

Tabelle 3.3: Binäre Multiplikatoren

Die noch etwas gewöhnungsbedürftige Notation lautet also dann an obigem Beispiel so, dass eine SD-Karte eine Speicherkapazität von 1 Gibibyte aufweist, kurz 1 GiB.

Bei einer modernen Festplatte mit einem Terabyte Speicher sähe das dann so aus:

Dezimal	1 TB	$= 10^{12}$	= 1 000 000 000 000 Byte
Binär	1 TiB	$= 2^{40}$	= 1 099 511 627 776 Byte

Das macht dann in der »realen« Speicherwelt immerhin von annähernd 10 Prozent aus, welche uns das dezimale System unterschlägt.

Und nach diesen Betrachtungen wenden wir uns jetzt den konkreten Systemen zu, neudeutsch »Hardware« genannt.

3.3 Der Personal Computer

Die Geschichte des Personal Computers (PC) geht bis in die 70er-Jahre des letzten Jahrhunderts zurück. Der erste kommerziell vertriebene Computer war ein Gerät namens Altair 8800 aus dem Jahr 1974 – erhältlich als Bausatz für den technisch versierten Heimanwender.

Auch sonst waren die PCs lange Zeit kein Thema für die Industrie, sondern wurden als Spielerei fürs Private verstanden. Daran änderte sich auch nichts, als der erste industriell hergestellte PC erschien, der Apple II von einer Firma namens Apple. Er wurde am 5. Juni 1977 in den USA vorgestellt und konnte für unterschiedliche Anwendungen (z.B. Textverarbeitung, Spiele, Steuerungstechnik) genutzt werden. Außerdem konnten mit diesem Computer bereits Farben dargestellt und Töne wiedergegeben werden.

Nach dem Verkaufserfolg des Apple II in den späten 1970er-Jahren begann auch IBM, damaliger Marktführer für Datenverarbeitungsanlagen, mit der Entwicklung eigener Personal Computer, und am 12. August 1981 wurde der erste IBM-PC vorgestellt. Dieser Computer war dem Apple II sehr ähnlich. Er verfügte über ein 8-Bit-ISA-Bussystem und konnte Töne produzieren. Um den Rechner von den billigeren Heimcomputern abgrenzen zu können, wurde der Begriff des »Personal Computer« von IBM durch die Werbung so aufbereitet, dass er über viele Jahre als Synonym für IBM stand (IBM-kompatible Computer). Da IBM seinerseits bereits fest in der Großrechnerindustrie verankert war, war die Herstellung eines PCs durch diese Firma zugleich der Startschuss dafür, dass diese Gerätekategorie aus dem »Heimnutzer«-Bereich heraustrat und als Arbeitsgerät zunehmend ernst genommen wurde.

IBM hatte seinen ersten IBM-PC mit dem Intel-Prozessor ausgestattet. Auch die folgenden Modelle wurden mit Prozessoren der Firma Intel ausgerüstet. Der von Intel vorgestellte 8086-Prozessor sorgte dafür, dass sich für die Serie die Abkürzung »x86-Architektur« etablierte. Der IBM-PC wurde von 1985 bis in die 1990er-Jahre ausschließlich mit PC-DOS, dem Betriebssystem von IBM, vertrieben, das von Microsoft an IBM lizenziert worden war.

Abb. 3.2: IBM-PC AT (PC51xx)

Der IBM-PC wurde zu, sagen wir mal, eher höheren Preisen verkauft. In der Schweiz habe ich 1986 für einen IBM AT 03 so um die CHF 8.000,00 bezahlt, mit Monochrombildschirm und zwei Floppy-Laufwerken. Da IBM mit Ausnahme des BIOS kein Monopol auf die verwendeten Komponenten hatte, konnte Compaq 1983 den ersten zum IBM-PC kompatiblen Computer auf den Markt bringen. Vor allem in Ostasien schufen Unternehmen eine Reihe von Nachbauten. Der sich so entwickelnde Markt führte durch den Konkurrenzkampf zu sinkenden Preisen und verstärkter Innovation, aber auch zu einem Wegbrechen der Marktanteile von IBM. Die 90er-Jahre waren zugleich die Phase mit den meisten Herstellern von PC-Systemen. Viele von ihnen (z.B. AST, Atari, Commodore, DEC, NEC, Olivetti, Philips, Tandem, Tandon, Tulip etc.) gibt es nicht mehr oder sie produzieren keine PCs mehr.

Die Leistungsmerkmale von Personal Computern nehmen seit ihrer Entstehung stetig zu. Neben den Aufgaben der Textverarbeitung und Tabellenkalkulation wurde der Multimediabereich zu einem der Hauptanwendungsgebiete. Zumeist kommen dabei IBM-kompatible Computer auf x86-Basis zum Einsatz. Von den anderen Computerarchitekturen für Einzelplatzrechner ist im Jahr 2006 lediglich jene von Apple noch in größerem Umfang auf dem Markt vertreten.

Für PC-Systeme finden Sie heute die beiden Formfaktoren Desktop und Tower. Beide gibt es aber wiederum in verschiedenen Größen.

Abb. 3.3: PC-Systeme mit unterschiedlichen Formfaktoren

Bekannt sind etwa die SFF-Gehäuse, Small Form Factor, wie in der Abbildung 3.3 ganz links ersichtlich. Die normalen Desktop-Rechner entsprechen dem nach wie vor aktuellen ATX-Formfaktor. Tower gibt es als Mini- oder Miditower, was mehr eine ungefähre Größenangabe denn eine Spezifikation ist. Für die Spieler unter den Computerfreunden gibt es zudem auch noch die Maxi-Tower, die sind dann um 60 Zentimeter hoch. Prägend für die Gehäusegröße ist aber der Formfaktor des Mainboards, dazu mehr dann im nächsten Kapitel. Und ja, sowohl beim Gehäuse wie auch beim Mainboard spricht man von Formfaktor, auch wenn die Auswirkungen auf eine Platine und ein Gehäuse natürlich unterschiedlich sind.

Heutige PCs verfügen zudem über einen Mehrkernprozessor und Arbeitsspeicher im Bereich von mehreren Gigabyte, Festplattenspeicher von 500 Gigabyte und mehr.

Und dennoch sinkt ihre Beliebtheit von Jahr zu Jahr zugunsten der mobilen Rechner, die nahezu ebenso leistungsfähig sind, aber den Vorteil der Mobilität mit sich bringen.

3.4 Vom Laptop bis zum Smartphone

Sie haben sich jetzt verschiedene PC-Formen angesehen, doch es gibt natürlich auch eine Vielzahl mobiler Systeme. Daher werfen wir hier einen ersten Blick darauf.

Die ersten Vertreter mobiler Systeme hießen »portable Computer« – also tragbare Computer. Mehr als tragbar waren die auch nicht, mit abnehmbarer Tastatur so um die acht bis zwölf Kilo schwer und nicht eben praktisch zu bedienen.

Abb. 3.4: Mein erster portabler Computer Anfang der 1990er-Jahre, ein IBM PS/2

Der klassische Vertreter der nächsten Generation mobiler Systeme nannte sich dann Laptop (vom englischen *lap* für Schoß, weil man den Computer auf den Schoß nehmen konnte – was übrigens bei den ersten Vertretern gar nicht so einfach war: bei Gewichten bis zu fünf Kilogramm!).

Als Abgrenzung dazu kamen Ende der 1990er-Jahre die »Notebooks« auf den Markt. Sie orientieren sich am klassischen Notizbuch, waren im Idealfall also im Bereich von Format A4 oder etwas größer – und vor allem deutlich leichter.

Mittlerweile werden die beiden Begriffe Laptop und Notebook aber parallel verwendet, ohne dass man sich genauer damit auseinandersetzt.

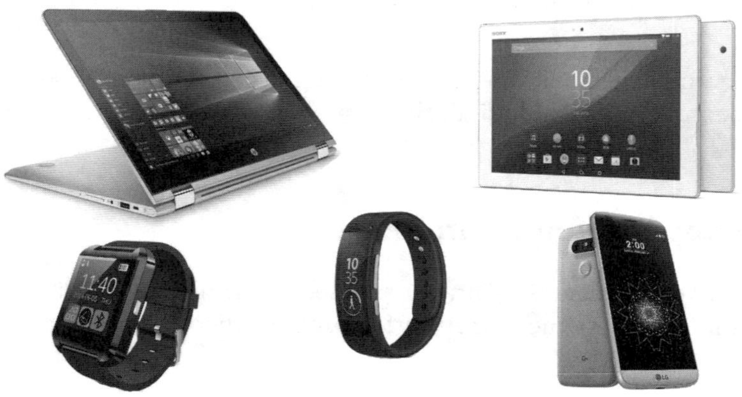

Abb. 3.5: Mobile Geräte – vom Notebook bis zu den Wearables, alles ist mobil

Die Miniaturisierung in der IT hat aber bei den Notebooks nicht aufgehört. Zuerst kamen die Netbooks dazu (ca. 2008). Diese Geräte waren kleiner, leichter und auch weniger leistungsfähig als ein Notebook, aber aufgrund ihrer Architektur mit WLAN und zum Teil auch mit SIM-Karten vielseitig einsetzbar und mit viel längeren Akkulaufzeiten auch sehr mobil. Während ein Notebook in der Regel ein vollwertiges Rechnersystem ist, fehlen Netbooks CD- oder DVD-Laufwerke, und sie verfügen über deutlich weniger Arbeits- und Datenspeicher.

Zwischen Notebook und Netbook wird der Begriff der Ultrabooks angesetzt. Der Begriff selber ist eine geschützte Marke von Intel. Nur wer sich diesen exakten Spezifikationen unterzieht, darf sein Gerät »Ultrabook« nennen, weshalb längst nicht alle Vertreter dieser Geräteklasse auch so genannt werden. Ihnen allen ist gemeinsam, dass sie leichter sind als Notebooks (im Bereich bis ca. 1,5 kg), einen größeren Bildschirm haben als Netbooks (11,6 bis 13,3 Zoll) und mit einer stromsparenden Intel-CPU ausgestattet sind, welche bei Bedarf genügend Leistung erbringt, aber eine lange Akkulaufzeit ermöglicht.

Doch kaum hatten sich die Netbooks durchgesetzt, verschwanden sie auch schon wieder, und ein neuer Trend zog durch die Lande: die Tablets. Sie sind eine konsequente Weiterentwicklung des Netbooks unter dem Aspekt »leicht und mobil«. Sie verfügen über Internetanschluss, sind für Video und Spiele optimiert und können optional mit Tastaturen ausgerüstet werden.

Unterhalb der Tablets findet sich noch einmal eine eigene Kategorie, die Smartphones. Hervorgegangen sind sie aus den Personal Digital Assistants (PDA) genannten Geräten. Smartphones sind ein Zwischending aus Telefon und Computer, können beispielsweise ins Internet gehen oder Mails und Dokumente verarbeiten, sind aufgrund ihrer geringen Größe aber nicht als Ersatz eines Computersystems vorgesehen. Wobei ich mich da für die Zukunft nicht festlegen möchte angesichts der Tatsache, dass die neuen Geräte bereits mit Vierkernprozessoren daherkommen und der Bildschirm des typischen Smartphones in den letzten Jahren deutlich grösser wurde. Der Begriff Phablet oder Smartlet (beides Wortkreuzungen der Begriffe Phone/Smartphone und Tablet) wird in der Regel für Smartphones ab einer Bildschirmdiagonale von 5 Zoll (12.7 Zentimeter) verwendet.

Abb. 3.6: Das Samsung Galaxy S7, das HTC 10 und ein Apple iPhone 7 als aktuell bekannte Vertreter einer neuen Generation Smartphones

Und übrigens: Ein Smartphone von 2015 hat viel mehr Speicher- und Rechenleistung als ein Desktop-PC von 1990 ...

3.5 Smart sind die Geräte

Längst sind nicht mehr nur Desktop-PCs und Notebooks mit anderen Geräten oder dem Internet verbunden. Das Internet der Dinge (IoT) hat längst verschiedene Bereiche im Alltag erreicht und gilt als die Zukunft der Kommunikation. Mit IoT wird dabei der Umstand beschrieben, dass verschiedenste Geräte und Maschinen von der Unterhaltungstechnologie bis in die industrielle Produktion sich miteinander verbinden und kommunizieren, Prozesse steuern und auch überwachen. So merke ich z.B. nur daran, dass in unserem Digitaldrucksystem der Toner bald leer ist, weil die Maschine selbständig über das Internet Nachschub bestellt hat und der Postbote mir am nächsten Tag neuen Toner bringt. Ich weiß dann, es ist bald Zeit zum Toner Wechseln.

3.5.1 Unterhaltung

Wenn Sie heute einen neuen Fernseher erwerben, ist die Wahrscheinlichkeit groß, dass es sich dabei bereits um einen Smart-TV handelt. Spätestens, wenn Sie eine Set-Top-Box an den Fernseher anschließen, verfügen Sie über diverse Funktionen, Inhalte aus dem Internet abzurufen. Hersteller von Smart-TVs und Set-Top-Boxen setzen als Plattform in der Regel Eigenentwicklungen ein. Bei neueren Geräten basieren diese immer häufiger auf Android. Marktplätze für TV-Apps finden so größere Verbreitung und bringen Ihnen nicht nur Streaming-Dienste wie Netflix oder Amazon Prime auf den Bildschirm, sondern auch Ihre Lieblingsspiele und Nachrichten.

Für all diejenigen, welche unterwegs E-Books lesen möchten, jedoch die restlichen Funktionen eines Tablets nicht benötigen, sind E-Book-Reader die perfekte Alternative. Ein hochauflösendes und nicht spiegelndes Display sowie ein leichteres Gewicht gestalten das Leseerlebnis in den meisten Fällen zudem deutlich angenehmer. Mit den meisten aktuellen Modellen muss man selbst auf den Komfort des direkten Zugangs zu seiner Internetbibliothek über WLAN nicht verzichten.

3.5.2 Informationen braucht das Netz

Zu dem Bereich der smarten Geräte, welche Informationen übermitteln, können in erster Linie Wearables (Wearable Computer) gezählt werden.

Bereits seit längerem auf dem Markt sind die sogenannten Aktivitäts-Tracker. Wurden diese Geräte, welche meistens in Form eines Armbands oder Clips daherkommen, bisher als eigenständige Geräte beworben, sind richtig »smarte« Tracker erst in den letzten Jahren aufgekommen. Smart darum, weil sie mit dem gekoppelten Telefon oder Computer kommunizieren und Daten synchronisieren. Am Ende des Tages sind auf Ihrem Smartphone beispielsweise die Anzahl gemachter Schritte und gestiegener Treppenstufen oder der Tagesverlauf Ihrer Herzschlagfrequenz ersichtlich.

Smartwatches, wie man sie heute kennt, sind im Gegensatz zu Aktivitäts-Trackern konstant mit Ihrem Smartphone verbunden. Dies ermöglicht einige spannende weitere Funktionalitäten, die durch Apps erweitert werden können. Noch muss sich die klassische Uhrenbranche jedoch keine Sorgen machen; Smartwatches sind noch nicht verbreitet im Gebrauch.

Jederzeit Informationen im Blickfeld hat man mit Datenbrillen. In der Presse bekannt wurde diese Art von Gerät durch Google Glass und regte zahlreiche Diskussionen zu den Themen Privatsphäre und Sicherheit an.

Und das Thema IoT wird Sie in den nächsten Jahren bestimmt noch mehr beschäftigen, denn es ist im industriellen Umfeld eng mit dem Begriff »Industrie 4.0« verknüpft, das eine große Umwälzung in den Prozessen von Design, Produktion und Vertrieb mit sich bringen wird. Nur führt das vorderhand noch etwas weit über die Thematik von CompTIA A+ hinaus.

3.6 Fragen zu diesem Kapitel

1. Wenn Sie eine Festplatte mit 320 GB in Ihr System einsetzen, dann hat diese
   A. eine Kapazität von 3200 KB
   B. eine Kapazität von 0,32 TB
   C. eine Kapazität von 3200 MB
   D. eine Kapazität von 0,32 PB
2. Wenn eine Farbdarstellung als »24 Bit« bezeichnet wird, wie viele Farben stellt sie dar?
   A. 16 Farben
   B. 256 Farben
   C. 65.536 Farben
   D. 16.777.216 Farben
3. Ein selbstständiges Computersystem benötigt für die vollständige Verarbeitung von Prozessen mindestens:
   A. einen Prozessor und eine Festplatte
   B. eine Tastatur, Festplatte und Bildschirm
   C. ein Eingabegerät, einen Prozessor und Speicher
   D. einen Prozessor, Arbeitsspeicher, eine Maus und eine Tastatur
4. Eine Kunde wünscht von Ihnen ein SFF-System. Was liefern Sie ihm?
   A. Einen PC mit Small Form Factor-Gehäuse
   B. Ein Notebook mit Small Form Factor-Gehäuse
   C. Einen PC mit Secure Form Fixation – schraubenlosem Gehäusedesign
   D. Einen PC mit SFF-Logo, dem Nachweis für sichere Gehäuse

5. Was fehlt bei den allermeisten Netbooks in der Ausstattung?
   A. WLAN-Adapter
   B. Grafikchip
   C. DVD-Laufwerk
   D. Festplatte
6. Welcher Computertyp kann einem Kunden empfohlen werden, wenn dieser nur mit Textbearbeitungssoftware arbeitet?
   A. Thin Client
   B. CAD-Workstation
   C. Heimserver
   D. Gaming-PC
7. Welche Gerätekategorie ist nach den Netbooks mit mehr Leistung und leichtem Gewicht als neue Geräteklasse auf den Markt gekommen?
   A. Neobooks
   B. Ultrabooks
   C. Tetrabooks
   D. Tablets
8. Was ist eine typische Funktion von Tablet-Computern?
   A. Sie können Blu-ray abspielen.
   B. Sie werden mit Festplatten für das Speichern von Musik ausgestattet.
   C. Sie verfügen über WLAN und sind optimiert, um immer online sein zu können.
   D. Sie verfügen über sehr viel Software, damit man keinen Office-Computer mehr benötigt.
9. Welche Aussage ist richtig?
   A. Ein Petabyte stellt die größere Einheit als ein Terabyte dar.
   B. Ein Petabyte stellt die kleinere Einheit als ein Terabyte dar.
   C. Ein Petabyte stellt die kleinere Einheit als ein Gigabyte dar.
   D. Ein Terabyte stellt die kleinere Einheit als ein Gigabyte dar.
10. Welchen Begriff ordnen Sie mobilen Telefonen zu?
    A. SFF
    B. PDA
    C. Ultrabook
    D. Smartphone

Kapitel 4

Einblick in die Systemarchitektur

CompTIA-Prüfungsziele, die in diesem Kapitel behandelt werden:

Für das Examen 220-901

1.1 Konfigurieren von Einstellungen und Nutzung von BIOS/UEFI-Tools an einem PC bei einem gegebenen Szenario.
- Firmware-Upgrades – BIOS aktualisieren
- BIOS-Komponentendaten, BIOS-Konfigurationen
- Integrierte Diagnosefunktionen, Überwachung

1.2 Erläutern der Bedeutung von Motherboard-Komponenten, deren Zweck und Eigenschaften.
- Größen
- RAM-Steckplätze
- CPU-Sockel
- Chipsätze

1.3 Vergleich und Gegenüberstellung verschiedener RAM-Typen und deren Merkmale.
- Typen
- RAM-Kompatibilität

1.6 Installieren von verschiedenen Typen von CPUs und Anwendung der geeigneten Kühlmethoden.
- Sockeltypen
- Eigenschaften

Die Hauptplatine, auch als Mainboard oder Motherboard bezeichnet, ist die wichtigste Basiskomponente im Innern eines Computers – unabhängig davon, ob es sich um einen Desktop-Rechner oder einen mobilen Rechner handelt. Die Hauptplatine stellt sowohl die Rechen- als auch die Schaltzentrale eines Computersystems dar.

Auf dem Mainboard sind daher zahlreiche Komponenten untergebracht, meist in Form von einzelnen Bausteinen, Chips genannt, oder in Form von Schnittstellen, mit denen man weitere Komponenten verbinden kann, wie zum Beispiel eine Grafik- oder eine Netzwerkkarte. Auch die Schnittstellen für die Speichergeräte wie Festplatten oder DVD-Laufwerke sind häufig auf dem Mainboard angebracht.

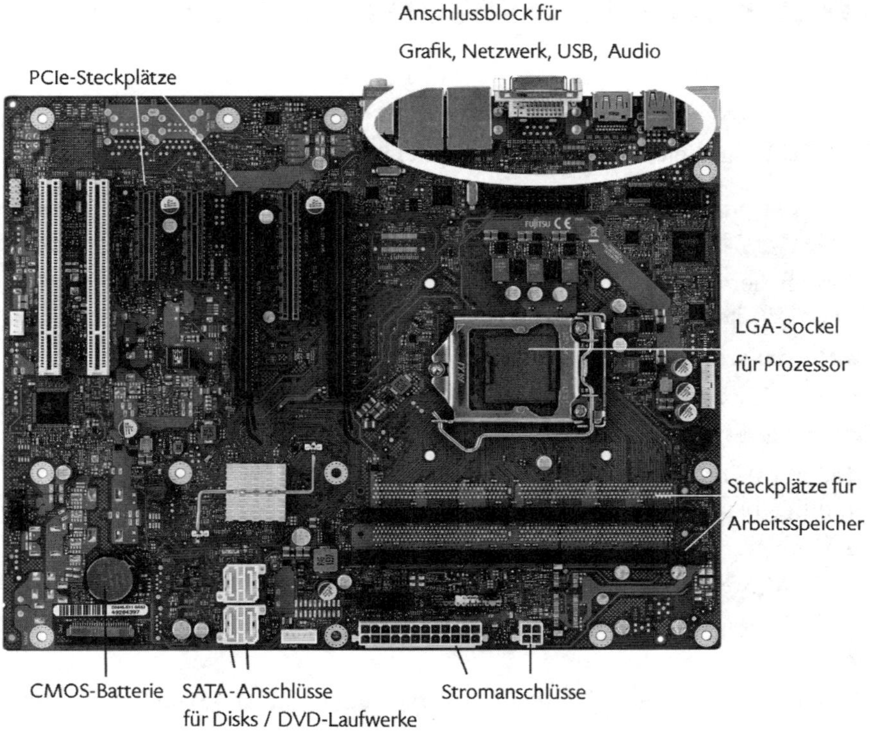

Abb. 4.1: Mainboard mit den wichtigsten Anschlüssen

Im Folgenden werden die wichtigsten Chips und Komponenten des Motherboards erläutert. Für Desktop- und Notebook-Geräte gelten dabei im Grunde genommen dieselben Fakten, nur ist bei den Notebooks oftmals alles kompakter gebaut.

4.1 Die Systemzentrale: Der Prozessor

Heutige Prozessorsysteme haben ihre Aufgaben auf verschiedene Bausteine verteilt. Der zentrale Prozessor ist dabei das Einzige, was umgangssprachlich als Central Processing Unit (CPU) oder eben Prozessor bezeichnet wird. Weitere Rechen- und Steuerfunktionen werden in eigene Controller ausgelagert und über einen Systembus mit der CPU verbunden.

Nicht alle Funktionen, die hier beschrieben werden, sind auch wirklich mit den angegebenen Bezeichnungen als eigene Bausteine auf dem Motherboard zu finden. Die Chipindustrie befindet sich in einem dauernden Entwicklungs- und

Miniaturisierungsprozess. Deshalb werden mehrere Chips zu einem Multifunktionschip zusammengefasst.

Der zentrale Prozessor steckt in einem Sockel auf dem Mainboard. Unterschiedliche Prozessoren verlangen dabei nach unterschiedlichen Sockeln, da (fast) jede Prozessorenfamilie wieder eine andere Anzahl Verbindungen aufweist.

Abb. 4.2: Intel-CPU sowie ein AMD FX-Prozessor

Die CPU beeinflusst maßgebend die Leistungsfähigkeit des PCs. Die wichtigsten Funktionen im Rechner werden durch diesen Chip gesteuert oder ausgeführt. Fast alle Zugriffe auf den Speicher, Schreib- und Leseoperationen, Ansteuerungen usw. erfolgen durch die CPU oder werden durch sie koordiniert.

Die Entwicklung von CPUs im PC-Bereich ist maßgeblich die Geschichte der Firmen Intel und AMD. Während früher auch Namen wie Motorola, Cyrix oder Transmeta ebenfalls eine gewisse Bedeutung hatten, verteilt sich der Markt der PC- und Notebook-Prozessoren gegenwärtig auf diese beiden Branchenriesen, wobei Intel den deutlich größeren Teil abbekommt. Im Bereich größerer Systeme kommen dann noch IBM und Oracle (eigentlich SUN) hinzu, aber das geht über den Bereich CompTIA A+ hinaus. Im Bereich der Tablets und Smartphones dagegen können Sie sich als Herstellernamen ARM merken, welcher die sogenannten ARM-Prozessoren lizenziert, die dann von zahlreichen verschiedenen Herstellern in Lizenz gebaut werden.

Prozessoren definieren sich hauptsächlich über die Anzahl ihrer Transistoren und die damit verbundene Leistungsfähigkeit. Diese Leistungsfähigkeit wird zum einen von der Anzahl dieser Transistoren bestimmt, welche einer CPU für die Berechnungen zur Verfügung stehen, aber auch von der Taktrate des Prozessors, d.h. wie schnell die Berechnungen durchgeführt werden können. Weitere Faktoren sind die Größe des Zwischenspeichers für häufig verwendete Befehle (Cache) oder der Integrationsgrad von sekundären Prozessoren wie der Grafikeinheit (Core i-Architektur). Nicht zuletzt muss für die Leistungsermittlung auch die Anzahl Kerne mitberücksichtigt werden.

Damit die Prozessoren auf das Mainboard gesetzt werden können, benötigen sie zudem einen Sockel, der je nachdem mehr oder weniger Anschlüsse besitzt.

Die Zahl der unterschiedlichen Prozessoren ist über die Jahre schier unendlich geworden. Anstelle von ellenlangen Tabellen möchte ich Ihnen erstens anhand von zwei Diagrammen die Entwicklung der CPU-Technologie aufzeigen, und zweitens kann ich Ihnen hierzu das Studium im Internet empfehlen, falls Sie das wirklich alles studieren möchten. Es gibt dort z.B. die englische Wikipedia-Seite oder die Herstellerseiten selber mit zahlreichen Informationen.

Eine sehr eindrückliche Entwicklung ist die immer höhere Transistorendichte und damit eben auch die immer größere Leistungsdichte einer CPU. Kam der Intel 8086 im Jahre 1978 noch mit 29.000 Transistoren aus, verfügte ein Intel 486DX elf Jahre später schon über 1,2 Millionen dieser Schaltungen und der erste Pentium 4-Prozessor im Jahre 2000 schon über deren 42 Millionen. Heute sind wir mit den Core i-Prozessoren der 6. Generation bei Milliarden von Transistoren angekommen. Und damit die Chips deswegen nicht immer größer werden, wurde auch die Baudichte laufend erhöht. Lag die Strukturbreite beim erwähnten 8086 noch bei 1 Mikrometer, sind wir heute bei Fertigungsbreiten von 22 und neu 14 Nanometern für solche Schaltungen.

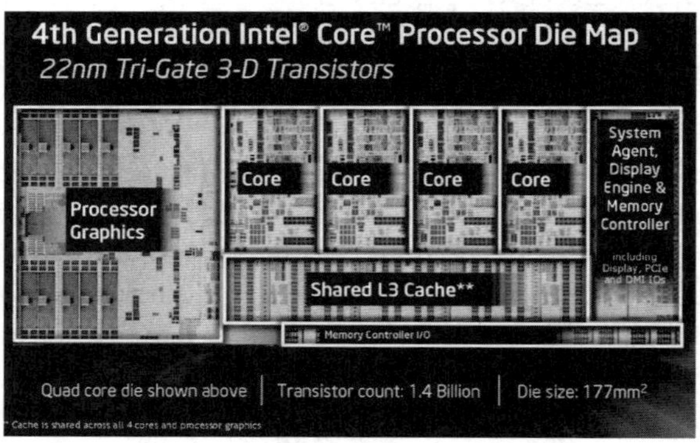

Erklärungen:
Core ist jeweils ein Kern, hier also eine Vierkern-CPU.
Der Cache wird von allen vier Kernen genutzt.
Daneben befindet sich der Grafikprozessor.
Der Chip als Ganzes misst noch 177 mm2.

Abb. 4.3: Aufbau einer aktuellen Intel-CPU (© Intel Corporation)

Auf der anderen Seite sind auch die Taktraten von ehemals 0,5 und 6 MHz auf heutige Werte von 2 bis 4 Gigahertz angewachsen. Aufgrund der zunehmenden Wärmeproblematik haben sich diese Werte aber deutlich stabilisiert, auch aufgrund der Tatsache, dass statt immer schnellerer Taktraten jetzt mit mehreren Kernen gearbeitet wird. Zudem ist zu berücksichtigen, dass Taktraten heute innerhalb einer Prozessorenfamilie stark variieren können. Es gibt sowohl Intel-Skylake-Prozessoren mit 2,8 GHz (Core i5-6200U) als auch solche mit über 4 GHz Taktrate (Core i7-6700K). Und nicht zuletzt können moderne CPUs aufgrund ihres Verhaltens die Taktrate selber innerhalb gewisser Parameter absenken (Speed Stepping), sodass es eben auf der Packung beim Intel Core i7-6700K nicht »4,2 GHz« heißt, sondern »bis zu 4,2 GHz«.

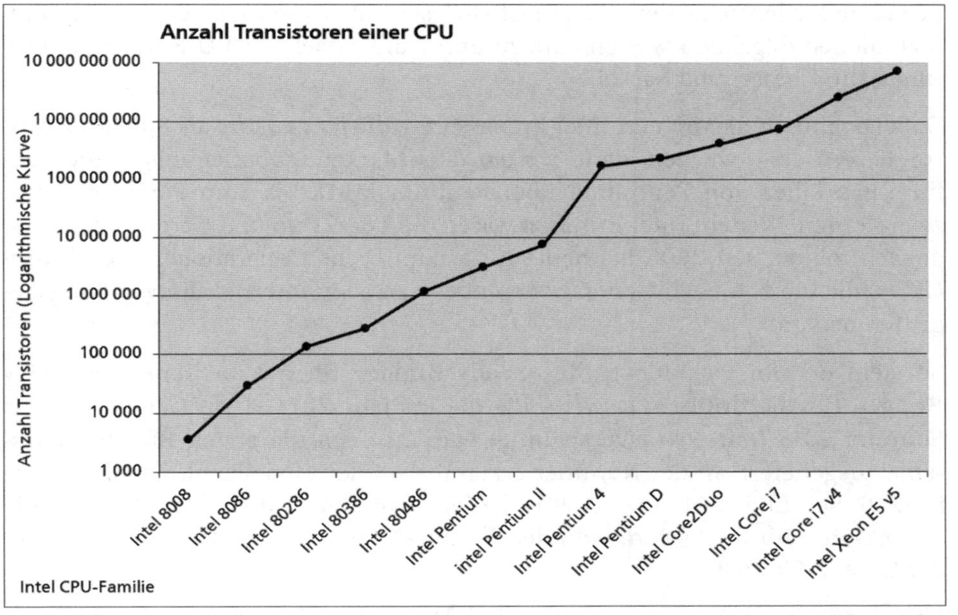

Abb. 4.4: Entwicklung der Anzahl Transistoren in einer CPU

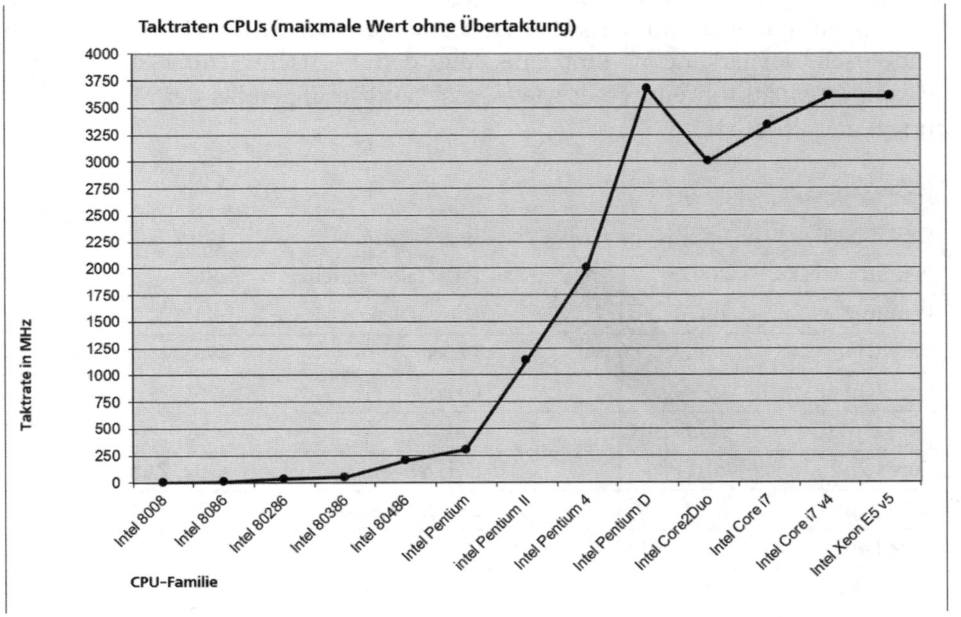

Abb. 4.5: Taktraten wichtiger CPU-Familien

Bekannte Meilensteine der neueren CPU-Geschichte fasse ich an dieser Stelle einmal mit den folgenden Werten kurz zusammen: Hersteller, CPU-Familie, Einführungsjahr, Chipset und Sockel.

Dabei beginnen Sie mit den Intel-Prozessoren, die lange Jahre als 80x86-Prozessoren vertrieben wurden, dann kamen (aus Marketingüberlegungen) die Pentium-Baureihen von Pentium 1 über Pentium MMX bis zum Pentium D mit zwei Kernen. Weitere Intel-Familien waren die Core2Duo und Core2Quad – und danach folgten seit 2008 bis heute insgesamt sechs Generationen von Core i-CPUs, die einfach nach Generationen oder nach den internen Entwicklungsbegriffen benannt.

So steht der Entwicklungsname »Sandy Bridge« für zweite Generation, »Ivy Bridge« für die dritte, »Haswell« für die im Jahr 2013 vierte Generation. Im Sommer 2015 (mit etwas Verspätung) wurden dann die ersten Broadwell-Systeme ausgeliefert, an der Nummer erkennbar in der Modellzahl, z.B. dem Core i5-5200. Seit Ende 2015 und in 2016 laufend mit neuen Modellen folgen für die Prozessoren für die Systeme mit der Skylake-Architektur, als Generation 6, z.B. der Core i7-6920HQ.

Und damit Sie der Zeit etwas voraus sind: Die nächste Generation wird sich Kaby Lake nennen und Skylake weiter entwickeln. Im Jahr 2017 folgt dann Cannonlake, der erste Chipsatz im 10-Nanometer-Fertigungsverfahren – wenn es denn kommt wie geplant, was nicht immer sicher ist. Gerade die hohe Baudichte und die sich tendenziell verstärkenden Probleme, die damit zusammenhängen (Dichte, Wärme, Qualität) führen immer wieder zur Verzögerungen bei der Markteinführung neuer Produkte.

Intel Desktop-Prozessoren			
CPU-Familie	Erscheinungsjahr	Bezeichnungen	Chipset
Pentium 4 HT	2002	P4 + Taktfrequenz	i865
Pentium D	2005	D8xx, D9xx	i945
Core2Duo	2006	Exxxx	i965/75 und Q4x
Core2Quad	2006	Qxxxx	i965/75 und Q4x
Core i3/i5/i7	2008-2010	i*n*-xxx	X58
Core i 2nd	2011	i3/i5/i7 – 2nxx	Q67, Z68 u.a.
Core i 3rd	2012	i3/i5/i7 – 3nxx	Q75, Z77 u.a.
Core i 4th	2013/2014	i3/i5/i7 – 4nxx	Q87 u.a.
Core i 5th	2015	i3/i5/i7 – 5nxx	Q97 u.a.
Core i 6th	2015/2016	i3/i5/i7 – 6nxx	100er Serie

Tabelle 4.1: Desktop-Prozessoren von Intel

AMD ist in der Entwicklung von CPUs ebenfalls schon lange mit dabei. Bauten sie früher noch Intel-kompatible Prozessoren, sind diese längst eigenen Entwicklungen gewichen. Ihr System heißt »Kn«, also K5, K6 usw. Aktuell sind sie bei AMD K10 angelangt. Die K-Bezeichnung steht dabei für die Architektur, welche wiederum unterschiedliche Prozessoren hervorbringt.

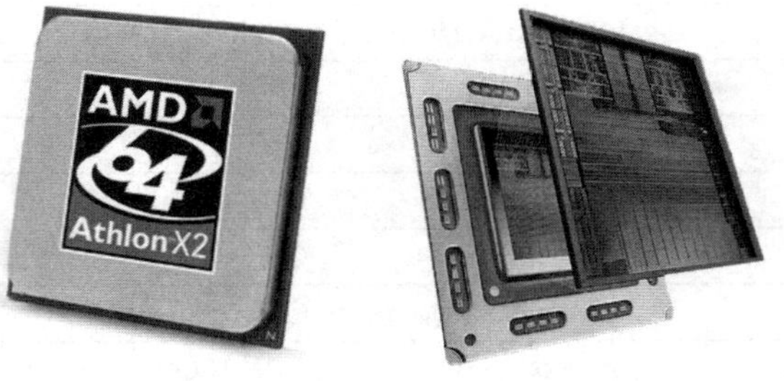

Abb. 4.6: AMD Athlon X2-CPU und die 2016 erschienene AMD A10 (Codename Kaveri)

Wenn Sie auf die aktuelle AMD Bulldozer-Architektur und deren Revision Piledriver schauen, finden Sie ebenfalls eine Mehrkernarchitektur und Prozessoren wie den Athlon II 64 und den AMD Phenom. Dieser wurde mit der K10-Architektur eingeführt.

AMD Desktop-Prozessoren			
CPU-Familie	Erscheinungsjahr	Bezeichnungen	Chipset
Athlon XP	2000	Athlon XP + Taktfr.	AMD750/760
64FX/64FX2	2003	64FX bzw. 64FX2	AMD 480/AMD 570
Phenom	2007	Phenom	AMD 570/580
Athlon II	2009	Athlon II + X*n*	AMD 700er
Phenom II	2009	Phenom II +X*n*	AMD 700er
AMD FX	2011	FX-*n*xxx	AMD 800er/900er
AMD Fusion	2011 ff	AMD Vision	AMD A*nn* (A8, A9, A10)

Tabelle 4.2: Desktop-Prozessoren von AMD

Seit über zehn Jahren entwickeln die Hersteller aber auch spezifische Prozessoren für mobile Systeme, zuerst einfach als »M«-Version der Desktop-Prozessoren, später dann als eigenständige Prozessorreihen. Auch hierzu ein kleiner Überblick. Bei den Intel Centrino ist zudem zu beachten, dass damit bei deren Einführung nicht nur die CPU, sondern auch das Chipset so bezeichnet wurde, insbesondere mit der Einbettung der drahtlosen Kommunikation über WLAN. In den aktuellen Ausführungen ist Centrino aber nicht mehr der Prozessor, sondern nur noch die WLAN-Integration.

Zudem werden besonders stromsparende CPUs mit weiteren Attributen bezeichnet, für LV/ULV-Prozessoren (Low Voltage/Ultra Low Voltage).

Notebook- und Netbook-Prozessoren von Intel			
CPU-Familie	Erscheinungsjahr	Bezeichnungen	Chipset
Centrino	2003	T1xxx und T2xxx	Intel 800er
Core2Duo*	2006	P8xxx und T9xxx	Intel 900er
Core i3/5/7-M	2010	i*n*-xxxM	X58
Core i3/5/7-M 2nd	2011	i*n*-xxxxM	Q67
Core i3/5/7-M 3rd	2012	i*n*-xxxxM	Q77
Core i3/5/7-M 4th	2013	i*n*-xxxxM	Q87
Core i3/5/7-M 5th	2015	i*n*-xxxxM/HQ	Q97
Core i3/5/7-U 6th	2015/2016	i*n*-xxxxU/HQ	Intel 100er
Atom Z	2008	Atom Zxxx	Intel 900er
Atom N	2009 2011	Atom Nxxx Atom Nxxxx	Intel 900er AMD Ion Chipset
Atom D	2010 2011	Atom Dxxx Atom Dxxxx	Intel NM10

Tabelle 4.3: Intel-Prozessoren für mobile Systeme (*auch Centrino Duo genannt)

Atom-Prozessoren sind weniger leistungsfähig, benötigen aber auch wesentlich weniger Energie als Notebook-Prozessoren. Die neueste Entwicklung in diesem Bereich sind die Atom-S-Prozessoren. Sie stehen nicht in obiger Liste, da sie nicht für Notebooks oder mobile Rechner, sondern für Server entwickelt wurden, die weniger Rechenleistung benötigen, dadurch aber auch wesentlich weniger Energie brauchen.

In Konkurrenz dazu entwickeln sich in neuester Zeit die ARM-Prozessoren, die von verschiedenen Herstellern in ihren Tablets und Smartphones verbaut werden.

Notebook-Prozessoren von AMD			
CPU-Familie	Erscheinungsjahr	Bezeichnungen	Chipset
Mobile Sempron	2004	Mobile Sempron	AMD 500er
Turion X64	2006	Turion X64	AMD 600er
Turion II	2009	Turion II Xn	AMD 700er
AMD Fusion	2011	AMD Vision	AMD A*nn*

Tabelle 4.4: AMD-Prozessoren für mobile Systeme

Sie sehen an diesen Tabellen auch: Früher wurden die Prozessoren gemäß ihrer Geschwindigkeiten benannt. So gab es etwa den Pentium III-800. Das besagte, dass dieser Prozessor eine Taktfrequenz von 800 MHz aufwies. Dieses System behielt Intel bis zum Pentium 4 hin bei. Dabei konnte man in der Regel sagen: Je höher die Taktrate war, desto leistungsfähiger war der Prozessor.

Als die Leistungsdichte allerdings immer breiter wurde und AMD zudem dazu überging, den Prozessoren Namen zu geben, die nicht mehr an die Geschwindigkeit gebunden waren, änderte auch Intel die Bezeichnungen und vergab willkürliche Nummern. So wurden aus dem Pentium 4 die Baureihen 500 und 600; es entstand z.B. der Pentium 4 HT 650, ein Prozessor mit 3,4 GHz mit Hyper-Thread-Funktionalität. Einen Überblick über diese aktuellen Bezeichnungen finden Sie ebenfalls auf den Herstellerseiten von Intel und AMD.

Achten Sie bei der Auswahl eines Prozessors sorgfältig auf diese Baureihen, denn nur durch die exakten Bezeichnungen können Sie unterscheiden, ob es sich um einen älteren oder um einen neueren Prozessor handelt. Dies beeinflusst zum einen die reine Rechenleistung, aber auch die Taktrate des Systembusses sowie den Stromverbrauch. So benötigt etwa ein Intel i3-370M 35 Watt, ein Intel i3-6100U aber nur 15 Watt – bei einem Notebook ist so etwas nicht zu vernachlässigen.

Insgesamt sind die Baureihen und Bezeichnungen aber dermaßen im Fluss, dass Sie jeweils eine Konsultation auf den Webseiten der Hersteller benötigen, um genau zu ersehen, welcher Prozessor jetzt welchen Takt hat, wie viel Energie er verbraucht und wie viele Kerne er besitzt.

4.1.1 Single Core, Dual Core, Quad Core

Über viele Jahre waren CPU und Prozessorkern ein- und dasselbe. Jede CPU verfügte über *einen* Prozessorkern. Mit der Hyper-Threading-Technologie (HTT, heute HT) versuchte Intel ein erstes Mal, diese starre Zuordnung zu ändern. Hierbei werden intern parallel arbeitende Pipeline-Stufen mehreren parallelen Befehls- und Datenströmen zugeteilt. So kann die CPU besser ausgelastet werden. Für die Software verhält sich ein HT-System wie ein symmetrisches Multiprozessorensystem, d.h. das Betriebssystem sieht zwei (logische) Prozessoren, welche es mittels seiner eigenen Multiprozessorverfahren verwalten kann. Die Hyper-Threading-Technologie kommt in den aktuellen Baureihen der Intel Core i-Architektur wieder zum Tragen, allerdings nicht allen Modellen. Achten Sie sich daher auf die genauen Angaben über logische und physische Kerne, welche eine CPU aufweist.

Mit der Intel Pentium D-Technologie und der nachfolgenden CoreDuo-Technologie wurden dann auf einer einzigen CPU physikalisch zwei und mehr Kerne implementiert. Entsprechend finden Sie heute Dual-Core-Prozessoren mit zwei Kernen, Quad-Core-Prozessoren mit vier Kernen und auch Hexa-Core- (sechs Kerne) und Octa-Core-Prozessoren mit acht Kernen. Im Serverbereich finden Sie bereits 12-Kern-CPUs, und die Entwicklung geht weiter.

AMD vermarktete für eine gewisse Zeit Triple Core-Prozessoren (z.B. Phenom X3). Es handelte sich allerdings um Quad-Core-Prozessoren mit einem abgeschalteten Kern. Einige behaupten, es handele sich um defekte Quad-Core-Prozessoren, die man trotzdem noch verkaufen möchte. Viel wahrscheinlicher aber hängt es mit einer verringerten Wärmeproduktion zusammen. AMD-Fusion-CPUs finden Sie z.B. auch in den Konsolen von Sony und Microsoft (Playstation 4 und die aktuelle X-Box).

Aktuell bietet AMD folgende 64-Bit-fähige Prozessoren an: Phenom II, AMD FX, die Fusion-A-Reihe (aktuell A10), Turion und Opteron (Letzterer ist nur für den Einsatz in Servern gedacht). Diese CPUs werden mit einem bis sechs Kernen pro Prozessor ausgestattet. Eine genaue Definition, welcher Prozessor wie viele Kerne besitzt, ist bisher nur bei den Desktop-Prozessoren mit den Endungen X2, X3, X4 und X6 ersichtlich, was jeweils gleichbedeutend ist mit Dual, Triple, Quad oder Six Core. Sich laufend ändernde Modellnummern wie der 2016 erschienen AMD A10-7890K lehnen sich aber wieder stärker an die Intel-Namensgebung an und machen dieses System noch undurchdringlicher. Halten Sie sich im Bedarfsfall daher an die Webseiten der Hersteller, um sich präzise zu informieren.

Abb. 4.7: Intel Quad-Core-Prozessor mit Blick auf die Kerne

Obwohl man bei Intel nicht von Triple Core spricht, befindet sich auf den Zweikern-CPU der aktuellen Intel Core-i-Architektur ebenfalls ein dritter Kern, da auch die Grafikeinheit mit einem eigenen Kern auf der CPU verbaut worden ist.

Intel wird weiterhin auch die Prozessoren Celeron, Pentium und Atom vermarkten. Der Intel Atom kommt vor allem in Netbooks und Tablets zum Einsatz, die neuesten Versionen werden aber auch in Servern und Netzwerkspeichern (NAS)

eingesetzt. Hierzu dienen die »Centerton« genannten Atom-S-Baureihen. Und auch im Markt für Smartphones möchte Intel gerne mit eigenen Atom-Prozessoren dauerhaft Fuß fassen. Ob sich diese gegenüber den bereits erwähnten ARM-Prozessoren durchsetzen können, bleibt abzuwarten.

4.1.2 Intel Core i und AMD K10/Bulldozer

Die Nehalem-Architektur (die Basis aller Intel Core i-Prozessoren) verschob den Memory Controller von der Northbridge auf den Prozessor selbst. Der ehemalige Front Side Bus (FSB), der als Verbindung zwischen Prozessor und Northbridge galt (und somit auch zum Speicher-Controller), wurde dadurch obsolet, und die CPU übernahm zusätzliche Funktionen.

Die Core i-Prozessoren werden in verschiedene Familien unterteilt, die sich je nach Leistung und Einsatzgebiet unterscheiden. Die Nummerierung geschieht dabei von der Idee her aufsteigend, i3 im unteren Leistungssegment, i5 und i7 im mittleren und oberen Segment. Da jede dieser Familien aber wieder verschiedene Modelle kennt, muss genau auf die Bezeichnung geachtet werden. Zudem ist aus der Bezeichnung nicht mehr ersichtlich, ob es sich um einen Dual-Core-Prozessor oder einen Quad-Core-Prozessor handelt. Und wie immer – alles ändert sich laufend. Wenn Sie für eine Anschaffung oder Umrüstung also präzise Informationen benötigen, helfen Ihnen nur die aktuellen Webseiten der Hersteller selber zuverlässig weiter.

Mittlerweile ist Intel bei der Core i-Architektur bei der so bezeichneten 6. Generation angelangt, bekannt unter dem Codenamen »Skylake«. Diese bringen etwas mehr Leistung in der Recheneinheit, aber das ist nicht der zentrale Punkt. Deutlich mehr Leistung bringen die neuen Grafikeinheiten, welche in verschiedenen Versionen erhältlich sind, je nach gewählter CPU. Die verbauten Einheiten lauten auf den Namen Intel HD 530 Graphic und verfügen über eine Leistung, die früher nur dedizierte Grafikkarten aufweisen konnten.

Und während bei den ersten Generationen Unterschiede in der Ansteuerung des Arbeitsspeichers und der Integration der Grafik bestanden, sind mittlerweile bei allen CPUs der Memory Controller (im Dual-Channel-Modus) und die integrierte Grafik (Intel HD 4600/HD 500er) direkt auf der CPU integriert.

Die hier erwähnten Neuerungen gelten auch für die Core i-Prozessoren für den mobilen Einsatz. Diese Prozessoren sind erkennbar an einem »M« (bis Haswell) bzw. »U« (seit Broadwell) am Ende der Prozessorbezeichnung, Mobile Prozessoren zeichnen sich dadurch aus, dass sie gegenüber den Desktop-Prozessoren generell niedrigere Taktraten aufweisen und somit weniger Strom verbrauchen und weniger Wärme produzieren. Die meisten mobilen Prozessoren sind Dual Core und haben somit einen integrierten Grafikchip. Doch auch hier keine Regel ohne Ausnahme: Einige i7-Mobile Prozessoren gibt es auch als Quad Core (»QM«)

und bringen entsprechend hohe Leistung, etwa der Skylake-basierte Core i7-6300HQ.

Die 2010er AMD-Prozessorarchitekturen wurden unter dem Begriff Bulldozer (ehemals K10) bezeichnet. Deren erste große Weiterentwicklung nannte sich danach Piledriver, und aktuell ist AMD bei Steamroller angelangt. Auch diese Architekturen verfügen über einen Speichercontroller, der direkt in die CPU integriert ist. Die CPUs werden unter den Begriffen AMD Athlon X2 und Phenom II vermarktet. Auch die Fusion-Baureihe, basierend auf dem Zusammenschluss von AMD und ATI, basierte in der ersten Generation auf der K10-Architektur, welche für die zweite Generation dieser Prozessoren von der Bulldozer-Architektur und danach unter den oben genannten Begriffen weiter entwickelt wurden, bis hin zu den 2016 erschienenen »Kaveri«-CPUs. Auffällig bleibt bei AMD (Stand Sommer 2016) das erst mit der nächsten großen Revision (Zen-Architektur) DDR4-RAM unterstützt wird, bis dahin laufen alle AMD-Systeme ausschließlich mit DDR3-Speichern.

4.1.3 Sockel für Prozessoren

Jeder Prozessor benötigt seinen passenden Sockel (englisch Socket). Dabei werden vom Montageverfahren her Pin Grid Array (PGA) und Land Grid Array (LGA) unterschieden. Bei PGA verfügt der Sockel über ein Raster von Stecklöchern und der Prozessor über schmale Stifte, die passend in den Sockel eingesteckt werden. Beim LGA hat der Sockel federnde Kontaktstifte, welche die Kontaktflächen an der CPU abgreifen. Der Prozessor wird beim LGA-Sockel also nicht mehr eingesteckt, sondern auf den Sockel aufgelegt und dann mit Hebeldruck an die Kontaktflächen angepresst.

Abb. 4.8: Links ein PGA-Sockel und ein PGA-Prozessor, rechts dasselbe in LGA

Sowohl PGA als auch LGA werden auch als FCPGA bzw. FCLGA bezeichnet, wobei das vorangestellte FC für Flip Chip steht. Bei dieser bestimmten Art des Verbindungsaufbaus wird der Chip direkt ohne weitere Anschlussdrähte mit der aktiven Kontaktierungsseite nach unten zum Schaltungsträger hin montiert.

Da bei den mobilen Systemen die Prozessoren meist direkt aufgelötet und nicht gesteckt werden, gibt es hierfür die Bezeichnung BGA (Ball Grid Array). Mobile CPUs der Baureihen Broadwell oder Skylake verfügen über solche FCBGA-Sockel.

In den Fällen PGA und LGA werden ZIF-Sockel eingesetzt. ZIF steht für Zero Insertion Force. Der Prozessorsockel dabei wird mit einem Hebel ver- und entriegelt, sodass der Prozessor ohne Kraftaufwand eingesetzt werden kann. Bei BGA dagegen sind die CPUs durch das Festlöten »montiert« und können nicht ohne Weiteres ersetzt werden.

Die Sockel selber werden in der Regel nach der Anzahl ihrer Pins bezeichnet, also beispielsweise Intel Socket 478 oder Intel Socket 1366. Bekannte aktuelle Sockel für Notebook- und Desktop-Rechner sind zurzeit:

Sockel	Bauart	Geeignet für
Socket 441	BGA	Intel Atom
Socket 478	PGA	Intel Pentium 4, Intel Celeron
Socket 559	BGA	Intel Atom N und Atom D
Socket 775	LGA	Intel Pentium 4, Pentium D, Core2Duo, Core2Quad
Socket 989	BGA	Intel Core Mobile
Socket 1366	LGA	Intel Core i7
Socket 1156	LGA	Intel Core i3, i5, i7
Socket 1155	LGA	Intel Core i5, i7 2nd and 3rd Generation
Socket 2011	LGA	Intel Core i5, i7 2nd, 3rd, 4th und 5th Generation High End für Workstations und Server (auch Xeon genannt)
Socket 1150	LGA	Intel Core i5, i7 4th/5th Generation
Socket 1151	LGA	Intel Core i5, i7 6th Generation
Socket 1364[1]	BGA	Intel Core Mobile 5th Generation (Broadwell)
Socket 1440[1]	BGA	Intel Core Mobile 6th Generation (Skylake)
Socket 754	PGA	AMD Athlon64, AMD Sempron, AMD Turion64
Socket 940	PGA	AMD Athlon64 FX, FX2 und AMD Opteron (Server)
Socket AM2	PGA	AMD Athlon 64, Athlon 64 II, FX u.a. (940 Pin)
Socket AM2+	PGA	Erweiterung um Hypertransport 3.0
Socket AM3	PGA	AMD Phenom II, Athlon II, Sempron (941 Pin)
Socket AM3+	PGA	AMD Phenom II, Athlon II, Sempron (+ = DDR3)
Socket FM1	PGA	AMD A- und E-Serien (905 Pin)
Socket FM2	PGA	AMD A-Serie (904 Pin)
Socket FS1	PGA	AMD A-Serie (723 Pins)
Socket AM4	PGA	AMD Zen-Serie (1331 Pins)

Tabelle 4.5: Sockel für Prozessoren ([1] Es gibt mehrere unterschiedliche Sockel pro Generation hier!)

4.1.4 Die technische Funktion der CPU

Die CPU wird auch ALU – Arithmetisch-Logische Einheit (englisch Unit) – genannt. Dies bezeichnet ihre Kernfunktion: Rechnen.

Diese Aufgabe nimmt sie durch ein Rechenwerk wahr, welches mit einer Taktrate versehen wird. Diese wird dann als CPU-Takt bezeichnet.

Die Taktrate der CPU wird in Megahertz oder Gigahertz gemessen. Sie gibt an, wie viel Millionen (bzw. eben Milliarden) mal pro Sekunde der Prozessor Anweisungen abarbeiten kann.

Die Bitrate (bzw. Bitbreite oder Datenpfad) gibt an, wie viele Bit der Prozessor auf einmal verarbeiten kann. Die interne Bitrate gibt dabei an, welche Datenbreite der Prozessor selber verarbeiten kann. Die externe Bitrate beschreibt, mit welcher Datenpfadbreite die externen Geräte angesteuert werden. Hier sprechen wir von 64-Bit-Busbreite bei allen aktuellen Prozessoren.

Der Cache ist der Arbeitsspeicher, der im Prozessor selber integriert ist. Mehr dazu erfahren Sie im nächsten Abschnitt.

Der Programmcode definiert, welche Art von Befehlssequenzen der Prozessor verwendet. Es gibt zurzeit zwei unterschiedliche Verfahren: CISC und RISC. Der Unterschied zwischen der RISC- und der CISC-Technologie besteht in der direkt im Prozessorchip enthaltenen Anzahl von Anweisungen (Instruction Set).

Abb. 4.9: So sieht ein Speicherchip einer CPU aus (Quelle: AMD).

RISC-Prozessoren (Reduced Instruction Set Computer) sind auf einen ziemlich einfachen Instruction Set beschränkt, der in einem einzigen Taktzyklus ausgeführt werden kann. Dadurch sind sie zu einer schnellen Verarbeitung bei unkomplizierten Berechnungen in der Lage. Sie sind einfacher (und darum billiger) zu produzieren.

AMD setzt auf die RISC-Technologie. Intel-Prozessoren verwendeten dagegen lange einen CISC-Befehlssatz (Complex Instruction Set Computer), um Kompatibilität mit älteren Systemen und Software zu wahren. Dies gilt allerdings heute so nicht mehr, da sich die beiden Befehlsstrukturen immer mehr anpassen.

Aktuelle Prozessoren enthalten zudem einen mehrfachen Kern. Das heißt, sie verfügen beispielsweise in der Baureihe Intel Core i5-4590 über zwei Prozessorkerne mit derselben Geschwindigkeit. Damit dies allerdings auch wirklich zum Tragen kommt, benötigen sie auch ein Betriebssystem, das diese Mehrkernfähigkeit umsetzen kann.

Wichtig ist auch zu wissen, dass Desktop- und Notebook-Prozessoren unterschiedliche Ziele verfolgen. Während die Desktop-Prozessoren stärker auf Leistung optimiert sind, spielen bei Notebook-Prozessoren Faktoren wie die Wärmeentwicklung und der Stromverbrauch eine wesentlich größere Rolle, daher auch die unterschiedlichen Entwicklungsreihen bei AMD und Intel.

4.1.5 Der Cache

Der schnelle Cache-Speicher beschleunigt den Datenaustausch zwischen Prozessor und dem langsameren Arbeitsspeicher durch Zwischenspeicherung oft benötigter Daten. Cache-Speicher sind klein (zwischen 16 KB und 12 MB).

Der Cache-Speicher ist entweder im Prozessor oder auf einem separaten Chip integriert und wird mit dem halben oder dem vollen Prozessortakt betrieben.

First Level Cache

Der Prozessor verfügt über einen First Level Cache (L1) von 8 KB (486) bis zu 32 KB (Core2Duo) oder gar 512 KB im AMD 64 X2 direkt im Prozessor selbst.

Dieser Speicher benötigt etwa 60 % der Fläche des Prozessors. In diesem Speicher werden durch den Cache-Manager diejenigen Befehle gespeichert, welche der Prozessor am wahrscheinlichsten sofort benutzen wird, das heißt er arbeitet vom Prinzip her vorausschauend (antizipatorisch) und basiert auf vorhergehenden Routinen. Die Trefferquote liegt dabei bei mehr als 90 %.

Second Level Cache

Dieser Cache-Speicher befand sich früher auf dem Motherboard. Seit Pentium III/ AMD K6 befindet er sich auf dem Prozessor selbst (*on die* = »auf dem Würfel«). Findet der Prozessor im ersten Takt die entsprechende Information nicht im First Level, so wird diese im nächsten Takt im Second Level (L2) gesucht. Dieser Speicher besteht aus statischen RAM-Bausteinen (SRAM) und ist in der Regel zwischen 64 KB und 512 KB groß (Pro Core). Erst wenn hier die Daten auch nicht gefunden werden, wird entweder im Third Level Cache (L3) oder im langsameren DRAM-Arbeitsspeicher gesucht.

Third Level Cache

Aktuelle Generationen von Prozessoren verfügen zudem über einen Third Level Cache. Dieser Cache ist funktionell dem Second Level Cache gleich. Er befindet sich zwar außerhalb der eigentlichen CPU, findet heute dennoch auf der gleichen Platine Platze wie diese. Dieser Cache ist zwar etwas langsamer als die beiden vorherigen, durch seine Größe von bis zu 8 MB (Core i7 Skylake) allerdings sehr groß und nach wie vor schneller als der Zugriff auf den Arbeitsspeicher.

4.2 Mainboard-Komponenten

Nach der CPU wenden wir uns jetzt weiteren Komponenten zu, die Sie auf dem Mainboard vorfinden.

4.2.1 Das Chipset

Als Chipset bezeichnen wir beim Thema Computersystem eine Gruppe von Schaltkreisen, die sich um die Verwaltung von verschiedenen Komponenten auf dem Mainboard kümmern. Da es sich um zahlreiche Funktionen handelt, werden dazu meistens mehrere Chips eingesetzt, daher der Name »Chipset«. Chipsets können entweder von den Herstellern der Prozessoren stammen (Intel) oder von anderen Herstellern wie ATI (AMD), NVIDIA oder VIA Technologies.

Zu jeder Prozessorenfamilie wird jeweils ein passendes Chipset entwickelt, daher auch deren Zuordnung in den vorhergehenden Übersichtstabellen.

Das Chipset enthält unter anderem die Routinen zur Ansteuerung von Arbeitsspeicher, internen und externen Schnittstellen. Daher benötigen Betriebssysteme jeweils auch eigene Treiber für das installierte Chipset, um diese Ansteuerung korrekt vornehmen zu können.

Das Chipset seinerseits ist Teil der PC-Architektur, auch Bussystem genannt. Sie werden daher in Kapitel 5, »Von Systembussen und Bussystemen«, noch einmal ausführlich auf diese Funktionalität hingewiesen werden.

4.2.2 Der DMA-Controller

Der Direct Memory Access-Controller (DMA) stellt in einem PC einen zweiten, direkten Weg für Schreib- und Leseoperationen zwischen Peripherie und Hauptspeicher unter Umgehung des Prozessors bereit. Er umgeht bei der Anforderung für einen Speicherzugriff durch ein Peripheriegerät die CPU und leitet die Anforderung DRQ (Data Request) direkt an den Hauptspeicher weiter.

Dabei führt der DMA-Controller den Datenaustausch nicht über ein internes Register, sondern direkt über den Datenbus zwischen Peripherie und Hauptspeicher aus. Damit ein Request eindeutig erkannt wird, verfügt der DMA-Controller über mehrere Kanäle, welche je einem Gerät zugeordnet werden können.

DMA-Kanal	Bit-Breite	Einheit
0	8	Dynamische Speicherauffrischung Kaskadierung zu Slave (4-7)
1	8	Frei
2	8	Disketten Lw-Controller
3	8	Festplatten-Controller oder Parallel Port (IEEE1284)
4	16	Kaskadierung zu Master (0-3)
5	16	EIDE-Controller, zweiter Kanal
6	16	Frei
7	16	Festplattencontroller

Tabelle 4.6: DMA-Kanäle

4.2.3 Der Interrupt-Controller

Es gibt verschiedene Komponenten, welche an sich verlangen, dass man sie regelmäßig abfragt, ob sie etwas ausführen möchten, so zum Beispiel die Tastatur oder eine serielle Schnittstelle. Dieser Umstand würde bewirken, dass die CPU sehr stark mit solchen Abfragen (Polling) an diversen Komponenten beschäftigt wäre. Dadurch würde die Leistungsfähigkeit der CPU stark leiden, und die Datenübertragungsrate zwischen verschiedenen Komponenten wäre massiv beeinträchtigt.

Aus diesem Grunde hat man den Interrupt-Controller 8259A entwickelt und das System des Abfragebetriebes (Polling) in einen vom Gerät her per Anfrage (Interrupt Request) getriebenen Datenaustausch verwandelt.

Folgendes Beispiel verdeutlicht den Vorgang. Empfängt beispielsweise die serielle Schnittstelle Daten, so aktiviert sie ein Signal-IRQ (Interrupt Request), um dem Prozessor anzuzeigen, dass ein Zeichen empfangen worden ist und übergeben werden kann. Dieses Signal wird über den Interrupt-Controller geleitet, der die Unterbrechungsanforderung an den Prozessor auslöst. Da nun die CPU weiß, dass Daten bereitstehen, kann der Interrupt-Controller die Daten lesen und an die CPU weiterleiten.

Der Interrupt-getriebene Datenaustausch wird vorwiegend mit den folgenden Komponenten ausgeführt:

Serielle Schnittstelle, USB, FireWire, Parallele Schnittstelle, Disketten-Controller, Festplatten-Controller, Netzwerkadapter, Tastatur und diverse andere Komponenten.

Heute sind das aber alles »nur« noch implementierte Funktionen im Chipsatz. Sie werden also auf einem modernen Mainboard keine solchen Controllerchips für DMA oder IRQs mehr finden.

Typische Standard-IRQ-Belegung

Welche Einstellungen in Ihrem System aktuell belegt sind, können Sie beispielsweise bei Windows 7 in der Systemsteuerung unter SYSTEM – RESSOURCEN nachschlagen. Doch dazu später mehr.

IRQ	Belegt durch	IRQ	Belegt durch
0	Timer Clock	8	Real-Time Clock
1	Keyboard	9	Redirected IRQ2 (Kaskadierung)
2	Second 8259A (Kaskadierung)	10	Frei
3	COM2: COM4:	11	Frei
4	COM1: COM3:	12	PS/2 Maus
5	LPT2:	13	Math Coprocessor
6	Floppy Disk	14	Primary IDE Controller
7	LPT1:	15	Secondary IDE Controller

Tabelle 4.7: Typische Interrupt-Belegung

4.2.4 Der Taktgeber

Der Taktgeber (Quarz) hat die Aufgabe, die CPU mit dem notwendigen Systemtakt zu versorgen. Für jeden Typ CPU und jede mögliche Taktfrequenz existieren verschiedene Taktgeneratoren. Die Taktgeneratoren erzeugen aber nicht einen Systemtakt, welcher von der CPU 1:1 übernommen wird. Der vom Taktgenerator weitergeleitete Takt wird von der CPU am Eingang CLK (clock) empfangen und anschließend je nach Prozessortyp mit einem Multiplikator vervielfacht.

Die Basistaktraten aktueller Systeme liegen im Bereich von 133 MHz bis 400 MHz. Mittels Multiplikator kann die Systemtaktrate dann der CPU entsprechend auf Werte im Gigahertz-Bereich hochgeschraubt werden. Die Taktrate kann auf den meisten PCs verändert werden, sei es über DIP-Switch, Jumpers oder (heute am üblichsten) im UEFI. Bei Gamern (Spielfreunde am PC) ist dies ein sehr beliebtes Hobby, um PCs zu übertakten und sie so schneller zu machen. Aber bedenken Sie: mehr Takt = mehr Wärme, das ist keine einfache »immer höher = immer besser«-Rechnung, die Sie endlos fortsetzen können. Zudem begrenzen

Hersteller wie Intel auch ihrerseits die Möglichkeiten, z.B. indem sie die Multiplikatoren nicht mehr frei veränderbar lassen (Stichwort Skylake-Architektur).

4.2.5 Mainboard-Formfaktoren

Der Formfaktor, oder auch Motherboard-Format genannt, legt fest, wo die einzelnen Komponenten wie CPU und Steckplätze auf dem Motherboard angeordnet sind. Der Formfaktor bestimmt zudem, welche Gehäuse und Netzteile verwendet werden dürfen. Und darum reden wir bei Netzteilen in denselben Begrifflichkeiten wie bei Mainboard-Größen oder Gehäusen.

Die Gehäuse von Desktop-Systemen richten sich nach den Mainboard-Spezifikationen, was ihre Größe anbelangt. Ein ATX-Gehäuse beherbergt ein ATX-Mainboard, ein BTX-Gehäuse folglich ein BTX-Mainboard. Dies hat wesentlich damit zu tun, dass die Formfaktoren nicht nur die Maße, sondern auch die Anordnung von Komponenten, Stromanschlüssen und Schnittstellen definieren.

Das klassische Modell war, angelehnt an IBMs PC-Konstruktion, das AT-Mainboard. Es besaß nur Steckplätze für die Tastatur (DIN-Anschluss), Arbeitsspeicher, Prozessor und Buskarten (ISA, EISA). Alle anderen Schnittstellen wie etwa serielle oder parallele Anschlüsse wurden über Steckkarten angeschlossen.

Abgelöst wurde dieser Formfaktor durch die ATX-Spezifikation, welche seit 1995 im Umlauf ist, aktuell als ATX Version 2.3 (seit 2007). Ein »fullsize«-ATX-Board hat die Maße 305 mm × 244 mm. Davon abgeleitet gibt es die kleineren Flex-ATX (229 × 191 mm) und Micro-ATX-Boards (min. 171 × 171 mm).

Der kleinste Vertreter dieser Familie ist das Mini-ITX-Board, das vor allem für mobile Plattformen optimiert ist, zum Beispiel durch passive Kühlung (170 × 170mm). Es wird auch für Thin Clients oder Multimedia-Komponenten wie Mediaplayer verbaut.

Auch NLX war Ende der 1990er Jahre ein Versuch von Intel zur Verkleinerung des ATX-Formats, es wurde aber Anfang 2000 durch die Formfaktoren Micro-ATX und Flex-ATX verdrängt. Micro-ATX ist heute im PC-Bereich vorherrschend.

Die kleineren Boards verfügen zur Erweiterung über sogenannte Risercards, d.h. rechtwinklige Steckkarten, welche direkt ins Mainboard eingesteckt werden und weitere Steckplätze z.B. für Arbeitsspeicher oder PCI/PCIe-Steckplätze bieten. Da diese Karten als Ergänzung zum Mainboard zu sehen sind, werden sie auf Englisch auch Daughterboard genannt. Passive Riser-Karten enthalten nur einen Steckplatz, da sie lediglich einen vorhandenen Steckplatz auf dem Mainboard weiterschlaufen. Interessanter sind aktive Riser-Karten, da diese eine eigene Steuerelektronik beinhalten und das System damit effektiv um weitere Steckplätze erweitern.

Das ATX-Layout brachte die Einführung von Soft-Power (Einschalten des PC via Mainboard anstelle des direkten Stroms zum Netzteil) und von Onboard-Schnittstellen mit sich. Zudem wurden die Mini-DIN-Anschlüsse (auch PS/2 genannt) für Tastatur und Maus eingeführt.

Das Angebot an Onboard-Schnittstellen verändert sich aber laufend. Während die ersten ATX-Mainboards vor allem serielle und parallele Schnittstellen (z.B. RS-232 bzw. IEEE-1284) auf dem Board hatten, kamen später USB und Netzwerk dazu. Heute fehlen seriell (COM) und parallel (LPT) fast immer, dafür gibt es eine größere Menge USB-Schnittstellen oder auch FireWire, Grafik- und Audioanschlüsse.

Intel selber wollte mit dem Formfaktor BTX in den Jahren 2004-2005 das ATX-Layout ablösen, aber es zeigt sich bis heute, dass die ATX-Spezifikation als Standard vorherrschend bleibt. Das führte wiederum dazu, dass etliche große Hersteller von PC-Systemen heute ein proprietäres System verwenden, welches weder ATX- noch BTX-Standards entspricht.

4.3 Der Arbeitsspeicher

Der Arbeitsspeicher ist sozusagen der Expansionsbereich der CPU. Im Arbeitsspeicher werden Informationen abgelegt, welche die CPU errechnet hat oder die auf die CPU warten.

Für den Arbeitsspeicher werden spezielle Speicherchips verwendet. Diese werden nach ihrer Funktionsweise Random Access Memory (RAM) genannt. In diesen Speicherelementen können die Daten direkt oder wahlfrei (d.h. mit freier Wahl der Datenadresse) eingegeben bzw. gelesen werden.

Es ist zu beachten, dass die Speicherkapazität bei den Speicherchips selber nicht in Byte, sondern in Bit angegeben wird! Ein 4-Gbit-Speicherchip kann also vier Milliarden Bits respektive 512 MByte Daten speichern. Auf einem RAM-Riegel von 4 GB finden Sie dann z.B. acht Chips mit 4 Gbit Kapazität vor.

4.3.1 Aufbau von RAM-Bausteinen

Grundsätzlich treffen Sie auf zwei Arten von Speichern: dynamischen Speicher, der die Informationen in Kondensatoren speichert und statischen Speicher, der Informationen in Schaltungen (Flip-Flop) speichert.

DRAM

Die Bezeichnung Dynamic RAM (DRAM) ergibt sich aus dem Arbeitsprinzip dieses Speicherchips. In diesem Chip werden die gespeicherten Informationen durch Ladungen in einen Kondensator dargestellt. Da sich die Kondensatoren aber ständig entladen, müssen diese regelmäßig (dynamisch) aufgefrischt werden. Auch benötigen sie zwischen zwei Schreib- oder Lesevorgängen eine gewisse Erholungszeit und erreichen somit eine Zugriffszeit von 10-100 Nanosekunden. Die Beschriftung auf dem Gehäuse gibt Auskunft über die Kapazität und die Refreshrate.

SRAM

Static RAM (SRAM) ist dagegen anders aufgebaut. Bei einem SRAM werden die Informationen nicht als Ladung in einem Kondensator gespeichert, sondern als Zustand in einer sogenannten Flip-Flop-Schaltung festgehalten. Die Flip-Flop-Schaltung kennt jeweils nur zwei stabile Zustände, welche durch ein externes Signal umgeschaltet werden. Die Refreshrate liegt bei 15 bis 35 Nanosekunden. Beispiele für SRAM sind Cache-Speicher oder auch Flash Cards für Digitalkameras. 2008 kamen allerdings auch erste Festplatten für mobile Geräte auf den Markt, um die Vorteile der mechaniklosen Speicherung gegenüber herkömmlichen Festplatten und damit auch den Vorteil des geringeren Stromverbrauchs auszunutzen. Diese Platten werden entsprechend der Bauweise dann Solid State Drives (SSD) genannt. Aufgrund der Bauweise sind SRAM sehr schnell, aber auch wesentlich teurer.

Parity Check

Unter dieser Option kann man im BIOS einstellen ob das Parity-Bit des Speichers ausgewertet werden soll, damit sollen Speicherfehler erkannt werden. Empfohlene Einstellung *Disabled*.

Parity Mode

Hier können Sie festlegen ob für DRAM-Module eine Paritätsprüfung erfolgen soll. Falls das BIOS feststellt, dass wenigstens ein DRAM-Modul kein Paritätsbit besitzt, wird die Prüfung ausgeschaltet. Einstellmöglichkeiten: *Disabled, Parity* (wird eine Bitverfälschung erkannt, erfolgt eine Fehlermeldung) und *ECC* (eine Bitverfälschung wird korrigiert, bei mehreren erfolgt eine Fehlermeldung).

4.3.2 Aktuelle RAM-Typen hören auf den Namen DDR

Arbeitsspeicher werden in der DIMM-Technologie aufgebaut (Dual inline Memory Module). Das war auch vor der aktuellen DDR-Technologie schon so. Ein solches Modul, auch »Riegel« genannt, besteht aus einer Reihe von Speicherchips welche durch einen auf dem Riegel befindlichen Controller angesteuert werden.

Die zentrale Einheit eines Speicherchips nennt sich Speicherbank oder kurz Bank. Wie Daten in eine Bank geschrieben oder von ihr gelesen bestimmt die Leistung eines Modules.

Die DDR-Technik wurde von der Joint Electron Devices Engineering Council (JEDEC) im Jahr 2000 erstmalig verabschiedet. Sie baut auf der von der Vorgänger bekannten Single-Data-Rate-Technologie herkömmlicher SD-RAM-Speicher auf.

Mit einem wichtigen Unterschied: Bei Double-Data-Rate-RAM (DDR-RAM) wird pro Taktzyklus die doppelte Datenmenge übertragen. Demzufolge ist die Bandbreite theoretisch auch doppelt so hoch wie bei Single-Data-Rate-Speicher. Die Taktfrequenz bleibt hingegen vollkommen identisch wie bei dem entsprechenden SD-RAM.

Abb. 4.10: Baustein der ersten Generation DDR-SD-RAM

Weitere Entwicklungen wie beispielsweise PC400 erhöhen dann aber auch die Taktrate. DDR der 2. Generation läuft mit 1,8 Volt (statt 2,5 Volt) und höheren Taktraten (z.B. DDR2-667 mit 333 MHz). Die nächste Generation verbraucht dann sogar nur noch 1,5 Volt. Und mit DDR4 steht bereits dessen Nachfolger in den Startlöchern, wird aber von den aktuellen Intel Haswell-Boards noch nicht unterstützt, selbst Broadwell verzichtet darauf, aber die jetzt erscheinenden Skylake-Chipsets unterstützen erstmals sowohl DDR3 als auch DDR4, sodass DDR4-Bausteine jetzt auch real verbaut werden können.

DDR4 hat nicht einfach einen »schnelleren« Speicher, sondern greift auf ein anderes Verfahren zurück, um Daten zu lesen und zu schreiben. Dieses geänderte Verfahren ermöglicht Taktraten ab 2133 MHz aufwärts und reduziert gleichzeitig den Energieanspruch auf 1,2 Volt.

Speichertyp	Speicher-takt	I/O-Takt	Data Rate	Bandbreite	Alternativ
DDR-200	100 MHz	100 MHz	200 MT/s	1,6 GB/s	PC-1600
DDR-266	133 MHz	133 MHz	266 MT/s	2,1 GB/s	PC-2100
DDR-333	166 MHz	166 MHz	333 MT/s	2,6 GB/s	PC-2700
DDR-400	200 MHz	200 MHz	400 MT/s	3,2 GB/s	PC-3200
DDR2-400	100 MHz	200 MHz	400 MT/s	3,2 GB/s bis 6,4 GB/s*	PC2-3200
DDR2-533	133 MHz	266 MHz	266 MT/s	4,2GB/s bis 8,4 GB/s*	PC2-4200
DDR2-667	166 MHz	333 MHz	667 MT/s	5,3 GB/s bis 10.6 GB/s*	PC2-5300
DDR2-800	200 MHz	400 MHz	800 MT/s	6,4 GB/s bis 12,8 GB/s*	PC2-6400
DDR3-800	100 MHz	400 MHz	800 MT/s	6,4 GB/s bis 19,2 GB/s*	PC3-6400

Tabelle 4.8: RAM-Spezifikationen

Speichertyp	Speicher-takt	I/O-Takt	Data Rate	Bandbreite	Alternativ
DDR3-1066	133 MHz	533 MHz	1066 MT/s	8,4 bis 25,2 GB/s*	PC3-8500
DDR3-1333	166 MHz	667 MHz	1333 MT/s	10,6 bis 31,8 GB/s*	PC3-10600
DDR3-1600	200 MHz	800 MHz	1600 MT/s	12,8 bis 38,4 GB/s*	PC3-12800
DDR3-1866	233 MHz	933 MHz	1866 MT/s	14,9 bis 44,7 GB/s*	PC3-14900
DDR3-2133	266 MHz	1066 MHz	2133 MT/s	17 bis 51 GB/s*	PC3-17000
DDR4-1866	233 MHz	933 MHz	1866 MT/s	14,9 bis 44,7 GB/s*	PC4-14900
DDR4-2133	266 MHz	1066 MHz	2133 MT/s	17 bis 51 GB/s*	PC4-17000
DDR4-2400	300 MHz	1200 MHz	2400 MT/s	19,2 bis 57,6 GB/s*	PC4-19200
DDR4-2666	333 MHz	1333 MHz	2666 MT/s	21,3 bis 63,9 GB/s*	PC4-25600
DDR4-3200	400 MHz	1600 MHz	3200 MT/s	25,6 bis 76,8 GB/s*	PC4-25600

* »bis« bezieht sich auf die Anordnung des Dual-Channel- bzw. Triple-Channel-Mainboards.

Tabelle 4.8: RAM-Spezifikationen (Forts.)

Neben den technischen Unterschieden zwischen einfachem SDRAM und DDR-SD-RAM besitzen die beiden Speichertypen ein unterschiedliches Interface. Während konventionelle SDRAM-Speichermodule über 168 Pins verfügen und mit zwei Aussparungen versehen sind, sind DDR-SDRAM-Module mit 184 Pins bestückt und besitzen nur noch eine Aussparung an der Kontaktseite. DDR2 verfügt über 240 Pins und ebenfalls eine Aussparung an der Kontaktseite. DDR3-SD-RAMs wiederum haben zwar dieselbe Anzahl Pins wie ihre Vorgänger, sind zu diesen aber nicht kompatibel, was durch unterschiedlich positionierte Kerben deutlich gemacht wird. DDR4-RAM wiederum verfügt über 288 Pins und ist etwas höher leicht anders gebaut, um die Signalqualität zu verbessern.

Einige Änderungen gab es wie erwähnt auch bei den elektrischen Eigenschaften: Während der herkömmliche SD-RAM-Speicher mit 3,3 Volt arbeitete, benötigen DDR-SD-RAM-Module eine Spannung von 2,5 Volt und DDR2-SD-RAM-Module nur noch 1,8 Volt. Diese Funktionen werden sowohl von den Chipsätzen als auch von den auf den Platinen zum Einsatz kommenden Spannungsreglern unterstützt. DDR3 senkt diese Spannung noch einmal, und zwar auf 1,5 Volt und DDR4 auf 1,2 Volt. DDR4-Chips enthalten zudem eine separate Stromversorgung, durch die sie die Betriebsspannung bei Bedarf auf 2,5 Volt erhöhen können. Gleichzeitig hat ein DDR4-Riegel die Fähigkeit, seine Refreshrate dynamisch anzupassen (abhängig von der Temperatur, um Strom zu sparen).

DDR4 bringt zudem wesentliche Veränderungen im Umgang mit der Art und Weise, wie mit Wordlines beim Speichern umgegangen wird. So werden die einzelnen Wordlines in ihrer Länge reduziert, deren Anzahl aber verdoppelt, und die

Anzahl Bänke wird ebenfalls verdoppelt. Damit beschleunigt sich das Lese- und Schreibverfahren durch die verändert Architektur, nicht nur durch Taktrate oder Datenratenerhöhungen.

Die Übertragungsrate von RAM lässt sich im Übrigen wie folgt berechnen:

(Prefetch × Speichertakt × Bitbreite) / 8 = Bytes pro Sekunde

Sie müssen die Anzahl Prefetches kennen (DDR = 2, DDR2 = 4, DDR3 & DDR4 = 8) sowie den Speichertakt und die Bitbreite des RAMs, welche 64-Bit beträgt (pro Channel). Prefetching bedeutet dabei das Laden von vermutlich bald benötigten Speicherinhalten, bevor sie effektiv benötigt werden, um im Fall des eintretenden Bedarfs eine höhere Zugriffsgeschwindigkeit zu erzielen.

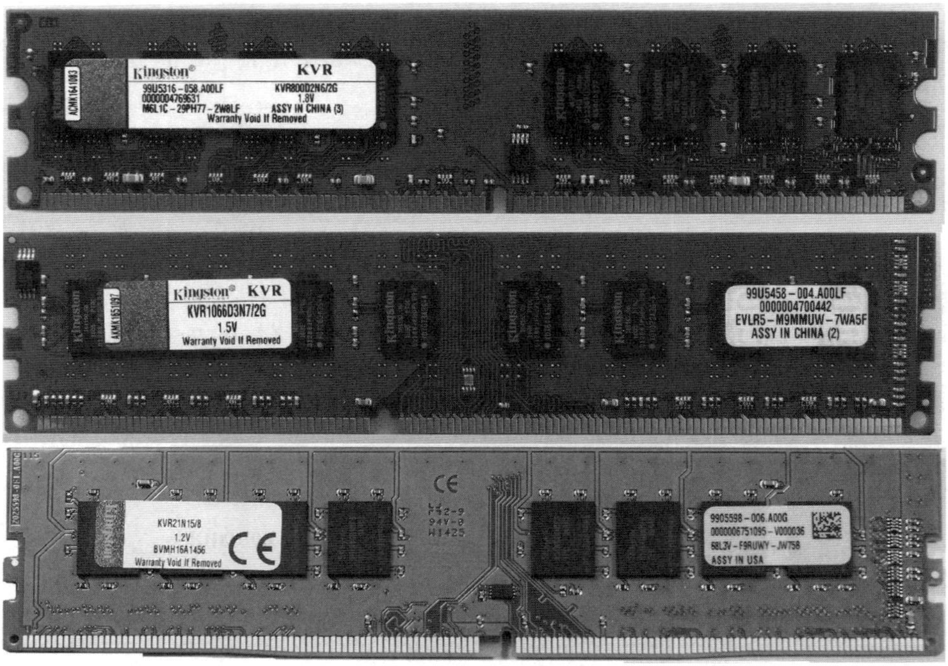

Abb. 4.11: DDR2-SD-RAM, DDR3-SD-RAM und DDR4-SD-RAM (von oben nach unten)

4.3.3 Single Channel, Dual Channel, Quad Channel

Die bisher beschriebenen Speicherzugriffe beschreiben den Zugriff im Single-Channel-Verfahren. Das heißt, falls mehrere Speicherriegel verbaut sind, erfolgen die Speicherzugriffe abwechslungsweise zwischen den verschiedenen Speicherriegeln. Um die Speicherbandbreite zu erhöhen, kann man die Daten auch aus zwei Speichermodulen anfordern. Man bezeichnete das als Dual-Channel-Verfahren. Dual Channel bezieht sich nicht auf das Speichermodul, sondern auf den

Speicher-Controller. Damit dieses Verfahren funktioniert, müssen die Speichermodule im vom Mainboard vorgegebenen Muster eingesetzt werden, was meistens farblich gekennzeichnet wird.

Die neueste Entwicklung diesbezüglich nennt sich Quad Channel. Das heißt entsprechend, es können vier Module gleichzeitig adressiert werden. Achten Sie also bei der Bestückung Ihres Mainboards darauf, ob Sie mit Dual Channel oder Quad Channel arbeiten, und setzen Sie die entsprechende Anzahl Speichermodule ein, um keine Leistung einzubüßen. Dabei können Sie nicht automatisch von »neu = Quad Channel« ausgehen. Auch die aktuellen Intel Boards verfügen so zum Beispiel standardmäßig über eine Dual-Channel-Architektur. Das wird ebenso für Broadwell und, wie es aussieht, auch für Skylake-Chipsets gelten, deren einzige wirkliche Neuerung in diesem Bereich (endlich) die Unterstützung von DDR4 ist.

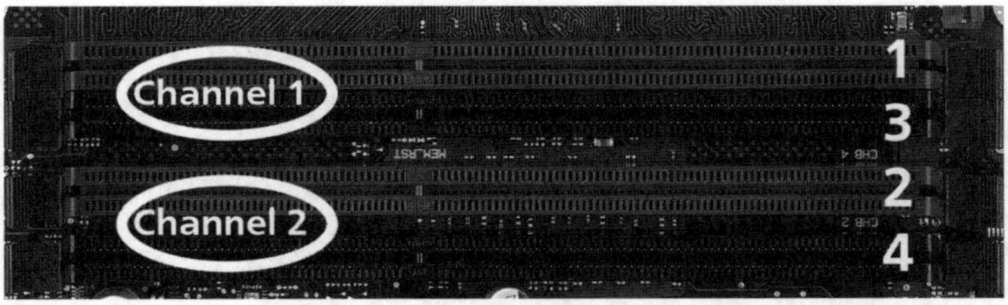

Abb. 4.12: Korrekter Einbau von Dual-Channel-RAM

4.3.4 Bauformen

Single Inline Memory-Module sind Speichermodule, die nur einseitig mit Speicherchips bestückt werden. Sie besitzen beidseitig Anschlusspins, diese sind jedoch immer mit den gegenüberliegenden Pins verbunden.

Dual Inline Memory-Module besitzen ebenfalls beidseitig Anschlusspins. Diese sind jedoch im Gegensatz zu SIMM-Modulen voneinander komplett unabhängig. Somit besitzen DIMM-Module einen doppelt so breiten Daten- und Adressbus. Für Notebook-RAM gelten aufgrund ihrer veränderten Bauart etwas andere Bezeichnungen, und sie nennen sich SO-DIMM anstelle von DIMM, wobei SO für Small Outline steht.

Bauform	Anzahl Pins	Bemerkungen
SIMM	72 Pin (»PS/2-SIMM«)	Drucker-Speicher
DIMM	184 Pin	DDR-SD-RAM
DIMM	240 Pin	DDR2-SD-RAM, DDR3-SD-RAM
DIMM	288 Pin	DDR4-SD-RAM

Tabelle 4.9: Bauformen für RAM-Module

Bauform	Anzahl Pins	Bemerkungen
Notebooks		
SO-DIMM	200 Pin	DDR, DDR2-SD-RAM
SO-DIMM	204 Pin	DDR3-SD-RAM
SO-DIMM	260 Pin	DDR4-SD-RAM

Tabelle 4.9: Bauformen für RAM-Module (Forts.)

Man bemerke: Im Unterschied zu den »großen« Modulen sind hier DDR2 und DDR3 sehr wohl pin-kompatibel. Man muss also auf das BIOS bzw. das Chipset achten, um zu erfahren, welche Sorte RAM das System auch wirklich unterstützt. Dafür weist dann die DDR4-Bauvariante wiederum eine abweichende Anzahl Pins auf und ist nicht verwechselbar beim Einbau.

Abb. 4.13: SO-DIMM-Modul mit 200 Pins (DDR2-533)

4.4 BIOS und EFI leben im ROM

Beim Arbeitsspeicher habe ich gesagt, dass dieser Speicher alle Informationen vergisst, sobald Sie das System ausschalten. Damit der PC aber beispielsweise dennoch weiß, wie er starten muss oder welche Abläufe beim Einschalten vonstattengehen müssen, hat das Mainboard einen Speicherchip, auf dem diese Informationen fest abgelegt sind. Die Urform dieses Speichers nennt sich ROM (Read Only Memory).

In ROM-Speicherchips liegen die Informationen nicht als flüchtige elektrische Ladung vor, sondern als fester Verdrahtungszustand. Sie gehen daher beim Ausschalten nicht verloren. Der Speicher ist nur 512 KB bis ca. 2 MB groß, also sehr klein.

In der Praxis werden heute nicht mehr reine ROMs verwendet, sondern PROMs (Programmable Read Only Memory), EPROMs (Eraseable PROM) und EEPROMs

(Electrical Eraseable PROM). Beim Programmieren der PROMs wird ein wesentlich stärkerer Stromimpuls als im Normalbetrieb dem Chip zugeführt. Dadurch brennen bestimmte Verbindungen zwischen den Wort- und Bitleitungen durch. Durchgebrannte Leitungen repräsentieren den Wert »0«, die anderen Leitungen den Wert »1«. EPROMS werden mit speziellen Geräten beschrieben, sie kommen in der Industrie bis heute vor. Zur Löschung benötigt man UV-Licht. Diese Methodik wäre zu aufwendig für heutige Computersysteme. Der nächste Schritt waren daher die EEPROMs. Diese sind grundsätzlich wie EPROMS aufgebaut, ermöglichen aber das Löschen einzelner Bytes oder des gesamten Speichers auf elektrischem Weg.

Aktuelle Systeme sind mit Flash-EEPROMs ausgerüstet. Diese Bausteine lassen sich komplett oder blockweise elektrisch löschen, und zudem lassen sie sich mittels Programmen auch blockweise wieder programmieren, sie müssen also nicht wieder durch ein Brenngerät programmiert werden.

4.4.1 Das BIOS

Im (EEP)ROM liegt das BIOS (Basic Input Output System). Das BIOS enthält grundlegende Informationen zur Hardware und die POST-Routine für den Systemstart. Nach dem Einschalten des PCs werden automatisch die Informationen im BIOS abgearbeitet und der Systemtest durchgeführt. Nach erfolgreicher Abarbeitung des BIOS ertönt ein Piepston, welcher signalisiert, dass die Hardware korrekt identifiziert werden konnte. Zugleich wird das BIOS in das RAM kopiert (Shadow-RAM), damit schneller auf diese Informationen zugegriffen werden kann. Erst jetzt wird das Betriebssystem aus dem aktuellen Laufwerk geladen. In der Regel ist das Festplatten- oder DVD-Laufwerk das aktuelle Laufwerk. Die Bootreihenfolge können Sie überdies im BIOS selber festlegen.

Die Steuerfunktionen im BIOS umfassen eine Menge wichtiger Parameter für das System. Dazu gehören:

- Aktivierung oder Stilllegung von Komponenten, die auf der Hauptplatine integriert sind (z.B. Grafikchip, Soundchip, LAN-Chip, SATA-Controller)
- Timing und Einstellungen für die Bussysteme (PCI-Express, PCI, AGP)
- Taktung und Einstellungen für den Arbeitsspeicher (RAM)
- Timing und Einstellungen für den SATA-Controller (vormals EIDE)
- Erfassung der Laufwerksdaten von Festplatte(n) und Diskettenlaufwerk(en)

Nach dem Einschalten des PCs erfolgt die Abarbeitung der BIOS-Routine (POST), welche die Hardware detailliert kontrolliert. Erst nach der kompletten Abarbeitung erfolgt wie erwähnt die Übergabe an das Betriebssystem, das wiederum seine Daten lädt, und erst anschließend können Sie als Anwender mit dem PC arbeiten.

4.4.2 UEFI folgt auf BIOS

Das BIOS-System stammt aus den Urzeiten der PC-Entwicklung und ist mittlerweile weit über 30 Jahre alt. Das bringt nebst viel Erfahrung auch gewisse Restriktionen mit sich, da sich die PC-Entwicklung rund um das BIOS stark verändert hat, das BIOS aber nicht mehr alle Entwicklungen mitmachen kann. So können etwa keine Festplatten über 2 TB (MBR-Problematik) angesprochen werden, und es umfasste lediglich einen 16 Bit breiten Code – aber wen kümmerte das 1985? Trotz verschiedener Modernisierungen kam dieses System seit Längerem an seine Grenzen, und die Hersteller suchten nach einer neuen Lösung.

Intel entwickelte daraufhin EFI (Extensible Firmware Interface), doch die anderen Hersteller haben nicht mitgezogen, da dieser Ansatz proprietär ausgelegt war und andere bisherige Mainboard- und BIOS-Hersteller ins Abseits gestellt hätte. 2005 wurde daher ein Forum gegründet, dem auch andere Hersteller wie AMD, Apple sowie die namhaften BIOS-Hersteller wie etwa Phoenix oder AMI beitraten. Bereits ein Jahr später wurde dann EFI 2.0 publiziert und freigegeben. Mittlerweile sind die Hersteller bei UEFI 2.5.x angelangt.

UEFI ist ein selbständiges eingebettetes System (Embedded System) – also eigentlich ein selbständig agierendes Vor-Betriebssystem auf 64-Bit-Basis mit eigenem EFI Byte Code (EBC) Interpreter. Dieser aktiviert nur noch die für den Start notwendigsten Geräte und überlässt das Starten der übrigen Treiber dem Betriebssystem. Dadurch kann der Startvorgang deutlich verschlank und beschleunigt werden.

Durch den aktuellen Aufbau sind ganze 8192 Exabytes an Festplattenspeicher ansprechbar, und selbst beim Arbeitsspeicher reichen die Dimensionen in den Exabyte-Bereich – das sind dann doch immerhin über 1.000.000.000 Gigabyte (mal sehen was der »A+-Plus«-Autor des Jahres 2040 dann zu dieser Größenordnung finden wird).

Allerdings müssen Sie auch die Zusammenhänge dahinter sehen. Damit solche Speichermengen unterstützt werden, verfügen diese Laufwerke mit GPT über eine neue Partitionstabelle. Diese wiederum kann nur von 64-Bit-Systemen gelesen und somit nur von UEFI unterstützt werden (für die Detailverliebten: unter Einschränkungen können gewisse GPT auch im 32-Bit-kompatiblen Modus genutzt werden).

UEFI verkürzt durch das parallele Abarbeiten von Prüfsequenzen den Start eines Systems merklich, und es kann auch Gerätetreiber über DXE (Driver Execution Environment) bereits zur Übergabe an das Betriebssystem vorladen. Zudem besitzt UEFI einen eigenen Bootloader, in welchem die Informationen über die installierten Betriebssysteme gespeichert sind. Ein eigentlicher Master Boot Record auf dem Disk, der das Laden des OS übernimmt, entfällt damit. Dies gilt sowohl für den Windows Boot Loader als auch den etwa von Linux her bekannten GRUB.

UEFI ist ein grafisch aufgebautes System, es gibt Strukturen und Icons, und dem Benutzer soll dadurch die Arbeit erleichtert werden. Dazu gehört auch, dass UEFI die Bedienung von Touchpads oder der Maus unterstützt. Sogar einfache Grafik- und Netzwerkkartentreiber sind in UEFI enthalten, sodass das UEFI sich selber über Internet aktualisieren oder ein Browser direkt über UEFI genutzt werden kann, ohne das ganze Betriebssystem zu starten. Zudem macht es durch eine integrierte Startwahl für Betriebssysteme deren eigenen Bootloader wie gesagt überflüssig.

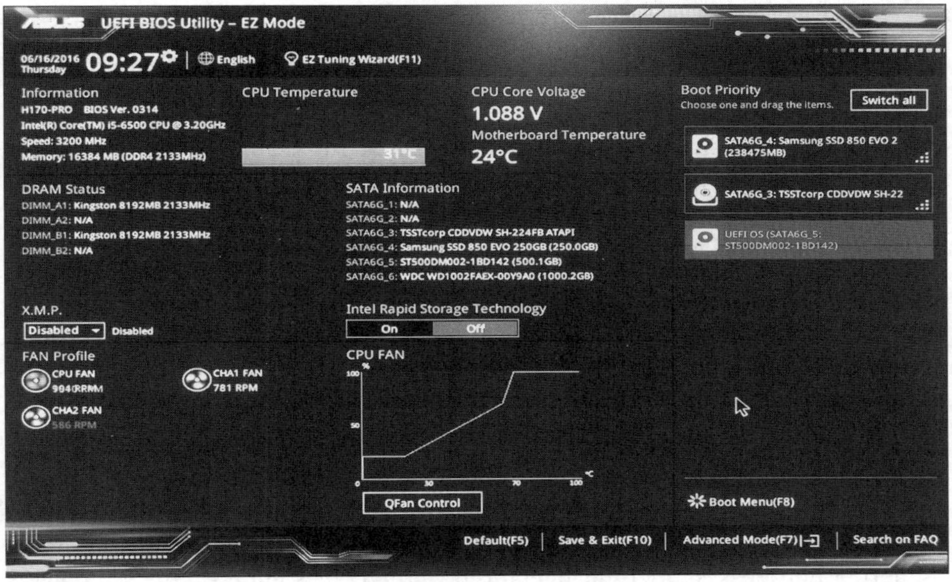

Abb. 4.14: Die grafische Verwaltung des UEFI

Das UEFI bietet als eigenständige Software verschiedenste Betriebs-, Konfigurations- und Monitoring-Möglichkeiten an, welche natürlich von Hersteller zu Hersteller sehr verschieden sein können.

Das UEFI zeigt Ihnen aber zum Beispiel anhand der obigen Grafik an:

- Die verbaute CPU (Intel Core i5-6500)
- Dass zwei RAM-Bänke belegt sind und womit (8GB DDR4-2133)
- Die eingebaute SSD
- Startreihenfolge der Laufwerke
- Die verbauten DVD-Laufwerke und Festplatten
- Die Temperatur von CPU und Mainboard

Darüber hinaus können Sie im UEFI auch Konfigurationsänderungen vornehmen:

- Geräte aktivieren und deaktivieren (z.B. Sound, USB oder Laufwerke)
- Datum und Uhrzeit einstellen
- Die Virtualisierungsunterstützung einschalten oder ausschalten
- Die Startreihenfolge der Laufwerke ändern (rechts im Bild)
- Je nachdem die Taktrate des Systems beeinflussen
- Die Geschwindigkeit der Lüfter regeln (Einstellungen wie »Ruhig« oder »Performance« bzw. »Maximum«)
- Verschiedene Sicherheitsmaßnahmen treffen wie ein BIOS-Passwort (ja, das heißt immer noch so) oder TPM und Intrusion Detection (dazu dann mehr im Kapitel »Sicherheit«)

UEFI hat auch den einen oder anderen Nachteil. So muss auf Systemen mit UEFI wie erwähnt zwingend ein 64-Bit-Betriebssystem installiert sein. Alternativ dazu kann das UEFI auch ein CSM (Compatibility Support Modul) enthalten, was eine 32-Bit-Installation erlaubt, aber nicht auf derselben Festplatte wie die 64-Bit-UEFI-Installation.Und nicht alle Fachleute sind sich einig, ob ein Netzwerkkartentreiber vor dem Laden des Betriebssystems und dessen Sicherheitsfunktionen eine gute Idee ist. Über das Internet könnten ja auch Viren und Trojaner bereits vor dem Betriebssystemstart auf den Computer gelangen, da im UEFI keinerlei Sicherheitssoftware aktiv ist. Aber wo ein Problem ist, gibt es auch Hersteller mit Ideen ... So bietet etwa Kaspersky seit Sommer 2013 Anti-Malware-Produkte an, die bereits auf UEFI-Ebene greifen und genau dieses angesprochene Risiko minimieren.

Eine weitere Sicherheitsmaßnahme der aktuellen UEFI-Versionen (ab 2.3.1) ist Secure Boot. Ist diese Funktion aktiviert, kann das System nur noch von digital signierten Betriebssystemen hochgefahren werden. Dies gilt etwa für Windows 8 oder verschiedene Linux-Derivate.

Es dauerte seine Zeit, bis sich die System- und Mainboard-Hersteller auf die Implementation einließen, doch nachdem seit Längerem alle Apple-Systeme damit ausgerüstet sind, haben auch die anderen Hersteller in den letzten Jahren nachgezogen. Hierbei hat auch die Einführung von Windows 8 (Thema Bootloader, Secure Boot) mitgeholfen.

4.5 Fragen zu diesem Kapitel

1. Was können Sie aus der Bezeichnung *DuoCore* schließen?

   A. Die CPU verfügt über zwei Sockel.

   B. Das Mainboard verfügt über zwei Sockel.

   C. Die CPU verfügt über zwei Kerne.

   D. Das Mainboard verfügt über unterschiedliche Anschlüsse für CPUs.

2. Sie müssen einen Prozessor in ein neues Board einsetzen. Auf was müssen Sie beim Einbau besonders achten?
   A. Dass die Taktfrequenz von Board und Prozessor übereinstimmen.
   B. Dass der Sockel des Boards mit dem des Prozessors übereinstimmt.
   C. Dass der Sockel des Boards neuer ist als der des Prozessors.
   D. Ob das Betriebssystem Treiber für den neuen Prozessor kennt.
3. Welcher Prozessor verwendet einen Sockel 1151?
   A. Intel Core i3-2100M
   B. Intel Core i5-3490
   C. Intel Corei7-940
   D. Intel Core i5-6500
4. Welche Komponente arbeitet IRQ-gestützt?
   A. PS/2-Anschluss
   B. Second Level Cache
   C. CPU
   D. DMA-Controller
5. Welcher der folgenden ist der Hauptunterschied zwischen Mini-ITX- und ATX-Mainboards?
   A. Der COM-Anschluss
   B. Der Formfaktor
   C. Die Anzahl an USB-Schnittstellen
   D. Der integrierte RJ45-Anschluss
6. Ein Mainboard verfügt über einen AM2-Sockel. Welcher Prozessor passt in diesen Sockel?
   A. AMD Phenom
   B. AMD Athlon XP
   C. Intel Core2Duo
   D. Intel Core i7
7. Welche Funktion macht die Installation einer CPU einfacher?
   A. Plug and Play
   B. Niedrigere Latenzen
   C. Zero Insertion Force
   D. Kühlkörper

8. Welches der folgenden RAM-Module weist 240 Pins auf?
   A. DDR1-SDRAM
   B. SO-DIMM
   C. DDR3-SDRAM
   D. SDR-DRAM
9. Welches ist die I/O-Taktrate von PC2-6400-Speicher?
   A. 200 MHz
   B. 400 MHz
   C. 800 MHz
   D. 6400 MHz
10. Welcher RAM-Typ kann die Spezifikation PC3-10500 aufweisen?
    A. DDR2
    B. RDRAM
    C. SDRAM3
    D. DDR3

Kapitel 5

Von Systembussen und Bussystemen

CompTIA-Prüfungsziele, die in diesem Kapitel behandelt werden:

Für das Examen 220-901	
1.2	Erläutern der Bedeutung von Motherboard-Komponenten, deren Zweck und Eigenschaften. ■ Erweiterungssteckplätze ■ Frontplatten-/Deckplattenstecker ■ Busgeschwindigkeiten

Von einem Bus sprechen Sie in der Systemtechnik, wenn zwei Komponenten miteinander verbunden werden. Es handelt sich also um einen sehr allgemein gehaltenen Begriff. Je nach Einsatzgebiet und Anwendung kann ein Bussystem somit die unterschiedlichsten Funktionen erfüllen.

Für PC und Notebooks lernen Sie in diesem Kapitel die folgenden Systeme kennen:

- den Systembus (intern und extern)
- den Speichergerätebus (EIDE, SATA) → Kapitel 6
- die externen Bussysteme (FireWire, USB, eSATA) → Kapitel 6

5.1 Der Prozessor wartet auf den Bus

Desktop- und Notebook-Prozessorsysteme unterscheiden beim Systembussystem verschiedene Busleitungen zur Verwaltung ihrer Tätigkeit, namentlich:

- Adressbus zur Speicheradressierung
- Datenbus zur Nutzdatenübertragung
- Steuerbus zur Geräteansteuerung

Der Adressbus überträgt lediglich Speicheradressen. Die Busbreite, also die Anzahl der Verbindungsleitungen, bestimmt dabei, wie viel Speicher direkt adressiert werden kann. Wenn ein Adressbus *n* Adressleitungen hat, können 2^n Speicherstellen direkt adressiert werden. Bei einem 32-Bit-System können also 2^{32} = 4.294.967.296 Byte (4 GB) angesprochen werden. Was wiederum erklärt, warum wir uns von 32-Bit-Systemen weg hin zu 64-Bit-Systemen bewegt haben – um eben mehr als die bisher 4 GB Arbeitsspeicher adressieren zu können. In Zahlen heißt das dann 2^{64} = 18.446.744.073.709.551.616, das wären dann 18 Exabyte – tönt besser (ist aber zurzeit noch etwas theoretisch).

Dieser Bus ist unidirektional (abgesehen vom DMA-Mode) und wird vom jeweiligen Busmaster angesteuert. Dies kann die CPU selber sein, aber vor allem DMA-fähige Bausteine können diesen Bus übernehmen, wenn sie aktiv werden.

Ein Datenbus überträgt Daten zwischen den Schnittstellen und Geräten innerhalb eines Computers oder zwischen verschiedenen Computern. Anders als bei einem Anschluss, bei dem ein Gerät mit einem anderen Gerät über eine oder mehrere Leitungen verbunden ist, kann ein Bus mehrere Peripheriegeräte über den gleichen Satz von Leitungen miteinander verbinden. Im Gegensatz zum Adressbus ist der Datenbus bidirektional.

Der Steuerbus ist ein Teil des Bussystems, welcher die Steuerung des Bussystems bewerkstelligt. Hierzu zählen unter anderem die Leitungen für die Lese-/Schreibsteuerung (Richtung auf dem Datenbus), die Interrupt-Steuerung, Buszugriffssteuerung, der Taktung (falls ein Bustakt erforderlich ist), Reset- und Statusleitungen. Welche der Leitungen in einem Bus eingesetzt sind, ist von der Art und Struktur des Busses abhängig.

Im Weiteren gibt es dann noch den internen CPU-Bus. Dieser dient zur Kommunikation der internen Einheiten des Prozessors (zwischen Leitwerk, Rechenwerk und deren Registern), gegebenenfalls auch mit dem L1-Cache und sogar direkt mit dem L2-Cache.

Demgegenüber verbindet der externe CPU-Bus den Prozessor mit dem Arbeitsspeicher und den Peripheriebusschnittstellen. Er wurde lange auch Front Side Bus (FSB) genannt. Dieser wiederum wurde zuerst durch den Quick Path Interconnect (QPI) abgelöst und heute durch den Memory Controller Hub (MCH).

Die beiden entscheidenden Faktoren für den Systembus bilden die Geschwindigkeit (Taktfrequenz) und die Pfadbreite, das heißt, wie viele Bit auf einmal über den Bus transportiert werden können.

5.2 Blick auf einen Vorläufer: die PCI-Architektur

Der PCI-Bus (Peripheral Components Interconnect) war die nächste Entwicklung im PC-Bereich. Er arbeitete prozessorunabhängig und bestand aus einem Local-Bus und einer PCI-Bridge, welche den LocalBus mit den Schnittstellen zu den externen Geräten verband, z.B. via AGP zur Grafikkarte. Der erste PCI-Bus arbeitete mit 33 MHz Taktrate und hatte eine Transferrate von 132 MByte/s. Der Datenpfad war entweder 32 Bit oder optional auch 64 Bit.

Die Revision von PCI 2.1 setzte den Takt dann auf 66 MHz und den Datendurchsatz dadurch auf 264 MByte/s herauf.

Der PCI-Chipsatz besteht aus drei Hauptbestandteilen: dem Expansion-Bus-Interface, der Host-Bridge mit dem Cache-DRAM-Controller und der Data Path Unit. Die Host-Bridge stellt die Verbindung zwischen PCI-Bus und CPU her. Das Expansion-Bus-Interface sorgt für eine Verbindung zu einem möglichen zweiten Bussystem (etwa ISA oder EISA), und die Data Path Unit stellt schließlich den eigentlichen Bus dar, d.h. die Leitung, an der alle Komponenten angeschlossen sind.

PCI kann als CPU-unabhängiges Bussystem zur Verbindung des DRAM-Subsystems mit Highspeed-I/O und einer Brücke zu anderen Bussystemen verstanden werden.

Das Chipset für die PCI-Architektur basiert auf der FSB-Schnittstelle (Front Side Bus, separater hoch getakteter Bus). Der FSB seinerseits ist an die Northern Bridge angebunden, diese bildet also die CPU-PCI-Bridge. Die Northern Bridge oder Northbridge verbindet den Prozessor via FSB mit dem Hauptspeicher, dem AGP-Steckplatz und der Southern Bridge oder Southbridge. Als Ergänzung dazu steht die Southern Bridge, welche den PCI-ISA-Hostcontroller bezeichnet. Zusätzlich hat die Southbridge die Kontrolle über den USB-Bus und die EIDE-Schnittstellen, also die Verbindung zu den externen Schnittstellen. Daraus wird ersichtlich, dass die PCI-Chipsets jeweils aus zwei Controllern bestanden. Wenn Sie also von Chipsets wie dem Intel i945 lesen, dann handelt es sich dabei um die Funktionalität, welche in diesen beiden Chips enthalten ist.

Die Southern Bridge verwaltet auch den Anschluss der Onboard-Geräte, der Steckkarten und der Peripheriegeräte; meist enthielt sie auch die Echtzeituhr (Real Time Clock, RTC) und den batteriegepufferten BIOS-Speicherbereich. Der PCI-Bus ist hier angebunden. Deshalb sitzt in der Southbridge auch der PIC (Programmable Interrupt Controller) oder gar APIC (Advanced PIC), der die ISA- und PCI-Interrupt-Leitungen verwaltet. EIDE-Festplattencontroller und USB-Controller sitzen auch in der Southbridge.

Zum Anschluss von Tastatur, Maus, Floppy-Laufwerken, paralleler und serieller Schnittstellen benötigen viele Southbridges einen speziellen Zusatzbaustein, den »Super-I/O-Chip«. Bei hochintegrierten Bausteinen sind diese Funktionen jedoch in die Southbridge selber integriert. Die letzten dieser Modelle boten auch eine AC-97-Soundschnittstelle: Über dieses spezielle Interface konnte ein kostengünstiger Soundchip angebunden werden.

Ebenfalls zum Chipsatz muss man den Flash-Baustein zählen, in dem die BIOS-Software gespeichert ist.

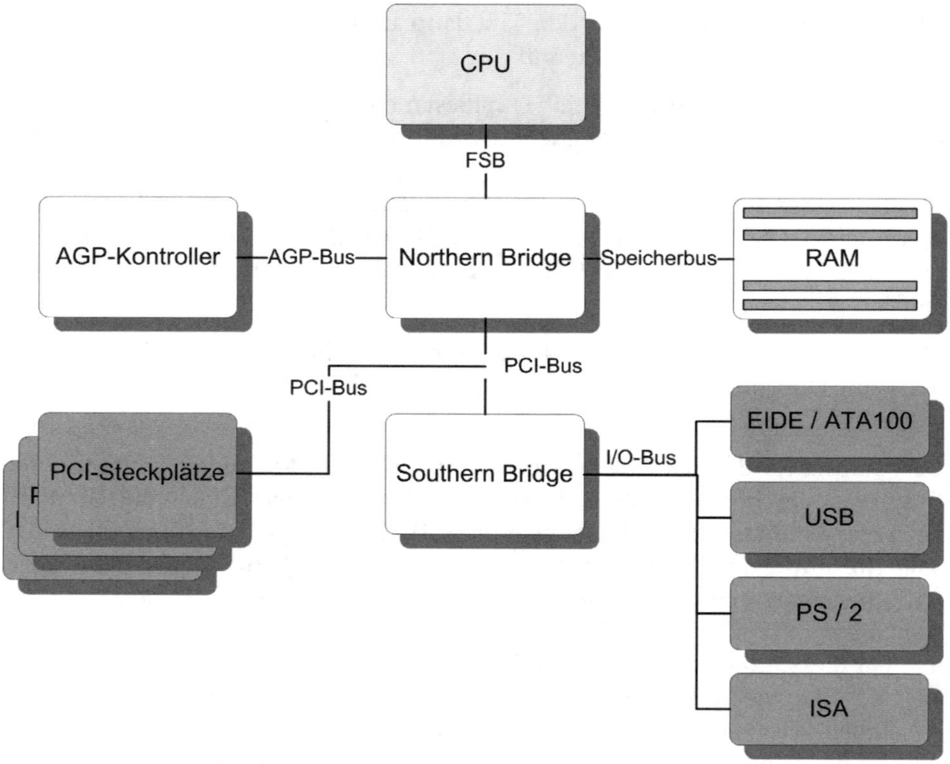

Abb. 5.1: Der Systembus eines PCI-Systems

Bei den meisten Chipsätzen ist die Verbindung zwischen North- und Southbridge als interner PCI-Bus ausgeführt; bei den letzten Intel-Chipsätzen war dies jedoch anders. Hier hat sich Intel ein spezielles Verbindungssystem einfallen lassen, über das die Chipsatz-Komponenten »Memory Controller Hub« (MCH, entspricht der Northbridge), »I/O Controller Hub« (ICH, früher Southbridge) und »Firmware Controller Hub« (FCH, integriert den BIOS-Flash-Baustein und weitere Funktionen) miteinander kommunizieren.

Bekannt sind etwa die Intel 8xx- und 9xx Chipsets, die letzten PCI-Chipsets waren die sogenannten Santa-Rosa-Chipsets mit den Bezeichnungen i965. Vorgänger davon waren die i945- und i925-Chipsets, alle bereits mit der Unterstützung für Mehrkernprozessoren. Die 800er-Serie dagegen war das klassische Chipset für Intel Pentium 4-Prozessoren. Die Nachfolger mit der Bezeichnung Intel Q33 oder höher sind dann nicht mehr PCI-Chipsets, sondern PCI-Express.

5.3 PCI – X

Die Ablösung von PCI 2.x erfolgt einerseits durch die Erweiterung auf den PCI-X-Standard und zum anderen durch die Einführung des neuen PCI-Express-Standards. Diese neuen Bustopologien erreichen Übertragungsgeschwindigkeiten von bis zu 7,95 GByte/s (PCI-X 1066) und 9,53 GByte/s je Richtung (PCI-Express mit 32 Leitungspaaren). Das PCI-X-Bussystem hat sein Einsatzgebiet vorwiegend im Server-Bereich, das PCI-Express-System dagegen in Desktop- und Notebooksystemen.

Doch auch auf anderen Gebieten soll PCI-Express existierende Standards ersetzen. Dies betrifft zum Beispiel die AGP-Schnittstelle, den Mini-PCI-Bus und die PC-Card. Erste lauffähige Komponenten auf Basis von PCI-Express existieren bereits seit Ende 2003. Serienreife Chipsätze haben namhafte Hersteller wie Intel, VIA oder SiS aber erst Mitte 2004 eingeführt.

PCI-Version	PCI 2.0	PCI 2.1	PCI 2.3	PCI-X 1.0	PCI-X 2.0	PCI-X 3.0
Einführung (Jahr)	1993	1994	2002	1999	2002	2004
Max. Busbreite (Bit)	32	64	64	64	64	64
Max. Taktrate (MHz)	33	66	66	133	533	1066
Max. Bandbreite (GByte/s)	0,12	0,5	0,5	0,99	3,97	7,95
Slots pro Bridge	4	2	2	1	1	1
Spannung (Volt)	5	5/3,3	3,3	3,3	3,3/1,5	3,3/1,5

Tabelle 5.1: PCI- und PCI-X-Versionen

PCI-X ist ein 64-Bit-Standard. Alle 64 Bit breiten Bussysteme PCI-X-1.0/2.0/3.0 garantieren die volle Hardware- und Software-Kompatibilität zum herkömmlichen PCI-Standard.

PCI-X-1.0 bot einen einzigen 64-Bit-Steckplatz. Die Spezifikation PCI-X-2.0 ermöglicht dann bereits 2 Slots mit 133 MHz. Darüber hinaus bietet der erweiterte PCI-X-Standard eine Fehlererkennung.

Die Übertragungsverfahren von PCI-X-1.0 bis -3.0 funktionieren nahezu identisch wie beim Standard-PCI und sind dazu abwärtskompatibel. Hinzugekommen sind einige neue Register und Funktionen zur Verbesserung der Datenflusskontrolle zwischen Sender und Empfänger. Dazu zählen zum Beispiel Split-Transactions. Diese erlauben es dem Sender, weitere Datenübertragungen zu anderen Geräten durchzuführen, ohne erst die Antwort vom Adressaten durch ein zeitraubendes Polling abzuwarten, wie dies bei PCI notwendig ist.

Das PCI-X-Bussystem kommt überwiegend in Server-Umgebungen zum Einsatz. Dort fordern Zusatzkarten wie 10-Gbit-Ethernet-Adapter und RAID-Controller eine sehr hohe Bandbreite vom I/O-Bussystem. Der PCI-X-2.0- und besonders der neue 3.0-Standard sollen den Leistungsbedarf hochperformanter Steckkarten wie 40-Gbit-Ethernet-Adapter decken.

5.4 PCI-Express

Die flexible PCI-Express-Architektur (PCIe) löste die PCI-Bussysteme der PCs und Notebooks ab. PCI-Express eignet sich als schneller universeller Interconnect zu internen Komponenten wie SATA, USB, Steckkarten mit hohem Datendurchsatz wie SCSI-RAID-Controllern oder 10-Gbit-Ethernet-Adaptern sowie als Docking-Verbindung zu externen Geräten wie Notebooks.

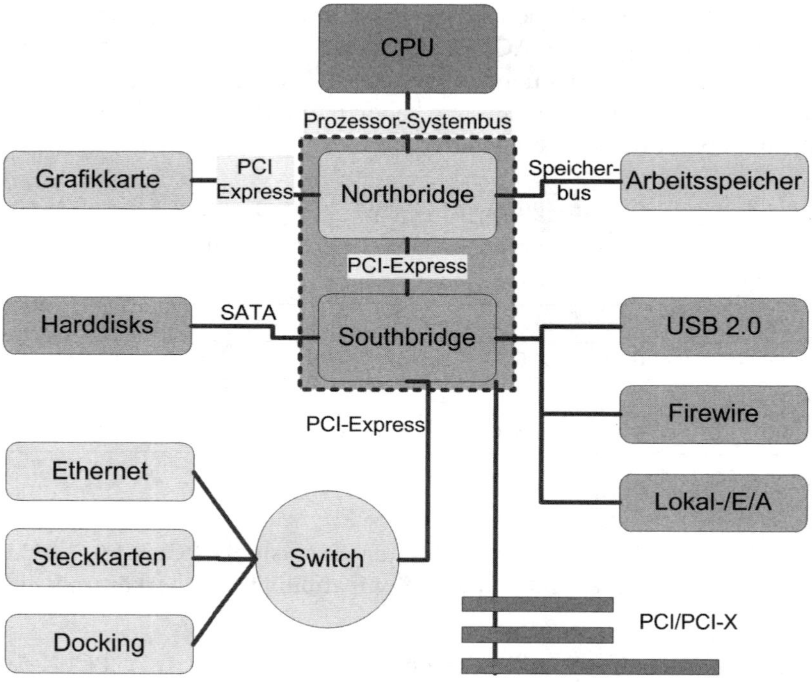

Abb. 5.2: PCI-Express-Architektur

Das langfristige Ziel von PCI-Express war es, die unterschiedlichen I/O-Standards wie PCI, PCI-X oder AGP abzulösen. Allerdings musste in der Übergangszeit gewährleistet sein, dass die neue Technologie aus Kostengründen die herkömmlichen Steckkarten weiterhin unterstützt. Gleichzeitig musste PCI-Express mit den aktuellen Schnittstellenstandards wie USB 2.0, SCSI, IEEE1394b, Ethernet und Infiniband problemlos zusammenarbeiten können. Die Lösung für diesen »Kompatibilitätsspagat« bieten bis heute Bridge-Bausteine.

Im Gegensatz zu PCI basiert PCI-Express auf einer seriellen Punkt-zu-Punkt-Verbindung. Die einfachste Verbindung zwischen Empfänger und Sender besteht aus zwei unidirektionalen, differenziell betriebenen Leitungspaaren mit niedriger und gleichspannungsfreier Signalspannung, genannt Lane.

Ein Steckplatz besitzt bei zwei Datenleitungen (entspricht x1-Link mit zwei differenziellen Leitungspaaren) inklusive Daten-, Adress-, Steuer- und Stromversorgungsleitungen mindestens 36 Pins. Bei einem x4-breiten Link-Bus sind es 64, bei x8 98 und bei x16 maximal 164 Pins. Der 32-Bit-PCI-Slot benötigt dagegen 84 einzelne Anschlüsse. Beim AGP-8x sind es im Vergleich 108 Pins und beim PCI-X-Slot 150 Pins.

Abb. 5.3: PCI- und PCI-Express-Steckplätze

Je nach Anzahl der benötigten Lanes kann der PCI-Express-Slot ohne mechanische Einschränkungen vor oder neben den existierenden PCI-Slots eingesetzt werden. Auch Systemlösungen für PC-Cards, Cartridges oder Kabelverbindungen zu anderen Rechnern inklusive Hot-Plug-Unterstützung sind mit dem PCI-Express-Bus möglich. Im Desktopbereich wird meist PCIe-x1 für »gewöhnliche« Steckkarten verwendet, etwa USB oder Sound, und PCIe-x16 zur Anbindung von Grafikkarten. PCIe-x4 sind vor allem im Serverbereich für Karten mit hohem Durchsatz (Festplattencontroller, 10GE-Netzwerkkarten) zu finden. Erkennen können Sie diese Steckplatzvarianten an ihrer physisch unterschiedlichen Länge.

Eine wichtige Eigenschaft des PCI-Express-Standards ist die Software-Kompatibilität zum herkömmlichen PCI-Standard. Weder das Betriebssystem noch die Applikations-Software muss speziell an das Bussystem angepasst werden. Um PCI-Express in ein PC-System mit einem aktuellen Betriebssystem zu implementieren, sind daher keine neuen oder angepassten Treiber erforderlich. Alle modifizierten Prozesse des PCI-Express-Busses beeinflussen ausschließlich Verbindungsebenen unterhalb des Betriebssystems.

Bei einer Grundfrequenz von 2,5 GHz erreicht der PCI-Express-Bus eine maximale Transferrate von 2,5 Gbit/s je Richtung und Leitungspaar, das entspricht in etwa 2,0 Gbit/s an Nutzdaten. Geplant ist eine Erhöhung der Frequenz bis auf 10

GHz, damit erreicht man die maximale physikalische Übertragungsgeschwindigkeit von 10 Gbit/s in Kupferleitungen.

Eine Hot-Plug-Funktion ermöglicht es, Hardware-Komponenten im laufenden Zustand eines Rechners einzustecken oder zu entfernen. Eine Unterbrechung des Betriebs durch Abschaltung ist nicht notwendig.

Mittlerweile wurde PCIe durch PCIe 2.0x und aktuell PCIe 3.0 erweitert. Dieser Standard erhöht den Bustakt auf 8 GHz und damit verbunden die Transferrate auf maximal 10 Gbit/s pro Lane. Dies durch den Einsatz einer neuen Codierung, der »128b130b«-Codierung. Die Steckplätze von PCIe 3.0 sind aber vollständig abwärts kompatibel mit PCIe-2.x-Steckkarten. Und PCIe-2.0-Steckkarten wiederum können auch in PCIe-1.x-Steckplätzen verwendet werden.

5.4.1 PCI-Express-Grafik-Interface

Schon Anfang 2004 erschienen erste Mainboards mit PCI-Express-Unterstützung auf dem Markt. Den PCI-Express-Grafikport gibt es in einer x16-Link-Ausführung. Diese Konfiguration ermöglicht theoretisch eine effektive Bandbreite von 3,73 GByte/s je Richtung. Demgegenüber stand das vorherige AGP-8x-Interface mit 1,99 GByte/s. Die Anzahl der Anschlüsse steigt von 132 Pins beim Universal-AGP- auf 164 Pins beim PCI-Express-Stecker.

Der PCI-Express-Slot für Grafikkarten kann bis 75 Watt an elektrischer Leistung bereitstellen. Über zusätzliche 6-Pin-Molex-Anschlüsse kann die Grafikkarte zudem direkt ab dem Netzteil mit zusätzlicher Energie versorgt werden, sodass auch Leistungsaufnahmen über 150 Watt möglich sind.

Bei PCI-Ex16 ist auch möglich, mehr als einen solchen Steckplatz auf dem Mainboard zu integrieren. Für grafikintensive Anwendungen kann man durch die von NVIDIA populär gemachte Scalable Link Interface-Technologie (SLI) auch zwei und mehr Grafikkarten miteinander verbinden. SLI ist allerdings kein Standard. Bei AMD/ATI heißt derselbe technische Ansatz dann Crossfire bzw. Crossfire X und ermöglicht ebenfalls den Einsatz mehrerer Grafik-GPU, die zusammengeschaltet werden können.

5.4.2 Die Weiterentwicklung bei Intel

Obwohl PCI-Express nach wie vor der herrschende Mainboard-Standard ist, hat Intel bei der Core i-Architektur entscheidende Eigenentwicklungen implementiert, die sich vom vorgängig beschriebenen Modell unterscheiden.

Änderungen bei den Core i3-, i5- und i7-Prozessoren (ausgenommen i7-900)

- Memory Controller (im Dual-Channel-Modus) direkt auf dem Prozessor, dadurch Integration eines Teils der ehemaligen Northbridge-Funktionalität

- Verbindung zwischen Prozessor und Plattform-Controller-Hub als PCH (Restfunktionen Northbridge und Funktionen des ehemals als Southbridge bekannten Chipsets) über Direct Media Interface (DMI) für einen Datendurchsatz bis zu 5 GBit/s bidirektional
- PCI-Express-Verbindung bis maximal 5 GBit/s

Zusätzlich bei allen Dual Core-Prozessoren (i3, i5 und i7) von Generation 1 an

- Integrierter Intel-Grafikchip (Intel HD) direkt auf dem Prozessor

Erst ab der zweiten Generation Intel Core i-Architektur wurden die Grafikchips in allen Desktopbaureihen eingesetzt. Einzig bei den für Server konzipierten Xeon-Baureihen gibt es dazu noch Ausnahmen (Stand Skylake-Architektur).

Entsprechend sieht die Architektur in einem die ersten Generationen verallgemeinernden Schema dann wie folgt aus:

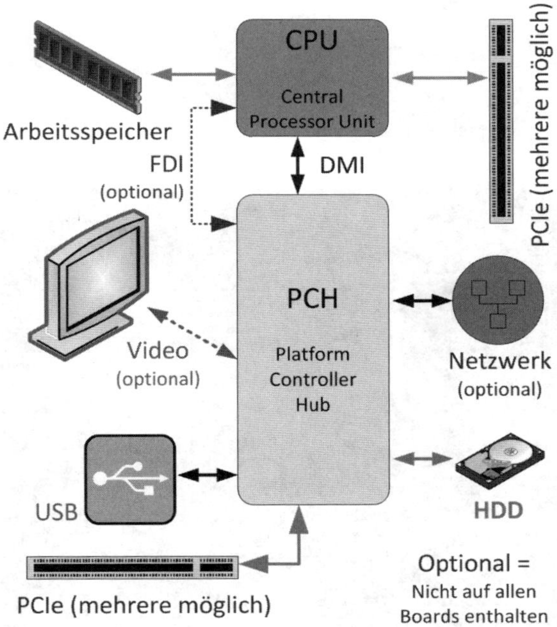

Abb. 5.4: Intel Core i-DMI-Architektur

Mit der Einführung der nächsten Generationen von Core i-CPUs hat sich dieses Design wieder vereinheitlicht. So sieht die Architektur für Haswell und Haswell EP aus. Achten Sie weniger auf die Intel-internen Chips als auf die stark veränderten Anschlussmöglichkeiten wie etwa Standard-HD-Audio oder Gigabit-Netzwerk ab Board sowie USB 3.0-Schnittstellen.

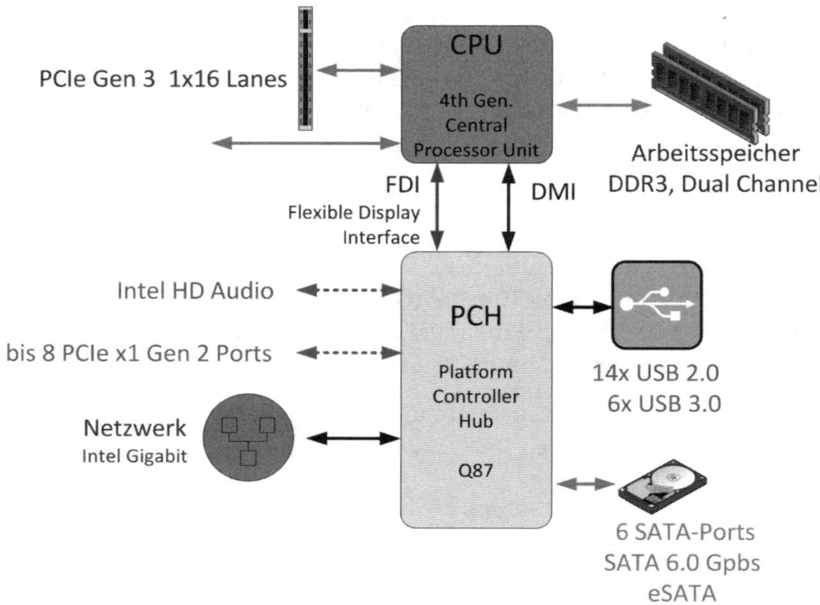

Abb. 5.5: Intel Core i-Haswell-Architektur (ab Haswell-E auch mit DDR4)

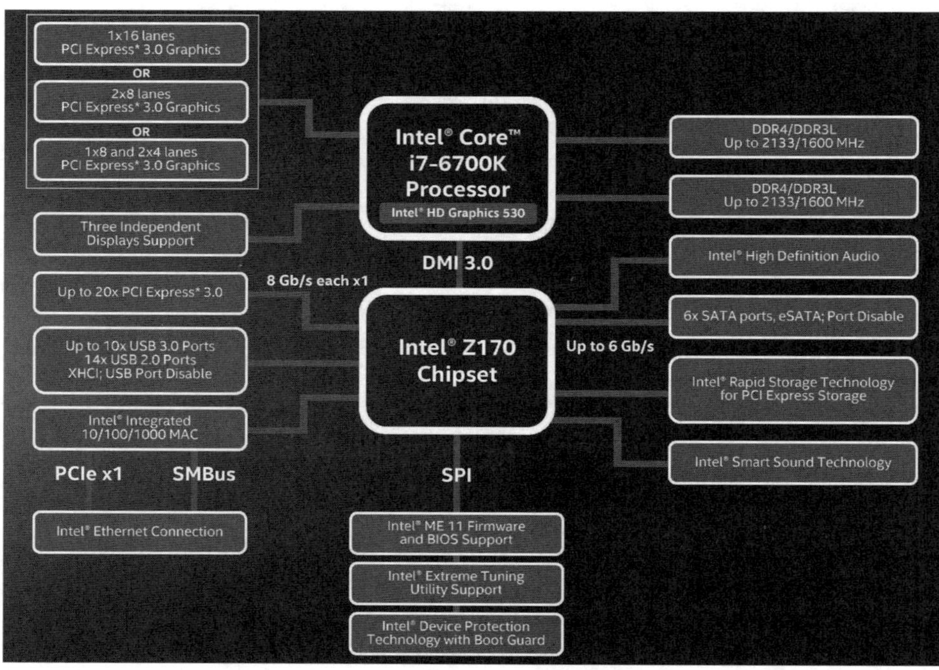

Abb. 5.6: Intel Core i-Skylake-Architektur (© Bild: Intel Corporation)

Mit Intel Skylake hat die Architektur wiederum eine im Wesentlichen durch die kaum auf dem Markt erschienene Broadwell-Architektur eingeführte Änderung erfahren. Die Leistung der Grafikeinheit wurde mit der Einführung von Intel HD 520 (Broadwell) bzw. Intel HD 530 (Skylake) deutlich ausgebaut.

5.4.3 Mini-PCI-Express

Mini-PCI-Express basiert auf dem PCI-Express-Standard. Mini-PCI-Express ersetzt Mini-PCI. Die nicht für den Endbenutzer zugängliche Schnittstelle beinhaltet spezielle Onboard-Erweiterungen wie WLAN oder Modem in Notebooks und PCs.

Um eine hohe Flexibilität des Mini-PCI-Express-Interface zu gewährleisten, haben die Entwickler zusätzlich zum PCI-Express-Bus auch einen SM-Bus (System Management Bus) und einen USB-2.0-Bus integriert. Insgesamt verfügt die Mini-PCI-Schnittstelle über 52 Steckkontakte. Das Interface liefert über die 3,3-V-Kontakte 750 mA und über die 1,5-V-Kontakte 375 mA an Strom.

5.4.4 ExpressCard

ExpressCard ist die nächste Evolution des PC-Cardbus-Standards auf Basis von PCI-Express. Die PCMCIA Trade Association verabschiedete die unter dem Code-Namen NEWCARD entwickelte ExpressCard-Spezifikation 1.0 im September 2003. Der ExpressCard-Standard löste mit höherer Performance und kleinerem Formfaktor die bisherigen PC-Card-Bussysteme in Notebooks ab und sollte auch in PCs zum Einsatz kommen. Die höhere Bandbreite garantierte beim ExpressCard-Standard die PCI-Express-Technologie.

Die universellen ExpressCard-Einsteckplätze verfügen über genügend Kontakte für beide Varianten und unterstützen jeweils beide Bussysteme. Künftige Notebooks oder PCs benötigen keinen zusätzlichen Controller für die Ansteuerung der ExpressCard: PCI-Express und USB 2.0 zählen dann zu den Standard-Features der Systemchipsätze. Notebooks mit PC-Card-Steckplätzen müssen noch einen eigenen PC-Card-Controller nutzen, der zusätzliche Kosten verursacht.

5.5 Und alles ganz anders: SoC

Bisher war die Rede von PCs und Notebooks. Aber mittlerweile machen Tablets, Smartphones und andere smarte Geräte ja den weitaus größeren Teil der verkauften Geräte aus.

Und diese Geräte werden aufgrund der engen Platzverhältnisse meist als System on a Chip (SoC) konstruiert. Die eingesetzten Bussysteme basieren dabei auf der Implementierung der anwendungsbasierten integrierten Schaltungen und unterscheiden sich daher stark von den bisher beschriebenen Systemen wie PCIe.

SoC vereinen auf einer Platine sowohl den Hauptprozessor als auch die Bussysteme, meistens auch einen integrierten Grafikchip und bieten dazu Schnittstellen nach außen wie USB (Micro USB) oder Micro SD. Auch ein (oft drahtloser) Netzwerkanschluss ist meist vorhanden und bei Smartphones auch ein Telefoniemodul.

Ein weiteres Einsatzgebiet von SoC-Systemen sind embedded Systeme, d.h. Maschinen und Geräte z.B. im Zusammenhang mit IoT, die so mit eigener Intelligenz und Kommunikationsfähigkeiten (Netzwerk) ausgestattet werden.

Im bereits erwähnten Bereich der smarten Geräte sind ARM oder Samsung sehr bekannte Namen als Hersteller von SoC, aber auch andere, für die Industrie tätige Hersteller, die Sie im klassischen »IT-Umfeld« wenig antreffen.

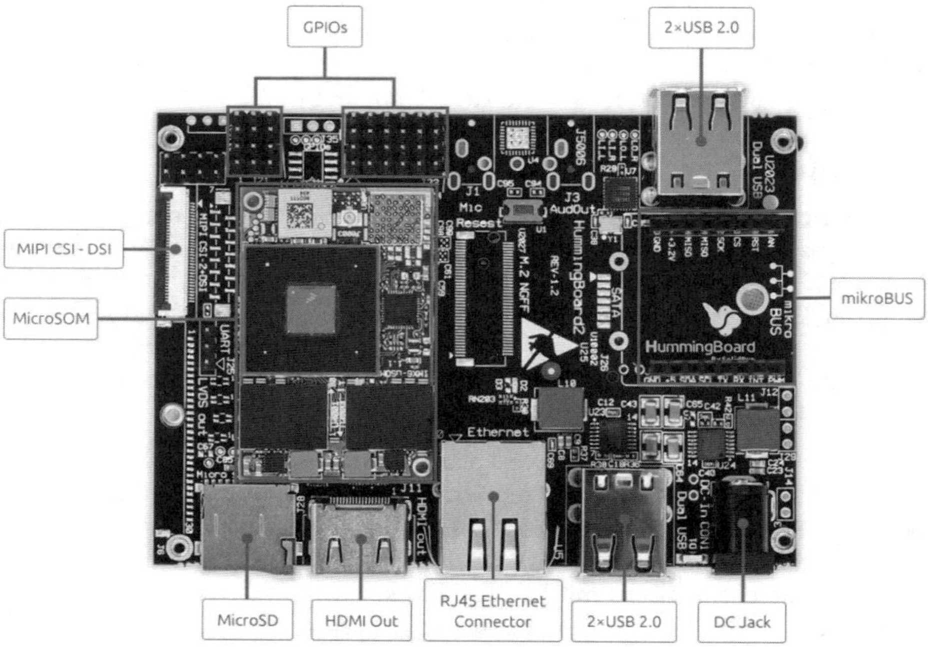

Abb. 5.7: ARM-basiertes SoC »HummingBoard« von SolidRun für Mini-Computer (© SolidRun)

Andere bekannte SoC werden etwa von der Raspberry PI Foundation gefördert und kommen in Webcams, Smartphones oder IoT-Geräten zum Einsatz. Mit Raspbian steht hier sogar ein eigenes Betriebssystem öffentlich zum Download bereit, und es besteht eine große Fangemeinde für »Raspberrys«, die alles Mögliche aufbauen und betreiben.

5.6 Systembussysteme im Vergleich

Bus	Übertragungsgeschwindigkeiten [Bytes bzw. Bits/s]	Taktrate [MHz]	Breite Datenbus	Status
ISA	2,5 MB/s	8,33 MHz	8+16 Bit	Nicht mehr verbaut
EISA	33 MB/s	8,33 MHz	32 Bit	Nicht mehr verbaut
PCI 1.0	132 MB/s	33 MHz	32 Bit	Veraltet
PCI 2.x	264 MB/s	66 MHz	32/64 Bit	In Systemen bis ca. Baujahr 2006 vorhanden
AGP	bis 528 MB/s	66 MHz	32 Bit	Für Grafikkarten noch erhältlich, nicht für neue Systeme
PCI-X	bis 1066 MB/s	100/133 MHz	64 Bit	für Server
PCIe 1.0	bis 2,5 Gbit/s	1.25 GHz	64 Bit	Pro Lane (x1)!
PCIe 2.0	bis 5,0 Gbit/s	2.5 GHz	64 Bit	Pro Lane (x1)!
PCIe 3.0	bis 10,0 Gbit/s	4 GHz	64 Bit	Pro Lane (x1)!

Tabelle 5.2: Systembusse im Vergleich

5.7 Fragen zu diesem Kapitel

1. Auf welcher Form der Datenübertragung basiert PCI-Express?
   A. Parallele Datenübertragung
   B. USB 2.0
   C. Serielle Punkt-zu-Punkt-Verbindung
   D. Den internen PCI-Bus
2. Welche Busgeschwindigkeiten unterstützt PCIe? Wählen Sie zwei aus.
   A. 1x
   B. 3x
   C. 6x
   D. 8x
   E. 24x
3. Ein Kunde erklärt Ihnen, dass PCI-X viel besser sei als PCI-Express. Was tun Sie in einer solchen Situation?
   A. Sagen Sie dem Kunden, beide Systeme seien sehr gut.
   B. Sagen Sie nichts und beenden Sie das Gespräch.
   C. Geben Sie dem Kunden eine Liste mit Blogs und Diskussionsforen.
   D. Erklären Sie dem Kunden Vor- und Nachteile beider Systeme.

4. Welche Schnittstelle erlaubt Ihnen den Einsatz von zwei oder mehr Grafikkarten?
   A. PCI
   B. AGP
   C. PCI-X
   D. PCIe
5. Die maximale Geschwindigkeit von PCI 2.0 ist:
   A. 132 MB/s
   B. 264 MB/s
   C. 528 MB/s
   D. 1066 MB/s
6. Welcher Erweiterungssteckplatz verfügt über eine x16-Geschwindigkeit?
   A. CNR
   B. PCI
   C. PCIe
   D. AGP
7. In welcher chronologischen Abhängigkeit steht PCI-X?
   A. Es war als eine Erweiterung von PCI für Server-Systeme gedacht.
   B. Es war als eine Erweiterung von AGP für PC-Systeme gedacht.
   C. Es war als eine Ablösung von EISA für Server-Systeme gedacht.
   D. Es war als eine Ablösung von PCIe für alle Systeme gedacht.
8. Die Intel Haswell-Chiparchitektur ...
   A. unterstützt AMD-CPUS und Intel-CPUs.
   B. unterstützt die Core-i-Architektur der vierten Generation.
   C. kann USB 3.0 immer noch nicht ansteuern.
   D. arbeitet mit Triple Channel RAM-Unterstützung.
9. Als FSB bezeichnet man in der Bus-Architektur
   A. die Verbindung von CPU und RAM bei PCI.
   B. die Verbindung von CPU und RAM bei PCIe.
   C. die Verbindung von CPU und AGP bei PCI.
   D. die Verbindung von CPU und Northbridge bei PCI.
10. Die Intel Core-i-Architektur der sechsten Generation ...
   A. unterstützt natives WLAN.
   B. unterstützt nativ kein Netzwerk.
   C. unterstützt nativ Gigabit-Ethernet.
   D. unterstützt nativ Thunderbolt.

Kapitel 6

Externe Schnittstellen

CompTIA-Prüfungsziele, die in diesem Kapitel behandelt werden:

Für das Examen 220-901

1.7 Vergleich und Gegenüberstellung verschiedener PC-Anschlussschnittstellen, deren Eigenschaften und Zweck.

- Physische Verbindungen, Eigenschaften

1.11 Erkennen gebräuchlicher PC-Steckertypen und der zugehörigen Kabel.

- Gerätekabel und -stecker

Nicht nur beim Mainboard wird von einem Bussystem gesprochen. Auch die Datenübertragung zwischen System und Datenträger verwendet ein Bussystem, welches über eigene Controller mit dem Prozessor kommuniziert. Man spricht im Zusammenhang mit diesem Controller auch von einer Schnittstelle!

Am bekanntesten sind in diesem Bereich die folgenden Schnittstellendefinitionen:

- SATA (Nachfolger von EIDE)
- SAS (Nachfolger von SCSI)
- CardExpress
- USB
- FireWire
- Thunderbolt
- Parallele und serielle Schnittstelle

Die Sprachregelung in diesem Bereich ist nicht einheitlich. Während die Übertragung der Daten an sich den Begriff Bussystem nahelegt und zum Teil auch im Begriff verwendet wird (USB, Universal Serial Bus), wird umgekehrt von Schnittstellen gesprochen, was den Controller in den Mittelpunkt stellt (SATA-Schnittstelle).

Von der Übertragung her gibt es grundsätzlich nur zwei Verfahren:

- den parallelen Bus (IDE, LPT, SCSI, PC-Card)
- den seriellen Bus (COM, USB, FireWire, SATA, SAS, Card Express)

Die verschiedenen Systeme werden im Folgenden genauer beschrieben.

6.1 SATA und eSATA

Serial Advanced Technology Attachment (SATA) wurde im Jahr 2000 von Intel als Ablösung des bisherigen ATA-Standards (EIDE, auch PATA genannt) entwickelt. Diese Entwicklung verabschiedete sich von der bisherigen parallelen Datenübertragung und setzte stattdessen auf eine bit-serielle Punkt-zu-Punkt-Verbindung. Dabei kommen bis zu vier direkte Punkt-zu-Punkt-Verbindungen zwischen Interface-Chipsatz und jeweils einem Gerät an jeder Verbindungsleitung zum Einsatz.

Serial ATA verspricht neben höheren Datendurchsatzraten einen geringeren Leistungsverbrauch, kleinere Steckverbinder sowie dünnere und längere Kabel.

Durch die neue Bezeichnung SATA wird der bisherige ATA-Standard seitdem häufig als PATA-Standard (für Parallel-ATA) bezeichnet.

Von SATA gibt es mittlerweile drei Versionen, umgangssprachlich als SATA-I, SATA-II und SATA-III bezeichnet. Die korrekten Bezeichnungen gemäß SATA-Gremium lauten jedoch wie folgt:

Generation	Bezeichnung	Geschwindigkeit
SATA 1,5 Gbit/s	SATA Revision 1	150 MByte/s pro Richtung
SATA 3 Gbit/s	SATA Revision 2	3,0 Gbit/s pro Richtung
SATA 6 Gbit/s	SATA Revision 3	6,0 Gbit/s pro Richtung

Tabelle 6.1: SATA-Generationen

SATA-II und SATA-III gelten gemäß Serial ATA Organisation als inkorrekte Bezeichnung (`http://www.sata-io.org/developers/naming_guidelines.asp`)

Der neue SATA 6 Gbit/s-Standard kommt hauptsächlich den SSD-Platten zugute, da diese von den höheren Durchsatzraten vollumfänglich profitieren können. Herkömmliche Festplatten werden diese Geschwindigkeit dagegen kaum nutzen können.

Serial ATA-Laufwerke verwenden eigene Kabel und Stecker, und die Stromversorgung muss auch vom Netzteil unterstützt werden, damit die Laufwerke angeschlossen werden können.

Die maximale Kabellänge bei diesem Standard beträgt 1 m. SATA unterstützt Geräte wie z.B. Festplatten, SSD, DVD usw.

Abb. 6.1: Vier SATA-Anschlüsse auf einem Mainboard

Die Stecker sind so gebaut, dass keine Falschpolung möglich ist. Das Jumpern wie beim alten EIDE entfällt. Es gibt keine Terminatoren wie ehemals bei SCSI, und an jedem Kabel wird nur ein Gerät angeschlossen.

Die anzuschließenden Geräte können im eingeschalteten Zustand des Rechners angeschlossen und installiert werden (Hot Plug).

Abb. 6.2: SATA-Kabel

eSATA

SATA wurde zuerst nur für interne Geräte entwickelt. Daher verfügen die Kabel und Stecker nicht über die notwendige Abschirmung gegen elektromagnetische Störungen und auch nicht über die nötigen mechanischen Eigenschaften für den Betrieb außerhalb eines (abgeschirmten) Gehäuses. Um externe Geräte wie beispielsweise Festplatten über SATA anschließen zu können, wurde daher zusammen mit SATA 3 Gbit/s im Jahre 2005 auch eSATA verabschiedet, der einen Anschluss über eSATA-Kabel und Adapter erlaubt.

eSATA spezifiziert abgeschirmte Kabel mit maximal zwei Metern Länge und neue Stecker und Buchsen mit folgenden Eigenschaften:

- Eigene Stecker und Buchsen, welche nicht mit internen Steckern und Buchsen verwechselt werden können (keine L-Form)
- Erhöhte Robustheit für häufiges Ein- und Ausstecken
- Gefederte Anschlüsse, die ein versehentliches Abziehen verhindern sollen

Eine Stromversorgung des externen Gerätes über das eSATA-Kabel ist jedoch nicht möglich. Dies bedeutet beispielsweise, dass keine Kleingeräte wie USB-Sticks über eSATA eingesetzt werden können. Eine Entwicklung, welche zurzeit im Gang ist und dieses Problem beheben soll, nennt sich eSATAp, Power-over-eSATA. Die Standardisierung ist aber noch nicht abgeschlossen, dennoch sind Produkte dazu im Handel.

6.2 SAS

So wie EIDE durch SATA abgelöst worden ist, wurde auch SCSI durch einen seriellen Nachfolger ersetzt. Hier nennt er sich Serial Attached SCSI (SAS).

SAS geht von ähnlichen Überlegungen aus wie SATA. Mit der Serialisierung der klassischen parallelen SCSI-Datenübertragung können höhere Datenübertragungskapazitäten erreicht werden.

Allerdings gelten SAS-Platten als höherwertig als SATA-Platten. Von daher werden SATA-Platten eher in Low-End-Systemen oder kleineren Speicher-Arrays eingesetzt, SAS-Platten eher in Mid- und High-End-Servern und größeren Arrays.

Abb. 6.3: 72-GB-10000-rpm-SAS-Hot-Plug-Festplatte

Da SAS nach SATA entwickelt wurde und die identischen Übertragungsmedien genutzt werden, wurde in die SAS-Protokollarchitektur gleichzeitig auch ein SATA Tunneling Stack implementiert. So bieten viele Server die Möglichkeit, dass entweder SATA- oder SAS-Platten eingesetzt werden können.

Die Übertragungstechnik erlaubt aktuell Datenraten bis 12 Gbps, und zwar in Vollduplex, dies im Unterschied zu SATA.

Generation	Bezeichnung	Geschwindigkeit
SAS 3 Gbit/s	SAS	3,0 Gbit/s pro Richtung
SAS 6 Gbit/s	SAS	6,0 Gbit/s pro Richtung
SAS 12 Gbit/s	SAS	12,0 Gbit/s pro Richtung

Tabelle 6.2: SAS-Generationen

SAS verwendet einen leicht modifizierten SATA-Stecker mit der Bezeichnung SFF-8482. Die Modifikation bewirkt, dass SAS-Kabel für SATA verwendet werden können, nicht aber umgekehrt.

Dual Port-SAS-Festplatten besitzen im Gegensatz zu den Single Port-Festplatten zwei Anschluss-Ports (Kanäle). Diese können zur Leistungssteigerung gebündelt oder bei Verwendung von zwei separaten Controllern zur Ausfallsicherung verwendet werden. Für die Verteilung von SAS-Kanälen innerhalb eines Gehäuses wird neben dem SFF-8482-Stecker auch der SFF-8484-Stecker für den Anschluss von bis zu vier SAS-Geräten verwendet.

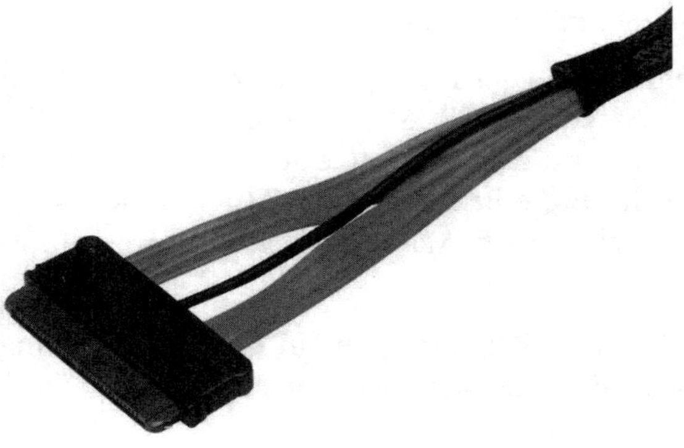

Abb. 6.4: SAS-Steckertyp SFF-8484

Neben diesen Typen werden weitere Versionen verwendet.

Bezeichnung	Anzahl Pin	Anzahl Geräte (Kanäle)	Beschreibung
SFF-8087	36	4	interne vierkanalige Verbindungen, kleiner als SFF-8484, auch als Mini-SAS bezeichnet
SFF-8088	26	4	externe vierkanalige Verbindungen, auch als Mini-SAS bezeichnet
SFF-8470	32	4	externe vierkanalige Verbindungen

Tabelle 6.3: SAS-Steckertypen

Abb. 6.5: SAS-Steckertyp SFF-8087

Als Oktopus-Kabel werden Kabel mit vier SFF-8482 und einem SFF8484 oder SFF-8070 bezeichnet. Andere Steckerkombinationen finden ebenfalls Verwendung.

6.3 PCMCIA, PC Card und ExpressCard

Die Begriffe PCMCIA, PC Card und ExpressCard beschreiben Standards für Erweiterungskarten für mobile Computer. Derzeit werden Modems, Netzwerkkarten und andere Anwendungen mit diesen Karten realisiert.

Herausgegeben werden diese Standards von der 1990 gegründeten Personal Computer Memory Card International Association (PCMCIA). Die erste Generation dieser Karten hieß denn PCMCIA-Karte, und danach folgte der Cardbus-Standard. Dieser brachte 1995 den Durchbruch für die Bezeichnung PC Card, welche allerdings weniger einem technischen als einem Marketingbegriff entspricht. Er enthielt einen 32-Bit-Datenbus.

ExpressCard ist dann aber kein PCMCIA-Standard mehr in dieser Aufzählung, sondern eine eigenständige Standardfamilie, was sich auch daran zeigt, dass ExpressCard ein offener Standard ist.

Alle PCMCIA-Standards sowie der ExpressCard-Standard arbeiten stromsparend und unterstützen Plug & Play, sind also im laufenden Betrieb wechselbar. Der untenstehende Vergleich zeigt Ihnen links eine CardBus PC Card und rechts die neueren ExpressCard-Modelle.

Parameter	CardBus	ExpressCard
Schnittstelle	68 Pins	34 oder 54 Pins
Takt maximal	synchron: 33 MHz	asynchron: 2.5 GHz
Datenbandbreite	132 Mbyte/s	ca. 500 MB/s
Datenbusbreite	32 Bit	64 Bit
Spannung	3,3 V	3,3/1,5 V

Tabelle 6.4: PCMCIA-Standards

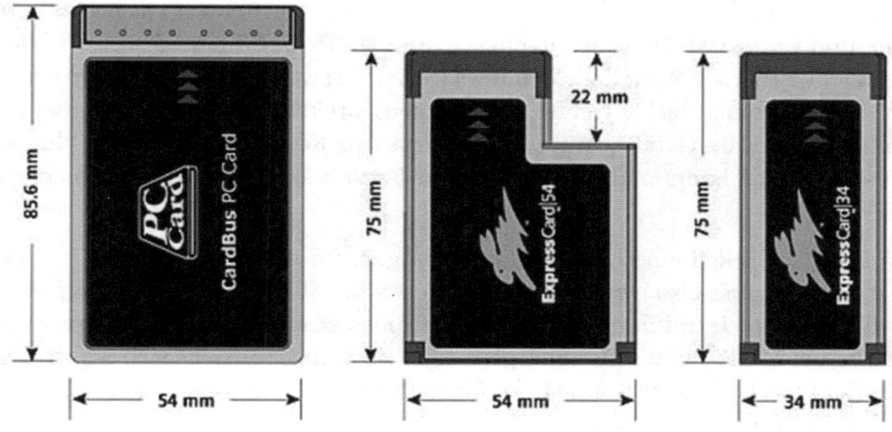

Abb. 6.6: Die alten und neuen Steckkarten (Quelle: © ExpressCard Org)

6.4 USB-Standards

USB steht als Abkürzung für Universal Serial Bus. Dieser Standard wurde entwickelt, um den Anschluss von Peripheriegeräten an einen PC zu vereinfachen. Als Ersatz für serielle, parallele und ähnliche Schnittstellen soll er Geräten wie Mäusen, Tastaturen, Scannern und Druckern zur Datenübertragung dienen. Es gibt ihn mittlerweile in verschiedenen Definitionen von USB 1.0 über Hi-Speed-USB und Wireless-USB bis hin zu USB 3.0 und neuerdings auch als Version 3.1.

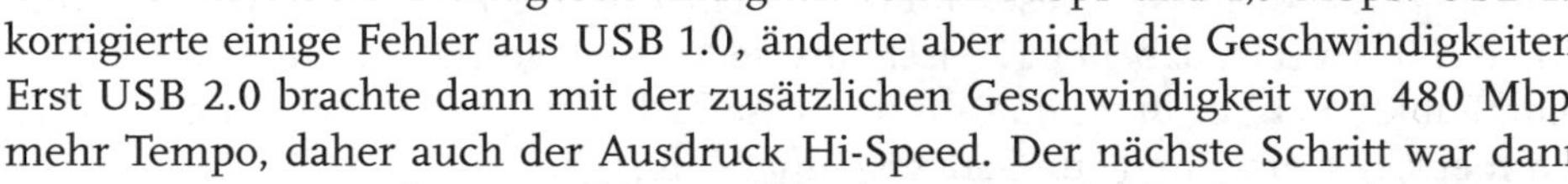

Abb. 6.7: Die unterschiedlichen offiziellen USB-Logos für die verschiedenen Standards

USB 1.0 hatte eine Grundgeschwindigkeit von 12 Mbps und 1,5 Mbps. USB 1.1 korrigierte einige Fehler aus USB 1.0, änderte aber nicht die Geschwindigkeiten. Erst USB 2.0 brachte dann mit der zusätzlichen Geschwindigkeit von 480 Mbps mehr Tempo, daher auch der Ausdruck Hi-Speed. Der nächste Schritt war dann USB 3.0 (Superspeed) mit 5 Gbps, und der bereits verabschiedete und auf zweite Hälfte 2015 auch erhältliche Standard USB 3.1 (Superspeed+) erhöht die Brutto-Übertragungsrate auf neu 10 Gbps.

Die Identifikation jedes Geräts geschieht automatisch durch den USB-Hostadapter. Er ist auch für die Grundkonfiguration des USB-Geräts verantwortlich. Nur bei sogenannten Hubs, die der Verzweigung des Busses dienen, wird zwischen Downstream (zu den einzelnen Geräten) und Upstream (zum PC) unterschieden.

Der USB-Basistreiber informiert das Betriebssystem über neu hinzugekommene Geräte und veranlasst das Laden gerätespezifischer Treiber. In der Regel wird der Anwender damit nicht behelligt. Windows (seit XP) sowie Mac OS X sind prinzipiell in der Lage, eingesteckte Geräte zu erkennen, direkt den passenden Treiber zu installieren und die Geräte dann ohne Neustart in Betrieb zu nehmen (Plug & Play). Die Geräte können also im laufenden Betrieb eingesteckt und abgezogen werden.

Auch kennt USB keine besonderen Einstellungen, für die der Anwender zuständig ist. Dieser muss also weder selbst – wie etwa bei SCSI – Geräte-IDs vergeben oder für korrekte Terminierung sorgen noch muss er sich mit Master-Slave-Jumpern wie bei PATA-Platten herumärgern. Ebenso wenig muss er sich selbst um Bitraten-, Protokoll- oder Handshake-Einstellungen wie etwa bei der seriellen Schnittstelle kümmern.

6.4.1 Die Funktionsweise von USB

Ein USB-Hostadapter kann bis zu 127 Geräte ansteuern, deren Datenaufkommen zwischen wenigen Kbit/s und 5 Gbps betragen kann. Jedes Gerät kann entweder nur eine oder aber mehrere Funktionen besitzen; eine Tastatur mit integriertem Hub etwa ermöglicht den Anschluss eines weiteren USB-Geräts, dessen Kabel dann mit dem zusätzlichen Anschluss in der Tastatur verbunden wird.

Das Anschlusskabel darf dabei nicht länger als fünf Meter sein. Wenn mehrere Geräte angeschlossen werden, kann dies dann über Hubs erfolgen. Allerdings können maximal 5 Hubs angeschlossen werden, und somit kann die gesamte Kabellänge 30 Meter nicht übersteigen. Werden größere Distanzen benötigt, muss wieder ein Computer dazwischengeschaltet werden.

Der Bus, der diese Geräte verbindet, ist aber eigentlich keiner. Vielmehr stellt er sich als hierarchischer Sternverteiler oder als Pyramide mit mehreren Ebenen dar. Die Punkt-zu-Punkt-Verbindungen laufen sternförmig in einem Hub zusammen, der gegebenenfalls wiederum mit einer Leitung am hierarchisch nächsthöheren Hub angeschlossen ist. Dieses Konzept zieht sich bis zur Spitze der Pyramide durch. Ein Hub ist dabei ein Zwischenverteiler oder Verstärker ohne eigene logische Funktionen. Er dient quasi nur zur Auffächerung der Verbindungsstrecken auf mehrere Geräte und zur Geräteparameterabfrage.

Aus Sicht der Geräte ist der Hub ein Konzentrator, wobei Port 00h die Verbindung zur nächsthöheren Hierarchieebene in Richtung zum Rechner herstellt. Der PC besitzt als einziges Gerät den sogenannten Root Hub oder Master (mit Root Port), der den gesamten USB steuert. Eine Ringverbindung ist nicht erlaubt.

USB verwendet sogenannte A-Stecker für die meisten Geräte, B-Stecker für Drucker und Scanner, und Digitalkameras sind zumeist mit einem Mini-USB-Stecker ausgerüstet. Für USB 3.0 kommen neue, zu USB 2.0 abwärtskompatible Stecker hinzu, die insbesondere mehr Leitungen für die Nutzung von USB 3.0 enthalten.

Mit USB 3.1 kommt jetzt ein neuer, zu keinem bisherigen Stecker kompatibler Stecker hinzu, der Stecker Typ C. Diesen gibt es nach Plan nur in einer einzigen Ausführung – nämlich Typ C an beiden Enden des Kabels. Damit kann nichts mehr falsch angeschlossen werden. Zur Wahrung der Abwärtskompatibilität wird es Adapter geben, sodass über einen solchen Adapter auch andere Kabel oder Gerät angeschlossen werden können, da der Standard »3.1« als solcher abwärtskompatibel zu USB 3.0 wie auch 2.0 ist. Eine weitere Spezialität von Kabeln mit Typ-C-Steckern besteht darin, dass über eine solche Verbindung Geräte mit bis zu 100 Watt Strom versorgt werden können, d.h. im Gegensatz zu heute mit dem Micro-USB-Anschluss für Handys und Tablets auch größere Einheiten wie Notebooks.

Neben asynchronem ist auch ein isochroner – also zeitgenauer – Datentransfer möglich, wie ihn beispielsweise eine Soundwiedergabe benötigt. Der USB kann verschiedene Datenströme quasi parallel übertragen, solange die Gesamtbandbreite des Busses (480 MBit/s bzw. 60 MByte/s) nicht überschritten wird. Darum kann man auch USB-Lautsprecher kaufen, die nicht nur den Strom über die USB-Schnittstelle empfangen, sondern auch die Signalausgabe über denselben Anschluss beziehen.

6.4.2 USB 2.0

USB 1.1 ist längst veraltet. Aktuell werden mehr oder weniger nur noch Geräte nach dem Standard 2.0 verkauft, wobei die Datenrate auf bis zu 480 MBit/s gesteigert worden ist. Damit steht USB in direkter Konkurrenz zu FireWire/iLink. Allerdings wird auch dort aufgerüstet ... (siehe Abschnitt 6.5). Achten Sie insbesondere beim Kauf von Hubs oder Kabeln darauf, ob diese wirklich USB 2.0 Hi-Speed tauglich sind oder nicht. Viele Hersteller begnügen sich mit der Angabe »USB 2.0-kompatibel«. Dies bedeutet aber lediglich, dass moderne Geräte angeschlossen werden können, nicht aber, dass sie mit der verfügbaren Geschwindigkeit von 480 MBit/s betrieben werden können. Der Unterschied bei den Kabeln liegt darin begründet, dass USB 2.0-Kabel eine zusätzliche Schirmung benötigen, um den Datentransfer bewältigen zu können. Hi-Speed-Geräte benötigen in der Regel ein geschirmtes Kabel, Low-Speed-Geräte ein ungeschirmtes und verdrilltes Kabel. Ältere USB 1.x-Kabel haben diese Schirmung nicht. Sie können diese zwar ebenso an USB 2.0-Geräten verwenden, erreichen aber aufgrund der elektrischen Eigenschaften nicht den gleich guten Datendurchsatz.

Zur Verbindung der Geräte dient bei USB 2.0 ein vieradriges Kabel. Zwei Adern sind verdrillt und übertragen das Datensignal in symmetrischer Form (differential) in einem 3,3-Volt-System. Für die Stromversorgung der Peripheriegeräte (5 V nominell) kommt das andere Drahtpaar (unverdrillt) zum Einsatz.

Beim USB wird eine Spannungsdifferenz von etwa einem Volt zur Signaldarstellung verwendet. Daher reagiert USB entsprechend sensibel bei zu langen Kabeln, weil die Differenz durch Dämpfung zu klein wird, um das Signal zu interpretieren.

Die minimale Spannungsdifferenz beider Leitungen beträgt 0,2 V, die absolute Spannung darf 3,6 Volt nicht überschreiten. Die Übertragung erfolgt im Halbduplex-Modus (beide Richtungen, nicht gleichzeitig). Die Datenpakete werden an alle angeschlossenen Geräte gesandt (Broadcast).

6.4.3 USB 3.0 und 3.1

Im Jahre 2010 wurde auch USB 2.0 zu einem historischen Standard. Nachdem im Jahr 2009 der neue USB 3.0-Standard verabschiedet worden ist, wurden seit Anfang 2010 die Geräte und Mainboards auch mit dieser Spezifikation gebaut und verkauft. Und mit Servicepack 1 unterstützte auch Windows 7 nativ USB 3.0.

USB 3.0 ist zu Version 2.0 kompatibel. Das heißt, wer USB 3.0-Geräte baut, muss die Spezifikationen für USB 2.0 ebenfalls alle einhalten. Dabei war den Entwicklern wichtig, dass die bisherige USB-Infrastruktur weiter genutzt werden kann. Zugleich werden aber die Geschwindigkeiten bis 5 Gbps erhöht, der Stromverbrauch intelligenter verwaltet und zusätzliche Leitungen für USB-Superspeed zur Verfügung gestellt.

Der Superspeed-Bus ist als zusätzlicher Bus parallel zum Hi-Speed-Bus angelegt. Ein USB 3.0-Gerät verfügt also über einen Controller, der die Kommunikation sowohl mit Superspeed (5 Gbps) als auch mit Hi-Speed (480 Mbps), Full Speed (12 Mbps) und Low Speed (1,5 Mbps) ermöglicht.

Die Interoperationalität geht sogar soweit, dass nicht nur USB 2.0-Geräte an USB 3.0-Controllern betrieben werden können (abwärtskompatibel), sondern auch USB 3.0-Geräte im Hi-Speed-Modus an USB 2.0-Controllern (aufwärtskompatibel). Dies etwa im Unterschied zu den unterschiedlichen FireWire-Standards.

Alle USB 3.0-Geräte verfügen über eine Upstream-Verbindung. Hosts und Hubs verfügen zudem über eine oder mehrere Downstream-Verbindungen.

USB 3.0-Kabel verfügen über acht Leitungen: drei verdrillte Adernpaare zur Datenübertragung sowie ein unverdrilltes Kabelpaar für die Stromversorgung. Zusätzlich zum Kabelpaar bei USB 2.0 für Datenübertragung kommen also je ein Paar für das Senden und das Empfangen von Daten dazu. Die Übertragung erfolgt im Simplex-Modus pro Paar, also bidirektional über beide Paare. Zudem wird der Datenverkehr direkt zum angesprochenen Gerät geroutet.

Während die A-Stecker in beide Richtungen kompatibel sind, sind USB 3.0-B-Stecker nicht abwärtskompatibel zu USB 2.0-Upstream-Anschlussbuchsen.

Abb. 6.8: USB 3.0-Anschlusskabel (A- und B-Stecker) und neu: Typ-C für USB 3.1

Mit Ende 2013 ist mit USB 3.1 ein weiterer schneller Standard hinzugekommen. USB 3.1 verdoppelt die Bruttoübertragungsrate auf 10 Gbps und nennt sich dafür USB Superspeed+. Zudem wird ein neuer, nicht abwärtskompatibler Stecker entwickelt, der USB C-Stecker, der in der Größenordnung bisheriger Micro-USB-Stecker liegt. Zudem wird über USB 3.1 mit C-Stecker das Laden von elektrischen Geräten mit bis zu 100 Watt Leistung möglich sein.

6.5 FireWire

FireWire ist eine von Apple eingeführte Bezeichnung für eine serielle Schnittstelle nach dem IEEE 1394-Standard.

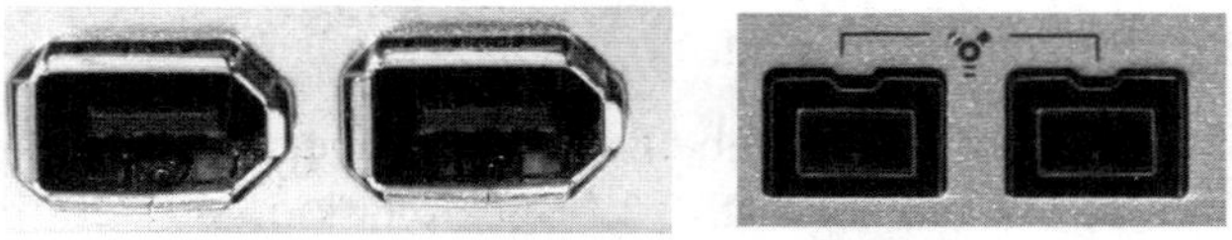

Abb. 6.9: Links eine 1394a-Anschlussbuchse, rechts eine für 1394b

Diese Schnittstelle wurde geschaffen, um den Anschluss von Geräten, die eine große Datenübertragungsrate benötigen, an ein Computersystem zu vereinfachen. Dies im Gegensatz zum damals noch verbreiteten SCSI-Modell. FireWire bietet dazu mit nur 4 Datenleitungen Datenübertragungsraten von 100 bis maximal 400 MBit/s. Bei Bündelung zweier Anschlüsse (1394b) können maximal 800 MBit/s erreicht werden. An jedem Anschluss können mehrere Geräte betrieben werden, die an einem Strang hintereinander hängen (sogenannte Daisy Chain). Auch die Kabellänge ist großzügig bemessen: Zwischen den einzelnen Geräten darf das Kabel bis zu 4,5 m lang sein, insgesamt also bis zu 72 m. Theoretisch können 63* 1024 Geräte betrieben werden, mit den gegenwärtigen Spezifikationen sind es aber maximal 63 Geräte. Apple nennt die entsprechenden Anschlüsse FW-400 und FW-800 entsprechend ihrer maximalen Datenübertragungsgeschwindigkeit.

Geräte dürfen im laufenden Betrieb angesteckt und abgezogen werden (Hot Plugging), weitere Einstellungen sind nicht erforderlich (Plug & Play).

Derzeit wird FireWire vor allem für digitalen Videoschnitt verwendet, da viele Camcorder bereits serienmäßig mit einer entsprechenden Schnittstelle ausgestattet sind (bei Sony mit i.link bezeichnet), aber in zunehmendem Maße werden auch Festplatten sowie DVD-Laufwerke für externen Betrieb mit dieser Schnittstelle ausgestattet.

Seit einiger Zeit steht die neue FireWire-Spezifikation 1394-2008 (Gigabit 1394) zur Verfügung. Dieser Standard bietet Datenraten von bis zu 3,2 Gbit/s und eine maximale Leitungslänge von bis zu 100 Metern bei optischer Übertragung. Der neue 1394-Standard erfordert allerdings neue Steckverbinder. Mit dem sechspoligen PC-Stecker und der vierpoligen Steckverbindung der Sony-Videokameras kommt ein weiterer neunpoliger Steckverbinder hinzu. Die Spezifikation 1394-2008 umfasst in ihrer Beschreibung auch die älteren Standards von FireWire.

6.6 Thunderbolt

Zunächst von Intel unter dem Begriff Light Peak entwickelt, existiert unter den externen, seriell konzipierten Anschlüssen mit dem mittlerweile als Thunderbolt bezeichneten Standard eine weitere Anschlussmöglichkeit, welche allerdings vorwiegend von Apple genutzt wird und von den meisten anderen Herstellern bis heute zugunsten von USB 3.0 vernachlässigt wird.

Thunderbolt bietet mit 10 Gbps eine doppelt so hohe Bruttodatenübertragungsrate wie USB 3.0, aber in etwa dieselbe wie die neue USB 3.1-Spezifikation. Mit der im Sommer 2013 vorgestellten und jetzt auch verbauten Spezifikation Thunderbolt 2 erhöht sich diese auf 20 Gbps.

Thunderbolt verwendet im Unterschied zu USB aktive Kabel, was bedeutet, dass sich in den Steckern Prozessoren befinden. Die Technologie erlaubt es zudem, Geräte in Reihe zu schalten, mit bis zu sechs Geräten hintereinander. Die Kabellänge ist aktuell bei maximal drei Meter definiert. Auf der anderen Seite verhindert diese aufwendige Konstruktion bislang seine weitere Verbreitung, da die Kabel mit den zahlreichen Chips entsprechend groß und ein Vielfaches teurer als ein USB-Kabel sind.

Thunderbolt ist als universelle Schnittstelle angedacht. Durch die Unterstützung verschiedener Protokolle können unterschiedlichste Peripheriegeräte angeschlossen werden, vom Monitor bis zur externen Festplatte. Und Thunderbolt 3 wird neu auch den neuen USB-C-Stecker unterstützen, was die Verbreitung von Thunderbolt sicher erleichtern wird.

6.7 Die Vorfahren: parallele und serielle Schnittstelle

Die parallele Schnittstelle überträgt die Daten parallel, und zwar auf 8 verschiedenen Leitungen 8 Bit gleichzeitig. Mit einer kleinen zeitlichen Versetzung erfolgt dann die Übertragung der nächsten 8 Bit. Da die 8 Bit bei der Übertragung in den Kabeln auf unterschiedlichen Widerstand stoßen, treffen die 8 zusammengehörenden Bit unterschiedlich schnell beim Empfänger ein. Damit nicht plötzlich ein Datenwirrwarr auftreten kann, ist deshalb die Länge der parallelen Datenübertragung begrenzt.

Die Norm IEEE 1284 regelt die Verdrahtung, die Stecker und die verwendeten Protokolle für paralleles Drucken.

Spezifikationen der parallelen Schnittstelle

- SPP
  Standard Parallel Port, unidirektionale Schnittstelle zur Datenübertragung
- EPP
  Der Enhanced Parallel Port ist bidirektional ausgelegt. Das Signal »STROBE« bestimmt jeweils die Richtung des Datentransfers. Die Datenübertragung beträgt maximal 2 MByte/s.
- ECP
  Der Enhanced Capability Port unterstützt zusätzlich zu EPP noch Datenkompression, dafür ist der Datendurchsatz auf 1 Mbyte/s begrenzt. Ein spezieller FIFO (First In, First Out) weist sich noch durch spezielle DMA- und Interrupt-Fähigkeiten aus.

Aufbau der parallelen Schnittstelle

Die parallele Schnittstelle ist einer der wenigen Bereiche in der EDV, in welcher sich ein Produkt durchgesetzt und als Standard eingebürgert hat. Die Firma Centronics definierte diesen Schnittstellen für Drucker vor mehr als 30 Jahren.

Das Centronics-Kabel weist druckerseitig einen Stecker mit 36 Kontakten auf, PC-seitig 25 Stifte. 18 Adern dienen als Masseleitungen, um eine gute Abschirmung zu erreichen. Für die Datenübertragung werden die anderen 18 Adern benötigt.

Bei Verwendung von sogenannten AB-Kabeln (mit D-Sub-25- und Centronics-Steckern) ist die Länge gemäß Standard IEEE 1284 auf 6 Meter begrenzt, bei Verwendung der neueren CC-Kabel (mit Mini-Centronics-Anschlüssen) ist die Länge auf 10 Meter begrenzt.

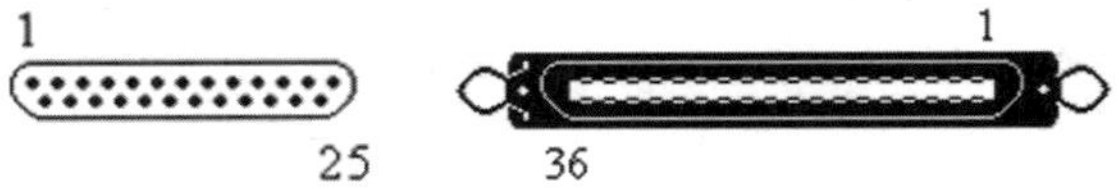

Abb. 6.10: A-Connector: D-Sub 25 pin (w), B-Connector: 36 pin Centronics (m)

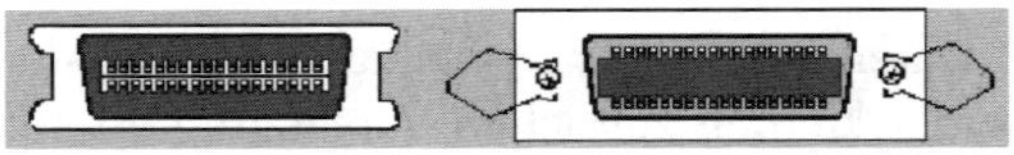

Abb. 6.11: C-Connector 36 pin Mini Centronics (m, w)

Bei der seriellen Datenübertragung werden die Daten bitweise übertragen. Dazu werden die einzelnen Datenbytes in Datenbits zerlegt und die notwendigen Start-, Stopp- und Paritätsbits angefügt. Vereinfacht erläutert erfolgt die effektive Datenübertragung über lediglich zwei Adern. Der Nachteil der seriellen Datenübertragung liegt in der wesentlich niedrigeren Übertragungsrate verglichen mit der parallelen Übertragung. Dafür ist man mit der Übertragungsdistanz nicht so eng begrenzt wie bei der parallelen Datenübertragung. Die Übertragungsdistanz beträgt bis zu 50 Meter. Die serielle Schnittstelle weist 9 oder 25 Pins auf. Der seriellen Schnittstelle werden vielfach auch die Bezeichnungen RS-232 oder COM (z.B. COM1) zugeordnet.

Abb. 6.12: Serielle Schnittstelle mit 25 Pin und 9 Pin

Das unten stehende Schema zeigt schematisch das Grundprinzip der seriellen Datenübertragung.

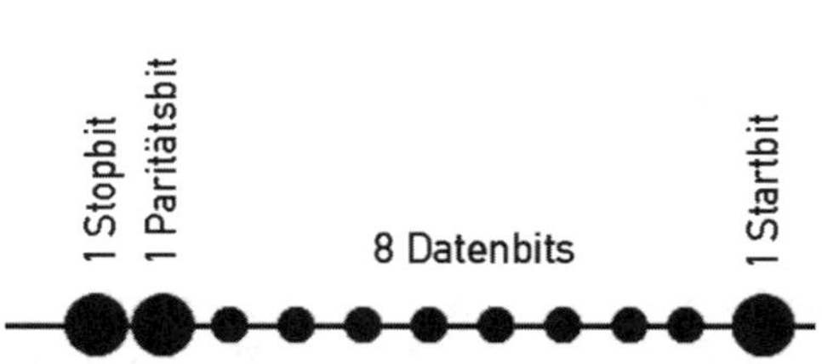

Abb. 6.13: Serielle Datenübertragung

Die serielle Übertragung beginnt mit einem Startbit, schickt danach 5 bis 9 Datenbits, typischerweise sind es acht (erweiterter ASCII-Zeichensatz), danach folgt eine einfache Kontrolle mittels Paritätsbit, und beendet wird die Übertragung mit dem Senden des Stoppbits. Danach kann das nächste Datenpaket folgen.

Für die Datenübertragung mit der seriellen Schnittstelle sind eigentlich nur zwei Adern notwendig, nämlich Pin 2 und Pin 3 für die Datenübertragung vom Sender zum Empfänger und umgekehrt. Die anderen Pins sind »nur« für Steuersignale.

6.8 Die Geschwindigkeiten im Vergleich

Zum Abschluss dieses Kapitels wollen wir uns an dieser Stelle noch einen Überblick über die verschiedenen Datendurchsatzraten der einzelnen Standards verschaffen. Damit Sie wirklich einen Vergleich haben, sind alle Durchsatzraten auf MB/s, also auf Megabyte pro Sekunde, berechnet bzw. umgerechnet.

Schnittstelle	Standard/Beschreibung	Geschwindigkeit in MByte/s	
EIDE	ATA-133 als letzter Standard	133	
Ethernet	IEEE 802.3u	12,5	(100 Mbit/s)
Ethernet	IEEE 802.3ab	125	(1 Gbit/s)
Ethernet	IEEE 802.3ae	1250	(10 Gbit/s)
FireWire	IEEE 1394	50	(400 Mbit/s)
FireWire	IEEE 1394b		100 (800 Mbit/s)
FireWire	IEEE S3200	400	(3.2 Gbit/s)
Parallel	SPP/EPP/ECP	1 – 2	
SAS	Serial Attached SCSI	600	(6,0 Gbit/s)
SAS	Serial Attached SCSI	1200	(12 Gbit/s)
SATA	SATA 1,5 Gbit/s	150	(1.5 Gbit/s)
SATA	SATA 3,0 Gbit/s		300(3.0 Gbit/s)
SATA	SATA 6,0 Gbit/s	600	(6,0 Gbit/s)
SCSI-1	Standard 1986	5	
SCSI-2	Standard 1989	10	
SCSI-3	Ultra SCSI	20	
SCSI-LVD	U320	320	
Seriell	RS-232 oder RS-422	0,4	(~400000 Kbit/s)
Thunderbolt	Version 1	1250	(10 Gbit/s)
Thunderbolt	Version 2	2050	(20 Gbit/s)
USB	Version 1.1	1,5	(12 Mbit/s)
USB	Version 2.0	60	(480 Mbit/s)
USB	Version 3.0	625	(5.0 Gbit/s)
USB	Version 3.1	1250	(10 Gbit/s)

Tabelle 6.5: Unterschiedliche Leistungen verschiedener Bussysteme

6.9 Fragen zu diesem Kapitel

1. Was ist der Hauptunterschied zwischen der SAS- und der SATA-Übertragungstechnik?
   A. SATA kann nur Festplatten betreiben, keine CD/DVD-Laufwerke.
   B. SAS ist mit 133 MByte/s die schnellere Übertragungstechnik.
   C. SATA arbeitet im Halbduplex-Modus, SAS im Vollduplex.
   D. SATA ist erst in der Testphase und noch kein offizieller Standard.
   E. SAS kann bis 4 Geräte ansteuern, SATA bis zu 16 Geräte.
2. Wie heißt der FireWire-Standard mit der korrekten Bezeichnung?
   A. IEEE 1194
   B. IFR 1254
   C. IEEE 1284
   D. IEEE 1394
3. Welche Antwort beinhaltet nur Standards für die serielle Übertragung?
   A. IDE, COM, SCSI, FireWire
   B. SCSI, USB, SATA, PC-Card
   C. SATA, USB, PCI-Express, COM
   D. COM, LPT, USB, AGP
4. Welche Aussage trifft auf USB zu?
   A. USB nutzt zur Übertragung 18 Adern.
   B. Ein USB-Kabel darf maximal 3 Meter lang sein.
   C. USB besitzt keine Master-Slave-Einstellung.
   D. USB-Geräte belegen pro Gerät einen IRQ.
5. Welcher Anschluss wird durch einen männlichen 9- oder 25-Pin-Stecker an der Rückseite eines Notebooks beschrieben?
   A. Parallele Schnittstelle
   B. Serielle Schnittstelle
   C. IEEE 1394 Schnittstelle
   D. USB 3.0-Anschluss
6. Was ist die empfohlene Maximallänge eines internen SATA-Kabels?
   A. 45 cm
   B. 60 cm
   C. 100 cm
   D. 300 cm

7. Was ist der wichtigste Unterschied zwischen USB 3.0 und IEEE1394b?
   A. IEEE1394b ist schneller.
   B. USB 3.0 ist schneller.
   C. Das USB-Kabel ist wesentlich dicker.
   D. IEEE1394b ist »Hot Plug«-fähig.
   E. USB ist eine serielle Technik.
8. Welche Schnittstelle unterstützt nur ein (1) Gerät pro Anschluss?
   A. RS-232
   B. USB 1.1
   C. SCSI LVD
   D. SATA 3,0 Gbit/s
9. Welche Anschlusstechnologie bedingt, dass das letzte Gerät in der Kette terminiert werden muss, damit alle Geräte ordnungsgemäß funktionieren?
   A. RS-232
   B. EIDE
   C. SATA
   D. SCSI
10. Wie lauten die Durchsatzraten für USB 2.0?
   A. 1,0 Mbps, 10 Mbps, 400 Mbps
   B. 1,5 Mbps, 12 Mbps, 480 Mbps
   C. 2,0 Mbps, 25 Mbps, 400 Mbps
   D. 2,5 Mbps, 12 Mbps, 450 Mbps

Kapitel 7

Interne und externe Geräte

CompTIA-Prüfungsziele, die in diesem Kapitel behandelt werden:

Für das Examen 220-901

1.5 Installieren und Konfigurieren von Speichergeräten und Nutzung geeigneter Medien.

- DVD-Laufwerke (inkl. CD und Blu-ray)
- Magnetfestplattenlaufwerke, Hot-Swap-fähige Laufwerke
- Solid State/Flash Drive
- RAID-Typen
- Bandlaufwerk
- Speichermedienkapazität

Für das Examen 220-902

1.2 Installieren von Windows PC-Betriebssystemen mit geeigneten Methoden bei einem gegebenen Szenario.

- Partitionierung

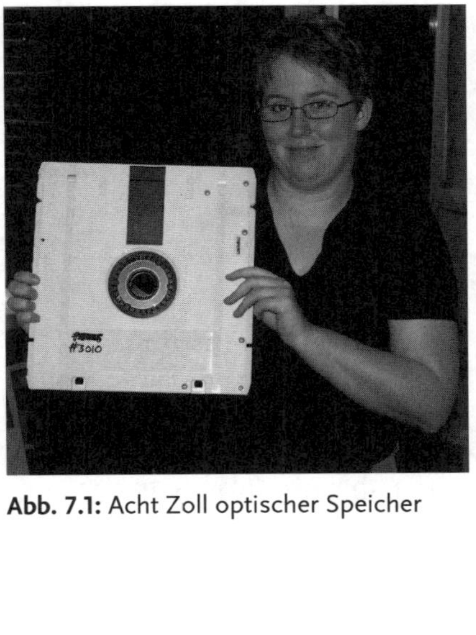

Abb. 7.1: Acht Zoll optischer Speicher

7.1 Mechanische Festplatten

In den Festplattenlaufwerken (englisch Hard Disk Drive, HDD) werden die Daten, ähnlich wie bei den Diskettenlaufwerken, magnetisch codiert auf den Datenträger geschrieben. Allerdings bestehen die einzelnen Platten nicht aus Kunststoff, sondern aus Metall. Ein Festplattenlaufwerk besteht aus den folgenden wichtigen Elementen:

- Spindelachse mit Lagerung
- Mehrere beschichtete Scheiben
- Aktuator
- Schreib-/Lesekopf
- Schrittmotor
- Head-Disc-Assembly
- Laufwerk-Controller
- Schnittstelle

Abb. 7.2: Festplattensystem einer IBM 350-Anlage

7.1.1 Aufbau mechanischer Festplatten

Die heutigen Festplattenlaufwerke sind dabei wahre High-Tech-Instrumente. Die ganze Mechanik ist äußerst präzise gefertigt. Die Scheiben, die effektiven Datenträger, sind aus Aluminium und werden mit einer hauchdünnen Schicht Kobalt oder Ferrit beschichtet. Die Schichtdichte beträgt lediglich 1-2 Mikrometer. Die Scheiben drehen mit einer Geschwindigkeit von 3.600 rpm bis zu 15.000 rpm

(Umdrehungen pro Minute). Die Abstände der Schreib-/Leseköpfe zur Scheibe betragen je nach Art des Schreib-/Lesekopfes zwischen 0,2 Mikrometer und 1 Mikrometer. Das ist in etwa 2000 Mal weniger, als ein menschliches Haar an Dicke aufweist.

Abb. 7.3: Innenansicht einer mechanischen Festplatte mit Dünnfilm-Schreib-/Lesekopf

Die aktuelle Generation der Schreib-/Leseköpfe sind Dünnfilmköpfe. Bei diesen Köpfen wird das Magnetfeld durch mehrere galvanisch und chemisch erzeugte Schichten aufgebaut. Diese Köpfe sind sehr klein und äußerst leicht. Dadurch können sich diese Köpfe wesentlich schneller positionieren und weisen viel kürzere Zugriffszeiten auf.

7.1.2 Datenorganisation

Der Aufbau der Datenstruktur auf der Festplatte entspricht demjenigen der Diskette, nur mit dem Unterschied, dass die Datendichte wesentlich höher ist und die Festplatte in sogenannte Partitionen unterteilt werden kann. Die *primäre* Partition einer Festplatte ist in die folgenden Bereiche unterteilt:

- Bootsektor
- 1. FAT (File Allocation Table)
- 2. FAT
- Stammverzeichnis
- Dateibereich

7.1.3 Einrichten einer Festplatte

Damit eine neue Festplatte in einem Endgerät egal welchen Charakters benutzt werden kann, muss sie zuerst vorbereitet werden. Dies bedeutet, sie erhält eine Verzeichnisstruktur, Partitionstabelle genannt, und ein Dateisystem, mit welchem das Endgerät danach arbeitet und auf diese Weise die Daten schreiben und auch wieder auffinden kann.

Daher finden Sie die meisten Informationen zu diesem Thema auch nicht in Kapitel 7, sondern in den betriebssystembezogenen Kapiteln. Denn jedes Betriebssystem hat seine eigenen Vorstellungen davon, wie sein ideales Dateisystem aussieht.

Grundlegend und für alle Systeme gleich gilt: Zur grundsätzlichen Bereitstellung des Speichers wird dieser formatiert. Und zwar unabhängig davon, ob es sich um eine Festplatte, eine SSD oder eine CF-Karte handelt – alles Speicherarten, von denen dieses Kapitel noch handeln wird.

Die Formatierung bringt auf den Speicher die Partitionierung an, entweder über den klassischen Master Boot Record (MBR) bei älteren Laufwerken oder den neueren GPT, ausgeschrieben Globally Unique Identifier Partition Table. Diese zweite Version setzt aber voraus, wie Sie sich erinnern, dass das System 64 Bit unterstützt.

Die landläufige Meinung über das Formatieren ist womöglich bekannt: Formatieren löscht vorhandene Daten. Aber das können Sie vergessen!

Wie erwähnt wird beim Formatieren eine neue Partitionstabelle geschrieben. Ist bereits eine solche vorhanden, wird diese gelöscht und überschrieben. Die damit verbundenen noch vorhandenen Daten bleiben aber erhalten. Gelöscht wird hierbei gar nichts, weshalb Sie zum gezielten Löschen von Daten andere Mittel einsetzen müssen. Dazu erfahren Sie in Abschnitt 27.4, »Datenlöschung«, dann mehr.

7.1.4 Bautypen von Festplatten

Herkömmliche mechanische Festplatten gibt es in drei Größen. Die 3,5 Zoll-Festplatten sind die »normalen« Platten, sie werden in Desktops und Workstations verbaut. Sie benötigen am meisten Platz, weisen dafür aber auch den größten Speicherplatz und die geringste Erwärmung auf. Sie drehen mit 5400 oder 7200 rpm. Sogenannte »Enterprise«-Laufwerke mit SAS-Anschluss laufen mit 10.000 oder 15.000 Umdrehungen, werden aber auch entsprechend heißer und müssen in geeignete Umgebungen verbaut werden.

Etwas kleiner sind dagegen die 2,5-Zoll-Platten. Sie werden in Notebooks verbaut und sind zudem meistens in den als externe Platten verkauften Laufwerken mit USB- oder FireWire-Anschluss eingebaut. Bei USB-Platten handelt es sich um Hot-Swap-Laufwerke, die im Betrieb ein- und ausgesteckt werden können. Sie drehen in der Regel mit 5400 rpm, maximal 7200 rpm.

Davon abgeleitet gibt es für die Tablets (wenn sie denn eine Festplatte haben) und die Netbooks noch die kleineren 1,8-Zoll-Festplatten.

Die Zoll-Angaben beruhen übrigens nicht auf der Gehäusegröße, sondern auf dem Durchmesser der verbauten Speicherscheiben (siehe Abbildung 7.5.).

Abb. 7.4: Externe 2.5"-Festplatte mit einem USB-Anschluss

Festplatten müssen immer stabil eingebaut und festgemacht werden, da sie sich durch die hohe Rotation der Scheiben mit bis zu 7200 Umdrehungen pro Minute bewegen und sonst zu vibrieren beginnen. Externe Laufwerke sollten aus diesem Grund während des Betriebs auch immer ruhig und auf einer ebenen Fläche liegen. Sie verfügen dafür über ein Gehäuse, das die Vibrationen aufnehmen kann.

7.1.5 Sicherheit bei Festplatten dank RAID

Ein RAID-System (Redundant Array of Inexpensive Disks) dient zur Organisation mehrerer physischer Festplatten eines Computers zu einem logischen Laufwerk. So kann zum einen eine höhere Datensicherheit bei Ausfall einzelner Platten erreicht werden, zum anderen aber auch ein größerer Datendurchsatz als bei einer physischen Platte.

Der Begriff wurde bereits 1987 in den USA zum ersten Mal beschrieben. Dabei ging es um die Möglichkeit, kostengünstige Festplatten im Verbund als logisches Laufwerk zu betreiben, um die Kosten für eine große (zum damaligen Zeitpunkt teure) Festplatte einzusparen. Dem gestiegenen Ausfallrisiko im Verbund sollte durch die Speicherung redundanter Daten begegnet werden, die einzelnen Anordnungen wurden als RAID-Level diskutiert. Als Anhaltspunkt: Zu jener Zeit ging es um 20-MB-Platten zu $ 1.000! Eine große Platte war dann 60 MB und fast unbezahlbar.

Die weitere Entwicklung des RAID-Konzepts führte dann weg vom Kostenaspekt und hin zum Sicherheitsaspekt und dadurch zum vermehrten Einsatz in Serversystemen, für die der erhöhte Datendurchsatz und die Ausfallsicherheit sehr wichtig sind. Die Möglichkeit, in einem solchen System einzelne Festplatten im laufenden Betrieb zu wechseln, entspricht dann auch der heute gebräuchlichen

Übersetzung: Redundant Array of Independent Disks (redundante Anordnung unabhängiger Festplatten).

RAID wird mit Levels bezeichnet: von RAID0 über RAID1 bis hin zu RAID 61, das dann schon sehr komplex aufgebaut ist. Jedes Level beschreibt ein anderes Verhalten im Fall eines Plattenausfalls. Ein RAID kann man mit Hardware zusammenstellen, d.h. einem RAID-Controller und der entsprechenden Anzahl Platten, oder mit Software. Sowohl die meisten Linux-Derivate wie auch Windows-Systeme (ab der Pro-Version) erlauben es, ein RAID mittels Betriebssystem zu errichten.

Mehr zu RAID und seiner Einrichtung erfahren Sie in Kapitel Abschnitt 11.6.2, »RAID-Level«.

7.2 Solid State Drives

Die Solid State-Festplatte (SSD für Solid State Drive oder Solid State Disk) wurde bereits 1995 vorgestellt. SSD arbeitet nach dem Flash-Speicherprinzip, wie dies bereits bei USB-Stick, MP3-Player oder SD-Card für digitale Fotografie zum Einsatz kommt. Dabei werden die Daten nicht wie bei herkömmlichen Festplatten auf magnetische Platten gespeichert, sondern auf Halbleiterspeicherbausteinen. Ein Halbleiterspeicher speichert die Daten in Form von binären elektronischen Schaltzuständen. Hier liegen Vor- und Nachteil der SSD. Die elektronischen Schaltungen erfolgen sehr schnell, und sie bleiben beim Ausschalten des Systems erhalten. Aber sie können auch nur durch elektronische Löschimpulse wieder entfernt werden, und dies führt mit der Zeit zur schleichenden Zerstörung der Schaltung.

Wegen ihrer geringeren Kapazität bei gleichzeitig wesentlich höheren Preisen gegenüber herkömmlichen mechanischen Festplatten wurde den SDD aber lange Zeit kaum Beachtung geschenkt. Erst ein deutlicher Preisverfall und Dimensionen von 128, 256 oder mittlerweile auch 512 GB bis 2 TB brachten hier die Wende. Heute werden überall SSDs in Notebooks, PCs und sogar Server verbaut, ganz zu schweigen von den mobilen Geräten wie Tablets.

Durch die komplette Absenz von mechanischen und beweglichen Teilen und den Vorteilen, die sich daraus ergeben (höhere Stoßresistenz, geringere Abwärme, lautloser Betrieb, schnellere Zugriffszeiten und geringerer Stromverbrauch), ist der Einsatz von SSD heute in allen Bereichen von großem Interesse.

Wie jede Speicherkarte auf Flash-Basis verfügt auch eine SSD über einen eigenen Controller, der die Datenströme steuert und die Informationen zwischen Flash-Baustein und Mainboard verwaltet. Damit der Controller nicht zum Flaschenhals wird, werden viele SSDs heute bereits mit Cache-Bausteinen von 64 oder 128 MB ausgestattet.

Abb. 7.5: Vergleich einer Solid State Disk und einer mechanischen HDD

Wie die Festplatten werden auch die SSDs in Zoll-Größen angegeben. Am meisten werden dabei die 2,5"-SSDs hergestellt, aber auch 3,5"-SSDs und für die Tablets die 1,8"-SSDs sind auf dem Markt erhältlich. Mit den gleich noch zu besprechenden M.2-Steckplätzen wurde zudem ein neuer Formfaktor geläufig, der Speicher im Bereich von Millimetern zulässt, mit Breiten von 12 bis 30 Millimetern und Längen von ebenfalls nur 12 bis maximal 110 Millimetern.

7.2.1 MLC oder SLC

Die Bezeichnungen Multi Level Cell (MLC) und Single Level Cell (SLC) bezieht sich auf die Art des verwendeten Flash-Speichers. Und hier müssen Sie jetzt etwas genauer hinschauen, um zu verstehen, wie ein Flash-Speicher und somit auch eine SSD funktioniert.

Eine SSD besteht aus mehreren Speicherchips, diese bestimmen ihre Kapazität. Jeder Speicherchip wird in Blöcke aufgeteilt, entweder zu 512 MB oder 1024 MB. Jeder Block wiederum wird in Pages (Speicherseiten) aufgeteilt, die 4 KB oder 8 KB groß sind. Diese Pages sind die kleinsten Einheiten, in denen der Controller Daten schreiben kann. Der Controller beschreibt also nicht direkt die einzelne Speicherzelle, sondern eine Page.

Pages können vier unterschiedliche Zustände annehmen:

- Frei
- Belegt
- Zum Löschen markiert
- Defekt

Solange es genügend freie Pages hat, wird der Controller immer in diese freien Pages schreiben und die Daten verteilen. Erst wenn der Platz nicht mehr ausreicht, werden die zum Löschen markierten Pages auch tatsächlich gelöscht. Dies geschieht aber nicht pro Page, sondern pro Block.

Auch Blöcke können dieselben vier Zustände einnehmen wie Pages. Während die Page die kleinste mögliche Schreibeinheit ist, bildet der Block die kleinste mögliche Löscheinheit.

Und jetzt zur Geschichte mit MLC und SLC, denn genau hierzu benötigen Sie diese Grundlagen. MLCs besitzen die Fähigkeit, mehrere Bits in einer einzelnen Speicherzelle zu speichern. Dies führt zu einer hohen Speicherdichte und geringeren Produktionskosten, aber auch zu erhöhtem Verschleiß und größerer Fehleranfälligkeit, da beim Löschen eines Blocks oder beim Schreiben einer Page mehrfach auf die gleiche Speicherzelle zugegriffen wird. Dadurch nützt sich die einzelne Zelle schneller ab und wird defekt.

SLCs hingegen können pro Speicherzelle nur 1 Bit speichern (die bekannten Zustände 0 oder 1). Selbstverständlich verfügen SLCs auch über eine Fehlerkorrektur, das Lesen und Schreiben der Daten geht aber schneller vonstatten, da jede Zelle nur ein eindeutiges Bit beherbergt. Demzufolge ist eine einzelne Zelle auch von deutlich weniger Lösch- und Schreibvorgängen betroffen als bei der Variante MLC.

Beide Verfahren setzen dabei auf NAND-Gitter, was sich als Begriff auf die serielle Anordnung der einzelnen Speicherzellen bezieht. Samsung geht sogar noch einen Schritt weiter und ordnet die Zellen mittlerweile dreidimensional an.

Die Haltbarkeit von SSDs wird anhand der Schreibzyklen gemessen. Somit hält eine SLC gegenüber einer MLC länger, da weniger Schreibzugriffe pro Zelle erfolgen.

Die größte Last liegt hier beim Controller. An ihm liegt es, die Daten möglichst intelligent zu verteilen und die Löschvorgänge so zu optimieren, dass die einzelnen Zellen möglichst lange leben.

Um einem möglichen Datenverlust vorzubeugen, arbeitet die Fehlerkorrektur von SSDs so, dass die Dateien aus fehlerhaften Bereichen (Zellen) in funktionierende Zellen verschoben werden. Die kaputte Zelle wird dann von der Speicherung der Daten ausgeschlossen, und eine neue Zelle nimmt ihren Platz ein. So nimmt mit der Betriebsdauer einer SSD zwar theoretisch der nutzbare Speicherplatz ab, die Datensicherheit bleibt aber auf gleichem Niveau.

Sie können dies mit den SSD-Monitor-Programmen von Herstellern auch selber nachprüfen. So sieht die SSD der Workstation des Autors nach einem Jahr aus:

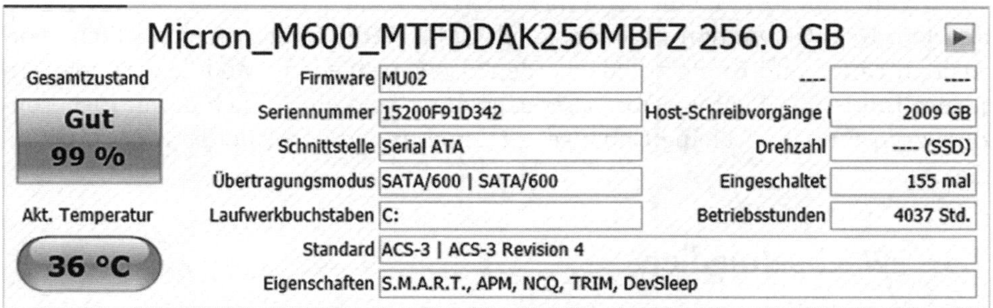

Abb. 7.6: Nach rund einem Jahr sind erst 2 TB auf die Zellen geschrieben worden.

Zum Vergleich: Samsung bietet auf seiner Baureihe 850 Evo eine beschränkte Garantie von 5 Jahren bei 75 TBW an. Das heißt, Sie können 75 Terabytes Host-Schreibvorgänge über den Controller lassen, bis die Garantie erlischt. Obige SSD dürfte also noch runde 30 Jahre im Einsatz bleiben – was für den Rest der Workstation kaum der Fall sein wird.

7.2.2 Anschlussmöglichkeiten

SSDs kommunizieren über den SATA-Anschluss und können daher problemlos in aktuelle Computersysteme verbaut werden. Zudem bieten einige Hersteller auch SSDs an, die entweder über PCI-Express angeschlossen oder in den ExpressCard-Slot eingefügt werden können.

Zudem wurde mit der Schnittstelle M.2 eine weitere Anschlussmöglichkeit geschaffen, um Speicher direkt mit einem eigenen Steckplatz auf dem Mainboard anzubringen. Diese Schnittstelle hat vor allem die mobilen Geräte im Visier, aber auch PC-Mainboards verfügen aktuell über M.2-Schnittstellen.

Abb. 7.7: Eine M.2-SSD mit 512 GB Kapazität

Diese Schnittstelle kann sowohl für PCIe-SSDs als auch für SATA-6G-SSDs als Schnittstelle eingesetzt werden. Der Steckplatz entscheidet erst über seine Verbindung zum Mainboard, ob die Anbindung des Speichers über PCIe oder SATA erfolgt, nicht M.2 an sich.

Als Schnittstelle löst M.2 die bisherige mSATA ab, die Bauform der Module basiert auf dem Next Generation Form Factor (NGFF). NGFF lässt unterschiedliche Formate in Länge und Breite zu, Sie werden also verschiedene Module vorfinden. In jedem Fall ist die Platine selber aber sehr dünn und eignet sich damit insbesondere zum Einbau in kleine Gehäuse, z.B. auch in Notebooks oder andere mobile Geräte.

7.3 Wechselmedien

Als Wechselmedien werden Datenträger beschrieben, welche getrennt vom Laufwerk ausgetauscht werden können.

Die Methoden zur Speicherung von Daten auf einem Medium sind vielfältig. Reichhaltig ist daher auch die Auswahl der Methoden und Größen auf diesem Gebiet.

Gründe, welche für die Benutzung von Wechselmedien sprechen:

- Daten können archiviert bzw. gespeichert werden, um später auch schnell wieder darauf zurückgreifen zu können.
- Große Datenmengen können mit anderen Anwendern oder mit anderen, nicht vernetzten Arbeitsplätzen ausgetauscht werden, z.B. DTP, Grafik etc.
- Spezielle Konfigurationen pro Kunde oder Rechnertyp können gespeichert und jederzeit und überall wieder eingesetzt werden.

7.3.1 Wechseldisks und Wechselplatten

Mit ZIP und JAZ wurden früher Wechsellaufwerke beschrieben, welche vom Prinzip her ähnlich wie Disketten (ZIP) oder Festplatten (JAZ) arbeiteten. JAZ gab es in den Größen 1 und 2 GB Speicherkapazität und funktionierte nach dem Prinzip Festplatte. ZIP-Laufwerke existierten von 40 MB (Pocket Zip) bis 250 MB Speicherkapazität. ZIP funktionierten nach dem Prinzip der Diskette.

Abb. 7.8: JAZ-, ZIP- und REV-Laufwerk © Iomega Corp. 2001/2004

Von JAZ aus ging die Entwicklung vom selben Hersteller (Iomega) aus zu den REV-Laufwerken und aktuell zu den von verschiedenen Herstellern produzierten RDX-Laufwerken weiter.

Das RDX-Laufwerk ist ein externes (auch intern verfügbar), über USB 3.0/3.1 oder S-ATA anschließbares Wechselplattengehäuse, in welches man die einzelnen Datenträger einschieben kann. Alternativ gibt es die Laufwerke auch intern via S-ATA oder USB zum Anschließen.

Bei den Datenträgern selber handelt es sich um 2,5"-S-ATA-Disks mit Kapazitäten von 160 GB bis 4000 GB. Dem Laufwerk selber ist es dabei egal, welche Datenträger man verwendet. Da es sich um Disks handelt, ist das Laufwerk nicht abhängig von der gewählten Datenträgergröße und auch nicht von einer bestimmten Software.

Abb. 7.9: Externes RDX-Laufwerk (Quelle ©: Tandberg Data)

Die Kassetten sind gegen ESD (Electrostatic Discharge) geschützt, staubdicht und fallsicher bis zu 1 Meter. Sie verfügen über einen mechanischen Schreibschutz und sind nicht nur als HDD, sondern auch als SSD und als WORM-Medien erhältlich.

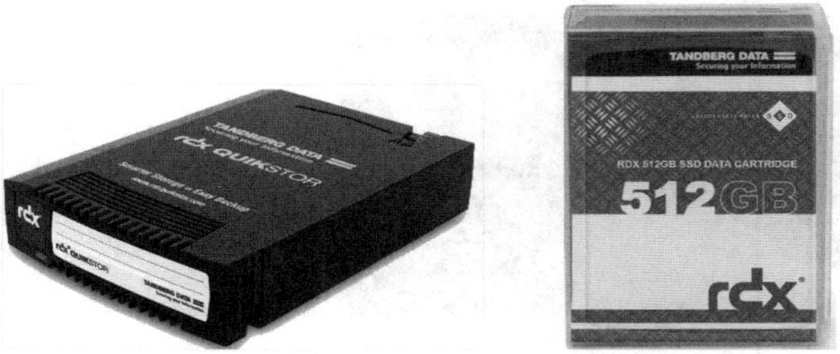

Abb. 7.10: RDX-SSD-Kassette mit einer Kapazität von 500 GB (Quelle ©: Tandberg Data)

Die Datentransferrate wird aktuell mit bis zu 45 MB/s angegeben, idealerweise dann an S-ATA oder über USB 3.0.

	ZIP	JAZ	REV	RDX
Kapazität	40/100/250 MB	1 oder 2 GB	bis 130 GB	80 bis 2000 GB
Zugriffszeit	29 ms	10-12 ms	13 ms	10-12 ms
Datendurchsatz	1, 25 MB/s	5,4 MB/s	25 MB/s	45 MB/s
rpm	2941	5400	5400	5400

Tabelle 7.1: Kapazitäten von Wechselspeicherlaufwerken

7.3.2 Flash-Speichermedien

In den letzten Jahren haben aufgrund der immer größeren Kapazitäten und fallender Preise die Flash-Speichermedien enorm an Bedeutung gewonnen.

Es gibt unterschiedliche Speicherkartenformate, die von den Herstellern auf den Markt gebracht worden sind.

Am bekanntesten sind aktuell die Compact Flash-Karten (CF) und die Secure Digital Cards (SD). Daneben gab und gibt es aber auch eine Reihe weiterer Formate wie Memory Stick, Memory Stick Pro, Smartmedia oder xD-Picture Cards (xD).

Abb. 7.11: Compact Flash-Karte mit 8 GB Speicher

Abb. 7.12: SD-Karten-Adapter mit Micro SDHC-Karte und SDHC-Karte

Die Kapazitäten von CF und Micro SD als den meisten verbreiteten Karten liegen heute bei 8 GB bis 128 GB, größere Karten sind noch sehr teuer. Aber die zunehmende Größe schafft auch ein Problem, da diese Wechselmedien über keinen eigenen Controller verfügen und damit mit zunehmender Kapazität unhandlich werden zum Schreiben und vor allem Wiederauffinden von Daten.

Daher wurden mit den Jahren Geschwindigkeitsklassen eingeführt, um bei entsprechendem Bedarf, z.B. der Aufzeichnung von Full HD oder 4K-Videos, auch Karten zur Verfügung zu haben, die schnell genug schreiben können.

Daher wird bei SD-Karten auch nicht mehr von SD, sondern von SDHC und SDXC gesprochen, den Weiterentwicklungen von SD. SDHC und SDXC erreichen gegenüber den »normalen« SD Cards wesentlich höhere Schreib- und Lesegeschwindigkeiten. Die Klassenangabe bezeichnet die minimale Geschwindigkeit beim Datentransfer in MB/s. Eine Class-6-Karte überträgt somit mindestens 6 MB/s. Bei einer Class-10-Karte sind es dann bereits 10 MB/s. Bei UHS-I sind es ebenfalls 10 MB/s, die höhere Schnittstellengeschwindigkeit erlaubt aber ein höheres Lesetempo bis 104 MB/s. Beim nächsten Standard UHS-II sind's sogar bis zu 312 MB/s.

Bei den Wechselmedien greift neuerdings auch die Entwicklung eMMC ein. eMMC-Karten sind sehr klein, ihr Format beträgt lediglich 12 × 14 mm bei einer Höhe von gerade mal 1,1 mm. Die Leseleistung ist zwar geringer als bei CF und SD und liegt im Bereich von 7 – 10 MB/s. Dafür sind diese Karten bootfähig und daher auch geeignet für Betriebssysteme in smarten Geräten wie iOS, Android oder Google Chrome. Und auch hier liegen die Kapazitäten bereits bei bis 128 GB, Tendenz zunehmend.

eMMC werden meistens fest in ein Gerät verbaut (siehe folgende Grafik). Es gibt sie aber auch als SD-kompatible Steckkarten, daher die Einordnung bei Wechselmedien.

Abb. 7.13: 128 GB eMMC-Speicher für Smartphones (© alle Rechte bei SanDisk)

Damit Speicherkarten gelesen werden können, gibt es sogenannte Kartenleser. Die meisten Kartenleser sind heute multiformatfähig, damit man beim Wechsel eines Speicherkartenformats nicht auch den Kartenleser austauschen muss. Auch viele Geräte wie Smartphones, Tablets oder Notebooks verfügen über integrierte

Kartenleser, meist handelt es sich dabei allerdings nur um SD oder Micro SD-Slots.

Angeschlossen werden diese Kartenleser entweder extern oder intern jeweils über eine USB-Schnittstelle. Notebooks und Netbooks verfügen zudem häufig bereits über einen eingebauten Card Reader-Slot, allerdings meist beschränkt auf SD-Karten, da diese zurzeit die größte Verbreitung haben.

Abb. 7.14: Kartenleser mit USB-Anschluss für unterschiedliche Speichermedien

7.3.3 USB-Datenträger

Was früher die Kernkompetenz der Diskette war, ist heute Aufgabe des USB-Sticks: der Datentransport von A nach B. USB-Datenträger, kurz »Sticks« genannt, gibt es in Kapazitäten von einigen Hundert Megabyte bis mittlerweile 32 oder 64 GB. Damit lassen sie sich nicht nur für Transporte, sondern auch als Datentank oder Sicherungsmedium einsetzen.

Im Unterschied zu SSD setzen USB-Sticks allerdings ausschließlich auf die MLC-Technologie. Man sollte angesichts der Tatsache, dass sie als Transportdatenträger häufig beschrieben und gelöscht werden, nicht vergessen, dass die Abnutzung schon nach rund 10.000 Schreib- und Löschvorgängen einsetzt – USB-Sticks sind nicht für die Ewigkeit gebaut!

Abb. 7.15: USB-Stick mit USB 3.0-Anschluss und 32 GB Kapazität

7.4 Aufgang und Niedergang der silbernen Scheiben

7.4.1 Aller Anfang ist die CD

Aufbau und Funktion der CD

Eine CD besteht aus einer Polycarbonatschicht, einer Trägerschicht und einer Schutzlackschicht. Die Trägerschicht besteht aus Polycarbonat (PET). In dieser Schicht werden die physikalischen Daten abgelegt. Sie werden in Pits (»Vertiefungen«) und Lands (»Erhöhungen«) gebildet. Diese Vertiefungen werden dann beim Lesen als 0 und 1 interpretiert.

Diese Informationsschicht wird von einer sehr dünnen (50-100 nm) Metallschicht bedeckt (Aluminium, Silber oder Gold). Auf diese metallisierte Informationsebene wird der Laserstrahl fokussiert.

Zum Schluss wird das Label der CD aufgebracht (5 µm).

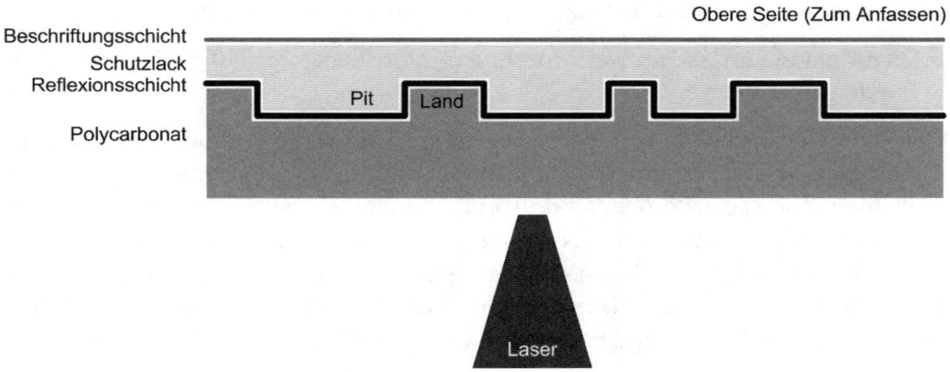

Abb. 7.16: Aufbau der CD-Beschichtung

Bei der Herstellung gibt es bezüglich CD ab Fabrik und selbst hergestellter CD-R allerdings Unterschiede.

Die fabrikgepresste CD wird, wie es die Bezeichnung sagt, gepresst. Und zwar werden die Informationen hierbei entsprechend der obigen Darstellung direkt in die Polycarbonatschicht geprägt.

Bei der CD-R dagegen liegt auf der Polycarbonatschicht noch eine hauchdünne organische Farbschicht aus Cyanin, welche durch den Schreiblaser beschrieben wird und somit die Dateninformation aufnimmt. Der restliche Aufbau (Metallschicht und Schutzlack) entspricht der CD.

Eine weitere Variante ist die wiederbeschreibbare CD, die sogenannte CD-RW (Read Writable). Dabei wendet der Laser ein anderes Schreibverfahren an, das sogenannte Phase-Change-Verfahren. Dieses Verfahren bildet beim Schreibvorgang nicht Pits und Land zur Aufzeichnung. Stattdessen besteht auf dem Träger eine Informations- oder Datenschicht aus einem Gemisch von Komponenten wie Tellur, Selen und Germanium, welche es dem Laser durch unterschiedliche Erwärmung ermöglicht, die Schicht punktuell in amorphe (instabile) und kristalline (stabile) Zustände zu versetzen. Dieser Vorgang ist wie gesagt reversibel.

Gelesen wird nach dem gleichen System wie bei der CD und der CD-R.

Aufbau und Funktionsweise des Laufwerks

Das Laufwerk besteht im Wesentlichen aus Antriebsmotor und Laserdiode.

Der Laser wird durch die Elektronik genau so gesteuert, dass er die entsprechende Spur, den entsprechenden Sektor ansprechen kann. Je nachdem, ob er auf Pits oder Lands trifft, wird das Abtastergebnis als 0 oder 1 interpretiert.

Ein wichtiger Messpunkt für CD-Laufwerke ist die Geschwindigkeit. 24x bis 48x sind die Standards der Umdrehungsgeschwindigkeit. Der Datendurchsatz beim Lesen entspricht etwa 130 KB bis 150 KB je Sekunde und Umdrehungszahl.

So kann bei einem 8x-Laufwerk mit einem Durchsatz von 130 * 8 = 1040 KB je Sekunde gerechnet werden.

CD-ROM-Laufwerke lassen sich je nach Laufwerktyp über verschiedene Anschlüsse in ein System einfügen. Früher waren preisgünstige Produkte vielmals über eine spezielle Adapterkarte eingebunden (Mitsumi, Panasonic). Später wurde dann der EIDE-Anschluss vorherrschend, heute gibt es fast nur noch CD-Laufwerke mit SATA-Anschlüssen. Externe CD-Laufwerke werden demgegenüber via USB angeschlossen. CDs verfügen über ein eigenes Dateisystem, CDFS genannt (ISO 9660). Es wird von Windows, Apple OSX und Linux unterstützt.

7.4.2 DVD

Der nächste Standard bei den Scheiben heißt Digital Video Disc (DVD), später wurde diese dann umbenannt in Digital Versatile Disc (DVD). Die erste Bezeichnung zeigt an, dass es sich hierbei in erster Linie um eine Entwicklung für die Filmindustrie handelte. Lange reichte die Speicherdichte auf CD-ROMs für die meisten Anwendungen aus. Doch die Bestrebungen, Filme im Originalformat auf eine Scheibe zu bekommen, verlangten nach einem neuen Standard. Auf einer gewöhnlichen CD sind bis ca. 650 MB Dateien speicherbar, und so müssen Videospiele trotz MPEG–Verfahren auf mehreren CDs ausgeliefert werden. Auf einer Standard-CD haben nur 74 Minuten Daten (Audio oder Video) Platz.

Abb. 7.17: Das Logo des DVD-Forums

Die beiden Firmen Sony und Matsushita haben zuerst einzeln, dann gemeinsam den Standard der DVD entwickelt.

Die Technik

Die DVD hat mit 1,2 mm dieselbe Dicke wie eine CD, sie besteht aber grundsätzlich aus zwei jeweils 0,6 mm dicken Teilen, die Rücken an Rücken miteinander verklebt werden. Das erhöht die Verwindungssteifheit und damit die Abtastpräzision.

Die DVD-Technik besitzt einen veränderten Laserstrahl, der in der Lage ist, seine Optik zu verändern. So ist das Abtasten verschiedener Tiefen möglich. Je nach Typ befindet sich ein Laser an der Ober- und einer an der Unterfläche. Dabei setzt er auf eine Wellenlänge von 650 Nanometer (roter Laserstrahl). Durch diese Verkürzung des Laserstrahls rückt die Datenschicht in die Mitte der Scheibe, was es auch ermöglicht, doppelseitige DVDs herzustellen. Damit stehen durch die Veränderbarkeit des Laserstrahls zwei Schichten und durch die Positionierung der Schichten zwei Seiten (Layer genannt) zur Verfügung. Es stehen somit maximal vier unterschiedliche, beschreibbare Schichten zur Verfügung. Dank kürzerer Wellenlänge des Laserlichts liest er trotz großer Speicherdichte die Daten sicher aus.

Die erste Schicht ist dabei nur halb reflektierend, damit der Laser auch auf die zweite, tiefere Schicht zugreifen kann. Die zweite Schicht dagegen ist voll reflektierend. Auf diese Schicht kann der Laser zugreifen, sobald die Brennweite angepasst ist.

Somit kann die DVD folgende Kapazitäten haben:

	Single Side		Dual Side	
	Single Layer	Dual Layer	Single Layer	Dual Layer
12 cm Disk	4,7 GB	8,5 GB	9,4 GB	17 GB
8 cm Disk	1,4 GB	2,8 GB	2,9 GB	5,3 GB

Tabelle 7.2: Kapazitäten von DVDs

Die zweite Informationsschicht wird aus Gründen der Datensicherheit nicht so dicht wie die erste beschrieben. Deshalb verdoppelt sich die Kapazität durch Hinzufügen der zweiten Informationsschicht nicht ganz.

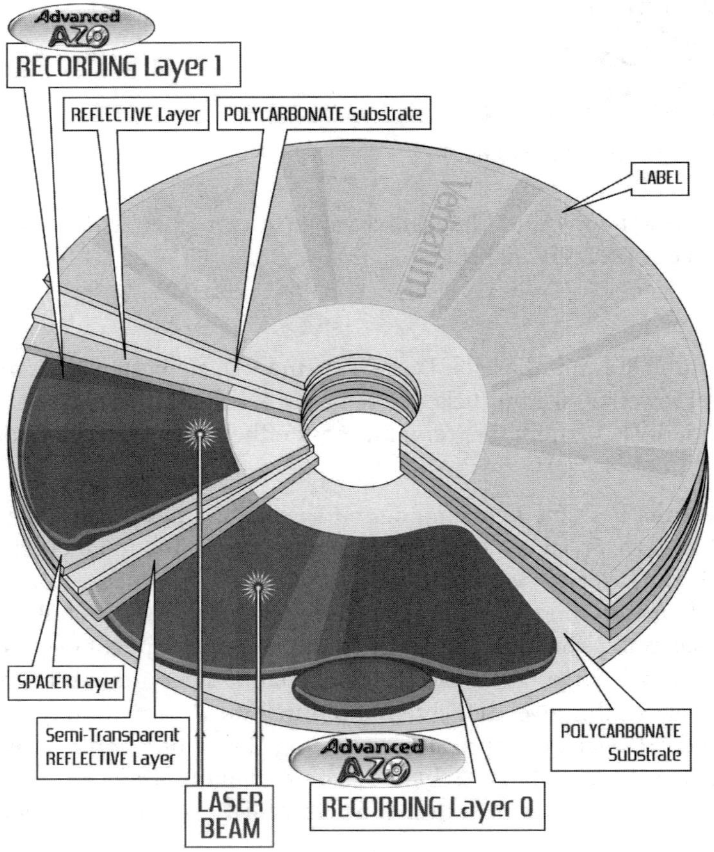

Abb. 7.18: Aufbau der Beschichtung einer Single Side Double Layer DVD (© Verbatim)

Zuletzt bestanden bzw. bestehen bis heute folgende Standards:

Standard	Kapazität in GB	Bemerkung
DVD5	4,7	Einseitige, einlagige Beschichtung
DVD9	8,5	Einseitige, zweilagige Beschichtung Die Schichten liegen 0,04 mm auseinander. Die DVD ist nur einseitig lesbar und somit nur ein Lesekopf notwendig.
DVD10	2x 4,7 GB	Zweiseitig einschichtig beschrieben – muss gewendet werden
DVD18	2x 8,5 GB	Zweiseitig zweischichtig beschrieben – muss gewendet werden

Tabelle 7.3: DVDn-Standards

Es gibt unterschiedliche Medienformate: zum einen die DVD-R, welche nur einmal beschreibbar ist, aber auch die DVD-RW, welche mehrfach beschrieben werden kann.

Für beide Medienformate bestehen zudem unterschiedliche Beschreibungstechnologien, die »+« und »-« genannt werden. Sie können eine DVD-RW oder eine DVD-+RW erwerben.

Die drei DVD-Formate (DVD-R, DVD-RW, DVD-RAM), die vom DVD-Forum stammen, werden auch als *Minus-Standard* bezeichnet. Entsprechend werden die zwei DVD-Formate (DVD+R, DVD+RW) von der DVD+RW-Allianz mit einem »+« auch als *Plus-Standard* bezeichnet. Die DVD-Formate nach dem Plus-Standard sind technisch einfacher aufgebaut, wodurch zum Beispiel die DVD+RW andere Schreibmethoden als die DVD-RW unterstützt. Zudem sind die Disks durch die niedrigeren Lizenzgebühren etwas günstiger als die Minus-Standard-Discs.

Damit sich die Kunden nicht entscheiden müssen, welches Format sie jetzt einsetzen möchten, haben sich die Hersteller von Brennlaufwerken längst dahingehend entschieden, Multiformatbrenner zu verkaufen. Das heißt, faktisch kann es Ihnen eigentlich egal sein (ich weiß, das ist jetzt etwas untechnisch ...).

Abb. 7.19: Die unterschiedlichen Logos des DVD-Forums und der RW+-Allianz für RW-Discs

Für den Einsatz von DVDs gilt zudem ein System von Regionalcodes, mit denen die Filmindustrie dann unterschiedliche Filmversionen zu unterschiedlichen Preisen auf dem Weltmarkt verkaufen kann, ohne dass die Käufer in der Lage sind, diese dann auf einem anderen Kontinent wesentlich günstiger einzukaufen. Und es kann auch verhindert werden, dass ein Film, der in den USA auf DVD erscheint, in Europa schon gekauft wird, noch bevor er dort im Kino läuft.

Diese Regionalcodes, Regional Playback Control (RPC) genannt, werden in den Abspielgeräten hinterlegt, sodass sie nur Filme mit entsprechendem Regionalcode abspielen können. Diese Regionalcodes für DVDs stehen für folgende Regionen zur Verfügung (Auszug, vollständige Liste siehe DVD-Forum):

- Code 1 – USA, Kanada
- Code 2 – West- und Mitteleuropa, Naher Osten
- Code 3 – Südostasien, Südkorea, Taiwan
- Code 4 – Australien, Neuseeland, Zentral- und Südamerika
- Code 5 – Osteuropa, ehemalige UdSSR, Indien, Afrika

- Code 6 – China
- Code 7 – ungenutzt
- Code 8 – Flugzeuge, Schiffe oder Gebäude in internationalem Territorium

Der Vollständigkeit halber sei aber auch erwähnt, dass es verschiedene Möglichkeiten gibt, um ein solches Abspielgerät »Code free« zu machen, auch wenn das nicht den Vorstellungen der Erfinder entspricht und in verschiedenen Ländern auch als illegal eingestuft wird.

Ein ähnliches System gibt es übrigens bei der nachfolgenden Blu-ray Disc, allerdings wurde es deutlich reduziert und kann nicht direkt verglichen werden.

7.4.3 Die Blu-ray

Die Entwicklung blieb nicht bei der DVD stehen, die Auseinandersetzung um die Formatvorherrschaft allerdings auch nicht. Aus der DVD wurde die HD-DVD weiterentwickelt. Sie bietet bei gleichzeitiger Abwärtskompatibilität zur DVD eine erhöhte Speicherdichte von bis zu 30 GB und wurde von Toshiba entwickelt und vertrieben.

Auf der anderen Seite stand ein Konsortium rund um Sony, welches die Blu-ray Disc (BD) entwickelt hat. Diese weist mit bis zu 50 GB eine deutlich höhere Speicherdichte auf, ist aber zum bestehenden Standard von DVDs inkompatibel. Im Frühling 2006 kamen die ersten Abspielgeräte auf den Markt, parallel dazu die ersten Filme.

Im Februar 2008 hat sich Toshiba mit seinem HD-DVD-Konzept vom Markt zurückgezogen. Damit blieb Blu-ray die einzig verbliebene Alternative. Selbst Toshiba hat Ende 2009 seinen ersten eigenen BD-Player auf den Markt gebracht. Dieser Rückzug hatte allerdings weniger mit der Technik zu tun als damit, dass sich die namhaften Filmstudios entschieden, nur auf einer Plattform Filme produzieren und vertreiben zu wollen. Und dabei haben sie sich für Blu-ray entschieden.

Der Name Blu-ray stammt vom blau-violetten Laserstrahl, der zum Lesen der Disc benutzt wird. Er hat eine Wellenlänge von nur 405 Nanometer. Durch die Verwendung dieses gegenüber der DVD kürzeren Laserstrahls wird eine höhere Speicherdichte auf der Scheibe ermöglicht.

Blu-ray Disc™

Abb. 7.20: Das offizielle Blu-ray-Logo

Die Standard-Disk hat 12 cm Durchmesser und kann als Single Layer oder Dual Layer Disc erworben werden.

Die Kapazität der Single Layer Disc beträgt 25 GB, die Kapazität der Dual Layer Disc 50 GB. Als Mini-Disc hat die Blu-ray Disc einen Durchmesser von 8 cm und kann bis 7,8 (Single Layer) bzw. 15,6 GB (Dual Layer) Daten speichern.

Die Schreibgeschwindigkeiten liegen bei 4,5 MB/s bei 1x und gehen zurzeit bis 12x-Geschwindigkeit, d.h. 54 MB/s. Eine Single Layer Disc kann damit in 7,5 Minuten, eine Dual Layer Disc in 15 Minuten beschrieben werden.

Zudem wurde bei der Blu-ray-Entwicklung darauf geachtet, dass die Oberfläche kratzresistent ist, ein großer Vorteil gegenüber der normalen DVD.

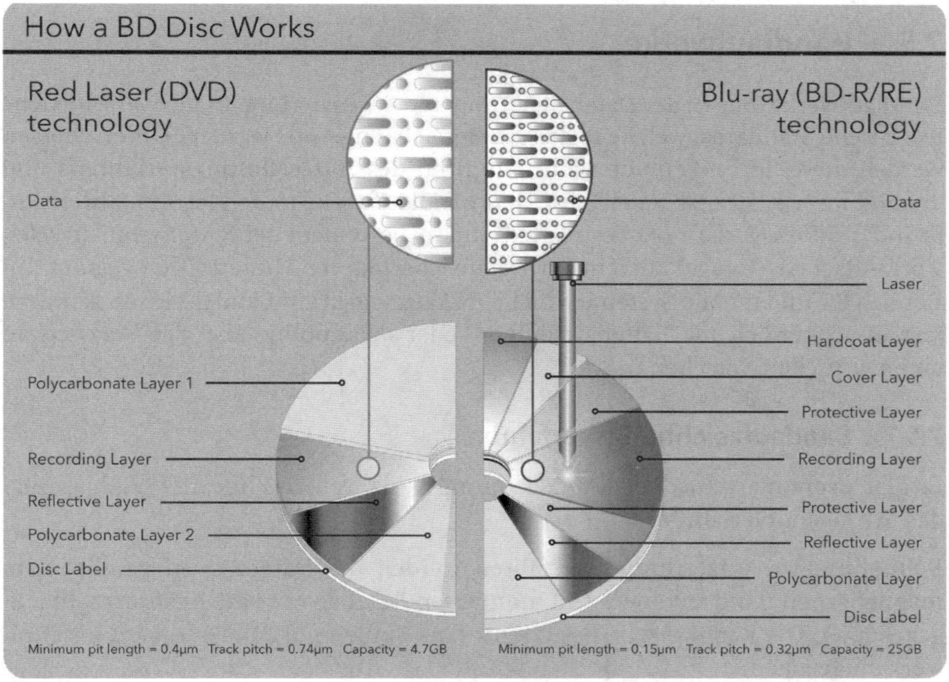

Abb. 7.21: Schichtenvergleich zwischen Blu-ray und DVD (Quelle: © Verbatim)

Für den Einsatz als Filmabspielgerät wurde (wie bei der DVD) eine weltweite Regionalisierung eingeführt, die aber nicht den Regionalcodes der DVDs entsprechen, sondern in Region A, Region B und Region C eingeteilt werden. Europa liegt dabei in der Region B (zusammen mit Afrika, Naher Osten und Ozeanien), die USA dagegen in Region A (inklusive Kanada, Süd- und Mittelamerika sowie Teilen Südostasiens), Region C beinhaltet Zentralasien (mit Russland, Indien und China). Anders als der DVD-Regionalcode wird der Blu-ray-Regionalcode auf Computern aber nur von der Abspielsoftware und nicht vom Laufwerk oder dem Betriebssystem überprüft.

Obwohl nicht fest im Standard vorgeschrieben, empfiehlt die BDA (Blu-ray Disc Association), die Abwärtskompatibilität zu CD und DVD im Blu-ray-Player zu gewährleisten.

Scheiben, egal ob CD oder Blu-ray, leiden aber zunehmend unter der »On Demand«-Möglichkeit gerade in der Unterhaltungsindustrie. Software wird aus dem Internet heruntergeladen, Filme bei Bedarf (eben *on demand*) direkt aus dem Internet angesehen und über entsprechende Portale wie Netflix oder Amazon Prime konsumiert. Daher ist seit der Blu-ray auch nicht mehr wirklich mit neueren Entwicklungen in diesem Bereich zu rechnen.

7.5 Bandlaufwerke

Bandlaufwerke dienen der Datensicherung und -archivierung. Es gibt verschiedene technische Standards, welche in diesem Bereich eingesetzt werden. Unterschieden werden diese Techniken vor allem aufgrund des Aufzeichnungsverfahrens und anhand ihrer Kapazität. Allerdings sind Bandlaufwerke in den letzten Jahren aufgrund des Preisverfalls bei Festplatten und insbesondere bei NAS-Systemen (Network Attached Storage) auch in der Datensicherung ins Hintertreffen gelangt. Im Bereich PC und mobile Systeme wird heute kaum noch auf Band gesichert, sondern fast ausschließlich auf Plattensystemen – oder sogar online über das Netzwerk in einen virtuellen Speicher.

7.5.1 Bandaufzeichnungsverfahren

Es gibt zwei unterschiedliche Aufzeichnungsverfahren: das lineare Verfahren und das Schrägspurverfahren.

Beim linearen Aufzeichnungsverfahren werden die Datenspuren parallel zum magnetischen Band an einem fest montierten Schreibkopf vorbeigeführt und aufgezeichnet. Die Bandkassette besitzt nur eine Spule, und das Band wird ins Laufwerk eingezogen.

Dadurch benötigt es weniger Mechanik in der Kassette, die Bänder sind langlebig, aber die Laufwerke teuer. Bekannte Vertreter dieser Kategorie sind DLT (älter) und LTO Ultrium (neuer).

Die Kapazitäten liegen heute bei bis zu 6 TB für LTO-Laufwerke, was die enorme Entwicklung dieser Sparte (und den enormen Platzbedarf) anzeigt.

Die Schrägspuraufzeichnung verwendet einen sich drehenden, schräg angeordneten Schreibkopf, um den das Band herumgezogen wird und die Daten so in schrägen, kurzen Spuren aufgetragen werden. Die Kassetten besitzen zwei Spulen, d.h.

das Band muss aus der Kassette herausgezogen und am Schreibkopf vorbei wieder in die Kassette eingezogen werden. Daher ist die Belastung auf dem Band höher als bei den linearen Bandkassetten.

Letzter noch aktiver Vertreter dieser Kategorie ist DAT, allerdings handelt es sich bei der Technologie um ein Auslaufmodell.

7.5.2 Generelles zur Bandsicherung

Bandlaufwerke werden heutzutage fast ausschließlich zur Sicherung von Netzwerken und Servern eingesetzt, daher fassen wir uns an dieser Stelle kurz.

DAT-Laufwerke bieten bei relativ geringer Speichergröße von bis zu etwa 300 GB einen kostengünstigen Einstieg in die Bandsicherung.

Für größere Systeme werden, wenn nicht ohnehin Disksysteme zum Einsatz kommen, ausschließlich LTO/Ultrium-Laufwerke eingesetzt. Diese reichen heute bis zu 6 TB an Speicherkapazität und können zudem als sogenannte Autoloader auch mehr als eine Bandkassette auf einmal aufnehmen und damit die Speicherkapazität in den hohen Terabyte-Bereich heben.

Während ein einzelnes Band mit je nachdem € 4 (DAT) bis € 80 (LTO) zu Buche schlägt, kosten die entsprechenden Laufwerke schnell einmal mehrere € 1.000, insbesondere wenn sie im Zusammenhang mit einem Autoloader eingekauft werden.

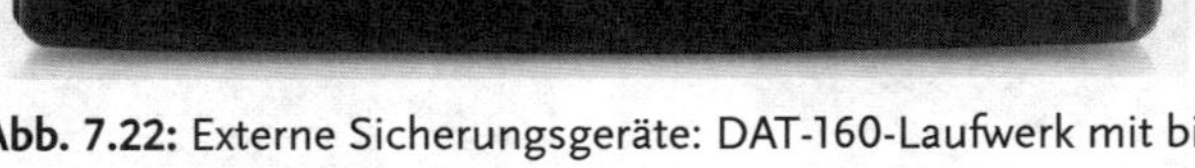

Abb. 7.22: Externe Sicherungsgeräte: DAT-160-Laufwerk mit bis zu 160 GB Speicherkapazität

Abb. 7.23: Externe Sicherungsgeräte: LTO6-Laufwerk mit 2500 GB Speicherkapazität

7.6 Netzwerkspeicher heißen NAS

Ausgehend von den immer größer werdenden Datenmengen und einhergehend mit dem massiven Preisverfall bei Festplatten haben sich in den letzten Jahren über das Netzwerk verbundene Plattenspeicher einen festen Platz für die Datensicherung erobert, aber auch immer mehr die primäre Datenspeicherung.

Diese NAS (Network Attached Storage) genannten Speicher gibt es heute in allen möglichen Ausführungen. Allen ist aber gemeinsam, dass der Speicher über Netzwerk angesprochen wird. Das heißt, der Zugriff erfolgt über Standardnetzwerkprotokolle wie NFS (Network File System) oder SMB/CIFS (Server Message Block/ Common Internet File System). Das bedeutet auch, ein NAS muss die entsprechenden Serverdienste anbieten, und dafür ist ein Betriebssystem notwendig. Ein NAS ist also mehr als nur eine Festplatte, sondern ein eigenes System.

NAS-Lösungen werden sowohl auf Linux (die Mehrheit) als auch auf Windows basierend angeboten. Sie sind als Systeme im Home-Bereich mit 1 oder 2 Festplatten im Angebot, für den Business-Bereich mit 2 bis 4 oder gar 6 Platteneinschüben, um entsprechende Sicherheitslevel mit RAID konfigurieren zu können.

Komplexere NAS-Systeme werden auf der Basis von Serverhardware aufgebaut und mit einem Standardbetriebssystem oder einem speziellen für diesen Zweck entworfenen Betriebssystem wie Microsoft Windows Storage Server ausgerüstet. Sie kosten dann aber auch deutlich jenseits der 1.000 € Marke.

Abb. 7.24: Verschieden große NAS-Systeme zur Datenspeicherung

Es werden unter dem Namen NAS auch Produkte angeboten, welche neben den eigentlichen Storage-Funktionen weitere Datenverwaltungs- und Netzwerkfunktionen integriert haben.

Solche Funktionen können sein:

- Backup-Server mit integrierter Software
- DHCP-Server

- FTP-Server
- Webserver
- Mediaserver
- Streaming-Station

7.7 Fragen zu diesem Kapitel

1. Welches Medium verfügt über die höchste Speicherkapazität?
   A. DVD-DL
   B. CD-RW
   C. CD-R
   D. DVD-R
2. Ein Techniker wird aufgefordert, ein Festplatten-RAID mit maximaler Performance zu installieren. Welchen RAID-Level wird er wählen?
   A. RAID 0
   B. RAID 1
   C. RAID 5
   D. RAID 6
3. Blu-ray Discs haben folgende Kapazität:
   A. 4,7 GB
   B. 9 GB
   C. 25 GB
   D. 85 GB
4. Welches der folgenden Medien wird auch mit Solid State bezeichnet?
   A. Bandlaufwerk
   B. DVD
   C. Flash-Card
   D. LS-120
5. Was wird als optisches Medium bezeichnet?
   A. Floppy
   B. Blu-ray
   C. SSD
   D. Bandlaufwerk

6. Welches RAID-Level verteilt die Daten beim Schreiben auf dem Volume und verteilt die Paritätsinformation über alle physischen Laufwerke?
   A. RAID 0
   B. RAID 1
   C. RAID 5
   D. RAID 6
7. Welche Medien sollten Sie unbedingt vor magnetischem Einfluss schützen? Wählen Sie drei Antworten aus:
   A. DVD-RW
   B. DAT-Band
   C. CD
   D. SATA-Festplatte
   E. USB-Stick
   F. Blu-ray
8. Welches der folgenden Speichermedien bietet die höchste Stoßfestigkeit?
   A. EIDE
   B. NAS
   C. SATA
   D. SSD
9. Welches der folgenden Speichermedien hat eine Kapazität von 8,5 GB?
   A. CD-RW
   B. DL DVD
   C. Blu-ray
   D. DVD
10. Was überbietet eine 15.000-rpm-SAS-Festplatte in Sachen Lesegeschwindigkeit am ehesten?
   A. Compact Flash
   B. SSD
   C. Tape
   D. SD

Kapitel 8

Ein- und Ausgabegeräte

CompTIA-Prüfungsziele, die in diesem Kapitel behandelt werden:

Für das Examen 220-901

1.10 Vergleich und Gegenüberstellung der Typen von Anzeigegeräten und deren Merkmalen.

- Typen
- Wiederholrate/Bildfrequenz, Auflösung, Native Auflösung, Helligkeit/Lumen
- Analog oder digital
- Blickschutz-/Blendschutzfilter
- Mehrere Anzeigen
- Seitenverhältnisse

1.11 Erkennen gebräuchlicher PC-Steckertypen und der zugehörigen Kabel.

- Monitorsteckertypen, Monitorkabeltypen

1.12 Installieren und Konfigurieren von gebräuchlichen Peripheriegeräten.

- Eingabegeräte
- Ausgabegeräte
- Ein- und Ausgabegeräte

3.2 Erläutern der Funktion von Komponenten im Display eines Laptops.

- Typen
- WiDi-Antennenstecker/Anordnung
- Webcam, Mikrofon, Inverter, Digitizer

8.1 Tastatur, Maus und verwandte Geräte

8.1.1 Die Tastatur

Die Tastatur ist trotz des Vordringens der grafischen Benutzeroberflächen immer noch die wichtigste Eingabeeinheit. Sie ist wesentlich komplexer, als der erste Anschein vermuten lässt. Man unterscheidet drei Arten:

- XT-Tastatur mit zehn Funktionstasten
- AT–Tastatur mit Zehnerblock und zehn Funktionstasten
- MFII-Tastatur mit Zehnerblock und zwölf Funktionstasten

Die Eingaben auf der Tastatur werden durch zwei Decoder und einen Tastaturchip (A8048) interpretiert. Unter den Tasten sind viele elektrische Leiter angeordnet. Die beiden Decoder geben dem Tastaturprozessor ein Signal, sobald irgendeine Taste gedrückt wird.

Damit der Tastatur-Controller aufgrund der betätigten Taste, welche er erkannt hat, ein Signal senden kann, hat man bereits bei der XT-Tastatur jeder Taste einen sogenannten Scancode zugeordnet. Seit der Vergabe hat man die neueren Tastaturen immer abwärtskompatibel gebaut. Deshalb wirkt die Verteilung des Scancodes bei den modernen Tastaturen etwas wirr.

Aktuelle Tastaturen verfügen entweder gemäß ATX-Spezifikation über einen PS2-Stecker oder über einen USB-Anschluss.

Abb. 8.1: Tastatur mit separatem Ziffernblock und Funktionstasten (kabellos)

Multifunktionstasten kommen in den meisten Notebooks vor, aber auch in High-End-Tastaturen für PC-Systeme. Dabei werden zusätzlich eingebaute Tasten mit der mitgelieferten Software angesprochen, um eine bestimmte Aufgabe zu erfüllen, z.B. das Aufrufen des Mail-Programms, das Lauter- oder Leiserstellen der Lautsprecher, das Ein- und Ausschalten des WLAN, das Aufrufen von herstellereigener Software zur Steuerung und Konfiguration des Rechners oder eines angehängten Gerätes.

8.1.2 Mäuse von DB-9 bis USB

Die Mausschnittstelle ist direkt neben der Tastaturschnittstelle angeordnet und besitzt dieselben geometrischen Abmessungen. In der Praxis kommt es nicht selten vor, dass diese beiden Anschlüsse beim Einstecken verwechselt werden, was dann dazu führt, dass die Eingabegeräte nicht ansprechbar sind. Achten Sie darum auf die Farben der Anschlüsse, die mit den Farben der Eingabegerätestecker übereinstimmen sollten. Moderne Mäuse benutzen allerdings meistens die USB-Schnittstelle, sodass viele neue PC-Systeme gar keine PS/2-Schnittstelle mehr aufweisen, geschweige denn eine alte DB-9-Buchse (COM1) für den Anschluss einer Maus.

Zentraler Bestandteil der Maus war lange die mit Gummi beschichtete Stahlkugel. Diese Kugel liegt auf der Arbeitsfläche und überträgt die Bewegungen an zwei zu 90° versetzten Walzen. Diese Walzen nehmen die Bewegungen in X- und Y-Richtung auf und übertragen diese Bewegungen auf Flügelräder. Bei Bewegung der Maus drehen die Flügelräder und geben einer Lichtschranke in kurzen Impulsen Licht/kein Licht. Die Anzahl der Lichtunterbrechungen ist somit ein eindeutiges Maß für die Bewegungen der Maus.

Die optischen Mäuse funktionieren ohne Kugel und damit auch ohne offene Stellen und Verschmutzungsrisiko.

Die Maus enthält einen Sensor, der im Prinzip als digitale Kamera arbeitet, die bis zu 2.500 Aufnahmen pro Sekunde von der Oberfläche unter der Maus schießt. Ein digitaler Signalprozessor (DSP) wertet die Fotos aus und setzt diese in Mauszeigerbewegungen um.

Die Lasermaus ist eine Fortsetzung dieser Generation mit neuerer Technik.

8.1.3 Barcode-Leser

Als Barcode-Leser werden Datenerfassungsgeräte bezeichnet, die unterschiedliche Codierungen lesen und verarbeiten können. Als Barcode wird dabei ein Strich- oder Balkencode wie beispielsweise der bekannte EAN-Code bezeichnet. Die Erkennung basiert dabei entweder auf Rot- oder Infrarotlicht oder auf rein optischer Technik. Lese- und Decodierfunktion sind dabei zwei getrennte Schritte der Verarbeitung, meistens jedoch im selben Gerät baulich vereint.

Fast alle Typen sind mittlerweile als stationäre, kabelgebundene Handscanner oder als mobile Erfassungsgeräte (z.B. Inventurterminals mit integriertem Barcode-Scanner) auf dem Markt erhältlich.

Abb. 8.2: USB-Barcodescanner für EAN wie für ASCII und andere Codes (© Honeywell Voyager)

8.1.4 Touchpad, Trackpoint und Digitizer

Ein Touchpad (auch Trackpad genannt) ist eine berührungsempfindliche Fläche, die vor allem im Net- und Notebook-Umfeld als Mausersatz direkt ins Gerätegehäuse des Computers verbaut wird. Meistens finden Sie es unterhalb der alphanumerischen Tastatur.

Abb. 8.3: Touchpad unterhalb der Tastatur

Die Bewegungen des Fingers auf dem Touchpad verschieben entsprechend den Maus-Pointer auf dem Bildschirm. Heute werden mehrheitlich nur noch Multi-Touchpads verbaut, die zusätzlich die Funktionen des Wischens – horizontale und vertikale Bewegung z.B. zum Blättern (wipe/scroll) – besitzen sowie die Möglichkeit, Funktionen auszuführen, mit dem gleichzeitigen Einsatz von zwei oder mehreren Finger zum Vergrößern, Verkleinern, Drehen oder Ausführen des Sekundärklicks etc.

Der Trackpoint ist ursprünglich eine Erfindung von IBM, und der Name ist bis heute geschützt (die Rechte wurden inzwischen auf Lenovo übertragen). Andere

Hersteller haben ihre eigenen Bezeichnungen dafür (Accu Point, Trackstick, Pointstick). Es handelt sich hierbei um einen kleinen Joystick, der sich zwischen den Tasten B, G und H einer Tastatur befindet. Durch Bewegung eines Fingers auf dem Trackpoint wird die Maus auf dem Bildschirm entsprechend verschoben. Im Gegensatz zum Touchpad bleibt der Finger während der Mausbewegung immer an derselben Stelle.

Abb. 8.4: Trackpoint bei einem Notebook

Den Eingabestift (auch Stylus oder Touchpen genannt) gibt es schon länger (man denke dabei an den Palm), er hat aber seit der Massentauglichkeit des Tablet-PCs wieder an Bedeutung gewonnen. Statt einer separaten Maus oder eines Touchpads wird der Bildschirm mit dem Stift direkt berührt. Die Eingabestiftspitze definiert dann jeweils die Position des Mauszeigers auf dem Bildschirm.

8.1.5 Berührungsempfindliche Bildschirme

Man spricht hier abhängig davon, ob nur ein Stift oder Stift und Finger gleichzeitig eingesetzt werden können, von Touchscreen oder Multitouchscreen. Die Touchscreens sind schon seit einigen Jahren unsere täglichen Begleiter, denken wir nur an die Bank-, Geld- oder Ticketautomaten.

Multitouchscreens haben dagegen mit der Verbreitung von Smartphone und Tablet-PC an Bedeutung gewonnen. Viele Computerhersteller bieten unterdessen auch berührungsempfindliche und rechnerintegrierte Bildschirme an, die als vollwertige Rechner gelten, aber komplett ohne Maus und Tastatur bedient werden können.

Es gibt mehrere Funktionsweisen, wie die Berührungen des Touchscreens in die Computersprache übersetzt werden. Diese im Detail zu erläutern, würde den Rahmen dieses Kapitel sprengen. Es reicht zu wissen, dass vorhandene Spannungen und elektrische Felder auf der Haut- und Eingabeoberfläche dafür zuständig sind, die aktuelle Position(en) und die ausgeführte Bewegung(en) zu lesen und zu interpretieren. Daher auch der Begriff der kapazitiven Multitouch-Bildschirme.

Abb. 8.5: Moderner Tablet-PC mit Multitouchscreen

Abb. 8.6: Ein modernes 10-Zoll-Tablet (Bildrechte © Sony Corp.)

8.1.6 Grafiktablett und Digitalisierer

Grafiker und CAD-Zeichner arbeiten schon längst nicht mehr nur mit der Maus, sondern benutzen zusätzlich Stifte mit entsprechenden Grafiktabletts und Digitalisierer, die direkt in die verwendete Software eingebunden werden können. Dabei handelt es sich um eine Platte, die auf den Tisch gelegt und über USB oder Bluetooth mit dem Rechner verbunden wird. Das Grafiktablett wird über den mitgelieferten Stift benutzt. Die Platte ist so konzipiert, dass jeder Punkt auf der Fläche einem Punkt auf dem Bildschirm entspricht. Somit ist eine genaue Positionierung möglich. Der eingesetzte Stift wird aktiv (mit integrierter Batterie) oder passiv (über Induktion durch das Tablett) mit Strom versorgt. Neuere Grafiktabletts reagieren auch auf verschiedene Druckstärken oder Winkel des Eingabestiftes und erlauben Multitouch-Funktionen.

8.1.7 Für die Spieler: das Gamepad

Gamepads sind Kontrollgeräte für Spiele am Computer. Es gibt verschiedene solcher Kontrollgeräte: Früher hatte man häufiger noch Joysticks, zum Beispiel für den Flugsimulator, oder Steuerräder für die Bedienung von Rennsimulatoren.

Das Gamepad hat sich mit den modernen Spielkonsolen wie PS3 oder Xbox durchgesetzt. Es wird mit beiden Händen gehalten und verfügt über verschiedene Tasten zur Navigation und Auslösung von Aktionen wie Springen, Abbiegen oder auch Schießen.

Abb. 8.7: Links ein Joystick, daneben zwei Vertreter von Gamepads

8.2 Biometrische Eingabegeräte

Gerade im Zusammenhang mit mobilen Geräten sind auch biometrische Eingabegeräte zunehmend im PC-Bereich vertreten.

Damit ein biometrisches Erkennungssystem zuverlässig funktioniert, benötigt es gut definierbare Messgrößen sowie eindeutige und konstante Merkmale, um eine Person zweifelsfrei und unabhängig von Alter oder Gesundheit zu identifizieren.

Dabei kommen sowohl verhaltensbasierte wie auch physiologiebasierte Merkmale in Frage, die über längere Zeit stabil sind. Zu den verhaltensbasierten Eigenschaften gehören etwa die Stimme oder die Handschrift, physiologiebasiert ist der Fingerabdruck, die Iris oder auch die Hand- oder die Gesichtsgeometrie.

Bei biometrischen Erkennungssystemen werden aktuell unterschiedliche Verfahren einzeln oder kombiniert eingesetzt:

- Handschriftenerkennung
- Finger- oder Handabdruck
- Spracherkennung
- Bilderkennung

Damit ein biometrisches System funktioniert, muss es mit den individuellen Daten der Berechtigten »gefüttert« werden. Dazu benötigt das Lesegerät einen Sensor zur Merkmalsextraktion sowie eine Software zur Berechnung des erfassten Merkmals mit der sich identifizierenden Person (Merkmalsvergleich). Als Sensoren kommen Bildsensoren (Kamera, optische Sensoren), kapazitive Sensoren (Streifensensoren) oder Ultraschallsensoren zum Einsatz.

Die Sensoren lesen zuerst ein biometrisches Beispiel ein, welches digital verschlüsselt abgespeichert wird und damit auch nicht gestohlen oder missbraucht werden kann. Dieses erste Beispiel (manchmal werden auch mehrere Beispiele genommen, um Abweichungen zu verarbeiten) dient bei zukünftigem Einsatz des Sensors als Referenz für den Merkmalsvergleich mit der Person, die sich aktuell am System identifizieren möchte.

Wird das System neben der Identifikation auch zur Verifikation (z.B. zur Anmeldung an einem System) eingesetzt, wird es mit SmartCards, PINs oder Usernames kombiniert. In diesem Fall wird zuerst die Verifikation durchgeführt: Gibt es diesen Benutzer? Anschließend wird die Identifikation durch das biometrische Erkennungsgerät durchgeführt: Handelt es sich um diese Person?

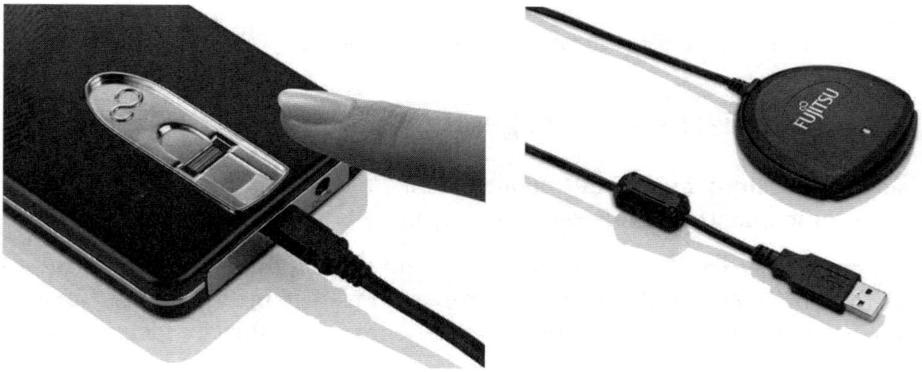

Abb. 8.8: Biometrisches Fingerprint-Modul, dazu SmartCard-Reader mit USB-Anschluss

8.3 Der KVM-Switch

Wer mehrere Systeme hat, aber nur über einen Monitor verfügt oder keinen Platz für mehrere Tastaturen auf dem Tisch hat, der ist froh um einen Keyboard-Video-Mouse-Switch, kurz KVM-Switch.

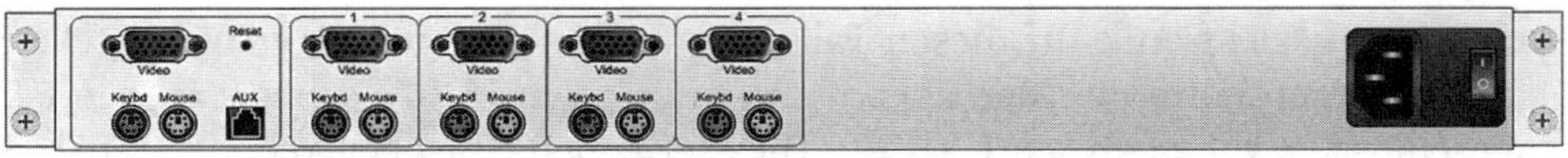

Abb. 8.9: Klassischer KVM-Switch

Vom Switch aus gehen zu jedem System ein Kabelset für Video, Maus und Tastatur (evtl. auch noch USB), aber nur ein Monitor und eine Tastatur/Maus werden an den Switch angeschlossen und befinden sich zentral bei den Ausgabegeräten. Die einzelnen Systeme lassen sich anschließend per Schalter und/oder per Software direkt ansprechen, und somit ist es möglich, Platz und Material einzusparen. Es gibt sogar Lösungen, wo ganze Systemgruppen an einen KVM-Switch angeschlossen und zentral verwaltet werden können.

8.4 Der Scanner

Scanner dienen dazu, Bildinformationen in den Computer einzulesen. Die eingelesenen Bilder oder Texte liegen als Bitmaps vor. Will man einen eingescannten Text bearbeiten, muss man erst eine Texterkennungs-Software zum Einsatz bringen, die das Bild in Text umwandelt (sogenannte OCR-Software).

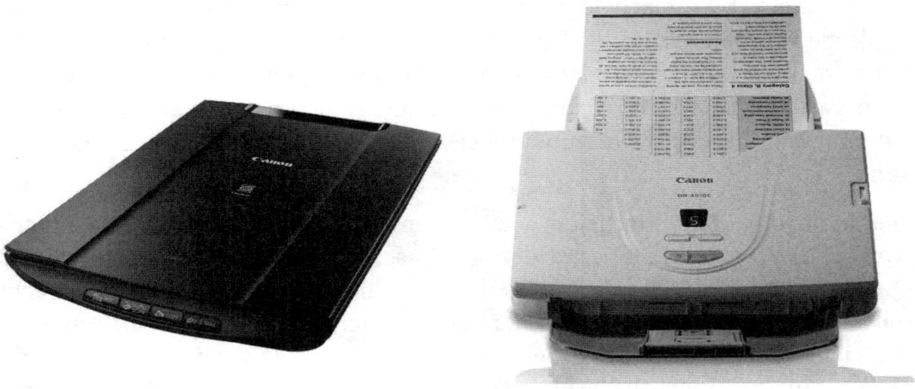

Abb. 8.10: Canon Twinplate Scanner (Aufsicht und Dias) und Dokumentenscanner

Die meisten heute eingesetzten Scanner sind Color-Flachbett-Scanner. Für den professionellen Bereich werden nach wie vor Trommelscanner eingesetzt, welche das auf eine Trommel aufgespannte Bild mehrfach lesen und eine sehr hohe Qualität erzielen.

Hochwertige Scanner wurden lange Zeit nur über den SCSI-Bus angesteuert, bei billigeren Geräten war der Anschluss über die Druckerschnittstelle üblich, da die Ansteuerungselektronik für diesen Fall wesentlich kostengünstiger herzustellen ist. Seit einigen Jahren werden aber auch Scanner via USB-Anschluss an den PC angeschlossen, vor allem seit USB 2.0. Diese erlauben eine ebenso hohe Transferrate wie ein an SCSI angeschlossener Scanner.

Damit ein Scanner Daten einlesen kann, benötigt er Sensoren, sogenannte CCDs (Couple Charged Device). Das sind elektrooptische Bauteile, welche den ankommenden Lichtstrom (vom Abtasten der Daten) in Form einer Ladung in einem Kondensator festhalten. Das heißt, der Scanner liest die Dokumente mit einer Leuchte ein.

Da die Scannerlampe ein sehr empfindliches Teil ist, werden Scanner während des Transports durch eine Scannerarretierung geschützt. Diese muss bei der Installation gelöst werden, damit der Scanner im Betrieb keinen Schaden nimmt.

Pro Datenfeld wird für die Abtastung ein CCD verwendet, d.h. für eine Auflösung von 600 dpi (Punkten pro Inch/Zoll) sind ca. 5.000 solcher Sensoren nötig, bei einer Auflösung von 1.200 dpi sind es gut 10.000.

Die Daten werden durch die Lampe auf den Sensor übertragen und anschließend durch einen Wandler in digitale Signale transferiert.

Dabei sind zwei Werte des Scanners für das Ergebnis von besonderer Bedeutung:

Die Farbtiefe: Sie entscheidet darüber, wie viele Farben der Scanner umsetzt. Moderne Farbdrucker im PC-Bereich lösen bis zu 32 Bit Farbe auf, d.h. ein Scanner sollte über mindestens denselben Umfang verfügen. Durch die unterschiedlichen Farbräume, welche Drucker und Scanner benutzen, wird beim Scannen häufig ein größerer Farbraum eingelesen, als anschließend gedruckt werden kann.

Die Auflösung: Sie entscheidet darüber, mit welcher Dichte ein Bild aufgelöst wird. Hier kommt es stark auf den gewünschten Vergrößerungsfaktor und den Qualitätsfaktor des Druckers an. Zu unterscheiden ist zudem zwischen der echten (physikalischen) Auflösung und der sogenannten interpolierten Auflösung, welche viel höher sein kann, da hier der Scanner zu effektiv vorhandenen Punkten eigene hinzurechnet. Doch sind das dann eben berechnete und nicht wirklich gelesene Werte, weshalb die physikalische Auflösung wichtiger ist.

8.5 Monitore

Die Bilddarstellung hängt von zwei Faktoren ab: der Grafikkarte für die Grafikdatenverarbeitung und dem Monitor als Ausgabemedium. Schauen wir uns zuerst den Monitor an.

Auf dem Markt existieren zurzeit zwei Monitortypen: der Röhrenmonitor, englisch Cathode Ray Tube (CRT), und das Flüssigkristall-Display, Liquid Crystal Display (LCD). Die Kathodenstrahlröhre, wie der CRT zu Deutsch auch genannt wird, ist dabei die ältere Technologie, die von den LCDs mittlerweile mehr oder weniger gänzlich verdrängt worden ist. Für die Darstellung auf großen Displays oder fürs Fernsehen gibt es zudem die Plasmatechnologie, welche aber für PC-Monitore nicht zum Einsatz kommt. Bei dieser Technologie werden die Bilder auf dem Display mittels Gas erzeugt und durch Plasmaentladungen zum Strahlen gebracht.

Die Bildschirmoberfläche ist bei den heutigen Monitoren mit den drei Grundfarben Rot (Red), Grün (Green) und Blau (Blue) beschichtet. Daher stammt auch der Name RGB-Monitor.

8.5.1 Verfahren zur Bilddarstellung beim CRT

Die Bilderzeugung erfolgt durch einen zeilenweise gesteuerten Elektronenstrahl, der eine Phosphorbeschichtung auf der Innenseite der Bildröhre kurz aufleuchten lässt. Farbmonitore erzeugen ihr Bild mithilfe von drei Elektronenstrahlen und Phosphorpunkten (Dots), welche ihr Licht in den Grundfarben Rot, Grün und Blau abgeben. Jeweils drei dieser Dots bilden einen Bildpunkt, wobei durch additive Farbmischung sowie unterschiedliche Strahlintensitäten nahezu jede mögliche Farbmischung erzeugt werden kann. Der Elektronenstrahl wird im Hals der Bildröhre durch eine Anordnung von Elektroden erzeugt und danach über eine Spule in einem Magnetfeld abgelenkt und auf den Bildschirm fokussiert. Dabei werden zwischen Kathode und Anode sehr hohe Spannungen benötigt, um die Elektronen zu beschleunigen. Röhrenmonitore dürfen aus diesem Grund auch nicht einfach geöffnet werden, da bei unsachgemäßem Umgang Lebensgefahr besteht.

Das entstehende elektromagnetische Feld wird zwar bei jedem Einschalten des Monitors durch eine eingebaute Entmagnetisierung neutralisiert. Dennoch kann es bei langem Betrieb eines CRT vorkommen, dass durch eine Dauermagnetisierung der Loch- bzw. Schlitzmaske im Innern des Bildschirms Farbverfälschungen oder ein Bildflimmern auftreten. Daher verfügen die meisten CRT-Bildschirme über einen Degauss-Schalter zur manuellen Entmagnetisierung. Bei Störungen im Bereich Farbe oder Bildstabilität kann man so versuchen, durch Drücken des Degauss-Schalters das Problem zu beheben.

8.5.2 Verfahren zur Bilddarstellung beim LCD

Wie die Bezeichnung LCD verrät, besteht ein solches Display aus Flüssigkristallen. Diese Kristalle reagieren auf Spannung, haben jedoch keine eigene Leuchtkraft. Elektrische Spannung steuert die Ausrichtung der Flüssigkristalle, daher sind die Kristalle wie in einem Sandwich zwischen zwei Glasplatten und zwei Elektrodenschichten eingeklemmt. Auf der Außenseite der Glasplatten befinden sich Polarisationsfilter, welche den Lichtstrahl fokussieren. Liegen die Flüssigkristalle parallel nebeneinander, ist das Bild schwarz, weil kein Licht durchgelassen wird und keine Spannung vorliegt (Bildschirm aus). Wird die Spannung verändert, drehen sich die Kristalle (daher auch der Name Twisted Nematic, nematische Drehzelle) und lassen mehr oder weniger Licht durch. Somit erhalten wir ein Graustufenbild. Damit wir nicht in die 50er Jahre zurückgeworfen werden und alles in schwarz/weiß betrachten müssen, besitzt jeder Bildpunkt drei Subpixel: ein rotes, ein grünes und ein blaues. Jedes dieser Subpixel erhält eine unterschiedliche Menge Licht. Ist zum Beispiel das rote Subpixel komplett beleuchtet, das grüne in etwa zur Hälfte und das blaue gar nicht, erhält der Bildpunkt die Farbe Orange (RGB Farbraum R: 255, G: 130, B: 0).

Bei den LCD-Monitoren gibt es unterschiedliche Paneltechnologien, namentlich Twisted Nematic (TN), In Plane Switching (IPS) und Pattern Vertical Alignment (PVA). Ohne an dieser Stelle zu sehr in Details zu versinken, ist es so, dass die TN-Panel die einfachste Form dieser Displays darstellen. Ihr Nachteil liegt im eher eingeschränkten Betrachtungswinkel und dem mäßigen Kontrast. Dafür können sie sehr schnell umschalten, was für Spiele und Filme geeignet ist. IPS-Panel bieten dagegen einen höheren Blickwinkel als TN-Panel. Ein PVA-Panel kann die Kristalle in acht Richtungen und Winkel kippen, das ergibt einen noch höheren Blickwinkel. Zudem bietet diese Technologie einen höheren Kontrast als TN-Panel, dafür sind sie aufgrund ihrer Schaltzeit für Spiele nicht unbedingt geeignet.

Eine weitere Entwicklung war der Wechsel der Hintergrundbeleuchtung auf LED. Bei der LED-Hintergrundbeleuchtung handelt es sich das Verfahren für die Ausleuchtung des Bildes, bei welchem anstatt der Beleuchtung in Form von Leuchtstoffröhren (herkömmliche LCD-Monitore) lichtemittierende Dioden verwendet werden. Dabei werden zwei unterschiedliche Verfahren eingesetzt: Entweder werden die LED rund um den Bildschirm herum angeordnet (Edge LED) oder als Gitter quer hinter dem ganzen Display (FULL LED). Während das Edge-Design dünnere Bildschirme ermöglicht, erlaubt das Vollflächendesign dafür eine gleichmäßigere Ausleuchtung.

Generell besteht der Vorteil der LED-Beleuchtung im wesentlich geringeren Stromverbrauch gegenüber herkömmlichen Display-Beleuchtungen (CCFL, Kalt-Kathodenröhren).

Noch einmal etwas anderes sind dagegen die LED-Bildschirme, welche LED direkt zur Ansteuerung der Bildpunkte nutzen. Hier ist die Technologie aber noch in der frühen Entwicklung. Als Organic LED (OLED) werden solche Displays für Kameras oder Handys aber bereits eingesetzt, und im Bereich TV sind sie im Hochpreissegment langsam, aber sicher im Vormarsch.

8.5.3 CRT und LCD im Vergleich

Da der CRT vom Markt verschwindet, muss der LCD viele positive Eigenschaften mitbringen, welche die Verdrängung rechtfertigt. In der folgenden Tabelle sind die Vor- und Nachteile beider Technologien gegenübergestellt. Dabei ist schnell ersichtlich, dass neben den offensichtlichen Unterschieden in der Handlichkeit auch andere Kriterien zu dieser Veränderung geführt haben.

	CRT	LCD

Vorteile	Hohe Farbtreue Geometrische Genauigkeit (außer in den Ecken)	Wenig Wärmeabgabe Niedriger Stromverbrauch Kleiner Platzbedarf Keine Strahlungsabgabe Nicht strahlungsanfällig Volle RGB-Farbraum-Abdeckung möglich bei sehr guten Monitoren Große Größen erhältlich
Nachteile	Permanente Abstrahlung Strahlungsempfindlich (Magnetfelder) Große Einbautiefe Hohes Gewicht Hohe Wärmeabgabe Hoher Stromverbrauch	Geringerer Betrachtungswinkel (je nach Panel unterschiedlich ausgeprägt) Eine native Auflösung Pixelfehler nicht selten

Tabelle 8.1: Vergleich von CRT und LCD

Nicht zuletzt ist auch der Schutz der Bildschirme bei LCD-Monitoren einfacher, da auf den ebenen Bildschirm einfach ein Kontrast- oder auch Blendschutzfilter aufgelegt werden kann.

Im Fall von Notebookdisplays ist der Einsatz solcher Filter als Blickschutzfilter weit verbreitet, damit der Bildschirm auch beim Arbeiten unterwegs nicht eingesehen werden kann.

Das bedeuten die technischen Angaben eines Monitors am Beispiel eines 22"-LCD-Monitors:

<table>
<tr><th>Eigenschaft</th><th>Angabe</th><th>Erklärung</th></tr>
<tr><td>Bildschirmdiagonale</td><td>22 Zoll (56 cm)</td><td>1 Zoll = 2,54 cm</td></tr>
<tr><td>Auflösung</td><td>1.680 x 1.050 Pixel</td><td>Native Auflösung. Stellt 1.680 Pixel in der Breite und 1.050 Pixel in der Höhe dar.</td></tr>
<tr><td>Farbtiefe</td><td>24 Bit
(16,7 Mio. Farben)</td><td>1 Bit = 2 Farben (schwarz/weiß)
Pro Pixel 2 Bit = 4 Farben, pro Pixel 8 Bit = 256 Möglichkeiten
16 Bit = 2^{16} = 65.536
24 Bit = 16,7 Mio.</td></tr>
<tr><td>Glare Screen</td><td>Nein</td><td>Mit einer speziellen Beschichtung wurde erreicht, dass die Oberfläche matt ist und nicht spiegelt.</td></tr>
<tr><td>Paneltyp</td><td>TN-Panel</td><td>Beschreibt die Art, wie die Flüssigkristalle angesteuert werden.</td></tr>
<tr><td>Reaktionszeit</td><td>5 ms</td><td>Die Zeit, welche ein Bildpunkt benötigt, um seinen Zustand zu ändern. Je schneller die Reaktionszeit, desto besser wechselt das Bild, ohne Schlieren zu ziehen.</td></tr>
<tr><td>Helligkeit</td><td>250cd/m^2</td><td>Candela pro Quadratmeter. Definition für die Leuchtkraft.</td></tr>
<tr><td>Kontrast dynamisch</td><td>25.000:1</td><td rowspan="2">Zur Errechnung des nativen Kontrastes werden der hellste Bildpunkt und der dunkelste gemessen. Dieser Bildschirm kann durch das Verstärken und Absenken der Hintergrundbeleuchtung den Kontrast weiter erhöhen (dynamisch). Wenn der Bildschirm in dunklen Szenen die Hintergrundbeleuchtung fast ausschaltet, ergibt sich ein sehr großer Kontrastumfang, der jedoch zur Arbeit nicht maßgebend ist, sondern nur bei bewegten Bildern eingeschaltet wird.</td></tr>
<tr><td>Kontrast nativ</td><td>1000:1</td></tr>
</table>

Tabelle 8.2: Was die Bildschirmeigenschaften bedeuten

8.5.4 Native Auflösungen

Bei jedem Monitor, unabhängig von seiner Bauart, können Sie verschiedene Einstellungen vornehmen. Dazu gehören der Kontrast, die Helligkeit und die Auflösung.

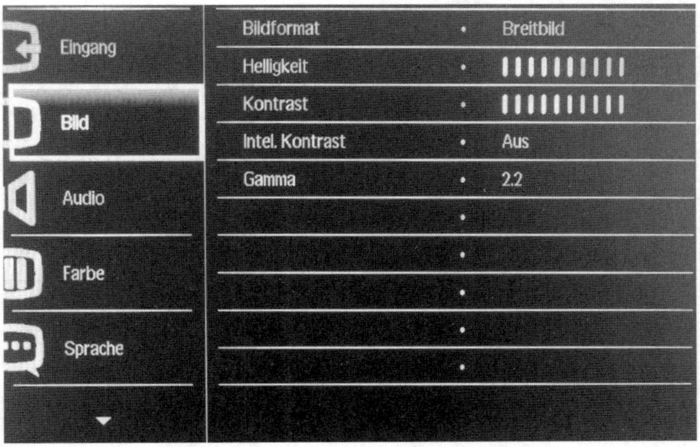

Abb. 8.11: Einstellungen an einem Monitor

Die Auflösung beschreibt, wie viele Pixel in der Breite und wie viele in der Höhe angezeigt werden. Dabei kommen unterschiedliche Bildformate zum Einsatz: vom klassischen Büromonitor (von der Röhre her stammend) der 4:3-Monitor, für Breitbild der 16:10 und für Multimedia und am Filmformat orientiert treffen Sie immer häufiger auf die 16:9-Bildschirme. Und wenn Sie sich jetzt fragen, was diese Zahlen bedeuten: Es zeigt an, in welchem Verhältnis sich die Bildschirmbreite zur Höhe befindet. Stark vereinfacht gesagt: Ein Monitor im Verhältnis von 4:3 hat bei einer Seitenlänge von 36 cm eine Höhe von 27 cm. Auf einen grundsätzlich »gleich« großen Monitor von 19 Zoll Diagonale (Monitore werden häufig in Zoll angegeben, mal 2,54 = 48,25 cm) sieht dieses Spiel mit dem Verhältnis wie folgt aus:

Abb. 8.12: 19-Zoll-Monitore in unterschiedlichen Seitenverhältnissen

Ein LCD-Monitor kann im Unterschied zu einem CRT-Monitor genau *eine* Auflösung optimal anzeigen. Wird eine andere Auflösung als die native ausgewählt, muss der Monitor interpolieren, und das Bild wird unscharf dargestellt. Die native Auflösung eines LCD ist zugleich auch die höchste Auflösung, welche dargestellt werden kann. Typische Auflösungen für Monitor sind:

Verhältnis	4:3	16:10	16:9
	VGA 640 × 480	WVGA 720 × 400	
	SVGA 800 × 600	WSVGA 1024 × 600	qHD 960 × 540
	XGA 1024 × 768	WXGA 1280 × 800	HD 1280 × 720
	SXGA 1280 × 1024	WXGA+ 1440 × 900	WXGA 1360 × 768
	SXGA+ 1400 × 1050	WSXGA+ 1680 × 1050	WXGA 1366 × 768
	UXGA 1600 × 1200	WUXGA 1920 × 1200	Full HD 1920 × 1080
	4K 4000 × 3000	WQXGA 2560 × 1600	4K UHD 3840 × 2160

Tabelle 8.3: Seitenverhältnis und Auflösung (WXGA kann verschiedene Auflösungen darstellen!)

Bei kleinen Monitoren bedeutet eine hohe Auflösung, dass zwar mehr Bildpunkte angezeigt werden können als mit einer tiefen Auflösung, dafür werden die Bildpunkte selber wesentlich kleiner. Ein 17"-Monitor mit 1280 × 800 Punkten zeigt daher die gleichen Informationen an wie ein 19"-Monitor mit der gleichen Auflösung, aber die einzelnen Icons und Schriften sind kleiner – was für die einen willkommen, ist für die anderen schwierig zu lesen ... Insbesondere bei Notebook-Displays ist daher eine hohe Auflösung nicht immer die beste Wahl.

8.5.5 Anschlüsse für (LCD-)Displays

Die Grafikkarte in der Abbildung 8.13 zeigt drei Anschlüsse für verschiedene externe Anzeigegeräte. Links sehen Sie den VGA-Anschluss, in der Mitte einen HDMI-Ausgang und rechts einen DVI-Anschluss. Der Vorteil von Grafikkarten mit mehreren Anschlüssen liegt neben der Kompatibilität mit möglichst vielen verschiedenen Endgeräten auch darin, mehrere Displays anzusteuern. Sind mehrere Bildschirme angeschlossen, kann im Betriebssystem oder den Grafikkarteneinstellungen gewählt werden, wie die Anzeige erfolgen soll. Schließt man einen Beamer an ein Notebook an, wird das Bild dupliziert. Möchte man mit zwei Monitoren arbeiten, schaltet man die Bilderweiterung ein. So können zwei Programmfenster nebeneinander angezeigt werden.

VGA

VGA (Video Graphics Array) überträgt die Daten analog von der Grafikkarte zum Endgerät. Die blauen VGA-Verbindungsstecker besitzen 15 Pins (daher auch HD15 oder DE15). Aufgrund der analogen Signalübertragung ist dieser Anschluss heute nur noch zweite Wahl, vor allem bei Auflösungen über 1280 × 1024 Punkten.

Abb. 8.13: Grafikkarte mit verschiedenen Anschlussmöglichkeiten

DVI

DVI (Digital Visual Interface) ist eine serielle Schnittstelle zur Videodatenübertragung. Dabei kann sie je nach Standard analoge, digitale oder auch gleichzeitig digitale und analoge Bilddaten übertragen. Mit DVI-A werden lediglich analoge Daten übertragen (seltene Bauart), DVI-D überträgt nur digitale Daten, und am meisten verbreitet ist DVI-I, das sowohl analog als auch digital überträgt.

Abhängig von der benötigten Bandbreite gibt es Single Link- und Dual Link-Stecker. Single Link ist dabei für Auflösungen bis etwa 1920 × 1200 geeignet (bei 60 Hz). Darüber hinaus wird ein Dual Link-Anschluss benötigt.

Am häufigsten treffen Sie auf den Standard DVI-I mit entweder 18+5 oder 24+5 Anschlüssen (Single/Dual). DVI-D-Kabel besitzen demgegenüber nur 18+1 respektive 24+1 Anschlüsse.

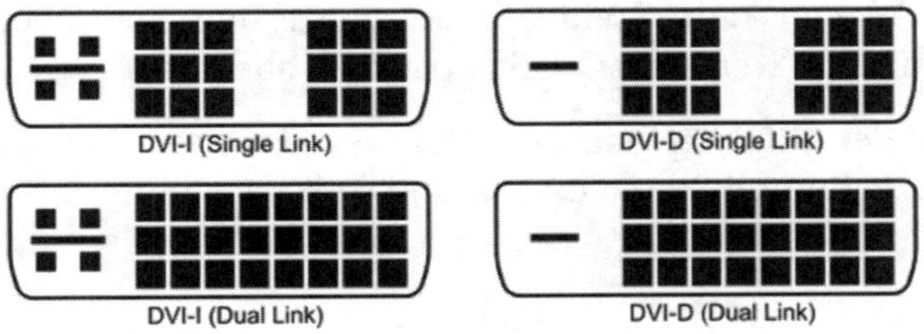

Abb. 8.14: DVI-I- und DVI-D-Anschlüsse (Quelle: Wikipedia)

DisplayPort

Der DisplayPort ist eine von der VESA genormte Schnittstelle für die Übertragung von Video- und Audiodaten und wird VGA und DVI möglicherweise ablösen. Er ist weder zu HDMI noch zu DVI direkt kompatibel. Die aktuelle Version ist DisplayPort 1.3 und konkurriert direkt mit dem HDMI-Anschluss.

HDMI

Das High Definition Multimedia Interface (HDMI) überträgt Bild- und Tondaten gleichzeitig und wurde zuerst in der Unterhaltungselektronik eingeführt. Ein weiterer Vorteil neben der Übertragung von Bild und Ton ist die Kabellänge, die bis 15 m betragen kann. HDMI ist abwärtskompatibel zu DVI-D. Und mit mini-HDMI gibt es auch einen Anschluss, der an Smartphones und Tablets eingesetzt werden kann.

HDMI wird jeweils den aktuellen Bild- und Tonstandards entsprechend weiterentwickelt, HDMI 1.0 oder 1.1 bieten daher nicht die gleichen Möglichkeiten wie HDM 1.2 oder jetzt HDMI 1.3. Das betrifft beispielsweise die Farbtiefe, die seit HDMI 1.3 bis 48 Bit betragen kann, bis HDMI 1.2 waren es nur 24 Bit. Auch die Tonqualität hat sich geändert: So überträgt HDMI 1.3 auch Dolby Digital Plus oder True Dolby HD. Achten Sie also darauf, welchen Standard Controller und Geräte jeweils aufweisen.

Der aktuellste Standard ist übrigens HDMI 2.0, der auch 4K überträgt, den Nachfolger von Full HD mit einer Auflösung von 3840 × 2160 Bildpunkten sowie 3D-Fernsehen. Wobei das nur noch ganz knapp stimmt: Im September 2013 wurde mit HDMI 2.0a ein weiterer Standard verabschiedet, welcher mit einer Taktgeschwindigkeit von 60 Hz und einer Durchsatzrate von 14,4 Gbps aufwartet und neu auch HDR unterstützt (im Gegensatz zu Version 1.4).

Andere Anschlussarten für Bild und Ton

Separate-Video (S-Video) wird häufig für Videorekorder oder DVD-Abspielgeräte als Anschluss verwendet und auch bei Videokarten in PCs eingesetzt. Dabei handelt es sich um einen 4-poligen Mini-DIN-Stecker. Farben und Helligkeit werden bei diesem Verfahren separat übertragen. In Europa ist S-Video aufgrund der SCART-Anschlüsse (RGB-Übertragung) für Videogeräte nicht so verbreitet wie in den USA oder Japan. Mittels Adapter kann S-Video in solchen Fällen auch über Composite ausgegeben werden, auch wenn die Qualität dadurch abnimmt.

In ein ähnliches Kapitel gehört der »RCA« genannte Anschluss, der über separate Kabel Video (Composite Video, gelb) und Stereoton (rot und weiß) ausgibt.

HDCP

High-Bandwidth Digital Content Protection (HDCP) ist kein Anschluss, sondern ein Verschlüsselungsverfahren zur Signalübertragung, sprich ein Kopierschutz. Mit diesem Schutz soll das Auslesen von Video- und Audiomaterial zwischen Sender und Empfänger verhindert werden.

Falls also das abspielende Gerät (z.B. ein DVD-Player) HDCP anfordert, muss auch der Empfänger (Monitor, TV) dies unterstützen, um das einwandfreie Abspielen des Signals zu gewährleisten. Entwickelt wurde dieser Standard von Intel.

8.5.6 Projektoren

Projektoren werden zur Ausgabe von Bildern, PowerPoint-Präsentation oder auch Filmen auf größeren Projektionsflächen eingesetzt. Sie sind daher eine Ergänzung zu den bereits angesprochenen Monitoren. Sie werden in Schulungen oder Vorträgen genauso eingesetzt wie zum Filmsehen.

Projektoren werden vor allem an ihrer Leistung gemessen. Diese wird in Lumen angegeben. Je mehr Lumen ein Projektor aufweisen kann, desto besser kann er auch in helleren oder hellen Umgebungen eingesetzt werden. Dafür sind solche Projektoren dann auch größer und lauter, das hängt oft zusammen.

Projektoren für kleinere Präsentationen oder Unterricht setzen rund 1.500 bis 2.500 Lumen ein, größere Systeme auch deutlich mehr, bis zu 10.000 Lumen sind möglich – bei entsprechender Investition.

Eine neuere Generation sind die LED-Projektoren. Diese verfügen nur über einige Hundert Lumen, sind dafür sehr klein (im Bereich 10-30 cm Kantenlänge) oder sogar in Videokameras eingebaut, benötigen sehr wenig Strom. Die Leuchtquelle lebt nicht nur 2 – 3.000 Betriebsstunden, sondern ein Vielfaches davon, was auch ihren Einsatz günstig gestaltet, kosten doch Ersatzlampen für Projektoren einige Hundert Euro.

Ältere Projektoren werden noch via VGA angesteuert, neuere verfügen über DVI- und HDMI-Anschlüsse. Auch Projektoren mit USB-Anschluss sind im Handel, hier kann man das Medium direkt ohne PC abspielen. Und auch WLAN ist heute ein Thema, das heißt, Sie können den Projektor ohne Kabel direkt ansteuern.

8.5.7 TCO und TÜV

Sowohl Flachbildschirme als auch Röhrenmonitore sollten immer eine gleichmäßige Helligkeitsverteilung über den gesamten Schirm besitzen, sonst sieht das Bild fleckig oder verwaschen aus.

Das Gros der heute erhältlichen Monitore (LCD und CRT) weist Prüfzeichen wie MPR, TCO, Nutek, Energy Star, TÜV usw. auf. Für diese Zertifizierungen werden die Bildschirme auf maximale Emissionen von elektromagnetischen und -statischen Feldern überprüft, auf die Unterstützung von Energiesparschaltungen getestet sowie definierte Ergonomie- und Umweltschutzkriterien abgefragt.

TFT-Displays spielen bei der Strahlungsemission einen ihrer Trümpfe aus: Da sie ohne magnetische Ablenkeinheiten auskommen (die Bildpunkte werden von

Transistoren angesteuert), sind sie gegen magnetische Einflüsse aus der Umwelt resistent.

Röhrenmonitore haben prinzipiell Probleme mit verzerrungsfreien, scharfen Abbildungen in den Bildschirmecken. Deshalb sollte man Einfluss auf Geometrie, Konvergenz und Schärfe nehmen können.

Wie gut sich ein CRT hier verhält, kann man anhand eines einzigen Testbildes relativ schnell erkennen.

8.6 Grafikkarten

Ein weiterer wichtiger Bestandteil einer raschen Bilddarstellung ist die Grafikkarte. Die Grafikkarte erledigt zwei Funktionen: Sie rechnet das digitale Grafiksignal des PC in ein analoges Signal für den Monitor um (sog. RAMDAC-Chip) und stellt die Farbauflösung für Anwendungen zur Verfügung.

Abb. 8.15: Nvidia GTX 980Ti High-End-Grafikkarte und ihr Grafikchip

Heutige Betriebssysteme kennen die Möglichkeit, die verschiedenen Auflösungsmodi auszunutzen, welche durch die Grafikkarten bereitgestellt werden. Doch je höher die Anforderungen an die Auflösung der Darstellung werden, desto höher wird auch der Bedarf an Grafikspeicher.

		1024 × 768	1280 × 1024	1600 × 1200	1920 × 1200
256 Farben	Mindestgröße	1 Mbyte	2 MByte	2 MByte	4 MByte
TrueColor	Mindestgröße	4 Mbyte	4 MByte	8 MByte	8 MByte

Tabelle 8.4: Auflösung und Speicherbedarf

Der Bedarf errechnet sich wie folgt:

Auflösung in Punkten (VGA) * Farbtiefe in Bit / 8

z.B. 640 * 480 * 8 / 8 = 307 KB, anschließend wird auf die nächsthöhere Speichereinheit (MB) aufgerundet.

Aktuelle Grafikkarten verfügen über einen PCI-Express 16x-Anschluss und arbeiten mit GDDR-3 bis gar GDDR-5 Arbeitsspeicher (von DDR2/DDR3 herstammende Technologien) und mit bis zu 2048 MB RAM und Grafikprozessoren, die denen eines PC längst ebenbürtig sind. Mit Technologien wie dem vorgängig besprochenen SLI (Scalable Link Interface) lassen sich heute grafische Darstellungen erzeugen, wie sie noch vor wenigen Jahren nur großen Rechensystemen vorbehalten waren.

8.7 Audio- und Videokarten

Videoschnittkarten sind leistungsfähige Steckkarten, die für Videoschnitt optimiert sind: Sie enthalten neben mehreren verschiedenen Videoanschlüssen auch Audioanschlussmöglichkeiten (S-Video, RGB, evtl. MIDI). Die Karten sind für den Import und Export von analogen und digitalen Videodaten inklusive Ton optimiert. Dadurch wird Ihr PC zu einem eigentlichen Videoschnittsystem. Dazu benötigen Sie auch Anschlüsse an eine Videokamera und entsprechend leistungsfähige Hardware. Bei der Verwendung analoger Quellen (Video und Ton) übersetzt die Videoschnittkarte das Signal in eine digitale Ausgabe. Dazu benötigen Sie nebst der Karte selber auch eine entsprechende Videoschnittsoftware.

Einfacher ist dies heute, wenn Sie eine digitale Quelle einsetzen, welche Sie häufig direkt über ein FireWire- oder USB-Kabel mit dem Computer verbinden können.

Die Soundkarte (auch Audiokarte genannt) verarbeitet analoge und digitale Audiosignale vom und zum Rechner. Um Töne und Musik zu hören, wurde ab den Neunzigerjahren mit Aufkommen des CD-ROM-Laufwerks (und daher der Möglichkeit, Audio-CDs über den Computer abzuspielen) die Soundfähigkeit direkt auf der Platine verbaut. Dies war jedoch meist auf analoge Audiosignale (AC 97) beschränkt. Um digitale Audioein- und -ausgänge zu erhalten, kommt man nicht an einer internen oder externen Soundkarte vorbei. Diese kann direkt im Computer verbaut (PCI-Anschlüsse) oder über USB, PCMCIA, ExpressCard oder teilweise auch FireWire angehängt werden. Rechner neueren Datums haben oft auch direkt einen HDMI-Port verbaut, der neben den Videosignalen (siehe Abschnitt 8.6) zusätzlich digitale Audiosignale vom Computer an ein externes Gerät leitet (TV, Projektor/Beamer, Home Cinema, Multimediageräte etc.), das einen entsprechenden Eingang und Audiowiedergabe unterstützt. Auch HDMI-In-Karten gibt es mittlerweile, d.h. Sie können von einem Gerät (z.B. Tablet) das Signal in den PC einspeisen und von dort weiterleiten oder direkt auf dem System verarbeiten. Der Port ist denn auch mit »HDMI In« angeschrieben.

Integrierte Audiokarten werden meistens vom Betriebssystem erkannt und eingebunden. Bei externen Geräten müssen die benötigten Treiber gegebenenfalls separat installiert werden.

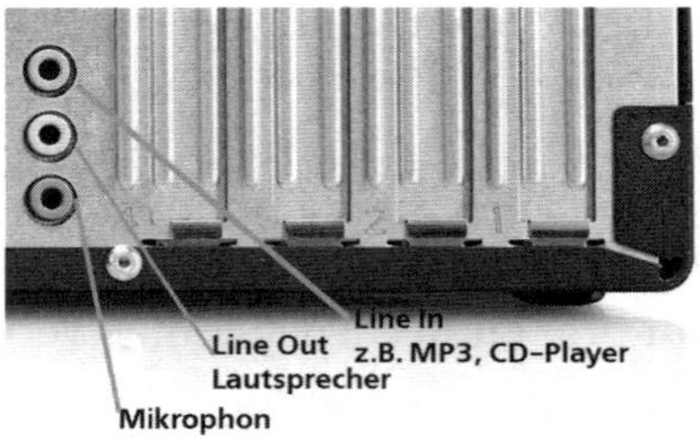

Abb. 8.16: Audioanschlüsse an einem PC

Ein weiteres Beispiel dieser Gattung sind die TV-Tuner-Karten. Sie verfügen über einen entsprechenden Empfänger für Radio- und Fernsehsignale, etwa über terrestrische Sender oder auch über Kabel oder Satellit. Entsprechend werden die TV-Tuner mit ihrem Empfänger bezeichnet, etwa DVB-C für Kabel, DVB-S für Satellitenempfang oder DVB-T für terrestrische Sender. Zudem verfügen zahlreiche Tuner auch über Capturing-Funktionen, das heißt die Möglichkeit, Sendungen mitzuschneiden und aufzuzeichnen.

8.8 Web- und Digitalkameras

Webcams sind eine relativ junge Erscheinung. Es handelt sich um Kameras, welche direkt an den PC angeschlossen werden können. Bei Notebooks sind sie oft auch bereits fest am oberen Rand des Displays eingebaut.

Webcams werden meist zur Aufzeichnung von Personen eingesetzt. Das kann für Videotelefonie sein oder auch zur Überwachung von Räumen. Webcams für die Überwachung werden meistens mittels Netzwerkanschluss eingebunden, die PC-Webcams für die Videotelefonie meist über USB.

Abb. 8.17: Unterschiedliche Modelle von Webcams

Die Digitalkameras wiederum sind eine ganz andere Angelegenheit. Sie werden dazu eingesetzt, Bilder (und heute auch Filme) aufzunehmen. Der Computer ist danach lediglich das Instrument, mit dem man die Bilder bearbeiten, auf Internetseiten hochladen oder für ein digitales Fotobuch verwenden kann.

Abb. 8.18: Von links: Kompaktkamera, Bridgekamera, digitale Spiegelreflexkamera

Digitalkameras gibt es in allen möglichen Ausführungen. Die Kameras für unterwegs nennen sich Kompaktkameras, sie verfügen über ein leichtes Gewicht und dafür meist über weniger Objektivbrennweite.

Die Bridgekameras sind dann doch etwas größer. Sie verfügen über deutlich größere Objektbrennweiten, sind aber auch größer. Aber sie haben keine Wechseloptik. Das ist den digitalen Spiegelreflexkameras vorbehalten (DSLR). Diese Kameraklasse gibt es bereits für wenige Hundert Euro für den Einsteiger und Hobbyfotografen. Genauso gut kann eine DSLR aber auch mehrere Tausend Euro kosten und wird dann von Fotografen oder Reportern eingesetzt.

Intelligente (smarte) Kameras verfügen über GPS und WLAN/NFC und erlauben den einfachen und raschen Austausch von Dateien mit dem Computer oder Smartphone.

8.9 Fragen zu diesem Kapitel

1. Was ist der Einsatzzweck von CCDs?
   A. So heißt der Abtaster von Lasermäusen.
   B. Sie werden benötigt, um die Signale an die Tastatur zu übermitteln.
   C. Lichtempfindliche Elemente im Scanner
   D. Lichtempfindliche Elemente im PC, um den Scanner zu übersetzen
2. Wozu wird bei einer optischen Maus der Signalprozessor benötigt?
   A. Der Signalprozessor erkennt die Geschwindigkeit der Mausbewegung und verlangsamt diese bei Bedarf für die Anzeige am Monitor.
   B. Der Signalprozessor wird nicht in der Maus, sondern als Empfangsstelle auf dem Mainboard eingesetzt.
   C. Der Signalprozessor entspiegelt die Oberfläche durch komplex berechnete Muster, damit die Maus ohne Mousepad verwendet werden kann.
   D. Der Signalprozessor wertet die Aufnahmen der Bewegung aus und setzt diese in Mauszeigerbewegungen um.

3. Welcher Display-Typ benötigt zur Darstellung eine Hintergrundbeleuchtung?
   A. LCD
   B. LED
   C. CRT
   D. Plasma
4. Eine Anwenderin hat eine ganz neue und sehr leistungsfähige Grafikkarte in ihr System eingebaut. Seither stellt sie wiederholt auftretende Störungen im System fest, die mit der Grafikdarstellung zu tun haben. Was sollte die Anwenderin nun als Erstes tun?
   A. Die Grafikkarte durch ein älteres und stabiles Modell ersetzen.
   B. Die Grafiktreiber erneut ab der mitgelieferten CD installieren.
   C. Die Grafiktreiber deinstallieren und den Standard-Videotreiber verwenden.
   D. Die Grafiktreiber in der aktuellsten Version von der Website des Herstellers herunterladen und neu installieren.
5. Welche Schnittstellen werden normalerweise von einem KVM-Switch unterstützt?
   A. PS/2, VGA, USB
   B. DB25, DB9, PS/2
   C. PS/2, DB9, USB
   D. PS/2, VGA, DB25
6. Was wird am besten schriftlich festgehalten, wenn Sie die Bildwiederholfrequenz eines Monitors ändern?
   A. Die vorherige sowie die neue Wiederholfrequenz
   B. Die Farbauflösung und die neue Wiederholfrequenz
   C. Alle getesteten Bildwiederholfrequenzen
   D. Die vom Benutzer gewünschten neuen Einstellungen
7. Welchen der folgenden Monitoranschlüsse nutzen Sie am ehesten für den Anschluss eines LCD-Monitors an einen PC? Wählen Sie alle zutreffenden Anschlüsse aus.
   A. USB
   B. DVI
   C. CGA
   D. VGA
   E. HDMI

8. Welche der folgenden Methoden nutzen Sie für gewöhnlich zur biometrischen Authentifikation?
   A. Passwort
   B. Verschlüsseltes Passwort
   C. RFID-SmartCard
   D. Fingerabdrucklesegerät
9. Welche Methode zum Eingeben von Daten erfordert die Authentifizierung des Benutzers mit einem Körperteil?
   A. Biologie
   B. Biometrie
   C. Autopsie
   D. Autometrie
10. Welches Gerät kann ein PAL-Signal einer externen Quelle decodieren?
   A. TV-Tuner-Karte
   B. Grafikkarte
   C. Videoschnittkarte
   D. Soundkarte

Kapitel 9

Drucker

CompTIA-Prüfungsziele, die in diesem Kapitel behandelt werden:

Für das Examen 220-901

1.13 Installieren von SOHO-Multifunktionsgeräten/Druckern und Konfigurieren der jeweiligen Einstellungen.
- Richtige Treiber für ein gegebenes Betriebssystem verwenden
- Geräte freigeben und teilen (Sharing)
- Öffentliche/gemeinsam genutzte Geräte

1.14 Vergleich und Gegenüberstellung der Unterschiede zwischen verschiedenen Drucktechnologien und dem zugehörigen Bildverarbeitungsprozess.
- Laserdrucker, Tintenstrahldrucker, Thermodrucker, Nadeldrucker
- Virtuelle Drucker

9.1 Nadeldrucker

Nadeldrucker gehören zur Klasse der sogenannten Impact-Drucker, d.h. die Übertragung der Zeichen geschieht mit Druck (*impact*) auf das Papier. Sie drucken mechanisch. Der Nadeldrucker verfügt zu diesem Zweck über eine ganze Anordnung von Nadeln, welche einzeln angesteuert werden können und die das Druckbild durch das »Schlagen« von Farbpunkten durch ein Farbband auf das Papier erzeugen.

Ältere Drucker verfügen über 9 Nadeln, Schönschreibdrucker über 24 Nadeln.

Die einzelnen Nadeln werden durch einen Bit-Code angesteuert, welcher dafür sorgt, dass die Nadeln auf dem Papier einen entsprechenden Punkt hinterlassen. Zu diesem Zweck schlagen die Nadeln durch ein Farbband, welche zwischen den Druckkopf und das Papier gespannt wird.

Der Nadeldrucker ist ein Zeilendrucker, d.h. der Druckkopf ist auf einer Schiene befestigt, fährt über die ganze Papierbreite hin und her und beschreibt dabei jeweils eine Zeile. Moderne Nadeldrucker verfügen dabei über die Möglichkeit, bidirektional zu drucken, also auf dem Hin- und dem Rückweg.

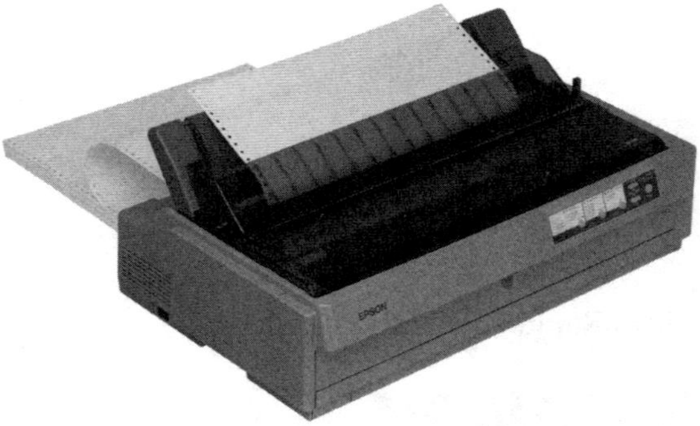

Abb. 9.1: Nadeldrucker für Endlosformulare (Quelle: © Epson)

Von der Qualität her werden drei Modi unterschieden:

- Draft (Entwurf)
- NLQ (Near Letter Quality)
- LQ (Letter Quality)

LQ druckt dann sogar 2 Durchgänge pro Zeile, damit möglichst viele Punkte ein harmonischeres Schriftbild ergeben. Allerdings ist das heute von untergeordneter Bedeutung, denn wenn es um Schöndruck geht, steht der Nadeldrucker weit hinten an.

Zwei große Vorteile erhalten den Nadeldrucker zurzeit (und wohl noch lange) am Leben:

- Er kann direkt Durchschläge bedrucken.
- Er verarbeitet klaglos Endlospapier und Formulare.

Gerade Durchschlagformulare werden immer noch häufig mit Nadeldruckern ausgedruckt, da nur diese Technologie in der Lage ist, mittels der Kraft der Nadeln entsprechende Durchschläge zu produzieren.

9.2 Thermodrucker

Beim Thermodruckverfahren wird das Druckbild durch Hitzeerzeugung erzeugt. Dies geschieht durch eine punktuelle Erhitzung auf dem Druckbildträger, entweder einer speziellen Form von beschichtetem Papier (Direktdruck) oder einem Zwischenträger (Transferdruck).

Thermodirektdrucker sind heute noch als Faxgeräte, als Kassendrucker oder bei Etikettendruckern (z.B. Dymo) im Einsatz. Sie zeichnen sich durch eine relativ geringe Druckqualität aus, sind dafür schnell und problemlos in der Handhabung, da keine Farbbänder oder -kassetten eingesetzt werden müssen. Dafür muss das Papier speziell beschaffen sein, damit die Hitze des Thermokopfes entsprechende Zeichen auf dem Papier zurücklassen kann. Thermodirektdrucker sind Schwarzweißdrucker.

Beim Thermotransferdruck wird über dem Papier eine mit Farbe beschichtete Thermotransferfolie unter einem mit Hunderten Heizelementen ausgestatteten Thermodruckkopf hindurchgeführt. Diese Heizelemente übertragen das Druckbild. Wird ein Heizelement angesteuert und dessen Kopf erhitzt, schmilzt in der Folie die Farbschicht und wird auf das Papier übertragen. Ihre glatte Oberfläche sorgt für einen exakten Farbaufdruck und erzielt eine hervorragende Druckqualität. Diese Art Druck ist leicht durch einen höheren Oberflächenglanz als bei den meisten anderen Druckverfahren erkennbar.

Das Druckmedium muss bei diesem Verfahren nicht zwingend Papier sein. Folie und Temperatur müssen auf das zu bedruckende Medium abgestimmt werden, dann können auch Kunststoffoberflächen bedruckt werden.

Ähnlich wird auch beim Thermosublimationsdruck verfahren. Der Unterschied liegt darin, dass Wachs verdampft wird und in ein Spezialpapier eindringt. Es entstehen brillante Farben, Nachteile sind jedoch die langsame Druckgeschwindigkeit bei hohen Kosten, denn je Druckvorgang kann immer nur eine Farbe aufgebracht werden. Da das Verfahren besonders für den Ausdruck von digitalen Bildern benutzt wird, muss je (Farb-)Pixel bis zu vier Mal dieselbe Druckposition präzise angesteuert werden, um mit den üblichen vier Standarddruckfarben (Gelb, Magenta, Cyan und Schwarz) den gewünschten Farbton zu erzeugen.

Abb. 9.2: Als Thermodrucker konzipierter Fotodrucker

Die Druckergebnisse sind von höchster Qualität, und daher wird diese Technologie für sogenannte Fotodrucker, etwa von HP oder Canon, eingesetzt. Auch sogenannte digitale Mini-Labs setzen z.T. noch auf diese Technologie.

9.3 Laserdrucker

Laserdrucker gehören zur Klasse der sogenannten Non-Impact-Drucker, d.h. die Übertragung geschieht nicht mit Druck auf das Papier.

Abb. 9.3: Arbeitsplatz-Laserdrucker

Der Laserdrucker funktioniert im Wesentlichen nach folgendem Prinzip:

Die Daten werden vom Rechner an den Drucker übermittelt. Dieser rechnet mit einem RIP (Raster Image Processor) die Daten, die er als Seite letztlich auf das Papier bringen möchte, in eine Bilddatei um. Dieses Umrechnen setzt schon bei 300 dpi und damit 8 Mio. Punkten pro DIN-A4-Seite einen Hauptspeicherbedarf von mindestens 1 Megabyte im Laserdrucker (!) voraus.

Im Innern des Druckers befindet sich die Trommel (6), auch Bildtrommel oder Fotoleiter(-trommel) genannt, welche zuerst negativ aufgeladen wird. Über ein Drehspiel (7) wird der Laserstrahl (8) mittels Modulator (9) über die gesamte Breite der Trommel geführt und entlädt diese dort, wo anschließend Toner haften soll. An den gelöschten Stellen haftet nun im nächsten Schritt der ebenfalls negativ geladene Toner (5), der mittels Andruckwalze auf das Papier übertragen (2) und anschließend in der Fixierstation (1) kurzzeitig auf ca. 200° C erhitzt und ins Papier eingebrannt wird. Überflüssiger Toner wird im nächsten Schritt wieder von der Trommel entfernt (3), und die Trommel wird vor dem nächsten Umgang vollständig entladen und anschließend wieder vorgeladen (4).

Beim Öffnen eines Laserdruckers ist daher insbesondere Vorsicht geboten, weil die Fixiereinheit wie erwähnt sehr heiß wird – das gilt auch, wenn Sie den Drucker nur kurz öffnen, um einen Papierstau zu beheben.

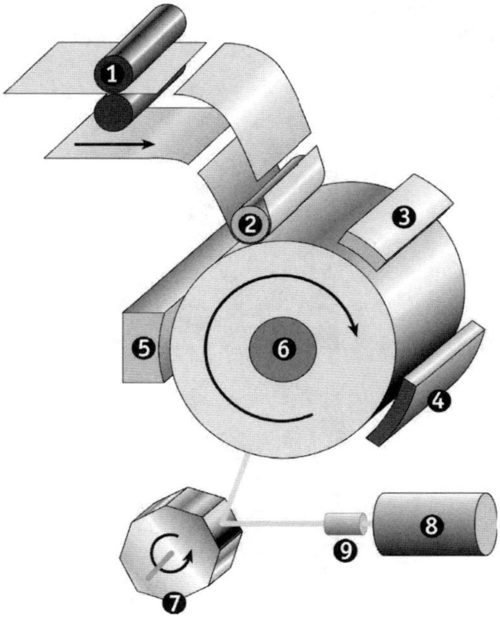

1. Fixiereinheit
2. Andruckwalze
3. Reinigungselement
4. Ladeelement
5. Tonerkartusche
6. Fotoleitertrommel
7. Drehspiel
8. Laserstrahl
9. Modulator

Abb. 9.4: Prinzip des Laserdrucks

9.4 Tintenstrahldrucker

Beim Tintenstrahldruck unterscheiden wir wieder zwei Verfahren: das Piezo- und das Bubble-Verfahren.

Piezo

Beim Piezo-Verfahren verdrängt ein winzigkleines, konvex gebogenes Plättchen den Tintentropfen. Das Plättchen (5) verformt sich beim Anlegen eines Spannungsimpulses und schleudert so die Tinte (4) aus der Düse (1). Die Technik basiert also auf Spannung. Besonders die Firma Epson setzt auf diese Technik und stattet ihre Drucker damit aus.

Bubble-Jet

Die Firmen Hewlett-Packard und Canon entwickelten Ende der 70er-Jahre das Bubble-Jet-Verfahren. Beim Bubble-Jet-Verfahren wird mit Hitze gearbeitet. Durch einen feinen Kanal gelangt die Tinte in den sogenannten Tropfengenerator, einem

Hohlraum (1), versehen mit einem winzigen, elektrischen Widerstand (2). Wird nun an diesen Widerstand eine Spannung gelegt, wird die Dampfkammer sehr schnell kochend heiß (3). Die enthaltene Tinte wird schlagartig auf etwa 300 °C erhitzt. Schlagartig kennzeichnet hier einen Zeitraum von etwa dreitausendstel Sekunden. Durch das Erhitzen bildet sich eine Dampfblase, die sich in Richtung Düse ausbreitet. Diese Dampfblase treibt einen Tropfen Tinte (4) aus der Düse und fällt anschließend in sich zusammen.

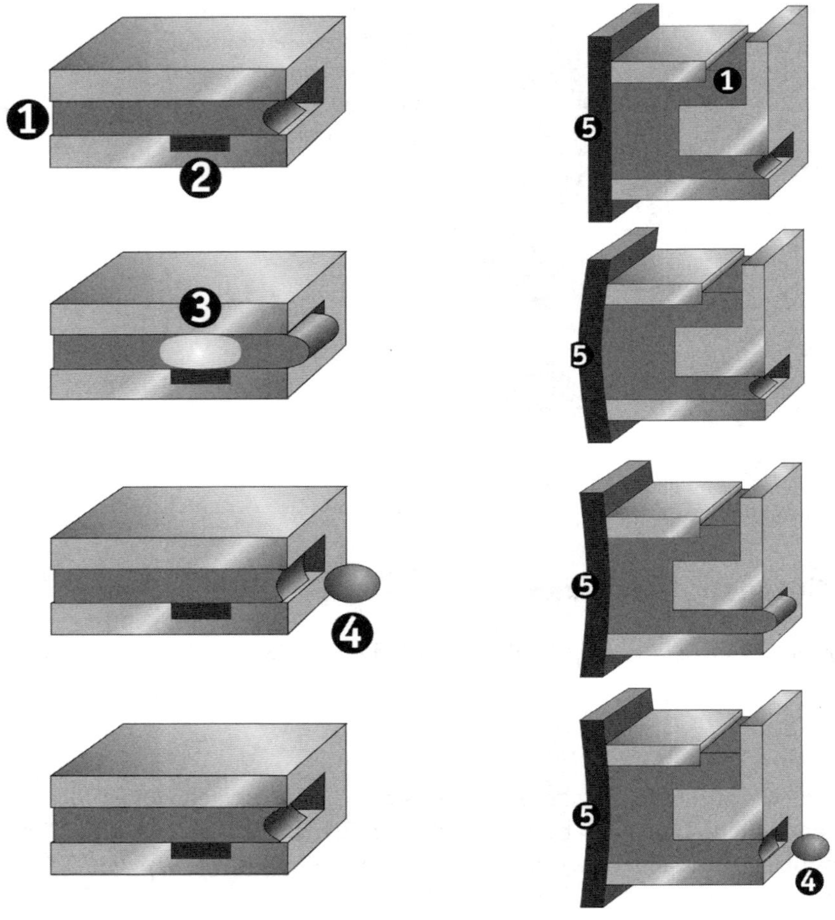

Abb. 9.5: Drucktechnik Bubble Jet (links) und Piezo-Druck (rechts)

Der Vorgang des Ausschleuderns eines Tropfens dauert bei heutigen modernen Druckköpfen etwa 60 Mikrosekunden. Wenn wir mal schnell durchrechnen, kommen wir darauf, dass dieser Vorgang etwa 12.000 mal pro Sekunde ausgeführt werden kann. Dieser Wert dürfte bis gegen 50.000 Tropfen steigerbar sein.

Federn in den Druckpatronen sorgen für gleichmäßige Druckverhältnisse, was wichtig für das Nachlaufen der Tinte ist. Außerdem wird so ein Auslaufen der Patrone verhindert. Die Düsen sind etwa 50 Mikrometer groß, ein Tintentropfen hat etwa ein Volumen von ca. 2-8 Picolitern (ein Picoliter ist ein Billionstel Liter). Die Tintenpatronen selber können sehr unterschiedliche Kapazitäten aufweisen: von wenigen Millilitern bis zu 70 oder gar 130 Milliliter für große Drucker (Plotter).

Damit die Druckqualität auch nach dem Wechsel der Patronen optimal ist, werden von vielen Druckern entweder Ausrichtungsprogramme zur Justierung gestartet oder eine Ausrichtungsseite gedruckt, mit deren Hilfe Sie das optimale Druckergebnis in der Systemsteuerung des Druckers eingeben können.

Mit der Klasse der »Business Inkjets« kam in den letzten Jahren ein neues Marktsegment hinzu. Diese von verschiedenen Herstellern wie Brother, Epson oder HP angebotenen Modelle verfügen nicht mehr über einen sich bewegenden Tintendruckkopf, sondern über Düsen über die ganze Medienbreite. Dadurch ergeben sich wesentlich höhere Seitengeschwindigkeiten im Bereich von 50 bis über 100 A4-Seiten pro Minute – und dies bei deutlich geringeren Tintenkosten.

Abb. 9.6: Zwei Vertreter der Business-Inkjet-Klasse in Farbe und Schwarz-Weiß

9.5 Alleskönner hören auf den Namen MFP

Unabhängig davon, ob es sich um einen Tintenstrahl- oder Laserdrucker handelt, werden diese Geräte heute oftmals mit weiteren Funktionen angereichert, namentlich mit einer Scan-Funktion und der Möglichkeit, am Gerät selber Kopien zu erstellen, möglicherweise auch noch mit einer Faxfunktion.

Demzufolge werden diese Drucker dann Multi Function Peripheral (MFP) genannt, im Small Office and Home Office-Bereich (SOHO) auch einfach All-in-One-Gerät.

MFPs gibt es sowohl bei den Einsteigergeräten im Bereich von einigen Hundert Euro als auch als große Unternehmenslösungen, die dann als Stockwerk- oder Abteilungs-MFP eingesetzt werden können.

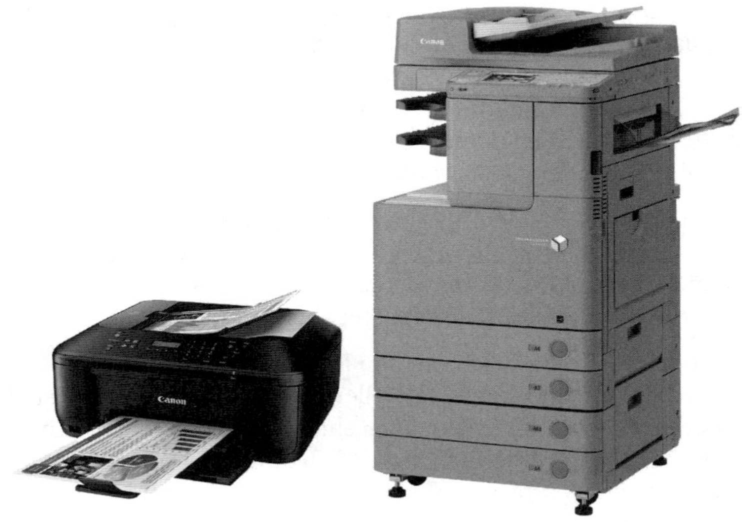

Abb. 9.7: Zwei sehr unterschiedliche Geräte mit denselben Grundfunktionen: Print, Copy, Scan

Und obwohl der Hauptzweck der MFPs ursprünglich die Ausgabe der eingescannten Dokumente auf Papier und Drucker war, gewinnen neue Funktionen zunehmend an Bedeutung. Dabei stehen hier namentlich drei Funktionen im Fokus:

- Scan-to-Mail
- Scan-to-Folder
- Scan-to-FTP

Bei der Funktion Scan-to-Mail geht es darum, dass das gescannte Dokument an einen Mailempfänger versandt werden kann.

Dazu benötigen Sie:

- Einen Sendeserver (SMTP-Server)
- Die Adresse des Empfängers im Format name@domain

Die Empfängeradresse kann je nach Gerät aus einem Adressbuch stammen oder individuell erfasst werden, die Daten für den SMTP-Server werden ins Gerät eingespeichert.

Bei der Funktion Scan-to-Folder wird ein Datenordner (oder mehrere) auf einem Netzwerkgerät, z.B. einem Server oder PC, freigegeben, in welchen das MFP gescannte Dokumente speichern kann.

Dazu benötigen Sie:

- Den Freigabenamen des Ordners
- Die Berechtigung zum Speichern

Die Funktion Scan-to-FTP geht in eine ähnliche Richtung, doch hier geht es darum, dass das Dokument für eine Internetverbindung auf einen entfernten Server gespeichert wird.

Dazu benötigen sie:

- Die FTP-Adresse
- Die Anmeldedaten für den Server (Benutzernamen und Passwort)

Allen diesen Funktionen ist gemeinsam, dass sie zu großen Teilen im MFP selber eingespeichert werden müssen, seien es Benutzernamen, Servernamen oder auch Passwörter. Dadurch ist die Funktionalität abhängig davon, dass sich an den entfernten Systemen nichts ändert und dass sie auf jeden Fall vorhanden sind.

9.6 Plotter/Large Format Printer (LFP)

Plotter sind »übergroße« Drucker für Banner, Poster oder auch CAD-Zeichnungen. Man unterscheidet zwischen Tintenplottern, Festwachsplottern oder Schneidplottern, welche statt Farbe ein Messer führen, um aus einer Folie einen Text oder ein Bild auszuschneiden.

Abb. 9.8: Large Format Printer, auch Plotter genannt

Plotter gibt es in Druckgrößen von A3 bis A0, das Papier wird dabei in der Regel auf einer Rolle zugeführt. Noch größer sind die Flachbettplotter, auf denen das Material auf großen Tischen zugeführt werden kann, und zwar meterweise. Schlagen Sie bei Interesse mal unter Stichworten wie »Arizona Plotter« oder »Mimaki« nach.

Die Stärke von Plottern liegt beim Farbdruck mit bis zu zwölf unterschiedlichen Farbtanks und die Möglichkeit, wetterfest und auf unterschiedlichsten Materialien zu drucken. Wie bereits erwähnt, arbeiten Plotter zudem mit deutlich größeren Tintentanks (daher auch der Name »Tank« statt Patrone).

9.7 Braucht virtuelles Drucken noch Papier?

So fremd dies im ersten Moment tönt, nicht immer müssen Sie den Druckauftrag direkt auf ein physisches Druckgerät ausgeben. Begriffe wie »Cloud Printing« oder Drucken in eine Datei zeigen an, dass es durchaus auch andere Möglichkeiten gibt, um zum Ergebnis zu gelangen, wenn man einen Druckauftrag erteilt.

Das »Cloud Printing« ist dabei noch am nächsten an den bisherigen Beschreibungen dran. Denn hier ändert nicht der Drucker, sondern nur der Weg, wie gedruckt wird. Angefangen hat diese Entwicklung mit WLAN-fähigen Druckern, dann kamen NFC-Drucker und Airprint (Apple), und schließlich konnten Sie Drucker über eine Software für sich verfügbar machen, sodass Sie auch von unterwegs aus auf Ihren Drucker zugreifen können. Das ist dann sozusagen »My Cloud«, d.h. Sie können über die Software des Druckerherstellers Ihren Drucker zu Hause ansteuern und dort vom Smartphone oder auch vom Tablet aus etwas ausdrucken.

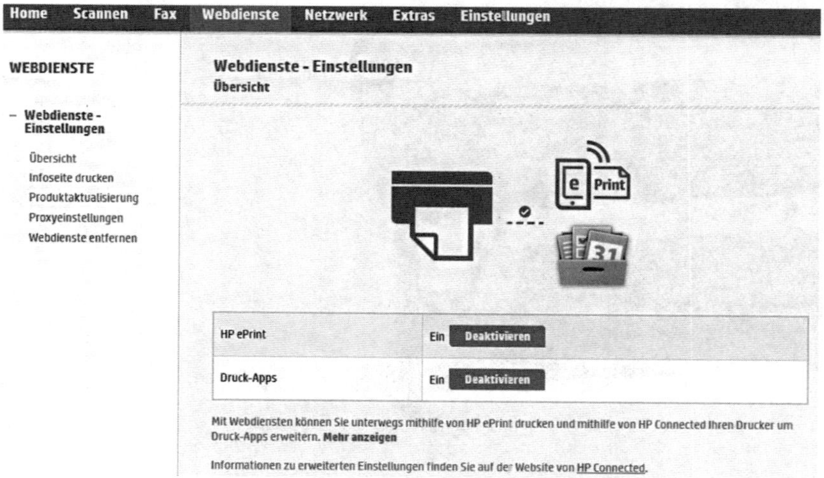

Abb. 9.9: Für einen HP-Drucker eingerichtetes Web-Printing

Jeder Hersteller nennt dabei seine Lösung etwas anders, die Einrichtung geht aber in etwa immer ähnlich vonstatten. Der zentrale Punkt ist dabei, dass der Drucker für die Software im Internet sichtbar wird. Dies geschieht aber nicht öffentlich (da hätten Sie kaum Freude), sondern so, dass nur die Software des Herstellers den Drucker zu Ihren Einstellungen zuordnen kann.

Das virtuelle Drucken wiederum erzeugt kein Papier. Dabei stehen Ihnen verschiedene Programme zur Verfügung. Von Microsoft stammt das Verfahren XPS, noch vom Fax her und heute von Scannern verwendet steht das Bildformat TIFF im Vordergrund oder am bekanntesten sicher das Format PDF, heute ein offener Standard, ehemals eine Erfindung von Adobe.

Selbst Office-Programme wie Microsoft Word können heute direkt in eine PDF-Datei drucken. So können Sie Dokumente per Webserver oder Mail austauschen und nicht mehr über Papier.

Abb. 9.10: Verschiedene installierte Drucker, auch der Adobe PDF und Microsoft XPS

Bei PDF und XPS müssen Sie anstelle des Papiers dafür entsprechende Software besitzen, um das das Dokument lesen zu können, etwa den Adobe Reader oder den Microsoft XPS Viewer. Zahlreiche andere Programme beherrschen das Lesen gerade von PDF aber ebenso gut, und sei es ein Browser wie Firefox, der ein eigenes PDF-Modul aufweist und diese Dokumente direkt im Internet lesen und anzeigen kann.

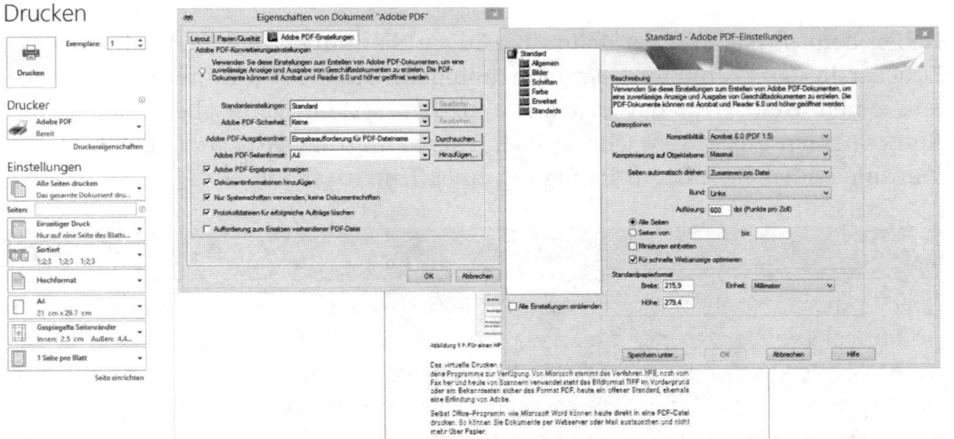

Abb. 9.11: Das Drucken via PDF ermöglicht zahlreiche Einstellungen.

9.8 So schließen Sie Drucker an

Lange Zeit wurden Drucker über die parallele Schnittstelle angeschlossen. Mittlerweile werden die Drucker aber entweder direkt über eine USB-Schnittstelle an das Computersystem angeschlossen oder drahtlos beziehungsweise über eine Netzwerkschnittstelle (RJ-45) mit dem Netzwerk verbunden, was insbesondere bei den oben erwähnten MFP im Vordergrund steht.

Drucker, welche über LAN oder WLAN angeschlossen werden, können Sie auch im Netzwerk freigeben. Auf diese Weise können Sie Drucker auch teilen (Printer Sharing) und so für alle Clients, z.B. in einem Büro, einen einzigen Drucker verwenden.

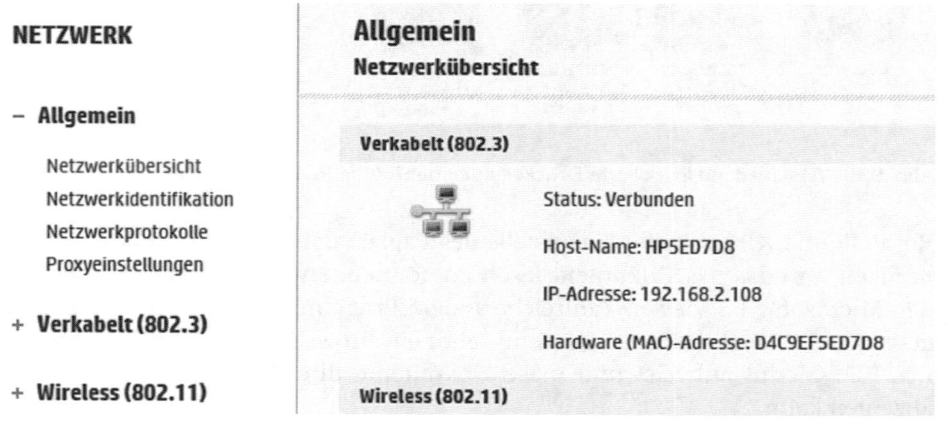

Abb. 9.12: Über das Netzwerk verbundenes Druckgerät

Neben dem physischen Anschluss benötigen Sie immer auch Software, um den Drucker in das Computersystem einzubinden. Diese Software umfasst mindestens einen Treiber für das installierte Betriebssystem, kann aber auch weitere Komponenten zur Überwachung oder Verwaltung des Druckers oder auch zur Wartung enthalten, z.B. zur Reinigung eines Tintensystems.

Wichtig

Die Treiber müssen immer genau zum Betriebssystem passen, nur dann ist ein reibungsloser Betrieb des Druckers möglich. Das betrifft sowohl die Version (z.B. Windows 8.1 oder MacOS X 10.11) als auch die Ausführung in 32 Bit oder 64 Bit. Bei der erwähnten Freigabe von Druckern muss demzufolge jedes System, das den freigegebenen Drucker nutzen will, für sich einen eigenen Treiber haben.

9.9 Fragen zu diesem Kapitel

1. Was tun Sie in der Regel, nachdem Sie bei einem Tintenstrahldrucker eine neue Tintenpatrone eingesetzt haben?
   A. Den Computer neu starten
   B. Ein farbiges Bild drucken
   C. Das Ausrichtungsprogramm des Druckertreibers starten
   D. Den Druckertreiber neu installieren
2. Welche Komponente muss bei intervallmäßigen Wartungsarbeiten an einem Laserdrucker ersetzt werden?
   A. Laderolle
   B. Scannerspiegel
   C. Tonereinheit
   D. Tintenrestbehälter
3. Welchen Druckertyp werden Sie für den Einsatz von mehrteiligen Formularen mit Durchschlag einsetzen?
   A. Einen Nadeldrucker
   B. Einen Thermoprinter
   C. Einen Tintenstrahldrucker
   D. Einen Laserdrucker
4. Was beschreibt am besten, wie ein Nadeldrucker arbeitet?
   A. Hitze erwärmt wasserbasierte Tinte.
   B. Kleine Drahtspitzen schlagen durch ein Transferband mit Tinte und übertragen diese.
   C. Hitze schmilzt Tinte auf das Papier.
   D. Toner bleibt an leitfähigen Teilen einer Trommel haften.
5. Wenn Sie einen Laserdrucker wegen eines Papierstaus öffnen, was trifft in diesem Moment zu?
   A. Der Laser ist heiß.
   B. Der Druckerspooler verliert alle Aufträge.
   C. Die Fixiereinheit ist heiß.
   D. Die Tonerkassette kann verrutschen.

6. Ein Benutzer klagt, dass er zwischen drei Büros hin- und her wechselt und überall über verschiedene USB-Drucker verfügt, aber nicht in jedem Büro kann er damit drucken, obwohl er ihn anschließen kann. Was ist die wahrscheinlichste Ursache für dieses Problem?
   A. Der Benutzer verfügt nicht über den korrekten Druckertreiber.
   B. Der Benutzer verfügt nicht über die Berechtigung zum Drucken.
   C. Die Dokumente sind nicht für USB formatiert.
   D. Die Drucker am USB-Port sind untereinander nicht kompatibel.
7. Ein Kunde meldet sich beim Techniker, weil sein Tintenstrahldrucker nicht mehr so klar wie bisher druckt. Wie kann der Techniker als Erstes versuchen, das Problem zu lösen?
   A. Tintenpatronen ersetzen
   B. Drucker kalibrieren
   C. Anderes Papier benutzen
   D. USB-Kabel ersetzen
8. Wie wird bei einem Laserdrucker der Prozess des Fixierens von Toner auf das Papier genannt?
   A. Bonding
   B. Transferring
   C. Duplexing
   D. Fusing
9. Welches Bauteil eines Laserdruckers bringt mithilfe von Hitze den Toner auf das Papier auf?
   A. Fixiereinheit
   B. Aufnahmerollen
   C. Papiertransferwalze
   D. Bildtrommel
10. Was ist der hauptsächliche Grund dafür, dass Drucker von Zeit zu Zeit automatisch gereinigt werden?
   A. Längere Lebenszeit der Toner
   B. Entfernung von Tonerrückstanden
   C. Längere Lebenszeit des Druckers
   D. Schnellerer Druck

Teil II

ICT-Support

Vom Umgang mit Computern und Kunden

Lernziele

In diesem zweiten Teil steht der Support im Fokus, und zwar sowohl in technischer wie organisatorischer Hinsicht. Nach Durcharbeiten der dazugehörigen Kapitel und erfolgreicher Beantwortung der Kapitelfragen erreichen Sie folgende Lernziele:

- Sie wissen um die Wichtigkeit der Vorbereitung vor Supportarbeiten.
- Sie kennen die Gefahren im Umgang mit Informatikmitteln.
- Sie sind in der Lage, Arbeiten zur Auf- und Umrüstung an Computersystemen fachgerecht zu planen, durchzuführen und zu dokumentieren.
- Sie kennen die Voraussetzungen bei Arbeiten an mobilen Systemen und die veränderten Möglichkeiten bei Auf- und Umrüstungen.
- Sie kennen das Vorgehen zur Fehlersuche und sind fähig, Computerprobleme zu erkennen und fachgerecht zu lösen.
- Sie verstehen die Grundlagen erfolgreicher Kommunikation im Support.
- Sie können mit Kunden sprechen, um deren Bedürfnisse zu erfassen und im Rahmen Ihrer Tätigkeit zu beantworten.

In diesem Teil:

Kapitel 10

Bevor Sie schrauben

CompTIA-Prüfungsziele, die in diesem Kapitel behandelt werden:

Für das Examen 220-902

5.1 Anwenden der richtigen Sicherheitsverfahren bei einem gegebenen Szenario.

- Geräteerdung
- Richtige Behandlung und Lagerung von Komponenten
- Umgang mit Giftmüll
- Persönliche Sicherheit
- Einhaltung der örtlichen Bestimmungen

5.2 Anwenden der richtigen Kontrollmaßnahmen bei einem Szenario mit potenziellen Umweltauswirkungen.

- SDB-Dokumentation für Behandlung und Entsorgung
- Achten auf Temperatur, Luftfeuchtigkeit und ordnungsgemäße Lüftung
- Schutz vor Schwebeteilchen
- Staub und Ablagerungen
- Einhaltung der örtlichen Bestimmungen

Der Umbau und die Aufrüstung von Computersystemen bedarf einerseits eines umfangreichen technischen Know-hows, andererseits aber auch eines sehr systematischen und vorsichtigen Vorgehens.

Bevor wir in den nächsten Kapiteln mit den praktischen Überlegungen zu Umbauten und Reparaturen beginnen, legen wir an dieser Stelle den Fokus auf die systematische Vorbereitung. Dazu gehören die notwendigen Sicherheitsüberlegungen genauso wie der richtige Umgang mit Gefahrenstoffen. Aber auch die Thematik Computer und Umwelt ist hier richtig aufgehoben, damit Sie diese Themen in Ihre Überlegungen mit einfließen lassen.

10.1 Vorbereitung und Sicherheit

Bevor Sie sich an die eigentliche Auf- oder Umrüstung wagen, bereiten Sie sich entsprechend sorgfältig vor. Lesen Sie die Installationshandbücher und Bedienungsanleitungen durch. Fehlen diese Unterlagen, besorgen Sie sich die entsprechenden Dokumente. Viele Hersteller bieten dazu Hilfe auf ihren Internetseiten, wo Handbücher und Anleitungen zur Verfügung stehen.

Sind Sie bei einem Thema zu Beginn unsicher, gibt es auch Trainingsunterlagen zu vielen Themen, z.B. Videokurse oder Bücher. Nutzen Sie die Chance, sich zuerst weiterzubilden und zu informieren – nach einem missglückten Umbau ist es dafür zu spät!

Sie besorgen sich zudem alle verfügbaren Dokumentationen zur aktuell vorhandenen Konfiguration inklusive einer Inventarliste, aus welcher ersichtlich ist, was genau in diesem System alles vorhanden ist.

Zum anderen stellen Sie sicher, dass Sie über die Treiberkonfiguration und bestehende Systemeinstellungen soweit wie möglich im Bild sind. Dazu gehört auch, dass eventuelle BIOS-Konfigurationseinstellungen bekannt und zugänglich sind. Dies verhindert spätere Überraschungen.

Komponenten, welche Sie einbauen möchten, müssen inklusive Dokumentation, Treiber und sämtlicher Kabel und Anschlüsse vollständig vorhanden sein. Nur so ist überhaupt ein professioneller Umbau vorzunehmen. Bereiten Sie alles immer vor, sodass Sie während der Arbeit keine Unordnung erzeugen.

Sorgen Sie bei einem Umbau von Hardware dafür, dass Sie über einen eingerichteten Arbeitsplatz und das notwendige Werkzeug verfügen. Ein Techniker repariert keinen PC mit Taschenmesser und Klebeband! Stattdessen haben Sie für elektronische Arbeiten geeignete Schraubendreher, Pinzette, Kleinzange und möglicherweise einen magnetischen Verlängerungsstab zur Hand, um Schrauben oder metallische Kleinteile aus dem Gehäuse zu entfernen.

Elektronische Bauteile wie Arbeitsspeicher, Festplattenlaufwerke oder DVD-Laufwerke müssen zur Aufrechterhaltung der Antistatik in entsprechenden Beuteln und Behältern aufbewahrt werden.

Bewahren Sie Schrauben und Zubehörteile während einer Umrüstung oder Reparatur in separaten Behältnissen auf. Machen Sie auf diesen Behältnissen Notizen, damit Sie sicher wieder alles korrekt montieren können. Achten Sie zudem immer auf eine sachgerechte Montage und Demontage – Gewalt ist selten der richtige Ansatz.

10.1.1 ESD

Statische Aufladung ist ein großes Problem im Umgang mit elektrischen Bauteilen. Die Spannung wird durch Isolation in einem Körper erzeugt, d.h. der Körper baut Spannung auf, kann sie aber nicht ableiten. Diese Spannung kann entsprechend sehr hoch werden, auch wenn sie nur eine geringe Strommenge erzeugt.

Für den Menschen ist die Entladung solch statischer Spannung zwar unter Umständen unangenehm, aber ungefährlich.

Die statische Aufladung am Menschen kommt vor allem durch synthetische Teppiche, Kleidung und Schuhe zustande (z.B. Nylon, Polyesterfasern). Einen großen Einfluss spielen zudem Faktoren wie Luftfeuchtigkeit und Wärme. Am heikelsten sind dabei warme, trockene Umgebungen mit geringer Luftfeuchtigkeit, sprich z.B. Büros ...

Sobald jetzt der »geladene« Mensch mit leitfähigen Materialien in Kontakt kommt, entlädt er sich »schlagartig« wieder.

Nehmen wir auf der anderen Seite jetzt unsere elektrischen PC-Komponenten zur Hand, sehen wir, dass diese aus feinen, leitfähigen Materialien bestehen oder mit diesen beschichtet sind. Das können Chips aus Silizium oder Leiterbahnen aus Metalloxiden wie Kupfer sein.

Die statische Aufladung eines solchen Bauteils durch den Menschen führt zu einer kurzzeitigen heftigen Erhitzung und damit zu einem Kurzschluss der betroffenen Teile. Je nach Intensität des Kurzschlusses führt dies zum sofortigen Ausfall oder auch zu einem schleichenden Ausfall, weil die Beschädigung erst mit der Zeit wirksam wird.

Besonders anfällig für statische Aufladung sind Chipsets, Mainboards, Prozessoren, Speichermodule – aber auch andere Bauteile wie Festplatten oder Laufwerke verfügen über Platinen und schätzen die statische Aufladung nicht wirklich!

Das heißt: Bevor Sie an einem Computer arbeiten, schützen Sie sich vor statischer Aufladung. Sie können dies tun, indem Sie entweder ein antistatisches Band mit Erdung tragen (ESD-Strip) und/oder auf einer antistatischen Matte arbeiten.

Manche der Erdungsbänder verfügen auch über eine Krokodilklemme, damit man sich am metallischen Gehäuse des Rechners erden kann. Der Einsatz von Erdungssteckern ist aber sicherer.

Zum Schluss noch eine wichtige Warnung:

Arbeitsbereiche für Hochspannungswartung, in denen Röhrenmonitore oder Netzteile repariert werden, enthalten keine leitfähigen Antistatikhilfen. Aufgrund der in diesen Geräten vorliegenden Hochspannung wäre jede Form von persönlicher Erdung sehr gefährlich. Hochspannungswartungsbereiche sind so konzipiert, dass das Wartungspersonal stets vollständig isoliert ist. Solche Geräte dürfen niemals außerhalb solcher Arbeitsbereiche oder gar von ungeschultem Personal repariert werden.

10.1.2 Heben und Tragen

Die Körperhaltung, die beim Heben und Tragen eingenommen wird, spielt für die Wirbelsäule eine große Rolle. Denn oftmals schadet nicht die Belastung an sich dem Rücken, sondern eine falsche Ausführung der Bewegung.

Was Sie beim Heben und Tragen beachten sollten:

- Können Sie die Last alleine tragen? Überschätzen Sie sich nicht, sondern holen Sie ggf. jemanden zu Hilfe. Achten Sie auf Gewichtsangaben auf Verpackungen, die bei Gewichten von über 20 kg immer Hinweise enthalten.
- Gehen Sie zum Anheben in die Hocke und halten Sie den Rücken dabei gerade. Beugen Sie die Hüfte, bis die Last gefasst ist. Die Kraft soll aus den Beinen, nicht aus dem Rücken kommen. Heben Sie die Last so nah wie möglich am Körper an.
- Vermeiden Sie beim Heben jegliche Drehbewegungen.
- Tragen Sie Lasten möglichst eng an Ihrem Körper und verteilen sie diese auf beide Arme.

Beim Absetzen der Last ist ebenso Vorsicht geboten: Ein Gegenstand sollte nie mit gekrümmten Rücken und gleichzeitigem Drehen der Wirbelsäule abgestellt werden.

Beachten Sie auch die Angaben, die bei schweren Geräten oft am Gerät selber oder an der Verpackung angebracht sind.

Abb. 10.1: Gewichtsangabe auf einem Systemgehäuse

10.2 Umgang mit Gefahren

10.2.1 MSDS

MSDS (Material Safety Data Sheets) sind Materialsicherheitsdatenblätter, die Hersteller zu gewissen Produkten und dem Umgang mit ihnen verfassen (müssen). In Deutschland und der Schweiz heißen die Dokumente mittlerweile SDB. Das Sicherheitsdatenblatt dient dazu, Personen, die beruflich oder gewerblich mit Stoffen oder Zubereitungen umgehen, in den Stand zu versetzen, die für den Gesundheitsschutz und die Sicherheit am Arbeitsplatz sowie den Umweltschutz erforderlichen Maßnahmen zu treffen.

Auf einem MSDS/SDB findet sich:

- Eine eindeutige Identifikation des Produkts
- Die Zusammenstellung des Produkts
- Das Gefährdungspotenzial des Produkts
- Erste-Hilfe-Maßnahmen bei Eintreten einer Gefährdung
- Weitere Hilfsmaßnahmen
- Lagerungs- und Transporthinweise

Typischerweise werden solche MSDS zu chemischen Stoffen und Produkten erstellt, sodass Sie beispielsweise bei einer Verätzung mit einer Säure anhand des MSDS nachsehen können, wie diese Verätzung korrekt behandelt werden muss.

Gefahrenbereiche in der Informatik sind diesbezüglich der Umgang mit Reinigungsmitteln (Spritzer in Gesicht und Augen), Wärmeleitpaste (Hautausschläge) und Säuren bei unsachgemäßem Umgang mit Mainboards und Akkus.

10.2.2 Umgang mit Kabeln

Die Positionierung von elektronischen Geräten und die Verlegung der Kabel sollte gut überlegt werden. Der Durchgang und mögliche Fluchtwege müssen gewährleistet sein. Die Verlegung der Kabel sollte den normalen Arbeitsablauf nicht stören oder gar behindern (z.B. Stolperfalle durch herumliegende Kabel), aber auch mögliche Lüftungsöffnungen nicht bedecken, um die Kühlung nicht zu beeinträchtigen.

10.2.3 Umgang mit heißen Komponenten

Jedes elektronische Gerät produziert im Betrieb Wärme. Es ist wichtig, dass Sie sich dessen bewusst sind, wenn Sie ein PC-System aufstellen. Ein PC muss genügend Zugang zu Frischluft haben, damit er effektiv kühlen kann. Wenn die Gehäuselüfter zugedeckt werden, z.B. von Schrankwänden oder zu kleinen Einschubfächern in Schreibtischen, kann dies zur Überhitzung des Systems führen.

Bei Notebooks wiederum ist es wichtig, dass beim Aufstellen die Ventilatoren nicht abgedeckt werden. Das gilt sowohl beim Arbeiten auf einem Schreibtisch als auch beim mobilen Arbeiten unterwegs.

Wenn Sie Umbauarbeiten vornehmen möchten, müssen Sie speziell auf Bauteile achten, die sich erhitzen können, z.B. Laufwerke, Prozessoren oder auch Drucker. Lassen Sie solchen Teile immer genügend Zeit zur Abkühlung, bevor Sie daran arbeiten, damit Sie sich nicht verbrennen.

10.3 Unterhalt und Reinigung

Der beste Schutz vor unerwarteten Fehlern ist eine proaktive Wartung. Dazu gehört, dass Sie sich Gedanken über den Ort der Aufstellung machen (Hitze, Staub, Feuchtigkeit) und das Gerät auch regelmäßig warten, indem Sie dafür sorgen, dass die Lüftungen nicht verstopfen und die Geräte nicht verdrecken.

Wenn Sie den Computer von außen reinigen möchten, verwenden Sie dazu bitte keine lösungsmittelhaltigen Mittel. Insbesondere Ammoniak und Benzol, die als flüchtige Stoffe in diesen Mitteln vorkommen, können Gehäuse oder eine Tastatur nachhaltig beschädigen.

Nehmen Sie stattdessen ein weiches, fusselfreies und entweder feuchtes oder trockenes Tuch zur Reinigung oder befolgen Sie die Hinweise, welche Ihnen die Hersteller zur Pflege mitgeben.

Wartungspläne sind Dokumente, welche Sie erstellen, um wiederkehrende Tätigkeiten zu organisieren. Darunter können z.B. Prüfungen von Hardware- oder Netzwerkkomponenten gehören oder Wartungsarbeiten an Druckern etc.

Ein Wartungsplan legt fest,

- was
- in welchem Zeitraum und
- mit welchem Umfang

zu erledigen ist. Vergleichen Sie es mit einem Serviceheft beim Auto. Auch dort sind exakte Wartungspläne für die Techniker vorhanden, damit sie genau wissen, was sie bei welchem Alter oder Kilometerstand eines Autos prüfen oder gar ersetzen müssen.

Für den Unterhalt von Laserdruckern und MFPs gibt es spezielle Staubsauger, die Toner-Vakuumsauger. Nur mit diesen ist es angebracht, Tonerrückstände oder Staub aus dem Inneren eines Laserdruckers zu entfernen. Bei oberflächlicher Verschmutzung kann auch Druckluft hilfreich sein. Setzen Sie diese aber nicht in der Nähe der Trommel oder der Heizung ein, da Sie damit die Verunreinigung nur tiefer ins System zwingen oder gar Schäden hervorrufen. Verwenden Sie auch nie einen Haushaltsstaubsauger, da dies zu elektrischen Entladungen im Drucker führen kann, was gefährlich für Sie und den Drucker ist.

Für Business-Drucker (Office Ink, MFP, Laserdrucker) gibt es auch sogenannte Maintenance Kits, d.h. Unterhaltsersatzteile, die es ermöglichen, Verschleißteile des Druckers nach einer bestimmten Laufdauer (z.B. 200.000 Seiten) zu ersetzen. Typischerweise handelt es sich hierbei um Transportrollen, Heizeinheit, Reinigungsstäbe oder Resttonerbehälter.

10.4 Vollzug von Garantiebestimmungen

Das schweizerische wie auch das europäische Recht schreibt über die Gewährleistung beim Kauf, dass es vom Verkäufer eine Verpflichtung gegenüber dem Käufer von Waren gibt. Ein eigentliches Garantiegesetz gibt es in der Schweiz aber im Unterschied zur EU nicht.

Für den Kunden ist es nicht einfach, sich einen Überblick zu verschaffen, und die Hersteller sind im Laufe der Jahre dazu übergegangen, sich gegen alle Eventualitäten abzusichern, und wenn es manchmal auch nur um ganz kleine Details geht. So schreibt etwa die Firma HP bei ihren Farbplottern im Kleingedruckten sinngemäß: »HP garantiert nicht, dass dieser Drucker für einen bestimmten Zweck geeignet ist.«

An dieser Stelle geht es spezifisch um die verschiedenen Garantieformen, welche im Informatikbereich verwendet werden, und was sie im Einzelnen bedeuten.

Wir betrachten dabei folgende Inhalte jeder Gewährleistungsform:

- Garantieumfang
- Garantieausschluss
- Garantieeinschränkungen
- Garantieleistungen

Der Garantieumfang beschreibt in der Regel, welches Gerät oder welcher Teil des Gerätes in welcher Dauer von der Garantie gedeckt ist.

Der Garantieausschluss nimmt im Minimum die Verschleißteile, die unsachgemäße Behandlung und Fremdsupport als Ausschlussgründe auf. Bei Druckern findet man hier immer auch den Hinweis »Bei Verwendung nicht vom Hersteller stammender Produkte wie Tinte oder Toner wird die Garantiehaftung beschränkt oder ausgeschlossen ...«, was aber rechtlich nicht unbedingt haltbar ist, wie Urteile zeigen.

Die Garantieeinschränkungen beziehen sich in der Regel auf nationale Gesetze und regeln spezielle Ansprüche. Hier kann auch stehen, dass bei Software-Fehlern außer dem Ersatz des Software-Datenträgers keine weiteren Haftungsansprüche möglich sind oder dass Aktualisierungen nicht Teil der Garantie sind.

Sodann werden die eigentlichen Garantieleistungen umschrieben. Hier steht, was alles in der Garantie eingeschlossen ist, welche Haftung der Hersteller übernimmt, welche Kosten er trägt, ob die Geräte ersetzt oder repariert werden und vieles mehr.

10.4.1 On Site-Garantie

Die sogenannte On Site-Garantie, zu Deutsch »Vor Ort«-Garantie, umfasst eine Leistung, bei welcher der Verkäufer, ein vom Hersteller benannter Zwischenhändler oder sogar der Hersteller selber das Gerät vor Ort beim Kunden repariert und wieder instand setzt.

Eine solche Garantie umfasst sowohl die Reisezeit des Technikers, seine Arbeitszeit und das Ersatzmaterial – allerdings mit Ausnahmen. Am bekanntesten ist jene, dass der Verkäufer anschließend trotz Garantie den Schaden in Rechnung stellen kann, wenn der Kunde der Maschine mutwillig Schaden zugefügt hat.

Wichtige Merkpunkte für die On Site-Garantie sind:

- Wie lange dauert die Garantie (12 Monate, 24 oder 36 Monate)?
- An wie vielen Tagen pro Woche ist die Reparatur gewährleistet?
- Wie schnell ist die Reaktionszeit (nächster Tag, 4 Stunden o.Ä.)?
- Was bedeutet »Reaktionszeit« gemäß Vertrag?

10.4.2 Bring In-/Send In-Garantie

Das Gegenteil der On Site-Garantie ist die Bring In- oder Send In-Garantie. Hierbei gehen Verkäufer bzw. Hersteller davon aus, dass Sie das Gerät im Garantiefall einsenden müssen. Dadurch verlängert sich natürlich die Reparaturzeit, und Sie haben in der Regel keine fixen Versprechen, wie lange es dauert, bis das Gerät wieder bei Ihnen ist.

Sowohl Arbeitszeit als auch Ersatzteile sind darin inbegriffen.

Ein Variante dazu ist die sogenannte »Collect and Return«-Garantie. Sie ist vor allem im Notebook-Bereich verbreitet und bedeutet, dass das Gerät bei Ihnen abgeholt und nach Reparatur wieder zu Ihnen zurückgebracht wird – ohne Versandkosten zu Ihren Lasten.

Wichtige Merkpunkte für die Bring In-Garantie sind:

- Wie lange ist die Garantieleistung gültig (12 Monate, 24 oder 36 Monate ...)?
- Wohin geht der Versand (Inland, Ausland)?
- Gibt es Anhaltspunkte für die Reparaturdauer?
- Wie lange dauert es, bis das Gerät abgeholt wird (Pick up)?

10.4.3 Teilegarantie

Die Teilegarantie umfasst im Minimum die Ersatzteile, welche bei einem Schadensfall zu reparieren sind. Entweder Sie bauen diese Teile selber ein (werden Ihnen zugestellt) oder Sie senden das Gerät an den Hersteller/Verkäufer und erhalten es repariert wieder zurück. Klären Sie aber ab, ob in diesem Fall die Arbeitszeit auch inbegriffen ist.

Wichtige Merkpunkte für die Teilegarantie sind:

- Wie lange dauert sie (12 Monate, 24 oder 36 Monate ...)?
- Sind nur die Teile oder auch die Arbeitszeit inbegriffen?

10.4.4 Dead On Arrival

Von einer Dead On Arrival-Garantie (DOA) spricht man, wenn ein Gerät direkt nach dem Kauf gar nicht erst in Funktion tritt, d.h. es ist von Anfang an defekt.

In diesem Fall wird das Gerät bei Vorhandensein einer DOA-Garantie nicht repariert, sondern direkt durch ein neues ersetzt. Solche Garantien werden nur sehr kurzfristig abgegeben und richten sich meist nach den gesetzlichen Mindestvorschriften zum Umtausch von defekter Ware. In der Schweiz sind DOA-Garantien im Rahmen von 5 bis 10 Arbeitstagen üblich.

Wichtige Merkpunkte für die DOA-Garantie sind:

- Wie lange akzeptiert ein Hersteller diesen Fall (5 Tage, 8 Tage, 10 Tage)?
- Wie schnell ist die Reaktionszeit (nächster Tag, 4 Stunden o.Ä.)?
- Was funktioniert der Austausch und wie lange sind Sie ohne Gerät?

Bei allen Formen von Garantien gilt:

Sofern der Vertrag nicht gegen zwingendes Recht verstößt, gilt ausschließlich das schriftlich in den Garantiebestimmungen festgelegte Recht – das trifft auch für Einschränkungen hinsichtlich der Garantiedauer oder der Haftung zu.

In der Schweiz sind 12 Monate die vom Obligationenrecht vorgesehene Standardgarantiedauer (Artikel 210) – sie kann aber vom Verkäufer herab- oder heraufgesetzt werden. Mit Abschluss des Kaufs nehmen Sie solche Änderungen akzeptierend zur Kenntnis. In der EU sind es in der Regel 24 Monate.

Datenverluste gehören *nie* in den Schadensanspruch einer Garantie. Das Wiederbeschaffen von Daten oder auch das Wiederinstallieren von Programmen ist Sache des Kunden, weshalb heute in vielen Garantiebestimmungen schon drin steht: »Datensicherung ist Sache des Kunden.«

Ein Hersteller schreibt dazu: »*Eine ordentliche Datensicherung ist Aufgabe des Computeranwenders. Der Hersteller haftet in keinem Fall für verlorene Daten, Programme etc. während einer Reparatur. Während der Reparatur kann es notwendig sein, dass der Hersteller die Daten auf der Festplatte löscht (Festplatte neu formatiert) und neu bespielt. Dabei gehen alle Kundeneinstellungen und Daten unwiderruflich verloren! Die Wiederherstellung der Kundeneinstellungen, Daten, Programme etc. ist Sache des Kunden. Der Hersteller empfiehlt, regelmäßige Sicherungen aller Daten anzufertigen.*« (Garantiebestimmungen für PC und Server, Stand Februar 2002, Maxdata Germany).

10.4.5 Ersatz oder Reparatur

Ob ein Gerät ersetzt oder repariert wird, ist grundsätzlich gesetzlich geregelt. In der Schweiz steht dazu im Obligationenrecht (schweizerisch: Schuldrecht, OR) in Artikel 205: »*Liegt ein Fall der Gewährleistung wegen Mängel an der Sache vor, so hat der Käufer die Wahl, mit der Wandelungsklage den Kauf rückgängig zu machen, oder mit der Minderungsklage den Ersatz des Minderwertes zu fordern.*«

Auf Deutsch heißt das: Der Käufer kann wählen, ob er die Sache zurückgeben oder für den Schaden einen Schadensersatz fordern will. Dazu kommt als Drittes noch die Möglichkeit, Reparatur zu verlangen.

So finden Sie bei den meisten Bestimmungen eine Stelle, welche in etwa lautet: »Ob das Gerät repariert oder ersetzt wird, liegt allein im Ermessen des Herstellers. Darüber hinaus gehende Forderungen, etwa nach Schadensersatz, werden ausdrücklich ausgeschlossen.« Und schon ist die Sache mit dem OR erledigt ... so einfach ist das.

Anders sieht es lediglich dann aus, wenn im Verkaufsvertrag keine Bestimmungen enthalten sind. Dann können Sie sich auf das OR berufen und Ihre Forderung für den Garantiefall anbringen.

10.5 Computer und Umwelt

Auf der Welt werden über eine Milliarde Computer genutzt. Diese Zahl wird sich eher verdoppeln als reduzieren. Die Gartner-Gruppe berichtet, dass Computer, Server, Telefonanlagen und Netzwerke weltweit so viel CO_2 verursachen wie der gesamte Flugverkehr. Der Vergleich ist allerdings nicht ganz gerecht, wird beim Computer doch der Bau der Geräte eingerechnet, beim Flugzeug aber nicht.

Computer werden also in Massen produziert und verkauft – und wenn sie nicht mehr gebraucht werden?

Computer bestehen zum größten Teil aus Sondermüll, welcher nach Gebrauch fachgerecht entsorgt werden muss. In einem Computer befinden sich heute bis zu 1.000 verschiedene Materialien. Allein in einem Computerchip befinden sich über 350 verschiedene Stoffe, von denen eine stattliche Anzahl toxische Wirkungen haben. In elektronischen Teilen können unter anderem folgende Stoffe vorkommen:

- Halogenhaltige Verbindungen wie PCB für Kondensatoren und Transformatoren und TBBA als Flammschutzmittel für Leiterplatten und Umhüllungen
- Schwermetalle: Barium (CRT), Cadmium (CRT, Tinte, Toner, Druckertrommel), Blei (CRT, Akkus, Leiterplatten), Quecksilber (LCD, Alkali-Batterien), Nickel (NimH-Akkus).

Neben der Schrottproblematik wird in der letzten Zeit auch der Energieverbrauch genauer betrachtet. Nicht alle neuen Systeme benötigen zwingend weniger Strom, auch wenn viele Hersteller sich bemühen, den Energieverbrauch zu reduzieren.

Ein weiterer Punkt sind laufend steigende Anforderungen an die Hardware, welche durch immer neue Anwendungen hervorgerufen werden. Statt weniger Ressourcen zu verbrauchen, schreit die Software nach immer mehr Speicher und Leistungskapazitäten. Manchmal ist der alte Computer, das Notebook oder das Mobilfunktelefon einfach nicht mehr aktuell und muss durch ein trendiges Gerät ersetzt werden.

In den letzten Jahren macht man sich daher zu Recht vermehrt Gedanken darüber, wie man der Umweltschädlichkeit der Informatiksysteme begegnen kann.

10.5.1 Auswege aus der Schrottproblematik

Aus Computern können unterschiedliche Kunststoffe, Kupfer, Glas, Silber, Gold und weitere Inhaltsstoffe herausgefiltert und für neue Zwecke eingesetzt werden. Aus fünf Computern kann ein Gramm Gold recycelt werden. Im Vergleich dazu müssen für dieselbe Menge im Bergbau zwei Tonnen Gestein verarbeitet werden! Damit kann man durch Recycling auch direkt Energie und Kosten sparen.

Recyclinggerechte Konstruktion

Eine unterstützende Möglichkeit, der Müllproblematik Herr zu werden, ist die recyclinggerechte Konstruktion.

Anforderungen an eine recyclinggerechte Konstruktion von Computersystemen sind im Allgemeinen:

- Modularer Aufbau zur Anpassung an neue Prozessorgenerationen und für Speichererweiterungen
- Funktionserweiterungen durch Steckplätze
- Mechanische Verbindungen, z.B. Schnapp- oder Schraubverbindungen für leichte Demontierbarkeit
- Möglichst viele wiederverwendbare Teile und Baugruppen
- Reparaturfreundlichkeit und dadurch lange Lebensdauer
- Materialkennzeichnung für alle Kunststoffteile
- Reduktion der Anzahl der Inhaltsstoffe, insbesondere der Schwermetalle

Recycling Schweiz: In der Schweiz wird auf allen elektronischen Geräten eine vorgezogene Recyclinggebühr eingezogen. Dadurch kann der Konsument das gekaufte Gerät bei jedem Händler zurückgeben, welcher Produkte der gleichen Warengruppe verkauft, ohne einen Kassenbeleg vorlegen zu müssen oder eine zusätzliche Gebühr zu entrichten. Die Händler wiederum geben die Produkte an die SWICO zurück, ebenfalls kostenlos, da diese Dienstleistung ja durch die Gebühr vorfinanziert ist. Die SWICO recycelt die Produkte fachgerecht.

Recycling Deutschland/Österreich: Es bestehen zwar Regeln bezüglich der Entsorgung, doch muss sich jeder Entsorger selbst informieren. Am besten besucht man die Website des Wohnortes oder des Firmensitzes oder spricht mit der jeweiligen Gemeinde oder den Stadtwerken, um an die nötigen Informationen zu gelangen, wenn man nicht schon schriftlich oder mündlich über die jeweiligen Regelungen informiert wurde. Ausgediente Geräte können dann zum Werkstoffhof (Recyclinghof, Altstoffsammelstelle) zurückgebracht werden. Zusätzlich gibt es private Recyclingfirmen, welche (mit oder ohne Gebühren) elektronischen Abfall abholen oder entgegennehmen.

Lebensdauer

Ein weiterer Weg hin zu einer ökologisch vertretbaren Materialwirtschaft bei Elektronikgeräten muss über eine längere Lebensdauer und eine höhere Reparaturfreundlichkeit der Geräte gehen, wodurch der umweltbelastende schnelle Stoffdurchsatz unserer Wegwerfgesellschaft eingedämmt würde.

In diesem Zusammenhang hört man in den letzten Jahren vermehrt die Begriffe Green Computing oder auch Green IT. Dabei wird zunehmend auf hohe Umweltverträglichkeit der eingesetzten Materialien sowie auf deren hohe Wiederverwertbarkeit geachtet. Stromsparbemühungen im Betrieb bzw. Standby-Modus fallen ebenfalls unter diese Begriffe.

10.5.2 Verbrauchsmaterial

Ein besonderes Augenmerk für den Umweltschutz liegt in der Handhabung von Verbrauchsmaterialien wie Toner, Tinte oder Datenträgern. Hier gibt es zwei sehr unterschiedliche Ansätze.

Wiederauffüllen: Toner- und Tintenbehälter lassen sich wieder auffüllen. So setzt etwa Lexmark mit der Tonerreihe »Prebate« bewusst auf umweltfreundlichen Umgang, indem die Firma die leeren Kartuschen selber wieder aufbereitet und erneut verkauft und damit die Rohstoffe schont.

Vorsicht ist jedenfalls geboten, wenn solche Wiederauffüllungen von Drittherstellern angeboten werden. Es ist darauf zu achten, dass die Druckgeräte nicht Schaden nehmen oder die Qualität der Ausdrucke leidet.

Recyceln: Bei Datenträgern, aber auch bei vielen Druckerverbrauchsmaterialien wird das Recycling aktiv gefördert. So können Sie bei den meisten Herstellern verbrauchte Toner- oder Tintenkartuschen an die Verkaufsstelle zurückgeben, wo sie entweder fachgerecht entsorgt oder recycelt werden.

In der Schweiz kann man auch CDs und DVDs an Verkaufsstellen zurückgeben, sodass das darin enthaltene PET wieder verwendet werden kann.

10.5.3 Green IT

Wenn Sie sich ein System oder Zubehör kaufen möchten, können Sie sich an verschiedenen internationalen Standards orientieren, welche Ihnen zeigen, ob und in welchem Umfang ein Gerät umweltverträglich produziert wurde und wie energieeffizient es im Alltag ist.

Dabei gibt es nach wie vor große Unterschiede bei den Herstellern. Es lohnt sich also auf jeden Fall, vor einer Kaufentscheidung diesen Aspekt genau anzusehen.

Hierbei können Sie schon bei der Zusammenstellung des Equipments wesentliche Vorteile erzielen:

Wählen Sie einen LED-beleuchteten Monitor anstelle älterer LCD-Bildschirme. In vergleichbarer Größe sparen Sie über 60 % Energie. Röhrenmonitore gehören grundsätzlich entsorgt. Sie verbrauchen noch einmal viel mehr Energie und enthalten zudem einen hohen Bleianteil.

Entscheiden Sie sich für eine SSD anstelle einer Harddisk, das ergibt rund 15 % weniger Stromverbrauch.

Wählen Sie Farbtintenstrahldrucker statt eines Laserdruckers aus, wenn dies möglich ist. Diese Geräte benötigt rund 80 % weniger Energie im Betrieb. Mit den Business-Inkjet genannten Druckern existiert zudem seit einiger Zeit eine Geräteklasse, deren Betriebskosten deutlich unter denen von Laserdruckern liegen und deren Arbeitstempo bei 30 bis 100 Seiten pro Minute liegt.

Wählen Sie Drucker aus, die doppelseitig drucken können, das spart Energie und Papier. Entscheiden Sie sich zudem für eine PDF-Software, auch so lassen sich Dokumente dauerhaft aufbewahren – ohne Papier zu verbrauchen.

Unter dem Begriff der »Green IT« werden zudem unterschiedliche Begriffe zusammengefasst, welche dazu dienen, mit Rohstoffen und Energie in der Informatik sorgsamer umzugehen. Die folgenden lernen Sie jetzt genauer kennen.

RoHS

2003 hat die EU die Richtlinie Restriction of Hazardous Substances (RoHS) verabschiedet. Kurz gefasst heißt dies auf Deutsch: »Beschränkung von riskanten Stoffen/Materialien«. Damit keine Missverständnisse aufkommen, werden diese Substanzen auch gleich genannt.

Dazu zählen Blei, Quecksilber, Cadmium, industriell hergestelltes Chrom (sechswertiges Chrom genannt), polybromierte Biphenyle (PBB) und polybromierte Dyphenylether (PBDE). Bei den letzteren beiden Substanzen wurden hohe gesundheitliche Risiken für Mensch und Umwelt nachgewiesen, und sie sind auf natürliche Weise praktisch nicht abbaubar.

Die komplette Vermeidung dieser Substanzen kann die Industrie aber nicht gewährleisten, und somit wurden 2006 zusätzlich Grenzwerte eingesetzt. Die neue Richtlinie 2011/65/EG mit CE-Kennzeichnungspflicht ist spätestens seit dem 3. Januar 2013 anzuwenden.

- Blei, Quecksilber, sechswertiges Chrom, PBB und PBDE: 0,1 % des Gewichts
- Cadmium: 0,01 % des Gewichts

Dazu gehört auf der anderen Seite dann auch die WEEE-Direktive (Waste Electrical and Electronic Equipment), die europaweit bestimmt, wie elektronische Waren wieder eingesammelt und recycelt werden können. Die Schweizer haben dafür übrigens eine eigene Organisation und Richtlinie: die SWICO-Entsorgung mit der vorgezogenen Recycling-Gebühr.

Blauer Engel

Der Blaue Engel ist ein Prüf- und Gütesiegel für umweltschonende Produkte und Dienstleistungen (RAL-ZU 78). 1978 ins Leben gerufen, wurde das Gütesiegel 2006 komplett überarbeitet und angepasst. Damit ein Produkt das Siegel Blauer Engel erhält, muss es die festgelegten Kriterien erfüllen. Die Kriterien werden geprüft, und erst wenn das Gerät als umweltverträglich eingestuft wird, erhält es den blauen Engel.

Abb. 10.2: Blauer Engel-Zertifikate

Die Regelungen sind mehrere Seiten lang und nach Produktkategorien aufgeteilt. Hier ein Auszug aus den Vergabegrundlagen für die Umweltzeichen Arbeitsplatzcomputer und tragbare Computer:

> *»3.1.2 Materialanforderungen*
>
> *3.1.2.1 An die Kunststoffe der Gehäuse, Gehäuseteile und Chassis sowie Tastaturen*
>
> *Halogenhaltige Polymere sind nicht zulässig. Halogenorganische Verbindungen als Flammschutzmittel sind nicht zulässig und dürfen den Kunststoffteilen nicht zugesetzt werden.*

Von dieser Regelung ausgenommen sind:

– Fluororganische Additive (wie zum Beispiel Anti-Dripping-Reagenzien), die zur Verbesserung der physikalischen Eigenschaften der Kunststoffe eingesetzt werden, sofern sie einen Gehalt von 0,5 Gewichtsprozent nicht überschreiten.

– Fluorierte Kunststoffe wie z.B. PTFE.

– Kunststoffteile, die weniger als 25 Gramm wiegen. Diese dürfen jedoch keine PBB (polybromierte Biphenyle), PBDE (polybromierte Diphenylether) oder Chlorparaffine enthalten. Diese Ausnahmeregelung gilt jedoch nicht für Tastaturen.

Die in Kunststoffteilen mit einer Masse größer als 25 Gramm eingesetzten Flammschutzmittel sind zu nennen und durch die CAS-Nummern zu charakterisieren.«

Energy Star

Energy Star ist ursprünglich eine US-Produktbezeichnung aus dem Jahre 1992, die in der Computer- und Unterhaltungselektronik besonders energiesparende Geräte auszeichnet. In den USA finden Sie diese Label allerdings auch bei Baustoffen, Gebäuden und Wohnbauten. 2003 wurde das Label durch eine EU-Verordnung auch in Europa eingeführt. Energy Star berechnet den Energieverbrauch im eingeschalteten Zustand (Leerlauf), im Standby und im ausgeschalteten Zustand.

Abb. 10.3: Das Signet von Energy Star

Hersteller errechnen die Verbrauchswerte ihrer Produkte selbst und tragen diese in eine Tabelle ein, welche dann eingereicht wird. Die Werte müssen der durch Energy Star festgelegten Norm entsprechen. Eine direkte Überprüfung der Werte seitens der Behörden erfolgt nicht, somit sind heute über 70 % aller verkauften elektronischen Geräte Träger dieses Siegels. Das neueste erhältliche Siegel ist Energy Star Version 6.1 (seit September 2015).

EPEAT

Das EPEAT-Zertifikat ist unterdessen in 41 Ländern verfügbar. Dabei werden Materialien verboten oder die Verwendung eingeschränkt. Ein Produkt muss nach bestimmten Kriterien recycelt werden können, der Stromverbrauch wird über Energy Star geprüft, und bis hin zur Verpackung des Artikels geht die Überprüfung. Um das Bronzeabzeichen zu erhalten, muss ein Produkt 23 von 51 Kriterien erfüllen. Die Silberauszeichnung erhält das Produkt, wenn 23 Kriterien und 50 % der optionalen Kriterien erfüllt werden, und Gold geht an die Einhaltung von 23 Kriterien und 75 % optionale Kriterien. Viele Hersteller richten sich unterdessen nach EPEAT, weil das Zertifikat sehr umfassende Anforderungen stellt und sich nicht nur auf einen Bereich der Green IT konzentriert. In den USA müssen Geräte ein EPEAT-Siegel besitzen, damit diese in Ausschreibungen von Behörden überhaupt in die engere Wahl kommen.

Zahlreiche Hersteller werben unterdessen auch aktiv damit, dass ihre Produkte EPEAT-zertifiziert sind. Achten Sie einmal in den entsprechenden Beschreibungen darauf.

Compliance	
Product	ESPRIMO Q910
Model	MPC2
Europe	CE Nordic Swan in progress
USA/Canada	FCC Class B cCSAus
Global	RoHS (Restriction of hazardous substances) WEEE (Waste electrical and electronic equipment) Microsoft Operating Systems (HCT / HCL entry / WHQL) ENERGY STAR® 5.0 (dedicated regions) EPEAT® Gold (dedicated regions)
Compliance notes	This product is free of polyvinyl chloride (PVC) when ordered with the optional PVC free power cord

Abb. 10.4: Konformitätsbeschreibung eines Fujitsu-Systems

10.6 Fragen zu diesem Kapitel

1. Wie kann ein Techniker beim Arbeiten im Inneren des PC Risiken vermeiden?
   A. ESD-Matte benutzen
   B. Sauberes Kabelmanagement
   C. Plenum-Kabel einsetzen
   D. Saubere Dokumentation
2. Welche Komponente eines Laptops kann von einem Benutzer am unwahrscheinlichsten selbst ausgetauscht werden?
   A. LCD-Panel
   B. RAM
   C. Optisches Laufwerk
   D. Festplatte

3. Ein Techniker nimmt einen Umbau in einem Computer vor, hat jedoch kein ESD-Armband zur Verfügung. Wie kann er sich am besten vor statischer Aufladung schützen?
   A. Das Metall-Gehäuse des Computers halten.
   B. Das Stromkabel halten.
   C. Die Schuhe ausziehen.
   D. Den PC vom Strom nehmen.
4. Was sollte von einem Laptop vor dem Austausch von Komponenten entfernt werden? (Zwei Antworten)
   A. Tastatur
   B. Batterie
   C. LCD
   D. Handballenauflage
   E. AC-Adapter
5. Was gehört in jedem Fall in ein Werkzeugset? (zwei Antworten)
   A. Ein Akku-Ladegerät
   B. Ein Antistatik-Armband
   C. Ein Kreuzschlitz-Schraubendreher
   D. Aceton
6. Was sollte ein Techniker als Erstes tun, wenn er einen Netzwerkdrucker ersetzt?
   A. Drucker ausstecken, danach Benutzer informieren
   B. Benutzer informieren, danach Drucker ausstecken
   C. Druckaufträge sichern, Drucker ersetzen, gesicherte Aufträge drucken
   D. Druckaufträge vor dem Ersetzen löschen
7. Ein Techniker installiert in einem Raum einen neuen Netzwerkschrank und bemerkt, dass die Luftfeuchtigkeit ziemlich gering ist. Was sollte er deshalb vor der Installation der Netzwerk-Hardware installieren?
   A. Luftentfeuchter
   B. Brandschutzsystem
   C. ESD-Armband
   D. Erdungsschienen
8. Was versteht man unter dem Begriff DOA?
   A. Ein Gerät, das man nach Ablauf der Garantie austauschen muss
   B. Eine Form der On Site-Garantie
   C. Eine Form der Garantie bei defekt eintreffenden Neugeräten
   D. Eine Form der Garantie bei Defekten nach kurzer Betriebszeit

9. Was bedeutet RoHS?
   A. Den Einsatz von unterschiedlichen Metallen beim Bau von Druckern
   B. Die Beschränkung beim Einsatz riskanter Stoffe und Materialien
   C. Eine Stromsparfunktion bei Monitoren
   D. Die Rückgabe defekter Geräte nach Ablauf ihrer Betriebsdauer
10. Welche Norm besitzen Geräte, welche besonders energiesparsam sind?
   A. Energy Star
   B. TCO
   C. EPEAT
   D. Grüner Engel

Kapitel 11

Ein Computersystem aufrüsten

CompTIA-Prüfungsziele, die in diesem Kapitel behandelt werden:

Für das Examen 220-901

1.2 Erläutern der Bedeutung von Motherboard-Komponenten, deren Zweck und Eigenschaften.

- CMOS-Batterie
- Stromanschlüsse und -arten
- Lüfterstecker

1.4 Installieren und Konfigurieren von PC-Erweiterungskarten

- Soundkarten, Grafikkarten, Netzwerkkarten, USB-Karten, FireWire-Karten, Thunderbolt-Karten, Speicherkarten, Modem-Karten, Wireless-/Mobilfunkkarten, TV-Tunerkarten, Video-Capture-Karten, Riser-Karten

1.6 Installieren von verschiedenen Typen von CPUs und Anwendung der geeigneten Kühlmethoden.

- Kühlung

1.8 Installieren einer Stromversorgung nach vorgegebenen Spezifikationen.

- Steckerarten und ihre Spannungen, Spezifikationen

1.9 Wählen der geeigneten Komponenten für eine kundenspezifische PC-Konfiguration zur Erfüllung von Spezifikationen oder Bedürfnissen des Kunden bei einem gegebenen Szenario.

- Grafik/CAD /CAM Design-Workstation
- Workstation zur Audio-/Video-Bearbeitung
- Virtualisierungs-Workstation
- Spiele-PC, Heimkino-PC
- Standard Thick Client
- Thin Client
- Heimserver-PC

Der Zweck dieses Kapitels besteht nicht darin, die – ohnehin herstellerabhängigen – technischen Details einer eventuellen Konfigurationsänderung zu beschreiben, sondern die grundlegenden Überlegungen, die Sie anstellen werden, wenn Sie entsprechende Komponenten um- und einbauen möchten.

Zu Beginn dieser ganzen Überlegungen steht die richtige Bestimmung der Komponenten: Welche Anwendung benötigt welche Hardware? Was ist der richtige PC für einen Gamer oder für die tägliche Büroarbeit?

11.1 Das richtige System

Da die Auswahl an Komponenten und Systemen auf den ersten Blick unübersichtlich sein kann, steht zu Beginn jeder Auswahl die Klärung der entsprechenden Bedürfnisse und Einsatzgebiete. Nur wenn der Kunde sagen kann, wozu er sein System nutzen möchte, ist eine korrekte und effiziente Beratung überhaupt möglich.

11.1.1 Der Standard-PC

Als Standard-PC bezeichnen wir an dieser Stelle den gemeinen Büro-PC. Er zeichnet sich dadurch aus, dass seine Konfiguration von den Anforderungen des Betriebssystems an Leistung und Arbeitsspeicher definiert wird, daneben werden Büroapplikationen ausgeführt. Die technischen Anforderungen sind zeitgemäß nicht sehr hoch, dafür spielen andere Faktoren oft eine wichtige Rolle. So sind diese Geräte häufig viele Stunden in Betrieb. Das bedeutet, dass dem Stromverbrauch eine große Bedeutung zukommt und auch der Geräuschentwicklung.

Ein effizienter Büro-PC kann heute mit aktueller Core i5-CPU und 8 GB RAM ausgestattet sein und dennoch mit weniger als 50 Watt im Dauerbetrieb auskommen.

Abb. 11.1: Büro-PC mit Intel Skylake-Prozessor (Fujitsu Esprimo Q956)

Wichtig ist bei der Auswahl, dass hier keine unnötigen Komponenten verbaut werden, denn diese benötigen zusätzlich Energie und produzieren Wärme, was wiederum auf die Geräuschkulisse Einfluss hat. Effizienz und Sicherheit sind hier die Leitlinien bei der Konfiguration.

11.1.2 Die Workstation-Familie

Als Workstations bezeichnen wir PC-basierte Systeme, welche durch stärkere Komponenten und eine höhere Ausbaubarkeit mehr Leistung erbringen können. Der klassische Fall sind die CAD/CAM-Workstations zur grafischen Entwicklung, etwa für Maschinen, in der Architektur, Fahrzeugentwicklung usw.

Workstations im Bereich CAD/CAM benötigen spezielle Grafikkarten, welche in der Lage sind, 2D- oder 3D-Grafiken schnell und ruckelfrei darzustellen, in hoher Auflösung auf entsprechend großen Monitoren von 24 Zoll an aufwärts. Dabei kommt der präzisen Darstellung von Linien und Formen sowie der bewegten Darstellung von gerenderten Bauteilen eine hohe Bedeutung zu. Dazu benötigen die Grafikkarten nicht nur genügend dedizierten Arbeitsspeicher, sondern auch eine leistungsstarke GPU (Graphics Processing Unit). Die Hersteller wie ATI-AMD oder NVIDIA haben dafür extra eigene Baureihen entwickelt. Passend dazu benötigen Workstations für CAD/CAM so viel RAM, wie sie bekommen können (ab 8 GB DDR3 aufwärts) und einen leistungsstarken Prozessor etwa aus der Xeon-Workstation-Serie von Intel.

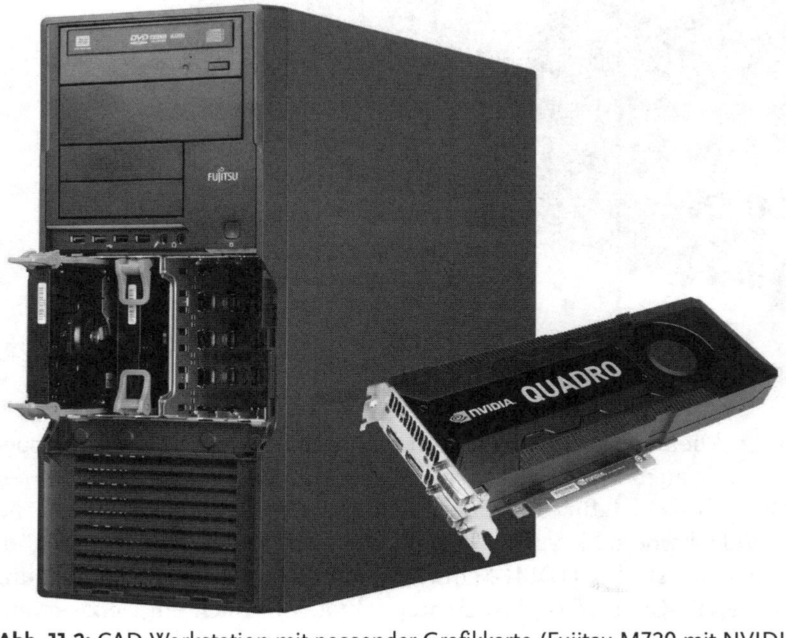

Abb. 11.2: CAD-Workstation mit passender Grafikkarte (Fujitsu M720 mit NVIDIA Quadro)

Werden die Workstations eher im Bereich Videoschnitt eingesetzt, liegt das Schwergewicht auf der Festplatte. Sie muss groß sein, schnell und sehr zuverlässig, damit beim Schneiden von Videos keine Fehler oder Rüttler entstehen können. Häufig werden hierbei RAID-Verbunde eingesetzt. Auch SSDs sind hier ein Thema.

Für die Virtualisierung spezialisierte Workstation wiederum benötigen sehr viel und stabiles RAM. Das bedeutet, es wird Arbeitsspeicher mit Fehlerkorrektur eingesetzt, und je mehr davon, desto effizienter.

11.1.3 Systeme für den privaten Einsatz

An erster Stelle steht bei vielen im privaten Bereich immer noch der Gaming-PC. Dieses System stellt sowohl an die Bild- als auch an die Tonerzeugung hohe Ansprüche. Gaming-PCs werden häufig übertaktet, um mehr Leistung zu erhalten, das bedeutet, sie benötigen nicht nur eine leistungsstarke CPU und eine ebenso starke Grafikkarte, sondern auch entsprechende Kühlsysteme, welche mit dieser Leistung fertig werden. Der Stromverbrauch solcher Systeme ist dafür ein Vielfaches höher als der eines Standard-PCs.

Abb. 11.3: High End Gaming-Grafikkarte AMD Radeon R390-Serie

Ebenso beliebt sind heute Home-Cinema-Systeme. Hierbei handelt es oft um spezialisierte Aufbauten, auch Embedded Systems genannt. Sie verfügen über keinen extremen Leistungsbedarf, dafür über eine Vielzahl von Schnittstellen, um externe Geräte von der Videokamera bis zum HD-Fernseher mit Daten versorgen zu können. Zentral hierfür ist die HDMI-Schnittstelle, welche diese Systeme zum Anschluss externer TV-Geräte oder Projektoren benötigen. Auch ein Netzwerkanschluss gehört dazu und allenfalls USB- und DVI-Anschlüsse. Soundtechnisch ist Surround-Sound in seinen verschiedenen Ausführungen (Dolby, DTS, Dolby Digital) die Grundlage, um ein entsprechendes Lautsprechersystem anzusteuern. Wenn sie zudem Filme und Musik im Haus speichern und abspielen sollen, benötigen sie entsprechende Software und genügend Speicher. Damit gehen sie dann nahtlos in den sogenannten Home Server über, der sich schwergewichtig um die Speicherung und Verteilung der Daten kümmert. Hier kommen nebst PCs auch die NAS, die Netzwerkspeicher, zum Einsatz, die mit RAID-Systemen und verschiedenen Diensten für das Freigeben von Daten und das Streamen von Medien geeignet sind.

11.1.4 Thin Clients und mobiles Arbeiten

Thin Clients kommen im Unternehmen vor. Bei diesen Geräten handelt es sich um Entwicklungen unterhalb des Leistungsspektrums von Standard-PCs, die im Wesentlichen nur über eine grafische Schnittstelle, etwas Arbeitsspeicher und einen Netzwerkanschluss verfügen. Sie werden grundsätzlich an Server angebunden, welche die Applikationen und Daten aufbereiten und auch verarbeiten, Terminal Server oder Virtual Desktop Infrastructure Server genannt. Thin Clients ermöglichen eine schlanke Infrastruktur bei entsprechend vorhandener Serverleistung und benötigen weniger Unterhalt als der normale PC, der aus diesem Grund auch Fat Client genannt wird ...

Mobiles Arbeiten heißt heute viel mehr, als einfach ein Notebook zu besitzen. Zum mobilen Arbeiten gehören heute vor allem Smartphones und Tablets. Ihr Fokus liegt weniger auf der Leistung, die sich eher im Bereich der Thin Clients bewegt, als auf der Möglichkeit, lange Zeit standort- und stromunabhängig zu arbeiten. Demzufolge liegt der Fokus eher auf den Schnittstellen, dem Netzwerk und allenfalls UMTS- und 4G-Anschlüssen, damit die mobilen Systeme jederzeit Zugriff auf zentral verwaltete Daten auf dem Server oder in der Cloud nehmen können.

11.1.5 Ein kleiner Vergleich

Nach diesen Betrachtungen schauen wir uns das einmal in der Übersicht an. Wo liegt das Schwergewicht bei den einzelnen Einsatzgebieten solcher Systeme?

	CPU	RAM	Grafik	HDD	Spezielles
Standard-PC	1	1	1	1	Siehe jeweilige Anforderungen des Betriebssystems
CAD Workstation	3	3	4	2	High End-Grafik 2D/3D Leistungsstarke CPU
Videoschnitt	2	2	2	4	Spezialisierte Grafikkarte Dual Monitor

	CPU	RAM	Grafik	HDD	Spezielles
Virtualisierung	3	4	1	2	Performance ist gefordert
Gaming-PC	3	2	4	2	High End-Kühlung Spezielle Grafikkarte
Home Cinema	1	2	1	2	HDMI Output TV Tuner, Surround Sound
Home Server	1	2	1	3	RAID-Verbund, Dienste für Sharing + Streaming
Thin Client	1	1	1	1	Für Basisbetrieb einsetzbar, keine Anwendungen
Mobiles Arbeiten	1	1	1	1	Mobile CPU

Die Zahlenwerte sind dabei wie folgt zu interpretieren:

1	Normale Wichtigkeit, Standardkomponente
2	Gehobene Ansprüche, qualitativ bessere Komponente
3	Sehr gute Komponente, sehr hohe Wichtigkeit für die Anwendung
4	Das Killerkriterium, maximale Möglichkeiten ausschöpfen

Nach den grundsätzlichen Überlegungen dazu, welche Systemkomponenten für spezifische Anwendungsgruppen von Bedeutung sind, wenden wir uns jetzt den Komponenten und ihren entsprechenden Ausbaumöglichkeiten zu.

11.2 Arbeiten am Mainboard

Wie wir bei den Systembetrachtungen im ersten Teil dieses Buchs beim Mainboard begonnen haben, fange ich auch bei der Auf- und Umrüstung wieder im Herzen des Systems mit den Betrachtungen an.

11.2.1 Anschlüsse richtig identifizieren

Auf einem Mainboard gibt es unterschiedliche Stecker, die abhängig von ihrem Einsatz nicht nur »passen« oder »nicht passen«, sondern aufgrund ihrer Aufgabe auch mit unterschiedlicher Spannung arbeiten. Das heißt, der Versuch, einen falschen Stecker anzuschließen kann ohne Weiteres auch zu einer Beschädigung am Board oder der falsch angeschlossenen Komponente führen.

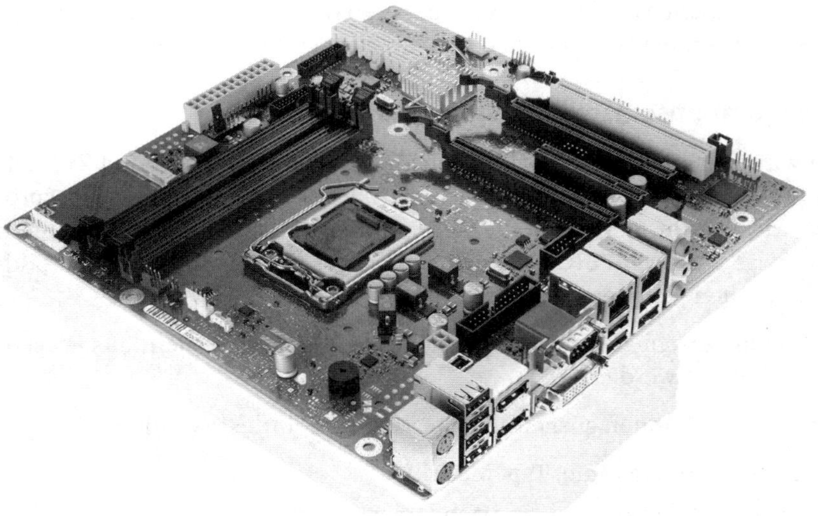

Abb. 11.4: Ein Mainboard mit Intel Q87-Chipset (Fujitsu)

Wenn wir nun beim obigen Mainboard die Schnittstellen und Steckplätze ansehen, zeigt sich folgendes Bild:

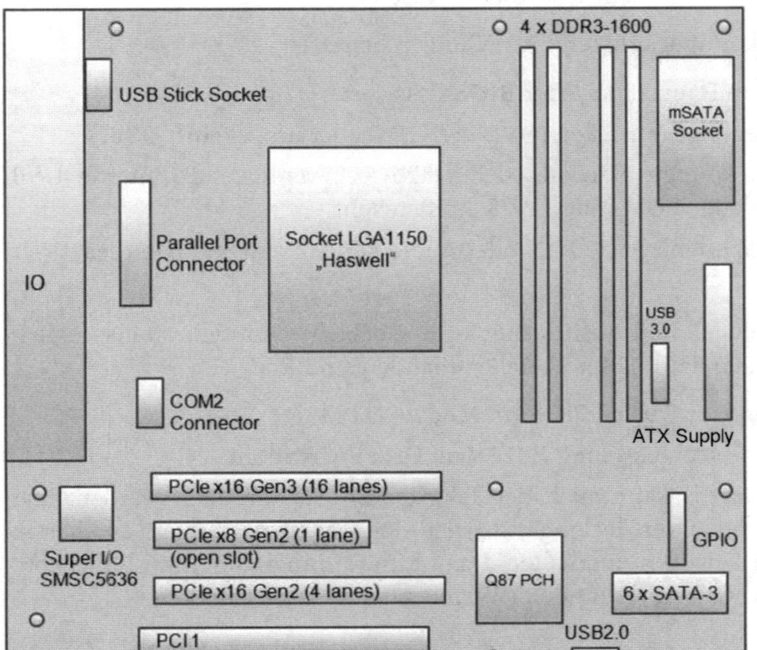

Abb. 11.5: Die Anschlüsse und Steckplätze des Mainboards (Fujitsu)

Bevor Sie also an einem Mainboard etwas einbauen oder ändern möchten, benötigen Sie die Kenntnisse der vorhandenen, der verbauten und der leeren Anschlüsse.

11.2.2 Konfigurationseinstellungen im BIOS

Auch wenn wir in Kapitel 4 festgehalten haben, dass die Gegenwart und Zukunft dem UEFI gehört, so wird umgangssprachlich nach wie vor vom BIOS gesprochen. Wenn wir also im Folgenden die Konfigurationsmöglichkeiten betrachten, so gilt das für das klassische BIOS ebenso wie für das neue UEFI – nur die Bildschirmmasken sehen jetzt deutlich netter aus ...

Im BIOS können verschiedene Grundeinstellungen für das System ausgelesen, aber auch konfiguriert werden.

Diese Informationen können ausgelesen, aber nicht beeinflusst werden:

- Verbauter Prozessor (Taktrate, Typ, Modell)
- Arbeitsspeicher (Taktrate, Typ, je nachdem auch welche RAM-Bänke belegt und welche frei sind)
- Laufwerksinformationen (Festplatte, DVD, SSD)
- Systeminformationen wie Lüfter, die im Einsatz sind, Temperatur des Systemboards und der CPU, Stromverbrauch – hier bieten vor allem die UEFI-gestützten Systeme sehr viel mehr Information als das alte BIOS.

Die wichtigsten konfigurierbaren Einstellungen betreffen:

- Einstellung von Datum und/oder BIOS-Passwort
- Die Startreihenfolge einstellen (DVD vor HDD oder umgekehrt, USB?)
- Schnittstellen können aktiviert oder deaktiviert werden, z.B. interne USB-Schnittstellen oder COM- und LPT-Schnittstellen.
- Onboard-Komponenten wie LAN oder Audio können aktiviert oder deaktiviert werden.

Es gibt je nach Modell und Ausführung auch »spezielle« Konfigurationsmöglichkeiten, die nicht standardmäßig überall vorhanden sind:

- Das Aktivieren von Trusted Platform Module (TPM)
- Die Laufwerksverschlüsselung (FDE, Full Disk Encryption)
- Bei einigen Boards kann auch der Takt des Boards verändert werden. Man spricht dann von »OverClocking«, also der Möglichkeit, das System zu übertakten, um mehr Leistung zu erhalten. Das ist im Gaming-Umfeld recht beliebt – aber auch mit Risiken verbunden (Wärmeentwicklung, Stabilität).

11.2.3 Was ist der Virtualisierungssupport?

Der Einsatz von Virtualisierungssoftware erfordert für einen erfolgreichen Betrieb, dass die CPU die Virtualisierung aktiv unterstützt. Dies darum, weil die Verantwortung der Ressourcenzuweisung vom Betriebssystem in den Hypervisor der Virtualisierungssoftware verlagert wird. Da das Betriebssystem in der virtuellen Umgebung trotzdem wie gewohnt laufen soll, müssen Befehle, welche zu Konflikten führen könnten, speziell programmiert werden.

So steht etwa in den »Allgemeinen Richtlinien« von Parallels zu lesen:

Um virtuelle Maschinen von Parallels erfolgreich ausführen zu können, müssen Sie die Hardware-Virtualisierung in den BIOS-Einstellungen Ihres Computers aktivieren.

Diese Programmierung findet heute direkt im Microcode auf der CPU statt. Bei Intel nennt sich diese Anpassung Intel VT, AMD spricht von AMD-V. Das BIOS muss für die eingesetzte CPU die entsprechende Technologie unterstützen, und Sie können die Funktion dann im BIOS explizit aktivieren. Da die Technologien von Intel und AMD schon vor etlichen Jahren eingeführt wurde, müssten Sie die Unterstützung heute eigentlich überall vorfinden; bereits die Pentium-4 Systeme der 662er-Baureihen aus dem Jahr 2005 unterstützten Intel VT.

11.2.4 Das BIOS aktualisieren

Eine wichtige Grundlage ist zudem ein aktuelles BIOS. Man könnte zwar versucht sein zu denken, dass man bei einem BIOS niemals ein Update vorzunehmen braucht. Schließlich wird es ja mit dem neuen Rechner zusammen ausgeliefert und funktioniert auch.

Ganz falsch ist diese Ansicht nicht, denn ein BIOS-Update muss gut geplant sein. Nach einem misslungenen Update (entweder durch Abbruch während des sogenannten »Flashing« oder durch ein falsches BIOS) ist der Rechner oft nicht mehr funktionsfähig,

Folgende Gründe können ein BIOS/UEFI-Update rechtfertigen oder sogar erforderlich werden lassen:

- Schnellerer Prozessor
  Für den Sprung vom Intel Core2Duo E8300 auf den Core2Duo E8500 braucht man kein neues Mainboard – aber ein neues BIOS. Gerade für die jeweiligen Befehlssatzerweiterungen ist die korrekte Erkennung des Prozessors von Bedeutung.
- Unterstützung neuer oder exotischer Hardware
  Immer wieder erscheinen überarbeitete BIOS-Versionen, die keine funktionellen Änderungen mit sich bringen. Stattdessen ging bei den Vorgängerversionen das Zusammenspiel mit manchen Hardware-Komponenten nicht reibungslos

vonstatten oder es wird zusätzliche Hardware unterstützt, z.B. neue Speicher-Controller oder Grafikkarten.

- Abstürze, Schutzverletzungen, Ausnahmefehler
  In *wenigen* (!) Fällen kann man solche Fehler auch auf das BIOS zurückführen. Bugs können sich nun mal überall einschleichen. Oder aber der Hersteller hat sich in der Konfiguration irgendwo übernommen (z.B. durch Tuning und Optimierungen), bis das Board nicht mehr 100 % stabil läuft.
- Neue Funktionen
  Manche BIOS-Versionen bringen tatsächlich auch zusätzlichen Nutzen: So kann man manchmal auf das Speichertiming präziser Einfluss nehmen oder es werden neue Optionen im BIOS freigeschaltet.

Noch einmal: Ein misslungenes BIOS-Update führt oft dazu, dass sich Ihr PC nicht einmal mehr starten lässt. Unterschätzen Sie diese Folge nicht, denn Ihr System ist ab diesem Moment nicht mehr funktionsfähig! Um das BIOS erfolgreich zu aktualisieren, stellen Sie Folgendes sicher:

- Sie müssen unbedingt das richtige BIOS für Ihr System bzw. Mainboard verwenden. Andere Versionen laufen in der Regel gar nicht oder führen gar zur Zerstörung. Auf den Supportseiten der Hersteller finden Sie dazu präzise Angaben, ebenso im BIOS Ihres eigenen Systems. Es reicht meistens nicht aus, den ungefähren Typ eines Systems zu kennen. Wenn Sie z.B. einen Fujitsu Esprimo aktualisieren möchten, benötigen Sie dazu den Typ des Mainboards »D2950« und obendrein noch die genaue Baureihe – beides finden Sie bei einem Fujitsu-PC auf der Oberseite des Gehäuses aufgedruckt. Nur mit diesen vollständigen Informationen können Sie das richtige BIOS finden.

Abb. 11.6: Modellbezeichnung eines Systems

- Verwenden Sie jeweils die neueste Version des Flash-Programms. Achten Sie zudem darauf, ob Sie für das Aktualisieren einen Boot-Datenträger benötigen (CD, USB-Stick) oder ob die Aktualisierung direkt aus dem Betriebssystem heraus erfolgen kann.

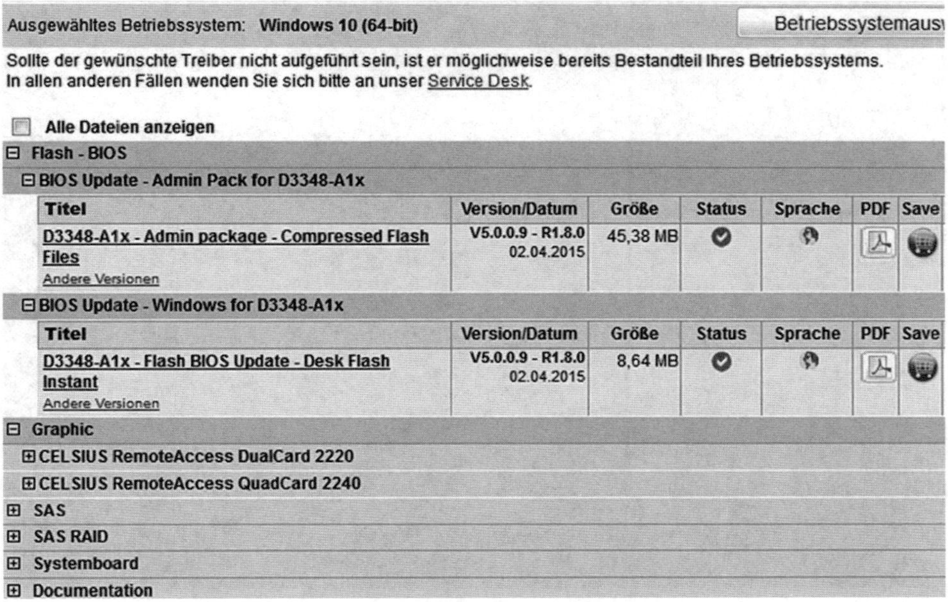

Abb. 11.7: Verschiedene Möglichkeiten der BIOS-Aktualisierung

- Der PC muss für das Update garantiert virenfrei sein!
- Der PC muss einwandfrei funktionieren! Auch wenn der Grund für Ihr Update Instabilitäten sind, die sich vermutlich auf das BIOS zurückführen lassen, so muss der Rechner im »nackten« Boot-Modus trotzdem zuverlässig arbeiten. Zum Glück ist das meistens der Fall. Wenn nicht, besorgen Sie lieber leihweise funktionsfähige Komponenten oder lassen Sie das Update bleiben.
- Starten Sie den PC nur mit den wichtigsten Systemdateien. Speichermanager und sonstige speicherresidente Programme sind tabu! Am besten starten Sie über eine Start-CD, auf der sich das neue BIOS sowie das Flash-Programm befinden.

11.2.5 Monitoring-Funktionen

Die Firmware des Mainboards ist in der Lage, verschiedenste Parameter des Systems mit Sensoren zu überwachen. Die wichtigsten Überwachungspunkte sind:

- Die Temperaturen von Mainboard und CPU
- Die Umdrehungsgeschwindigkeit der Lüfter
- Die Stromversorgung
- Die Uhr
- Die Busgeschwindigkeiten

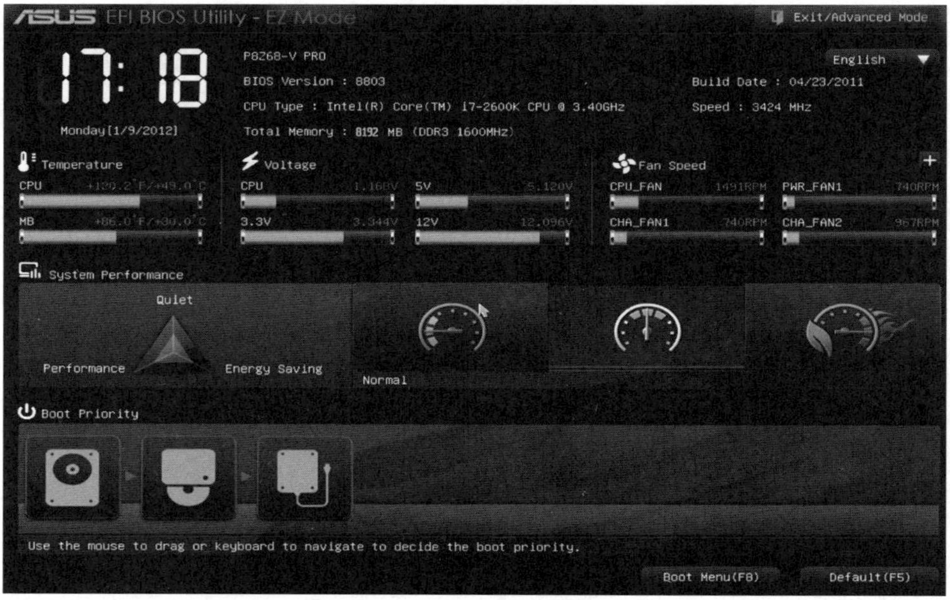

Abb. 11.8: Monitoring unter UEFI

Die Hardware-Komponenten wie Mainboard-Platine oder CPU werden für die Überwachung mit Sensoren ausgestattet, die in der Lage sind, Temperaturen oder Umdrehungszahlen zu messen und die Ergebnisse ans UEFI (oder BIOS) weiterzuleiten.

Im UEFI oder mittels Monitoring-Software auch im Betriebssystem selber können Sie diese Monitore ansehen und gegebenenfalls auch etwas unternehmen, etwa wenn die Temperatur zu hoch ist oder die Stromversorgungswerte instabil sind.

Echtes Monitoring bedeutet zudem, dass Sie im UEFI Schwellenwerte definieren können und Maßnahmen, was bei deren Erreichung ausgelöst werden soll. Zum Beispiel können Sie so festlegen, dass bei Überschreiten der Temperaturschwelle für die CPU diese heruntergetaktet wird oder das System heruntergefahren werden soll.

11.2.6 Die CMOS-Batterie

Mit der Auslieferung des ersten PC/AT hat man erstmals einen speziellen Chip ausgeliefert: einen CMOS-Baustein (Complementary Metal Oxide Semiconductor) mit einer internen Systemuhr und den darin gespeicherten Konfigurationsdaten des PCs.

Da dieser Chip zur Erhaltung der Daten Strom braucht, wurde eine Batterie eingebaut, da durch das Abschalten des PCs das Motherboard nicht mehr mit Strom versorgt wird.

Diese Batterie versorgt somit den CMOS-Chip mit der notwendigen Betriebsspannung. Normalerweise sind Knopfzellen oder Standardbatterien im Einsatz.

Abb. 11.9: CMOS-Batterie

11.3 Die CPU ersetzen

Wenn Sie einen Prozessor aufrüsten möchten, um mehr Leistung zu erhalten, sind folgende Dinge zu beachten:

- Welchen Sockel weist der bisherige Prozessor (bzw. das entsprechende Mainboard, in welchem er eingesetzt ist) auf? Nur Prozessoren mit gleichem Sockel lassen sich fehlerfrei einsetzen.
- Welchen Chipsatz verwendet das Mainboard, und unterstützt dieses Chipset den neuen Prozessor? Dies ist wichtig, damit die Befehlsstruktur des Prozessors ohne Fehler unterstützt wird.
- Welche Stromversorgung benötigt die neue CPU? Mittlerweile wird diese Problematik über den Sockel gelöst, d.h. ein Prozessor, der mehr oder weniger Strom verbraucht als das bis jetzt eingesetzte Modell, verfügt oft auch über einen anderen Sockel (z.B. Intel 1156 → Intel 1151 oder Intel 1366).

Generell lässt sich heute sagen, dass sich Prozessoren innerhalb der aktuellen Produktfamilie häufig aufrüsten lassen, z.B. einen bestehenden Core i5 4. Generation durch einen stärkeren Core i5 4. Generation. Die Aufrüstung auf eine neue Produktfamilie wie aktuell z.B. auf die Skylake Core i7-Familie ist dagegen nicht möglich.

11.3.1 Kühlsysteme

Während des Betriebs eines Rechners entsteht Wärme durch die diversen elektrisch betriebenen Komponenten. Die Chips funktionieren am besten in »kühler« Umgebung. Ein Chip kann sich ohne große Kühlung nach wenigen Betriebsminuten auf 80° Celsius erwärmen. Bei dieser Temperatur wird ein Prozessor in der Verarbeitungsgeschwindigkeit schon deutlich langsamer. Im Weiteren sind für die vielen Lötstellen allzu große Temperaturschwankungen langfristig gesehen nicht optimal, da sie dadurch spröde werden. Daher wird der PC durch einen oder mehrere Ventilatoren und Kühlkörper mit Umgebungsluft gekühlt, um konstante Temperaturen zu erzeugen. Zusätzlich verfügt auch der Prozessor über einen eigenen Ventilator, welcher direkt auf dem Prozessorgehäuse angebracht wird.

Für eine gute Durchlüftung des Gerätes wird im Allgemeinen durch den Hersteller eines PC-Systems gesorgt. Wenn Sie selber einen PC bauen oder umbauen, achten Sie darauf, dass bei freien Steckplätzen die rückseitigen Abdeckungen (auch Slot-Blenden genannt) nicht abgeschraubt werden – dies verhindert eine geregelte Kühlung. Ebenso, wenn Sie seitliche Abdeckungen entfernen. Denn dadurch wird die Luft nicht an den warmen Chips entlang zirkulieren, und die notwendige Kühlung kann nicht mehr erzielt werden. Um im Dauerbetrieb eine optimale Kühlung zu gewährleisten, sollte also der Luftstrom im Gehäuseinneren nicht unterbrochen werden.

Bei komplett geschlossenen Geräten ohne Belüftungsöffnungen und Lüftern, wie dies bei vielen externen Festplatten anzutreffen ist, wird die im Inneren produzierte Wärme durch das als Kühlkörper dienende Metallgehäuse abgegeben.

Wichtig ist auch, dass die Kühlkörper nicht verschmutzt sind, z.B. durch angesaugten Staub im Inneren des Gehäuses, denn dies schmälert die Kühlleistung beträchtlich.

Bei Notebooks, wo die Kühlleistung bedingt durch die Gehäuseform nur eingeschränkt leistungsfähig ist, hilft es, wenn sie auf ebenen Flächen stehen und die Lüfter an der Gehäuseaußenseite nicht verstellt oder abgedeckt sind.

Zu den am stärksten Wärme produzierenden Bauteilen zählen ohne Zweifel CPU, Grafikchips, Chipsätze, Festplatten sowie das Netzteil. Um Fehlfunktionen oder sogar Beschädigungen dieser Komponenten durch Überhitzung zu vermeiden, ist eine korrekte Kühlung unerlässlich. Dazu stehen mehrere Verfahren zu Verfügung.

11.3.2 Wärmeleitpaste

Obwohl die Oberflächen von CPU und Kühlkörpern mit bloßem Auge glatt erscheinen, sind sie in Wirklichkeit ziemlich uneben. Diese Tatsache hat einen großen Einfluss auf die Wärmeleitfähigkeit der Oberfläche. Je mehr Unebenheiten zwischen Chip und Kühlkörper bestehen, desto schlechter ist die Wärmeableitung. Dies kann zu Hitzestau und Überhitzung der Chips führen, z.B. bei CPU oder Grafikkarten.

Um diese Wärmeableitung zu verbessern, wird zwischen Chip und Kühlkörper eine leitende Paste aufgetragen. Beim Umgang mit der Paste ist Vorsicht geboten, da diese für Haut und Augen schädlich ist. Achten Sie sich zudem darauf, die Paste so dünn wie möglich aufzutragen, sie sollte wirklich nur Unebenheiten ausgleichen und nicht den Kontakt zwischen CPU und Kühlkörper verhindern. Wird sie zu dick aufgetragen, kehrt sich ihr Nutzen um, da sie dann als Isolator wirken kann. Von daher sind vorgefertigte Wärmeleitpads allenfalls vorzuziehen. Sie sind vor allem beim Einsatz auf lange Sicht in ihrer Leistung eher konstanter.

Und nicht zuletzt bedenken Sie, dass die Paste mit der Zeit eintrocknen kann, das gilt sowohl in der Tube (nicht benutzte Leitpaste können Sie nicht unbeschränkt lange wieder einsetzen) als auch bei der verwendeten Paste, auch wenn hier natürlich Jahre gemeint sind und nicht Monate, bis dies ein Problem werden kann.

11.3.3 Lüfter

Im Computer dienen Lüfter zur Erzeugung von Luftströmen und zur Abführung von Wärme bzw. zur Abkühlung.

Ein Lüfter besteht aus einem rotierenden, elektrisch angetriebenen Laufrad, welches einen verdichteten Luftstrom erzeugt. Da bei einem Ventilator zwischen Ansaug- und Druckseite unterschieden wird, ist beim Einbau unbedingt auf die Laufrichtung zu achten.

Die meisten aktuellen Mainboards besitzen einen Onboard-12-Volt-Anschluss mit der Bezeichnung *CPU-FAN* für die Versorgungsspannung des CPU-Lüfters. Dieser ist in der Regel auf einem Kühlkörper montiert. Zudem verfügen die meisten Mainboards über einen zusätzlichen Anschluss mit der Bezeichnung *Chassis-FAN* für die Versorgungsspannung eines zusätzlichen Gehäuselüfters, der zur Abführung von Wärme aus dem Gehäuseinneren dient und damit den im Netzteil integrierten Lüfter unterstützt.

CPU-Lüfter und Chassis-Lüfter werden durch das BIOS kontrolliert und deren Drehzahl entsprechend geregelt. Dafür sind die Mainboards entsprechend mit Temperaturfühlern ausgestattet, damit die Lüfterleistung anforderungsgerecht geregelt werden kann.

Womit bereits erwähnt ist, dass auch ein Netzteil in der Regel über einen eigenen Lüfter verfügt, der der Wärmeableitung dient.

Dasselbe kann auch für Grafikkarten gelten. Gerade die leistungsstarken Karten verfügen jeweils über einen eigenen Lüfter.

Abb. 11.10: Lüfter auf einer Grafikkarte

11.3.4 Kühlkörper

Mit einem Kühlkörper als Wärmeableiter wird die Wärme abgebende Fläche von Wärme produzierenden Bauteilen wie etwa einem Chipset oder Grafikkarten erheblich vergrößert und dadurch eine mögliche Beschädigung durch Überhitzung minimiert. Um eine möglichst große ableitende Fläche zu erhalten, sind Kühlkörper meist gerippt oder lamellenförmig aufgebaut. Wärmeableiter sind immer aus Metall.

Abb. 11.11: Kühlkörper für CPU

Entsprechend der Bauform dieser Kühlkörper nennt man sie auch passive Kühlkörper. Zur Kühlung von CPU und Grafikkarten werden in der Regel kombinierte Kühlsysteme verwendet.

Diese bestehen aus einem Kühlkörper und einem darauf montierten Lüfter, der für eine optimale Luftströmung entlang des Kühlkörpers sorgt und so die abgegebene Wärme rascher ableitet.

11.3.5 Wasserkühlung

Um den Wirkungsgrad der Kühlung weiter zu erhöhen, werden in speziellen Anwendungsgebieten Wasserkühlungen eingesetzt. Diese ermöglichen meist auch eine Leistungssteigerung durch Übertaktung der CPUs.

Bei der Wasserkühlung handelt es sich um einen geschlossenen Kreislauf. Das ist vom Prinzip her mit einem Kühlschrank zu vergleichen. Eine Wasserpumpe pumpt mittels eines Radiators gekühltes Wasser durch die auf die CPUs aufgebauten Wasserkühlkörper hindurch. Das erwärmte Wasser fließt danach in einen Ausgleichsbehälter zurück und von dort wieder in den Radiator, wo es erneut heruntergekühlt und zu den Wasserkühlkörpern gepumpt wird.

Meist werden in einem Kreislauf mehrere sich stark aufheizende Elemente wie Hauptprozessor, Chipsets, grafische Prozessoren, Festplatten und andere Komponenten hintereinander angeschlossen.

Neben den großen Wasserkühlsystemen, bei denen Teile des Systems aus Platzmangel oft außerhalb der Computer platziert werden müssen (Radiator, Ausgleichsbehälter), gibt es auch integrierte Systeme, die auf dem Prozessor montiert werden. Diese Systeme lösen jedoch das Problem der außerhalb der CPU im PC-Gehäuse verbleibenden Wärme nicht.

Bei Wasserkühlsystemen ist zudem große Vorsicht geboten: Jegliches Leck ist zu vermeiden, da es zu Korrosionen und Kurzschlüssen führen kann. Um Korrosionen zu vermeiden, werden Zusatzmittel beigefügt. Auch muss der Wasserstand regelmäßig überprüft werden, da ein Wassermangel zu rascher Überhitzung der gekühlten Komponenten führt und letztendlich zu deren Zerstörung. Insbesondere bei den integrierten Systemen kann dies sehr rasch passieren.

Das Prinzip der Wasserkühlung kommt auch bei Großrechnern und Supercomputern zum Einsatz, wobei diese Anlagen erheblich größer und umfangreicher sind und nicht mit den Wasserkühlsystemen für den PC-Bereich vergleichbar sind. In den heutigen Zeiten, wo Green IT immer mehr an Bedeutung gewinnt, gibt es sogar Projekte, um das auf diese Weise erwärmte Wasser zusätzlich zum Heizen von Gebäuden verwenden.

11.4 Speicheraufrüstung

Eine weit verbreitete Aufrüstung betrifft den Arbeitsspeicher. Auch gilt es, sorgfältig zu planen, und zuerst alle Informationen bereitzuhalten, damit ein Erfolg überhaupt möglich ist. Achten Sie insbesondere darauf, wie viele Steckplätze vorhanden sind.

Zu berücksichtigen sind zudem:

- Bauform:
  - 184 Pin (DIMM DDR-SDRAM)
  - 240 Pin (DIMM DDR2- und DDR3-SDRAM)
  - 288 Pin (DIMM DDR4)
  - 200 Pin (SO-DIMM DDR2-SD-RAM für mobile Geräte)
  - 204 Pin (SO-DIMM DDR3-SD-RAM für mobile Geräte)
  - 260 Pin (SO-DIMM DDR4-SD-RAM für mobile Geräte)
- Zugriffszeit (Latenz, Waitstate)
- Taktfrequenz (muss vom Mainboard bzw. FSB unterstützt werden)
- Spannung (2,5 Volt, 1,8 Volt oder 1,5 Volt, 1,2V bei DDR4)

Zudem lehnen viele Hersteller jede Funktionsgarantie ab, wenn nicht originaler Speicher verwendet wird. Dies liegt insbesondere daran, dass einige PC-Hersteller eigene Steuerelektroniken auf den Speicherchips verwenden.

Bei der Aufrüstung ist darauf zu achten, dass während des Einbaus keine statische Entladung am Baustein auftritt und dass der Baustein mit allen Kontakten sauber im Steckplatz montiert ist. Bei modernen Bausteinen mit 184 oder 240 Pins ist hierbei besonders auf die Kerbe zu achten, welche es an sich unmöglich machen sollte, Arbeitsspeicher verkehrt einzubauen.

Abb. 11.12: Kerbe beim Einsetzen von RAM

Bei den Speicherbaureihen DDR und DDR2 ist häufig eine Abwärtskompatibilität gegeben, die es Ihnen ermöglicht, neue Speicher auch in älteren Mainboards zu verwenden – der umgekehrte Weg ist aber nie möglich, und DDR- sollte nie mit DDR2-Speicher vermischt werden.

11.5 Netzteile für PC-Systeme

Das Netzteil hat die Aufgabe, die eingehende Spannung von 220V/240V auf die Betriebsspannung von 2,9 V, 3,3 V, 5 V resp. 12 V zu transformieren. Vom Netzteil gehen diverse Kabel aus, welche für die Stromversorgung der verschiedenen Komponenten dienen.

Das Netzteil wird entsprechend seiner Funktion auch AC-Adapter genannt (vom englischen »alternating current«, zu Deutsch Wechselstrom). Es wandelt also nicht nur die Spannung um, sondern auch von Wechselstrom zu Gleichstrom, den es dann in oben erwähnten Spannungen an die Komponenten weitergibt.

Da es zudem auch Länder mit 110 Volt gibt (z.B. USA), verfügen die meisten Netzteile über einen Netzspannumschalter, der es ermöglicht, das Netzteil auf die korrekte Spannung einzustellen.

Nachfolgende Tabelle gibt eine kleine Übersicht über Stromspannung und Stromstärke der einzelnen Kabel.

Spannung	+5 V	-5 V	+12 V	-12 V
Strom	20 A	0,5 A	8 A	0,5 A
Watt	100	2.5	96	6
Kabelfarbe	Rot	Weiß	Gelb	Blau

Tabelle 11.1: Spannungen

Grundsätzlich werden alle Komponenten mit Antriebseinheiten (HDD, CD, DVD) mit 12 Volt versorgt. Neuere Komponenten werden zum Teil auch mit 5 Volt betrieben. Bei den BTX-Netzteilen entfällt die 5-V-Leitung allerdings.

Entscheidend ist je nach den Anforderungen an die einzubauende Hardware die Leistung. Reicht für Office-PCs noch ein Netzteil mit 100-200 Watt, sind bei Game-PCs schnell einmal 400- bis 650-Watt-Netzteile gefragt; insbesondere die Grafikkarten benötigen viel Strom.

Die unterschiedlichen Spezifikationen für Netzteile sehen wie folgt aus:

Netzteil	Beschreibung	Anschluss
AT	Power direkt am Netzteil	12-polig (P8 und P9)
ATX	Soft-Power-Anschluss am Mainboard	20-polig (ATX 1.0)

Tabelle 11.2: Netzteilspezifikationen

Netzteil	Beschreibung	Anschluss
EATX	Erweiterung von ATX	24-polig (ATX 2.0)
BTX	Versuch der Ablösung von ATX	24-polig (ATX 2.0)

Tabelle 11.2: Netzteilspezifikationen (Forts.)

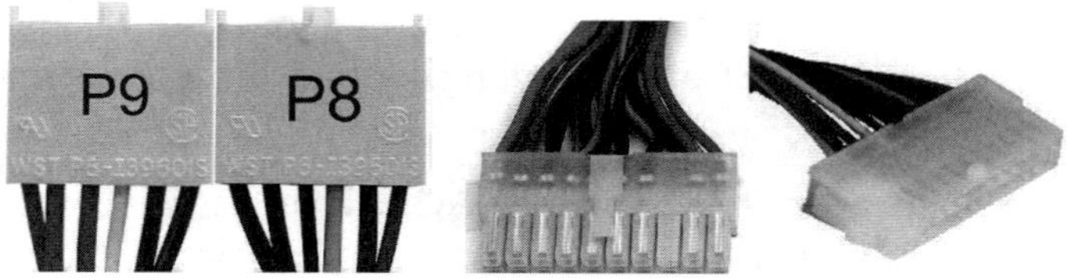

Abb. 11.13: AT-Stecker (P8 und P9 genannt), ATX 20polig und EATX/BTX 24polig (alles Molex-Stecker)

Wie Sie in obiger Abbildung ersehen können, waren die P8/P9-Stecker nicht verwechslungssicher für falsches Anstecken. Man musste einfach wissen, dass die schwarzen Adern nebeneinander liegen mussten. Dies im Gegensatz zu den ATX- und BTX-Steckern, welche aufgrund der geformten Anschlüsse im Stecker nur auf eine Weise eingesteckt werden können.

Für die leistungshungrigen Prozessoren und Grafikkarten benötigen ATX- und BTX-Netzteile zudem zusätzliche 4-polige Molex-Stecker zur direkten Stromversorgung. Diese versorgen die Komponenten mit 12-V-Energie. Den 4-poligen Molex gab es zudem als »Aufrüstung« von AT zu ATX, um einen 20poligen Anschluss weiter einsetzen zu können. Allerdings sind all diese Anschlussgebilde nicht mehr aktuell.

Abb. 11.14: 6-polige Molex-Stecker für die Verbindung von PCIe-Grafikkarten zu vorhandenen Anschlüssen (oben) und 8-polige zum Direktanschluss an das Netzteil (unten)

Heute sind es Grafikkarten mit PCIe-Anschlüssen, die – wenn sie mehr Energie benötigen, als der PCIe-Anschluss selber zur Verfügung stellen kann (max. 75 Watt) – über zusätzliche 6-polige Anschlüsse mit mehr Strom versorgt werden. Aber auch für weitere Peripheriegeräte und die CPU gibt es einen 8-poligen Molex zur Erweiterung der Leistung.

11.6 Festplatten

Beim Anschluss interner Disks gilt es zuerst zu klären, ob SAS oder SATA als Bussystem eingesetzt wird. Entsprechend sind hier die bereits besprochenen Grenzen der Anzahl der Laufwerke zu berücksichtigen.

Zwei klassische Probleme seien erwähnt:

- Festplatten werden vom BIOS nicht erkannt.

  Mögliche Ursachen:
  - Anschluss nicht sauber gesteckt
  - Platte mit GPT vorbereitet und an ein BIOS (16 Bit) angeschlossen
  - Platte wird vom OS nicht unterstützt (Dateisystem)
- Kapazität wird nicht korrekt angezeigt.

  Mögliche Ursachen:
  - Kapazität zu groß (MBR/GPT-Grenze bei 2 TB)
  - GPT-Bootsektor auf einem Board, das nur MBR versteht
  - Falsches Dateisystem

Bei SATA-Festplatten oder SAS benötigen Sie für eine Aufrüstung jeweils ein neues SATA-Kabel und einen freien Anschluss auf dem Mainboard, da an jedem Kabel genau ein Gerät angeschlossen werden kann. Die neueren Standards SATA-3,0 Gbps und SATA-6,0 Gbps sind zudem abwärtskompatibel zu SATA-1,5 Gbps, sodass Sie auch hier keine Schwierigkeiten antreffen sollten, um eine SATA-3,0-Gbps- oder SATA-6,0-Gbps-Platte an einem älteren Controller laufen zu lassen.

Ein weiteres Kriterium beim Ausbau von Harddisks ist deren Kapazität. Hier ist vor allem zu berücksichtigen, dass das bisherige BIOS nur den MBR-Bootloader unterstützt. Dieser wiederum unterstützt nur Disks mit einer Kapazität von maximal 2 Terabytes. Neuere Platten mit 4 oder 8 TB dagegen benötigen den GPT-Bootloader, welcher wiederum nur von UEFI-Systemen unterstützt wird. Und UEFI selber wiederum verlangt ein 64-Bit-System darunter. UEFI ist entweder von Grund auf im System oder Sie verfügen nicht darüber, es lässt sich nicht auf ein bestehendes BIOS aufrüsten.

Auch die Umdrehungsgeschwindigkeiten von Platten können sich unterscheiden. Standardplatten drehen mit 5400 rpm, schnellere Platten im Desktop-Bereich mit 7200 rpm. Das ist natürlich technisch von Vorteil, kann aber eine höhere Wärmeabgabe nach sich ziehen, was bei einem Umbau zu berücksichtigen ist. Enterprise Disks drehen dann sogar mit bis zu 10.000 rpm.

Viele Hersteller bezeichnen ihre Baureihen entsprechend mit »Desktop«, »High End« und »Enterprise« oder ähnlich. Als Beispiel sei hier Western Digital erwähnt, welche dafür die Baureihen »Blue« für Desktop, »Black« für High End Desktop und »Yellow« für Enterprise anbietet. Daneben gibt es dann für Speichersysteme noch die separaten Baureihen »Green« (stromverbrauchsoptimiert) und »Red« (leistungsoptimiert für NAS). Andere Hersteller verwenden ähnliche Unterscheidungen – die sich übrigens häufig auch auf eine unterschiedliche Garantieleistung hin auswirken, nicht nur auf Preis und Leistung.

11.6.1 RAID – Mehr Leistung, mehr Sicherheit

Aufgrund der Physik von Festplatten ist es keine Frage, *ob*, sondern höchstens *wann* eine Festplatte kaputtgeht. Zwei der Hauptgründe sind sich erhitzende Lager der eigentlichen Platte, die ja mit bis zu 15000 rpm rotiert, und die sehr kleine Distanz, mit welcher der Schreib-/Lesekopf über der Magnetschicht schwebt. Natürlich können auch andere Komponenten ausfallen, nicht zuletzt die Elektronik im Festplattengehäuse.

Unter dem Namen RAID (Redundant Array of Inexpensive Disks) wurden Technologien entwickelt, welche es erlauben, einen Verbund (Array) von Festplatten zu bauen, welcher auch dann weiter funktioniert, wenn eine einzelne Festplatte ausfällt (Redundanz). Da der Begriff »Inexpensive« nicht gerade im Sinne der Plattenhersteller ist, lesen Sie heute stattdessen meist »Independent«, also: Redundant Array of Independent Disks (RAID).

Die verschiedenen RAID-Stufen oder RAID-Levels unterscheiden sich in der Art der Organisation des Arrays, also wie diese zusammengeschaltet und wie die Daten und die Fehlerkorrekturinformationen abgelegt werden.

Es existieren diverse RAID-Levels und auch Kombinationen verschiedener RAID-Levels. Wir konzentrieren uns auf die häufigsten Level im Desktop- und NAS-Speicherbereich – weiterführende Angaben finden Sie im Buch *CompTIA Server+* vom selben Autor.

11.6.2 RAID-Level

RAID 0

Beim RAID 0 handelt es sich um keinen eigentlichen RAID-Level, da er keine Fehlertoleranz bietet, sondern die Daten blockweise auf mehrere Festplatten verteilt.

Da RAID 0 aber in Kombination mit anderen RAID-Levels vorkommen kann, hat dieses auch als Stripe Set bezeichnete Verfahren trotzdem eine RAID-Nummer bekommen.

Man kann sich merken, dass die 0 für keine Fehlertoleranz steht, alle anderen RAID-Level bieten nämlich Fehlertoleranz (Redundancy).

Da beim Stripe Set die Daten auf mehrere physikalische Datenträger verteilt und parallel geschrieben und gelesen werden können, bietet ein Stripe Set eine bedeutend bessere Performance als eine einzelne Festplatte.

Auf der anderen Seite erhöht sich durch das Verteilen der Daten auf mehrere physikalische Datenträger auch die Wahrscheinlichkeit, dass *einer* davon kaputtgeht, die Ausfallwahrscheinlichkeit steigt also sogar.

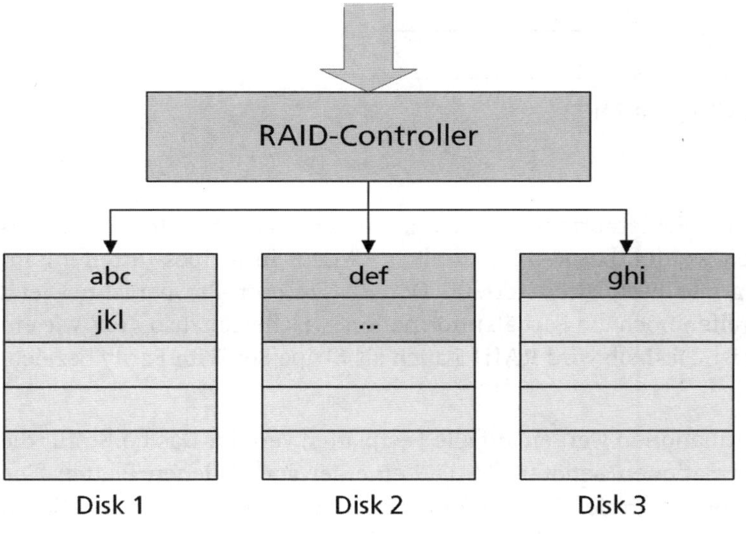

Abb. 11.15: Datenverteilung mit RAID 0

RAID 1

RAID 1 wird auch als Spiegel (Mirror) bezeichnet und ist damit eigentlich der direkte Nachfolger der Shadow Disk. Ein RAID 1 wird aber auch beim Ausfall einer der Festplatten weiterhin ohne Performance-Einbuße unterbrechungsfrei zur Verfügung stehen, die Fehlertoleranz ist ab diesem Moment natürlich nicht mehr gewährleistet.

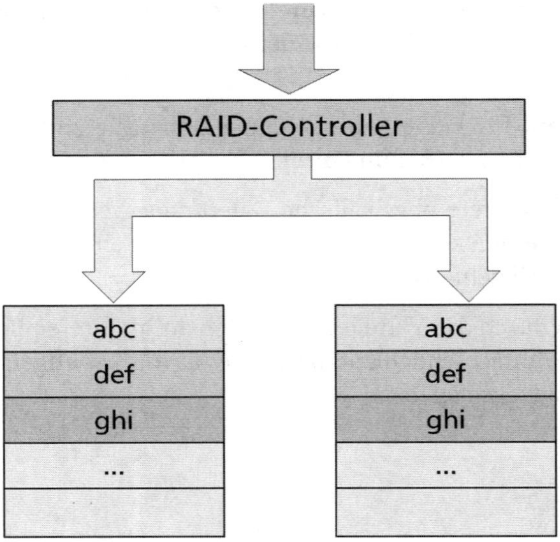

Abb. 11.16: Datenverteilung mit RAID 1

RAID 5

Bei RAID 5 wird als Fehlerkorrekturmechanismus eine Paritätsinformation verwendet. Die Daten werden bei RAID 5 ähnlich RAID 0 in Stripes (Streifen) auf mehrere, gleich große Festplatten verteilt. Der RAID-Controller berechnet jetzt aber für jeden Streifen noch die Paritätsinformation, welche genauso groß wie ein Block des Stripes ist. Deshalb wird RAID 5 auch als Stripe Set With Parity bezeichnet.

Diese Paritätsinformationen werden auf alle Festplatten verteilt. Das heißt, für die zusätzlichen Informationen benötigt RAID 5 eine der vorhandenen Platten. Die Mindestanzahl an gleich großen Platten für einen RAID 5-Verbund ist drei. Somit berechnet sich die Nutzspeichergröße nach Anzahl Platten minus 1.

Wenn Sie also 4 Platten zu je 143 GB einsetzen, bedeutet dies:

Bruttospeicherplatz = 572 GB – 1 Platte → Nutzspeicher = 429 GB.

Im Fehlerfall kann der RAID-Controller auf den verbleibenden Blöcken des Stripes unter Einbezug der Paritätsinformation die eigentlichen Daten wiederherstellen. Solange die fehlerhafte Festplatte nicht ausgetauscht und das RAID 5 nicht wiederhergestellt wurde, wird die Zugriffs-Performance zurückgehen, während der Wiederherstellung sogar noch weiter.

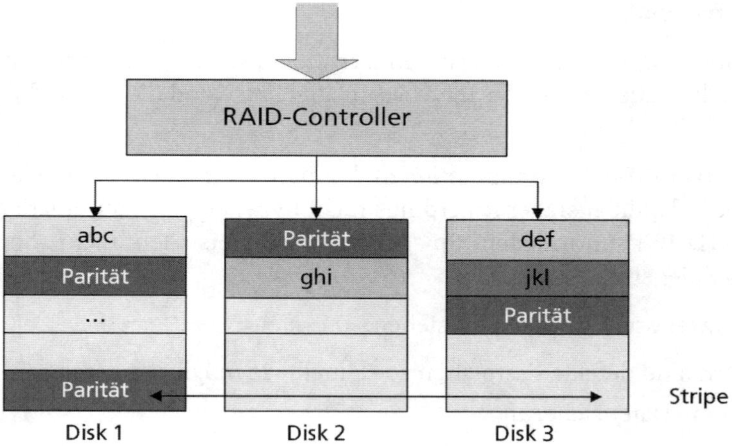

Abb. 11.17: Datenverteilung mit RAID 5

RAID 01/10

Bei RAID 10 handelt es sich um eine Kombination von RAID 0 und RAID 1, bei dem zwei oder mehr Spiegel (RAID 0) gestriped werden.

Der RAID-Level 0+1 spiegelt zwei Stripe Sets.

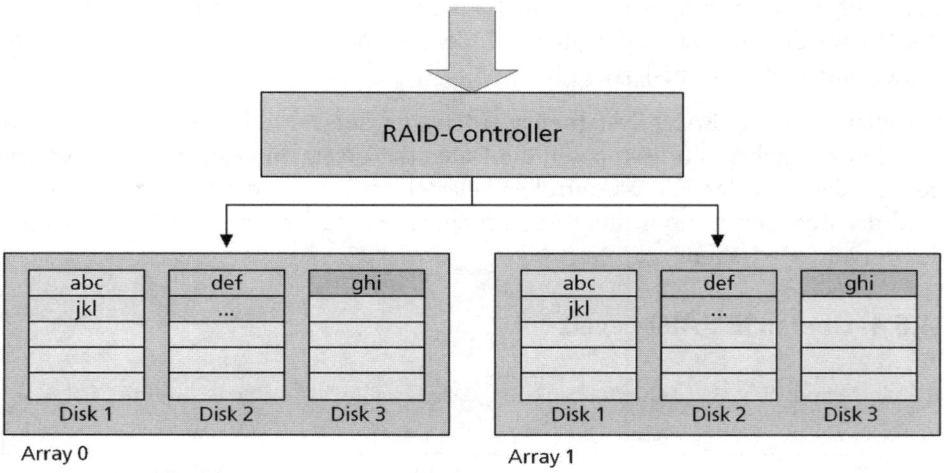

Abb. 11.18: Datenverteilung mit RAID 0+1

RAID 0+1 und 10 sind sehr teure Lösungen, da die Hälfte der Festplatten nur für die Redundanz verwendet wird, bieten aber, je mehr Festplatten bzw. Spiegel im Stripe sind, eine sehr gute Performance.

11.6.3 Festplattenausfall

Die hier vorgestellten RAID-Level funktionieren nur weiter, sofern nicht mehr als eine Festplatte ausfällt. Fallen zwei oder mehr Festplatten aus, sind die Daten dieser Arrays verloren.

Bei den meisten Hybrid-RAID-Konfigurationen können zwar auch zwei oder sogar noch mehr Festplatten ausfallen, allerdings nicht in beliebigen Kombinationen. Bei einem RAID 10 kann in jedem Spiegel eine Platte ausfallen, nicht aber beide Platten eines Spiegels.

Daraus lassen sich zwei wichtige Schlüsse ziehen:

1. Im RAID-System sind defekte Festplatten so schnell wie möglich zu ersetzen.
2. RAID ersetzt keine Datensicherung.

Aus ersterem Grund kann bei der Einrichtung von RAID-Arrays eine zusätzliche Platte als sogenannter Hotspare eingesetzt werden. Das bedeutet, es steht eine zusätzliche Platte zur Verfügung, die nicht aktiv im Verbund tätig ist, aber als Hotspare bei Ausfall einer Platte im Verbund sofort als Ersatz vom System eingesetzt werden kann. Die Kontrolle über den Hotspare übt die Verwaltungssoftware des RAID-Controllers aus, das heißt, sie wird vom System bei Bedarf automatisch eingesetzt.

Nach dem Ersatz der defekten Festplatte muss die Fehlertoleranz wiederhergestellt werden, dieser Prozess wird auch als Regenerierung bezeichnet. Bei einem RAID 1 werden die Daten der überlebenden Festplatte auf die ersetzte Festplatte kopiert (auch: synchronisiert).

Bei allen anderen RAID-Systemen werden aus der Fehlerkorrekturinformation und den verbleibenden Festplatten die Daten der ersetzten Festplatte neu berechnet. Da dadurch der RAID-Controller belastet wird, sinkt die Performance während der Regenerierung weiter. Wenn möglich, sollte dies in einer Niederlastzeit des Servers geschehen.

11.6.4 Übersicht RAID-Levels

Level	Mind. HDD	Fehlertoleranz	Overhead	FT-Technik
0	2	Nein	0	n/a
1	2	Ja	50 %	Spiegelung
5	3	Ja, verteilt	eine HD	Parität
10	4	Ja	50 %	Spiegelung

Tabelle 11.3: RAID-Level in der Übersicht

11.7 Speicher-Controller

Beim zusätzlichen Einbau von Controllern ist es besonders wichtig zu klären, wo die Systemgrenzen liegen. Dies kann sich sowohl auf den Controller selber beziehen (wie viele Controller das System verträgt) als auch auf die vorhandenen Steckplätze und die für die Endgeräte des Controllers notwendigen Einbauschächte. Wenn Sie einen zusätzlichen SATA-Controller kaufen und keinen Platz für den Einbau einer weiteren Festplatte haben, wäre das sehr ärgerlich (ein klassisches Problem, wenn noch mehr Festplatten, CD/DVD-Laufwerke etc. eingebaut werden müssen).

Grundsätzlich ist es so, dass sowohl IDE als auch SATA die Verwendung mehrerer Controller zulassen. Für weitere technische Eigenheiten sei auf das Kapitel 6, »Externe Schnittstellen«, verwiesen.

11.8 Erweiterungskarten

Erweiterungskarten sind ein sehr weites Gebiet, gibt es doch für verschiedenste Gebiete mittlerweile entsprechende Produkte, angefangen von Grafikkarten über Soundkarten, Schnittstellenkarten bis hin zu FireWire-Anschlüssen, Fernseh- und Videoschnittkarten.

Bei alledem ist immer das Wichtigste, genau die Dokumentation zu studieren, um zu prüfen, ob ein Einbau überhaupt systemverträglich ist.

Bevor Sie eine neue Steckkarte in einen Rechner einbauen, sollten Sie sich über folgende Punkte informiert haben:

- Für welches Bussystem ist die Karte vorgesehen?
- Bietet der PC noch freie Steckplätze für die Karte?
- Welche Art Steckplatz benötige ich: PCI-Express x2, x4 oder gar x16?
- Behindern eventuell die CPU oder andere Geräte den Einbau?
- Behindert die Karte einen benachbarten Steckplatz, weil sie besonders breit bzw. auf zwei Slots konzipiert ist?
- Benötigt die einzubauende Karte einen zusätzlichen Stromanschluss oder eine stärkere Stromversorgung?

Sie sollten also vor dem Kauf einer Sound-, Grafik-, Modem- oder Netzwerkkarte den Rechner aufschrauben und sich die Konfiguration auf dem Motherboard ansehen. Dieser Aufwand lohnt sich, um im Supportbereich Zeitverlust und Kosten zu verhindern.

Vor dem Einbau der Karte sollten Sie sich auf jeden Fall vergewissern, ob Parameter per DIP-Schalter oder Jumper auf der Karte selber einzustellen sind.

Anschließend vergewissern Sie sich, dass Sie über die notwendigen Treiber für das installierte Betriebssystem verfügen und der Computer die Systemanforderungen für die Karte erfüllt.

Ein Beispiel zeigt Ihnen an dieser Stelle die mögliche Problematik auf. In Ihrem PC gibt es einen freien Steckplatz, der sich »PCIe-16« nennt: PCI Express-Schnittstelle für Grafikkarten. Alte Grafikkarten weisen demgegenüber noch eine AGP-Schnittstelle auf (wirklich alt).

Abb. 11.19: PCI-Express 16x-Schnittstelle

Nun lesen Sie bei einem Hersteller, dass es dafür eine Grafikkarte gibt:

- Sapphire Radeon R9 290 , 4 GB GDDR5
- Radeon R9 X GPU mit 950 MHz Taktfrequenz
- PCI-Express 16x Steckplatz
- Unterstützt AMD CrossFireX und AMD Eyefinity 2.0
- DirectX 11, OpenGL 4.1, Shader Model 5.1

Passt also diese Karte einfach in Ihren PC? Nein, wie folgende Abbildung Ihnen zeigt:

Abb. 11.20: Leistungsfähig und -hungrig: Grafikkarte (Quelle © Sapphire)

Die Karte benötigt also zwei Steckplätze, weil sie aufgrund ihrer Leistung einen entsprechend großen Lüfter benötigt. Zudem steht bei den Systemanforderungen folgender Text:

- »Benötigt zum PCIe zusätzlich 2x 6-Pin PCI-Express-Stromanschluss.«
- »Für diese Grafikkarte empfehlen wir ein 500-Watt-Netzteil (oder höher).«

Die meisten Standard-PCs verfügen aber über keine solchen Netzteile, sie sind für den Office-Gebrauch ausgelegt und verfügen über weniger Leistung. Sie sehen, es braucht einige Überlegungen, damit eine solche Operation auch glücken kann.

11.9 Fragen zu diesem Kapitel

1. Ein Techniker bemerkt, dass es eine zweite Partition auf der primären Festplatte des PCs gibt. Die Partition verfügt aber über keine Laufwerkszuordnung, und vom installierten Betriebssystem kann darauf nicht zugegriffen werden. Was ist die wahrscheinlichste Ursache für diesen Umstand?
   A. Es handelt sich um einen reservierten Bereich des Festplattenherstellers für künftige Firmware-Updates.
   B. Es handelt sich um einen vom Betriebssystem reservierten Bereich für die eigene Auslagerungsdatei.
   C. Es handelt sich um einen Virus, der sich einen Teil der Platte reserviert hat.
   D. Es handelt sich um eine vom Systemhersteller eingerichtete Wiederherstellungspartition.
2. Was muss bei der Konfiguration eines Standard-PCs beachtet werden?
   A. Kapazität der Festplatte
   B. RAID-Level
   C. Anforderungen der Programme
   D. Größe des Arbeitsspeichers
3. Nachdem der Techniker eine neue SATA-3,0-GB/s-Platte installiert hat, bemerkt er, dass das Laufwerk sehr heiß wird und einen leichten Geruch verbreitet. Was sollte der Techniker an dieser Stelle tun?
   A. Sofort einen größeren Lüfter installieren, um das System zu kühlen.
   B. Das neue Laufwerk mit Druckluft reinigen und danach wieder verwenden.
   C. Das Laufwerk entfernen und ersetzen.
   D. Mehr Wärmeleitpaste auf das Laufwerk auftragen und es wieder einbauen.

4. Ein Kunde von Ihnen hat zu Hause einen PC umgebaut. Die LED des neu eingebauten Kartenlesegerätes leuchtet ab Startbeginn und bleibt konstant während des ganzen Startvorgangs und im Betrieb leuchtend. Was ist dafür die wahrscheinlichste Ursache?
   A. Das Kartenlesegerät zeigt an, dass es falsch angeschlossen ist.
   B. Das Kartenlesegerät zeigt an, dass es funktionstüchtig ist.
   C. Das Kartenlesegerät zeigt einen Defekt an.
   D. Das Kartenlesegerät zeigt an, dass es Strom hat.
   E. Das Kartenlesegerät zeigt einen fehlenden Treiber an.
5. Ein Techniker installiert eine neue CPU auf einem Motherboard. Beim Einschalten des Computers überhitzt sich die CPU, und der Rechner schaltet ab. Was ist die wahrscheinlichste Ursache für dieses Verhalten?
   A. Es handelt sich um die falsche CPU.
   B. Die CPU ist defekt.
   C. Das Mainboard ist defekt.
   D. Der Kühlkörperlüfter ist nicht angeschlossen.
6. Was sind Eigenschaften eines PCs, der speziell im Bereich Gaming eingesetzt wird (zwei Antworten)?
   A. Große Festplatte
   B. Spezialisiertes Kühlsystem
   C. HDMI-Ausgang
   D. TV-Tuner
   E. High-End Grafikkarte
7. Wozu ist der 110/220V-Umschalter an der Geräterückseite zuständig?
   A. Übertaktung für Spiele
   B. Lüftergeschwindigkeit
   C. Länderanpassung
   D. Computersperre
8. Ein Kunde möchte seine Videokamera an den PC anschließen und benötigt dazu eine Erweiterungskarte. Was werden Sie am ehesten für diesen Zweck einbauen?
   A. Eine SCSI-Adapterkarte
   B. Eine IEEE 1394-Karte
   C. Eine Videokarte
   D. Eine NIC

9. Sie möchten ein PC-System mit einer zusätzlichen SATA-Festplatte aufrüsten. Welche Aussage dazu ist korrekt?
   A. Es kann nur eine SATA-Platte pro System eingesetzt werden.
   B. Die neue SATA-Platte muss als Slave eingesetzt und gejumpert werden.
   C. Jedes SATA-Laufwerk wird direkt an einen Anschluss auf dem Mainboard verbunden.
   D. Sie können nur Festplatten, nicht aber DVD-Laufwerke über SATA anschließen.
10. Sie möchten in Ihrem System mehr Arbeitsspeicher einsetzen. Auf dem bisherigen Speicher steht DDR2-800. Welchen Speicherriegel nehmen Sie zur Aufrüstung?
   A. PC-3200
   B. PC2-6400
   C. PC3-6400
   D. PC2-8000

Kapitel 12

Mobile Systeme

CompTIA-Prüfungsziele, die in diesem Kapitel behandelt werden:

Für das Examen 220-901

1.11 Erkennen gebräuchlicher PC-Steckertypen und der zugehörigen Kabel.
- Adapter und Konverter

3.1 Installieren und Konfigurieren von Laptop-Hardware und Komponenten.
- Erweiterungsoptionen
- Hardware-/geräteaustausch

3.3 Anwenden der richtigen Laptop-Merkmale bei einem gegebenen Szenario.
- Docking Station
- Physisches Laptop-Schloss und Kabelschloss
- Drehbare/abnehmbare Filter

3.5 Vergleich und Gegenüberstellung von Zubehör und Ports anderer Mobilgeräte.
- Verbindungstypen
- Zubehörteile

Mobile Systeme zu erweitern ist eine Herausforderung, da sie wegen der geringen Größe und ihrer Kompaktheit wenig Platz im Inneren bieten, und auch ihre Anzahl externer Anschlüsse ist gegenüber den Desktop-Systemen deutlich reduziert. Besonders deutlich wird dies bei Smartphones und Tablets, während Notebooks oft noch mehrere USB-Anschlüsse, COM-Schnittstellen oder freie Steckplätze anbieten können. Was also können Sie bei diesen Systeme erweitern oder ergänzen?

12.1 Stromversorgung für mobile Systeme

Hier ist das Netzteil für die Versorgung extern angelegt, und im Gehäuse verfügt das Gerät über einen Akku, der den Strom zwischenspeichern kann.

Das Netzteil wandelt dabei den ankommenden Wechselstrom in Gleichstrom für das Laden der Batterie um. Im Notebook kommt damit also bereits Gleichstrom an.

Zudem kann damit ein großer Teil der Wärme, die im Netzteil beim Betrieb entsteht, außerhalb des Gerätes gehalten werden. Und nicht zuletzt kann dadurch das Gewicht des Notebooks reduziert werden.

Jedes Notebook oder Netbook verfügt über ein für sein Modell angepasstes Netzteil. Sie müssen daher folgende Parameter kennen, bevor Sie ein Netzteil anschließen:

- Watt-Leistung: Diese gibt an, wie viel Leistung der AC-Adapter dem Notebook zur Verfügung stellen kann. Gängige Werte für Notebooks liegen zwischen 65 und 90 Watt, bei Netbooks deutlich darunter.
- Ausgangsspannung: Diese muss gleich hoch sein wie die Eingangsspannung am mobilen Gerät. Häufige Netzteilspannungen liegen zwischen 15 und 20 V. Bei zu hoher oder zu tiefer Spannung können Sie das Gerät beschädigen!
- Steckertyp: Gerade weil die oberen beiden Werte über Betrieb oder Beschädigung eines mobilen Gerätes entscheiden können, haben unterschiedliche Netzteile mit unterschiedlichen Spannungs- und Leistungswerten auch unterschiedliche Stecker.

Abb. 12.1: Angaben zu einem Netzteil sowie Stecker dieses Netzteils

Während Netbooks und Notebooks fast ausschließlich Lithium-Ionen (Li-Ion) einsetzen, sind bei kleineren Geräten oder auch bei Digitalkameras auch noch die älteren Nickel-Hybrid-Akkus anzutreffen (NiMh).

12.2 Arbeiten an einem Notebook

In einem Notebook sind die Ausbaufähigkeiten meist sehr begrenzt. Die Platzverhältnisse sind sehr eng bemessen, und jeder Zentimeter Raum wird genutzt. Zusätzliche interne Steckplätze wie bei einem PC gibt es nicht.

An der Platine kann in der Regel auch kein Eingriff erfolgen: Die Grafikunterstützung ist fest verbaut – entweder direkt in der CPU (heute standardmäßig) oder in einem dedizierten Grafikchip.

Abb. 12.2: Blick auf offenes MacBook Pro

Bei den meisten Notebooks besteht die einfache Möglichkeit, den Arbeitsspeicher und die Festplatte zu ersetzen bzw. aufzurüsten (separate Abdeckungen an der Unterseite des Notebooks). Dieser Eingriff ist – sachgemäß ausgeführt – durch die Garantie gedeckt und geht unter dem Begriff »Customer Replaceable Unit«, also durch den Kunden zu ersetzendes Bauteil.

Bei anderen Eingriffen wie dem Öffnen der Hauptabdeckung eines Notebooks muss aber mit dem Verlust der Garantie gerechnet werden.

Erweiterungsmöglichkeiten bestehen zudem über den PCMCIA-Slot oder die ExpressCard.

12.3 Was kann ich erweitern?

Aus dem eben Gesagten ergibt sich, dass sich vor allem »Custom Replaceable«-Komponenten für den Ausbau eignen.

Hierzu gehören bei Notebooks:

- Akku mit größerer Kapazität
- Mehr Arbeitsspeicher
- SSD statt Festplatte
- Wechsellaufwerke (DVD, Blu-ray) hinzufügen

Achten Sie sich beim Kauf eines Notebooks darauf, ob diese Einheiten von außen zugänglich sind, was nicht bei allen Herstellern gegeben ist. Einige lassen aufgrund der Konstruktion keinerlei eigene Arbeiten zu.

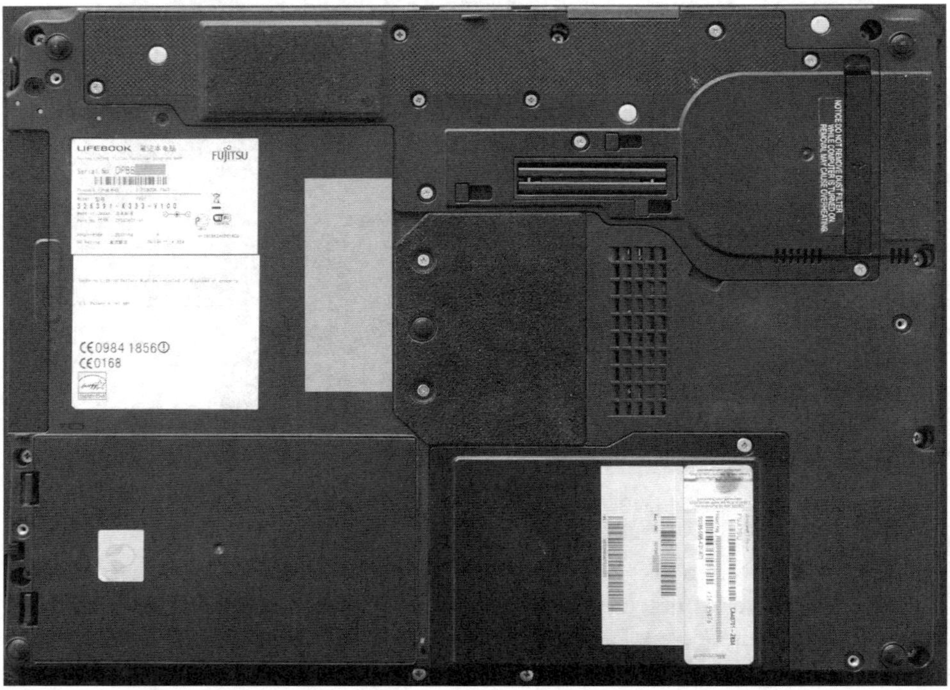

Abb. 12.3: Blick auf die Unterseite eines Notebooks

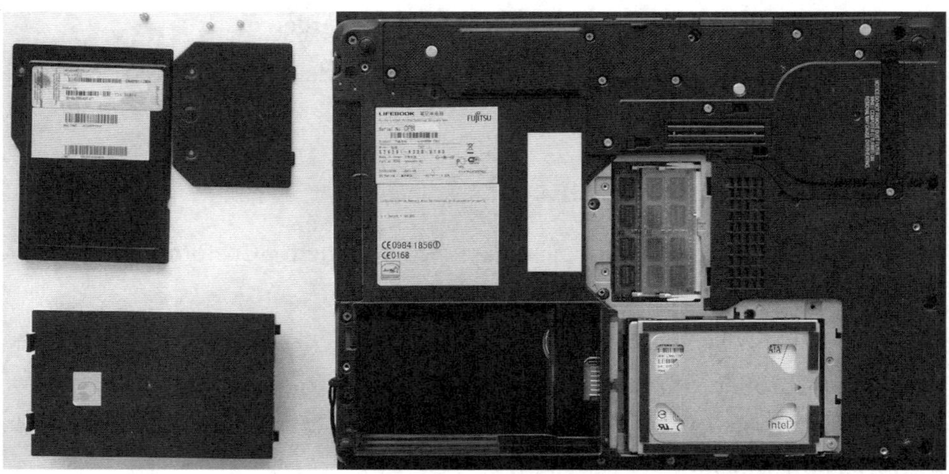

Abb. 12.4: Blick auf die Unterseite mit entfernten Zugängen zu den ersetzbaren Bauteilen

Bei Akkus gibt es oft Zweitakkus oder Akkus mit größerer Leistung. Verwenden Sie aber lediglich die für das Gerät zugelassenen Akkutypen und am besten immer diejenigen des Herstellers des Gerätes, damit der Betrieb sichergestellt ist.

Bei Notebooks kommen SO-DIMM als Arbeitsspeicher zum Einsatz. Bei Netbooks gibt es meist einen Steckplatz, bei Notebooks deren zwei. Diese können Sie mit größeren RAM-Bausteinen aufrüsten, abhängig davon, welche Obergrenze der Hersteller des Notebooks festgelegt hat. Heute lassen sich 16 GB, manchmal auch maximal 32 GB an Arbeitsspeicher verbauen.

Die Rahmenbedingungen für das Aufrüsten von RAM sind ansonsten dieselben wie im Kapitel über Desktops:

- Verwenden Sie nur für das System freigegebene Speicher.
- Achten Sie exakt auf die mögliche Speichergröße.

Anders sieht dies bei Tablets aus. Der hier eingesetzte Arbeitsspeicher von 1–2 GB ist nicht erweiterbar, und er ist fest verbaut.

Ein beliebtes Ersatzteil sind Festplatten. Hat man das Notebook vor zwei Jahren noch mit einer 500-GB-Festplatte gekauft, sind heute auch 750-GB- oder 1-TB-Platten für Notebooks erhältlich.

Da die SATA-Standards abwärtskompatibel sind, lassen sich auch neuere SATA-6-Gbps-Disks in Notebooks mit SATA-3-Gbps-Schnittstelle einbauen.

Dennoch gibt es auch bei dieser Aktion Verschiedenes zu beachten. So drehen Notebookfestplatten häufig mit 5400 rpm. Wenn Sie nun eine Festplatte mit 7200 rpm einsetzen, kann das gut gehen – aber es kann auch dazu führen, dass das Gehäuse zu heiß wird, weil die schnellere Disk mehr Wärme produziert.

Nicht alle 2,5"-Festplatten sind zudem für Notebooks gedacht. Sie können dies aus deren Beschreibung ersehen oder auch aus deren Bauhöhe. Festplatten mit 11 mm und mehr sind für NAS konzipiert oder für Server – sie passen nicht in Notebooks.

Nehmen Sie nur den Hersteller Western Digital als Beispiel. Da gibt es etwa die Baureihe WD Black. Ein Modell hat 750 GB, 7200 rpm, 16 MB, 12 ms, 9,5 mm. Diese Disk werden Sie in den meisten Notebooks verbauen können. In Ultrabooks dagegen bereits nicht mehr, denn diese bieten nur 7 mm Bauhöhe an, was also eine schlankere Festplatte oder eine SSD erfordert.

Es gibt aber auch das Modell WD Green 2TB – das hat also viel mehr Speicherplatz, aber auch eine Bauhöhe von 15 mm. Sie passt in externe Gehäuse und NAS-Speicher, wird aber kaum in einem Notebook Platz finden.

Generell werden Festplatten mittlerweile in Notebooks in der Regel durch SSD-Speicher ersetzt. Dies macht dann Sinn, wenn das Betriebssystem die Funktionalität der SSD unterstützt (z.B. Windows 7 oder 8 oder Linux bzw. MAC OS X). SSD bieten den Vorteil, dass sie keine beweglichen Teile enthalten. Sie sind daher robuster im Einsatz als Festplatten. Zudem benötigen sie rund 20 % weniger Energie, was den Akku freut – und nicht zuletzt sind sie deutlich schneller, was manch einem nicht mehr ganz neuen Notebook neuen Schwung verleihen kann, da die Festplatte nicht selten einen Flaschenhals für die Gesamtperformance darstellt.

Beim Tablet bleiben Sie auch hier außen vor – die internen Speicher reichen von 8 bis 128 GB, sind aber fest verbaut. Bei einigen Modellen können Sie diesen zwar erweitern, aber dies mit steckbaren (Micro-)SD-Karten von 16, 32 oder 64 GB. Den eingebauten Speicher selber können Sie nicht erweitern oder ersetzen.

Die Wechsellaufwerke sind entweder fest verbaut oder als Schachtmodell ausgelegt, welches ausgetauscht werden kann.

Ein letztes Element, was häufig ersetzt werden kann, ist die Tastatur. Hierfür müssen aber meist Schrauben gelöst oder Teile der Abdeckung entfernt werden. Bevor Sie also ein Keyboard ersetzen, machen Sie sich mit der Herstelleranleitung exakt vertraut und überprüfen Sie, mit welchem Aufwand Sie hierfür zu rechnen haben.

Eine gute Möglichkeit, Notebooks oder Ultrabooks um Schnittstellen und Komponenten zu erweitern, bieten die meisten Businessmodelle durch den Anschluss einer Dockingstation.

Je nach Größe einer solchen Station können daran Peripheriegeräte wie externe Monitore, Drucker oder das Netzwerk angeschlossen werden. Größere Dockingstations bieten auch die Möglichkeit des Einbaus zusätzlicher Laufwerke wie DVD-Laufwerk oder zusätzliche Festplatte.

Kleinere Einheiten werden auch Port-Replicator genannt. Im Wesentlichen entsprechen diese »kleineren« Ausführungen den Dockingstations, sie bieten in der Regel keine das Notebook ganz aufnehmende Plattform an.

Abb. 12.5: Port-Replicator für ein Notebook

12.4 Steckkarten und Adapter

Interne Steckkarten können bei Notebooks/Ultrabooks nicht verbaut werden, dafür bestehen keine freien Steckplätze.

Dafür wurde der ExpressCard-Steckplatz geschaffen (Nachfolger der PC-Card). Diese Steckplätze gibt als ExpressCard 34 und ExpressCard 54 in zwei unterschiedlichen Ausführungen und unterstützen sowohl PCI Express als auch USB.

Es können auf diese Weise zum Beispiel serielle Schnittstellen, USB-Schnittstellen, aber auch Netzwerkkarten oder eSATA bzw. FireWire für Notebooks nachgerüstet werden, um fehlende Anschlüsse zu ergänzen.

Weitaus beliebter sind mittlerweile aber die, z.B. über USB verbundenen, Adapter, mit denen Anschlüsse zur Verfügung gestellt werden können.

Sie finden heute solche Adapter für verschiedenste Möglichkeiten:

- Thunderbolt zu DisplayPort
- Thunderbolt zu Gigabit Ethernet
- DisplayPort zu Mini DisplayPort oder zu HDMI und umgekehrt
- USB zu RJ45
- USB zu WLAN (z.B. Aufrüstung auf neuere Standards)
- USB zu Bluetooth
- USB für externe Laufwerke wie SSD oder DVD

Jetzt sind Sie dran: ein kleines Quiz, um Ihnen die Vielfalt etwas näher zu bringen. Welcher Adapter verbirgt sich hinter welcher Nummer?

Abb. 12.6: Auswahl verschiedener Adapter

Die Lösung zu diesem Quiz finden Sie in Abschnitt A.3, »Antworten zu den Kapitelfragen«.

12.5 Zubehör

Aufgrund dessen, dass insbesondere Smartphones und Tablets wenig Möglichkeiten für interne Erweiterungen bieten, ist externes Zubehör sehr beliebt. Kein Wunder also, dass das Sortiment entsprechend breit ist.

- Schutzhüllen/Abdichtung gegen Wasser
- Kreditkarten-Lesegeräte
- Kopfhörer
- Lautsprecher
- Spielekonsolen
- Dockingstations
- Zusatz-Batteriepacks/Batterieladegeräte
- Speicher/MicroSD

Schutzhüllen für mobile Geräte sind heute in den unterschiedlichsten Farben, Materialien und Formen weit verbreitet. Wer sich vor Wasserschäden fürchtet, kann entweder eine wasserdichte Schutzhülle oder ein Smartphone mit entsprechender IP-Zertifizierung erwerben.

Mit dem Einzug von Smartphones und Tablets in Unternehmen finden sich auch in diesem Bereich immer neue Einsatzmöglichkeiten. Die Kombination von Branchensoft- und -hardware bringen Produktionssteuerungen oder ganze Kassensysteme inklusive Kreditkarten-Lesegeräte auf das Smartphone oder Tablet.

Die Kommunikation mit Zubehör wird kabellos in den meisten Fällen mit NFC, Bluetooth oder Infrarot ermöglicht. Bei den kabelgebunden Verbindungen sind die Standards microUSB/miniUSB sowie Lightning für Geräte des Herstellers Apple von größerer Bedeutung. Diese Schnittstellen werden sowohl für die Kommunikation als auch für das Laden der Akkus verwendet.

12.6 Diebstahlsicherungen

Mobile Geräte sind nicht nur mobil, wenn sie mitnehmen möchte, sondern auch dann, wenn sie entwendet werden – das ist viel einfacher als bei einem Desktop-System. Daher benötigen mobile Geräte besondere Sicherheitsmaßnahmen, um sie im Betrieb oder bei der Lagerung besser zu schützen.

Dazu gehören:

- Aufstellung: Wie sicher ist das Gerät aufgestellt? Kann man es einfach mitnehmen oder ist es, z.B. im Fall eines Notebooks, durch ein Schloss gesichert?
- Ist das Gerät großer Wärme oder direkter Sonneneinstrahlung ausgesetzt? Diese Faktoren erhitzen das Innere des Gerätes schnell übermäßig, was zu Fehlfunktionen und Schäden führen kann.

Auch das Abschließen von Geräten ist eine Möglichkeit. Entsprechend dem bekanntesten Hersteller nennen sich diese Schlösser Kensington Lock. Es handelt sich dabei um Schlösser, die auf ein Gegenstück im System (vorwiegend mobile Systeme) aufbauen und eine hohe Sicherheit auch gegen Diebstahl gewährleisten.

Nicht zuletzt ist es auch wichtig, sein eigenes Verhalten so zu gestalten, dass die Sicherheit gewährleistet ist. Dazu gehört das Abmelden vom Arbeitsplatz, wenn man weggeht, sodass der Bildschirm gesperrt wird. Ein gutes Hilfsmittel kann hierzu auch der Bildschirmschoner sein. Viele Bildschirmschoner ermöglichen es Ihnen, dass Sie beim Zurückkehren an den Arbeitsbildschirm zuerst Ihr Passwort wieder eingeben müssen, damit dieser freigegeben wird. Damit kann auch dann niemand an Ihren Computer, wenn Sie länger wegbleiben und eventuell vergessen haben, sich abzumelden – eine sinnvolle Sache, oder?

Auch Bildschirmfilter können Sie einsetzen, was sinnvoll sein kann, damit Ihnen niemand von der Seite oder von hinten in den Bildschirm blicken und Informationen entwenden kann. Die Amerikaner haben dafür den schönen Begriff »Shoulder Surfing« geprägt, also über die Schulter hinweg mitlesen. Sie kennen das ja auch von den Geldautomaten, wo man uns immer rät, das Eingabefeld mit der anderen Hand abzudecken, damit niemand mitlesen kann, wie wir unsere Geheimzahl eintippen.

Eine weitere Möglichkeit, Daten oder Datenträger vor unberechtigtem Lesen von Daten zu schützen, ist das Verschlüsseln. Das Dateisystem NTFS bietet die Verschlüsselung als Option an, doch auch bei vielen mobilen Datenträgern oder auch Festplatten in Notebooks ist die Option zur Datenverschlüsselung verfügbar.

12.7 Fragen zu diesem Kapitel

1. Was kann in einem Laptop normalerweise nicht aufgerüstet werden?
   A. Grafikkarte
   B. Festplatte
   C. Arbeitsspeicher
   D. Wireless-Karte
2. Die Batterie eines Laptops wird bei angeschlossenem Ladekabel nicht aufgeladen. Was ist vermutlich defekt?
   A. DC-in-Stecker
   B. Festplatte
   C. Kühlsystem
   D. Batterie

3. Ein Benutzer möchte einen Paralleldrucker für sein Notebook nutzen. Was benötigt er dazu, wenn das Notebook keinen solchen Anschluss mehr hat?
   A. Splitter
   B. Portreplikator
   C. Wireless Router
   D. Parallel-USB-Kabel
4. Ein Benutzer möchte die Helligkeitseinstellung seines Laptop-Displays ändern. Wie kann er diese Änderung wahrscheinlich vornehmen?
   A. Im Geräte-Manager des Betriebssystems
   B. Im BIOS
   C. Mithilfe der Fn-Taste
   D. In den Treibereinstellungen der Grafikkarte
5. Was kann in einem Laptop nur im ausgeschalteten Zustand und wenn alle Stromquellen getrennt sind installiert werden?
   A. PCMCIA-Geräte
   B. Express Card 54-Geräte
   C. SODIMM-Chip
   D. USB-Hub
6. Eine neu verbaute Tastatur in einem Laptop funktioniert nicht. Was könnte ein Grund dafür sein?
   A. Das Tastatur-Datenkabel wurde nicht richtig verbunden.
   B. Die Tastatur ist nicht kompatibel.
   C. Die Tastatur braucht neue Treiber.
   D. Die Tastatur ist defekt.
7. Was verspricht einem Laptopbenutzer einen schnellen Systemstart?
   A. Viel Arbeitsspeicher
   B. Akku mit hoher Kapazität
   C. eSATA-Festplatte
   D. Solid State Drive
8. Der Laptopbildschirm eines Kunden ist sehr dunkel. Der Techniker probiert, die Helligkeit mit den Funktionstasten und dem BIOS anzupassen, aber der Bildschirm ändert die Helligkeit nicht. Was könnte den Fehler hervorrufen?
   A. Versagen des Akkus
   B. Ausfall der Glühbirne
   C. Korrupter Display-Treiber
   D. Defekte Hintergrundbeleuchtung

9. Welche Hintergrundbeleuchtung wird bei älteren Laptop-Displays eingesetzt?
   A. CCFL-Lampe
   B. Gas
   C. LEDs
   D. OLEDs
10. Für was stehen die Zahlen in den Typbeschreibungen von ExpressCard (z.B. ExpressCard 34 oder ExpressCard 54)?
    A. Größe der Zuordnungseinheiten
    B. Größe des Erweiterungs-Steckplatzes
    C. IEEE-Spezifikationen, von denen sie entstanden
    D. Zahl an verfügbaren Kommunikationskanälen

Kapitel 13

Aus die Maus – was nun?

CompTIA-Prüfungsziele, die in diesem Kapitel behandelt werden:

Für das Examen 220-901

1.15 Durchführen einer ordnungsgemäßen Druckerwartung bei einem gegebenen Szenario.

- Laserdrucker, Thermodrucker, Mechanische Drucker, Tintenstrahldrucker

4.1 Beheben von häufigen Problemen in Bezug auf Motherboards, RAM, CPU und Stromversorgung mit geeigneten Werkzeugen bei einem gegebenen Szenario.

- Häufige Symptome
- Werkzeuge

4.2 Reparieren von Festplattenlaufwerken und RAID-Arrays mit geeigneten Werkzeugen bei einem gegebenen Szenario.

- Häufige Symptome
- Werkzeuge

4.3 Beheben von häufigen Video-, Projektor- und Anzeigeproblemen bei einem gegebenen Szenario.

- Häufige Symptome

4.6 Reparieren von Druckern mit geeigneten Werkzeugen bei einem gegebenen Szenario.

- Häufige Symptome
- Werkzeuge

Für das Examen 220-902

5.2 Anwenden der richtigen Kontrollmaßnahmen bei einem Szenario mit potenziellen Umweltauswirkungen.

- Überspannungen, Spannungsabfälle, Stromausfälle

Das folgende Kapitel befasst sich mit der Diagnose und Behebung von Fehlern an Systemen und Peripheriegeräten.

Dies setzt zuerst einmal ein gründliches Wissen über die Systemkomponenten voraus, wie es in diesem Buch in den vorangegangenen Kapiteln vermittelt wurde.

Der Zweck dieses Kapitels besteht also nicht darin, die theoretischen Grundlagen zu wiederholen, sondern anhand konkreter Fragestellungen die Problematik von defekten Komponenten aufzuzeigen und mögliche Lösungswege zu beschreiben.

Die Fehlerdiagnose bedient sich neben der direkten Hardware-Diagnose natürlich auch zahlreicher Software-Hilfsmittel, angefangen vom Geräte-Manager in Windows 7 über die Leistungsanzeigen in Windows 8 bis hin zu spezialisierten Computerprogrammen für diesen Zweck. Diese Hilfsmittel sind nicht Thema dieses Kapitels, sondern folgen in eigenen Kapiteln zu den Betriebssystemen.

Wie beim vorangegangenen Kapitel gilt auch hier: Ohne die notwendigen Vorbereitungen und Dokumentationen haben Sie in der Regel keine Chance, korrekte Arbeiten zu verrichten.

Bei der Fehlerdiagnose ist dabei vor allem auf Folgendes zu achten:

- auf eine möglichst genaue Fehlerbeschreibung inklusive Beschreibung der Situation, in welcher der Fehler auftritt,
- auf die Wiederholbarkeit des Fehlers,
- auf die Dokumentation der betroffenen Komponenten.

Je besser diese Punkte erfüllt werden können, desto erfolgreicher wird eine Fehlerbehebung verlaufen können. Neben der fachlichen Vorbereitung mit Treibern, Dokumentationen und Komponenten gehört auch die methodische Vorbereitung zum erfolgreichen Support dazu.

Dazu gehört in erster Linie die entsprechende Vorbereitung des Arbeitsplatzes. Sorgen Sie also für einen sauberen und gut organisierten Arbeitsplatz mit den geeigneten Werkzeugen. Achten Sie auf jeden Fall darauf, dass Sie die ESD-Schutzmaßnahmen einhalten und so jegliche statische Aufladung vermeiden – dies gilt auch für das einzusetzende Werkzeug. Am einfachsten arbeiten Sie mit einer geerdeten Arbeitsunterlage oder aber mit einem sogenannten ESD-Strip, einem antistatischen Armband. Legen Sie vorher alles benötigte Material bereit und halten Sie während der Umbau- und Reparaturarbeiten unbedingt Ordnung.

13.1 Probleme beim Rechnerstart

13.1.1 Der POST im Detail

Der Ablauf des Systemstarts ist bei jedem PC ähnlich. Die untenstehenden Fehlermeldungen sind an einem »durchschnittlichen« PC mit BIOS orientiert. IBM hatte dabei mit seinen POST-Fehlermeldungen (Power-on Self Test) schon vor Jahren eine Vorreiterrolle übernommen. Dieses POST-System wurde immer mehr auch von anderen Herstellern übernommen.

Der Ablauf des POST-Prozesses ist bei den meisten BIOS-Herstellern gleich gelöst, die möglichen Fehlermeldungen sind jedoch verschieden.

Vorgang Ablauf	Mögliche Fehlererkennung
Hardware-Test, durch Master Boot Reset eingeleitet	
ROM-BIOS	
Prozessorregister	bricht ab
ROM-Speicher prüfen	bricht ab
DMA Controller	bricht ab
Interrupt Controller	langer Piepston
Timer-Baustein	langer und kurzer Piepston
Basic ROM	langer und kurzer Piepston
Videoadapter	langer und zwei kurze Piepstöne
Erweiterungsadapter	Code
Bildschirmadapter	zwei lange und ein kurzer Piepston
Cursor erscheint	
RAM	Testabbruch, evtl. mit Fehlercode
Tastatur	Code 3xx
Diskettenlaufwerk	
Schnittstellen laden	
Boot ROM-BIOS	
IO.SYS	
MSDOS.SYS bzw. ntldr	
Boot ab Diskette/Festplatte	(Betriebssystem nicht gefunden – Meldung)

Tabelle 13.1: POST-Verlauf

13.1.2 Der Rechner startet gar nicht

Sie schalten den Rechner ein – es passiert gar nichts. Mögliche Ursachen dafür:

- Ist der Stecker eingesteckt?
- Ist Strom auf der Steckdose? Ist das Versorgungskabel in Ordnung?
- Bei ATX-Geräten: Ist der Power-Schalter an der Rückseite des Gerätes auch angeschaltet, bevor Sie an der Vorderseite auf »Einschalten« drücken?

- Möglicherweise sind externe Stecker von Geräten falsch angeschlossen, was dazu führen kann, dass das Board (bzw. das BIOS) beim Starten des Gerätes blockiert oder Fehlermeldungen (Signaltöne) ausgibt.
- Ein häufiger Fehler sind unsorgfältig und daher oft unvollständig gesteckte Verbindungen wie SATA-Kabel.
- Unverträgliche Arbeitsspeicherkonfigurationen oder Bausteine, die nicht miteinander funktionieren. Dies stellt vor allem ein Problem bei sogenannten »Marken-PCs« dar, welche zum Teil herstellereigene Spezifikationen verfolgen. Wenn in ein solches Gerät Bausteine anderer Hersteller eingesetzt werden, führt dies unter Umständen zu Fehlfunktionen auf dem Board oder zur Verweigerung des Boot-Vorgangs, und das Gerät wirkt »tot«. Bauen Sie den Speicherbaustein wieder aus und wiederholen Sie den Systemstart.
- Messen Sie die Ausgangsspannung am Netzgerät und prüfen Sie, ob diese korrekt ist.

Wenn Sie bis hier keine Besserung der Situation erzeugen können, ist die Chance hoch, dass entweder das Netzteil oder das Mainboard defekt sind. Diesen Entscheid können Sie am ehesten treffen, indem Sie eine der beiden Komponenten austauschen und danach die Funktionsfähigkeit wieder testen.

Versuchen Sie NIE, das Netzteil selber zu öffnen oder Reparaturversuche vorzunehmen. Auch im abgeschalteten und vom Netz getrennten Zustand steht das Netzteil unter Spannung!

13.1.3 Der Rechner startet und schaltet wieder aus

Hierfür sind mögliche Fragen und Ursachen:

- Kurzschluss: Wenn das Gerät einen Kurzschluss hatte, kann dies dazu führen, dass der Boot-Vorgang nicht mehr startet, z.B. weil das CMOS oder der Arbeitsspeicher beschädigt ist.
- Wenn der PC startet, aber alles dunkel bleibt: Überprüfen Sie den Helligkeits- und Kontrastregler am Monitor sowie alle externen Anschlüsse an PC und Monitor.
- Zu schwaches Netzteil: Wenn dieses Problem nach dem Einbau neuer Komponenten auftritt, deutet dies darauf hin, dass zu wenig Leistung vorhanden ist. Bauen Sie die neuen Komponenten wieder aus und testen Sie das Gerät erneut. Wenn der Fehler dadurch gefunden wird, bauen Sie ein stärkeres Netzteil ein. Hauptsächlich tritt dieser Fehler heute beim Einbau von leistungsstärkeren Grafikkarten auf.

Auch das BIOS selber kann beim Aufstarten diverse Fehler an Komponenten erkennen. Weitere Angaben hierzu finden Sie in Abschnitt 13.1.1, »Der POST im Detail«.

13.1.4 Der Rechner friert ein

Hierfür sind mögliche Fragen und Ursachen:

- Arbeitsspeicher, der nicht mehr 100%ig in Ordnung ist, kann hierfür die Ursache sein. Prüfen Sie den Speicher und ersetzen Sie Riegel, die den Speichertest nicht einwandfrei bestehen. Gutes Hilfsmittel dazu sind in der Regel die Testprogramme im BIOS oder Tools wie das Programm memtest32.
- Grafikeinheit: Auch überhitzte oder defekte Grafikkarten können zum »Freezing«, dem plötzlichen Stillstand, führen. Auch hier gilt: testen und ersetzen. Allenfalls kann bei Grafikproblemen auch ein neuerer Treiber abhelfen.
- Defekte Harddisk: Schreib- und Lesefehler während Systemoperationen können ebenfalls zum Stillstand des Systems führen. Hier helfen die Testprogramme der Festplattenhersteller, mit denen man die Integrität der Platte auf Hardware-Ebene erfahren kann.

13.1.5 Finden von defekten Hardware-Komponenten

Wenn der Rechner startet und obige Fehlerquellen ausgeschlossen sind, bleibt ein weiteres großes Kapitel die Suche nach defekten Komponenten. Um diese zu identifizieren, können Sie folgende Vorgehensweise anwenden.

Schalten Sie den Rechner aus und öffnen Sie das Gehäuse. Bauen Sie sämtliche Erweiterungskarten mit Ausnahme der Grafikkarte aus, auch Disketten- und Festplatten-Controller werden deaktiviert oder ausgesteckt.

Bei Onboard-Komponenten müssen Sie die entsprechenden Deaktivierungen entweder über Jumper auf dem Board oder über das BIOS vornehmen.

Wenn nicht die Grafikkarte oder der Bildschirm die defekte Komponente ist, startet jetzt der Rechner wieder (ansonsten lesen Sie weiter in Abschnitt 13.2, »Mainboard-Komponenten«).

Beim Systemstart wird der Rechner jetzt eine Fehlermeldung ausgeben, weil der aktuelle Zustand des Rechners nicht mehr mit dem im CMOS gespeicherten Zustand übereinstimmt.

Aktivieren Sie jetzt wieder eine Komponente nach der anderen, angefangen bei den Disketten- und Festplatten-Controllern, und starten Sie nach jeder hinzugefügten Komponente jedes Mal den Rechner neu. Das machen Sie solange, bis die defekte Komponente zum Vorschein kommt.

13.2 Mainboard-Komponenten

13.2.1 BIOS-Fehlermeldungen

Auftretende Fehler sollten möglichst schnell behoben werden können. Es ist deshalb wichtig, dass Sie den genauen Ablauf des Systemstarts kennen und somit sofort wissen, wo der Fehler zu suchen ist. Und ja, niemand spricht von UEFI-Fehlern, auch wenn das System jetzt wirklich UEFI heißt, nennt man die Probleme weiterhin »BIOS-Fehler«, das hat sich einfach so lange halten können.

Beim Einbau neuer Komponenten kann es sein, dass das UEFI-System aktualisiert werden muss, um die Komponenten zu unterstützen. Eine entsprechende Datei mit aktualisierten Daten erhalten Sie vom Hersteller des Gerätes bzw. des Mainboards, je nachdem ob Sie das Gerät als Ganzes erworben oder selber gebaut haben. Achten Sie beim Download solcher Dateien unbedingt darauf, diese nur von der Originalwebseite des Herstellers zu beziehen, damit Sie sicher sein können, Ihr Gerät nicht mit falschen oder gar malwareverseuchten UEFI-Daten zu installieren.

Falls kurz nach dem Einschalten das Gerät mit dem POST abbricht und keine Fehlermeldung anzeigt, keine Piepstöne gibt oder eine lange ca. 8- bis 20-stellige Zahl oben links am Bildschirm erscheint, so liegt ein grundlegender Fehler vor wie z.B.:

- Ventilator defekt
- Ventilator dreht zu langsam
- Keine RAM-Bausteine
- BIOS fehlt
- Systemplatine (Motherboard) schwer beschädigt

In allen anderen Fällen wird in der Regel ein offizieller POST-Code ausgegeben. Mit diesem Code können Sie anschließend das defekte Teil austauschen. Dieser POST-Code ist allerdings herstellerabhängig, weshalb Sie sich auf den entsprechenden Herstellerseiten oder Supportforen informieren müssen.

Moderne PC-Systeme verfügen allerdings meist nur noch über zwei unterschiedliche sogenannte »Beep Codes« – das endlose Signal für RAM-Probleme und das intermittierende Signal (z.B. dreimal, dann warten, dann dreimal) für Probleme mit der primären Grafikeinheit.

Ein weiterer häufiger Fehler tritt auf, wenn die CMOS-Batterie entleert ist. In diesem Fall fragt das System beim Starten jedes Mal nach Systemdatum und -zeit und stellt diese neu ein. Ersetzen Sie in diesem Fall umgehend die Batterie.

13.2.2 Monitoring und Fehlersuche mit UEFI

Die Einführung des UEFI brachte auch für die Fehlersuche und die Überwachung zusätzliche Werkzeuge mit sich. So können Sie z.B. folgende Faktoren laufend überwachen und entweder direkt im UEFI oder über eine Managementsoftware (UEFI Tool) im Betriebssystem anzeigen lassen:

- Temperaturüberwachung (CPU, Mainboard)
- Lüfterdrehzahlen
- Wenn jemand das Gehäuse öffnet (Intrusion Detection)
- Spannung und Stromversorgung
- Taktrate und Busgeschwindigkeit
- Festplattenfehler und andere Probleme

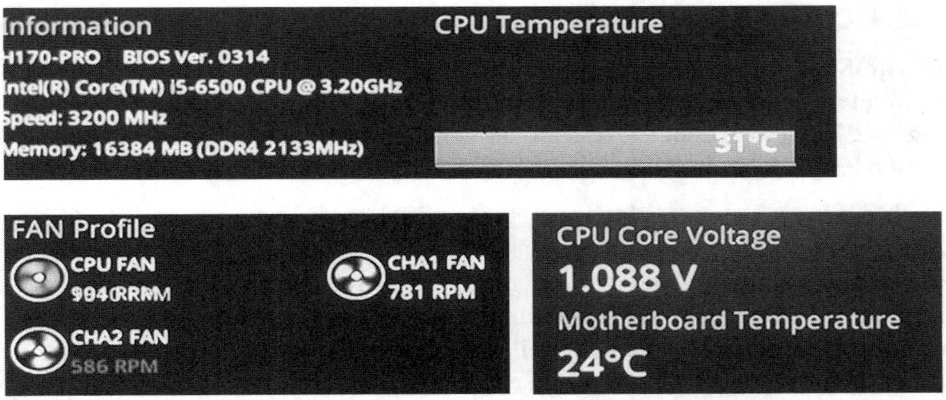

Abb. 13.1: Verschiedene Monitoring-Werte, die direkt über das UEFI ausgegeben werden können

13.2.3 Der Arbeitsspeicher

Beim Arbeitsspeicher besteht die Hauptproblematik in der bereits mehrfach angesprochenen Kompatibilität von Bausteinen. Das hängt an der Taktung, der Anzahl Chips, der Steuerung etc.

Abb. 13.2: Die Spezifikationen eines RAM-Riegels

Auf den meisten Speicherbausteinen finden Sie zahlreiche Informationen wie den Typ oder die Größe, aber auch die Stromversorgung. Dem obigen Beispiel entnehmen wir also, dass es sich um DDR3-1066-RAM handelt, das mit 1,5 Volt Spannung betrieben wird, eine Case Latency von 7 aufweist und 2 Gigabyte groß ist. Über den Artikel KVR1066D3N7 können Sie sodann in der Herstellerdatenbank weitere Werte erfragen – im konkreten Fall, dass es sich um non-ECC ungepuffertes RAM handelt, dass die Kontakte aus Gold sind und dass es sich um 256Mx64-Bausteine handelt.

Nach dem Einbau von neuem Arbeitsspeicher kann es trotz korrektem Baustein zu einem akustischen Signal, dem sogenannten »Beep Code« kommen. In den meisten Fällen ist der Grund aber simpel: Der Baustein ist nicht komplett im Steckplatz eingerastet. Öffnen Sie das Gehäuse erneut und beheben Sie den Fehler.

13.2.4 Der Prozessor

Das größte Problem bei Prozessoren ist die abnehmende Kühlleistung der Kühlelemente. Typische Probleme sind verstopfte Kühllamellen, nicht mehr fest sitzende Kühler auf dem Prozessor oder Ventilatoren auf dem Kühler, die ungenügend oder gar nicht mehr drehen.

Auch die Verschmutzung im Inneren eines Gehäuses kann einen wesentlichen Anteil an der Überhitzung haben. Es kann sich von daher lohnen, von Zeit zu Zeit das Gehäuse zu öffnen und den Innenraum mit Druckluft von Staub etc. zu reinigen, damit die Kühlströme ungehindert fließen können. Achten Sie dabei aber unbedingt darauf, drehende Lüfterteile zu blockieren, damit sie keine Ladung aufbauen können! Eine für diese Tätigkeit geeignete Druckluft können Sie im Computerhandel erwerben. Sie ist fettfrei (!) und vom Druck her geeignet, keine Schäden anzurichten.

Auch das Übertakten von Prozessoren kann zu Wärmeproblemen führen, da höherer Takt eine höhere Verlustleistung mit sich bringt und damit auch mehr Wärme. Bei der manuellen Übertaktung kann daher die CPU selber Schaden nehmen.

Bei Aufrüstung eines bestehenden Mainboards mit einem neueren Prozessor beachten Sie, dass das BIOS-Release den Prozessor auch wirklich unterstützt. Vielleicht steht Ihnen auch ein BIOS-Upgrade zur Verfügung, welches die Prozessorunterstützung erweitert.

Prozessoren können nicht auf einen beliebigen Sockel verbaut werden. Sie wissen ja, das Handbuch und die Herstellerseite im Internet sind bei der Wahl eines anderen Prozessors für Ihr Mainboard Ihre besten Freunde.

13.3 Bilddarstellungsprobleme

Bei Monitoren sind die Eingriffsmöglichkeiten bei Problemen recht beschränkt. Bei fehlerhafter Darstellung, sehr dunkler Anzeige oder Fehlfarben bzw. Farbfehlern von Bildschirminhalten können Sie Folgendes tun:

- Sind die Einstellungen am Monitor (Helligkeit/Kontrast) korrekt eingestellt?
- Sind die Kabel korrekt verbunden und eingesteckt?
- Verfügen Sie über den korrekten Treiber zum installierten Betriebssystem?
- Konnten Sie den Monitor (nur CRT) entmagnetisieren?

Wenn bei LCD-Monitoren das Bild zu flackern beginnt, ist dies ein Anzeichen einer defekten Hintergrundbeleuchtung. Auch wenn das Bild sehr dunkel wird, ist meist die Hintergrundbeleuchtung des LCD defekt. Tote Pixel dagegen, d.h. Bildpunkte, die nicht mehr oder immer nur in einer Farbe (Rot, Grün oder Blau) leuchten, können während der Lebensdauer auftreten und führen zu keiner weiteren Einschränkung. Je nach Herstellungsqualität (genannt Pixelfehlerklasse) können solche Fehler sogar ab Werk vorhanden sein und gelten nicht als Defekt im eigentlichen Sinne. Die meisten Monitore heute unterliegen der aktuellen Fehlerklasse II (ISO 9241-307), und daher können bis zu zwei Pixel ständig leuchtend oder ständig schwarz sein, und es dürfen maximal zehn defekte Subpixel auf dem Display vorhanden sein.

Wenn Sie gar keine Anzeige haben, fangen Sie ganz vorne an:

- Sind die Kabel korrekt verbunden, eingesteckt und einwandfrei?
- Haben Sie das richtige Kabel eingesetzt (DVI-I, DVD-D, Single oder Dual)?
- Verwenden Sie bei HDMI den zum Gerät passenden Standard?

Immer hilfreich ist es in solchen Fällen einen Ersatzmonitor zur Verfügung zu haben, dann sehen Sie schnell, ob das Problem am System (z.B. Grafikeinheit) oder am Monitor liegt – und LCD sei Dank ist das kein so schweres Anliegen mehr heute.

Wenn Sie diese Fragen geklärt haben, ist der einfachste nächste Schritt, den Monitor auszutauschen und erneut zu testen, denn Sie können weder einen Schaden an der Bildröhre (CRT) noch an der Hintergrundbeleuchtung oder am Inverterboard (LCD) einfach selber beheben.

Achtung

Im Inneren eines CRT-Monitors können an der Bildröhre Spannungen von bis zu 25.000 Volt liegen! Unterlassen Sie es, einen Bildschirm zu öffnen! Überlassen Sie solche Unternehmungen einer offiziellen Reparaturstelle oder ersetzen Sie das defekte Gerät.

Der Monitor ist aber nur eine mögliche Fehlerquelle – die andere ist die Grafikkarte.

Die Grafikkarte sitzt richtig im Steckplatz? Und Sie haben trotzdem noch Probleme mit der Anzeige? Dann kann es auch an Folgendem liegen:

- Wird beim Systemstart das Grafik-BIOS korrekt eingeblendet oder zeigt es beim Test bereits eine Fehlermeldung an? Dieser Fehler kann sowohl beim Prozessor der Grafikkarte liegen oder auch beim Speicher der Karte!
- Ist möglicherweise der spezielle PCI-Express-Steckplatz defekt? Tauschen Sie die Grafikkarte aus, testen Sie das System dann erneut.
- Bei Onboard-Grafikkarten: Deaktivieren Sie diese per Jumper oder BIOS und setzen Sie eine Erweiterungskarte ein.
- Ist die Stromversorgung leistungsfähig genug? Verfügt das Netzteil über genügend Strom für die gewählte Grafikkarte?
- Achtung! PCI, AGP und PCI Express sind untereinander nicht kompatibel. Auch können Sie in einen Steckplatz für PCI Express 8x keine x16-Karte einbauen. Informieren Sie sich vor dem Einbau genau.

13.4 Laufwerke

Bei den Laufwerken gilt es, grundsätzlich zwei Problemkreise auseinanderzuhalten: Probleme mit dem Controller und Probleme mit dem Laufwerk selber! Als häufigste Fehlerursache stellen sich dabei immer wieder die Verbindungskabel zwischen diesen Elementen dar.

13.4.1 Festplatten

Heutige Disks verfügen mit S.M.A.R.T (Self-Monitoring, Analysis and Reporting Technology) über ein eingebautes Fehlermeldesystem. Durch Messen der aktuellen Leistungswerte werden die Parameter der Festplatte überwacht. Dazu gehören unter anderem Lesewiederholungen (der Lesevorgang war beim ersten Mal nicht erfolgreich), langsames Hochdrehen der Platten, hohe Temperatur, übermäßig viele defekte Sektoren u.v.m.

Wird ein Schwellenwert überschritten, wird eine Warnmeldung ausgegeben, die entweder im Betriebssystem aufgefangen oder durch ein entsprechendes Tool ausgelesen und ausgewertet werden kann.

Die meisten Fehlermeldungen wie:

- Insert Boot Disk
- Non System Disk
- Non-bootable device

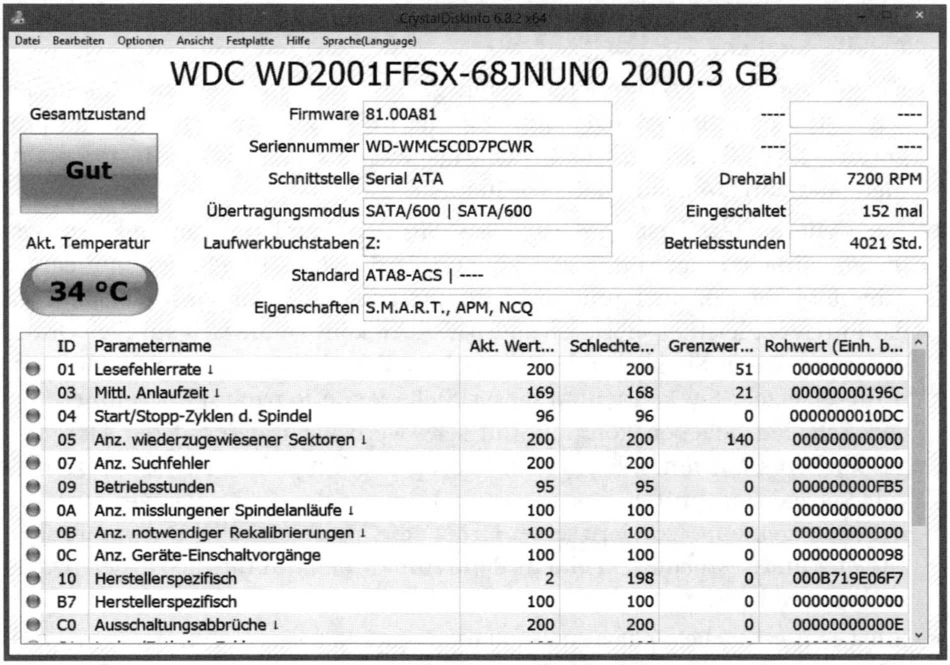

Abb. 13.3: Auslesen der SMART-Werte einer internen Festplatte

deuten nicht auf Hardware-Fehler hin, sondern entstehen dadurch, dass das Betriebssystem die für den Start notwendigen Dateien nicht findet. In diesem Fall müssen Sie mit den entsprechenden Hilfsmitteln des Betriebssystems (z.B. Notfalldiskette, Installations-CD, Reparaturmodus) versuchen, das Problem zu lösen.

Eine weitere sehr häufige Möglichkeit besteht darin, dass noch ein nicht-startfähiger USB-Stick bzw. eine externe USB-Platte eingesteckt sind und darum nicht auf die eigentlichen Startdateien zugegriffen werden kann.

Anders sieht es aus mit folgenden Meldungen:

- C: Drive Error
- No Harddisk found
- HDC failure/Controller failure
- HDD failure/Harddisk failure
- No BIOS found (SAS-Fehlermeldung)

Was können Sie tun, um diese Meldungen zu überprüfen?

- Zuerst wie immer: Kabel kontrollieren!
- Die Meldung *HDD failure* deutet tatsächlich auf eine defekte Festplatte hin. Auch hier gilt: Laufwerk austauschen und neu starten, um den Fehler zu loka-

lisieren. Zudem kann eine sogenannte Low-Level-Formatierung ebenfalls Abhilfe schaffen.

- Die Meldung *HDC failure* deutet demgegenüber auf einen defekten Controller hin. SAS-Controller verfügen in der Regel im BIOS-Setup über ein Testprogramm, SATA-Controller lassen sich dagegen nur mit speziellen Testprogrammen oder durch Austausch überprüfen.
- Ein weiterer Test besteht darin, dass Sie die Festplatte während des Systemstarts nicht eingebaut lassen, sondern in die Hand (!) nehmen und darauf achten, ob der Festplattenmotor überhaupt anläuft. Wenn der Motor läuft, ist das durch ein leichtes Vibrieren spürbar. Auch können Sie sich auf Ihre Ohren verlassen: Wenn Sie klickende Geräusche wahrnehmen, müssen Sie die Festplatte ersetzen. Sie können an dieser Stelle keine Reparatur vornehmen, die den Schaden beheben könnte. Sind sehr wertvolle Daten auf der Harddisk gespeichert sind, von welchen kein Backup existiert, können Sie die Festplatte von Spezialisten prüfen lassen. Damit ist nicht der Computerspezialist von nebenan gemeint, sondern eine Firma, die professionelle Datenrettungen anbietet und Festplatten in einem Reinraum öffnet, um möglichst viele Daten auslesen zu können.
- Ein weiterer möglicher Test ist das Starten eines Betriebssystems von einer CD. Wenn man zum Beispiel mit Knoppix (Linux-Variante, die von DVD startet) oder mit einem anderen geeigneten Tool den Computer startet und anschließend keinen Zugriff auf die Festplatte erhält, ist das ein weiteres Indiz, dass die Festplatte definitiv defekt ist.
- Wenn Sie mit Diskette oder CD booten müssen, weil Sie keinen Zugriff auf die Festplatte erhalten haben, und nachher von der Diskette oder CD nach erfolgreichem Boot-Vorgang immer noch nicht auf die Festplatte zugreifen können, bleibt oft nichts anderes, als mit speziellen Programmen von Drittanbietern eine Reparatur zu versuchen. Nach solchen Aktionen sollten Sie auf jeden Fall die Platte ausführlich testen oder anschließend ersetzen, weil unter Umständen die Schreib-/Leseköpfe nicht mehr richtig arbeiten bzw. positionieren.
- Bei RAID-Systemen können Probleme auftreten, wenn Sie ungleiche Laufwerke einsetzen (Hersteller oder Modell), und diese dann nicht alle erkannt werden. Oder wenn die Laufwerke, zum Beispiel nach einem Ersatz einer defekten Platte, nicht mehr identische Firmware-Versionen aufweisen.
- Achten Sie bei RAID auch immer darauf, dass Sie die Ausfallsicherheit nicht strapazieren! Wenn eine Disk ausfällt, ersetzen Sie diese möglichst rasch – bevor ein zweiter Ausfall das ganze Array zum Stehen bringt. Und denken Sie daran, dass der Wiederaufbau des RAID durch den Controller sehr schreibintensiv ist und daher das RAID während des Rebuild nur bedingt zur Verfügung steht.

- Ein letztes hierzu: RAID steht für Datensicherheit – nicht Datensicherung! Auch ein RAID-Controller kann defekt sein – dann nützen Ihnen unter Umständen die auf vier Platten verteilten RAID-5-Daten auch nichts mehr .... vernachlässigen Sie also die Datensicherung auch dann nicht, wenn ein RAID vorhanden ist!

13.4.2 Wechselmedien

Bei externen Geräten ist ein möglicher Fehler, dass entweder der SAS-Controller nicht für externe Geräte aktiviert ist oder dass bei Parallel-Port-Geräten der Port im BIOS nicht im richtigen (meist ECP) Modus konfiguriert ist.

Wenn das Gerät im BIOS korrekt erkannt wird, nicht aber im Betriebssystem, so prüfen Sie zuerst die Treiber (sind sie korrekt installiert?) und danach die Laufwerkszuordnung. Möglicherweise blockiert eine fixe Laufwerkszuordnung anderer Geräte die Erkennung des Wechselmediums (z.B. bei Zuordnung zahlreicher Netzwerklaufwerke).

Lesefehler auf Wechselmedien rühren meist nicht vom Laufwerk her, sondern vom Medium selber, z.B. verkratzte CDs oder verschmutzte DVDs. Hier können Sie den Fehler leicht durch das Prüfen mit einem anderen Medium prüfen. In seltenen Fällen kann natürlich auch der Schreib-/Lesemechanismus oder der Laser defekt sein.

Bevor Sie hier das Laufwerk ersetzen, lohnt es sich, eine Reinigungs-CD zu verwenden, um die Linse zu reinigen.

CD-ROM, DVD

Ältere CD-ROM-Laufwerke sind teilweise nicht in der Lage, CD-RW-Medien zu erkennen; aber auch CD-R-Medien neuerer Spezifikation können davon betroffen sein. Hier hilft nur der Ersatz des Laufwerks. Auch neuere DVD-DL-Rohlinge können von älteren DVD-Laufwerken unter Umständen nicht mehr gelesen werden.

Sowohl CD-ROM- und DVD- als auch ZIP- und JAZ-Laufwerke verfügen über einen sogenannten Notauswurf. Diesen müssen Sie dann verwenden, wenn das Laufwerk das Medium nicht mehr auswirft. Der Notauswurf besteht meist in einer kleinen Öffnung vorne am Gerät, wo Sie mit einem langen dünnen Gegenstand (Büroklammer) den Auswurf mechanisch betätigen können.

Kartenlesegeräte

Bei Kartenlesern ist das häufigste Problem, dass sie veraltet sein können und die aktuellen Standards mit den immer größer werdenden Kapazitäten noch nicht unterstützen. Wenn Sie also eine SDHC-Karte in Ihren Kartenleser einschieben, die 16 GB Kapazität hat, aber vom System nicht gelesen werden kann, ist es gut möglich, dass der Kartenleser diesen Standard noch nicht unterstützt und nur

Karten bis 2 GB oder 4 GB liest. Hier hilft in der Regel der Kauf eines neueren Lesegerätes oder die Verwendung (alter) kleinerer Speicherkarten.

13.5 Externe Schnittstellen

13.5.1 Seriell/Parallel

Bei diesen Schnittstellen ist zuerst auf die korrekte Zuordnung der Adressen zu achten sowie auf die korrekte Verkabelung mit der Mainboard-Schnittstelle.

Bei den parallelen Schnittstellen ist zudem im BIOS einzustellen, in welchem Modus sie betrieben werden sollen.

Bei der seriellen Schnittstelle ist darauf zu achten, dass die Übertragungsgeschwindigkeit und die Fehlerkontrolle korrekt eingestellt sind. Zumeist muss in der Steuerungssoftware eingestellt werden, an welchem COM-Port das externe Gerät angeschlossen wurde, ansonsten wird die Ansteuerung nicht funktionieren.

Ist eine parallele oder serielle Schnittstelle defekt, so muss sie zuerst im BIOS deaktiviert werden, da diese Schnittstellen heute alle auf dem Mainboard integriert sind.

Anschließend kann die Schnittstelle mittels einer externen Schnittstellenkarte ersetzt werden.

13.5.2 USB

Bei USB ist zu berücksichtigen:

- USB kann im BIOS aktiviert und deaktiviert werden.
- USB-Kabel dürfen ohne Repeater dazwischen nicht länger als fünf Meter sein, sonst kommt es zu Störungen in der Datenübertragung oder die Verbindung wird instabil, da das verwendete Signalübertragungsverfahren das Datensignal nicht mehr eindeutig identifizieren kann.

13.6 Tastatur und Maus

Der häufigste Fehler liegt im Vertauschen der Stecker beim Anschluss an den PC. Zwar sind neuere Mainboards und Komponenten heute farblich getrennt, um die Verwechslungsgefahr zu minimieren, aber es bleiben eben doch zwei äußerlich gleiche Steckanschlüsse.

Sehr empfindlich reagiert die Tastatur auf Verschmutzung, weil dadurch Gegenstände zwischen die Tasten und den Druckpunkt gelangen können. Hier hilft nur regelmäßige Reinigung und der Vorsatz, nicht am PC zu essen.

Ältere mechanische Mäuse reagieren auf Staubaufnahme empfindlich, weil dadurch das Übertragen der Bewegungsdaten gestört wird. Das äußert sich in sprunghaftem Bewegen der Maus oder dadurch, dass die Maus an einer Stelle des Bildschirms »hängen bleibt«. Hier kann aber Abhilfe geschaffen werden, indem man die Maus von unten öffnet und die Bewegungsrollen vorsichtig vom Staub befreit.

Bei den neuen, optischen, Mäusen besteht keine Eindringmöglichkeit mehr von Schmutz auf der Unterseite. Allerdings kann das Scroll-Rad, das unterdessen bei allen Mäusen Standard ist, durch stark verschmutzte Hände und Finger in Mitleidenschaft gezogen werden. Die Möglichkeit, das Scroll-Rad nicht nur zu drehen, sondern auch nach rechts und links zu kippen, fördert den Schmutzeindrang durch diese Öffnung.

Ältere optische Mäuse können zudem nicht auf stark spiegelnden Oberflächen oder Glastischen verwendet werden.

13.7 Drucker

Für alle Drucker gilt es bei anstehenden Problemen, zuerst die folgenden Fehlerquellen zu überprüfen:

- Ist das Anschlusskabel richtig eingesteckt?
- Ist das Netzwerkkabel korrekt verbunden?
- Gibt das Druckgerät Fehlermeldungen aus? Lesen Sie immer zuerst die Dokumentation des Druckers durch, um diese richtig zu interpretieren!
- Ist die Druckerwarteschlange ansprechbar (Printspooler)?
- Ist das Papier ordnungsgemäß eingelegt oder gibt es einen bestehenden Papierstau im Gerät?
- Ist der Toner oder die Tinte oder das Farbband noch gebrauchsfähig? Bei Laserdruckern außerdem: Ist die Trommel bzw. die Fixiereinheit noch in Ordnung?
- Speziell bei Netzwerkdruckern: Wurden die IP-Adresseinstellungen verändert oder zurückgesetzt? Sind alle Einrichtungen für das Ansprechen des Druckers noch richtig gesetzt?
- Ist der Benutzer, welcher den Druckauftrag erteilt hat, auch berechtigt zu drucken (hat er genügend Rechte)?

Mit diesen Fragen lassen sich bereits viele Probleme nach dem Motto »Ich kann nicht drucken« lösen. Etwas anders sieht das natürlich aus, wenn zwar gedruckt werden kann, aber das Ergebnis nicht den Erwartungen entspricht.

13.7.1 Unvollständige oder fehlerhafte Ausdrucke

Die meisten Anfragen zum Thema Druckersupport erhalten Sie naturgemäß, wenn der Ausdruck nicht einwandfrei ist. Hierbei gibt es verschiedene Fehler, die auftreten können und bei denen man Sie um Hilfe bitten kann:

- Streifenbildung: Ein typisches Problem, wenn nach dem Druckvorgang die Tonerrückstände nicht vollständig von der Reinigungseinheit entfernt wurden. Tonerrückstände werden dabei in der Regel in den Restbehälter zugeführt. Kann auch bei Tintendruckern auftreten aus dem gleichen Grund, wenn die Reinigung der Druckköpfe nicht vollständig ist.

  Hier ist es am zuverlässigsten, wenn Sie mit Reinigungsprogrammen arbeiten können. Bei größeren Lasergeräten kann auch eine physische Reinigung notwendig sein, die aber sehr vorsichtig gemacht werden muss, denn wenn Sie die Trommel dabei beschädigen, ist der Schaden irreversibel.
- Verblasste Ausdrucke sind oft ein Zeichen, dass der Toner zur Neige gegangen ist und man über Gebühr versucht, die Tonerkassette oder den Tintenbehälter weiter zu verwenden (das sogenannte »Noch einmal schütteln«-Prinzip). Wenn der Druck viele kleine Schmutzpartikel enthält, kann auch das Vorlagenglas (Kopien, Scan) verstaubt sein, dieses können Sie mit einem sanften Tuch reinigen. Hilft dies nicht und muss das Vorlagenglas ausgebaut werden, wenden Sie sich an den Support des Herstellers.
- Geisterbilder entstehen gerne bei Laserdruckern, wenn die Entladung der Trommel nach der letzten Druckseite nicht vollständig war oder wenn der Toner nicht genug elektrisch geladen wird. Hier können Sie nur versuchen, den Drucker weniger zu belasten, damit die Ladung weniger anspruchsvoll ausfällt, etwa durch den Einsatz hellerer oder einfacherer Grau- oder Farbmuster, durch die Reduktion der Auflösung oder den Druck von weißen Zwischenseiten, damit sich die Trommel wieder genügend aufladen kann für die nächste Seite. Andernfalls muss die Trommel oder Ladestation ersetzt werden.

  Nicht zuletzt sind Geisterbilder auch eine Folge von ungünstigen Umgebungsbedingungen, zum Beispiel in einer Werkstatt mit zu niedrigen Temperaturen oder wenn die Luftfeuchtigkeit zu gering ist. Gerade bei großen Lasergeräten (MFP) mit hohem Seitenausstoß können diese Faktoren rasch von Bedeutung sein. Lesen Sie das Handbuch des Gerätes und versuchen Sie, durch Luftbefeuchter und Temperaturausgleich die nötigen Bedingungen zu schaffen.
- Aufliegender Toner, der nicht mit dem Papier verschmolzen ist, ist die Folge von Problemen in der Heizungseinheit (Fuser). Wenn die Heizung nicht oder ungenügend funktioniert, kann sie den Toner nicht auf das Papier brennen, und somit bleibt dieser nur auf dem Papier »liegen«. Hier kann der Einsatz anderen Papiers manchmal helfen, vor allem von leichteren Papiergewichten, oder der Ersatz des Fusers.

Zerknittertes Papier ist meist ein Zeichen von Problemen mit den Rollen. Drucker haben mehrere Transportrollen. Wenn diese verschmutzt oder abgenutzt sind, können sie das Papier unregelmäßig transportieren und dabei zerknittern oder gar einen Papierstau auslösen. Da die meisten Transportrollen gummibeschichtet sind, ist eine Reinigung mit sogenannten Rollenreinigern durchaus sinnvoll. Ist der Lebenszyklus der Rollen erreicht, können sie zumindest bei Business-Geräten ohne Weiteres im Rahmen eines Wartungskits für Drucker ersetzt werden.

- Der Papierstau (*paper jam*) gehört in etwa in dieselbe Kategorie. Entweder sind die Rollen nicht mehr in Ordnung oder das Papier. Versuchen Sie auf jeden Fall, die Papierwege zu kontrollieren. Dazu hat jeder Drucker eine Anleitung, in welcher beschrieben ist, wo man ihn öffnet und den Papierweg nachverfolgen kann. Die meisten Geräte verfügen über verschiedene Sensoren, welche einen Papierstau anzeigen. Sollte kein Papier mehr im Drucker sein, kann es auch vorkommen, dass ein Sensor nicht mehr richtig funktioniert. In diesem Fall bringen Sie das Gerät zum Servicecenter des Herstellers, das können Sie nicht selber in Ordnung bringen.
- Fehler beim Einzug: Auch hier gibt es Einzugsrollen, aber auch Sensoren. Reinigen Sie diese bei fehlerhaftem Einzug vorsichtig. Bei kleineren Geräten treffen Sie häufig auch auf Federn, welche das Papier andrücken, um den Einzug zu erleichtern. Hier sind Reparaturen in der Regel nicht möglich. Oft hilft aber auch schon der Wechsel der Papiersorte zu einer leichteren Grammatur oder von gestrichenem zum ungestrichenem Papier.
- Falsche oder unverständliche Zeichen auf dem Ausdruck können verschiedene Ursachen haben. Es kann sein, dass der Drucker gar nicht die Ursache ist, sondern der Benutzer einen falschen Druckertreiber einsetzt, sodass der Drucker die Daten nicht richtig interpretieren kann. Es kann aber auch sein, dass der Drucker nicht über genügend Speicher verfügt, um den Auftrag korrekt auszudrucken und darum falsche oder unvollständige Informationen druckt. Wenn das Problem dagegen physischer Natur ist (undeutlicher Druck, unvollständige Buchstaben), kann das an zu feuchtem oder zu schwerem Papier liegen oder einer für das Gerät ungeeigneten Papiersorte. Eine gute Papieraufbewahrung (verschlossen, staubfrei, trocken) ist hierbei hilfreich.
- Senkrechte Linien auf dem Papier sind meist ein Zeichen von Tonerrückständen oder einer verunreinigten Corona. Reinigen Sie den Coronadraht nach Angabe des Herstellers, das ist bei den meisten Geräten möglich.
- Falsche Farben können das Ergebnis einer lange vergangenen, nicht erfolgten oder falsch durchgeführten Kalibrierung sein. Führen Sie in einem solchen Fall zuerst eine korrekte Kalibrierung durch und überprüfen Sie zudem das eingesetzte Farbprofil, z.B. das ICC-Profil.

Auf die speziellen Fehlermöglichkeiten einzelner Druckertypen wird im Folgenden eingegangen.

13.7.2 Laserdrucker

Beim Laserdrucker können Fehler an folgenden Stellen lokalisiert werden:

- Leere Toner führen meist zum Anhalten des Druckers und zu einer Fehlermeldung im Display oder je nach Software auch in der Druckersteuerung im Betriebssystem.
- Ein falscher Druckertreiber führt zu unlesbarem Zeichensalat beim Ausdruck (z.B. Verwechslung von PostScript- und HP Laserjet PCL-Treiber ...).

  → Treiber richtig installieren, Testdruck
- Verunreinigungen (Geisterbilder, Linien, Verschmierungen) beim Ausdruck können auf einen verunreinigten Corona-Draht, eine verdreckte Reinigungsbürste oder eine verunreinigte Trommel hinweisen.

  → Coronadraht reinigen (typischerweise bei Längslinien im Druck)

  → Druckergehäuse reinigen, Tonerreste entfernen (bei Flecken)

  → Fixierrolle reinigen (bei regelmäßig wiederkehrenden Linien im Druck)

  → Reinigungsbürste ersetzen (bei Verschmutzungen)

  → Trommel ersetzen, kann nicht gereinigt werden (bei Längslinien oder auch bei Geisterbildern)
- Falsche Schriftarten werden gedruckt, entweder weil der Drucker eine falsche Übersetzungstabelle verwendet, die Schriftart nicht vorhanden ist oder eine Schriftartenkassette falsch eingesteckt oder defekt ist.

  → Testdruck ausführen zum Nachprüfen installierter Schriftarten

  → Ersetzungstabelle im Druckertreiber überprüfen
- Der Ausdruck der Seite ist unvollständig: Das weist auf ungenügenden Druckerspeicher hin. Installieren Sie mehr Speicher.

Vor allem bei größeren Druckern kann es zudem hilfreich sein, einen speziellen Vakuumsauger zur Hand zu haben. Verwenden Sie keinen Hausstaubsauger, denn zum einen sind die Tonerpartikel zu fein und verstopfen dessen Filter, zum anderen sind diese Geräte nicht gegen die statische Entladung gesichert, sodass ein Kontakt des Saugers mit dem Drucker zu Schäden führen kann. Darum gibt es extra Sauggeräte für Drucker, welche die Bedingungen für eine sachgemäße Reinigung erfüllen.

Bei Laserdruckern muss zudem nach einer gewissen Zeit die Fixiereinheit ersetzt werden. Diese kann vom Hersteller erworben und nach Anleitung ersetzt werden. Ebenso gibt es Wartungskits, die zum Beispiel neue Rollen oder Reinigungsstäbe enthalten, mit denen der Drucker gewartet werden kann.

Abb. 13.4: Auch das Tonerwechseln will richtig gemacht sein.

13.7.3 Nadeldrucker

Hier kommt es vor allem zu unvollständigem Druckbild, wenn Farbrückstände den Nadelkopf verkleben und dadurch deren Funktionalität eingeschränkt ist. Abhilfe schafft deren Reinigung.

Ein anderes Problem ist das Nachlassen der Spannung am Transportband des Druckkopfes. Hier muss das Antriebsband ersetzt werden.

Ein weiteres Problem bilden die Transportrollen, welche durch Verunreinigung das Papier unregelmäßig transportieren oder verschmutzen können.

Bei Endlospapier, das speziell für den Formulardruck immer noch im Einsatz steht, entstehen Probleme dort, wo die beiden unabhängig voneinander stehenden Lochrollen nicht mehr im gleichen Tempo arbeiten, zum Beispiel durch Papierschnitzel oder verklebten Papierstaub. Hier hilft eine sorgfältige Reinigung des Druckers.

13.7.4 Tintenstrahldrucker

Auch bei Tintenstrahldruckern muss zuerst einmal auf die Fehleranzeigen am Drucker selber geachtet werden. Auch hier gilt: Bei leeren Tintentanks wird das Drucken angehalten, und es wird eine Meldung ausgegeben, sicher am Drucker selber, meistens auch über die Treibersteuerung auf dem Client-PC.

Bei Problemen mit Tintenstrahldruckern geht es in erster Linie darum, dass der Ausdruck nicht oder nur in einzelnen Farben erfolgt. Das ist jeweils auf eine verschmutzte oder leere Patrone zurückzuführen.

Drei Ursachen führen häufig zur Verstopfung des Druckkopfs:

- Unregelmäßige Benutzung des Druckers mit langen Standzeiten
- Verwendung von billigem Papier mit hohem Staubanteil oder von Umweltschutzpapier, welches generell einen höheren Staubanteil aufweist
- Verwendung von alten oder falschen Tintenpatronen; auch bei herstellerfremden Patronen können Probleme auftauchen.

Daher besitzen die Drucker eine Reinigungsfunktion, die jedoch mit einem erheblichen Tintenverbrauch verbunden ist.

Die Drucker besitzen für Betriebspausen eine Parkposition, in welcher der Druckkopf geschützt und verschlossen ist. Bei vielen Geräten wird diese Position nur dann erreicht, wenn der Drucker direkt am Gerät ausgeschaltet wird. Es ist daher zu vermeiden, den Drucker durch einen zentralen Netzschalter einfach abzuschalten. Alternativ gibt es auch Geräte, die den Druckkopf auf einer Schutzplatte positionieren und so das Austrocknen verhindern.

Während des Reinigungsvorgangs wischt die Wischereinheit über die Frontplatte, um Papierfasern und Tinte zu entfernen. Die Tintenpumpe in der Reinigungseinheit saugt alte Tinte aus der abgedeckten Patrone und füllt die Düsen mit frischer Tinte.

Fast alle Drucker verfügen zusätzlich über eine Funktion zur regulären Düsenreinigung. Dabei wird Tinte aus allen Düsen der Tintenpatrone in die Reinigungseinheit gespritzt und auf diese Weise verhindert, dass die Tinte innerhalb der Düsen austrocknet und die Düsen blockiert. Diese Funktion wird als »Düsenwartung« bezeichnet. Die Reinigungseinheit muss in der Lage sein, die ausgestoßene Tinte zu absorbieren.

Das Problem besteht jetzt hierin, dass die einen Drucker den Druckkopf direkt auf der Patrone eingesetzt haben. Ist der Ausdruck mangelhaft, kann mit dem Austausch der Patrone auch der Druckkopf ersetzt und dadurch das Problem in aller Regel gelöst werden (z.B. HP-Drucker).

Anders sieht es aus, wenn die Tintentanks separat vom Druckkopf eingesetzt werden. Hier kann nur mittels des eingebauten Reinigungsprogramms versucht werden, den Druckkopf zu reinigen. Gelingt dies nicht, muss entweder der Druckkopf ersetzt werden oder – wenn dies nicht selber möglich ist – der Drucker an den Hersteller zurückgesandt werden (z.B. Canon-Drucker).

Ein weiterer Grund für »unsauberen« oder unscharfen Ausdruck kann zudem die Abnutzung des Transportbands des Druckkopfs sein. Diese sind zumeist aus

Kunststoff oder Gummi gefertigt und nützen sich entsprechend ab oder leiern aus, was zu einer unpräzisen Ausrichtung des Druckkopfs führt.

13.8 Die Stromversorgung

Nicht immer sind die Komponenten des Systems selber die Ursache für Probleme. Computer und ihre Peripheriegeräte sind abhängig von der Stromzufuhr. Stromstöße (Spikes), Spannungseinbrüche oder gar -ausfälle (Brownouts genannt) oder gar totale Stromausfälle können Computersystemen und Peripheriegeräten Schaden zufügen.

Dagegen hilft im Wesentlichen lediglich die Anschaffung von Überspannschutzgeräten oder einer unterbrechungsfreien Stromversorgung (USV).

Abb. 13.5: Verschiedene Möglichkeiten einer USV-Schutzanlage

Damit eine solche USV auch wirklich ihren Dienst versehen kann, ist es wichtig, dass ihre Nennleistung auch der Leistung des angehängten Systems entspricht, damit sie nicht überlastet ist und den Schutz dadurch nicht mehr gewähren kann.

Die Nennleistung wird in Voltampere, manchmal auch mVA (Millivoltampere) ausgedrückt. Die Berechnung ergibt sich aus der Leistung der Geräte gemäß folgender Formel:

Nennleistung = Geräteleistung in Watt × 1,6 = n VA

Beispiel: Der PC hat ein 300-Watt-Netzteil und der Tintendrucker ein Netzteil mit 50 Watt Leistung. Das heißt, wir haben zusammen eine maximale Bezugsleistung von 350 Watt.

350 * 1,6 = 560 VA ist die gefragte Nennleistung der USV.

13.9 Periodisch auftretende Fehler

Um den periodisch auftretenden Fehlern auf die Spur zu kommen, sollte am besten nach der folgenden Checkliste vorgegangen werden.

Der Anwender selber muss bei jedem Vorkommnis den möglichst genauen Hergang, das benutzte Programm, die exakte Uhrzeit und das Datum aufschreiben.

Nach einigen Beobachtungen lässt sich meistens eine gewisse Regelmäßigkeit feststellen (z.B. jeden Dienstag und Donnerstag um 17 Uhr usw.).

3. Aufgrund der Regelmäßigkeit ist nach allen nur erdenklichen Störfaktoren zu suchen, welche den Fehler verursachen könnten. Je mehr Kreativität dabei an den Tag gelegt wird, desto eher kann die Ursache eruiert werden.

Aus der Erfahrung des Autors können die folgenden Beispiele als mögliche Störfaktoren herangezogen werden:

- Einschalten von stromhungrigen Maschinen (Werkzeugmaschinen, mobile Baukräne usw.) in unmittelbarer Nähe
- Einschalten von sehr leistungsstarken Maschinen (Schmelzöfen usw.) in einer Distanz von bis zu fünf Kilometer
- Putzfrau mit schlecht entstörtem Staubsauger
- Sonnenstrahlen, welche in einem bestimmten Winkel auf einen Sensor treffen (z.B. Papiersensor des Druckers).
- Baugerüste (Faradaykäfig)
- Bahnlinie, Tram
- Blitzeinschläge in Distanzen bis zu 20 km
- Art der regionalen Stromversorgung (Netzeinspeisung einseitig/zweiseitig)
- Mäuse, welche nachts in Kabelkanälen die Leitungen anfressen

13.10 Lisa erzählt ... Sie antworten

Folgende Beispiele verdeutlichen Ihnen die Probleme, mit denen Sie im Hardware-Bereich konfrontiert werden können. Die Beispiele entstammen der Praxis, ebenso geben die Lösungen den jeweils gewählten Ansatz direkt wieder.

Notieren Sie sich zu jedem Problem eine oder mehrere mögliche Lösungen. Denken Sie dabei daran: Es handelt sich ausschließlich um Probleme, die in Zusammenhang mit Hardware stehen und gelöst werden müssen. Zwar sind auch Treiber und Betriebssystem oft ein wichtiger Teil der Problemlösung, stehen hier aber nicht im Vordergrund, weshalb auch auf Angaben zu den Betriebssystemen verzichtet wurde, unter welchen die Fehler auftreten.

Lisa erzählt ... Startprobleme

»Ich kann mich nicht mehr anmelden an meinem System. Ich hab den Rechner jetzt mehrmals neu gestartet, aber wenn der Logon-Screen kommt und ich CTRL, ALT + DELETE drücke, passiert nichts ... Das Bild bleibt unverändert stehen! Ich komme nicht weiter, außer ich schalte das System über den Power-Schalter aus.«

Mögliche Ursache

Lisa erzählt ... störrische Mäuse

»Meine optische USB-Maus bleibt während des Arbeitens ständig hängen. Der Mauszeiger bewegt sich dann für mehrere Sekunden gar nicht. Ich kann die Maus bewegen, wie ich will, der Zeiger steht still – dann plötzlich springt der Zeiger auf dem Bildschirm irgendwo hin, und dann funktioniert wieder alles normal, und ich kann weiter arbeiten bis zum nächsten Stehenbleiben.«

Mögliche Ursache

Lisa erzählt ... RAM ist nicht RAM

»Mein Rechner hatte nur 512 MB Arbeitsspeicher (2 x 256 MB DDR333). Daraufhin hat mir ein Kollege einen zusätzlichen 2048 MB-Speicherriegel gebracht, und den haben wir zusammen neben die ersten beiden eingebaut. Der Baustein passt zwar, aber seither startet mein System nicht mehr.«

Mögliche Ursache

Lisa erzählt ... und alles wurde schwarz

»Der PC startet ordnungsgemäß und kann betrieben werden. Aber nach ungefähr 30 Minuten stürzt er plötzlich ab, indem der Bildschirm schwarz wird und das System neu startet. Anschließend wiederholt sich dieses Problem alle paar Minuten. Wenn ich das System ausschalte und einen halben Tag warte, kann ich wieder etwa 30 Minuten arbeiten, bis sich das Ganze wiederholt.«

Mögliche Ursache

Lisa erzählt ... mysteriöse Datenverluste

»Auf meinem Computer geschehen seltsame Dinge. Ich habe das System passwortgeschützt und verwende den Computer als einzige Benutzerin. Vor Kurzem stellte ich fest, dass ein großer Teil meiner Ordner mit den Fotos verschwunden war. Anfangs war ich unsicher, vielleicht hatte ich sie ja doch aus Versehen selber gelöscht. Aus einem Backup konnte ich die fehlenden Daten aber wiederherstellen, was aber über 4 Stunden dauerte, ist das normal? Ich habe 300 Fotos mit einer durchschnittlichen Größe von 1,5 MB von einer externen USB 2.0-Festplatte zurück kopiert. Jetzt stelle ich fest, dass der Startvorgang des Computers immer länger wird, obwohl ich seither nichts geändert habe. Zudem habe ich das Gefühl, dass schon wieder ein Ordner mit Fotos fehlt.«

Mögliche Ursache

Lisa erzählt ... zu guter Letzt

»Meine Kollegin hat mir ein DVD-Laufwerk (SATA) eingebaut. Seither kann mein Computer nicht mehr auf die Festplatte (SATA) zugreifen. Ich wollte daraufhin das System mit einem USB-Stick mit eigener Bootumgebung starten, um den Fehler zu suchen, aber der Rechner greift auch nicht darauf zu, obwohl er eigentlich startet.«

Mögliche Ursache

13.11 Fragen zu diesem Kapitel

1. Ein Computer startet mit dem Bootvorgang, bricht dann jedoch wieder ab und schaltet sich schnell wieder aus. Was kann ein Techniker zur Fehlerbehebung einsetzen?

   A. Toner-Probe

   B. Netzteiltester

   C. Loopback Plugs

   D. Logs der Ereignisanzeige

2. Ein CRT-Monitor stellt von einem Tag auf den anderen Farben nicht mehr korrekt dar. Das Bewegen des Monitors nach rechts oder links behebt das Problem manchmal kurzzeitig. Was muss überprüft werden?

   A. Treiber der Grafikkarte

   B. Stromkabel des Monitors

   C. CRT On Screen Display (OSD)

   D. VGA-Anschlusskabel

3. Ein Computer gibt laute, klickende Geräusche von sich. Die Geschwindigkeit des Systems ist kaum beeinträchtigt, und außer einer Festplatte, auf die nicht zugegriffen werden kann, funktioniert alles. Was zeigen diese Symptome an?

   A. Defekter CMOS-Chip

   B. Fehlerhafte zweite Festplatte

   C. Defekter CPU-Lüfter

   D. Fehlerhafte Systemfestplatte

4. Ein PC-System beginnt den Boot-Vorgang, zeigt die BIOS- Version an und bleibt danach mit einer Fehlermeldung stehen, dass kein Betriebssystem geladen werden kann. Was ist die wahrscheinlichste Ursache dieses Problems?

   A. Korrupter MBR

   B. Korrupte boot.ini-Datei

   C. Virusinfektion des Systems

   D. Defektes Dateisystem

5. Wodurch können Sie die BIOS-Einstellungen zurücksetzen? Wählen Sie zwei Antworten aus.
   A. Entfernen Sie die CMOS-Batterie.
   B. Trennen Sie das Netzteil vom Computer.
   C. Schalten Sie den Reset Jumper um.
   D. Ersetzen Sie den Arbeitsspeicher.
   E. Entfernen Sie kurzzeitig die CPU.
6. Eine Technikerin hat eine Grafikkarte aufgerüstet. Der Computer startet zwar, doch die Maschine schaltet wieder ab, bevor der Startvorgang erfolgreich abgeschlossen werden kann. Warum?
   A. Der Monitor kann die höhere Auflösung nicht darstellen.
   B. Die neue Grafikkarte ist inkompatibel zur CPU.
   C. Die Stromversorgung bietet nicht genug Leistung für die Grafikkarte.
   D. Der Computer hat nicht genug RAM für die neue Grafikkarte.
7. Eine Kundin berichtet, dass sie versucht hat, ein USB-Gerät einzustecken. Dabei hat sie versehentlich einen der Anschlussstecker beschädigt. Seither ist es ihr nicht mehr möglich, den Computer zu betreiben, weil er immer wieder abschaltet. Was ist wahrscheinlich der Grund dafür?
   A. Der beschädigte Anschluss hat Kontakt mit dem Metallkäfig des Gehäuses und verursacht einen Kurzschluss.
   B. Die Stromversorgung des PC sitzt nicht mehr richtig auf dem Board.
   C. Der USB-Anschluss verursacht einen Treiberfehler.
   D. Das Betriebssystem erkennt den USB-Anschluss nicht mehr.
8. Ein Techniker rüstet ein PC-System von EIDE- auf SATA-Laufwerke auf. Im Gehäuse findet der Techniker sowohl SATA-Stromanschlüsse wie auch Molex-Stecker. Was muss er beim Anschließen der neuen Laufwerke beachten?
   A. Er benötigt einen Adapter, der beide Anschlüsse vereint.
   B. Er muss sowohl den Molex-Stecker und auch den SATA-Stromanschluss an jedes Laufwerk anschließen.
   C. Er muss das SATA-Laufwerk auf den entsprechenden Stromanschluss mittels Jumper konfigurieren.
   D. Er muss zwischen Molex-Stecker und SATA-Stromanschluss entscheiden und nur einen davon ans Laufwerk anschließen.

9. Ein Kunde beschwert sich, dass er Stabilitätsprobleme hat, seitdem er den Arbeitsspeicher aufgerüstet hat. Woran liegt dies vermutlich?
   A. Er hat 144-Pin SO-DIMM anstelle des alten 72-Pin SO-DIMM verwendet.
   B. Der neue Arbeitsspeicher ist nicht HCL-konform.
   C. Der neue Speicherriegel sitzt nicht richtig im Steckplatz.
   D. Das neue Speichermodul benötigt zu viel Strom.
10. Ein Techniker baut einen neuen RAID-Controller in ein System ein. Was kann der Techniker als Nächstes tun, um den reibungslosen Betrieb zu gewährleisten?
   A. Er ersetzt die bisherigen Laufwerke durch neue.
   B. Er aktualisiert das BIOS des Systems.
   C. Er deaktiviert die internen Laufwerk-Schnittstellen.
   D. Er deaktiviert die integrierte VGA-Schnittstelle.

Kapitel 14

Mobile Systeme reparieren

CompTIA-Prüfungsziele, die in diesem Kapitel behandelt werden:

Für das Examen 220-901

3.3 Anwenden der richtigen Laptop-Merkmale bei einem gegebenen Szenario.

- Spezielle Funktionstasten

4.5 Beheben und Reparieren von häufigen Problemen mit Mobilgeräten unter Einhaltung der ordnungsgemäßen Verfahren.

- Häufige Symptome
- Demontageprozess für den richtigen Wiederzusammenbau

Für das Examen 220-902

2.6 Installieren und Konfigurieren einer einfachen Mobilgerät-Netzwerkverbindung und von E-Mails.

- PRI-Updates/PRL-Updates/Baseband-Updates
- Funk-Firmware
- IMEI oder IMSI

4.3 Beheben von häufigen Problemen bei mobilen Betriebssystemen und Anwendungen mit geeigneten Werkzeugen bei einem gegebenen Szenario.

- Häufige Symptome
- Werkzeuge

4.4 Beheben von häufigen Problemen bei mobilen Betriebssystemen und Anwendungen mit geeigneten Werkzeugen bei einem gegebenen Szenario.

- Häufige Symptome
- Werkzeuge

14.1 Typische Probleme mit mobiler Hardware

Neben den bereits erwähnten Problemen und Fehlern, die Sie auch bei Net- und Notebooks antreffen können, gibt es noch Hardware-Fehler, die speziell im mobilen Bereich auftreten können.

Die Herausforderung bei mobiler Hardware beginnt mit der ersten Schraube. Einen PC zu demontieren und nach einer Reparatur wieder zu montieren, ist vergleichsweise übersichtlich zu den vielen Möglichkeiten, welche uns die Hersteller von mobilen Geräten anbieten. Am einfachsten sind hierbei noch Smartphones und Tablets. Denn da gibt es maximal einen herausnehmbaren Akku – und fertig.

Auch bei Netbooks ist meist nur der Akku frei zugänglich – und die modernen Ultrabooks machen es ihnen in vielen Fällen nach. Apple hat bei den meisten seiner Geräte sogar den Akku fest verbaut, sodass sogar ein Akku-Wechsel einen Besuch im Servicecenter von Apple nötig macht.

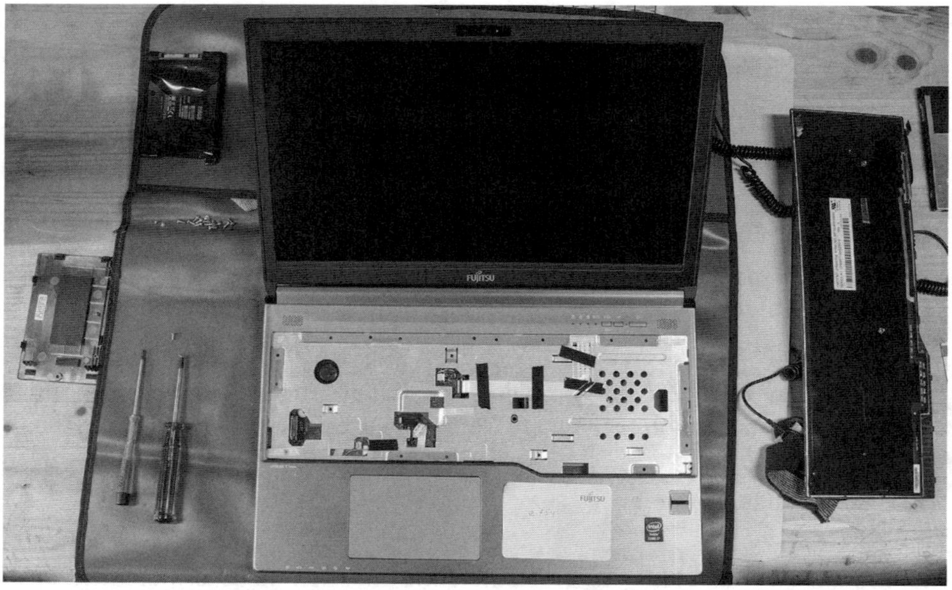

Abb. 14.1: Notebook teildemontiert, Schrauben sortiert, Material sauber hingelegt, ESD-Matte

Die meisten Notebooks aber sind so montiert, dass Reparaturen möglich sind. Wichtig sind aber ein sehr vorsichtiges und gut organisiertes Arbeiten. Zuallererst: Lesen Sie die Dokumentation (ich weiß, das sag ich immer ...). Dann: Gehen Sie auf Videoportale wie YouTube – dort finden Sie zahlreiche durchaus brauchbare Anleitungen zu vielen Montagefragen von mobilen Geräten. Versichern Sie sich aber, dass Sie genau die Marke und das Modell ansehen, das Sie vor sich liegen haben. Sonst wird die Anleitung kaum funktionieren. Schauen Sie sich die Anleitung in Ruhe zuerst ohne Arbeit am Gerät selber durch – falls sie nicht funktioniert, ist es besser, Sie haben zuerst nur zugesehen und haben nicht dasselbe halb montierte Gerät vor sich wie der Techniker im Video, der danach Leim und Klebeband vorschlägt ...

Notieren Sie sich die Demontage, legen Sie die Schrauben sorgfältig an einen nummerierten Platz, der Ihnen die Reihenfolge für den Rückweg angibt, und schaffen Sie genügend Platz um die demontierten Teile sorgfältig bereitlegen zu können.

Nicht zuletzt: Besorgen Sie sich das richtige Werkzeug. Insbesondere benötigen Sie speziell feine Schraubendreher und eine Pinzette für die Kleinteile.

Seien Sie sich Ihrer Grenzen bewusst! Ersetzen Sie Teile, die gut zugänglich sind, überfordern Sie sich und das Gerät nicht mit unprofessioneller Arbeit – für schwierigere Arbeiten haben die Hersteller eigene Servicecenter – und vergessen Sie dabei nicht, dass unsachgemäße Arbeiten auch einen Verlust der Gewährleistung nach sich ziehen können.

14.2 Einsatz von Akkus

Mobile Geräte zeichnen sich dadurch aus, dass sie auch ohne permanente Netzversorgung betrieben werden können. Dazu setzen diese Geräte Akkus ein. Aber Akkus sind ein Verschleißprodukt. Auch bei sehr sorgfältiger Akkupflege ist ein Umtausch nach 2-3 Jahren unumgänglich, da die Kapazität dann rapide abnimmt. Akkus sollten nur vom Gerätehersteller oder einer vom Hersteller zertifizierten Stelle erworben, repariert und umgetauscht werden. Ein Akku kann im Betrieb eine beachtliche Temperatur erreichen. Sollte er aber so heiß werden, dass er mit bloßen Händen nicht mehr berührt werden kann, ohne sich zu verbrennen, schalten Sie das System aus. Auf gar keinen Fall sollten Sie versuchen, den Akku zu öffnen oder sonstige Reparaturversuche vornehmen. Auch im abgeschalteten und vom Netz getrennten Zustand kann der Akku unter Spannung stehen! Vergessen Sie nicht: Akkus sind Sondermüll und müssen daher fachgerecht entsorgt werden.

14.3 Mobile Geräte mit Festplatten

Notebooks werden oft vom einen Ort an den anderen umgestellt und eventuell auch nicht immer sehr sorgfältig behandelt. Obwohl die meisten aktuellen Notebooks eingebaute Sensoren haben, die vorübergehend Festplattenaktivitäten stoppen können, kann es vorkommen, dass Vibrationen vor allem während des Lese- und Schreibzugriffs den Lese-/Schreibkopf oder die Platte beschädigen.

Daher ist beim Umgang insbesondere mit Geräten im Betrieb größte Vorsicht geboten. Einen gewissen Ausweg bieten in diesem Zusammenhang die immer mehr aufkommenden Solid State Drives (SSD), welche gegen Erschütterungen wesentlich unempfindlicher sind. Sie besitzen weder rotierende noch bewegliche Teile und lassen sich meist direkt anstelle von SATA-Festplatten einsetzen und betreiben.

Bei Tablets und Smartphones dagegen sind immer Flash-Speicher verbaut, sodass diese Problematik entfällt.

14.4 Tastatur und Touchpad

Wenn die Tastatur des Notebooks nicht mehr funktioniert, kann es gut sein, dass der Verbindungsstecker von der Tastatur nicht mehr mit dem Mainboard verbunden ist. Dies kann meist relativ einfach durch das korrekte Ausbauen und wieder Verbinden des Steckers behoben werden.

Wenn die Tastatur zwar funktioniert, aber nicht das schreibt, was Sie meinen einzugeben, kann es an der NUM-Lock-Taste liegen oder einer der zahllosen Spezialtasten, die viele Notebooks aufweisen (z.B. Fn) – und die dann zu den kleingedruckten Eingaben führen, die auf den Tastaturen unten links und rechts neben dem eigentlichen Buchstaben oder der Zahl führen. Aufgrund des engen Designs der Tastaturen sind viele Tasten oft doppelt oder dreifach belegt – kontrollieren Sie also alle eingeschalteten Sondertasten und -funktionen zuerst.

Da Notebooks über sehr flache Tastaturen verfügen, sind sie auch empfindlicher gegen Verunreinigung – was sich leider schlecht mit ihrem mobilen Charakter verträgt, werden sie doch überall hin mitgenommen. Wenn einzelne Tasten klemmen oder sich nicht mehr richtig drücken lassen, versuchen Sie, die Verunreinigung zu lokalisieren und mit Druckluft zu entfernen.

Probleme mit dem Touchpad sind meistens treiberbedingt. In seltenen Fällen kann auch eine verunreinigte Oberfläche die Funktionalität einschränken. Hier empfiehlt es sich, das Touchpad vorsichtig mit einem leicht angefeuchteten Tuch zu reinigen. Vermeiden Sie den Einsatz von Reinigungsmitteln, um eine Beschädigung der empfindlichen Oberfläche zu verhindern. Auch Druckluft kann eine Hilfe sein; achten Sie aber darauf, dass Sie damit nicht Staub in die Ecken oder unter das Pad drücken.

Wenn der Cursor springt oder doppelt angezeigt wird, kann es sein, dass das Touchpad nicht mehr richtig funktioniert und den Cursor unregelmäßig bewegt. Hier hilft in der Regel nur der Ersatz des Touchpads durch das Servicecenter. Eine andere Möglichkeit ist natürlich auch, dass das Display nicht mehr in Ordnung ist oder die Wiederholrate des Displays falsch eingestellt ist.

14.5 Bildschirm

Wenn das eingebaute Display kurz zu flackern beginnt und dann ganz dunkel bleibt, obwohl das System selber noch läuft, liegt der Fehler meist in der Hintergrundbeleuchtung. Sie können dies testen, indem Sie einen externen Monitor anschließen und prüfen, ob dieser noch alles korrekt anzeigt. Bedenken Sie dabei, dass Sie den externen Monitor meistens über Fn+Funktionstaste aktivieren müssen, damit der Anschluss aktiviert wird.

Kann man im Hintergrund noch ganz schwach ein Bild erkennen, ist womöglich das Inverterboard oder das Inverterkabel defekt. Dies ist eine der häufigsten Displayfehler und kann mit wenig Aufwand und Kosten ersetzt werden. Der Inverter liegt normalerweise am unteren Rand der Displayabdeckung. Um diesen zu ersetzen, schalten Sie das Gerät aus, trennen es vom Strom und entnehmen Sie den Akku. Anschließend kann die Abdeckung sachgerecht abgenommen werden, um den Inverter zu ersetzen.

Pixelfehler können mit der Zeit ebenfalls auftreten, diese lassen sich nur durch einen kompletten Austausch des Bildschirms beheben.

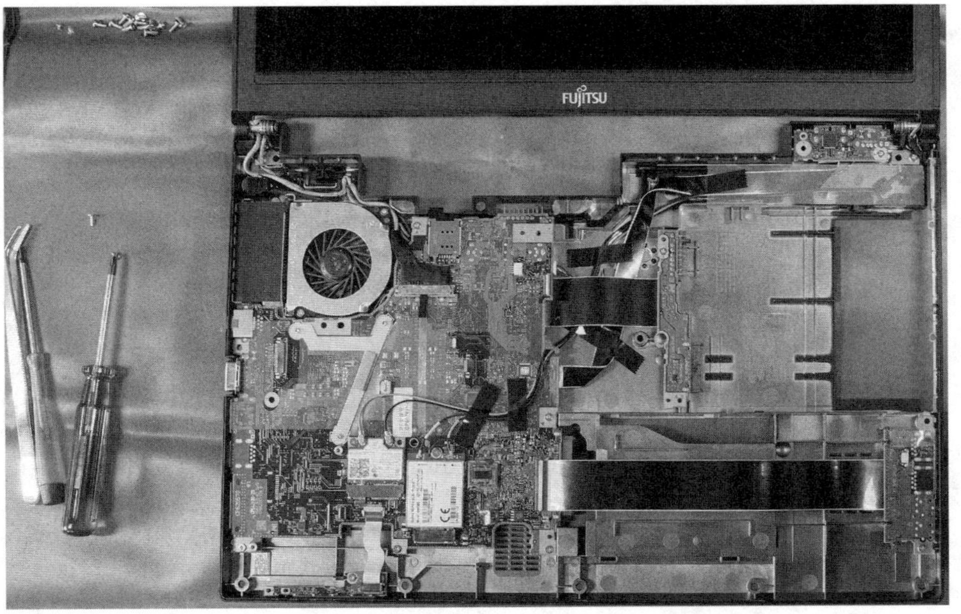

Abb. 14.2: Notebook vom Techniker vorbereitet für den Ersatz der Display-Einheit

Falls auch der externe Bildschirm kein korrektes Bild anzeigt, kann dies an einer Treibereinstellung liegen. Versuchen Sie dann einen Start ins UEFI, um zu sehen, ob die Anzeige nun funktioniert. In diesem Fall können Sie mit den Angaben des

Betriebssystems einen abgesicherten Start und die Wiederherstellung der Treiber in Angriff nehmen.

Funktioniert aber auch dieser Start nicht, liegt die Ursache vermutlich in der Grafikeinheit. Und im Unterschied zu PCs ist dann meistens Endstation, denn die Grafikeinheit können Sie nicht ersetzen. Falls das Modell nicht zu alt ist, lässt sich das Mainboard ersetzen, ansonsten ist das Notebook als Ganzes zu ersetzen.

14.6 Netzwerkanschlüsse

Wenn das drahtlose Netzwerk, das Bestandteil aller Tablets, Ultrabooks und Notebooks ist, nicht funktioniert, überprüfen Sie zuerst, ob das Gerät über einen Ein- und Ausschalter für drahtloses Netzwerk verfügt oder über eine entsprechende Tastenkombination. Dasselbe kann auch für die Bluetooth-Verbindung gelten.

Die meisten Notebooks haben die Antennen im Display eingebaut. Es ist also auch möglich, dass die Antenne nicht mehr richtig verbunden ist, der Stecker lose oder nicht mehr richtig sitzt. Auch die Netzwerkkarte selber kann nicht mehr richtig auf dem Mainboard stecken, diese Überprüfung ist meist von außen leicht zugänglich zu überprüfen.

Falls das Netzwerk oder die Bluetooth-Verbindung zwar aktiv ist, der Empfang aber unregelmäßig ist, liegt dies oft daran, dass entweder zu viele Verbindungen anderer Geräte bestehen oder dass Sie sich am Rande des Netzwerks befinden und die Verbindung deswegen immer wieder abbricht. Hier hilft Laufen und sich dem Netzwerk nähern mehr als Schrauben ...

Bei SoC-Mobiles wie Tablets und Smartphones können Sie außer Reboot, Warten (bei Überhitzung) oder Firmware-Updates dagegen nicht viel machen, da auch das Netzwerk Teil des SoC-Konzepts ist und daher nur die ganze Platine ersetzt werden kann, nicht aber einzelne Teile davon.

14.7 Gehäuse- und Wärmeproblematik

In einem Net- oder Notebook sind die Hardware-Komponenten sehr dicht nebeneinander. Aus diesem Grund ist eine funktionierende Kühlung für den fehlerfreien Betrieb unumgänglich. Sollte das System zu heiß werden, kontrollieren Sie zuerst die Luftzufuhr und den korrekten Betrieb der Lüfter. Je nachdem lassen sich diese auch reinigen. Herstellerfremde Komponenten wie z.B. eine neue Festplatte können unter Umständen auch zusätzliche Hitze entwickeln. Auch das Arbeiten auf den Knien kann die Luftzirkulation einschränken.

Durch unsachgemäße Behandlung können auch am Gehäuse selber leicht Defekte auftreten. Das kann von abbrechenden Gehäuseteilen bis zum Kabelbruch oder zum defekten Display reichen. Durch Sturzschäden oder unvorsichtiges Aufklappen des Displaydeckels können aber auch Schäden an den Kontakten und elektrischen Verbindungen auftreten (Kabelbruch). Sollte die Displayanzeige während des Bewegens des Displaydeckels flackern, ist wahrscheinlich ein Kontakt defekt.

Ein spezielles Kapitel sind hier die Smartphones und die Tablets. Sie bieten meistens keine Möglichkeit an, das Gehäuse zu öffnen – es sei denn, bei gewissen Smartphones, welche einen austauschbaren Akku haben. Tablets und Smartphones sind von daher bei Beschädigungen entweder zu ersetzen oder dem Hersteller einzusenden. Gerade die recht häufigen Bildschirmschäden (defektes Glas) werden durch die Hersteller meist repariert. Echte Austauschteile (Field Replaceable Parts) finden Sie bei dieser Gerätekategorie aber nicht.

14.8 Externe Anschlüsse

Einige Net- und Notebook-Hersteller schränken die Energieversorgung von USB-Anschlüssen ein, falls der Akkustand niedrig ist oder das Gerät bereits im Reservemodus läuft. Es kann durchaus vorkommen, dass USB-Peripheriegeräte aus diesem Grund nicht mehr korrekt funktionieren. Die Lösung besteht darin, entweder das mobile Gerät an den Strom anzuschließen oder das externe Gerät über eine unabhängige Stromzufuhr zu speisen.

Entfernen Sie zudem nicht mehr benötigte Peripheriegeräte vom Notebook, um auch dessen Energiequelle zu schonen. Das gilt natürlich auch bei Tablets und Smartphones, wo gerne vergessen wird, dass auch Kopfhörer Energie beziehen.

Mobile Geräte verfügen zudem über einen oder mehrere PCMCIA-Anschlüsse. Wie Sie bereits gelesen haben, gibt es dafür verschiedene Standards: vom ursprünglichen PCMCIA über PC Card bis zu PC-CardExpress. Diese Standards sind nur bedingt zueinander kompatibel, und daher müssen Sie genau überprüfen, welche Karte in welchem Anschluss betrieben werden kann. Das gilt auch, wenn Sie beispielsweise in einem Notebook den integrierten Drahtlosadapter durch einen externen Adapter mit höherer Geschwindigkeit ersetzen möchten. Erleichterung schaffen hier die USB-WLAN-Sticks, welche Sie nicht über einen Cardslot, sondern direkt über eine USB-Schnittstelle anschließen können.

14.9 Probleme mit mobilen Geräten

Die Problembehandlung bei Smartphones und Tablets gestaltet sich in gewissen Bereichen sehr viel anders als bei Notebooks und Desktops. Im Vergleich zu Notebooks ist es bei diesen Geräten nochmals um einiges schwieriger oder sogar unmöglich, Reparaturen an der Hardware vorzunehmen, als Stichwort sei hier noch einmal der meist verwendete SoC-Ansatz genannt, der keine modularen Reparaturen zulässt.

Lässt sich ein Problem nicht durch Einstellungsänderungen oder Zurücksetzen beheben, führt in der Regel kein Weg an einer Herstellerreparatur bzw. in der Regel dem Ersetzen des Geräts oder zumindest der Platine vorbei.

Handelt es sich um ein häufig auftretendes Problem, lohnt es sich, zuvor mit einem geeigneten Werkzeug die Symptome zu beheben zu versuchen.

Ihre Möglichkeiten liegen daher nicht im Zugriff auf die Hardware, sondern den Möglichkeiten, welche Ihnen die Betriebssysteme und Apps anbieten:

Problem	Werkzeug
Ungewohnt schlechtes Signal, langsame Datenraten, unbeabsichtigte Verbindungen	WLAN: WiFi-Analyse-App installieren, um Leistung an unterschiedlichen Standorten zu messen Mobilfunk: Eventuelle PRI-/PRL-Updates überprüfen, Aktualisierung der Netzbetreibereinstellungen
Kurze Akkulaufzeit, langsame Apps, starke Erwärmung des Gehäuses	Ressourcenverbrauch Ihrer Apps überprüfen, schließen Sie alle geöffneten Apps aus der Multitasking-Ansicht, starten Sie Ihr Gerät allenfalls neu
Personenbezogene Daten werden unbefugt aufgezeichnet und weitergegeben	Überprüfen Sie die Berechtigungen der entsprechenden App in den Datenschutzeinstellungen Ihres Gerätes (Standort, Kamera, Mikrofon, Kontakte, Root-Zugriff), trennen Sie Anbindungen an soziale Netzwerke
Unbefugte Veränderungen am Betriebssystem	Überprüfen Sie Ihr Gerät mit einer Anti-Malware-Software, achten Sie bei der Installation von Apps auf deren Verifizierung oder setzen Sie einen App-Scanner ein
Apps lassen sich nicht mehr öffnen/stürzen ab	Eventuelle Updates aus App Store durchführen. Installieren Sie die betreffende App neu

Bei generellen Netzwerkproblemen kann es daneben helfen, die Netzwerkeinstellungen zurückzusetzen. Dabei gehen zwar beispielsweise Ihre gespeicherten WLAN-Zugriffspunkte verloren, dafür werden dadurch in vielen Fällen Kommunikationsprobleme behoben.

Eine weitere Möglichkeit, Problemen mit mobilen Betriebssystemen und Datenverlust vorzubeugen, ist die regelmäßige Durchführung von Sicherungen. Zur Durchführung stehen je nach Betriebssystem unterschiedliche Möglichkeiten offen:

- iOS: iTunes oder iCloud
- Android: Herstellerabhängige Software oder Google Sync
- Windows Mobile: OneDrive

Eine Datensicherung macht die letzte und oftmals wirkvollste Möglichkeit auch etwas einfacher: nämlich das Zurücksetzen des Systems. Dabei unterscheidet man von zwei Varianten:

- Soft Reset: Der Soft Reset kann mit einem kompletten Neustart des Geräts beschrieben werden, wenn dieses beispielsweise einfriert. Bei einem großen Teil mobiler Geräte gelingt dies durch Drücken und Halten der Power-Taste, bis das Gerät neu startet.
- Hard Reset: Der Hard Reset ist die allerletzte Möglichkeit, Ihr Gerät auf Softwareebene wieder lauffähig zu machen. Dabei wird das Gerät auf die Werkseinstellungen zurückgesetzt, und Ihre Daten werden, im Gegensatz zum Soft Reset, vom Gerät entfernt. Erstellen Sie falls irgendwie möglich zuvor also eine Sicherung. Ein Hard Reset ist zum Beispiel auch bei der Weitergabe oder dem Verkauf eines mobilen Geräts anzuraten.

Identifizierung von mobile Geräten

Für die eindeutige Identifikation eines Smartphones oder Tablets können unterschiedliche Methoden zum Zuge kommen. Im Garantiefall können diese Nummern von Bedeutung sein:

- Seriennummer: Wie bei anderen elektronischen Geräten vergeben auch Hersteller von Smartphones und Tablets jedem Gerät eine eindeutige Seriennummer. Diese werden unternehmensintern als Identifikationsmerkmal verwendet.
- IMEI: Die International Mobile Station Equipment Identity ist eine 15-stellige, weltweit eindeutige Nummer, über welche jedes Gerät mit integrierter Mobilfunkfähigkeit verfügen muss. Anhand der IMEI kann beispielsweise im Fall eines Diebstahls ein Mobiltelefon gesperrt werden.
- IMSI: Die International Mobile Subscriber Identity ist im Gegensatz zur IMEI auf der SIM-Karte gespeichert. Sie muss ebenfalls weltweit eindeutig identifizierbar sein.

Aus Sicherheitsgründen kann auf einem mobilen Gerät lediglich die Seriennummer und IMEI ausgelesen werden. Die IMSI ist für den Endverbraucher in den meisten Fällen von kleinerer Bedeutung.

14.10 Fragen zu diesem Kapitel

1. Sie arbeiten seit längerer Zeit an diesem Tag an einem Notebook, das sich plötzlich herunterfährt. Was überprüfen Sie als Erstes?
   A. Ob die Lüfter blockiert sind.
   B. Die Einstellungen für Hyperthreading.
   C. Die Anschlüsse des Flachbandkabel.
   D. Den Sitz der CPU im Sockel.

2. Der an einem Laptop angeschlossene externe Bildschirm wird nicht erkannt und geht in den Ruhemodus. Wie kann als Erstes versucht werden, das Problem zu lösen (zwei Antworten)?

   A. Den Input des Displays ändern.

   B. Den Computer neu starten.

   C. Die Bildschirmadapter-Treiber neu laden.

   D. Die Bildschirmeinstellungen mit dem Keyboard-Shortcut wechseln.

   E. Die Internetverbindung überprüfen.

3. Auf einem Laptop, der per Dial-up-Modem mit dem Internet verbunden werden soll, erscheint die Meldung, dass kein Wählton erkannt wird. Was sollte der Techniker als Erstes überprüfen?

   A. Kontrollieren, ob das Kabel mit dem RJ-45 Telefon-Port verbunden ist.

   B. Kontrollieren, ob das Kabel mit dem RJ-11 Line-Port verbunden ist.

   C. Kontrollieren, ob das Kabel mit dem RJ-45 Line-Port verbunden ist.

   D. Kontrollieren, ob das Kabel mit dem RJ-11 Telefon-Port verbunden ist.

4. Ein Benutzer verliert auf seinem Laptop mehrmals pro Tag, im Büro und auch zuhause, die Wireless-Internetverbindung. Das Problem tritt seit dem Ersetzen der Wireless-Karte auf. Was ist wahrscheinlich der Grund für das Problem?

   A. Die Treiber des Mainboards sind nicht aktuell.

   B. Die Treiber der Netzwerkkarte müssen aktualisiert werden.

   C. Der Wireless-Schalter am Laptop ist in der falschen Position.

   D. Die Tastatur ist fehlerhaft und schaltet die Netzwerkkarte an und aus.

5. Ein Techniker kümmert sich um ein Problem mit einer drahtlosen Verbindung eines Netbooks. Das Infrastrukturnetz bietet 802.11g an. Die Netzwerkkarte verbindet sich zwar, zeigt aber immer nur 11 Mbps an. Was ist der Grund für diese Anzeige?

   A. Die WLAN-Karte unterstützt nur 802.11g.

   B. Die WLAN-Karte unterstützt nur 802.11n.

   C. Die WLAN-Karte unterstützt nur 802.11a.

   D. Die WLAN-Karte unterstützt nur 802.11b.

6. Worauf müssen Sie achten, wenn Sie mit Ihrem Notebook von Europa in die USA reisen?

   A. Das lokale Dateisystem

   B. Die Watt-Einstellungen

   C. Die regionalen Leistungseinstellungen

   D. Die Volt-Einstellungen

7. Eine Technikerin erhält ein Notebook, dessen Display nur noch schwach leuchtet. Wenn sie das Notebook an einen externen Monitor anschließt, funktioniert die Anzeige aber einwandfrei. Was ist der wahrscheinlichste Grund?
   A. Die Grafikkarte ist nicht mehr in Ordnung.
   B. Die interne Verkabelung hat einen Schaden.
   C. Das Inverterboard ist nicht mehr in Ordnung.
   D. Der VGA-Konnektor ist defekt.
8. Eine Technikerin ist dabei, das Mainboard in einem Notebook zu ersetzen. Was sollte sie bei dieser Tätigkeit am besten tun? Wählen Sie zwei Antworten aus.
   A. Sie notiert sich genau, wo die Kabel durchlaufen und welche Schrauben sich wo befinden.
   B. Sie trägt ein ESD-Armband.
   C. Sie installiert durchgängig neue Verbindungskabel.
   D. Sie setzt an allen wichtigen Punkten Wärmeleitpaste ein.
9. In einem Unternehmen wurden bereits mehrere Laptops gestohlen. Welches ist der kosteneffizienteste Weg, weitere Diebstähle zu verhindern?
   A. CCTV System
   B. Kabelschloss
   C. Badge-Leser
   D. Netzhaut-Scanner
10. Für einen Kunden möchte ein Techniker den Arbeitsspeicher aufrüsten. Gemäß der Spezifikationen besitzt der Laptop zwei Slots, der Techniker findet jedoch nur einen vor. Wo könnte sich der zweite Slot befinden?
   A. Im Display-Panel
   B. Zweiter Festplattenbay
   C. Über dem PC-Card Slot
   D. Unter der Tastatur

Kapitel 15

Häh? – Kommunikation im Support

CompTIA-Prüfungsziele, die in diesem Kapitel behandelt werden:

Für das Examen 220-902

5.4 Demonstrieren von ordnungsgemäßen Kommunikationstechniken und professionellem Herangehen.

- Geeignete Sprache verwenden – Fachjargon, Abkürzungen und Slang wenn zutreffend vermeiden
- Eine positive Haltung einnehmen/Zuversicht ausstrahlen
- Aktiv zuhören (Notizen machen) und den Kunden möglichst nicht unterbrechen
- Kulturelle Einfühlsamkeit zeigen
- Pünktlich sein (bei Verspätung den Kunden kontaktieren)
- Ablenkungen meiden
- Umgang mit einem schwierigen Kunden oder einer schwierigen Situation
- Erwartungen/Zeitplan festlegen und erfüllen und dem Kunden den jeweiligen Stand mitteilen
- Ordnungsgemäß mit den vertraulichen Materialien von Kunden umgehen

5.5 Theoretisches Erläutern der Fehlerbehebung bei einem gegebenen Szenario.

- Stets die Unternehmensrichtlinien, -verfahren und die Auswirkungen auf das Unternehmen in Betracht ziehen, bevor Änderungen umgesetzt werden.
- Das Problem identifizieren
- Theorie der wahrscheinlichen Ursache erstellen (Offensichtliches hinterfragen)
- Theorie testen, um Ursache zu bestimmen
- Einen Aktionsplan zur Lösung des Problems aufstellen und die Lösung umsetzen
- Vollständige Systemfunktionalität prüfen und gegebenenfalls präventive Maßnahmen ergreifen
- Befunde, Aktionen und Ergebnisse dokumentieren

Bislang haben wir uns mehrheitlich mit der Technik im Support befasst. Aber diese Technik kommt ja nicht von alleine zu uns, sondern wird uns von Kunden gebracht, die einen Wunsch oder ein Problem mit sich herumtragen, und damit zu uns in den Support kommen.

Was ist Support? Bevor wir uns hier mit diesem Begriff von fachlicher Seite auseinandersetzen werden, notieren Sie sich einmal alles, was Ihnen dazu in den Sinn kommt.

Notieren Sie sich im Folgenden die wichtigsten Begriffe, welche für Sie zum Begriff Support dazugehören, vom Begriff, der Leistung, dem Umfang her – was immer Ihnen dazu einfällt:

15.1 Aufgaben des IT-Supports

»Support« ist das englische Wort für Unterstützung. Der Begriff ist mitnichten nur auf die Informatik bezogen, wird aber insbesondere hier gerne verwendet. Andere, ältere Begriffe aus demselben Bereich sind »Kundendienst« oder noch früher gar der »Störungsdienst«. In vielen Branchen haben sich diese Begriffe übrigens auch gehalten – der freundliche Techniker von Siemens jedenfalls kam letztlich im Rahmen des Kundendienstes zu uns auf Reparatur und nicht als »Waschmaschinen-Supporter«. In der Informatik aber hat sich der Begriff »Support« durchgesetzt.

Support ist eine sehr vielfältige Aufgabe und kann vom Entgegennehmen einer Störungsmeldung bis zum Ersatz eines defekten Gerätes oder dem Pflegen von Datensicherungsplänen sehr viele verschiedene Arbeiten umfassen.

In den folgenden Abschnitten beschränken wir uns auf den Support, wie er im Bereich von Client-Systemen auftreten kann. Das reicht von der Benutzerunterstützung bis zum Reparieren einfacherer Fehler an Systemen und Peripheriegeräten.

Folgende Aufgaben werden PC-Supportern zugeteilt:

- Kundenbetreuung, Störungen aufnehmen
- Bedienungsprobleme lösen
- Software installieren und benutzerspezifisch einrichten

- Hardware passend zusammenstellen und einrichten
- Hardware prüfen und testen
- Einfacher Netzwerkunterhalt
- Datensicherung und Virenschutz
- Sicherheitseinstellungen am PC überprüfen und einrichten

Dabei gibt es verschiedene Arten, um diese Betreuung von Systemen und Anwendern zu vollziehen:

- Durch Remote-Zugriff
- Am Telefon
- Per E-Mail
- Beim Benutzer vor Ort
- Durch Anleitungen

15.2 Die Supportstufen

Entsprechend den verschiedenen Aufgabenbereichen und Zugriffsmöglichkeiten im Support gibt es verschiedene Supportstufen, die unterschieden werden:

- CallDesk, CallCenter, Customer Care Center (gleichgelagerte Begriffe)
- Hotline, Helpdesk, Custom Support Center
- First Level
- Second Level
- Third Level
- SW-Installation (auch Staging genannt)
- HW-Installation
- Benutzeradministration, was oft auch dem First Level oder Second Level zugeordnet wird
- Netzwerkbetreuung und Unterhalt
- Sofern Sie bei einem Anbieter bzw. Hersteller arbeiten, können Sie vom Kunden aus auch als Third Level Support als Externe hinzugezogen werden.

Nicht in die Aufgabenbereiche der PC-Supporter gehören in der Regel folgende Abteilungen:

- Netzwerkplanung und Netzwerke einrichten
- Hardware- und Software-Planung und Evaluationen
- Buchhalterische Aufgaben in der Informatik

Oft werden Supporter hier wegen ihres Fachwissens als Spezialisten hinzugezogen.

Als Techniker im Support gehört es zu Ihren Aufgaben, Kunden zu betreuen und Dienstleistungen zu erbringen. Die Erwartungen des Kunden an den Support sind dabei entscheidend für den Aufbau und die Struktur des Supports. Dazu müssen Sie die Bedürfnisse Ihrer Kunden kennen, ebenso was an Dienstleistung beim aktuellen Servicevertrag des Kunden eingeschlossen ist.

In kleineren Unternehmen bis zu 100 Arbeitsplätzen sind in der Regel ein bis zwei Personen für alle anfallenden Supporter-Aufgaben zuständig. Sie sind Teil der IT-Abteilung und erledigen die laufend eintreffenden Fälle.

In Großfirmen gibt es jeweils verschiedene Stufen von Support mit diversen Bezeichnungen und Begriffen. Hier besteht ein Arbeitsprozess von der Entgegennahme der Supportanfrage über verschiedene Stufen der Bearbeitung bis zur Dokumentation und der Rückmeldung an den Kunden. Dabei werden die Supportstufen heute längst nicht mehr alle innerhalb der Firma gepflegt, sondern können auch auf externe Partner verteilt werden. Eine große Firma hat so zum Beispiel einen Partner für das Callcenter, das die Anfragen entgegennimmt, aber danach für die heikleren Fälle einen internen Second Level Support, welcher entsprechende Anfragen vom Call Center entgegennimmt und verarbeitet. Zudem verändern sich diese Supportanforderungen auch von Zeit zu Zeit. Stichwort hierzu wäre aktuell das Cloud Computing, bei welchem verschiedene Dienstleistungen wie Speicher oder auch Applikationen von externen Partnern bezogen werden – und diese übernehmen dann auch den entsprechenden Support.

Lernen Sie im Folgenden die Begriffe für die verschiedenen Support-Abteilungen und ihre Bezeichnungen und Aufgaben kennen.

Support-Bezeichnungen	Aufgaben/Zuständigkeit der einzelnen Abteilungen
Call Center, Customer Care Center	■ Ansprechpartner für Kunden ■ Reine Störungsannahme, keine Problemlösung
Hotline, Helpdesk	■ Ansprechpartner für Kunden: Störungen aufnehmen, erfassen und an zuständige Abteilung weiterleiten ■ Kleine Probleme am Telefon selber lösen ■ Kunden auf dem Laufenden halten
First Level	■ Kundenbetreuung (Kommunikation, Infos) ■ Probleme analysieren und lösen, die einen Benutzer oder PC betreffen ■ In der Regel heute Telefonsupport ■ Backup

Tabelle 15.1: Supportstufen und ihre Aufgaben

Support-Bezeichnungen	Aufgaben/Zuständigkeit der einzelnen Abteilungen
Second Level	■ Probleme analysieren und lösen, die nicht nur einen PC oder Benutzer betreffen ■ Vor-Ort-Service ■ Backup
Third Level	■ In der Regel Herstellersupport
Netzwerkbetreuung (Second Level)	■ Installation und Unterhalt des Netzwerkes ■ Netzwerkprobleme von Hintergrundsystemen aufarbeiten (Verbindungen, Server)
Benutzer-Administration (First oder Second Level)	■ Benutzerberechtigungen, Freigaben (Laufwerke, Daten) und Passwörter verwalten
HW-Installation	■ Hardware installieren und bereitstellen
SW-Installation (Staging)	■ Software installieren und bereitstellen
HW- und SW-Evaluation	■ Firmenspezifische Software und Hardware prüfen, unterhalten, abklären

Tabelle 15.1: Supportstufen und ihre Aufgaben (Forts.)

Daneben gilt es zu beachten, dass jedes Unternehmen im Rahmen seiner definierten Arbeitsprozesse (wie z.B. ISO-Zertifizierungen oder ITIL-Prozesse) seine eigenen Definitionen anwenden kann und daher leichte Verschiebungen ohne Weiteres möglich sind.

Die Aufgabenverteilung auf mehrere Abteilungen, welche in großen Firmen üblich ist, erfordert einige organisatorische Elemente, um effizienten, kundenfreundlichen Support zu leisten.

Die Beziehungen zwischen den einzelnen Abteilungen und zum Kunden und die Kompetenzen und Aufgabenbereiche jeder Abteilung müssen geklärt sein.

Der Helpdesk ist die Schnittstelle zum Kunden und übernimmt folgende Aufgaben:

- Benutzerdaten erfassen.
- Störungsprotokoll erfassen.
- Problem, Störung vom Benutzer erfragen und analysieren.
- Erste Hilfeleistungen gewährleisten.
- Problem lösen und den Kunden informieren oder Problem schriftlich mittels Störungsprotokoll an richtige Support-Abteilung als Auftrag weiterleiten.
- Überwachung der gemeldeten Störung (Zeitraster) und auf Rückmeldung der Support-Abteilung warten.
- Kunde über Weiterleitung, Zustand der Störungsbehandlung informieren.
- Kunde nach erfolgter Problemlösung informieren und nachfragen, ob Problem gelöst ist.

Wenn die Anlaufstelle zentral für alle Anliegen gilt, spricht man auch von einem Single Access Point.

Aufgaben im First Level Support, Second Level Support und in weiteren Support-Abteilungen:

- Störungsprotokolle vom Helpdesk übernehmen.
- Störungen analysieren und beheben.
- Störungsprotokoll mit Lösung ergänzen.
- Rückmeldung an Helpdesk, damit dieser die Störung mit dem Kunden abschließen kann.

15.3 Supportsysteme

In Unternehmen mit mehrstufigem Support werden heute fast flächendeckend sogenannte Ticketing-Systeme eingesetzt, auch Trouble Ticket-Systeme genannt. Das sind Softwarelösungen, mit denen der Benutzer, das Problem und möglicherweise auch die Lösung eines Falls erfasst und abgespeichert werden kann.

Solche Systeme sind unter Umständen auch mit dem Inventarsystem gekoppelt, sodass bei Anruf eines Kunden der Supporter sofort sehen kann, welche Hard- und Software vor Ort im Einsatz ist.

Diese Systeme sind so ausgelegt, dass ein Trouble Ticket vom Call Center eröffnet und danach an die zuständige Supportstelle weitergeleitet werden kann. Von dort wird es aufgenommen, behandelt und zum Schluss als erledigt gekennzeichnet.

Die Handhabung solcher Systeme kann sehr unterschiedlich sein: Es kann vom rein elektronischen Tool bis zum System reichen, welches auch Arbeitsrapporte druckt, und auch eine Arbeitszeiterfassung und eventuelle Ersatzteilbestellungen umfassen.

Zentral für ein solches System sind:

- Möglichst rascher Zugang während des Supportgesprächs zu wichtigen Daten.
- Möglichst vollständige Information zu Benutzer und Umgebung.
- Rasche Erfassung neuer Daten (Systeme mit 34 Feldern, wo Sie erst 15 Minuten manuell Daten erfassen müssen, sind im Support nicht zu gebrauchen!).
- Umfassende Netzwerktauglichkeit zur Weiterleitung der Daten an bestimmte Stellen.
- Suchsystem, um analoge oder ältere Fälle rasch auffinden zu können.

Wie weit ein System alle diese Anforderungen abdeckt, ist aber sehr unterschiedlich gelöst, zumal viele Firmen hier eigene Lösungen einsetzen.

Eine weiterführende Variante dieses Systems – vor allem in Zusammenhang mit sogenannten »externen Kunden« – ist die Einführung von CRM-Systemen (Customer Relationship Management). Diese beinhalten neben dem Support selber noch eine Reihe weiterer Daten und sollen dazu dienen, den Kunden möglichst vollständig zu erfassen.

15.4 Dokumente für den Support-Einsatz

Verschiedene Unterlagen und Dokumente unterstützen die Techniker dabei, ihre Arbeit korrekt und erfolgreich durchführen. Dazu gehören Listen, Datenbanken, Verzeichnisse und Nachschlagewerke.

Folgende Unterlagen helfen dabei:

Bezeichnung	Inhalt/Zweck
Benutzerdaten	Name, Kontakt, vorhandene Systeme (Hard- und Software) Das gilt für externe Kunden (Kundendatenblätter) genauso wie für internen Support (Benutzerlisten).
Störungslisten (FAQ)	Häufige Probleme und Lösungen dazu
Telefonlisten	Lieferanten, Reparaturdienste
Checklisten für Abläufe schwieriger Prozesse	■ Umzug von Abteilungen in andere Gebäude ■ Konfiguration beim Aufsetzen neuer Systeme ■ Eskalationsplan bei größeren Störungen ■ Installationen neuer SW-Pakete
Notfallszenarien	Wie reagieren bei ■ Netzwerkunterbrechung ■ Serverdefekten ■ Stromausfall ■ Datenverlust ■ Naturereignissen wie Brand oder Flut

Tabelle 15.2: Hilfsmittel für Techniker

15.4.1 Hinweise zur Telefonnotiz

Auf einer Telefonnotiz finden sich die grundlegendsten Angaben zu einem Problem. Dazu gehört der Kundenname (evtl. Personalnummer, Kundennummer), verbunden mit den Daten zur Lokalisation des Kunden.

Im Weiteren finden sich Angaben zur Systemumgebung auf dieser Notiz sowie die Problembeschreibung, soweit der Kunde sie zu diesem Zeitpunkt bereits mitgeteilt hat.

Telefonnotizen dienen oft als erste Informationsquelle oder als Ergänzung zu anderen Informationen im Supportsystem oder dem Störungsprotokoll.

Ihr Nachteil besteht darin, dass sie oft nirgends systematisch verwaltet werden und dadurch ihr Informationsgehalt nach Erledigung des Falls verloren geht – was im ungünstigsten Fall leider auch schon vor der Beendigung des Problems geschehen kann.

15.4.2 Störungsprotokolle

Störungsprotokolle sind hilfreiche Protokolle, welche am besten in einer Datenbank erfasst werden und auf die alle Supporter zugreifen können. Bei der elektronischen Erfassung wird wie bereits erwähnt auch von Tickets gesprochen.

Störungsprotokolle sollten folgende Daten beinhalten:

Inhalt	Bedeutung
Wer hat die Störung oder das Problem?	Name, Telefonnummer, Büronummer usw.
Wann wurde das Problem gemeldet?	Datum, Zeit
Genaue Angaben der Störung	Text inklusive detaillierter Fehlermeldung
Status des Problems	Erfasst, In Bearbeitung, Warten, Erledigt
Zuständiger Supporter	Name des Technikers
Lösungsweg	Beschreibung der Lösung für ähnliche Fälle

Tabelle 15.3: Inhalt eines Störungsprotokolls

15.4.3 Übung: Konrad und der Virus

Der Systembenutzer Konrad ruft den internen Helpdesk an, weil er eine Meldung über einen Virenbefall auf seinem PC hat.

Beschreiben Sie im Folgenden den Ablauf dieser Meldung durch die Stufen des Supports. Wer macht was mit dieser Meldung und wie wird die Anfrage erledigt?

Versuchen Sie, möglichst verschiedene Denkansätze zu verfolgen und so das Problem möglichst umfassend zu verstehen und verschiedene Lösungen zu erarbeiten.

Kreieren Sie zur Lösung einen zeitlichen und organisatorischen Ablauf, wie eine solche Meldung aufgenommen und verarbeitet wird.

Nehmen Sie sich dazu 15 Minuten Zeit und lösen Sie diesen Fall aus Sicht des Supports.

Das Ziel lautet, dass der Fall »Konrad und der Virus« erfolgreich gelöst ist und Konrad wieder gefahrlos arbeiten kann.

15.5 Support hat immer Kunden – reden Sie mit ihnen

Support geschieht nicht in einem rein technischen Kontext, sondern auch als Aktion zwischen einem Techniker bzw. einer Technikerin, die als Menschen diese Funktion wahrnehmen, und einem Kunden, der über das rein Technische hinaus mit seinen Bedürfnissen an den Support herantritt.

Als Erstes widmen wir uns daher den Erwartungen, welche an »Techniker« und »Kunden« gerichtet sind. Anschließend beleuchten wir die Kommunikation zwischen diesen beiden Gegenübern näher. Was ist wichtig beim Gespräch im Supportumfeld, auf was achten wir als Techniker im Einsatz besonders und wie können wir unsere Kunden optimal unterstützen?

Die meist genannten Anforderungen an einen Techniker im Support lauten:

- Fachliche Kompetenz
- Zuverlässigkeit und Pünktlichkeit
- Verantwortungsbewusstsein
- Schnelligkeit
- Verständliche, dem Kunden angepasste Sprache
- Klare und eindeutige Information
- Sozialkompetenz
  - Gute Umgangsformen
  - Auftreten
  - Kleidung und Sauberkeit
  - Freundlichkeit, Hilfsbereitschaft
  - Servicebereitschaft

Bemerkenswert daran ist: Die sozialen Aspekte sind für den Kunden genauso wichtig wie die fachlichen Kompetenzen. Bedenken Sie, dass ein Kunde Ihre fachlichen Qualitäten weniger beurteilen kann als Ihre Umgangsformen und Ihre Dienstleistungsbereitschaft. Dementsprechend wird er Sie auch nach diesen Kriterien beurteilen, und Sie tun sich einen großen Gefallen, dies im Gedächtnis zu behalten, wenn Sie Support leisten.

15.5.1 Kommunikation mit dem Kunden

Die Kommunikation mit Kunden ist ein wesentlicher Punkt für die Qualifikation eines Technikers, denn:

- Ob interne oder externe Anrufer – alle sind Kunden für den Techniker.
- Jeder Kunde will wichtig genommen werden und ist wichtig, denn ohne ihn braucht es keine Techniker und Supporter.
- Der Kunde hat das Recht, verstanden zu werden.

Es ist daher selbstverständlich, dass Sie ...

- mit den Kunden stets freundlich und verständnisvoll umgehen,
- den Kunden geduldig anhören, ohne Kritik anzubringen,
- alle Kunden gleich behandeln (Anfänger, Power-User, Spezialisten),
- die Sprache des Benutzers wählen (Fachwörter und Jargon vermeiden),
- nötige Abweisungen freundlich, aber konsequent mitteilen,
- Kunden informieren, wie das Problem angegangen wird,
- den Kunden informieren und nach Lösung der Störung rückfragen, ob alles in Ordnung ist (vielleicht wartet der Kunde immer noch).

15.5.2 Die Pyramide der Kundenzufriedenheit

Die Wichtigkeit des Zusammenhangs von Ihrem Auftreten als Techniker und dem Erfolg Ihres Unternehmens ersehen Sie aus der folgenden Grafik, der sogenannten Kundenzufriedenheitspyramide.

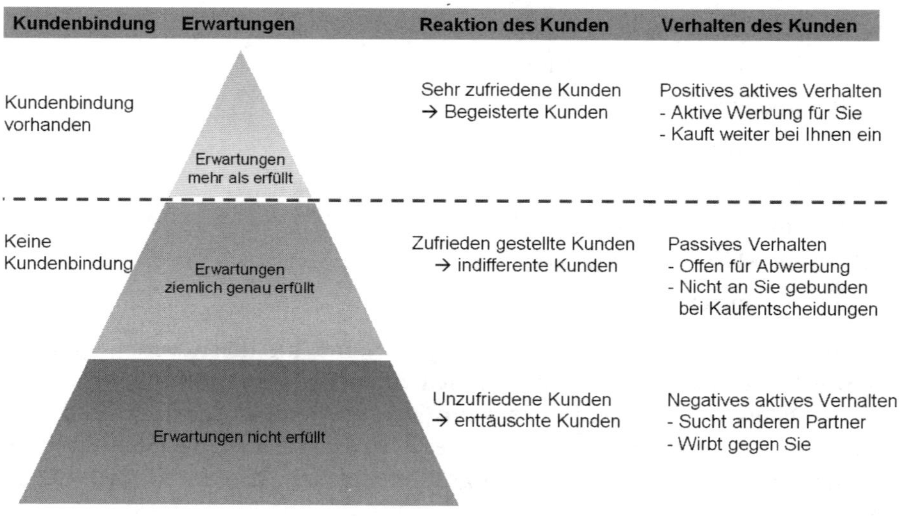

Abb. 15.1: Die Pyramide der Kundenzufriedenheit

Sie können aus dieser Pyramide entnehmen, dass es nicht reicht, »einigermaßen« gut zu arbeiten. Wenn Sie den Kunden nicht oder nur ungefähr zufriedenstellen, werden Sie den Kunden nicht an sich binden können.

Eine der wichtigsten Fragen als Konsequenz aus dieser Erkenntnis lautet jetzt: »Wie erreiche ich als Kundenbetreuer die bestmögliche Kundenzufriedenheit?«. Diese Frage ist weit komplexer, als es im ersten Moment scheinen mag.

Fangen Sie darum bei sich selber an. Wenn Sie als Kunde in einer Geschäftsbeziehung auftreten, welche Faktoren sind denn für Sie entscheidend für Ihre Kundenzufriedenheit?

Und wenn Sie diese Faktoren jetzt ordnen: Wie viele davon sind produktorientiert und wie viele preis-, dienstleistungs- oder personenorientiert?

Aus Sicht vieler Techniker steht dagegen einzig das Produkt oder die erbrachte Dienstleistung im Mittelpunkt der Betrachtung. Der Kunde »muss« zufrieden sein, wenn das Produkt oder die Dienstleistung funktioniert.

Doch »Zufriedenheit« umfasst weit mehr Faktoren, wie Ihnen die folgende Aufstellung deutlich machen möchte:

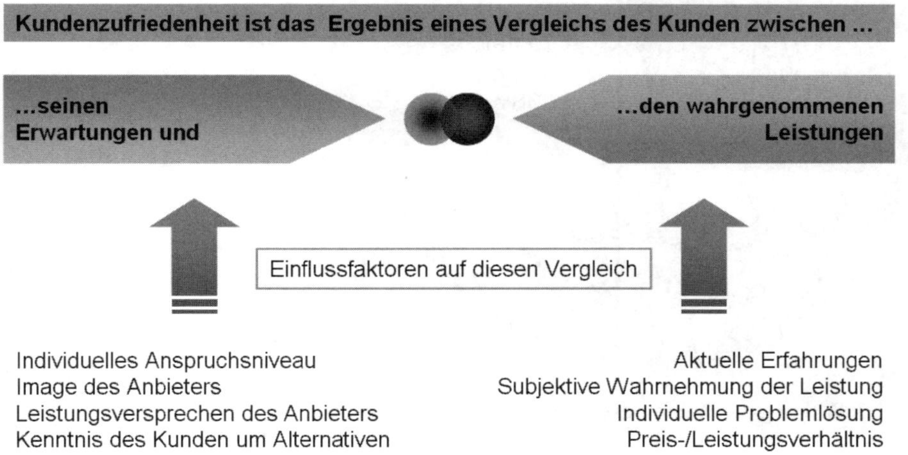

Abb. 15.2: Entstehung von Kundenzufriedenheit

Es kommt somit auf zahlreiche verschiedene Faktoren an. Einen Teil davon können Sie als Anbieter direkt beeinflussen – anderes wird indirekt von Ihnen beeinflusst und schafft den »Ruf« eines Unternehmens.

Wichtig ist dabei auch zu wissen, welche Leistung Ihr Unternehmen wirklich erbringen will. Ein Fachmarkt hat ein anderes Leistungs- und Angebotsverständnis als die High-End-Serverabteilung eines großen Herstellers. Die Frage ist hierbei nicht, was besser oder schlechter wäre, sondern ob es gelingt, den Anspruch, den man verkaufen will, auch wirklich zu vermitteln, sodass der Kunde das korrekte Bild dessen in sich trägt, was er vom jeweiligen Anbieter zu erwarten hat.

15.5.3 Reden ist alles?

Der Begriff »Kommunikation« wird häufig mit Reden verwechselt, dabei sind Worte nur ein Teil dessen, mit dem wir kommunizieren. Die folgende Darstellung entspricht dem Ergebnis zahlreicher Studien zum Thema Kommunikation und zeigt, wie wichtig andere Bereiche der Kommunikation im Verhältnis zum Wort sind.

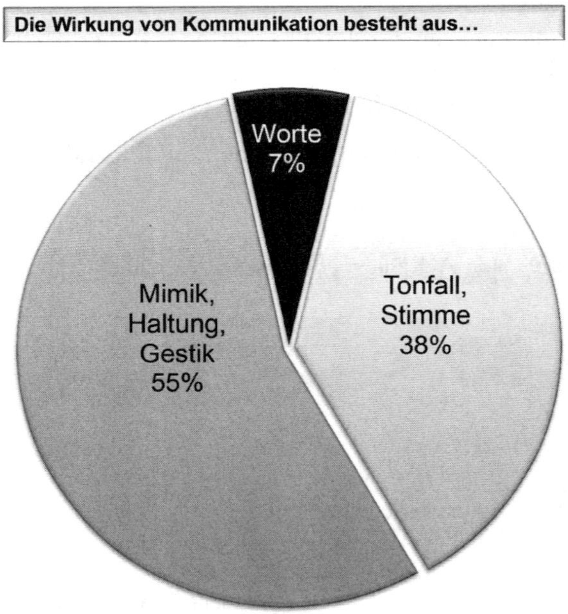

Abb. 15.3: Wirkung von Kommunikation

Sie ersehen aus dieser allgemein gehaltenen Darstellung, dass auch im Support Ihr Engagement, Ihre Haltung und Ihre gesamte Form des Eintretens auf den Kunden in diese Kommunikation mit einfließt – und oft wichtiger sind als die reinen Worte, mit denen Sie den Kunden informieren.

Welche einzelnen Faktoren spielen bei der Kommunikation also eine Rolle?

- Wortwahl – Leger oder förmlich, einfach oder kompliziert
- Tonfall – Hektisch oder ruhig
- Anrede – Kollegial, distanziert, förmlich

- Kommunikationsweg – Telefon, Besuch, E-Mail
- Mimik – Starr oder bewegt, freundlich oder stirnrunzelnd
- Körpersprache – Offene Haltung, Wegdrehen vom Kunden, fest verschränkte Arme (Abwehr)

Aus allen diesen Einzelteilen setzt sich die Kommunikation als Ganzes zusammen. Vergessen Sie das nicht, wenn Sie das nächste Mal einem Kunden sachlich richtig, aber mit schlechter Laune eine Antwort geben ...

15.6 Das Gespräch am Telefon

Viele Kunden- und Supportanfragen gehen telefonisch ein und werden dort auch bearbeitet, möglicherweise sogar direkt telefonisch gelöst. Der Telefonsupport hat darum eine wichtige Bedeutung in diesem Abschnitt.

Grundsätzlich gilt auch hier dasselbe wie gerade anhand der letzten Grafik besprochen, denn auch wenn Sie es nicht für möglich halten: Der Kunde wird es merken und heraushören, ob Sie aufrecht sitzen und zuhören oder ob Sie gleichzeitig ein PC-Heft lesen, zum Fenster herausschauen oder warten, dass endlich Feierabend ist! Hören Sie daher auch mit Ihrem Körper und Ihrer Haltung aktiv zu.

Auf was kommt es beim Telefonieren im Speziellen an?

- Ihre Stimme und (möglichst deutliche) Aussprache
- Die Sprechgeschwindigkeit
- Die Betonung und Sprechmelodie
- Die Tonlage
- Die Hörerhaltung
- Beachten Sie Ihre Körperhaltung
- Kommunizieren Sie im Sinne des Kunden ziel- und lösungsorientiert

Natürlich ist auch die Wortwahl von Wichtigkeit, und mit ihr können Sie während eines Supportgesprächs viel erreichen – oder auch verhindern.

Sprechen Sie darum ...

- kurz und prägnant,
- bestimmt und deutlich,
- mit wenig Fremdwörtern und ohne »Fachchinesisch«.

Zudem gilt:

- Setzen Sie dynamische Tätigkeitsworte wie »sichern, garantieren, ermöglichen, nützen, helfen, sparen« ein.
- Positive Begriffe werden schneller verstanden als negative.

- Vermitteln Sie den Eindruck, dass etwas geschieht (und sorgen Sie dafür, dass dem auch tatsächlich so ist!).

Wenn Sie im Bereich Hotline/Helpdesk/Call Center zum Dienst eingeteilt sind, achten Sie darauf, wie Sie Ihren Dienst beginnen. Das beginnt damit, dass Sie einen aufgeräumten Arbeitsplatz vor sich haben, früh genug vor der Umschaltung bereit sind und alle wichtigen Materialien griffbereit liegen (Userlisten, Telefonlisten, Supportsoftware gestartet, Schreibzeug bereit ...).

Wie nehmen Sie einen Supportanruf korrekt entgegen?

- Nicht zu lange klingeln lassen – sechs Mal ist einfach zu viel, denn der Kunde wird dann bereits ungeduldig, was Missverständnisse fördert.
- Immer mit Firmen- und eigenem Namen melden.
- Von Anfang an freundlich und zuvorkommend. Begegnen Sie dem Kunden offen und ermutigen Sie ihn dazu, sein Anliegen zu äußern. In der Fachsprache heißt dies, begegnen Sie dem Kunden mit Empathie.
- Setzen Sie Hilfsmittel ein:
  - Notizblock
  - Telefonliste zum Weiterverbinden
  - Liste der Abwesenden
  - Artikellisten, Produkte etc.
  - Supportsystem

Wichtig

Zu Beginn eines Gesprächs sind Sie der Zuhörer, Ihre Kunst besteht nicht darin, den Anrufer möglichst schnell zu unterbrechen, sondern sein Anliegen möglichst präzise aufzunehmen. Dazu verhilft auch der nächste Abschnitt.

15.7 Richtiger Einsatz der Fragetechnik

Viel hängt für einen erfolgreichen Supportfall davon ab, dass der Techniker das Problem möglichst detailliert in Erfahrung bringen kann. Oft ist er dabei auf die telefonischen Auskünfte angewiesen, da er nicht einfach »schnell schauen« und beim Kunden vorbeigehen kann.

Der Kunde als Benutzer ist andererseits aber in der Regel nicht sehr geübt in seiner technischen Ausdrucksweise und muss von daher richtig befragt werden, damit eine Analyse stattfinden kann. Die Fragetechnik soll Ihnen dazu verhelfen, dem Kunden möglichst rasch Hilfestellung bieten zu können. Dazu ist es zu Beginn des Gesprächs notwendig, dass Sie sein Anliegen klären können. Sie führen den Kunden anhand von Fragen so zum Kern des Problems.

Nehmen wir dazu ein Beispiel:

Herr P. aus C. ruft an beim Support eines großen PC-Herstellers und sagt: »Guten Tag, mein PC startet nicht mehr.«

Der Supporter am anderen Ende antwortet darauf: »Ja, dann geben Sie mir bitte die Seriennummer ... okay, da haben Sie ja eine Bring In-Garantie. Senden Sie das Gerät bitte an folgende Adresse ...«

Hat der Supporter das Anliegen geklärt? Nein, natürlich nicht, er hat lediglich einen vorgegebenen, ihm am einfachsten scheinenden Weg gewählt.

Er hätte aber an dieser Stelle fragen können:

- Seit wann geht der PC nicht mehr?
- Haben Sie schon Stecker und Kabel kontrolliert?
- Gibt es noch aufleuchtende Lämpchen am Gehäuse oder hören Sie noch einen Lüfter?
- Wie lange arbeiten Sie heute schon damit? Hatten Sie Stromausfall oder Gewitter?
- Wurde in der letzten Zeit etwas an Ihrem System verändert?

Auf diese Weise könnte der Supporter bereits in kurzer Zeit klären, in welcher Richtung das Problem zu suchen – und möglicherweise auch telefonisch zu lösen ist.

Das Ziel der Fragetechnik besteht darin, das Problem zu erkennen und für den Kunden eine Lösung zu finden. Sie setzen die Fragetechniken, die Sie im Folgenden kennenlernen werden, somit gezielt ein, um a) die Informationen so rasch und präzis als möglich zu erhalten (Innensicht der Firma, Zeit ist Geld) als auch dem Kunden so rasch als möglich helfen zu können (Außensicht des Kunden, er will verstanden und sein Problem gelöst werden).

Welche Fragetechnik können Sie einsetzen?

Geschlossene Fragen

- Bedeutung:
  Geschlossene Fragen sind auf eine gezielte Antwort hin formuliert und lassen nur ein Ja oder Nein zu.

  Beispiel: »Haben Sie heute schon Backup gemacht?«
- Einsatz:
  Wenn das Gespräch kurz sein soll (Sie erinnern sich: Zeit ist Geld).

  Wenn jemand sehr viel spricht und Sie ihn stoppen müssen.

  Wenn es um die Abklärung von Details geht.

  Wenn Sie oder der Kunde wenig Zeit haben (ungünstiger Fall).

Informationsfragen

- Bedeutung:
  Informationsfragen sind darauf gerichtet, möglichst präzise Informationen zu erhalten, sie beginnen oft mit einem Zeitwort und erwarten eine kurze Antwort.

  Beispiel: »Wo steht Ihr PC?«, »Welche Software setzen Sie ein?«, »Wie heißt der Druckertyp?«
- Einsatz:
  Abklärung von Fakten

Alternative Fragen

- Bedeutung:
  Eine alternative Frage stellt den Kunden vor eine Wahl. Die Entscheidung wird durch diese Fragestellung dem Kunden übertragen.

  Beispiel: »Möchten Sie ein DVD- oder ein Blu-ray-Laufwerk als Ersatz für Ihr defektes CD-ROM-Laufwerk?«
- Einsatz:
  Wenn ich selber unsicher bin, was dem Kunden besser dient.

  Wenn der Kunde sich vorher selber nicht festlegen möchte.

  Um dem Kunden die (finanzielle) Verantwortung zu übergeben.

Suggestive Fragen

- Bedeutung:
  Die Frage beinhaltet eigentlich auch schon die Antwort. Man legt dem Kunden die Antwort sozusagen vor.

  Beispiel: »Sind Sie nicht auch der Meinung, dass ...«
- Einsatz:
  Wenn dem Supporter klar ist, was der Kunde braucht, dieser es aber noch nicht gemerkt hat.

  Wenn man den Kunden in eine bestimmte Richtung führen möchte, insbesondere um negativ laufende Gespräche wieder eine positive Richtung zu drehen.
- Achtung:
  Suggestive Fragen sollten nicht dazu verwendet werden, Kunden möglichst rasch abzufertigen oder ihnen irgendeine Lösung anzudrehen, die sie eigentlich weder möchten noch brauchen – wir reden hier von Support! Von daher sind suggestive Fragen oft keine Lösung im praktischen Einsatz.

Offene Fragen

- Bedeutung:
  Offene Fragen fangen häufig mit »Wie?« an und fassen das Thema relativ weit. Als Antwort wird mindestens ein Satz erwartet.
  Beispiel: »Wie sehen Sie die Situation?«, »Was denken Sie dazu?«
- Einsatz:
  Um den Kunden zu animieren, mehr Informationen zu vermitteln oder wenn ich selber den Faden verloren haben (der Kunde hilft mir dann durch sein Reden wieder auf die Sprünge) oder wenn der Kunde einfach seine Sorgen loswerden möchte (u.U. auch Dampf ablassen).

In jedem Fall ist es wichtig, dass Sie

- dem Kunden wirklich zuhören,
- seine Anliegen und Bedenken ernst nehmen,
- den Kunden ausreden lassen (das können Sie ja eben mit dem Fragestil steuern!),
- dem Kunden wo möglich zustimmen und ihn unterstützen,
- Feedback geben: Wichtiges wiederholen, am Ende zusammenfassen, nicht Verstandenes nachfragen,
- durch Fragen gezielt und effizient führen und
- wichtige Fakten mit notieren.

Nur wer wirklich zuhört, kann auf das Bedürfnis des Kunden eingehen und seinen Supportfall auch wirklich zu seiner *besten* Zufriedenheit lösen. Dass dies heute auch einschließt, das Sie dies mit Effizienz tun, ist einfach die Realität, die Sie hier nicht weglassen können. Sie wissen aber jetzt, dass gerade der Einsatz gezielter Fragetechnik Sie darin klar unterstützen kann.

15.8 Reden Sie Klartext

Wenn Sie dem Kunden im Verlauf des Gesprächs eine Lösung anbieten, reden Sie Klartext. Gerade im Bereich Support und Reparaturdienste ist es in der Informatik nicht immer möglich, einen Idealfall zu erreichen. Dann ist es wichtig, dem Kunden offen und ehrlich die Möglichkeiten zu zeigen, die bestehen und mit ihm in nützlicher Frist einen Lösungsweg zu finden.

Ein Beispiel: Wenn ein Computersystem sechs Jahre alt ist und einen Defekt an der CPU erleidet, kann man unter Umständen mit Ersatzteilen keine erfolgreiche Reparatur mehr durchführen, weil keine solche CPU mehr vorhanden ist. Eine neue CPU würde aber auch ein neues Mainboard nach sich ziehen – mit neuen Speicherriegeln und anderen Anschlüssen für externe Laufwerke etc. ...

Ein anderes alltägliches Beispiel lautet: Auch der beste Supporter weiß nicht über alles per sofort Bescheid.

In all diesen Fällen ist es wichtig, ohne sogenannte Weichmacher auszukommen. Beispiele dazu, mit einer Alternative als bessere Antwort, sind etwa:

- Normalerweise weiß ich das.

Leider weiß ich das im Moment nicht, aber ich kläre es für Sie bis morgen ab.

- Diese Möglichkeit ist relativ preisgünstig.

Diese Möglichkeit ist preisgünstig (oder eben nicht!).

- Es kann sein, dass Herr XY Sie morgen zurückruft.

Herr XY ruft Sie morgen zurück – oder

Ich kläre sofort ab, bis wann Sie Herr XY zurückrufen kann.

- Wir würden uns freuen, ...

Es freut uns, ... oder

Wir freuen uns, ...

- Vermutlich ist das Gerät in drei Wochen repariert.

Das Gerät ist in drei Wochen repariert oder

Ich rufe in 30 min zurück und sage Ihnen verbindlich, wann das Gerät repariert ist.

15.8.1 Spezialfall: Der wütende Kunde

Sie können reden und reden ... aber trotzdem gibt es immer wieder Kunden, welche Ihnen feindselig und wütend gegenübertreten. Einen solchen Kunden in direkter Widerrede vom Gegenteil seiner Meinung überzeugen zu wollen, ist zwar verständlich, ihn zur Raison bringen zu wollen, nachvollziehbar – aber nichts von alledem bringt Sie ans Ziel.

Ziel in einer solchen Situation muss es sein, eine Konfliktabschwächung oder gar Konfliktlösung zu erreichen, was Ihnen als der »Angeschuldigte« aber nicht gelingen wird, wenn Sie auf harten Konfrontationskurs gehen – so nach dem Motto »ja, aber so geht das nicht«.

Wenn ein Kunde Sie angreift, so ist es verständlich, dass Sie sich angegriffen fühlen – und diese Situation ist gerade im Support nicht selten. Der User ist enttäuscht, die Technik hat ihn im Stich gelassen, jetzt dauert das auch noch länger als gedacht, oder er muss, da es sein privates Gerät ist, viel Geld in die Hand nehmen.

In so einer Situation kommt es also – gerade am Telefon, wo noch viel eher »Dampf abgelassen« wird, weil man den Anrufer ja nicht sieht – darauf an, dass es Ihnen gelingt, den Anrufer mit Ihrer Reaktion nicht weiter anzuheizen, sondern zu beruhigen.

Was können Sie tun, wenn ein Kunde wütend oder aggressiv gegen Sie vorgeht?

- Ernst nehmen und Aufnahmebereitschaft zeigen. Nehmen Sie die Kritik vorerst an und auf und zeigen Sie Bereitschaft, auf den Kunden zu hören.
- Bleiben Sie ruhig und sachlich, nehmen Sie den Kunden an und versuchen Sie so auch, ihm etwas den Wind aus den Segeln zu nehmen. Viele Kunden warten in einer solchen Situation nur auf Widerstand und heizen sich daran noch mehr auf. Entziehen Sie dem Konflikt diesen Nährboden, fällt er rasch in sich zusammen.
- Hinterfragen Sie die Kritik, stellen Sie aktiv klärende Fragen, hören Sie genau zu und versuchen Sie, das Gespräch mit der Zeit auf eine sachliche Ebene zu bringen.
- Suchen Sie eine Lösung, lassen Sie den Kunden mit seiner Aggression nicht allein, zeigen Sie, wo es einen Weg gibt, um wieder zufrieden zu werden – auch mit Ihnen und Ihrer Firma. Agieren Sie lösungsorientiert.

Es sei an dieser Stelle natürlich nicht verschwiegen, dass es mitunter schwer sein kann, aggressiven oder wütenden Kunden angemessen zu begegnen.

Es ist auch nicht so, dass Sie sich zwingend alles gefallen lassen müssen. Beleidigungen, die Sie direkt angehen und Sie persönlich verunglimpfen, können auch dazu führen, dass Sie ein Gespräch entweder an Ihren Vorgesetzten weiterleiten oder abbrechen.

Auch in diesem Fall gilt aber: Zeigen Sie dem Kunden an, was als Nächstes geschieht. Schreiten Sie früh genug ein.

Beispiele dazu sind:

> *»Wenn Sie mich persönlich angreifen, können wir dieses Gespräch leider nicht weiterführen, ich verbinde Sie dann mit meinem Vorgesetzten.«*

> *»Wenn wir keine gemeinsame Ebene finden, ist es besser, ich verbinde Sie.«*

Geben Sie dem Anrufer auch klar und anständig zu verstehen, wenn er wirklich die Grenzen überschritten hat.

15.8.2 Übung zum Selbstverständnis

Beantworten Sie folgende Fragen zum Auftreten von Technikern, indem Sie nach den Grundsätzen der Kommunikation mit »richtig« oder »falsch« entscheiden:

		Richtig	Falsch
01	Das Verhalten des Technikers ist nicht so wichtig, Hauptsache das Gerät ist einwandfrei repariert.	☐	☐
02	Die Technikerin hat ein sicheres Auftreten.	☐	☐
03	Der Techniker fällt durch seinen Stil und seine Art immer auf.	☐	☐
04	Die Technikerin ist nie um eine Antwort verlegen.	☐	☐
05	Der Techniker ist in jedem Fall hartnäckig, nur so kann er das Problem selber lösen.	☐	☐
06	Der Techniker ist pünktlich und zuverlässig.	☐	☐
07	Die Technikerin liebt den Umgang mit Menschen und redet gerne auch mal länger mit ihnen.	☐	☐
08	Die Technikerin ist vielseitig: Sie kann gleichzeitig das Problem lösen, eine Dokumentation verfassen und noch die Preise für neue Einbauteile berechnen.	☐	☐
09	Der Techniker hat immer etwas zum Schreiben dabei und macht sich Notizen.	☐	☐
10	Die Technikerin arbeitet am liebsten alleine.	☐	☐

Tabelle 15.4: Fragen zum Selbstverständnis eines Technikers/einer Technikerin

15.9 Fragen zu diesem Kapitel

1. Ein Techniker kennt die Lösung für das Problem eines Kunden, bevor dieser mit der Beschreibung der Situation fertig ist. Wie soll er vorgehen?
   A. Den Kunden die Situation fertig schildern lassen und ihm dann eine Webseite mit der Lösung empfehlen.
   B. Den Kunden bitten, das Problem mehrere Male zu schildern, damit er alle Einzelheiten darüber weiß.
   C. Den Kunden die Situation fertig schildern lassen, sofern dies nicht allzu lange dauert.
   D. Dem Kunden höflich mitteilen, dass er die Lösung bereits kennt und keine zusätzlichen Erklärungen nötig sind.

2. Während der Reparatur in der Wohnung einer Kunden werden Sie vom Sohn der Kundin belästigt. Wie reagieren Sie am besten?
   A. Sie führen das Kind aus dem Raum und schließen den Raum ab.
   B. Sie führen ein Gespräch mit der Mutter des Kindes und bitten diese, ihr Kind während der Reparaturarbeiten aus dem Raum zu entfernen.
   C. Sie sprechen mit erhobener Stimme zu dem Kind und bitten es um mehr Ruhe.
   D. Sie brechen Ihre Arbeit ab und beschweren sich bei der Kundin über das unmögliche Verhalten des Sohns.
3. Ein Benutzer ruft im Kundencenter an, weil der Lösungsvorschlag eines anderen Technikers nicht funktioniert hat. Wie sollte der Techniker antworten?
   A. »Bitte erklären Sie mir das Problem, und ich werde an der Lösung arbeiten.«
   B. »Am besten sprechen Sie mit meinem Vorgesetzten.«
   C. »Bitte warten Sie einen Moment, ich verbinde Sie mit dem vorherigen Techniker, damit das Problem gelöst werden kann.«
   D. »Ich helfe Ihnen bei der Lösung des Problems gerne, da der vorherige Techniker sich in diesem Bereich nicht auskennt.«
4. Eine Technikerin hört zufällig mit an, wie ihr Kollege einem Kunden über das Telefon falsche Ratschläge gibt. Die Technikerin sollte in dieser Situation ...
   A. sich bemerkbar machen und das Gespräch übernehmen, um dem Kunden die richtigen Informationen selbst geben zu können.
   B. warten, bis der Kollege das Gespräch beendet hat, und danach dem Kollegen die richtigen Informationen geben.
   C. ihren Kollegen auffordern, den Kunden am Telefon warten zu lassen, um ihrem Kollegen die richtigen Informationen zu geben.
   D. nichts tun, da sie nicht gefragt wurde und es daher sehr unhöflich wäre, sich einzumischen.
5. Ein Techniker hat ein Problem mit dem Laserdrucker gelöst und wird vom Kunden anschließend gebeten, auch noch ein offenes Netzwerkproblem zu beseitigen. Der Techniker kennt sich in diesem Bereich aber nicht aus. Wie lautet seine beste Reaktion in diesem Fall?
   A. Er teilt dem Kunden mit, dass dies nicht sein Fachgebiet sei, er aber das Problem ansehen werde.
   B. Er teilt dem Kunden mit, dass er das Problem jemand anders schildern wird.
   C. Er unterstützt den Kunden darin, einen geeigneten Weg zu finden, um das Problem zu lösen.
   D. Er erklärt dem Kunden, dass dieses Problem bald beseitigt wird, und versucht es einfach.

6. Bei einem Benutzer startet der PC nicht mehr. Beim Eintreffen bemerkt die Technikerin, dass der Kunde sehr besorgt ist, weil er an einem Bericht gearbeitet hat, den er bis zum Abend fertig stellen muss. Wie lautet die passende Antwort der Technikerin an den Kunden?

   A. Ein Trojaner hat vermutlich den MBR infiziert, und daher startet das OS nicht mehr. Was haben Sie kürzlich an Dateien heruntergeladen?

   B. Ich verstehe Ihre Besorgnis und werde versuchen, Ihr System so rasch wie möglich wieder herzustellen, damit Sie Ihren Bericht fertig schreiben können.

   C. Wenn dieser Bericht so wichtig war, warum haben Sie dann nicht eine Sicherung gemacht, sodass Sie während der Reparatur jetzt an einem anderen System arbeiten könnten?

   D. Ich verstehe Ihre Aufregung nicht, ich bin ja jetzt da und werde das Problem lösen. Also beruhigen Sie sich bitte.

7. Ein Techniker wird angefordert, um bei einem Kunden einen Computer zu reparieren. Der Kunde ist aggressiv und schimpft, dies sei nicht der erste Reparaturversuch. Was soll der Techniker tun?

   A. Dem Kunden erklären, dass dessen bisherige Erfahrungen nicht in seiner Zuständigkeit liegen.

   B. Dem Kunden erklären, dass er nichts tun kann, solange er sich nicht beruhigt.

   C. Dem Kunden erklären, dass es sich um einen Herstellerfehler handelt und dass der Computer ausgetauscht wird.

   D. Dem Kunden versichern, dass der Techniker versuchen wird, den Fehler zu beheben, und den Kunden nach dem Fehler befragen.

8. Ein Techniker wird zu einem Kunden geschickt, um dort eine neue Grafikkarte einzubauen. Nachher überprüft der Techniker noch den Neustart des Rechners und achtet darauf, dass der Kunde sich erfolgreich anmelden kann. Am nächsten Tag erhält ein anderer Techniker den gleichen Auftrag. Was hat der erste Techniker versäumt?

   A. Den Anwender über den erfolgreich Abschluss des Auftrages zu informieren.

   B. Zu dokumentieren, dass der Arbeitsauftrag erledigt ist.

   C. Die Grafikkarte im BIOS zu aktivieren.

   D. Die Konfiguration in der Registry dauerhaft zu speichern.

9. Ein Techniker spricht mit einem Kunden am Telefon und hat schon mehrfach versucht, ihm zu erklären, dass das RAM in seinem Computer ausgetauscht werden muss. Doch der Kunde versteht die Erläuterung einfach nicht! Was sollte der Techniker tun?
   A. Er sollte dem Kunden erklären, dass kein weiterer Einsatz mehr nötig ist.
   B. Er sollte ihm erklären, dass das RAM der Arbeitsspeicher ist und dass dieser wegen eines Defekts physisch ausgetauscht werden muss, weil sonst der Computer nicht mehr betrieben werden kann.
   C. Er fragt ihn, ob er mit seinem Vorgesetzten sprechen kann.
   D. Er sagt ihm freundlich, dass dieses Gespräch keinen Sinn hat und er den Vorgang einfach durchführen wird, weil es für den Kunden nützlich ist.
10. Ein Techniker besucht einen Kunden sofort, nachdem dieser ein Problem gemeldet hat. Trotzdem scheint dieser wütend zu sein und beschwert sich, warum er so lange warten musste. Wie sollte der Techniker in solch einer Situation vorgehen?
   A. Den Vorgesetzten über das Verhalten des Kunden informieren und sich danach auf die Lösung des Problems konzentrieren.
   B. Sich in die Situation des Kunden hineinversetzen und ihn informieren, dass gemäß Vertrag eine Reaktionszeit von acht Stunden festgelegt ist.
   C. Sich in die Situation des Kunden hineinversetzen und das Problem möglichst schnell lösen. Am Schluss die Situation dokumentieren und den Vorgesetzten informieren.
   D. Die Lösung des Problems sofort angehen und danach mit dem Vorgesetzten die Reaktionszeit ermitteln.

Teil III

Betriebssysteme

Von der Planung bis zur Konfiguration

Lernziele

Im dritten Teil wechseln wir zum Themenbereich Software. Schwerpunktmäßig lernen Sie in diesem Teil verschiedene Betriebssysteme kennen und konfigurieren, aber auch verschiedene Anwendungen werden vorgestellt.

Nach Durcharbeiten der folgenden Kapitel in diesem Teil und erfolgreicher Beantwortung der Kapitelfragen erreichen Sie folgende Lernziele:

- Sie kennen unterschiedliche Betriebssysteme für mobile Geräte wie auch für PCs und Notebooks.
- Sie können unterschiedliche Windows-Versionen nach ihren Anforderungen und Funktionen voneinander unterscheiden.
- Sie können Windows (Version 7, 8, 10) auf verschiedene Arten installieren und für den Betrieb konfigurieren.
- Sie können die einzelnen Verwaltungs- und Konfigurationsaufgaben den verschiedenen Ressourcen wie Anwendungen, Hilfsprogrammen oder Elementen der Systemsteuerung zuordnen.
- Sie kennen das Konzept von Benutzerrechten, Ordner- und Dateirechten.
- Sie kennen verschiedene Windows-Probleme und können diese mit geeigneten Mitteln und Anwendungen fachgerecht lösen.

In diesem Teil:

Kapitel 16

Was betreibt ein Betriebssystem?

CompTIA-Prüfungsziele, die in diesem Kapitel behandelt werden:

Für das Examen 220-902

1.1 Vergleich und Gegenüberstellung verschiedener Merkmale und Anforderungen von Microsoft-Betriebssystemen (Windows Vista, Windows 7, Windows 8, Windows 8.1).

- Merkmale

1.2 Installieren von Windows PC-Betriebssystemen mit geeigneten Methoden bei einem gegebenen Szenario.

- Dateisystemtypen/Formatierung

1.3 Anwenden der richtigen Microsoft-Befehlszeilentools bei einem gegebenen Szenario.

- TASKKILL, BOOTREC, SHUTDOWN, TASKLIST, MD, RD, CD, DEL, FORMAT, COPY, XCOPY, ROBOCOPY, DISKPART, SFC, CHKDSK, GPUPDATE, GPRESULT, DIR, EXIT, HELP, EXPAND
- Hilfe für einzelne Befehle in der Kommandozeile erhalten
- Verfügbare Befehle mit Standardrechten oder Administratorrechten

2.2 Einrichten und Anwenden von client-seitiger Virtualisierung bei einem gegebenen Szenario.

- Zweck von virtuellen Maschinen
- Ressourcenanforderungen, Emulatoranforderungen, Sicherheitsanforderungen, Netzwerkanforderungen
- Hypervisor

2.5 Erkennen der Grundmerkmale von mobilen Betriebssystemen.

- Android oder iOS oder Windows

3.3 Vergleich und Gegenüberstellung von grundlegenden Sicherheitseinstellungen des Windows-Betriebssystems.

- BitLocker-To-Go

5.3 Zusammenfassendes Darstellen der Behandlung von verbotenen Inhalten/Aktivitäten und Erläutern von Datenschutz-, Lizenzierungs- und Richtlinienbegriffen.

- Lizenzierung /DRM/EULA

Betriebssysteme bilden die Schnittstelle zwischen der Hardware und den Anwendungen. Obwohl jedes Betriebssystem einen eigenen Aufbau hat, gibt es funktionale Gemeinsamkeiten:

- Aufgaben des Betriebssystems
- Prozesse und Prozessverwaltung
- Abwickeln mehrerer Aufträge (Multitasking oder Multithreading)
- Speicherverwaltung
- Dateisysteme

16.1 Aufgaben eines Betriebssystems

Betriebssysteme erfüllen eine oder mehrere der folgenden Aufgaben:

Abstraktion

Technische Einzelheiten der Rechner-Hardware werden vom Betriebssystem so gekapselt, dass sie weder für den Bediener noch den Anwendungsprogrammierer sichtbar sind. Beispiele sind die Übersetzung von virtuellen in reale Adressen oder die Ansteuerung von Ein- und Ausgabegeräten, welche mittels Treiber durch das Betriebssystem realisiert wird.

Definierte Schnittstelle für Anwendungsprogramme

Diese Schnittstelle erlaubt es Anwendungsprogrammierern, die Dienste des Betriebssystems zu nutzen. Dafür hat sich die Bezeichnung API (Application Programming Interface) eingebürgert. Verbreitete Betriebssysteme definieren diese Schnittstelle als einen Satz von Funktionen, bezogen auf eine typische Programmiersprache, etwa C#. In der Regel beruhen die angebotenen Operationen auf betriebssystemspezifischen Abstraktionen wie Datei oder Prozess.

Koordination und Zuteilung von Betriebsmitteln

Dies ist die Kernaufgabe eines Betriebssystems, sie wird häufig umschrieben mit Multitasking, umfasst aber auch den modernen Mehrprozessorbetrieb. Wichtigste Betriebsmittel sind Prozessorkapazität, Hauptspeicher, Hintergrundspeicher und das Zugriffsrecht auf die E/A-Einheiten. Die Zuteilung der Prozessorkapazität zu den Prozessen ist bestimmend für den zeitlichen Ablauf von Programmen; sie wird daher als Ablaufplanung (*Scheduling*) bezeichnet. Bekannte Begriffe hierzu sind kooperatives Multitasking (z.B. Windows 3.x) oder präemptives Multitasking (z.B. Windows 7/8, Linux).

Schutz

Schutz mehrerer gleichzeitig oder nacheinander aktiver Benutzer: Betriebssysteme, die für Mehrbenutzerbetrieb ausgelegt sind, müssen vor allem sicherstellen, dass Anwendungsprogramme die Systemintegrität nicht verletzen können. Daneben muss die Integrität anderer, konkurrierend ablaufender Anwendungen sowie fremder Datenbestände geschützt werden. Schließlich ist auch der Schutz von Benutzerdaten vor fremden Lesezugriffen sicherzustellen.

Bedienerschnittstelle

Als Bedienerschnittstelle bezeichnen wir die Möglichkeit, anhand derer ein Administrator oder Benutzer das Betriebssystem bedienen kann. Dies kann eine Kommandozeile sein wie ehemals DOS oder eine Linux-Shell oder es kann sich um eine grafische Benutzeroberfläche handeln wie bei Windows oder KDE.

Da die Bedienerschnittstelle nicht dem eigentlichen Betriebssystem zugerechnet wird, bezeichnet man sie auch als Shell.

Weil die Bedienerschnittstelle nicht als Bestandteil des eigentlichen Betriebssystems angesehen wird, können grafische Oberflächen durchaus auf unterschiedliche Betriebssysteme portiert werden, so zum Beispiel das »X-Window System«. Sie sind jedoch oft auf Eigenarten des Betriebssystems abgestimmt und wie z.B. bei Microsoft Windows eng mit dem Betriebssystem selbst verbunden. Grafische Schnittstellen werden oft als Graphical User Interface (GUI) bezeichnet.

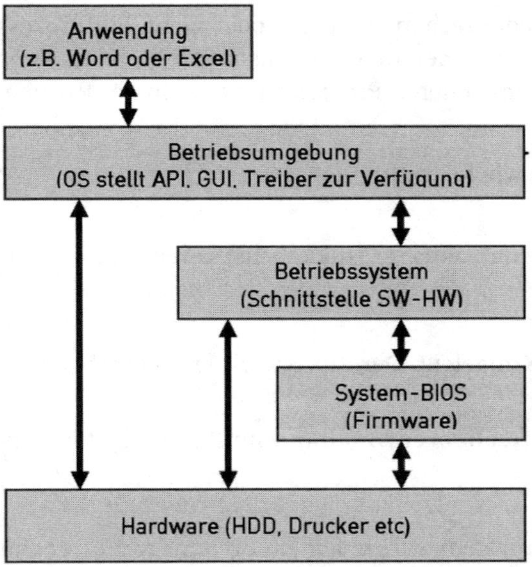

Abb. 16.1: Betriebssystem und Anwendungen

Neben den oben genannten werden gelegentlich weitere Systemdienste dem Betriebssystem zugerechnet, z.B. Hilfsmittel zur Dateiverwaltung oder Programmentwicklungswerkzeuge.

16.2 Prozesse und Prozessverwaltung

Ein Prozess stellt einen Vorgang, das heißt einen einzelnen Ablauf eines Programms auf dem Rechner dar. Der Prozess ist dabei das Element, das sich laufend ändert und damit dem Programm ermöglicht zu »laufen«. Das bedeutet, das Programm (auch Applikation genannt) als Überbegriff beinhaltet verschiedene Prozesse, welche die eigentliche Ausführung übernehmen und diese wiederum in einzelne Aufgaben (Tasks) oder Teilaspekte (Threads) aufteilen und so an den Prozessor gelangen, der diese Threads und Tasks dann in einem Zeitplaner aufnimmt (Scheduler) und ihnen entsprechend Rechenzeit auf der CPU (Prozessor) zuweist, damit sie verarbeitet werden können.

Aus Sicht des Anwenders sind Prozesse die »Handlungsträger« in einem Rechner; aus Sicht des Betriebssystems sind es die Objekte, denen die Prozessorkapazität zugeteilt wird. Alle modernen Betriebssysteme sind in der Lage, zu einem Zeitpunkt mehrere Prozesse zu verwalten; dies wird als Mehrprozessbetrieb (Multitasking) bezeichnet. Dabei ist unerheblich, ob der Rechner über mehrere Verarbeitungseinheiten verfügt, ob es sich also um einen Multiprozessor handelt, oder ob die Bearbeitung der Prozesse nacheinander erfolgt.

Zu einem gegebenen Zeitpunkt kann auf einem Monoprozessor nur ein Prozess in Bearbeitung sein; dieser Zustand heißt *rechnend* (*running*). Alle anderen Prozesse sind blockiert, wobei sie entweder rechenbereit sind oder nicht. Ein Prozess ist dann nicht rechenbereit, wenn zu seiner weiteren Ausführung ein Ereignis abgewartet werden muss, das in einem anderen Prozess oder etwa in der Peripherie (E/A-System) stattfindet.

Die Zustandsübergänge stellen sich wie folgt dar:

1. Start:
   Der Prozess wird im Betriebssystem aktiv. Er ist zunächst bereit und konkurriert um den Prozessor.
2. Zuteilung:
   Der Prozessor wird dem Prozess zugeteilt. Der Prozess wird nun bearbeitet.
3. Verdrängung:
   Der Prozess gibt den Prozessor frei bzw. er wird ihm vom Betriebssystem entzogen. Siehe Multitasking.
4. Wartebedingung:
   Der Prozess erklärt dem Betriebssystem, dass er auf ein Ereignis wartet; er gibt damit den Prozessor auf. Das Ereignis kann zum Beispiel die Verfügbarkeit eines Eingabewertes aus der Eingabeoperation oder der Ablauf einer Wartezeit sein. Eine Fortsetzung der Verarbeitung ist nicht möglich, bevor das Ereignis eingetreten ist.

5. Wartebedingung erfüllt:
   Das Ereignis ist eingetreten, der Prozess kann weiterlaufen. Damit wird er aber nicht unmittelbar rechnend, sondern zunächst nur rechenbereit.
6. Beendigung:
   Der Prozess hat die Ausführung seines Programms beendet; er meldet sich beim Betriebssystem ab. Daneben ist auch der zwangsweise Abbruch der Bearbeitung durch das Betriebssystem oder einen anderen Prozess möglich; ein solcher Abbruch kann auch aus dem Bereit-Zustand heraus eintreten.

Die Art des Multitaskings legt fest, wie die Prozessverwaltung vorgeht, um Prozesse auf den bzw. die Prozessoren zu verteilen, um damit eine optimale Auslastung zu erreichen. Folgende Arten von Multitasking sind definiert:

- Kooperatives Multitasking: Hier bestimmt die Anwendung selber, wann der Prozessor freigegeben wird, d.h. diese Maßnahme muss im Programm des Prozesses vorhanden sein (z.B. Windows 3.x).
- Präemptives Multitasking: Verdrängendes Multitasking. Hier bestimmt das Betriebssystem selbst, wann die Verdrängung stattfindet (Windows XP, Linux).

16.3 Das Dateisystem

Ein Dateisystem ist die strukturierte Ablageorganisation von Daten auf einem Datenträger. Dies kann eine Festplatte, ein USB-Stick oder eine CD sein. Datenträger können zwar unterschiedliche Dateisysteme haben, aber in jedem Fall verfügen sie über ein Dateisystem, um das Speichern von Daten zu ermöglichen. Das Dateisystem stellt zu diesem Zweck Speichermöglichkeiten und auch Sicherheitsvorkehrungen zur Verfügung, mit denen man die Daten einerseits zuverlässig speichern und lesen kann, andererseits aber auch durch geeignete Mechanismen vor unbefugtem Zugriff schützt.

Lese- und Schreibzugriffe auf das Dateisystem werden mittels Treiber umgesetzt. Es gibt weltweit mehr als 100 verschiedene Dateisysteme mit jeweils verschiedenen Eigenschaften.

Dabei ist es bei den meisten Betriebssystemen unerheblich, ob das Laufwerk lokal oder entfernt (*remote*) vorhanden ist.

Im Folgenden betrachten wir die grundsätzlichen Arten von Dateisystemen sowie die wichtigsten Vertreter dieser Systeme. Zuerst wird es aber noch um den Einstiegspunkt ins Dateisystem und zugleich den Startpunkt für das Betriebssystem gehen.

16.3.1 MBR, PBR und Bootmanager

Der MBR (Master Boot Record) enthält eine Partitionstabelle (beschreibt die Aufteilung des Datenträgers und mögliche Partitionen) und die Information, wo sich der Bootloader befindet. Dieses Programm ist für den Start eines Betriebssystems zuständig. Der MBR befindet sich auf dem ersten Datenblock (512 Byte) einer Festplatte und wird vom BIOS ausgelesen. Ein defekter MBR verhindert den korrekten Start eines Betriebssystems von der Festplatte. Jedes Betriebssystem hat dabei abhängig vom eingesetzten Dateisystem einen eigenen MBR. Da der MBR immer mit der Entwicklung der verfügbaren Festplattengröße Schritt halten muss, stößt dieses System an seine Grenzen, die heute bei einer Partitionsgröße von 2 TB liegen. Im Zuge der Erneuerung von BIOS hin zu UEFI wurde auch der MBR abgelöst, und zwar durch die GUID Partition Table (GPT), welche seit 2010 Teil der von Intel maßgeblich entwickelten EFI-Spezifikation ist. GPT ist abwärtskompatibel zu MBR, benötigt zur Installation aber ein zugrundeliegendes 64-Bit-System und ist somit erst in neueren Windows-Versionen wirklich anzutreffen.

Der PBR (Partition Boot Record, auch anzutreffen als VBR, Volume Boot Record) ist dem MBR sehr ähnlich, befindet sich aber nicht im ersten Datenblock einer Festplatte, sondern im ersten Datenblock auf einer Partition. Es enthält die Informationen zum Ausführen des Bootloaders für diese Partition.

Ein Bootmanager seinerseits ist ein Programm, durch das man zwischen verschiedenen Betriebssystemen wählen und bestimmen kann, welcher Bootloader zum Zuge kommt, um das gewünschte Betriebssystem zu starten. Bis Windows XP enthielt der Bootmanager auch den Bootloader (*NTLDR*), seit Windows Vista unterscheidet man zwischen Bootmanager (*BOOTMGR*) und Bootloader (`winload.exe`).

16.3.2 Lineare und hierarchische Dateisysteme

Historisch waren die ersten Dateisysteme lineare Dateisysteme auf Lochband oder Lochkarte. Noch heute werden lineare Dateisysteme bei Sicherungen auf Band eingesetzt. Ein lineares Dateisystem beschreibt die ganze verfügbare Fläche des Datenträgers, somit entspricht ein Dateiname im linearen System auch einer eindeutigen Fläche auf dem Datenträger. Alle Dateinamen bilden einen einzigen Adressraum und folglich ein einzelnes Verzeichnis. In einem linearen System wird der verfügbare Speicherplatz komplett ohne Leerstellen benutzt: Eine Information wird direkt neben die letzte geschrieben usw.

Die wachsende Kapazität der Datenträger machte es aber zunehmend schwieriger, einen Überblick über die Hunderte und Tausende Dateien zu bewahren, weshalb das Konzept der Unterverzeichnisse eingeführt wurde. Das bisher eine Verzeichnis wurde somit in den meisten modernen Dateisystemen zum Wurzelverzeichnis. Dieses Wurzelverzeichnis bietet neben normalen Dateien auch Verweise auf weitere Verzeichnisse und Unterverzeichnisse, die selbst wieder Unterverzeichnisse besitzen können. Dadurch entsteht eine Verzeichnisstruktur, auch Verzeichnisbaum genannt. Damit haben wir hier ein hierarchisches Dateisystem. Je nach Betriebssystem werden die Wurzelverzeichnisse als »/« (Linux) oder auch mit »C:« (Windows) dargestellt. Betriebssysteme nutzen die Wurzelverzeichnisse, um wichtige Daten beispielsweise für den Systemstart abzulegen.

In einem hierarchischen Dateisystem werden die Informationen scheinbar willkürlich auf den verfügbaren Speicherplatz verteilt. Um diese bei Gebrauch wieder auszulesen, wird eine Dateitabelle erstellt, die dem Betriebssystem hilft, die verschiedenen Fragmente wiederzufinden und in der richtigen Reihenfolge anzuordnen. Die Tabelle nennt sich File Allocation Table (FAT).

Die Daten selber werden auf die Platte geschrieben und belegen nicht nur einzelne Speichersektoren, sondern werden immer clusterweise geschrieben. Ein Cluster ist dabei die logische Zusammenfassung mehrerer Sektoren einer Festplatte. Ein Dateisystem adressiert in der Regel immer ganze Cluster (auch LBA, logische Blöcke genannt). Das heißt, wenn Sie eine Datei haben, die 87 KB groß ist, die Clustergröße des Dateisystems aber 128 KB groß, wird diese Datei in jedem Fall 128 KB belegen, auch wenn sie eigentlich kleiner ist. Die maximale Anzahl verwaltbare Cluster ist dabei wiederum vom Dateisystem beziehungsweise dem damit verbundenen Betriebssystem abhängig.

16.3.3 Unterschiedliche Dateisysteme

Wir betrachten folgende Dateisysteme und die Betriebssysteme, unter denen diese im Einsatz sind.

- FAT, FAT32,
- exFAT
- NTFS
- EXT, EXT 2, EXT3, EXT4
- JFS
- HFS, HFS+
- ReiserFS

FAT, FAT32

FAT (File Allocation Table, zu Deutsch Dateizuordnungstabelle) ist ein von Microsoft entwickeltes Dateisystem, das mit einer Dateisystemgröße (in der Regel = Festplattengröße) von bis zu 4 GB zurechtkam. Genau genommen heißt FAT eigentlich FAT16. Im Unterschied dazu gab es auch FAT12, welches für Floppy-Disketten eingesetzt worden ist und maximal 32 MB Kapazität unterstützte. Dateieinträge werden in einer simplen Tabelle am Anfang der Festplatte gespeichert. Dieses Dateisystem war bei Microsoft bis Windows 95 Standard.

FAT32 wurde von Microsoft 1996 eingeführt und unterstützt Dateisysteme bis zu 8 TB. Allerdings darf die Größe einer einzelnen Datei 4 GB nicht überschreiten. Das FAT32-Dateisystem benutzt den vorhandenen Speicherplatz effektiver als sein Vorläufer, da die Clustergröße verkleinert wurde. Das heißt, es wird pro Datei weniger minimaler Zuordnungsplatz belegt. Zudem erlaubt FAT32 zum ersten Mal die Erstellung von primären und erweiterten Partitionen. Außerdem werden im Dateinamen Leerzeichen erlaubt und Pfadlängen bis zu 255 Zeichen unterstützt (inklusive Dateiendung). Noch heute wird FAT32 im großen Stile eingesetzt: USB-Sticks, Flash-Cards und mobile externe Datenspeicher werden häufig in diesem Format formatiert, um den Datenaustausch zwischen verschiedenen Betriebssystemen zu gewährleisten. Dabei werden allerdings oft nur Dateisystemgrößen bis 2 TB unterstützt. FAT32 war das letzte Dateisystem von Microsoft, in dessen Quelldateien man öffentlich Einsicht bekam.

exFAT

exFAT ist kein Nachfolger von FAT32, ist aber auf Flash-Speicher hin optimiert. Als Ersatz für NTFS auf Harddisk ist es dagegen nicht geeignet. Ein wesentlicher Vorteil von exFAT besteht darin, dass dieses Dateisystem von Linux, Apple und Windows gelesen werden kann. Es ist somit beispielsweise prädestiniert für den Einsatz in USB-Sticks, aber auch für SD-Cards. exFAT ist ein proprietäres System mit einem hohen Anteil von Microsoft.

exFAT nutzt wie FAT oder FAT32 keine Indexierung für Dateinamen (im Unterschied etwa zu NTFS) und ist daher bei großen Laufwerken auch kein Ersatz dafür. Aber es erlaubt im Unterschied zu FAT32 Dateien, welche größer als 4 GB sind.

NTFS

NTFS (New Technology File System) wurde von Microsoft erstmals mit Windows NT eingeführt. Die wichtigste Neuerung ist die Unterstützung des Journaling, eine Art Logfunktion für Änderungen an Dateien, damit bei einem Absturz inmitten eines Vorgangs nicht die ganze Datei verloren ist und eine Wiederherstellung erfolgen kann. NTFS führt MFT (Master File Table) als Baumstruktur ein. Eigentlich sollte es zusammen mit IBM ein neues Dateisystem für OS/2 geben (HPFS genannt), doch infolge eines Streits kam es zwischen IBM und Microsoft zum Bruch. Microsoft führte das Projekt unter eigener Regie und dem Namen NTFS weiter. NTFS wurde über die Jahre immer weiterentwickelt und ist bis und mit Windows 10 immer noch im Einsatz. NTFS erlaubt die Festlegung von Sicherheitsattributen, die Verschlüsselung von Dateien, das Setzen von Speicherkontingenten pro Benutzer, die Überwachung von Dateizugriffen und eingeschränkte Benutzer. Die Dateigröße, welche theoretisch bei 16 Exabyte liegt, wurde bei der aktuellen NTFS-Version für Dateien bis 16 Terabyte implementiert. Zudem besteht mit EFS ein Verschlüsselungssystem auf Dateisystemebene, das direkt auf NTFS-Partitionen genutzt werden kann.

Wichtige Unterschiede zwischen NTFS und FAT

NTFS	FAT
Dateieinträge werden in einer Baumstruktur gespeichert (Master File Table).	Dateieinträge werden in einer flachen Tabelle gespeichert (File Allocation Table).
Änderungen werden in Echtzeit geloggt (Journaling), um Datenverlust bei Absturz zu minimieren. Eine Wiederherstellung ist einfacher und erfolgt meist recht schnell.	Nach Absturz können unbrauchbare Dateifragmente entstehen oder Dateibeschädigungen. Die Wiederherstellung kann eine längere Zeit in Anspruch nehmen.
Vererbung von Sicherheitsattribute.	Keine Sicherheitsattribute möglich.
Unterstützt UNICODE-Zeichen im Dateisystem.	Unterstützt nur ASCII-Zeichen im Dateisystem.
Schreibt Dateien effizienter, um Defragmentierung zu minimieren.	Dateien werden in freie Sektoren geschrieben (große Fragmentierung).
Dateigröße bis 16 Terabyte.	Dateigröße auf maximal 4 GB beschränkt.

Tabelle 16.1: NTFS oder FAT

EXT

EXT (Extended File System) ist ein Dateisystem, das vor allem bei verschiedenen Linuxderivaten wie Debian, SuSe oder RedHat eingesetzt wird. Entsprechend der Entwicklung gibt es die Versionen ext2, ext3 und ext4. Mit der Version ext3 wurde auch hier das Journaling eingeführt. Der Quellcode ist öffentlich zugänglich, und das Dateisystem wird nach wie vor weiterentwickelt.

JFS

JFS (Journaling File System) ist ebenfalls, wie der Name schon sagt, ein Journaling-Dateisystem. Entwickelt wurde es Anfang der 1990er Jahre durch IBM und für OS/2 optimiert.

HFS, HFS+

Apple wechselte Mitte der 80er-Jahre von MFT (Macintosh File System), einem linearen Dateisystem, das keine Unterverzeichnisse erlaubte, auf HFS (Hierarchical File System). Auch hier handelt es sich um ein Journaling-Dateisystem. HFS beinhaltet eine Funktion, welche eine vom System angestoßene oder manuelle Defragmentierung überflüssig macht.

Weitere Dateisysteme

Bereits in ihrem konkreten Kontext erwähnt wurden folgende Dateisysteme, und sie seien hier darum nur der Vollständigkeit halber noch einmal aufgeführt:

- CDFS – Filesystem für CD und DVD
- NFS – Network File System, insbesondere bei Netzwerkspeichern im Einsatz

16.3.4 Laufwerktypen

Windows unterscheidet verschiedene Typen von Datenträgern, namentlich den Basisdatenträger und den dynamischen Datenträger.

Die meisten PCs sind als Basisdatenträger konfiguriert und mit weniger Verwaltungsaufwand verbunden. Die Vorteile von dynamischen Datenträgern sind die Möglichkeiten, die Leistung und Zuverlässigkeit zu erhöhen, indem mehrere Festplatten zur Datenspeicherung verwendet werden.

Basisdatenträger: Ein Basisdatenträger verwendet primäre Partitionen, erweiterte Partitionen und logische Laufwerke, um die Daten zu organisieren. Wie wir bereits in Kapitel 4 und 7 gesehen haben, können Basisdatenträger verschiedene Partitionen besitzen: entweder vier primäre Partitionen oder drei primäre Partitionen und eine erweiterte Partition. Die erweiterte Partition wiederum kann mehrere logische Laufwerke umfassen (bis zu 128 logische Laufwerke werden unterstützt). Die Partitionen auf einem Basisdatenträger können keine Daten für andere Partitionen freigeben oder Daten auf andere Partitionen verteilen. Jede Partition auf einem Basisdatenträger stellt eine separate Einheit auf der Festplatte dar. Heute wird meist der Begriff Volume benutzt, ein Synonym für Partition.

Dynamischer Datenträger: Dynamische Datenträger können eine große Anzahl von dynamischen Volumes (ca. 2.000) enthalten, die wie primäre Partitionen auf einem Basisdatenträger funktionieren. In einigen Windows-Versionen können Sie zudem separate dynamische Festplatten zu einem einzigen dynamischen Volume kombinieren (Spanning), Daten für eine höhere Leistung auf mehrere Festplatten verteilen (Striping) oder die Daten für eine verbesserte Verfügbarkeit auf mehreren Festplatten duplizieren (Mirroring) – siehe dazu auch Software-RAID in Kapitel 7.

Windows Professional-Versionen (und höher) unterstützen sowohl Software-Spanning wie Software-Striping. Für Software-Mirroring ist zwingend eine Serverversion (Windows 2000 Server, Windows 2003 Server, Windows 2008 Server) notwendig.

16.3.5 Laufwerkstatus

In der grafischen Ansicht des Datenträgers und in der Spalte Status des Datenträgers in der Listenansicht wird stets eine der folgenden Statusbeschreibungen aufgeführt.

- Audio-CD: Der Status Audio-CD wird angezeigt, wenn im CD-ROM- oder DVD-ROM-Laufwerk eine Audio-CD eingelegt ist.
- Fremd: Dieser Status wird angezeigt, wenn Sie einen dynamischen Datenträger von einem anderen Computer und/oder Betriebssystem verschoben haben. Diese Datenträger werden mit einem Warnsymbol gekennzeichnet.

Für den Zugriff auf Daten auf diesen Datenträger müssen Sie ihn zur Systemkonfiguration des Computers hinzufügen. Importieren Sie den fremden Datenträger, indem Sie mit der rechten Maustaste auf den Datenträger klicken und dann auf *Fremde Datenträger importieren* klicken. Beim Importieren werden die vorhandenen Volumes auf dem fremden Datenträger sichtbar, und der Zugriff auf diese Volumes ist möglich. Achtung: Wenn Sie das Laufwerk in einen Basisdatenträger konvertieren, gehen alle Daten auf dem Datenträger verloren. Konvertieren Sie daher einen dynamischen Datenträger nur dann in einen Basisdatenträger, wenn Sie sicher sind, dass die Daten auf dem Datenträger nicht mehr benötigt werden.

- Initialisierung: Dieser Status ist ein temporärer Status, der beim Konvertieren eines Basisdatenträgers in einen dynamischen Datenträger angezeigt wird. Nach Abschluss der Initialisierung ändert sich der Status des Datenträgers in »online«.
- Online: Der Status »online« wird angezeigt, wenn der Zugriff auf einen Basisdatenträger oder einen dynamischen Datenträger möglich ist und keine Probleme bekannt sind. Dies ist der normale Status eines Datenträgers.
- Online (Fehler): Wird angezeigt, wenn E/A-Fehler auf einem Bereich eines dynamischen Datenträgers erkannt werden. Der fehlerhafte Datenträger wird mit einem Warnsymbol gekennzeichnet. Wenn die Fehler nur vorübergehend aufgetreten sind (z.B. weil ein Kabel nicht richtig angeschlossen war), erhält der Datenträger beim Reaktivieren wieder den Status Online.
- Offline: Dieser Status zeigt an, dass der Zugriff auf einen Datenträger nicht möglich ist. Der Datenträger ist beschädigt oder steht zeitweilig nicht zur Verfügung. Ein betreffendes Fehlersymbol wird angezeigt.
- Offline (Fehlend): Zeigt an, dass der Datenträger vor Kurzem im System zur Verfügung stand, nun jedoch nicht mehr aufgefunden oder identifiziert werden kann. Der fehlende Datenträger ist beschädigt, ausgeschaltet oder getrennt.
- Fehlend: Dieser Status wird angezeigt, wenn ein Datenträger beschädigt, ausgeschaltet oder getrennt ist. Dieser Status wird nicht in der Statusspalte, sondern als Datenträgername angezeigt. Nachdem Sie den fehlenden Datenträger wieder angeschlossen oder eingeschaltet haben, öffnen Sie die Datenträgerverwaltung, klicken mit der rechten Maustaste auf den fehlenden Datenträger und klicken dann auf *Datenträger reaktivieren.*
- Kein Medium: Tritt lediglich bei CD-/DVD-ROM-Laufwerken oder Wechseldatenträgern auf. Es zeigt an, dass das Laufwerk leer oder kein austauschbarer Datenträger vorhanden ist. Der Status ändert sich in Online oder Audio-CD, sobald ein entsprechendes Medium in das Laufwerk einlegt wird.
- Nicht initialisiert: Wird angezeigt, wenn der Datenträger keine gültige Signatur aufweist. Nach der Installation eines neuen Datenträgers muss vom Betriebs-

system ein Datensatz vom Typ MBR (Master Boot Record) oder GPT (GUID-Partitionstabelle) geschrieben werden, damit Sie Partitionen auf dem Datenträger erstellen können. Wählen Sie dazu mit der rechten Maustaste *Datenträger initialisieren.*

- Nicht lesbar: Der Zugriff auf den Datenträger ist nicht möglich. Die Hardware des Datenträgers ist ausgefallen, der Datenträger wurde beschädigt oder es sind E/A-Fehler aufgetreten. Möglicherweise wurde die Kopie der Konfigurationsdatenbank auf dem Datenträger beschädigt. Ein Fehlersymbol wird angezeigt.

16.4 Virtuelle Systeme

Mittels einer speziellen Software, Virtualisierungssoftware genannt, wird es jetzt möglich, mehrere Computer virtuell auf einem physischen System einzurichten – ohne dass dabei wesentlich mehr Energie verbraucht wird, als wenn das physische System nur einen PC oder Server, d.h. nur ein Betriebssystem und wenige Programme beinhaltet. Gut geplant können darum mit der Virtualisierung große Mengen an Hardware eingespart werden – das wirkt sich wegen der nötigen Software und der flankierenden Maßnahmen nicht zwingend in großen Anschaffungseinsparungen aus, aber im Betrieb entstehen dadurch hohe Einsparpotenziale.

Das gilt übrigens im kleinen Rahmen auch zu Hause. Sie haben noch einen alten PC, den Sie hie und da brauchen? Virtualisieren Sie diesen auf der neuen Umgebung, mit der Sie täglich arbeiten – und schon ist wieder ein PC weniger am Laufen.

Von Microsoft, VMware, Parallels oder Oracle gibt es dazu auch zahlreiche Virtualisierungsanwendungen, die Sie kostenlos einsetzen dürfen.

Wie wir schon bei der Hardware in diesem Buch gesehen haben, benötigt die Virtualisierung eine entsprechende CPU, welche diese Funktion unterstützt. Anschließend installieren die Programme für die Desktopvirtualisierung einen sogenannten Hypervisor, eine Art Zwischenschicht, die für die virtuelle Maschine die benötigte Hardwareleistung bereithält und kontrolliert.

In größeren Unternehmensumgebungen lassen sich zudem PCs auch durch sogenannte Thin Clients ersetzen. Dies sind wörtlich »abgespeckte« Clients, welche die benötigte Leistung vom Server beziehen, Anwendungen wie Office oder Buchhaltung auf dem Server ausführen und im Wesentlichen nur noch die Anzeige auf dem eigenen Rechner vornehmen. Dafür sparen sie viel Energie gegenüber dem klassischen PC, der dann auch »Fat Client« genannt wird.

Cloud Computing auf der anderen Seite hängt eng mit der Virtualisierung zusammen. Denn wenn jemand ein solches Rechenzentrum einrichtet, kann er die Leistung nicht nur für sich selber nutzen, sondern sie über das Internet offen oder geschützt zur Verfügung stellen. Die Public Cloud stellt solche Dienste der Öffentlichkeit zur Verfügung. Denken Sie nur an Datenspeicher wie die Amazon Cloud, Cloud Drive, iCloud oder Dropbox – nutzen Sie diese Möglichkeiten, benötigen Sie physisch weniger Geräte, weil Sie solche virtualisierten Speicher einsetzen können.

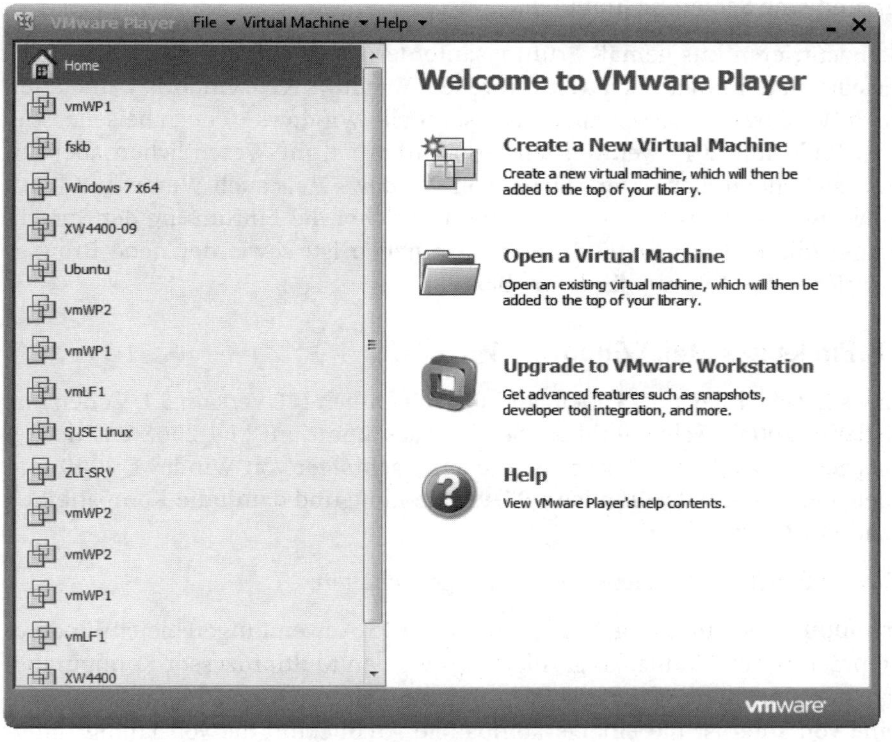

Abb. 16.2: Software zum Betrieb virtueller Maschinen

Die Private Cloud stellt demgegenüber gut geschützte Dienste für die eigenen Unternehmensabteilungen oder externe Unternehmen zur Verfügung. So können Sie beispielsweise sagen: »Ich brauche für 6 Monate einen Server« und erhalten über die Private Cloud eine Leitung zu einem Server, der in einem abgesicherten Rechenzentrum steht und den Sie dort nutzen können.

Cloud Computing kann auf diese Weise mithelfen, Energie zu sparen, aber es verlangt auch, dass Sie die Sicherheitsmaßnahmen ernst nehmen, von der Anmeldung und den Passwörtern über die Datensicherung bis hin zur Absicherung der Rechenzentren durch die Betreiber.

16.5 Einführung in die Fensterwelt

Microsoft hat seit der Einführung des Betriebssystems MS-DOS zusammen mit dem IBM-PC im Jahre 1981 die Entwicklung konstant vorangetrieben. Waren es Ende der 1990er-Jahre noch Systeme wie Windows 95, Windows 98 oder auf Businessseite die Windows-NT-Familie, so wurden 1999 diese beiden bislang getrennten Systemfamilien in Windows 2000 zusammengeführt und danach in eine Client- und eine Serverlinie unterteilt.

Wir konzentrieren uns gemäß Prüfungsanforderungen auf das inzwischen zwar eingestellte, aber immer noch weit verbreitete Windows XP, Windows 7 und streifen auch Windows 8.1, lassen aber an dieser Stelle Windows 10 noch beiseite, wiewohl es Ende Juli 2015 weltweit lanciert worden ist, im Wesentlichen aber auf vielen bestehenden Elementen sowohl von Windows 7 als auch Windows 8.1 aufbaut. Die zwei größten Neuerungen sind hier sicher die Einführung der Sprachsteuerung (die erst auf Englisch wirklich nützlich ist) sowie der neue Browser Edge, welcher den Internet Explorer ablöst.

16.5.1 Ein letztes Mal: Windows XP

Windows XP erschien am 25. Oktober 2001 (eigentlich NT Version 5.1, Codename »Whistler«). 2004 erschienen dazu Service Pack 2 und im Mai 2008 das (letzte) Servicepack 3. Windows XP galt als direkter Nachfolger von Windows 2000 und beendete den Einsatz der Windows 95/98/Me-Linie und damit die Kompatibilität zu Windows 3.x endgültig.

Windows XP bietet eine Reihe wichtiger Eigenschaften:

- **Präemptives Multitasking**: Für 32-Bit- und DOS-Anwendungen bietet Windows XP präemptives Multitasking. Allerdings werden Multiprozessor-Konfigurationen nur ungenügend unterstützt, und die Pentium/CoreDuo-Prozessorbaureihe von Intel ist die einzige kompatible Architektur, die vollständig unterstützt wird (keine Core-i-Unterstützung). Windows XP Home wiederum unterstützt nur eine CPU (Sockel).
- **Kompatibilität mit Hardware**: Durch das Modell mit zertifizierten Treibern kann Windows XP eine breite Palette von Hardware stabil unterstützen. Durch die ausschließliche Verwendung von durch Microsoft zertifizierte Treiber kann ein sicherer Betrieb gewährleistet werden.
- **Hardware-Profile**: Speziell für Notebooks mit variabler Konfiguration geeignet, kann Windows XP die umgebende Hardware erkennen (Schlagwort: Plug & Play) und dynamischen Wechseln automatisch Rechnung tragen.
- **Plug & Play**: Die Unterstützung neuer Hardware ist eines der Ziele von Windows XP. Eine Änderung in der Hardware (sogar dynamisch bei eingeschaltetem Gerät) wird vom Betriebssystem sofort registriert, und die entspre-

chenden Treiber stehen sofort zur Verfügung. Dieses Konzept wird unter Windows Vista später noch einmal weiter verfeinert.

- **Microsoft Exchange**: Windows XP integriert sich in das Microsoft Mail-System. Unter Verwendung der universellen MAPI-Schnittstelle bietet Microsoft Mail die volle Kompatibilität zur gesamten Netzwerkkommunikation.
- **Shadow Copy**: Diese Funktion dient zur Erzeugung und Bereitstellung von Versionsständen, sogenannten Snapshots. Im Rahmen der vorkonfigurierten Speichermenge ist Windows in der Lage, mehrere Versionen einer Datei als Schattenkopie zu speichern und zu verwalten. Die Schattenkopien sind selber schreibgeschützt und können durch den Benutzer als »vorherige Version« einer noch bestehenden Datei wieder hergestellt werden.

Hardware-Anforderungen

Als minimaler Prozessor wird ein Pentium 233 MHz verlangt (300 MHz empfohlen), mindestens 64 MB RAM (128 MB empfohlen) und 1.500 MB freier Harddisk-Speicher, SVGA-Karte und CD-ROM-Laufwerk oder Netzwerkkarte. Auch hier gilt: Dies sind die von Microsoft definierten Mindestvoraussetzungen. In der Realität taugen alle heute noch in Betrieb befindlichen Pentium III- oder Pentium 4-Prozessoren (und auch die entsprechenden AMD-Modelle). Allerdings sollten Sie über mindestens 256 MB – besser 512 MB – RAM verfügen, um flüssig arbeiten zu können.

Von Windows XP gab es eine Home Edition und eine Professional Edition. Dies wirkte sich vor allem in der Möglichkeit der Netzwerkanbindung und einzelnen Systemeinstellungen aus. Den Domänenbeitritt gab es nicht für die Home-Version. Die Hardware-Voraussetzungen waren für beide Versionen identisch.

16.5.2 Windows Vista

Windows Vista wurde bereits 2005 unter dem Codename »Longhorn« angekündigt (Microsoft Version 6.0). Im Januar 2007 wurde das Betriebssystem weltweit lanciert. Von Windows Vista gibt es eine 32-Bit- und eine 64-Bit-Version. Die Version Vista Home Basic entspricht dabei XP Home, Vista Home Premium beinhaltet darüber hinaus das Media Center. Die Nachfolgeversion von XP Professional nannte sich Vista Business und wurde durch die Version Vista Ultimate noch ergänzt.

Design und Bedienung: Windows Vista hat vor allem bei der Gestaltung der Benutzeroberfläche und in der Bedienung verschiedene Änderungen gebracht. Hierzu gehören die grafische Benutzeroberfläche Windows Aero sowie die überarbeitete Suchfunktion und die Benutzerkontensteuerung UAC (User Account Control).

Windows Aero: Windows Aero (Authentic, Energetic, Reflective, Open) nennt sich die neue grafische Umgebung von Windows Vista (und später Windows 7). Sie beinhaltet ein neues Fensterdesign sowie die Unterstützung von 3D-Grafiken, Animationen und visuellen Spezialeffekten, z.B. die Transparenzeffekte. Die Basis dieses Design ist halbtransparent. Dies erkennt man dadurch, dass durch die Fensterleisten eines Fensters im Vordergrund das Hintergrundbild oder ein dahinterliegendes offenes Fenster durchschimmern. Diese Standardeinstellung braucht allerdings viele Ressourcen und kann auch abgeschaltet werden (ANPASSUNG, KLASSISCHE EINSTELLUNGEN wählen).

Eine weitere Neuerung gegenüber den vorherigen Windows-Versionen ist die Live-Kleinbildansicht aller geöffneten Fenster eines Programms, wenn man auf der Taskleiste darüberfährt. Somit kann präzise das gewünschte Fenster ausgewählt werden. Neu kann man auch den Desktop kurz anzeigen, ohne dass man gleich alle geöffneten Fenster minimiert (rechts unten auf der Taskleiste). Zudem lassen sich geöffnete Fenster auch einfacher verkleinern und vergrößern, an den Bildschirm anpassen oder an den rechten oder linken Monitorrand verschieben. Dazu in der oberen Programmleiste die Maus gedrückt halten und dann entweder an den oberen Monitorrand (Vollbild), an den rechten (rechts halbseitig) oder linken Rand (links halbseitig) ziehen. Dies geht übrigens auch mit der Pfeil-Taste: Windows-Taste drücken und Pfeil nach oben (Vollbild), nach rechts (rechts halbseitig), nach links (links halbseitig) oder nach unten (Minimieren). Dieselbe Methode gilt unter Windows 7 immer noch.

Seit Windows 3.x gibt es in allen Windows-Versionen die Möglichkeit, mit ALT+TAB zwischen allen geöffneten Programmfenstern hin und her zu wechseln. Seit Windows Vista gibt es eine zusätzliche Möglichkeit (Flip 3D genannt) mit Windows-Taste+TAB. Probieren Sie es aus.

Schnellsuche und Explorer: Die neue Schnellsuche von Windows Vista und Windows 7 vereinfacht und beschleunigt das Finden von Dateien und Programmen. Dazu gibt es zwei Hauptmöglichkeiten: die systemweite Suche (Start-Schaltfläche und anschließend ins Feld *Programme/Dateien durchsuchen*) oder die ordner- und unterordnerspezifische Suche. Haben wir im Windows Explorer einen Ordner geöffnet, erscheint in der oberen rechten Ecke die Meldung *Ordner durchsuchen*. Wenn man nun anfängt zu tippen, sucht Windows im entsprechenden Ordner und deren Unterordner nach übereinstimmenden Dateien und Programmen.

Neben der bereits erwähnten Schnellsuche wartet der Windows Explorer noch mit ein paar anderen Features auf:

- Symbolgröße: Rechts oben haben Sie die Möglichkeit, unter *Weitere Optionen* die Ansicht der Symbole stufenlos anzupassen.
- Virtuelle Ordner: Der Explorer bietet neben der herkömmlichen Baumstruktur auch das Navigieren durch »virtuelle« Ordner. Diese sind themenbezogene Zusammenfassungen von Orten mit gleichem Inhalt (Suchordner).

- Dateivorschau: Mit einem Klick die Dateivorschau ein- und ausschalten. In der Dateivorschau lässt sich durch die meisten Dokumente scrollen, ohne das Programm zu öffnen.
- Anzeige Adressleiste: Wo unter Windows XP noch der Pfad angegeben wurde, wird neu Folgendes angezeigt:

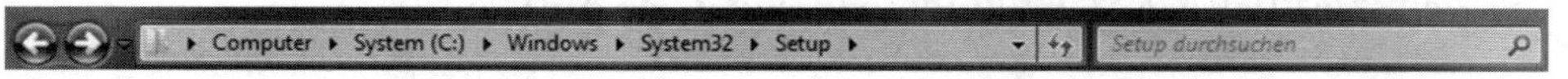

Abb. 16.3: Adressleiste

Dies hat den Vorteil, dass man jederzeit z.B. auf Windows klicken kann und wieder im Ordner Windows ist. Wenn man mit der Maus einmal in das Feld klickt, wird die Pfadangabe C:\Windows\System32\Setup angezeigt (um beispielsweise den Pfad zu kopieren). Sobald Sie mit der Maus wieder außerhalb der Adressleiste ins aktuelle Fenster klicken, wird obiges Bild wieder angezeigt.

Diagnose: Neu wurde ein Tool mitgeliefert, das die Leistung des PCs bewerten kann. Dies soll helfen, mögliche »Flaschenhälse« (also Leistungsengpässe) des Computers zu erkennen und, wenn möglich, durch leistungsfähigere Hardware zu ersetzen. Diagnose-Tools, die bereits mit Windows 2000 und Windows XP eingeführt wurden, sind umfangreicher geworden und können nach Bedarf angepasst werden.

ReadyBoost: Diese Funktion erlaubt es Ihnen, bei Windows Vista (und später bei Windows 7) einen dafür zertifizierten USB-Datenträger als virtuellen Speicher einzusetzen (USB-Stick oder SD-Card). Windows Vista kann einen solchen Speicher ansprechen, Windows 7 bis zu deren acht. Damit kann schneller virtueller Speicher angesprochen werden. Bedingung ist allerdings, dass er für diesen Einsatz im Gerätemanager zugeteilt wird (dedizierte Zuteilung).

BitLocker: Die Versionen Ultimate und Enterprise bieten die Funktion BitLocker an. Mit dieser kann das ganze Laufwerk verschlüsselt werden und nicht nur Ordner oder Daten. Bei Abhandenkommen des Geräts ist es nicht möglich, auf das Laufwerk zuzugreifen, was einen hohen Schutzfaktor bietet. Damit BitLocker funktioniert, benötigen Sie allerdings ein korrekt konfiguriertes TPM-Modul.

Sicherheit: Windows Defender wurde eingeführt und die Windows Firewall nochmals überarbeitet. Das Betriebssystem kann nur noch auf NTFS-formatierten Partitionen installiert werden. Die UAC zum Schutz vor unberechtigten Systemänderungen wurde eingeführt. Das Sicherheitscenter dient als Zentrale zur Verwaltung.

EasyTransfer: Mit diesem Programm können die Daten von einem alten System auf das neue übertragen werden, mit der Version von Windows 7 dann sogar die

Benutzerkonten und -einstellungen (z.B. Favoriten, Mail-Einstellungen, Eigene Dateien).

Unterstützung: Kernkomponenten wie Audio-, Druck-, Darstellungs- und Netzwerksfunktionalitäten (inklusive Wireless und IPv6) und deren Zugriffe auf den Prozessor wurden überarbeitet.

Formate: Das Betriebssystem unterstützt neu das XML-Format.

Hardware-Anforderungen

Als minimaler Prozessor wird eine CPU mit 800 MHz verlangt (AMD K7 oder Intel Pentium III), mindestens 512 MB RAM (32 Bit) bzw. 2048 MB RAM (64 Bit) und 5 GB freien Harddisk-Speicher, eine DirectX9-taugliche Karte und ein DVD-ROM-Laufwerk oder eine Netzwerkkarte für die Installation. Dies sind wohlgemerkt wie immer die minimalen Voraussetzungen.

16.5.3 Windows 7

Das nächste Client-Betriebssystem von Microsoft nennt sich Windows 7 und wurde weltweit im Oktober 2009 lanciert. Wie die Versionsnummer aussagt (Version 6.1), handelt es sich dabei aber nicht um eine komplett neue Version, sondern um ein verbessertes Windows Vista – somit eigentlich nur ein Update, wenn auch ein wichtiges. Aus Vista Home Basic wurde Windows 7 Starter, Home Premium war die Version mit Media Center, und aus »Business« wurde wieder Professional wie bereits bei Windows XP. Wie schon bei Windows Vista gibt es darüber die Version Ultimate mit zahlreichen Tools und für Firmenkunden die Version Windows 7 Enterprise, die nicht einzeln verkauft wird.

Bei Windows 7 wurde die Entwicklung der 64-Bit-Version konsequent vorangetrieben, sodass sie heute eine ernsthafte Alternative zur bekannten 32-Bit-Version eines Betriebssystems darstellt und auch entsprechend große Verbreitung findet, was sich wiederum darin zeigt, dass immer mehr Gerätetreiber in 64 Bit verfügbar sind – und zunehmend auch Anwendungen, wie das jüngst erschienene Office 2013 in der 64-Bit-Version belegt.

Weniger ist mehr: Windows 7 wurde im Umfang massiv kleiner, da nicht mehr standardmäßig alle Zusatzprogramme installiert werden. Ausgelassen bei der Standardinstallation werden folgende Programme (die bei Windows Vista unaufgefordert installiert wurden): Movie Maker, Live Mail, Live Messenger, Live Writer und Photo Gallery. Diese können, falls erwünscht, problemlos über die Funktion *Windows Update* nachinstalliert werden.

UAC und Aero: Beide Elemente gab es schon bei Windows Vista, aber die UAC wurde jetzt flexibler in den Einstellungen, und Aero wurde weiter entwickelt. Dasselbe gilt für das Sicherheitscenter oder die Verwaltungswerkzeuge, alles Funktionen, welche bereits mit Windows Vista (im Falle des Sicherheitscenters sogar XP SP2) eingeführt wurden, jetzt aber verändert und in den meisten Fällen mit mehr Funktionalität ausgestattet wurden.

Windows XP-Modus: Mit dem XP-Modus wird es möglich, ältere Anwendungen in einer eigenen virtuellen Maschine zu betreiben. Allerdings benötigt diese Funktion eine CPU, welche eine Hardware-Virtualisierung mit Intel V- oder AMD V-Technologie unterstützt.

BitLocker to Go: Die Versionen Ultimate und Enterprise bieten in Erweiterung zu Vista die Funktion *BitLocker to Go* an. Damit können ganze Wechseldatenträger verschlüsselt werden und nicht nur Ordner oder Daten. Für Windows Vista gibt es zudem ein *BitLocker to Go*-Leseprogramm.

Hardware-Anforderungen

Als minimaler Prozessor wird jetzt eine CPU mit 1 GHz verlangt, mindestens 1024 MB RAM (32 Bit) bzw. 2048 MB RAM (64 Bit) und 16 GB bzw. 20 GB freier Harddisk-Speicher (32 Bit/64 Bit), eine DirectX9-fähige Grafikkarte und ein DVD-ROM-Laufwerk oder eine Netzwerkkarte. Auch hier gilt: Dies sind die offiziellen Minimalanforderungen. Für ein System, das sich flott bewegt, sind Sie ab Dual Core mit 2 GHz und 2 GB Arbeitsspeicher auf der sicheren Seite. Zudem werden Systeme, die unter Windows 7 betrieben werden können, von den Herstellern mit folgendem Logo ausgezeichnet:

Abb. 16.4: Dieses System läuft auch mit Windows 7.

Parallel zu Windows 7 wurde auch die neue Serverversion Windows 2008 R2, die nur noch die 64-Bit-Architektur unterstützt, auf den Markt gebracht.

16.5.4 Windows 8 und Windows 8.1

Das bis Sommer 2015 aktuelle Betriebssystem war danach Windows 8 bzw. dessen Update 8.1, das weltweit im Oktober 2012 lanciert wurde.

Bei Windows 8 wurden verschiedene Änderungen vorgenommen, so wurde etwa (unter bis heute lautem Protest vieler Benutzer) das Startmenü und der berühmte »Startknopf« entfernt. Dafür wurde auf der anderen Seite das Kacheldesign eingeführt, welches insbesondere den mobilen Benutzern entgegen kommen möchte, weil es aufgrund seiner Struktur auch mit dem Finger oder dem Stift einfach zu bedienen ist. Mit Windows 8 wurde zudem Windows RT eingeführt, eine abgespeckte Version, welche sich besonders für Tablets eignen soll und dafür weniger Ressourcen benötigt. Auf der anderen Seite müssen für Windows RT sogenannte »Apps« verfügbar sein, da sich normale Windows-Applikationen unter RT nicht installieren lassen.

Metro: Windows 8 kommt mit einer komplett neuen Oberfläche, dem Metro Design oder umgangssprachlich »Kacheldesign«. Dieses ist für die Bedienung auf Touch-Screens optimiert und soll so auch auf Tablets zum Einsatz kommen. Das klassische Startmenü ist dagegen nicht mehr vorhanden, auch wenn man den Desktop noch aufrufen kann. Mit Windows 8.1 kam sogar der Start-Button wieder zurück, allerdings nur mit eingeschränkter Funktionalität und ohne die Programmauswahl. So haben Zusatzprogramme wie etwa die Classic Shell großen Zulauf, da sehr viele Anwender sich nicht von dieser jahrelangen Gewohnheit beim täglichen Arbeiten verabschieden möchten.

Apps: Ein wichtiger Teil von Windows 8 und 8.1 ist der Store. Wie schon bei iOS und Android kann der Anwender in diesem Store aus verschiedenen Applikationen auswählen, welche sein Betriebssystem erweitern und für verschiedene Dienste, vor allem netzwerkgestützte Dienste, eingesetzt werden können. Selbst das Update von Windows 8 auf Windows 8.1 kann man direkt im Store herunterladen.

Microsoft-Konto: Eine weitere wichtige Veränderung ist das Verbinden des Betriebssystems mit dem Internet. So legen Sie bei der Installation standardmäßig kein lokales Konto mehr an, sondern verknüpfen Ihre lokale Anmeldung am Betriebssystem mit Ihrem Online-Microsoft-Konto. Weiterführend wird sodann der Store damit verknüpft als auch die aktuelle Office 2013-Version oder auch Office 365-Installationen und die auf diese Weise unter SkyDrive gespeicherten Daten.

Hardware-Anforderungen

Die minimalen Anforderungen haben sich gegenüber Windows 7 nicht weiter verändert: Als minimaler Prozessor wird eine CPU mit 1 GHz verlangt (je nach Version mit 32 Bit oder 64 Bit), mindestens 1024 MB RAM (32 Bit) bzw. 2048 MB RAM (64 Bit) und 16 GB bzw. 20 GB freier Harddisk-Speicher (32 Bit/64 Bit), eine DirectX9-fähige Grafikkarte und ein DVD-ROM-Laufwerk oder eine Netzwerkkarte. Auch hier gilt: Dies sind die offiziellen Minimalanforderungen. Für ein System, das sich flott bewegt, sind Sie ab Dual Core mit 2 GHz und 2 GB Arbeitsspeicher auf der sicheren Seite.

Systeme, welche offiziell unter Windows 8 betrieben werden können, werden zudem von den Herstellern mit folgendem Logo ausgezeichnet:

Abb. 16.5: Dieses System läuft auch mit Windows 8.

Nach der Einführung von Windows 8 folgte bald die Version 8.1 mit reduziertem Startmenü und mit Windows 10 die neueste Version seit Juli 2015.

16.5.5 Windows 10

Seit Juli 2015 ist Microsoft daran, Windows 10 an Kunden auszuliefern. Beim Kauf eines neuen Geräts muss man sich nun entscheiden, ob man Windows 7, 8.1 oder 10 vorinstalliert haben möchte. Wenn alle Systemkomponenten kompatibel sind, ist auch ein Upgrade von Windows 7 oder 8.1 auf Windows 10 möglich.

Startmenü: Nachdem in Windows 8 das Startmenü zugunsten des Startbildschirms verschwunden ist, kommt eine aktualisierte Version davon unter Windows 10 zurück. In der rechten Spalte findet sich Platz für die nötigsten Kacheln, welche auch Live-Inhalte darstellen können.

Cortana: Der von Windows Phone 8.1 bekannte intelligente Sprachassistent ist nun auch am Desktop verfügbar. Alternativ sind über das Suchfeld auch Abfragen ohne Spracheingabe möglich.

Microsoft Edge: Der neue Webbrowser soll verbessern, wofür der Internet Explorer immer kritisiert wurde. Neue Funktionen, wie ein Lese- und Notizmodus sowie bessere Performance gehören zu den Hauptmerkmalen.

Virtuelle Desktops: Die Arbeit mit mehreren getrennten Desktops (Workspaces) ist aus verschiedenen Linux-Distributionen und Mac OS X bekannt. Zusammengehörende Programme oder Fenster können beliebig auf unterschiedlichen Desktop angeordnet werden, was die Übersicht und Produktivität steigern kann.

Hardware-Anforderungen

Die minimalen Anforderungen haben sich gegenüber Windows 7/8.1 nicht weiter verändert: Als minimaler Prozessor wird eine CPU mit 1 GHz verlangt (je nach Version mit 32 Bit oder 64 Bit), mindestens 1024 MB RAM (32 Bit) bzw. 2048 MB RAM (64 Bit) und 16 GB bzw. 20 GB freier Harddisk-Speicher (32 Bit/64 Bit), eine DirectX9-fähige Grafikkarte und ein DVD-ROM-Laufwerk oder eine Netzwerkkarte. Auch hier gilt: Dies sind die offiziellen Minimalanforderungen. Für ein System, das sich flott bewegt, sind Sie ab Dual Core mit 2 GHz und 2 GB Arbeitsspeicher auf der sicheren Seite.

Systeme, welche offiziell unter Windows 10 betrieben werden können, werden zudem von den Herstellern mit folgendem Logo ausgezeichnet:

Abb. 16.6: Dieses System läuft auch mit Windows 10.

16.6 Ein Ausflug in die Kommandozeile

Auch wenn die Benutzeroberflächen mit jeder Windows-Version spektakulärer werden, die Kommandozeile stirbt nicht aus. Und auch das Arbeiten mit Dateien und Ordnern in der bekannten Verzeichnisstruktur hat sich nicht verändert.

16.6.1 Arbeiten mit Verzeichnissen

Verzeichnisse sind die wichtigste Ordnungseinheit bei der Datenorganisation auf dem System, auch heute noch.

Nach wie vor gilt: Unter Windows ist C:\ standardmäßig das Wurzelverzeichnis der ersten Festplatte von Windows-Systemen.

Von hier aus orientiert sich der PC, wenn er Daten sucht (absolute Pfadnamen). Wird auch ROOT oder Root Directory genannt (von engl. *root* = Wurzel). Der Name dieses Verzeichnisses ist unter Windows Backslash »\«, unter Linux Slash »/«. Mit dem Befehl `cd\` bzw. eben `cd /` kommt man immer ins Wurzelverzeichnis des aktuellen Laufwerks.

Dateien, die sinnvollerweise zusammengehören (z.B. alle Dateien eines Anwenderprogramms, alle von Ihnen erstellten Korrespondenzen, alle Dateien des Betriebssystems DOS etc.), werden in je einem Verzeichnis gesammelt und verwaltet.

Verzeichnisse können – neben Dateien – Unterverzeichnisse enthalten. Analogie: die russische Puppe in der Puppe in der Puppe (Matroschka).

Unter aktuellen Windows-Versionen wird übrigens statt von Verzeichnissen häufiger von Ordnern gesprochen. So heißt es auch beim Erstellen neuer Ordner z.B. im Explorer »Datei – Neu – Ordner« und nicht mehr Verzeichnis. Dafür kann man im Explorer oder im Arbeitsplatz auch einfach über das Menü DATEI – NEU einen Ordner erstellen anstelle von Kommandos wie `md` (make directory).

16.6.2 Dateien erkennen

Dateien sind die eigentlichen Informationen des PCs. Daten werden in Dateien zusammengefasst. Analogie: Aktenschrank (Laufwerk) – Regal (Verzeichnis) – Ordner (Datei).

Unter Windows geben die Erweiterungen des Dateinamens Auskunft über die Eigenschaften einer Datei.

Die wichtigsten Erweiterungen

.COM – ausführbarer Befehl (COMmand file)

.EXE – ausführbares Programm (EXEcutable file)

.BAT – Stapeldatei (BATch file)

Diese – und nur diese – Erweiterungen werden vom Betriebssystem als ausführbare Befehle interpretiert. Die Suche und Ausführung von Befehlen erfolgt auch in der Reihenfolge der obigen Liste; d.h. wenn zwei Befehle »Beispiel.com« und »Beispiel.exe« im gleichen Verzeichnis existieren, dann wird »Beispiel.com« zuerst gefunden und ausgeführt.

Andere Erweiterungen sind für Datendateien oder Hilfsdateien im weitesten Sinne verfügbar.

.SYS – Treiber oder Tabelle (SYStem file)

.BAK – Sicherheitskopie (BAcKup file)

.TMP – Temporäre Dateien (oft mit einer Tilde ~ versehen)

.DLL – Programmbibliotheken

Die Liste der Erweiterungen mit speziellen Bedeutungen ließe sich beliebig fortsetzen. Viele Anwendungen vergeben automatisch typische Erweiterungen für ihre Anwenderdateien (z.B. .DOC für MS Word, .XLS für MS Excel etc.).

16.6.3 Allgemeine Syntax

In der Kommandozeile gilt die Maxime »ein Befehl = eine Zeile«. Jeder Befehl besteht aus einem oder mehreren der folgenden Elemente:

- Befehl
- Parameter
- Optionen

Dieses System wurde früher mit DOS als Betriebssystem eingeführt und hat sich bis heute für alle auf Kommandozeilen basierende Syntax durchgesetzt.

Was sind Parameter?

Parameter ist der Oberbegriff für alle Angaben nach dem Befehlswort. Generell kann man sagen, dass mit Parametern angegeben wird, mit welchen Datenelementen (Verzeichnis, Datei/en) gearbeitet werden soll, z.B. der Kombination aus Laufwerksbezeichnung, Suchpfad und Dateiname mit Erweiterung oder einem Gerätenamen.

Wo ein Parameter fertig ist und der nächste beginnt, erkennt DOS an den Leerzeichen bei der Befehlseingabe.

Was sind Optionen?

Optionen (Schalter) legen fest, auf welche Art und Weise ein Befehl ausgeführt werden soll. Optionen beginnen in DOS immer mit dem Schrägstrich »/« (englisch: slash) und werden am Schluss des Befehls eingegeben. – Nicht zu verwechseln mit dem Backslash »\«, der bei Pfadangaben zum Trennen der Verzeichnisnamen verwendet wird!

Vor der Eingabe von Optionen kann man – muss aber nicht – Leerzeichen einfügen.

16.6.4 Muss ich das noch wissen?

Soweit sich diese Kenntnisse auf das ehemalige Betriebssystem DOS beziehen, nein. Aber auch die aktuellen Betriebssysteme Windows 7, 8 und 10 oder Windows Server 2008 und 2012 bzw. auch Linux-Derivate verfügen über eine starke Kommando-Shell, in welcher zahlreiche Befehle abgelegt sind.

Folgendes Beispiel soll Ihnen dies verdeutlichen: Es gibt unter Windows 7 die Möglichkeit zur Konvertierung von Laufwerken von FAT32 nach NTFS.

Für diese Konvertierung können Sie das »grafische Windows« verwenden, sofern Sie das Laufwerk formatieren – und damit löschen wollen. Möchten Sie aber ein bestehendes Laufwerk unter Beibehaltung der Daten konvertieren, führt Sie der Weg über die Kommandozeile. Geben Sie dazu im STARTMENÜ – AUSFÜHREN den Befehl `cmd` ein. Dies ruft den Kommandointerpreter auf. Anschließend können Sie den Befehl `convert /?` eingeben, wie Sie es unten abgebildet sehen (Abbildung 16.7).

Diese Syntax zeigt Ihnen die Parameter und Optionen für den erfolgreichen Einsatz des Befehls `convert` an. Anschließend können Sie den Befehl korrekt eingeben und das Laufwerk konvertieren.

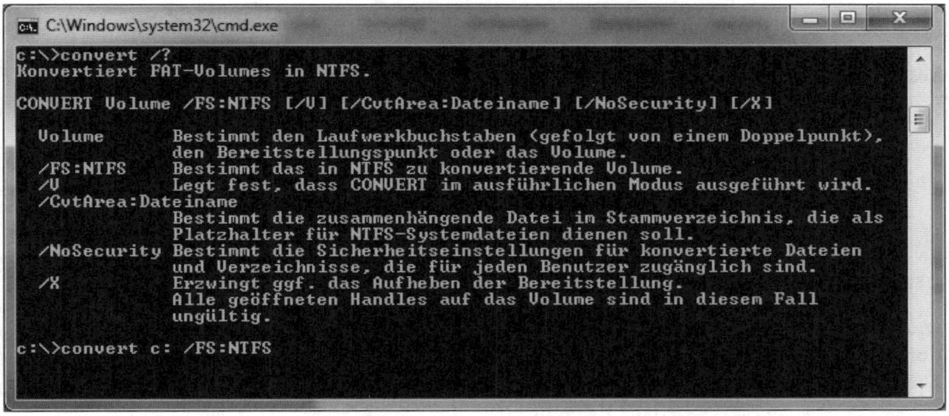

Abb. 16.7: Kommando-Shell

Es gibt zahlreiche solcher Befehle, welche Sie in der Kommandozeile verwenden können. Etliche von ihnen benötigen Sie beispielsweise für die Reparatur eines Betriebssystems, wenn Sie das Betriebssystem von CD neu starten müssen und über die Reparaturkonsole auf das System zugreifen – auch dann haben Sie nur die Kommandozeile zur Verfügung.

Befehl	Auswirkung
cd	Change Directory (Ordner wechseln). Mit `cd ORDNERNAME` wechseln Sie zum gewünschten Ordner. Mit `cd..` wechseln Sie in den darüber liegenden Ordner. Mit `cd\` wechseln Sie ins Root-Verzeichnis des aktuellen Laufwerks.
chkdsk	Check Disk. Überprüft eine Festplatte auf Fehler und listet diese auf. Zwei wichtige Parameter dazu lauten: ■ `/F` – Behebt Fehler auf der Festplatte. ■ `/R` – Findet fehlerhafte Sektoren und versucht, lesbare Informationen wiederherzustellen.
copy	Kopiert eine oder mehrere Dateien vom vorhandenen Pfad an einen neuen zu definierenden Ort. Der Befehl `copy` liest dabei jede Datei einzeln aus und kopiert diese einzeln. Folgende Parameter können eingesetzt werden: ■ `/A` – Kopiert nur Dateien, die das Archivattribut gesetzt haben. ■ `/V` – Verifiziert nach dem Vorgang, ob die kopierten Daten mit den Quelldaten übereinstimmen. ■ `/Y` – Unterdrückt die Bestätigungsaufforderung vor dem Überschreiben einer gleichnamigen vorhandenen Zieldatei.

Tabelle 16.2: Kommandozeilenbefehle

Befehl	Auswirkung
dir	Directory. Zeigt alle Dateien an, die im aktuellen Ordner vorhanden sind.
edit	ist ein textbasierter Editor, um einfache System- und Konfigurationsdateien zu editieren oder um Batch-Dateien zu schreiben. Unter 64-Bit-Versionen von Windows ist die Ausführung nicht mehr möglich. Hier müssen Sie auf den Editor von Windows zugreifen und anschließend die Endung *.txt abändern (zum Beispiel in *.bat für Batch-Dateien).
explorer	Kann in der Kommandozeile eingegeben werden und startet danach den Explorer in einer grafischen Umgebung.
format	Formatiert ein Laufwerk oder eine Partition. Dabei wird die Dateizuordnungstabelle neu angelegt, die alten Daten selber nicht gelöscht, sondern erst bei Bedarf überschrieben.
gpupdate	In Zusammenhang mit domänenbasierten Netzwerken kann mit diesem Kommando eine Richtlinie aktualisiert werden, das heißt das Kommando zieht auf dem lokalen Computer vom Domänenkontroller die aktuell gültige Sicherheitsrichtlinie.
gpresult	Erstellt einen (HTML-)Bericht über die aktuell eingestellte Konfiguration einer Gruppenrichtlinie in Netzwerken mit zentraler Richtlinienverwaltung (Windows Domäne).
md/mkdir	Make Directory. Damit lassen sich einzelne oder mehrere Ordner erstellen.
mstsc	Startet die Remotedesktop-Verbindungskonsole.
net	Mit dem `net`-Befehl kann das Netzwerk analysiert, angepasst und repariert werden. Es gibt zahlreiche Kommandos, die wir im Netzwerkteil des Buches noch behandeln werden. `net help` gibt detaillierte Auskunft, was die einzelnen Kommandos bewirken.
notepad	Kann in der Kommandozeile eingegeben werden und startet danach den Notizblock (Notepad) in einer grafischen Umgebung.
rd/rmdir	Remove Directory. Damit kann man einen vorhandenen, leeren Ordner löschen. Mit `rd /s` kann man einen Ordner inklusive aller Dateien und Unterordner löschen.
services.msc	Startet die Dienst-Registerkarte unter Windows und zeigt alle installierten Dienste an.
xcopy	`xcopy` unterscheidet sich von `copy` dadurch, dass er zuerst alle zu kopierenden Dateien und Ordner ausliest und diese dann als ganzes Paket kopiert. Es kann mittels Parameter /s auch Unterordner kopieren.

Tabelle 16.2: Kommandozeilenbefehle (Forts.)

Obwohl man in Windows vieles über die grafische Benutzeroberfläche machen kann, bleiben die Kommandozeilenbefehle eine schnelle und effektive Alternative. Es ist empfehlenswert, damit einen vertrauten Umgang zu erlernen.

Generell gilt: Um Hilfe zu erhalten und zusätzliche Optionen zum Befehl anzuzeigen, kann man `Befehl /?` eingeben oder `Befehl /help`.

Zudem gibt es eine Reihe von kleinen Zusatzprogrammen unter anderem von Microsoft selber, welche als Kommandozeilenbefehle ausgeführt werden. Als Beispiele hierzu seien etwa Diskpart (unter Windows) genannt, das es ermöglichte, verschiedene Optionen zur Einrichtung von Partitionen zu setzen, oder Robocopy, ein mächtiges Tool zum Kopieren von Daten und Ordnern. Seit Windows Vista ist Robocopy sogar Bestandteil von Windows geworden. Im Kapitel über die Wartung von Windows-Systemen werden Sie einige dieser Kommandos noch ausführlicher kennenlernen.

Im Unterschied zu copy und xcopy ist Robocopy in der Lage, das Archivbit von Dateien auszulesen. Damit wird es möglich, auch differenzielle und inkrementelle Kopiervorgänge anzulegen. Sogar das Löschen von nicht mehr vorhandenen Daten am Quellort ist mit Robocopy kein Problem.

16.6.5 Windows PowerShell

Die Kommandobefehle (`cmd.exe`) sind in Windows Vista und Windows 7 weiterhin präsent. Neu hinzugekommen ist aber die Windows PowerShell in der Version 1.0 in Windows Vista (es existiert auch eine Windows XP-Version zum freien Download bei Microsoft) und der Version 2.0 in Windows 7. Windows PowerShell ist eine Umgebung für die Erstellung von Scripts, die auf dem Microsoft .NET Framework basiert. Mit Windows PowerShell entfernt Microsoft sich langsam von VBScripts und nähert sich dem Linux- und Unix-Umfeld. Die PowerShell ist für die Script-basierte Administration im Netzwerk gedacht.

16.7 Von Löwen, Pinguinen und Geleebohnen

16.7.1 Klassische PC-Betriebssysteme

Nicht nur Microsoft stellt Betriebssysteme her. Noch länger auf dem Markt befindet sich Apple mit seinen Computern und den eigenen Betriebssystemen. Seit einigen Jahren werden PCs und Notebooks von Apples OS X (X steht für 10) angetrieben. Die aktuelle Version ist 10.11, El Capitan genannt, und zwar mit Release 10.11.5.

Das Betriebssystem sieht für die Bedienung etwas anders aus – die Funktionalität ist trotzdem dieselbe geblieben.

Abb. 16.8: Der Desktop von MacOS X 10.10 (Quelle und alle Rechte: Apple Computer)

Ein weiterer bekannter Vertreter oder eigentlich eine ganze Gruppe von Vertretern bilden die Linux-Systeme. Linux selber bildet dabei nur den Kern des Systems, darüber wird (wie bei Apple übrigens auch) eine grafische Oberfläche gelegt, und von diesen gibt es dann wieder verschiedene Ausführungen. Bekannt sind etwa die Linux-Version SuSe oder Ubuntu, aktuell auch Mint.

Abb. 16.9: So sieht der Desktop von Linux Mint aus (Quelle: Mint).

Das Symbol für Linux ist seit seiner Einführung 1991 ein Pinguin.

Das bekannteste Linux findet sich allerdings zurzeit nicht auf PCs oder Notebooks, sondern hielt mit den Tablets und Smartphones Einzug bei den Benutzern. Es hört auf den Namen Android. Die aktuelle Version ist die Version 6, genannt »Marshmallow«.

16.7.2 Betriebssysteme für Tablets und Smartphones

Damit kommen wir zu einer ganzen Gruppe von Betriebssystemen, welche heute einen Großteil der verkauften Geräte mit Funktionalität versorgen. Die mobilen Systeme im engeren Sinn (enger, weil hier die Notebooks nicht mitgezählt werden) machen heute je nach Studie einen Marktanteil von rund 60 % bis 75 % der verkauften Client-Hardware aus. Sie sind also für die Entwickler von mindestens so hoher Wichtigkeit wie die klassischen Betriebssysteme für PCs und Notebooks, wenn nicht wichtiger.

Entsprechend finden Sie hier wieder dieselben Vertreter, nur mit anderen Vorzeichen. Bei den Smartphones und Tablets sind es Apple mit seinem System iOS und die Hersteller von Geräten mit Android, die den Markt deutlich anführen. Microsoft konnte mit Windows Phone bisher keine größeren Marktanteile erobern.

Das Wesen dieser Betriebssysteme ist geprägt von der Verschmelzung von Betriebssystem und Anwendungssoftware. Diese werden hier »Apps«, kurz für Applications genannt. Das Betriebssystem bietet dazu einen Store (einen Laden) an, in welchem die App gesucht und heruntergeladen werden kann.

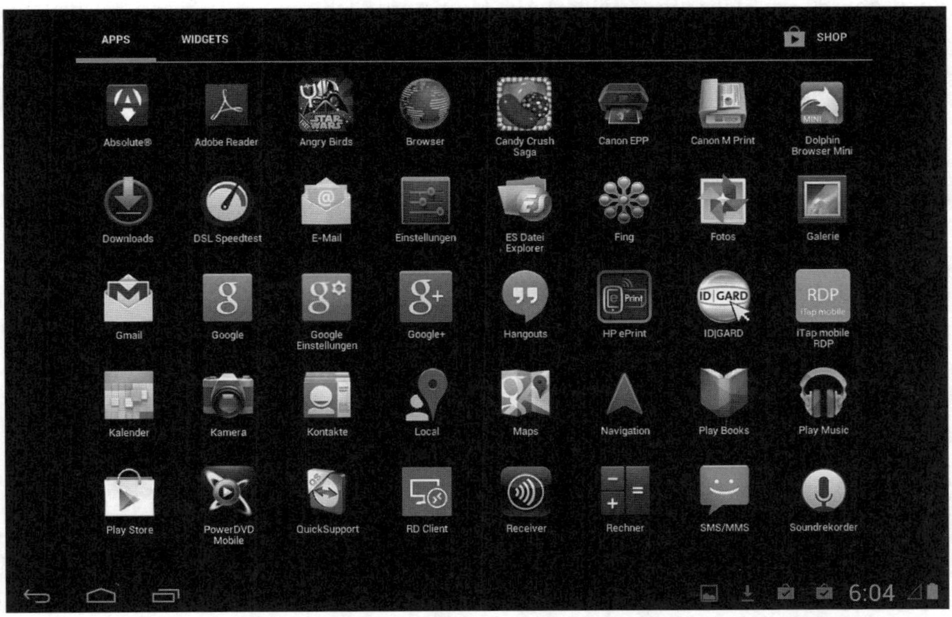

Abb. 16.10: Apps auf einem Android-Tablet – jede App stellt ein eigenes Programm dar.

Im Unterschied zu klassischen Anwendungen sind Apps entweder kostenlos oder viel günstiger als ein »normales« Programm. Sie sind aber auch weniger umfangreich und lassen ein zielgerichtetes Arbeiten mit den genau benötigten Funktionen zu, auch wenn man im Zusammenhang mit Apps den Begriff »Arbeiten« etwas breiter fassen muss, sind doch sehr viele dieser Apps vor allem im Freizeit- und Spielebereich anzusiedeln. Die Hersteller der Betriebssysteme stellen den App-Entwicklern sogenannte SDKs (Software Development Kits) zur Verfügung. Darin enthalten sind neben der Dokumentation auch Entwicklerwerkzeuge für die Erstellung der Anwendungspakete, unter Android APK (Android Package) genannt.

Es gibt zwei Welten bei dieser App-Geschichte. Apple kontrolliert den Store ganz genau, jede App muss von Apple bewilligt werden. Damit verfügt der AppStore über einen sehr konsistenten und stabilen App-Umfang, aber Sie befinden sich in einer geschlossenen Gesellschaft, wo nur einer bestimmt, was Sie herunterladen dürfen.

Den gegenteiligen Weg schlägt der Android Store ein, aktuell »Google Play« genannt. In diesen Store kann jeder Anbieter Angebote einstellen. Es erfolgen zwar Kontrollen, und Apps können auch wieder entfernt werden, im Grundsatz bestimmen aber die Anwender, welche Apps sie herunterladen möchten. Dafür gibt es auf der anderen Seite aber auch eher instabile Apps oder solche, die Malware einspielen können.

Microsoft wiederum hat einen eigenen Store, der einen Zwischenweg beschreitet, die Kontrollen sind stärker als bei Android (jede App wird zertifiziert), aber es ist doch keine geschlossene Gesellschaft. Hier wird sich zeigen müssen, in welche Richtung dies geht.

Das geht schön aus der Beschreibung hervor, die Microsoft öffentlich für die potenziellen Entwickler publiziert.

> *1.1 Ihre App muss Kunden einen einzigartigen, kreativen Wert oder ein einzigartiges, kreatives Hilfsprogramm in allen unterstützten Sprachen und für die entsprechenden Märkte anbieten.*
>
> *1.2 Ihre App muss voll funktionsfähig sein, wenn der Kunde sie aus dem Windows Store erhält.*
>
> *(Zitat aus: »App-Zertifizierungsanforderungen für den Windows Store«, Dokumentversion 4.7 vom 17. Oktober 2013, alle Rechte © Microsoft)*

Allen Stores gemeinsam ist: Für jedes OS müssen Sie die App neu herunterladen oder auch neu kaufen, denn sie funktioniert immer nur gerade auf dem Betriebssystem, für das sie heruntergeladen worden ist.

Eine wichtige Änderung von Anwendung und App betrifft auch die Darstellung selber. Tablets und Smartphones haben nicht nur kleinere Bildschirme als Notebooks, sondern vor allem drehbare Bildschirme. Die Apps müssen also sowohl im Hoch- als auch im Querformat funktionieren (nicht alle tun das, aber viele). Zudem sind die mobilen Geräte mit GPS-Empfängern ausgerüstet, Geotrackern und Gyroskopen (Bewegungssensoren), sodass das Gerät sehr aktiv mit einer App zusammenarbeiten kann. Zum Beispiel kann man mit eingeschaltetem Smartphone durch die Stadt laufen, und Google Maps zeigt einem den Weg an oder passende Fotos oder das nächstgelegene Restaurant. Oder ein Spiel reagiert auf die Position des Tablets und die Bewegung und gibt diese an das Spielgeschehen weiter. In Notsituationen können über GPS-Empfänger wichtige Informationen verbreitet oder von einer Person versendet werden. Hier stehen noch viele Möglichkeiten offen. Dasselbe gilt für intelligente Sprachassistenten. Mittlerweile sind alle drei zuvor erwähnten Betriebssysteme mit einem solchen Hilfsprogramm ausgestattet, iOS mit »Siri«, Android mit »Google Now« und Windows Mobile mit »Cortana«. Die Funktionen und Genauigkeit der Antworten unterscheiden sich teilweise überraschend stark.

Viele mobile Geräte (alle Smartphone, etliche Tablets) verfügen zudem über einen permanenten Anschluss ins Netz über UMTS oder LTE, was dazu führt, dass sehr viele Apps auch nur dann richtig funktionieren, wenn sie sich ins Internet verbinden können. Dazu benötigen die Anwender dann entsprechende Datennetze – was im Inland kein Problem darstellt, aber schnell teuer werden kann wenn Sie im Ausland unterwegs sind (Stichwort: Roaming-Gebühren).

Die mobilen Geräte und ihre Apps sind nicht für die Speicherung großer Datenmengen ausgelegt, sondern vor allem für die Verbindung zu den Speichern. Hier bekommt die Cloud ihre mittlerweile große praktische Bedeutung, da die Daten in dieser webbasierten Speicherumgebung jederzeit und von überall her zugänglich sind – sofern die Internetverbindung steht. So werden die Mails als Konto auf dem Smartphone eingetragen, mit Musik mit iTunes zuhause und unterwegs synchronisiert und auf Instagram die Fotos von unterwegs direkt hochgeladen.

Demzufolge lautet ein wichtiges Stichwort: Synchronisation. Ob Mails oder Kontakte, ob Musik oder (z.B. in iTunes) ganze Filme – synchronisiert möchte die Welt leben. Entsprechend viele Apps gibt es, welche sich der Verbindung von Gerät und Servern in der Cloud widmen, von den Apps der Hersteller wie Google Play oder iTunes über die Synchronisationssoftware der Smartphone-Hersteller bis zu den Cloud-Anbietern wie iCloud, SkyDrive oder dergleichen mehr.

Die Androiden

Android ist sowohl Betriebssystem als auch Software-Plattform. »Zuunterst« liegt den Android-Versionen ein Linux-Kernel zugrunde, daran sind dann verschiedenste Komponenten angebaut. Android hat seit seiner Einführung als Smartphone-Software im Jahre 2008 eine lebhafte Geschichte hinter sich, ist gezeichnet von sehr vielen Versionswechseln und der Eigenheit, seine Versionen nach irgendwelchen Süßigkeiten zu benennen, so etwa Android 4.1 mit »Jelly Bean«, Version 5, »Lollipop« genannt und aktuell Android 6.0 »Marshmallow«.

Android an sich gilt als Open Source-Software, was bedeutet, dass es sich um eine quelloffene und freie verfügbare Software handelt. Vergleichbar mit anderen Open Source-Projekten wie Linux, ist es seit der tiefen Verknüpfung mit Google und deren Diensten jedoch nicht mehr, da die Weiterentwicklung nur zu kleinen Teilen durch eine öffentliche Gruppe stattfindet.

Nichtsdestotrotz halten Android-Systeme aktuell einen sehr hohen Weltmarktanteil an verkauften Systemen im Bereich Smartphones und Tablets, weit vor Apple und noch viel weiter vor Windows-Systemen, zunehmend auch bei embedded Systemen wie Smart TVs oder Unterhaltungsgeräten. Allerdings wie gesagt: Wer kann sagen, wie die Situation in zwei Jahren aussieht?

Apple iOS

Apples iOS ist das mobile Betriebssystem für die iPhone-Smartphones und die iPads. Auch hier gilt wie für die Android-Systeme, dass es vor allem der stetige Versionswechsel ist, der das Bild prägt. Während momentan gerade iOS 9 aktuell ist, steht mit dem Release im Herbst 2016 bereits iOS 10 vor der Türe.

iOS hat sicherlich die Einführungsphase dieser Art von Systemen geprägt, Apple hat hier das Rad zwar nicht neu erfunden – aber gut getuned! Mittlerweile ist der Markt aber wesentlich breiter geworden, und Apple nimmt die Rolle eines Mitbewerbers unter anderen ein, nicht mehr und nicht weniger.

In Sachen Quelloffenheit ist Apple wie mit Mac OS eher restriktiv. Die Tatsache, dass iOS nur auf Hardware von Apple eingesetzt und dafür optimiert wird, ermöglicht grundsätzlich einen stabileren und sichereren Betrieb, stößt aber gerade bei einigen Entwicklern auf Widerstand. So sind die Bemühungen einiger Lager sehr groß, unerlaubt gewisse Beschränkungen des Systems zu entfernen. Dieses Vorgehen wird »Jailbreaking« genannt, ist von Apple aus illegal und führt zum Verlust der Gerätegarantie, ist aber dennoch weit verbreitet, weil es zusätzliche Eingriffsmöglichkeiten bietet, um das System zu konfigurieren.

Windows 10 Mobile

Der aktuell jüngste Spross in der Familie der mobilen Systemplattformen ist Windows 10 Mobile. Der Nachfolger von Windows Phone 8.1 wird seit der Veröffentlichung im Frühjahr 2015 stetig durch Updates optimiert. Der Ansatz, Windows Mobile stark an die Desktop-Version anzulehnen, steht weiterhin im Vordergrund.

Im Windows Store findet sich mittlerweile ein Großteil weit verbreiteter Apps, dennoch ist das Angebot nicht mit demjenigen im Google Play Store oder iOS App Store vergleichbar.

Mit der Übernahme der Mobile-Sparte von Nokia im Jahr 2014 schaffte sich Microsoft die Möglichkeit, unter dem Namen »Microsoft Lumia« in Zukunft eigene Geräte zu entwickeln. Vereinzelt setzen auch andere Hersteller von Smartphones Windows 10 Mobile als Betriebssystem ein, stärker verbreitet ist es jedoch in der Standard-Version auf Tablets und Convertibles.

16.7.3 Lizenzformen für Software

Für Anwendungen gibt es unterschiedliche Lizenzformen. Die »normale« Lizenz nennt sich kommerzielle Lizenz. Das bedeutet, dass Sie sich durch den Kauf der Software das Recht zur Nutzung erwerben. Damit dies gewährleistet ist, setzen die meisten Hersteller sogenannte Lizenzschlüssel ein, die Sie mit der Software erwerben und bei der Installation dann eintippen müssen. Damit stellt der Hersteller sicher, dass Sie das Programm auch wirklich erworben haben. Der Versuch, kommerzielle Software ohne legal erworbene Lizenz einzusetzen, gehört ins Kapitel »Raubkopieren«, ist illegal und wird auch rechtlich verfolgt – kurz: lassen Sie's bleiben, es hilft niemandem.

Nachdem Sie die Software erfolgreich installiert haben, gibt es unterschiedliche Möglichkeiten. Die einen Programme können Sie anschließend daran direkt nutzen, andere wie etwa Microsoft Office müssen Sie zuerst aktiveren. Das heißt, der Computer nimmt eine Verbindung per Internet mit dem Hersteller auf, überprüft den eingegebenen Lizenzschlüssel auf seine Gültigkeit und aktiviert ihn. Damit werden auf der einen Seite Raubkopien von der Aktivierung ausgeschlossen, auf der anderen Seite verhindert der Hersteller so auch, dass ein korrekter Lizenzschlüssel mehrfach eingesetzt werden kann.

Abb. 16.11: Korrekt aktivierte Anwendung

Wieder andere Programme wie etwa Adobe Photoshop müssen zusätzlich auch registriert werden, damit die Software korrekt lizenziert ist. Sie geben damit dem Hersteller die Angaben über Person und gekaufte Software, erwerben sich damit aber auf der anderen Seite das Recht auf Support und Updates der installierten Software, was wiederum für Sie nützlich ist.

Mit DRM, dem Digital Rights Management, besteht zudem eine technische Möglichkeit die Nutzung und Verbreitung digitaler Medien zu kontrollieren. Vor allem digital vorliegende Film- und Tonaufnahmen aber auch Software und digitale Bücher können mit DRM versehen und geschützt werden.

Es gibt aber auch andere Lizenzformen als die kommerzielle Lizenz. Eine Version nennt sich Shareware. Das ist Software, die Sie zuerst einmal kostenlos beziehen können, um sie zu installieren und zu testen. Erst wenn Sie das Programm auch wirklich behalten möchten, wird ein Betrag fällig, den Sie einzahlen müssen. Ein bekannter Vertreter von Shareware ist etwa das beliebte Programm »WinZip« zum Komprimieren von Daten.

Abb. 16.12: Lizenzvereinbarung für eine Shareware-Anwendung

Noch einmal anders verhält es sich mit Freeware. Freeware, freie Software, wird von den Entwicklern kostenlos zur Verfügung gestellt. Sie dürfen das Programm also herunterladen, installieren und nutzen. Einige Hersteller machen dabei einen Mix, indem sie die Software für privaten Gebrauch als Freeware zur Verfügung stellen. Wenn Sie dasselbe Programm aber für ein Unternehmen nutzen möchten, geht es unter Shareware und ist kostenpflichtig.

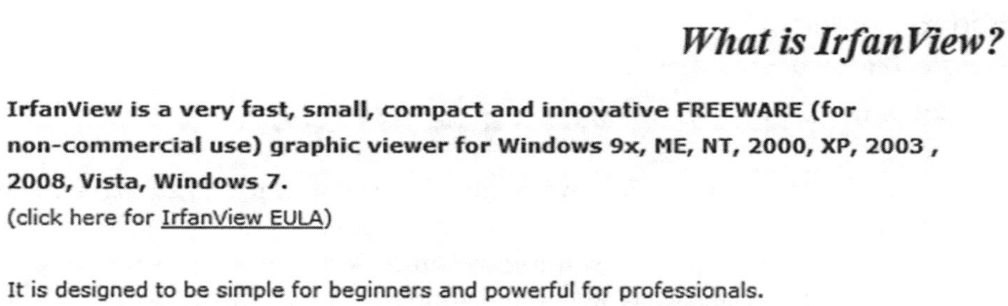

Abb. 16.13: Lizenzvereinbarung für eine Freeware-Anwendung

Unter Freeware können Sie heute fast alles finden, von einfachen Anwendungen wie einem Bildbetrachter bis hin zu ganzen Office-Paketen, Grafikanwendungen oder Medienverwaltungen.

Freie Software wird auch unter dem Begriff Open Source geführt. Das ist aber nicht dasselbe, denn Begriffe wie Shareware oder Freeware beziehen sich auf den Bezug der Software. Open Source bezieht sich dagegen auf das Recht der Nutzung am Code selber. Open-Source-Programme dürfen Sie nicht nur installieren, sondern auch Zugriff auf den Code nehmen, ihn zum Beispiel verändern oder weiterentwickeln. Deshalb ist Open Source für viele eine sehr geeignete Option des Software-Einsatzes, weil dadurch die Abhängigkeit von einem bestimmten Hersteller wegfallen kann – vorausgesetzt, Sie sind in der Lage die Veränderungen vorzunehmen.

Gerade im Bereich der Internet-Software treffen Sie häufig auf Open-Source-Programme. So sind etwa Systeme wie Wordpress oder Joomla, aber auch die meistgenutzte Software für Webserver, die auf den Namen Apache hört, Open Source. Die Schattenseite von Open Source sei aber auch erwähnt: Da jeder mitentwickeln kann, gibt es oft verschiedene Versionen einer Software. Und wenn deren Entwickler keine Zeit oder kein Interesse mehr an der Fortführung hat, dann stehen Sie mit Ihrer konkreten Anwendung unter Umständen im Regen.

16.8 Fragen zu diesem Kapitel

1. Welchen Vorteil bietet Windows Vista 64 Bit gegenüber der 32-Bit-Version?
   A. Es können größere dynamische Platten bis 1 TB verwaltet werden.
   B. Mehrere Applikationen können parallel als 16-Bit-Applikationen nebeneinander laufen.
   C. Es werden mehr als 4096 MB RAM unterstützt.
   D. Ein neues Antiviren-Schutzschema ist integriert, das sich Data Execution Prevention (DEP) nennt.
2. Welche Dateigröße unterstützen Windows 2000 und Windows XP unter FAT32 maximal?
   A. Bis 32 GB
   B. Bis 128 GB
   C. Bis 1024 GB
   D. Bis 2048 GB

3. Welche Funktion unterstützt Windows XP Home nicht, die von der Professional-Version angeboten wird?
   A. Einfache Dateifreigabe
   B. Beitritt zu einer Domäne
   C. Remote Desktop
   D. Partitionierung von Festplatten
4. Aero ist Bestandteil welcher Windows-Version?
   A. Windows XP Home
   B. Windows Vista Basic
   C. Windows XP Media Center
   D. Windows 7 Professional
5. Wenn Sie ein Dual Boot-System für Windows XP Professional und Windows 7 Professional aufsetzen möchten, welches Dateisystem werden Sie einsetzen?
   A. FAT32
   B. CDFS
   C. NTFS
   D. EXT3
6. Wie heißt der Standard-Installationsordner für Programme unter Windows 7 Professional 32 Bit?
   A. Programme
   B. Programme(x86)
   C. Programme\x32
   D. Windows\Programme
7. Ein Techniker möchte an einer Workstation mit Windows 7 Professional x86 einen Laserdrucker installieren. Welcher Treiber wird benötigt?
   A. 16 Bit
   B. 32 Bit
   C. 64 Bit
   D. 86 Bit

8. Ein Techniker möchte einen Windows 7-kompatiblen USB-Drucker an einem Computer mit Windows 7 Professional installieren. Wie wird dies korrekterweise gemacht?
   A. Den Drucker mit dem Computer verbinden und anschalten. Windows 7 erkennt den Drucker automatisch und fügt diesen hinzu.
   B. Den Druckertreiber in den Ordner %SystemDir%\System32\Drivers ablegen und danach den Drucker verbinden und anschalten.
   C. Start → Alle Programme → Systemsteuerung → Drucker und Faxgeräte → Rechtsklick auf den Drucker und »Installieren« wählen.
   D. Die Bootreihenfolge im BIOS anpassen, damit von USB-Geräten gestartet wird. Den Drucker verbinden und anschalten, danach den Computer starten.
9. Für welche Version von Windows ist der Windows XP-Modus als kostenloser Download erhältlich, um Programmkompatibilität sicherzustellen?
   A. Windows 8 RT
   B. Windows 7 Professional
   C. Windows Vista Business
   D. Windows 7 Starter
10. Mit welchem Befehlszeilenkommando können Sie verborgene Dateien anzeigen?
   A. dir /a
   B. dir /d
   C. dir /h
   D. dir /s

Kapitel 17

Die Installation von Windows

CompTIA-Prüfungsziele, die in diesem Kapitel behandelt werden:

Für das Examen 220-902

1.1 Vergleich und Gegenüberstellung verschiedener Merkmale und Anforderungen von Microsoft-Betriebssystemen (Windows Vista, Windows 7, Windows 8, Windows 8.1).

- Merkmale
- Upgrade-Pfade

1.2 Installieren von Windows PC-Betriebssystemen mit geeigneten Methoden bei einem gegebenen Szenario.

- Bootmethoden und Installationstyp
- Bei Bedarf alternative Treiber von Dritten laden
- Workgroup oder Domäneneinrichtung
- Uhrzeit-/Datums-/Regions-/Spracheinstellungen
- Treiberinstallation, Software und Windows Updates
- Wiederherstellung der Partition ab Werk
- Ordnungsgemäß formatiertes Bootlaufwerk mit den richtigen Partitionen/Format

Es gibt verschiedene Arten, um ein Windows-Betriebssystem zu installieren. Waren früher Disketten das meistgenutzte Installationsmedium, änderte sich dies ab Windows 95 auf CDs und seit Windows Vista auf eine DVD. Doch neben diesen lokalen Datenträgern als Installationsquelle gibt es auch weitere Möglichkeiten, um ein System mit Windows zu installieren:

- Netzwerkinstallation: Die Betriebssystemdaten liegen auf einem zentralen Server und werden von dort abgerufen. Es können mehrere Installationen gleichzeitig laufen.
- Installation von einem Image: Von einem physischen Datenträger wird ein Abbild erstellt, Image genannt. Dieses kann auch um notwendige Treiber erweitert werden. Danach wird ab diesem Image (von DVD, Netzwerk etc.) installiert.

- Wiederherstellungs-CD (Recovery Disk): Nach erfolgreicher Installation wird eine Wiederherstellungs-CD erstellt, von der man im Bedarfsfall das Betriebssystem auf diesen Standard wieder herstellen kann. Auch viele Hersteller liefern mit ihren Systemen solche Recovery Disks aus, die im Unterschied zu originalen Windows-Datenträgern bereits auf das konkrete System angepasst sind (Treiber, Einstellungen, Software).
- Werkspartition wiederherstellen: Hier handelt es sich auch um eine Wiederherstellungspartition, die versteckt auf der Festplatte des Systems angelegt ist. Diese Werkspartition wird vom Hersteller des Systems installiert und kann meist über eine spezielle Tastenkombination (z.B. Funktion-F11) aufgerufen werden. Durch den Aufruf der Werkspartition kann das System wieder in den Ausgangszustand bei Auslieferung zurückgestellt werden. Vergessen Sie bei einer solchen Aktion aber nicht, vorher die Daten zu sichern, da die ganze Systempartition beim Zurücksetzen überschrieben wird.

Im Fall der Datenträger- oder Netzwerkinstallation stehen Ihnen jeweils die Optionen »Neuinstallation« oder »Upgrade« zur Verfügung. Letztere Option installiert sich in die bestehende Windows-Installation hinein, übernimmt damit Ihre Daten und Einstellungen – behält aber auch allen Ballast an alten Treibern und Programmen, welche nicht mehr benötigt werden. Bei Windows 8.1 wird zudem automatisch ein Ordner »windows.old« erstellt, in welchem die nicht mehr benötigten Windows 8-Daten abgelegt werden. Dieser kann nach dem Upgrade von Windows 8 auf 8.1 auch gelöscht werden.

Bei der »Neuinstallation« wird dagegen eine komplett neue Windows-Version installiert, vorzugsweise auf einen leeren Datenträger. Falls Sie eine Multiboot-Umgebung installieren möchten, benötigen Sie die Unterlagen der eingesetzten Betriebssysteme, um die richtige Installationsreihenfolge zu bestimmen (z.B. XP vor Windows 7 installieren, Windows vor Linux etc.). Zudem benötigen die meisten OS eine eigene Partition, damit sie einwandfrei laufen, d.h. Sie müssen die Festplatte entsprechend partitionieren – und nicht zuletzt benötigen Sie einen MBR bzw. GPT, der multiboot-fähig ist, damit die verschiedenen Betriebssysteme von diesem verwaltet werden können, denn einen Bootloader können Sie trotz Multiboot nur einmal installieren.

17.1 Windows Vista und Windows 7

Windows Vista hat ein neues Installationsverfahren eingeführt, das nicht mehr mit dem berühmten »blauen Bildschirm« beginnt und welches nicht mehr file-, sondern image-basiert abläuft. Dieses Verfahren wurde für Windows 7 weitergeführt, weshalb wir an dieser Stelle die beiden Versionen für die Installation zusammennehmen.

17.1.1 32-Bit- oder 64-Bit-Version

Sowohl Windows Vista wie auch Windows 7 gibt es in der 32-Bit- (x86) oder 64-Bit (x64)-Version zu kaufen.

Die Hauptunterschiede zwischen 32-Bit- und 64-Bit-Versionen von Windows sind in den Bereichen Arbeitsspeicherzugriff und -verwaltung sowie optimierte Sicherheitsfunktionen zu finden. Einer der größten Vorteile einer 64-Bit-Version von Windows ist die Möglichkeit des Zugriffs auf physischen Arbeitsspeicher (RAM) über eine Größe von 4 GB hinaus, theoretisch bis zu 16 Exabyte (2^{64} Byte). 32-Bit-Versionen von Windows können nicht mehr als 4 GB RAM adressieren und benutzen. Je nach installierter Version von Windows unterstützt die 64-Bit-Version Arbeitsspeicher bis zu 128 GB (Windows Vista) oder 192 GB (Windows 7). Eine Ausnahme stellen hier die Home Premium-Versionen dar, die nur maximal 16 GB RAM unterstützen, und Windows Server 2008 R2, das je nach Version sogar bis zu 2 TB RAM adressieren kann. Durch die Fähigkeit, mehr RAM zu adressieren, kann Windows den benötigten Zeitraum zum Ein- und Auslagern auf den physischen Arbeitsspeicher minimieren. Dies führt zu einer effizienteren Prozessverwaltung und schlussendlich zu einer Verbesserung der Gesamtleistung des Betriebssystems.

Auf der anderen Seite erfordert aber der Einsatz von 64-Bit-Windows auch den Ersatz aller Gerätetreiber, denn diese müssen ebenfalls 64-Bit-tauglich sein. Und lange Zeit haben sich hier die Hersteller von Erweiterungskarten, Druckern, Scannern oder Digitalkameras etwas schwer getan.

Überblick der Änderungen von 64 Bit:

- Unterstützung von Arbeitsspeicher über die Grenze von 4 GB hinaus
- Verbesserte Leistung von Programmen, die dediziert für 64-Bit-Betriebssysteme geschrieben und optimiert wurden
- Doppelte Informationsverarbeitung in der gleichen Zeiteinheit gegenüber 32-Bit-Betriebssystemen
- Eigenständige Treiberverwaltung, erfordert 64-Bit-Gerätetreiber
- Verbesserte Sicherheitsfunktionen:

Datenausführungsverhinderung (DEP): Dies verhindert den unerlaubten Zugriff auf Programmcodes und ist hardwaregestützt. In Windows-32-Bit-Betriebssystemen (ab Windows XP SP2) ist dies softwaregestützt.

Kernel-Patch-Schutz (PatchGuard): verhindert die Manipulation des Windows-Kernels durch nicht autorisierte (signierte) Programme.

Treibersignierung: Alle Gerätetreiber müssen vom Hersteller digital signiert sein.

Brauche ich ein 64-Bit-fähiges Betriebssystem?

Zum jetzigen Zeitpunkt profitieren davon vor allem Programme und Anwendungen, die wie CAD-Software oder Bild- und Videobearbeitung umfangreiche Datenberechnungen oder Speicherplatz verwenden sowie Programme mit Zugriff auf komplexe und umfangreiche Datenbanken.

Dennoch haben die Hersteller der Geräte mittlerweile beim Verkauf von PC-Systemen und Notebooks mehrheitlich auf die 64-Bit-Plattform umgestellt. Dies insbesondere wegen der Größe des Arbeitsspeichers, der immer häufiger über den für 32-Bit-Systeme möglichen 4 Gigabyte liegt.

Zudem schläft auch die Spieleindustrie nicht, und bekannte Hersteller von Computerspielen bieten seit einiger Zeit 64-Bit-fähige Spiele an. Die umstrittene Performance von Windows Vista hat die Verbreitung etwas gebremst, aber dank der Popularität von Windows 7 und Windows 8 kam vermehrt Bewegung in diesen Markt.

Die Hardware-Hersteller bieten mittlerweile die notwendigen Gerätetreiber für 32 Bit und 64 Bit an, sodass auch von dieser Seite her immer weniger gegen einen Wechsel auf 64-Bit-Versionen spricht.

Vergessen Sie bei diesen Betrachtungen aber eines nicht: Wir hatten einen solchen Wechsel schon einmal: von MS-DOS bzw. Windows 3.1x als 16-Bit-Umgebung via Windows 95 (hybride Umgebung) zu Windows 2000, das als reine 32-Bit-Version auf den Markt kam. Das braucht zwar seine Zeit, aber die Entwicklung ist letztlich unaufhaltsam, da die Vorteile an Leistung und Stabilität eindeutig überwiegen – damals wie heute.

Ausführen von 32-Bit-Programmen in 64-Bit-Systemen

Wie Windows 95 seinerzeit die Möglichkeit bot, 16-Bit- und 32-Bit-Programme auszuführen, sind auch heute die 64-Bit-Betriebssysteme von Windows in der Lage, viele 32-Bit-Programme auszuführen. Verantwortlich hierfür ist WOW64 (Windows 32-bit On Windows 64). Dieses Subsystem des Windows-Betriebssystems hat den Zweck, eine 32-Bit-Umgebung zu schaffen, welche sämtliche benötigten Schnittstellen zur Verfügung stellt, damit diese ohne Anpassungen auf einem 64-Bit-System laufen.

Ob ein Programm als 32- oder 64-Bit-Version installiert wurde, sehen wir auch an den verschiedenen Programmverzeichnissen in einem 64-Bit-System. Im Ordner `C:\Programme` sind alle Programme, die 64-Bit-fähig sind, und im Ordner `C:\Programme (x86)` sind diejenigen Programme, die nur in einer 32-Bit-Umgebung funktionieren – immer gesetzt den Fall, dass bei der Installation nicht manuell ein jeweils anderer Ordner gewählt wurde ... diese Wahlfreiheit bleibt einem beim Installieren meist.

Hinweis zur Terminologie

Bei der Suche nach Programmen und Treibern treffen Sie heute oft folgende Bezeichnungen an: x86 und x64. Obwohl deren Gebrauch eher umgangssprachlich als technisch korrekt ist, werden mit x86 diejenigen Programme oder Treiber definiert, die auf eine 32-Bit-Umgebung angewiesen sind, und mit x64 diejenigen, die bereits für eine 64-Bit-Umgebung geeignet sind.

Dazu eine Anmerkung: x86 ist eigentlich eine Prozessorarchitektur, die bereits 1978 mit den ersten 16-Bit-Prozessoren eingeführt wurde und sich bis heute erhalten hat. Streng genommen basieren auch die neuen 64-Bit-Prozessoren von Intel auf der x86-Architektur. Itanium-Prozessoren wären demgegenüber eigentlich x64-Prozessoren, die aber als IA64 bezeichnet werden.

17.1.2 Installationsvorbereitung

Für jede Installation eines Betriebssystems ist eine Planung aufgrund der Anforderungen notwendig, und die möglichen Installationstechniken müssen bekannt sein, dazu außerdem Hardware-Anforderungen, Partitionierung der Festplatten sowie die Wahl zwischen Domäne und Arbeitsgruppe. Die Wahl nach dem Dateisystem entfällt, da sowohl Windows Vista wie Windows 7 nur auf NTFS-Partitionen installiert werden können. Schreib- und Lesezugriff auf FAT32 bleibt natürlich weiterhin möglich.

Hardwarekompatibilität

Auch hier gilt die Kompatibilitätsliste von Microsoft für die entsprechenden Betriebssysteme: `http://www.microsoft.com/whdc/hcl/default.mspx`

Upgrade-Optionen

Microsoft bietet den Windows Vista Upgrade Advisor sowie den Windows 7 Upgrade Advisor an (unter Windows 8 lautet die Bezeichnung dann Windows 8 Upgrade Assistent). Dieses Tool stellt fest, ob Windows Vista bzw. Windows 7 auf der aktuellen Hardware lauffähig sind. Es besteht die Möglichkeit, eine vorhandene Installation von Windows XP auf Windows Vista oder Windows 7 zu aktualisieren. Doch auch hier ist eine komplette Neuinstallation wegen der unterschiedlichen Treiber und Systemkomponenten ratsam. Darüber hinaus stellt sich mehr und mehr auch die Frage, ob nicht gleich eine 64-Bit-Version des Betriebssystems installiert werden soll (sofern die Hardware dies unterstützt), statt ein Upgrade von einem vorhandenen 32-Bit-Windows-Betriebssystem vorzunehmen. Ein Wechsel von einem 32-Bit- zu einem 64-Bit-System oder gar umgekehrt ist als Upgrade nicht möglich.

Damit bei einer Neuinstallation nicht alle Daten verloren gehen und nicht nochmals alle Einstellungen gemacht werden müssen, stellt Microsoft den Windows-

EasyTransfer kostenlos zur Verfügung, um eine externe Sicherung zu machen (je nach Datenmenge auf USB-Stick oder externe Festplatte, auch ein Netzwerklaufwerk kann gewählt werden), um diese nach der kompletten Neuinstallation wieder in das neue System einzubinden. Es wird ein File mit der Dateiendung ».MIG« erstellt. Dieses File kann anschließend mit Windows Vista oder Windows 7 gestartet werden. Das Tool funktioniert mit zahlreichen Windows-Betriebssystemen bis hin zu Windows 8. Das Tool Windows-EasyTransfer ist nur für einzelne Arbeitsstationen gedacht.

Wenn mehrere Systeme oder gar eine ganze Infrastruktur mit mehreren Rechnern auf ein neues Betriebssystem umgestellt werden, stellt Microsoft das USMT (User State Migration Tool) zur Verfügung. Das Tool ist für Administratoren gedacht, die automatisierte Bereitstellungen durchführen. Die aktuelle Version (USMT 4.0) unterstützt die Migration von Windows XP und Windows Vista nach Windows Vista oder Windows 7 bzw. 8 und seit 2015 auch für Windows 10.

Wahl des Dateisystems

Wie bereits erwähnt, können sowohl Windows Vista wie auch Windows 7 nur noch auf NTFS-Partitionen installiert werden. Damit sind sie für die volle Funktionalität dieser Betriebssysteme gerüstet.

Das Dateisystem von Windows Vista/Windows 7 hat sich im Aufbau gegenüber Windows XP verändert. Hier folgt der Aufbau von Windows 7, und zwar in der 64-Bit-Version, sodass bei den Programmen der Unterschied für die Programmordner sichtbar wird.

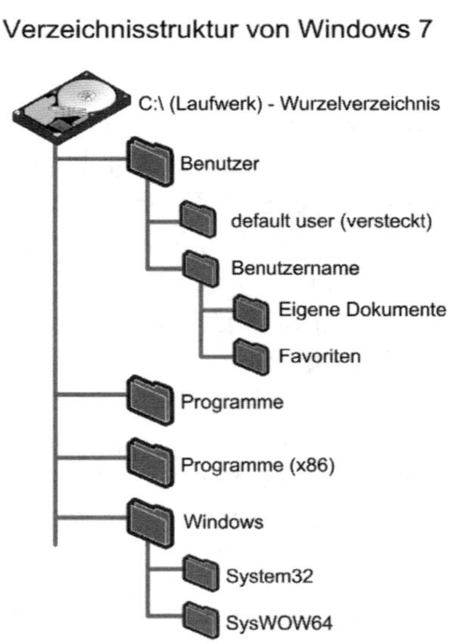

Abb. 17.1: Dateisystem von Windows 7 64-Bit

17.1.3 Checkliste

Folgende Aufgaben müssen vor der Installation von Windows Vista und Windows 7 ausgeführt werden.

- Die Hardware muss den notwendigen Kompatibilitätsgrad aufweisen und beispielsweise in der HCL gelistet sein.
- Die Computer müssen über genügend Hardware-Ressourcen verfügen. Folgende Mindestanforderungen sind Pflicht:
  - 16 GB (32 Bit) oder 20 GB(64 Bit) freier Platz auf Festplatte
  - 1 GB RAM (32 Bit) oder 2 GB (64 Bit) Arbeitsspeicher
  - Prozessor mit mindestens einer Taktfrequenz von 1GHz
- Vergewissern Sie sich, dass Sie über eine lizenzierte Originalversion von Windows Vista oder Windows 7 und den entsprechenden Produktschlüssel verfügen.
- Legen Sie fest, ob Sie einer Domäne oder einer Arbeitsgruppe beitreten möchten und die entsprechende Rechte bzw. Passwörter besitzen.

Für den Einsatz von 64-Bit-Windows gilt zudem:

- Für Windows Vista 64 Bit und Windows 7 64 Bit muss zudem ein 64-Bit-fähiger Prozessor vorhanden sein.
- Für alle eingesetzten Geräte im und am Computer müssen 64-Bit-Gerätetreiber zur Verfügung stehen und digital signiert sein.
- Überprüfen Sie, ob benötigte 32-Bit-Programme mit dem 64-Bit-Betriebssystem kompatibel sind und weiter betrieben werden können.
- Klären Sie ab, ob es möglicherweise 64-Bit-fähige Alternativen zu den benötigten 32-Bit-Programmen gibt, die nicht mehr unterstützt werden.

17.1.4 Installationsmöglichkeiten

Die Standardinstallation erfolgt meist über Datenträger, d.h. DVD in diesem Fall oder USB-Datenträger. Möglich ist aber auch hier das Anziehen der Installation über einen Netzwerkserver via Netzwerkstart (PXE).

Bis auf die Eingabe des Lizenzschlüssel, der bei Windows Vista früher als bei Windows 7 erfolgt, sind die Schritte und die Anzeigebilder in etwa identisch.

- DVD einführen, Setup wird gestartet.
- Wählen von Installationssprache, Uhrzeit und Währungsformat, Tastatur oder Eingabemethode (Abbildung 17.2)
- Product-Key eingeben. Es gilt: Falls kein oder ein ungültiger Product-Key eingegeben wird, besteht die Möglichkeit, das System für die nächsten 30 Tage zu testen. Während der Testzeit sind Microsoft-Updates nur beschränkt möglich. Nach Ablauf des Aktivierungszeitraums ist Windows bis zur Aktivierung lediglich mit eingeschränktem Funktionsumfang verfügbar.

Abb. 17.2: Der Installationsbildschirm von Windows Vista

- Update oder Neuinstallation wählen sowie Festplattenort auswählen. Es besteht die Möglichkeit, Festplatten zu partitionieren und zu formatieren.
- Es werden nun Installationsdateien auf die Festplatte kopiert und expandiert, Funktionen installiert, Updates installiert (bei Netzwerkzugriff), und die Installation wird abgeschlossen.
- Benutzername und Computername eingeben. Passwort vergeben. Hiermit wird ein Benutzer mit Administratorrechten angelegt.
- Auswahl, ob automatische Updates aktiviert werden sollen oder nicht.
- Zeit, Zeitzone und Datumseinstellungen.
- Windows wird nun für den ersten Gebrauch gestartet.
- Windows Vista:
  öffnet standardmäßig das Fenster »Begrüßungscenter«. Windows 7: Falls erwünscht, kann Fenster »Erste Schritte« aufgerufen werden.

Sie haben nun die Möglichkeit, Ihr System einzustellen und zu konfigurieren.

17.1.5 Installation von Netzwerkkomponenten

Im Normalfall werden die Netzwerkkarten vom Betriebssystem erkannt. Falls der Rechner an einem Netz hängt, wird versucht, eine IP-Adresse über einen DHCP-Server zu bekommen. Falls kein DHCP-Server vorhanden ist, wird eine fiktive IP-Adresse zugeteilt. Es werden automatisch folgende Netzwerkkomponenten installiert: Client für Microsoft-Netzwerke; QoS-Paketplaner; Datei- und Druckerfreigabe für Microsoft-Netzwerke; Internet-Protokoll Version 6 (TCP/IPv6); Internet-Protokoll Version 4 (TCP/IPv4); E/A-Treiber für Verbindungsschicht-Topologieerkennung und Antwort für Verbindungsschicht-Topologieerkennung (diese zwei letzten Treiber sollen helfen, eine grafische Darstellung des Netzes anzuzeigen. Dies funktioniert aber nur richtig, falls alle vorhandenen Rechner und die eingesetzten Router und Switches dies auch unterstützen). Ein Deaktivieren dieser Treiber kann zu Einschränkungen von Freigaben und Netzwerkzugriffe führen. Für einen reibungslosen Einsatz mit Windows XP-Rechnern müssen diese Treiber zusätzlich auch in Windows XP aktiviert werden (falls nicht vorhanden, können diese kostenlos von der Microsoft-Homepage geladen werden).

Beim Erstellen eines Netzwerkes lässt sich zusätzlich wählen, ob es sich um ein öffentliches oder ein privates Netzwerk handelt. In Windows 7 besteht die Auswahl zwischen Heim-, Arbeitsplatz- oder öffentlichem Netzwerk. Je nach Auswahl wird automatisch eine grundlegende Einstellung der Firewall und der Freigabe der Ordner festgelegt. Diese kann manuell jederzeit angepasst werden (siehe Abschnitt 18.9.2, »Firewall-Einstellungen«).

17.2 Windows 8/8.1

Die Installationsroutine von Windows 8 oder 8.1 brachte zwei wesentliche Änderungen mit sich: Einerseits wurde die Darstellung an die Designsprache von Windows angepasst, andererseits gibt es neu die Möglichkeit, sich als Benutzer mit einem Microsoft-Konto und somit online und mit den Microsoft-Diensten verbunden anzumelden.

17.2.1 Versionen

Die Aufstellung der Editionen hat sich mit Windows 8 verändert und wurde insgesamt etwas übersichtlicher. Neu wird beispielsweise bei den Editionen für Privatanwender nicht mehr zwischen Basic und Premium unterschieden.

	Windows RT	Windows 8	Windows 8 Pro	Windows 8 Enterprise
Einsatz	Vorinstalliert auf Geräten mit ARM-Prozessoren	Standard-Edition für Heimanwender	Nutzung privat oder geschäftlich	Beinhaltet zusätzliche Funktionen für Unternehmen
Beitritt zu Domänen möglich	Nein	Nein	Ja	Ja
x86-Programme ausführen	Nein	Ja	Ja	Ja

Tabelle 17.1: Windows 8 Versionen im Vergleich

	Windows RT	Windows 8	Windows 8 Pro	Windows 8 Enterprise
Windows Store/ Apps	Ja	Ja	Ja	Ja
Office Home and Student vorinstalliert	Ja	Nein	Nein	Nein
Architektur	ARM	32 /64 Bit	32 /64 Bit	32 /64 Bit
Upgrade von Windows 7 Home	Nein	Ja	Ja	Ja
Upgrade von Windows 7 Pro/ Ultimate	Nein	Nein	Ja	Ja
Installation Programme von Drittanbietern	Nur aus Windows Store	Ja	Ja	Ja

Tabelle 17.1: Windows 8 Versionen im Vergleich (Forts.)

17.2.2 32-Bit- oder 64-Bit-Version

Windows 8 ist weiterhin in einer 32-Bit- (x86) oder 64-Bit (x64)-Version im Handel erhältlich.

Die Hauptunterschiede zwischen 32-Bit- und 64-Bit-Versionen von Windows sind in den Bereichen Arbeitsspeicherzugriff und -verwaltung sowie optimierte Sicherheitsfunktionen zu finden. Einer der größten Vorteile einer 64-Bit-Version von Windows ist die Möglichkeit des Zugriffs auf physischen Arbeitsspeicher (RAM) über eine Größe von 4 GB hinaus, theoretisch bis zu 16 Exabyte (2^{64} Byte). 32-Bit-Versionen von Windows können nicht mehr als 4 GB RAM adressieren und benutzen. Je nach installierter Version von Windows unterstützt die 64-Bit-Version Arbeitsspeicher bis zu 128 GB (Windows 8) oder 512 GB (Windows 8 Professional und Enterprise). Durch die Fähigkeit, mehr RAM zu adressieren, kann Windows den benötigten Zeitraum zum Ein- und Auslagern auf den physischen Arbeitsspeicher minimieren. Dies führt zu einer effizienteren Prozessverwaltung und schlussendlich zu einer Verbesserung der Gesamtleistung des Betriebssystems.

Auf der anderen Seite erfordert aber der Einsatz von 64-Bit-Windows auch den Ersatz aller Gerätetreiber, denn diese müssen ebenfalls 64-Bit-tauglich sein. Die Problematik ergibt sich eigentlich nur noch, wenn Sie ältere Geräte mit-migrieren möchten und es für diese keine neueren Treiber mehr gibt (z.B. Drucker oder Scanner).

Überblick der Änderungen von 64 Bit:

- Unterstützung von Arbeitsspeicher über die Grenze von 4 GB hinaus
- Verbesserte Leistung von Programmen, die dediziert für 64-Bit-Betriebssysteme geschrieben und optimiert wurden
- Doppelte Informationsverarbeitung in der gleichen Zeiteinheit gegenüber 32-Bit-Betriebssystemen
- Eigenständige Treiberverwaltung, erfordert 64-Bit-Gerätetreiber
- Verbesserte Sicherheitsfunktionen:

Datenausführungsverhinderung (DEP): Dies verhindert den unerlaubten Zugriff auf Programmcodes und ist hardwaregestützt. In Windows-32-Bit-Betriebssystemen (ab Windows XP SP2) ist dies softwaregestützt.

Kernel-Patch-Schutz (PatchGuard): verhindert die Manipulation des Windows-Kernels durch nicht autorisierte (signierte) Programme.

Treibersignierung: Alle Gerätetreiber müssen vom Hersteller digital signiert sein.

Die Frage nach dem »Brauche ich das denn mit 64 Bit?« finden Sie im Kapitel über Windows 7 hinreichend beantwortet. Im Normalfall ist dies mit Windows bereits so vorinstalliert.

17.2.3 Installationsvorbereitung

Informieren Sie sich vor der Installation von Windows 8 über die Punkte Hardware-Anforderungen, Partitionierung und die geeignetste Installationstechnik.

Hardwarekompatibilität

Die offiziellen Systemanforderungen für das aktuelle Windows 8.1 finden Sie auf der folgenden Seite: `http://windows.microsoft.com/de-DE/windows-8/system-requirements`.

Upgrade-Optionen

Der Windows 8 Upgrade-Assistent kommt zum Einsatz, wenn Sie Ihr Betriebssystem von Windows 7 auf Windows 8 aktualisieren möchten. In einem ersten Schritt überprüft dieser, ob Ihr System die Anforderungen erfüllt und alle Komponenten kompatibel sind. Auch alle angeschlossenen Peripheriegeräte werden gleich überprüft. Der Kompatibilitätsbericht gibt Ihnen anschließend darüber Auskunft, was Sie im Falle eines Upgrades alles zu tun haben. Dies reicht von Treibern, die aktualisiert werden müssen, bis zu inkompatibler Software.

Haben Sie sich dafür entschieden, tatsächlich ein Upgrade vorzunehmen, haben Sie die Wahl, Ihre persönlichen Daten zu behalten oder diese zu entfernen.

Wahl des Dateisystems

Bei der Wahl des Dateisystems hat sich im Vergleich zu Windows 7 nichts verändert. Weiterhin ist die Installation lediglich auf NTFS-Partitionen möglich. Die Verzeichnisstruktur ist identisch geblieben. Für eine 64-Bit-Installation von Windows 8.1 sieht das also wie folgt aus:

Verzeichnisstruktur von Windows 8

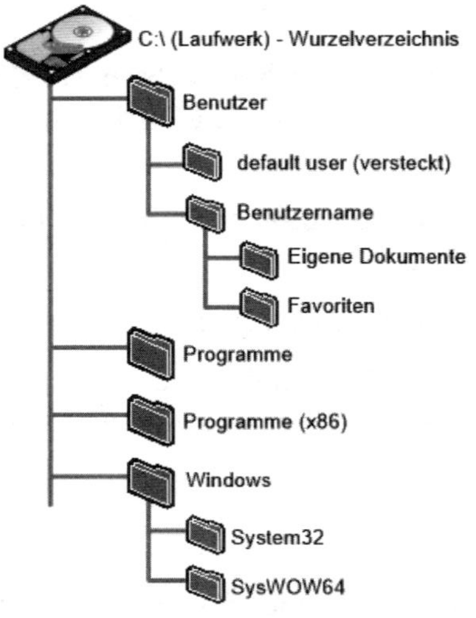

Abb. 17.3: Dateisystem von Windows 8 64-Bit

17.2.4 Checkliste

Folgende Aufgaben müssen vor der Installation von Windows 8 oder 8.1 ausgeführt werden.

- Die Hardware muss den notwendigen Kompatibilitätsgrad aufweisen.
- Die Computer müssen über genügend Hardware-Ressourcen verfügen.
- Folgende Mindestanforderungen sind Pflicht:
  - 16 GB (32 Bit) oder 20 GB (64 Bit) freier Platz auf Festplatte
  - 1 GB RAM (32 Bit) oder 2 GB (64 Bit) Arbeitsspeicher
  - Prozessor mit mindestens einer Taktfrequenz von 1GHz
- Vergewissern Sie sich, dass Sie über eine lizenzierte Originalversion von Windows 8 und den entsprechenden Produktschlüssel verfügen.
- Legen Sie fest, ob Sie einer Domäne oder einer Arbeitsgruppe beitreten möchten und die entsprechende Rechte bzw. Passwörter besitzen.

Für den Einsatz von 64-Bit-Windows gilt zudem:

- Für Windows 8 64 Bit muss ein 64-Bit-fähiger Prozessor vorhanden sein.
- Für alle eingesetzten Geräte im und am Computer müssen 64-Bit-Gerätetreiber zur Verfügung stehen und digital signiert sein.
- Überprüfen Sie, ob benötigte 32-Bit-Programme mit dem 64-Bit-Betriebssystem kompatibel sind und weiter betrieben werden können.
- Klären Sie ab, ob es möglicherweise 64-Bit-fähige Alternativen zu den benötigten 32-Bit-Programmen gibt, die nicht mehr unterstützt werden.

17.2.5 Installationsmöglichkeiten

Die Installationsroutine von Windows 8 unterscheidet sich vor allem optisch stark von vorherigen Versionen. Mit dem Microsoft-Konto kam zudem eine neue Möglichkeit der Benutzereinrichtung hinzu.

- DVD einführen, Setup wird gestartet.
- Wählen von Installationssprache, Uhrzeit und Währungsformat, Tastatur oder Eingabemethode

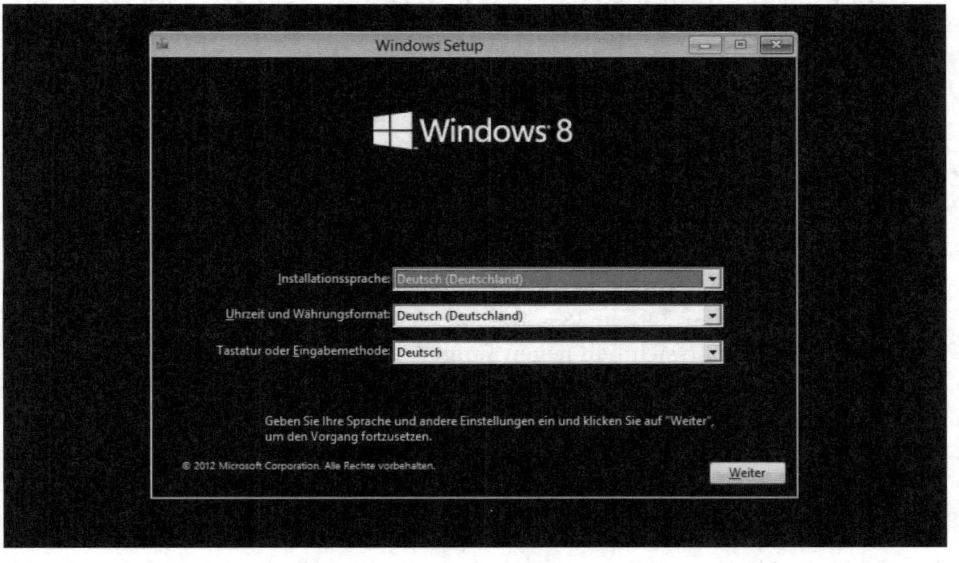

Abb. 17.4: Der Installationsbildschirm von Windows 8

- Product-Key eingeben
- Es werden nun Installationsdateien auf die Festplatte kopiert und expandiert. Danach verschiedene Funktionen und Updates installiert (bei Netzwerkzugriff). Anschließend wird die Installation abgeschlossen.

- Computername vergeben, evtl. Farbe anpassen
- Express-Einstellungen oder eigene Einstellungen verwenden
- Netzwerk auswählen
- Melden Sie sich mit Ihrem Microsoft-Konto an oder erstellen Sie ein lokales Konto unter NEUES KONTO ERSTELLEN mit der Option OHNE MICROSOFT-KONTO ANMELDEN.
- Windows wird für den ersten Gebrauch gestartet.

Sie haben nun die Möglichkeit, Ihr System einzustellen und zu konfigurieren.

17.3 Windows 10

Microsoft möchte mit Windows 10 die Vereinheitlichung der Plattformen Desktop, Notebook, Tablet und Smartphone weiter vorantreiben. Bei der Installation ist Windows 10 in vielen Punkten allerdings vergleichbar mit Windows 8.

17.3.1 Versionen

Die verschiedenen Versionen von Windows 8 haben sich bewährt und wurden weitestgehend beibehalten. Zu Windows 10 wird jedoch erstmals auch die Mobile-Version für Smartphones und Tablets gezählt.

Als Anwender sollte man die geplante Änderung des Geschäftsmodells für Windows im Auge behalten. Bisher befanden sich die Betriebssysteme von Microsoft entweder bereits vorinstalliert auf Geräten oder konnten in einem Geschäft als Datenträger oder online erworben werden. Mit dem sogenannten »Windows as a Service« gehört dies der Vergangenheit an. Upgrades sollen, wie man es erstmals bei Windows 8.1 sah, als (kostenlose) Downloads zur Verfügung stehen und versprechen dem Nutzer immer die aktuellsten Fehlerbehebungen und die neuesten Funktionen. Mit einem Office 365-ähnlichen Abonnement wird diese Dienstleistung in Zukunft voraussichtlich gegen Entgelt angeboten. In jedem Fall aber sind die Updates nicht mehr Wahl, sondern Pflicht, und werden durch das Betriebssystem zwingend installiert.

17.3.2 32-Bit- oder 64-Bit-Version

Windows 10 ist weiterhin in einer 32-Bit- (x86) oder 64-Bit (x64)-Version im Handel erhältlich. Alles, was Sie zu diesem Thema unter Windows 7 und Windows 8 gelesen haben, bleibt somit auch für Windows 10 gültig. Nur die Verbreitung nimmt immer mehr zu, und Sie werden außerhalb von Tablets kaum noch auf 32-Bit-Systeme treffen.

17.3.3 Installationsvorbereitung

Informieren Sie sich vor der Installation von Windows 10 über die Punkte Hardware-Anforderungen, Partitionierung und die geeignetste Installationstechnik.

Hardwarekompatibilität

Die offiziellen Systemanforderungen für das aktuelle Windows 10 finden Sie auf der folgenden Seite: `http://www.microsoft.com/de-DE/windows/windows-10-specifications`.

Wahl des Dateisystems

Bei der Wahl des Dateisystems hat sich im Vergleich seit Windows 8 wieder nichts verändert. Weiterhin ist die Installation lediglich auf NTFS-Partitionen möglich. Die Verzeichnisstruktur ist identisch geblieben. Für eine 64-Bit-Installation von Windows 10 sieht das also wie folgt aus:

Verzeichnisstruktur von Windows 10

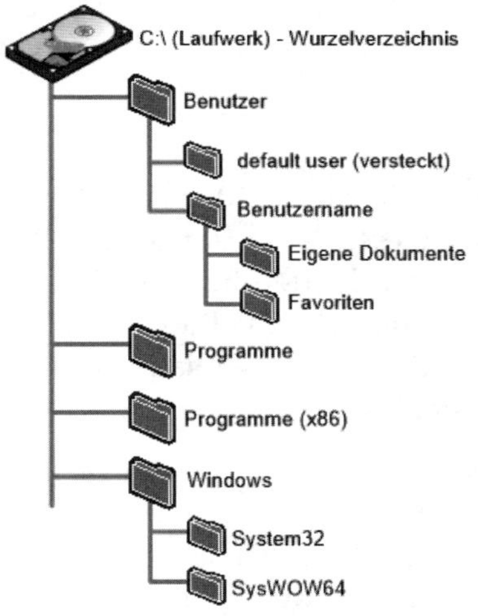

Abb. 17.5: Dateisystem von Windows 10 64 Bit

17.3.4 Checkliste

Folgende Aufgaben müssen vor der Installation von Windows 10 ausgeführt werden.

- Die Hardware muss den notwendigen Kompatibilitätsgrad aufweisen.
- Dies ist umso wichtiger, als das mit »Get Windows 10« das Update auf Windows 10 auch dann ausgeführt werden kann, wenn das System nachher nicht mehr betriebsfähig ist – Sie müssen dies selber durch Abklärungen sicherstellen.

- Die Computer müssen über genügend Hardware-Ressourcen verfügen. Folgende Mindestanforderungen sind Pflicht:
  - 16 GB (32 Bit) oder 20 GB(64 Bit) freier Platz auf Festplatte
  - 1 GB RAM (32 Bit) oder 2 GB (64 Bit) Arbeitsspeicher
  - Prozessor mit mindestens einer Taktfrequenz von 1GHz
- Vergewissern Sie sich, dass Sie über eine lizenzierte Originalversion von Windows 10 und den entsprechenden Produktschlüssel verfügen.
- Legen Sie fest, ob Sie einer Domäne oder einer Arbeitsgruppe beitreten möchten und die entsprechende Rechte bzw. Passwörter besitzen.

Für den Einsatz von 64-Bit-Windows gilt zudem:

- Für Windows 10 64 Bit muss ein 64-Bit-fähiger Prozessor vorhanden sein.
- Für alle eingesetzten Geräte im und am Computer müssen 64-Bit-Gerätetreiber zur Verfügung stehen und digital signiert sein.
- Überprüfen Sie, ob benötigte 32-Bit-Programme mit dem 64-Bit-Betriebssystem kompatibel sind und weiter betrieben werden können.
- Klären Sie ab, ob es möglicherweise 64-Bit-fähige Alternativen zu den benötigten 32-Bit-Programmen gibt, die nicht mehr unterstützt werden.

17.3.5 Installationsmöglichkeiten

Um ein direktes Upgrade von Windows 7 oder 8 auf Windows 10 vorzunehmen, ist das Windows Update KB3035583 gedacht. Mit diesem Update wird das Programm »Get Windows 10« auf Ihrem System installiert, über welches Sie anschließend den Download von Windows 10 starten können. Dabei wird das Update im Hintergrund heruntergeladen (rund 3 GB) und anschließend installiert. Dies geschah bis zum 29. Juli 2016 sogar kostenlos.

Bedenken Sie: Das Update KB3035583 wird bei jeder Windows 8- bzw. Windows 7-Maschine durch Microsoft über die Updates installiert. Es sagt *nichts* darüber aus, ob Ihr Gerät auch tatsächlich für Windows 10 geeignet ist. Versichern Sie sich daher unbedingt vor dem Update, ob für Ihr Gerät alle notwendigen Treiber vorhanden sind und ob Windows 10 auf Ihrem System überhaupt betrieben werden kann. Erstellen Sie auf jeden Fall eine Vollsicherung Ihres Systems vor Update!

Die Installation über einen Datenträger (DVD oder USB-Stick) läuft ähnlich ab wie bei Windows 8. Folgen Sie den Anweisungen auf Ihrem Bildschirm.

- DVD einführen, Setup wird gestartet.
- Wählen von Installationssprache, Uhrzeit und Währungsformat, Tastatur oder Eingabemethode

Abb. 17.6: Der Installationsbildschirm von Windows 10

- Update oder Neuinstallation wählen sowie Festplattenort auswählen. Es besteht die Möglichkeit, Festplatten zu partitionieren und zu formatieren.
- Es werden nun Installationsdateien auf die Festplatte kopiert und expandiert, Funktionen installiert, Updates installiert (bei Netzwerkzugriff), und die Installation wird abgeschlossen.
- Schnell-Einstieg wählen oder Einstellungen anpassen
- Weitergabe von Daten an Microsoft
- SmartScreen-Einstellungen und Seitenvorhersage
- Verbindungs- und Fehlerberichterstattung (u.a. automatisches Verbinden mit öffentlichen Hotspots und Senden von Diagnoseinformationen an Microsoft)
- Beantworten Sie die Frage »Wem gehört dieser PC?« mit »Meiner Firma« oder »Mir«, abhängig vom Einsatzort Ihres Systems.
- Melden Sie sich mit Ihrem Microsoft-Konto an oder erstellen Sie ein lokales Konto indem Sie diesen Schritt überspringen.

Sie haben nun die Möglichkeit, Ihr System einzustellen und zu konfigurieren.

17.4 Arbeitsgruppen und Domänen

Microsoft hat seit jeher zwei Netzwerkkonzepte verfolgt: das Arbeitsgruppen- und das Server-Modell (in der Microsoft-Sprache das »Domänenmodell«).

17.4.1 Die Arbeitsgruppe

Unter einer Arbeitsgruppe versteht man eine logische Verbindung mehrerer gleichwertiger Computer (Peer-to-Peer-Netzwerk). Im Falle eines Netzwerks mit Windows NT Workstations wird die Administration über das gesamte Netzwerk verteilt, d.h. jeder Computer verfügt über einen eigenen Administrator und eine eigene Sicherheitsdatenbank.

Für die Erstellung von Benutzerkonten wird für jede Arbeitsstation ein Administrator benötigt. Folgende Vor- und Nachteile ergeben sich aus einer solchen Konstellation:

Vorteile	Nachteile
Es wird kein Domänen-Controller benötigt. Es braucht keine AD-Administration.	Jede Arbeitsstation muss getrennt verwaltet werden. Es gibt keine Möglichkeit einer zentralisierten Kontoverwaltung.
Einfache Installation und Implementierung.	Nur für kleine Netzwerke geeignet.
Kein dedizierter Rechner notwendig.	Keine zentralisierte Wartung möglich.

Tabelle 17.2: Vor- und Nachteile des Arbeitsgruppenkonzepts

17.4.2 Die Domäne

Zur Verwaltung einer Domäne benötigen Sie einen Domänen-Controller. Dieses Konzept ist bei Microsoft Windows nur in den Server-Betriebssystemen enthalten. Bei Windows Server handelt es sich für die zentrale Verwaltung um den Controller für das Active Directory, welches in Windows 2003 Server bzw. Windows 2008 Server enthalten ist. Dieser Domänen-Controller legt fest, welcher Benutzer sich anmelden darf und auf welche Ressourcen dieser zugreifen kann. Jeder Benutzer, der sich an einer beliebigen Workstation anmeldet, wird vom Domänen-Controller zentral authentisiert und zugelassen.

Auch bei diesem Konzept gibt es Vor- und Nachteile.

Vorteile	Nachteile
Die Verwaltung von Benutzern ist durch die Zentralisierung stark vereinfacht.	Es wird mindestens ein Domänen-Controller benötigt.
Ein Benutzer meldet sich einmal an und kann auf ein weltweites Netzwerk zugreifen (vorausgesetzt, es wurde die Umgebung hierfür geschaffen).	Erfordert präzise Planung vor Installation eines Netzwerkes.

Tabelle 17.3: Vor- und Nachteile des Domänenkonzepts

17.5 Fragen zu diesem Kapitel

1. Windows 7 und Windows 8.1 sollen auf demselben Rechner installiert werden. Welches Dateisystem müssen Sie installieren, damit beide Betriebssysteme darauf installiert werden können?

   A. NTFS

   B. FAT32

   C. FAT16

   D. NFS

2. Wie groß können FAT32-Dateien maximal sein?

   A. 2 MB

   B. 4 MB

   C. 2 GB

   D. 4 GB

3. Welche Mindestanforderungen stellt die Installation von Windows 7 Home Premium Deutsch an die CPU?

   A. Prozessor mit 333 MHz

   B. Pentium mit 1 GHz

   C. Core i-CPU mit 2,4 GHz

   D. Xeon-Prozessor

4. Auf einem neu installierten Rechner mit Windows 7 Professional wird eine 4000-GB-Festplatte installiert. Es werden aber im Arbeitsplatz nur 2048 GB angezeigt. Was ist zu tun?

   A. SP1 installieren

   B. Die Festplatte neu partitionieren und formatieren

   C. Windows neu installieren.

   D. Ab CD die Wiederherstellungskonsole starten und Windows reparieren

5. Welches Dateisystem wird bei der Standardinstallation von Windows 7 Professional verwendet?

   A. FAT16

   B. FAT32

   C. NTFS

   D. EXT3

6. Sie möchten mehrere Rechner mit Windows 8 installieren und haben dazu die entsprechenden Lizenzschlüssel, aber nicht alle Rechner verfügen über ein DVD-Laufwerk. Was können Sie tun?
   A. Sie können Windows 7 nur auf den Rechnern mit DVD-Laufwerk installieren, die anderen müssen zuerst aufgerüstet werden.
   B. Sie kopieren die fertige Einzelplatzinstallation auf die Festplatten der anderen Rechner.
   C. Sie stellen das Installationsabbild als Netzwerkquelle zur Verfügung und starten das Setup über das Netzwerk.
   D. Sie kopieren die DVD auf einen 256-MB-USB-Stick und installieren ab diesem USB-Stick.
7. Auf welche Weise können Sie am schnellsten feststellen, welche Windows-Version auf Ihrem Rechner installiert ist?
   A. Klicken Sie auf START → AUSFÜHREN und geben Sie ein: `version/info`
   B. Klicken Sie auf START → AUSFÜHREN und geben Sie ein: `info/detail`
   C. Klicken Sie mit der rechten Maustaste auf das Symbol ARBEITSPLATZ → VERWALTEN.
   D. Klicken Sie mit der rechten Maustaste auf das Symbol ARBEITSPLATZ → EIGENSCHAFTEN.
8. Welche Reihenfolge beschreibt den Initialisierungsvorgang für eine neue Betriebssysteminstallation ab CD-Laufwerk am besten?
   A. Partition formatieren, Gerätetreiber installieren, Betriebssystem installieren
   B. Partition erstellen, Partition formatieren, Betriebssystem installieren
   C. Betriebssystem installieren, Partition erstellen und formatieren, Gerätetreiber installieren
   D. Betriebssystem installieren, Gerätetreiber installieren, Partition erstellen und formatieren
9. Wie lautet das Standardverzeichnis für Benutzerdaten (Eigene Dateien, Favoriten etc.) in Windows 7 Pro SP1?
   A. C:\users\<username>
   B. C:\user data\<username>
   C. C:\Dokumente und Einstellungen\<username>
   D. C:\user folder\<username>
10. Welches Verzeichnis wird auf einem 64-Bit-Windows-7-System erstellt, um 64-Bit-Anwendungen zu speichern?
   A. C:\Programme
   B. C:\Windows
   C. C:\Programme(x64)
   D. C:\Programme(x86)

Kapitel 18

Konfiguration von Windows Vista und Windows 7

CompTIA-Prüfungsziele, die in diesem Kapitel behandelt werden:

Für das Examen 220-902

1.1 Vergleich und Gegenüberstellung verschiedener Merkmale und Anforderungen von Microsoft-Betriebssystemen (Windows Vista, Windows 7, Windows 8, Windows 8.1).

- Merkmale

1.4 Anwenden der richtigen Microsoft-Betriebssystemfunktionen bei einem gegebenen Szenario.

- Systemprogramme

1.5 Anwenden der Programme der Windows-Systemsteuerung bei einem gegebenen Szenario.

- Internet-Optionen, Anzeige/Anzeigeeinstellungen, Benutzerkonten, Ordneroptionen, System, Windows Firewall, Energieoptionen, Programme und Funktionen, Heimnetzgruppe, Geräte und Drucker, Sound
- Fehlersuche
- Netzwerk- und Freigabecenter
- Gerätemanager

1.6 Installieren und Konfigurieren von Windows-Netzwerken auf einem Client/Desktop-Computer.

- Heimnetzgruppe oder Arbeitsgruppe
- Domänen einrichten
- Netzwerkfreigaben/administrative Freigaben/Laufwerke zuordnen
- Druckerfreigabe oder Netzwerkdrucker zuordnen
- Netzwerkverbindungen herstellen
- Proxyeinstellungen
- Remotedesktopverbindung, Remoteunterstützung
- Einstellungen für Heim-, Firmen- oder Öffentliches Netzwerk
- Firewall-Einstellungen
- In Windows eine andere IP-Adresse konfigurieren
- Netzwerkkarteneigenschaften

18.1 Desktop und Taskleiste

Nach dem Start von Windows sehen Sie einen Desktop vor sich, auf dem verschiedene Symbole angeordnet werden. Zudem finden Sie unten am Bildschirm eine Zeile mit Symbolen, die sich Taskleiste nennt.

18.1.1 Der Desktop

Nach dem Starten des Betriebssystems und einer Benutzerabfrage (hoffentlich) mit Passwort erscheint der Windows Desktop, auch Arbeitsplatz, Arbeitsfläche oder Benutzeroberfläche genannt.

Der Desktop enthält verschiedene Links und Symbole, die sich zudem über die Systemsteuerung, die Taskleiste oder direkt auf dem Desktop anpassen lassen.

18.1.2 Die Taskleiste

Am unteren Rand des Desktop befindet sich standardmäßig die Taskleiste. Hier findet sich die Start-Schaltfläche, auch Start-Knopf genannt. Seit Windows Vista hat sich dieses Symbol zu einem runden Windows-Symbol geändert.

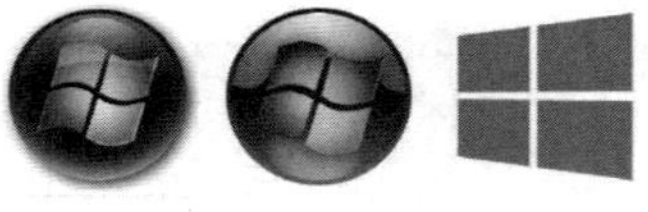

Abb. 18.1: Windows Startknopf von Windows Vista bis Windows 8.1 – Letzterer aber fast ohne Funktionen, da sein Startmenü (fast) nicht mehr vorhanden ist.

Rechts davon befinden sich die Schnellstartleiste, eine direkte Verbindung zu einigen Programmen und die Möglichkeit, den Desktop anzuzeigen (nur bis Windows Vista). Auf der linken Seite befindet sich der Infobereich (Systray): Hier werden verschiedene Symbole für Programme und Hintergrunddienste angezeigt, die beim Systemstart gestartet wurden (wie etwa Antiviren-Programme oder Schaltflächen für die Einstellung der Lautstärke). Ebenfalls an diesem Ort werden über USB/eSATA angeschlossene Wechseldatenträger angezeigt. Über die Anzeige dieses Symbols können die entsprechenden Datenträger dann auch wieder entfernt werden. Seit Windows Vista können USB- und eSATA-Geräte auch direkt im Windows Explorer ausgeworfen werden.

Neu ist zudem das Wartungscenter, das immer dann ein Fähnchen im Systray angezeigt, wenn der Benutzer darauf hinzuweisen ist, dass entweder ein Problem aufgetreten ist oder sonst eine zu beachtende Meldung vorliegt. Ganz rechts am Rand erscheint seit Windows 7 neu ein Rechteck, das beim Überfahren mit dem Mauszeiger den Desktop anzeigt. Ein Klick auf die rechteckige Fläche minimiert alle offenen Fenster.

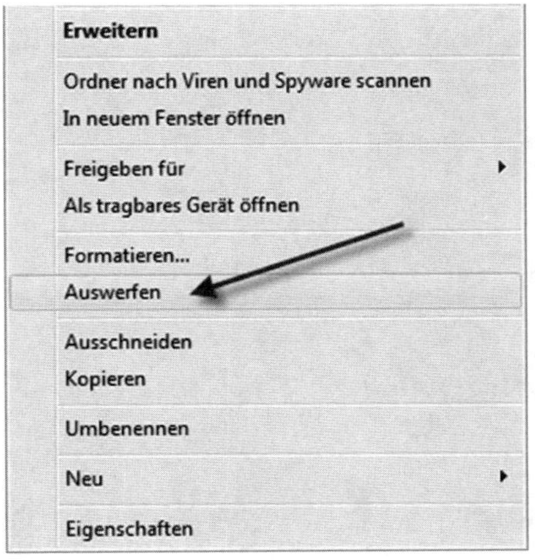

Abb. 18.2: Auswerfen von Geräten im Explorer

Die Programme in der Schnellstartleiste lassen sich anpassen (je nachdem müssen Sie sie mit einem Rechtsklick auf der Taskleiste die Option TASKLEISTE FIXIEREN ein- oder ausschalten). Bis Windows Vista müssen Sie dazu eine Verknüpfung zum Programm erstellen und diese auf die Taskleiste ziehen. Um die Verknüpfung wieder zu entfernen, reicht es, auf das Objekt zu gehen, mit Rechtsklick LÖSCHEN wählen oder gleich in den Papierkorb ziehen. Ab Windows 7 besteht neben diesen Möglichkeiten zusätzlich die Option AN TASKLEISTE ANHEFTEN, die bei jeder Verknüpfung über Rechtsklick erreichbar ist.

Ein Klick auf den Start-Knopf (oder das Drücken der Windows-Taste) zeigt eine Auflistung aller kürzlich geöffneten Programme, bietet Verknüpfungen zu systemrelevanten Programmen (Ausführen, Drucker, Systemsteuerung etc.) und zu den eigenen Dokumenten. Zudem besteht die Möglichkeit, Programme direkt ins Startmenü einzutragen. Unter ALLE PROGRAMME finden Sie die Verknüpfungen zu allen installierten Programmen. Mit einem Rechtsklick darauf können Sie diesen Ordner auch anpassen (ÖFFNEN – ALLE BENUTZER).

18.1.3 Der Task-Manager

Der Task-Manager, den Sie über die Taskliste aufrufen können, bietet Informationen über die Leistung und Auslastung von CPU und Arbeitsspeicher mit Detailinformationen zu laufenden Programmen und Prozessen. Den Task-Manager können Sie auch mit der Tastenkombination ALT+CTRL+DELETE aufrufen oder direkt in der Kommandozeile über das Programm `taskmgr.exe`.

Ebenfalls möglich ist der Aufruf über den Klick mit der rechten Maustaste auf einen leeren Bereich in der Taskleiste, und danach wählen Sie im Kontextmenü TASK-MANAGER STARTEN.

Abb. 18.3: Der Task-Manager von Windows Vista

Im Register ANWENDUNGEN erhalten Sie einen Überblick über die aktuell laufenden Anwendungen (offene oder minimierte Fenster). Interessanter ist allerdings das Register PROZESSE, das einen Überblick über die derzeit aktiven Prozessen zeigt. Sie erfahren, wie stark ein Prozess die CPU belastet und wie viel Arbeitsspeicher er belegt (über den Menübefehl ANSICHT können Sie mehr Optionen anzeigen oder verbergen). Zudem haben Sie die Möglichkeit, die Prozesspriorität zu ändern. Sie können einzelne Anwendungen oder Prozesse auch über den Task-Manager beenden. Hierbei ist aber Vorsicht geboten, da das Beenden eines Dienstes dazu führen kann, dass Ihr System nicht mehr korrekt funktioniert. Jeder Prozess braucht zur Ausführung einen oder mehrere Dienste. Diese können im Register DIENSTE zusätzlich angezeigt werden. Im Register LEISTUNG erhalten Sie eine grafische Ansicht der Auslastung von CPU und Arbeitsspeicher. Im Register NETZWERK bekommen Sie eine grafische Darstellung der Netzauslastung. Falls mehrere Benutzer am gleichen System angemeldet sind, sehen Sie diese im Register BENUTZER.

Eine ähnliche Möglichkeit bietet die Konsolenanwendung TASKKILL, mit der einzelne Programme beendet werden können. Damit Sie sehen können, welche Prozesse und Tasks aktuell laufen, setzen Sie vorher den Befehl TASKLIST ab, welcher eine Liste ähnlich wie die im Task-Manager erzeugt.

18.2 Die Systemsteuerung

Die Systemsteuerung enthält zahlreiche Verwaltungsprogramme, sogenannte Applets. Dabei gibt es standardmäßig vorhandene Applets von Windows sowie solche, die individuell hinzukommen können, wenn bestimmte Hard- oder Software installiert wird. Beispiele dafür sind etwa das Applet für die Konfiguration der Tablet-Funktionen bei Notebooks mit Touchscreen oder Bluetooth. Aber auch Antivirensoftware kann ein solches Applet in der Systemsteuerung ablegen.

Applet	Beschreibung	Win 7	Vista
Anmeldungsinformationsverwaltung	Auch Windows-Tresor genannt. Zur sicheren Speicherung von Passwörtern für Dienste, Webpages, Zugriffe etc.	X	
Anpassung	Zentrale zum Anpassen von Desktopsymbolen, Hintergrundbildern, Bildschirmschonern, Sound, Farben, Bildschirmauflösung, Taskleiste, Startmenü	X	X
Anzeige	Symbol-, Fenster- und Schriftgröße anpassen	X	
Automatische Wiedergabe	Standardeinstellungen, wie mit Medien, Musik oder angeschlossenen Geräten umgegangen werden soll	X	X
Begrüßungscenter	Wer frisch mit Windows Vista arbeitet, findet hier verschiedene Tutorials, Einrichtungshilfen, Änderungen zu älteren Windows-Versionen etc. Einige Zugriffe erfordern eine funktionierende Internetverbindung.		X
Benutzerkonten	Erfassen, Ändern und Verwalten von lokalen Benutzerkonten	X	X
Center für erleichterte Bedienung	Anzeigegröße, Sprachausgabe, Bildschirmtastatur etc.	X	X
Datum und Uhrzeit	Anpassung von Datum, Uhrzeit und Zeitzone der Rechneruhr. Zudem können Sie zusätzlich noch bis zu zwei Uhren von anderen Zeitzonen konfigurieren und anzeigen.	X	X
Drucker	Hinzufügen von Druckern sowie deren Einstellung und Konfiguration.		X
Energieoptionen	Energiesparfunktionen wie Ruhezustand, Standby, Ausschalten von Bildschirm und Festplatten bei Nichtbenutzung etc.	X	X
Erste Schritte	Wer das erste Mal mit Windows 7 arbeitet, findet hier verschiedene Tutorials, Einrichtungshilfen, Änderungen gegenüber älteren Windows-Versionen usw. Einige Zugriffe erfordern eine funktionierende Internetverbindung.	X	
Farbverwaltung	Farbkalibrierung und -anpassung der Monitore.	X	X
Gamecontroller	Hinzufügen von Joysticks und anderen elektronischen Spielgeräten sowie deren Einstellung und Konfiguration.		X
Geräte-Manager	Hier lassen sich die Treiber verschiedener Geräte aktualisieren, Geräte abschalten oder neue Geräte hinzufügen.	X	X

Tabelle 18.1: Elemente der Systemsteuerung von Windows Vista und Windows 7

Applet	Beschreibung	Win 7	Vista
Geräte und Drucker	Hinzufügen von Druckern und anderen Geräten (Monitore, Festplatten, Mäuse, Joysticks, Scanner, Camcorder, Digitalkameras, Webcams etc.) sowie deren Einstellungen konfigurieren.	X	
Hardware	Hinzufügen von verschiedenen Geräten (Monitore, Festplatten, Mäuse etc.) sowie deren Einstellung und Konfiguration.		X
Heimnetzgruppe	Dieses Feature ermöglicht es, die eigenen Bilder, Musik, Videos, Dokumente und Drucker für andere Benutzer im gleichen LAN- oder WLAN-Netz zugänglich zu machen. Die Heimnetzgruppe umfasst aber maximal sieben PCs und ist nur mit Windows 7-Betriebssystemen möglich. Beim ersten PC der Gruppe wird ein Kennwort erzeugt, das wiederum auf allen anderen PCs eingegeben werden muss, um in die Gruppe aufgenommen zu werden. Ein Austritt ist jederzeit möglich, auch für den Initiator.	X	
Indizierungs-optionen	Stellt fest, welche Dateiendungen für die vereinfachte Suche indiziert werden sollen, und ob das nur auf den Dateinamen oder auch auf den ganzen Dateiinhalt angewandt werden soll. Zudem lässt es sich auf USB-, FireWire- oder Netzlaufwerke erweitern.	X	X
Infobereichs-symbole	Einstellungen, was im Infobereich der Taskleiste (unten rechts) angezeigt werden soll.	X	
Internetoptionen	Einstellungen für den Microsoft Internet Explorer.	X	X
Jugendschutz	Hier lässt sich die Ausführung bestimmter Programme zulassen oder blockieren, Zeitlimits erstellen und Spiele je nach Altersfreigabe zulassen oder blockieren. Der User bekommt einen Standard-Account.	X	X
Leistungsinformationen und -tools	Einblick auf mögliche Optimierung des Computersystems im Hinblick auf die eingesetzte Hardware. Zugriff auf die Leistungsüberwachung, erweiterte Systemdetails und -informationen.	X	X
Maus	Mauseinstellungen verändern.	X	X
Minianwendungen	Die Weiterentwicklung der Gadgets von Windows Vista. Neu lassen sich diese frei auf dem Bildschirm positionieren. Die Online-Datenbank für weitere freie Gadgets.	X	

Tabelle 18.1: Elemente der Systemsteuerung von Windows Vista und Windows 7 (Forts.)

Applet	Beschreibung	Win 7	Vista
Netzwerk- und Freigabecenter	Hier werden Verbindungen zum Netzwerk eingerichtet. Es stehen mehrere Netzwerkoptionen zur Auswahl: Heim-, Arbeitsplatz- oder öffentliches Netzwerk. Je nach gewähltem Netzwerk werden standardmäßig Freigaben und Firewall-Einstellungen angepasst. Diese lassen sich im Nachhinein wieder verändern.	X	X
Ordneroptionen	Einstellungen, wie Ordner angezeigt werden. Einsatz von Offlinedateien.	X	X
Personen in meiner Umgebung	Erlaubt anderen Benutzer im gleichen Netzwerk, auf den eigenen Rechner zuzugreifen, um gemeinsam an einem Projekt zu arbeiten oder sich unterstützen zu lassen.		X
Problembehandlung	Wenn Sie Probleme oder Leistungseinbußen haben, versucht Windows, Sie mit einfachen Schritten zu einer Lösung zu führen. Eventuell ist eine Internetverbindung nötig.	X	
Problemberichte und -lösungen	Wenn Sie Probleme oder Leistungseinbußen haben, versucht Windows, Sie mit einfachen Schritten zu einer Lösung zu führen. Eventuell ist eine Internetverbindung nötig.		X
Programme und Funktionen	Programme installieren, deinstallieren sowie (getätigte) Updates anzeigen und ändern.	X	X
Region und Sprache	Ändern von Land, Region, Sprache und Tastaturen-Layout.	X	X
RemoteApp- und Desktop-Verbindungen	Verbindung zu einem entfernter Rechner aufbauen.	X	
Scanner und Kamera	Hinzufügen von Scanner, Camcorder, Digitalkameras und Webcams sowie deren Einstellung und Konfiguration.		X
Schriftarten	Hier können die installierten Schriftarten in einer Vorschau angesehen und gedruckt werden.	X	X
Sicherheitscenter	Informationen zu Sicherheit und Wartung (Virenschutz, Updates, Firewall und Systemsicherungen).		X
Sichern und Wiederherstellen	Hier kann ein Image erstellt, gespeichert und anschließend wieder hergestellt werden.	X	X
Sound	Einstellungen für Lautsprecher, Mikrofon und sonstige Sound-Einstellungen.	X	X

Tabelle 18.1: Elemente der Systemsteuerung von Windows Vista und Windows 7 (Forts.)

Applet	Beschreibung	Win 7	Vista
Spracherkennung	Einstellung für Spracherkennung: Mit der Stimme den Rechner steuern und den Rechner Bildschirminhalte vorlesen lassen.	X	X
Standardprogramme	Einstellen, welche Datei(-Endungen) mit welchem Programm standardmäßig ausgeführt werden sollen.	X	X
Stift und Eingabegeräte	Konfiguration und Einstellungen von Stift und anderen Eingabegeräten (z.B. Grafiktabletts etc.)		X
Synchronisierungscenter	Synchronisieren von Dateien und Einstellungen mit einem entfernten Rechner oder Netzwerk	X	X
System	Erweiterte Systemeinstellungen und Windows-Aktivierung	X	X
Tablet-PC-Einstellungen	Hier können alle Einstellungen für einen Tablet-PC konfiguriert werden. In Windows 7 sind diese Einstellungen in einem separaten Programmordner zu finden (ALLE PROGRAMME/ZUBEHÖR/TABLETPC).	X	X
Taskleiste und Startmenü	Eigenschaften und Ansicht der Taskleiste und des Startmenüs ändern und personalisieren.	X	X
Tastatur	Einstellung von Geschwindigkeit der Zeichenwiederholrate und der Cursor-Blinkrate.	X	X
Telefon und Modem	Hier werden neue Modems installiert und vorhandene eingerichtet und angepasst.	X	X
Text-in-Sprache	Einstellung für Spracherkennung. Vorlesen lassen von Bildschirminhalten.		X
Verwaltung	Links zu verschiedenen Dienstprogrammen für Administration und Management des gesamten Rechners.	X	X
Wartungscenter	Informationen zu Sicherheit und Wartung (Virenschutz, Updates, Firewall und Systemsicherungen).	X	
Wiederherstellung	Wenn Sie Sicherungen oder Images erstellt haben, können Sie diese hier wiederholen und installieren. Mit der Wiederherstellung kann jederzeit das gespeicherte Systemabbild wiederhergestellt werden. Alle Änderungen (inkl. Registry-Einträge) werden zurückgesetzt.	X	

Tabelle 18.1: Elemente der Systemsteuerung von Windows Vista und Windows 7 (Forts.)

Applet	Beschreibung	Win 7	Vista
Windows Anytime Upgrade	Durch Einsetzen eines neuen Lizenzschlüssels können Sie jederzeit Ihr Windows von z.B. der Home Edition auf eine Ultimate Version upgraden. Die nötigen Features sind standardmäßig bereits im Paket dabei, aber je nach Version noch nicht freigeschaltet.	X	X
Windows CardSpace	Verwaltet Anmelde- und Registrierungsoptionen von Webseiten mit .NET-Framework.	X	X
Windows Defender	Sicherheitsunterstützendes Programm, das (auf Spy- und Malware konzentriert) im Hintergrund läuft. Mit diesem Programm kann man auch Ordner oder ganze Systeme auf Spy- und Malware untersuchen. Der Defender lässt sich konfigurieren.	X	X
Windows Firewall	Im Betriebssystem integrierte Software-Firewall.	X	X
Windows Mobilitätscenter (bei Notebooks)	Einstellungen für mobile PCs, die Sie regelmäßig ändern möchten. Sie können von einem zentralen Ort aus beispielsweise die Lautsprecherlautstärke Ihres mobilen PCs anpassen, den Status Ihrer drahtlosen Netzwerkverbindung überprüfen und die Helligkeit des Bildschirms anpassen. Diese Einstellungen können einem eigenen Profil zugeordnet werden.	X	
Windows SideShow	Kleine Programme am rechten Bildschirmrand. Mit dieser Anzeige können Kalender eingesehen werden, E-Mail-Nachrichten oder Schlagzeilen gelesen werden.		X
Windows Update	Unterstützt Sie in der Auswahl von neuen/aktuellen Sicherheitsupdates für das System (Windows und Treiber für Hardware) sowie verschiedene Updates zu Microsoft-eigenen Produkten. Windows Defender-Definitionen sind auch dabei.	X	X
Windows-Sidebar-Eigenschaften	Bei der Windows-Sidebar handelt es sich um Kleinstprogramme (auch Gadgets genannt), die ausgeführt in einem kleinen Fenster auf dem Desktop platziert werden. Typische Gadgets sind Wetter, Kalender oder Uhr. Im Betriebssystem werden ein paar Standard-Gadgets angeboten. Noch mehr Gadgets können kostenlos online bezogen werden. Die möglichen Einstellungsoptionen zu Windows-Sidebar können hier durchgeführt werden.		X

Tabelle 18.1: Elemente der Systemsteuerung von Windows Vista und Windows 7 (Forts.)

18.3 Konfiguration der Hardware-Einstellungen

Konflikte treten auch in Windows Vista auf, wenn zwei Geräte die gleichen Ressourcen beanspruchen. Jede Hardware-Ressource muss eindeutig einem Gerät zugewiesen werden, ansonsten funktioniert das Konzept nicht. Das Verständnis über die Konfigurationseinstellungen ermöglicht Ihnen, Ressourcen neu zu definieren und zuzuweisen. Sie sollten über folgende Kenntnisse verfügen:

- Bedienung des Geräte-Managers und Bestätigung der getroffenen Auswahl.
- Verwaltung von Hardware-Profilen und die Auswahl der Geräte für jedes Profil.
- Konfiguration mehrerer Monitore, um die Größe Ihrer Bildschirmarbeitsfläche zu erweitern.

18.3.1 Der Geräte-Manager

Der Geräte-Manager bietet auch bei Windows Vista und Windows 7 eine grafische Übersicht der im Computer installierten Hardware sowie der dazugehörenden Gerätetreiber und Ressourcen. Der Geräte-Manager stellt eine zentrale Instanz zur Änderung von Hardware-Konfigurationen dar.

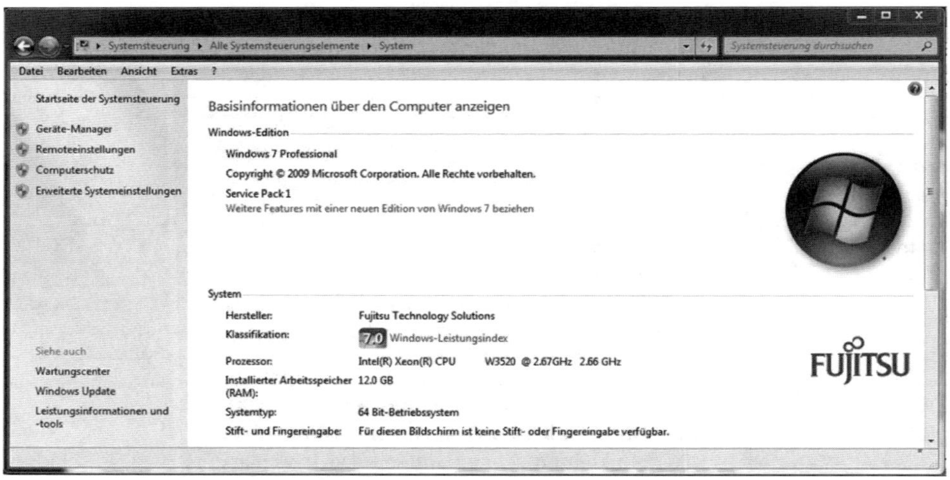

Abb. 18.4: Die Elemente im Applet SYSTEM der Systemsteuerung

Der Geräte-Manager kann auf mehrere Arten und Weisen aufgerufen werden. Sie können beispielsweise im Menü START – SYSTEMSTEUERUNG – SYSTEM auf den Geräte-Manager zugreifen.

Wenn Sie mit der rechten Maustaste auf ein Gerät klicken und anschließend auf den Kontextmenüpunkt EIGENSCHAFTEN, sehen Sie alle relevanten Daten zu diesem Gerät.

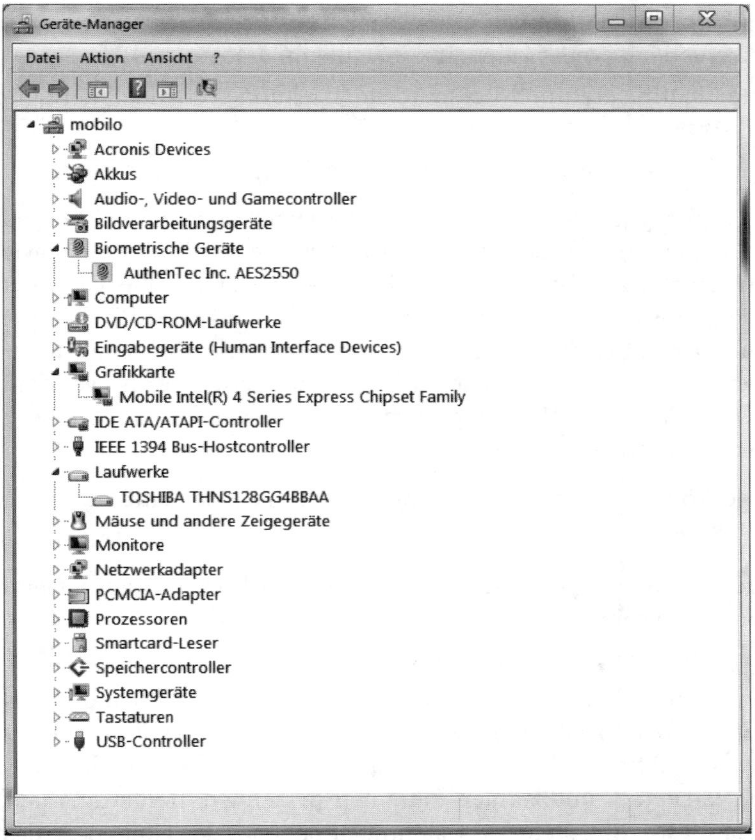

Abb. 18.5: Der Geräte-Manager von Windows 7

Alternativ dazu können Sie die Computerverwaltung auch über das Kontextmenü des Arbeitsplatzes aufrufen.

Für die Verwaltung von Geräten sowie das De- und Installieren von Treibern sind Administratorberechtigungen erforderlich.

Nach der Installation von neuer Hardware bietet Ihnen der Geräte-Manager folgende Funktionalitäten:

- Überprüfen, ob die Hardware auf dem Computer ordnungsgemäß funktioniert.
- Die Hardware-Konfigurationseinstellungen ändern.
- Aktuell installierte Gerätetreiber für das Gerät ermitteln und Informationen über den Gerätetreiber anzeigen lassen.
- Ändern von erweiterten Einstellungen und Eigenschaften des Gerätes.
- Gerätetreiber installieren bzw. aktualisieren.

- Gerät deaktivieren, aktivieren und deinstallieren.
- Vorherige Treiberversion erneut laden und installieren.
- Gerätekonflikte identifizieren und Ressourceneinstellungen manuell konfigurieren.
- Eine Übersicht aller installierten Geräte auf Ihrem Computer ausdrucken.

Windows erkennt in der Regel das Hinzufügen neuer Hardware automatisch und versucht, einen aktuellen Treiber zu installieren (gesucht wird im System sowie bei bestehender Internetverbindung online bei Windows Update). Sollte dies nicht vollständig gelingen, müssen Sie eingreifen, indem Sie die benötigten Treiber von Hand installieren. Hier gilt es explizit zu erwähnen, dass viele Hersteller unterschiedliche Treiber für 32 Bit und 64 Bit anbieten. Kontrollieren Sie also vor dem Download, um welche Windows-Version es sich bei Ihnen handelt, um die bestmöglichen Treiber zu installieren.

Der Geräte-Manager von Windows Vista/7 kennt vier verschiedene Statusanzeigen:

- OK:

  Das Gerät wird mit einem Symbol dargestellt. Keine Probleme erkannt, Gerät funktioniert ordnungsgemäß.
- Fehler mit Fragezeichen »?« in weißem Kreis:

  Windows erkennt ein physisches Gerät, kann es aber nicht einordnen und keinen passenden Treiber installieren. Um die ordnungsgemäße Funktion zu erlauben, muss ein aktueller Treiber installiert werden. Klicken Sie dazu auf TREIBER AKTUALISIEREN ... und wählen Sie einen passenden Treiber aus (auf dem mit der Hardware mitgelieferten Datenträger oder auf der Homepage des Geräteherstellers zu finden).
- Fehler mit Ausrufezeichen »!« in gelbem Dreieck:

  Das Gerät wurde zwar erkannt, aber kein passender Treiber gefunden. Damit das Gerät ordnungsgemäß funktioniert, muss ein aktueller Treiber installiert werden. Klicken Sie auf TREIBER AKTUALISIEREN ... und wählen Sie einen passenden Treiber aus (auf dem mit der Hardware mitgelieferten Datenträger oder auf der Homepage des Geräteherstellers zu finden).
- Deaktiviertes Gerät:

  Weißer Kreis mit einem Pfeil nach unten zeigend: Das Gerät ist deaktiviert. Sie können es wieder aktivieren oder deinstallieren.

Natürlich können Sie ein Gerät auf Wunsch auch manuell deaktivieren, indem Sie es mit der rechten Maustaste anklicken und DEAKTIVIEREN auswählen. Es wird dadurch im Unterschied zum Deinstallieren nicht aus dem System entfernt.

18.3.2 Treiber-Signierung

Ein wichtiges Thema, wenn es um die Installation von Geräten geht, ist auch die Signierung von Treibern. Wenn das Gerät von Windows erkannt wird, brauchen Sie sich darüber keine Gedanken zu machen, da alle im Lieferumfang von Windows enthaltenen Treiber bereits die digitale Signatur von Microsoft aufweisen. Die digitale Signatur (Treibersignierung) gibt Ihnen die Sicherheit, dass ein Treiber oder eine Datei gewisse Testkriterien erfüllt und nicht durch die Installation eines anderen Programms geändert oder überschrieben wurde.

Wenn Sie eine neue Komponente erwerben und dieses an den Computer anschließen oder einbauen wollen, vergewissern Sie sich, ob dieses Gerät Windows-tauglich ist. Meist ist dazu auf der Packung ein Windows-Logo vorhanden oder es wird explizit darauf hingewiesen, dass dieses Gerät für den Einsatz unter Microsoft Windows geeignet ist und für welche Version von Windows dies gilt.

Der Gebrauch eines nicht signierten Treibers ist prinzipiell (noch) möglich. Microsoft rät aber davon ab, da es zu unerwünschten Fehlern führen und die korrekte Funktionalität zusammen mit anderen Geräten nicht gewährleistet werden kann.

18.3.3 Peripheriegeräte einbinden und entfernen

Wie bereits beschrieben, erkennt Windows im Normalfall ein angehängtes Peripheriegerät automatisch und installiert die für den Betrieb benötigten Treiber. Sollte dies nicht einwandfrei funktionieren, liefert der Hersteller meist eine Treiber-CD mit oder bietet deren Download auf der Homepage an. Je nach Gerät kann auch noch zusätzliche Software geladen werden.

Vergewissern Sie sich vorher, ob Sie 32-Bit- oder 64-Bit-Treiber benötigen, und laden Sie nur diejenigen Treiber, die für Ihr Betriebssystem vorgesehen sind. Im Infobereich erscheint anschließend ein Symbol mit der Anzeige »Hardware sicher entfernen und Medium auswerfen«. Bevor Sie das Gerät wieder vom Computer entfernen, sollten Sie die Hardware sicher entfernen: Rechtsklick auf das Symbol und das gewünschte Gerät anwählen. Das sichere Entfernen verhindert mögliche Datenverluste. Sie können das Gerät oder Medium auch direkt im Windows Explorer auswerfen.

18.4 Konfiguration von Einstellungen

Windows Vista und Windows 7 bieten Ihnen verschiedene Werkzeuge zur optimalen Einstellung des Betriebssystems. Die Auslastung kann je nach Verwendung oder Belastung der Ressourcen unterschiedlich sein.

Alle Einstellungen des Betriebssystems wirken sich auf alle Benutzer der Arbeitsstation aus; Sie müssen diese Einstellungen nicht für jeden Benutzer wiederholen.

Die meisten Einstellungen finden Sie im Applet SYSTEM der Systemsteuerung im Register ERWEITERT.

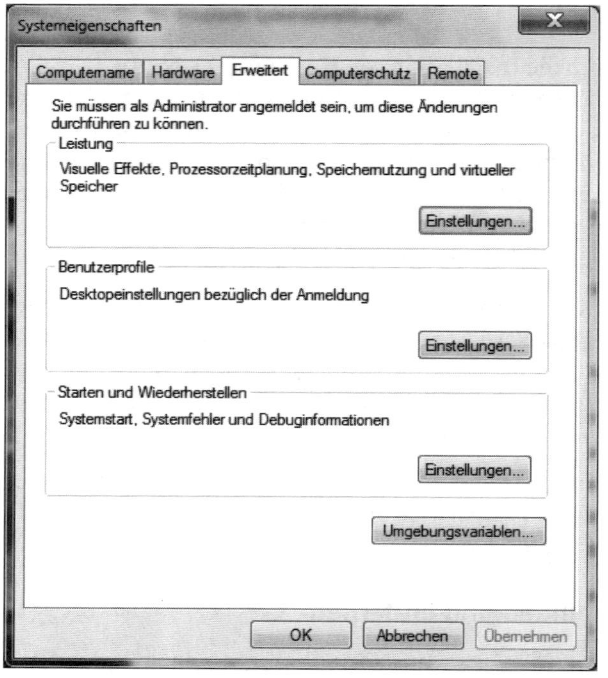

Abb. 18.6: Eigenschaften des Systems

18.4.1 Systemleistung

Diese Optionen beinhalten Einstellungen über die Art der Speichernutzung, Auslagerungsdatei, Größe der Registrierungsdatenbank und Umgebungsvariablen.

Prozessorzeitplanung und Speichernutzung

Windows Vista und Windows 7 verteilen die Prozessorressourcen auf die laufenden Anwendungen. Durch Klick auf das Register ERWEITERT können Sie die Reaktionsgeschwindigkeit und die Speichernutzung entsprechend der Verwendung einstellen (Abbildung 18.7).

Virtueller Arbeitsspeicher

Windows verwendet eine Technik, die »Demand paging« genannt wird, um Daten zwischen dem Arbeitsspeicher (RAM) und Auslagerungsdateien auszutauschen. Der Virtual Memory Manager (VMM) verwaltet den virtuellen Speicher. Sobald eine Anwendung mehr Speicher benötigt, als physikalisch vorhanden ist, wird durch diese Technik Speicher in eine Datei ausgelagert. Diese Auslagerungsdatei wird bei der Installation von Windows unter dem Namen `C:\PAGEFILE.SYS` auf der Systempartition von Windows erstellt.

Abb. 18.7: Die erweiterten Leistungsoptionen

Datenausführungsverhinderung

Die Datenausführungsverhinderung (Data Execution Prevention, DEP) trägt dazu bei, Schäden durch Viren und andere Sicherheitsbedrohungen zu verhindern, die durch das Ausführen von bösartigem Code aus Speicherbereichen angreifen, die nur Windows und andere Programme verwenden sollten. Die DEP verhindert nicht die Installation schädlicher Programme, sondern deren Ausführung. Damit diese Funktion aktiv sein kann, müssen Sie aber einen DEP-kompatiblen Prozessor verwenden, was für alle heutigen Intel- und AMD-Prozessoren gilt.

18.4.2 Umgebungsvariablen

Die Umgebungsvariablen enthalten Werte, die Windows zur Steuerung verschiedener Anwendungen benötigt. Der Inhalt der Umgebungsvariablen *temp* definiert beispielsweise den Ordner, in dem die Anwendungen ihre temporären Dateien ablegen.

Sie können die Umgebungsvariablen anzeigen, indem Sie auf die Schaltfläche UMGEBUNGSVARIABLEN ... in den erweiterten Eigenschaften des Systems klicken.

Die Benutzervariablen sind für jeden Benutzer unterschiedlich und können vom jeweiligen Benutzer selbst modifiziert werden.

Die Systemvariablen betreffen unabhängig vom angemeldeten Benutzer das gesamte System. Nur der Administrator kann diese Variablen neu setzen oder verändern.

18.4.3 Dateisuche beschleunigen

Um die Dateisuche zu beschleunigen, können auch Windows Vista und Windows 7 jede Datei auf einer NTFS-Partition indexieren. Dies verlangt jedoch mehr Systemressourcen und kann daher das System verlangsamen.

18.4.4 Konfiguration der Energieoptionen

Unter Windows Vista und Windows 7 stehen standardmäßig drei vorkonfigurierte Energieeinstellungsoptionen zur Auswahl: Ausbalanciert, Energiesparmodus und Höchstleistung. Je nachdem, ob es sich um einen Desktop-Rechner oder Laptop handelt, sind diese etwas anders vorkonfiguriert. Diese lassen sich unter ERWEITERTE ENERGIEEINSTELLUNGEN ÄNDERN fast nach Belieben ändern und konfigurieren. Es ist jederzeit möglich, die Standardeinstellungen wiederherzustellen.

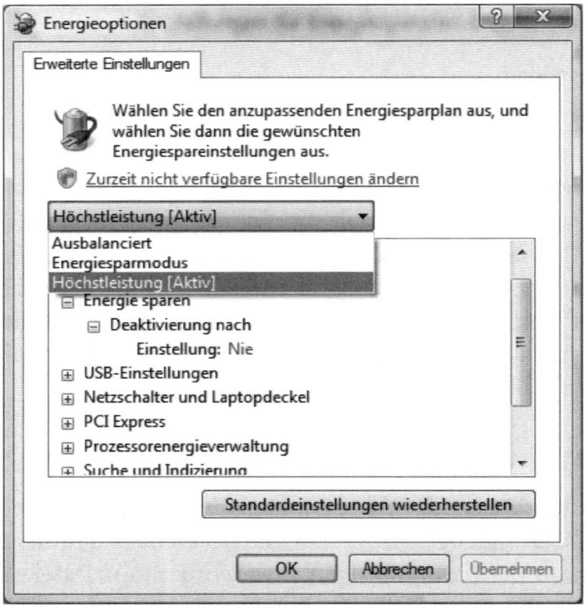

Abb. 18.8: Energieoptionen

18.5 Benutzerkonten und Administratorrechte

Ehemals bei Windows XP eingeführt, kann man unter Windows Vista und Windows 7 Standardbenutzer oder Benutzer mit Administratorrechten erstellen. Ersterer kann eigene Einstellungen beschränkt ändern, bekommt sonst aber keine Rechte. Letzterer hat das Recht, »alles« zu machen, bekommt aber je nach Änderung (und Benutzerkontosteuerungseinstellung) ein Pop-up-Fenster zu sehen.

Wie man neue Benutzer hinzufügt, wird in Abschnitt 21.1, »Einrichten von Benutzern«, erläutert.

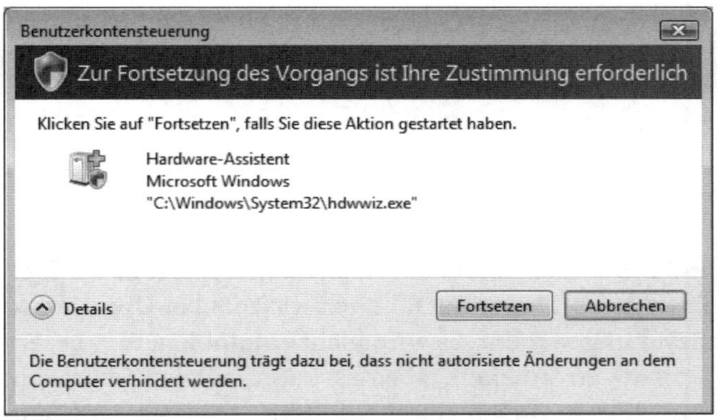

Abb. 18.9: Zustimmung zur Fortsetzung

Neu erscheint auch rechts unten von jedem Befehl bzw. Element oder vor jeder Ausführung ein kleines Schild, wenn die Ausführung dazu Administratorrechte voraussetzt.

Abb. 18.10: Anzeige UAC-geschützter Vorgänge

Somit kann auch jeder Standardbenutzer (die Kenntnis des Administratorpassworts vorausgesetzt) jegliche gewünschte Änderung am System durchführen, ist aber trotzdem recht sicher unterwegs, da er im Normalfall keine Administratorrechte hat: mit Rechtsklick und dann »Als Administrator ausführen« (Passwort erforderlich).

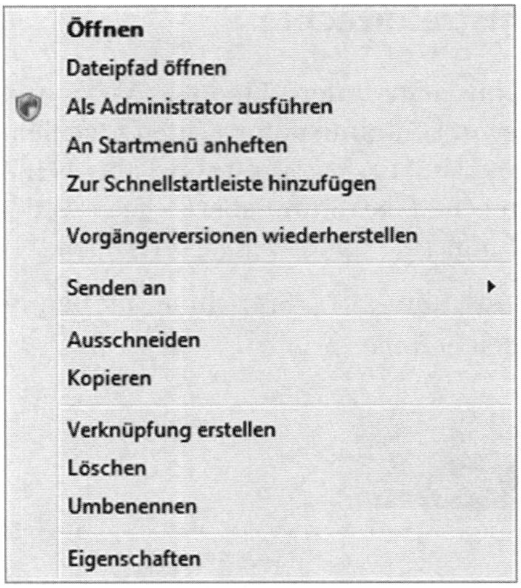

Abb. 18.11: Ausführen als Administrator

In Windows Vista und Windows 7 gibt es eine zusätzliche Möglichkeit: die Freischaltung des Systemadministrators. Dieser hat (ähnlich wie root bei Unix/Linux-Systemen) keinerlei Einschränkungen mehr. Es wird nicht empfohlen, mit diesem Benutzer im normalen Umfeld zu arbeiten, aber es kann nützlich sein, um systemweit Einstellungen und Änderungen durchzuführen, Updates und Software für alle Benutzer zu installieren, neue Benutzer zu erstellen oder deren Benutzerrechte zu ändern bzw. Sicherungen und Wiederherstellungen durchzuführen. Um den Systemadministrator freizuschalten, müssen Sie die Eingabeaufforderung »als Administrator ausführen« und anschließend folgenden Befehl eingeben: `net user Administrator /active`. Der Administrator ist jetzt als neuer Benutzer definiert, als Nächstes muss ihm in der Kontosteuerung ein Passwort gegeben werden. Nun erscheint der Administrator auch in der Aufführung aller Benutzer. Um den Systemadministrator wieder zu deaktivieren, geben Sie folgenden Befehl ein: `net user administrator /active:no`.

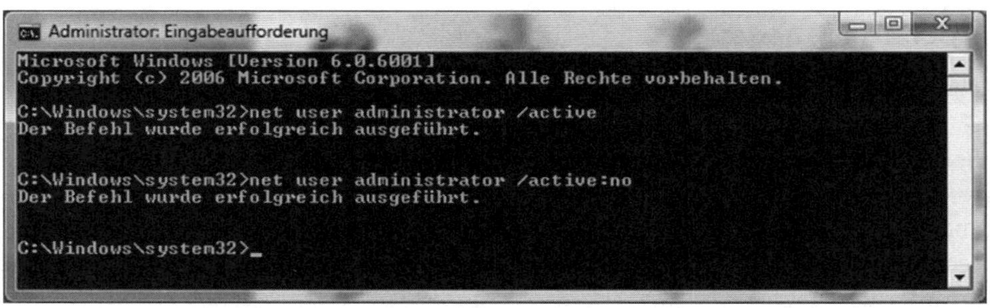

Abb. 18.12: Systemadministrator

18.6 Konfiguration der Dienste

Die Computerverwaltungs-Konsole ist auch unter Windows Vista und Windows 7 ein wichtiges Werkzeug zur Konfiguration Ihres Computers. Es kann den lokalen oder remote auch einen entfernten Computer verwalten.

Sie können die Eigenschaften aller Dienste konfigurieren, die auf Ihrem Computer ausgeführt werden. Klicken Sie hierzu auf den Ast DIENSTE UND ANWENDUNGEN und darunter auf DIENSTE. In der rechten Fensterhälfte sehen Sie die vorhandenen Dienste und in welchem Status sie sich aktuell befinden.

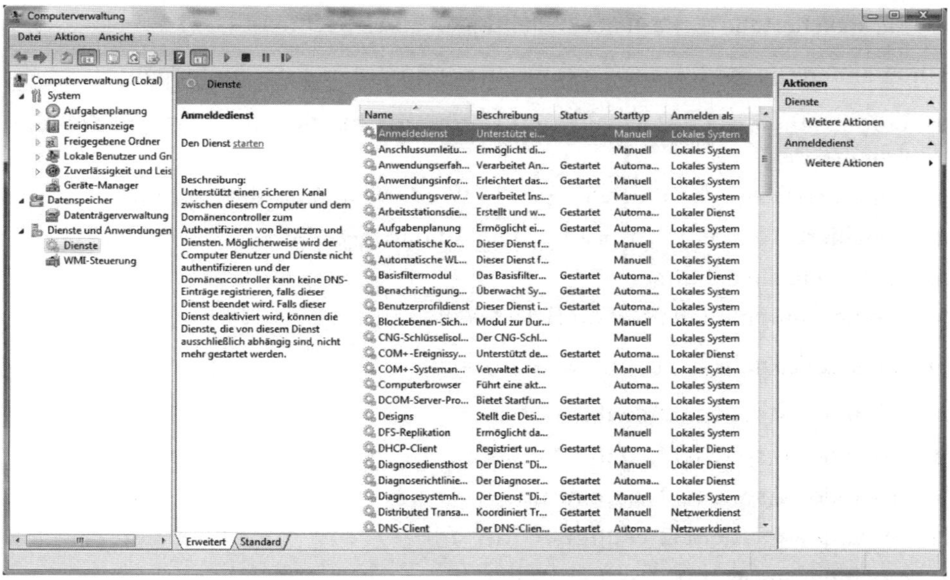

Abb. 18.13: Die Computerverwaltung

Sie können Dienste anhalten, beenden oder starten und die Startoptionen festlegen. Sie können ebenfalls den Anzeigenamen ändern, um die Dienste besser identifizieren zu können.

Ein Dienst wird konfiguriert, indem Sie mit der rechten Maustaste darauf klicken und den Menüpunkt EIGENSCHAFTEN auswählen. Es erscheint eine Dialogbox mit mehreren Registern. Diese sind abhängig von der Art des Dienstes und sollten nur mit äußerster Vorsicht verwendet werden, wenn Sie genau wissen, was Sie ändern.

18.7 Die Registry

Die Registry beinhaltet auch unter Windows Vista und Windows 7 die wichtigen Konfigurationsinformationen für die Hardware, Protokolleinstellungen, Gerätetreiber usw. Ebenso befinden sich Benutzereinstellungen in der Registry. Diese betreffen benutzerdefinierte Einstellungen des Systems und zusätzlich installierter Software.

Das gesamte System wird über den Inhalt der Registry gesteuert. Jede Einstellung, Veränderung oder Installation wird in der Registry festgehalten.

Die Registry überwacht das Betriebssystem folgendermaßen:

- Sie speichert die Informationen, die für das Öffnen von Komponenten wie Gerätetreibern und Netzwerkprotokollen erforderlich sind.
- Sie liefert die zum Start von Applikationen erforderlichen Informationen.
- Sie speichert die Sicherheitseinstellungen eines Rechners.

Unter anderem sind folgende Informationen in der Registry hinterlegt:

- Eine Inventarliste der installierten Hardware samt der einschlägigen Konfigurationsdaten
- Benutzerspezifische Einstellungen in Windows und in Applikationen
- Installierte Gerätetreiber pro Benutzer und insgesamt
- Sicherheitseinstellungen
- Die Konfiguration der Netzwerkprotokolle

Die Registry besteht aus mehreren Dateien:

- c:\windows\system32\config\system
- c:\windows\system32\config\software
- c:\windows\system32\config\sam
- c:\windows\system32\config\security
- c:\windows\system32\config\default

Die benutzerbezogenen Daten werden zudem in der Datei `ntuser.dat` abgelegt. Dabei wird diese Datei für jeden Benutzer einzeln angelegt, und zwar in seinem persönlichen Benutzerverzeichnis unter `C:\Dokumente und Einstellungen` bzw. bei servergespeicherten Profilen auf dem Server.

Der Registrierungseditor wird mit dem Befehl REGEDIT.EXE gestartet, welchen Sie über START – AUSFÜHREN eingeben können (Abbildung 18.14).

Der Registrierungseditor ist auch ein Fernadministrierungswerkzeug. Über den Menüpunkt DATEI – MIT NETZWERKREGISTRIERUNG VERBINDEN ... kann die Registry eines entfernten Computers bearbeitet werden (vorausgesetzt, die notwendigen Rechte stehen hierfür zur Verfügung). Ebenso kann der Inhalt der Registry ex- und importiert werden.

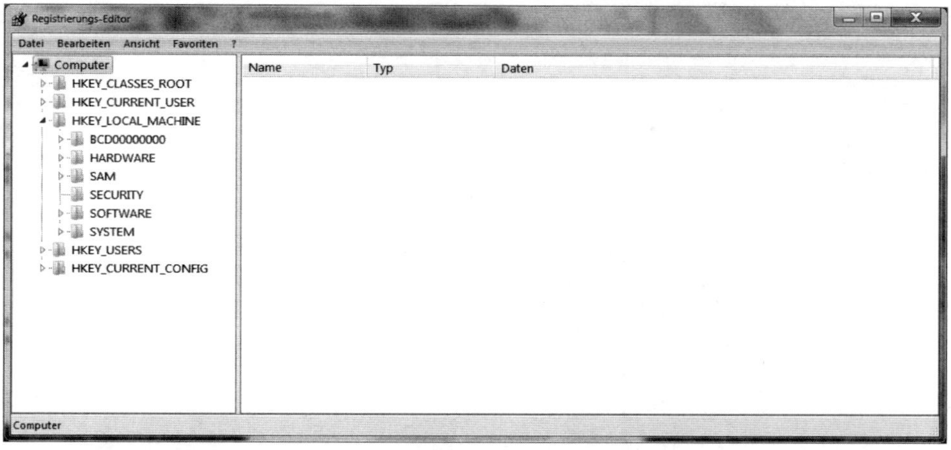

Abb. 18.14: Der Registrierungseditor REGEDIT.EXE

Grundsätzlich sollten Sie in der Registry keine Änderungen vornehmen, außer Sie wissen ganz genau, was Sie machen. Auf jeden Fall empfiehlt es sich, vor jeder Änderung eine Sicherung der Registry durchzuführen, um eventuell jederzeit wieder darauf zugreifen zu können, wenn die Änderungen unerwünschte Konsequenzen mit sich bringen. Sie können die Datei mit EXPORTIEREN sichern (beachten Sie die Selektionsmöglichkeit bei EXPORTBEREICH und wählen Sie ALLES!) und bei Bedarf mit IMPORTIEREN wiederherstellen. Beachten Sie, dass diese Datei dann mehrere Megabyte groß sein und die Sicherung bzw. der Export einige Zeit beanspruchen kann.

18.8 Die Microsoft Management Console (MMC)

Sowohl Windows Vista und Windows 7 als auch Windows 8/8.1 setzen auf die »Verwaltung« genannte Programmgruppe, um verschiedene Aufgaben auf dem lokalen System zu bearbeiten. Dazu gehören die Datenträgerverwaltung, die Benutzerverwaltung oder auch die Verwaltung von lokalen Datei- und Druckfreigaben oder die Ereignisverwaltung.

Alle diese Verwaltungsaufgaben werden in der Microsoft Management Console durchgeführt, kurz MMC genannt (Abbildung 18.15).

Die MMC ist ein Werkzeug, mit dem sich die als »Microsoft Management Console« bezeichneten Verwaltungswerkzeuge erstellen, speichern und öffnen lassen. Die Microsoft Management Console selbst verfügt über keinerlei Funktionen zur Verwaltung von Applikationen, sondern verwaltet selbst wiederum sogenannte »Snap-Ins«. Dies sind die eigentlichen Verwaltungsprogramme, mit denen sich die Verwaltungsarbeit erledigen lässt.

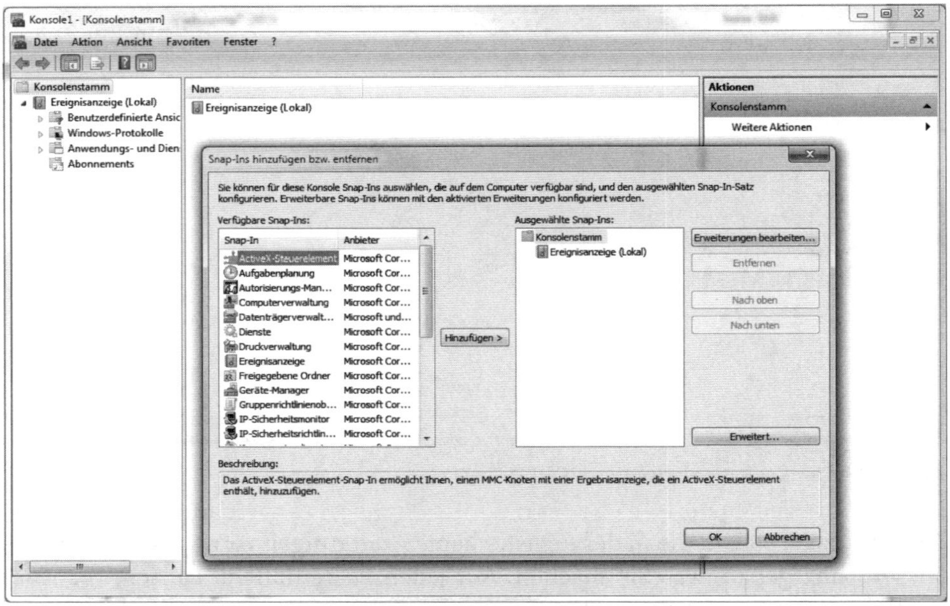

Abb. 18.15: Auswahl verschiedener Komponenten für die Management Console unter Windows 7

Außerdem fordert Microsoft Drittentwickler dazu auf, ihre Verwaltungswerkzeuge als Snap-Ins zu programmieren.

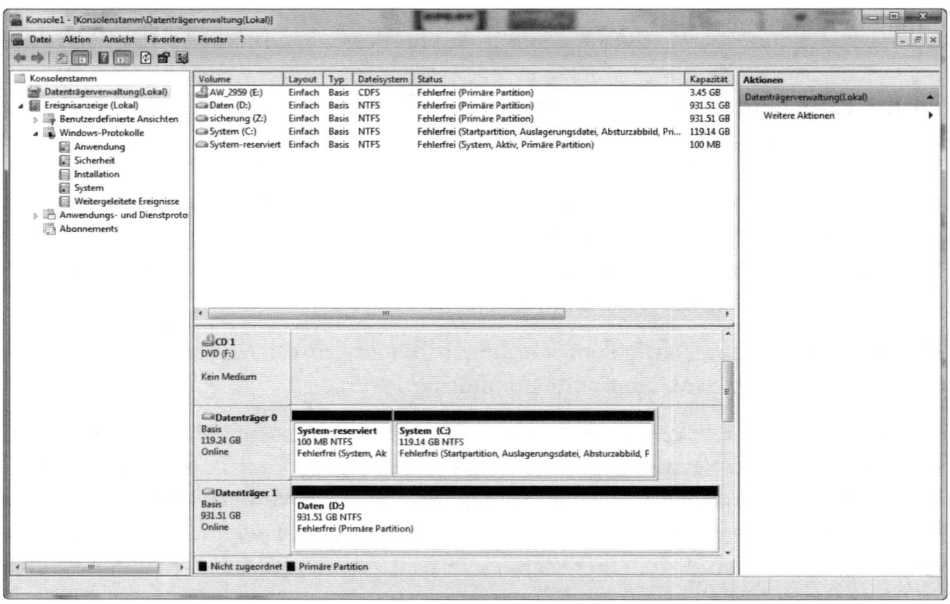

Abb. 18.16: Struktur der MMC, hier am Beispiel von Windows 7

Die MMC besteht aus drei Komponenten:

- **MMC**: Dieses Programm verwaltet MMC-Konsolen.
- **MMC-Konsolen**: Diese Werkzeuge enthalten Snap-Ins, auf die man über die MMC zugreift.
- **Snap-In**: Hierbei handelt es sich um Applikationen, mit denen Verwaltungsaufgaben durchgeführt werden.

18.8.1 Das MMC-Programm

Das MMC-Programm beherbergt die MMC-Konsolen und hat keine eigenen Verwaltungsaufgaben, abgesehen von den Snap-Ins. Die einzige Aufgabe des MMC ist es, Snap-Ins unter einer einheitlichen Oberfläche zusammenzufassen und darzustellen.

Mit der MMC werden MMC-Konsolen für spezielle Verwaltungsaufgaben erzeugt und eingesetzt.

Eine MMC-Konsole ist eine Datei, die den Konsolenbaum enthält, der die gesamte hierarchische Organisation der in der Microsoft Management Console enthaltenen Snap-Ins wiedergibt. Sie kombinieren eines oder mehrere Snap-Ins zu speziell Ihren Bedürfnissen angepassten MMC-Konsolen, mit denen Sie dann Verwaltungsaufgaben zentralisieren und vereinheitlichen.

18.8.2 Der Konsolenstamm

Der Konsolenstamm organisiert jene Snap-Ins, die Bestandteil der MMC-Konsole sind. Damit lässt sich ein spezielles Snap-In unschwer ausfindig machen. Einträge, die der Konsole hinzugefügt werden, erscheinen im linken Ansichtsbereich unter dem Wurzelverzeichnis der Konsole. Im rechten Ansichtsbereich werden die Inhalte der aktiven Snap-Ins aufgeführt. Die Kommandos des zugehörigen Menüs variieren je nachdem, welches Snap-In gerade aktiv ist.

18.8.3 Snap-Ins

Snap-Ins sind Applikationen, die innerhalb von MMC arbeiten. Diese Snap-Ins leisten die eigentliche Verwaltungsarbeit unter Windows. Jedes einzelne Snap-In führt eine bestimmte Funktion aus, z.B. die Datenträgerverwaltung, die Ereignisanzeige oder eben auch die Computerverwaltung.

18.9 Sicherheit in Windows Vista und Windows 7

Die Sicherheit des Rechners wird von Jahr zu Jahr zu einem wichtigeren Thema. Neben der unterstützenden Software für Datensicherheit (Windows bietet dazu das Systemsteuerungselement »Sichern und Wiederherstellen« an) ist es wichtig, den Rechner vor ungewolltem Zugriff von außen zu schützen und das Ausführen von schädlicher Software (Spyware, Malware, Viren und Trojaner) zu vermeiden. Microsoft hat sich in den letzten Jahren in dieser Hinsicht schwergetan. Die Meldungen um gravierende Sicherheitslücken nahmen fast kein Ende. Mit dem Service Pack 2 von Windows XP hat Microsoft versucht, diesem Trend mit der Einführung einer eigenen Firewall entgegenzuwirken. Die Sicherheitsverpflichtung hat Microsoft in Windows Vista mit einer komplett überarbeiteten Firewall und der Einführung des Windows Defender noch ausgebaut. Zusätzlich sollte der Benutzer über potenziell gefährliche Änderungen am System benachrichtigt werden. Letzteres wurde in Windows Vista mit ständigen und lästigen Pop-ups, ob ein bestimmter Befehl tatsächlich ausgeführt werden soll oder nicht, fast ins Absurde getrieben – mit dem ungewollten Nebeneffekt, dass die meisten Benutzer diese Meldungen genervt ganz abschalteten. Zudem waren diese Sicherheitsfeatures extrem speicherhungrig und das Arbeiten mit dem System eher träge.

18.9.1 Die Benutzerkontensteuerung

Mit Windows 7 hat Microsoft das ganze Thema Sicherheit nochmals überdacht und überarbeitet. Firewall und Defender arbeiten nun still und recht zuverlässig im Hintergrund, ohne übermäßig Ressourcen zu verbrauchen. Die Pop-up-Meldungen kann man in Windows 7 neu auch über vier Stufen anpassen (unter Einstellungen für Benutzerkontosteuerung). Je nach Stufe wird der Desktop abgeblendet, und eine Fenstermeldung erscheint. Die vier Stufen sind:

- In folgenden Situationen immer benachrichtigen: Programme versuchen, Software zu installieren oder Änderungen am Computer vorzunehmen. Windows-Einstellungen werden geändert. Empfohlen für größtmögliche Sicherheit (Standard bei Windows Vista).
- Standard – nur benachrichtigen, wenn Änderungen am Computer von Programmen vorgenommen werden. Nicht benachrichtigen, wenn Sie Änderungen an den Windows-Einstellungen vornehmen. Hierbei wird der auszuführende Befehl im Hintergrund gesperrt, bis Sie Ihre Entscheidung getroffen haben. Standard – Empfohlen für alle Benutzer.
- Nur benachrichtigen, wenn Änderungen am Computer von Programmen vorgenommen werden (Desktop nicht abblenden). Nicht benachrichtigen, wenn Sie Änderungen an den Windows-Einstellungen vornehmen. Hierbei läuft der auszuführende Befehl im Hintergrund weiter, der Bildschirm wird für die Bestätigung nicht gesperrt. Nicht empfohlen. Nur bei geringen Ressourcen wählen.
- In folgenden Situationen nie benachrichtigen: Programme versuchen, Software zu installieren oder Änderungen am Computer vorzunehmen. Windows-Einstellungen werden geändert. Nicht empfohlen. Keine Meldungen.

18.9.2 Firewall-Einstellungen

Windows Vista und Windows 7 bieten von Haus aus eine Software-Firewall, die standardmäßig aktiviert wird. Die Windows Firewall filtert eingehende und ausgehende Verbindungen. Windows hat je nach Wahl des gerade benutzten Netzes (Privat, Geschäft oder Öffentlich) Standardwerte festgelegt, diese lassen sich aber für die verschiedenen Netzwerke auch von Hand weiter konfigurieren und verfeinern. Die Firewalls von Windows Vista und Windows 7 unterscheiden sich nicht, was die Konfigurationsmöglichkeiten angeht.

Beim Öffnen der Firewall-Einstellung in der Systemsteuerung von Windows Vista können Sie nur wenige Einstellungen vornehmen. Wie bereits erwähnt, definiert Windows einige Einstellungen standardmäßig je nach gewähltem Netz (privates, Firmen- oder öffentliches Netzwerk) und aktiviert diese. Über EINSTELLUNG ÄNDERN lässt sich primär die Firewall (falls gewünscht) auf INAKTIV setzen (oder wieder auf AKTIV) und ein Häkchen bei ALLE EINGEHENDEN VERBINDUNGEN BLOCKEN setzen. Zudem lassen sich die Standardeinstellungen wiederherstellen.

Einen besseren Überblick über die Möglichkeiten der Windows Firewall haben Sie, wenn Sie WINDOWS FIREWALL MIT ERWEITERTER SICHERHEIT (Administratorrechte nötig) ausführen (am einfachsten über das Fenster »Suche starten«):

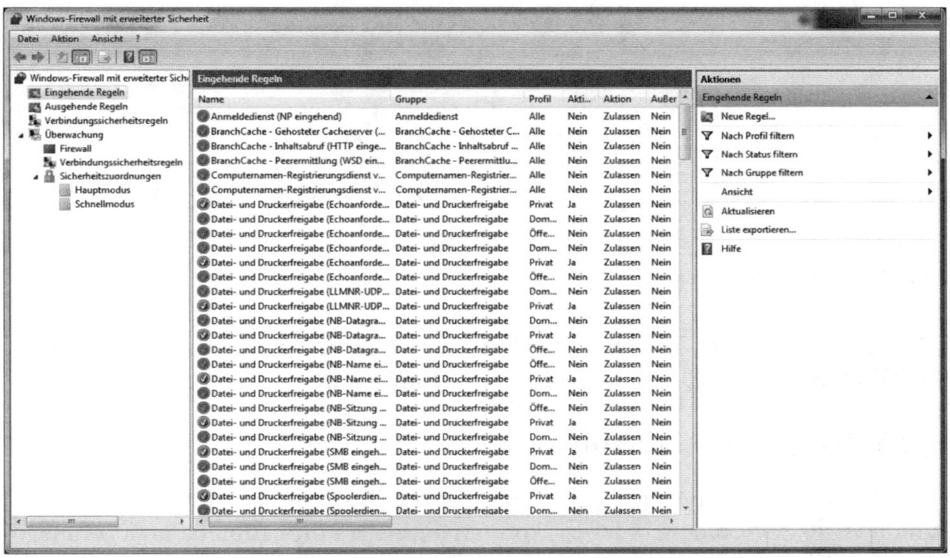

Abb. 18.17: Firewall-Einstellungen von Windows 7

Hier haben Sie die Möglichkeiten, Regeln für einzelne Programme, Ports und IP-Bereiche zu definieren. Zudem haben Sie verschiedene Ansichts- und Filtermöglichkeiten. Damit erstellen Sie Ausnahmen anhand von manuellen Regeln.

Wenn Sie eine neue Regel erstellen, haben Sie die Wahl, ob die Regel auf ein Programm oder auf eine Port-Freischaltung angewendet werden soll, ob Windows-Vorgänge gesteuert werden sollen oder ob der Benutzer eine ganz andere Regel erstellen will. Dadurch erreichen Sie eine hohe Port-Sicherheit, weil Sie anstelle des Deaktivierens einer Firewall einzelne Ports freischalten können. Zum anderen können Sie durch die Erstellung dieser Regeln Ausnahmen definieren, welche Sie bei Bedarf auch wieder abschalten können.

Auf der linken Seite sehen Sie, wie viele Schritte die ausgewählte Option hat:

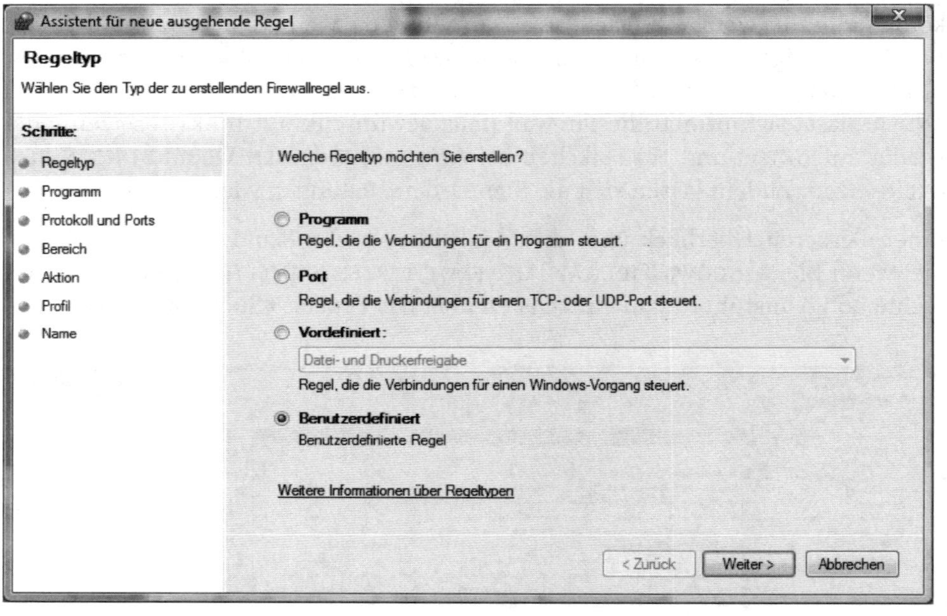

Abb. 18.18: Der Firewall-Regelassistent

Im Kapitel 23 werden Sie noch die Hardware-Firewall mit einem Überblick über die gängigsten Einstellungsmöglichkeiten kennenlernen.

18.9.3 Der Windows XP-Mode

Falls ältere Programme, die problemlos unter Windows XP funktionierten, in Windows Vista Probleme bereiten, können diese im Kompatibilitätsmodus ausgeführt werden. Hierfür müssen Sie in die Eigenschaften des Programms wechseln (Rechtsklick, EIGENSCHAFTEN) und dann den Reiter KOMPATIBILITÄT aufrufen. Hier lässt sich nun einstellen, mit welchem früheren Betriebssystem das entsprechende Programm gestartet werden soll (Häkchen bei PROGRAMM IM KOMPATIBILITÄTSMODUS AUSFÜHREN FÜR:), z.B. WINDOWS XP (SERVICE PACK 2).

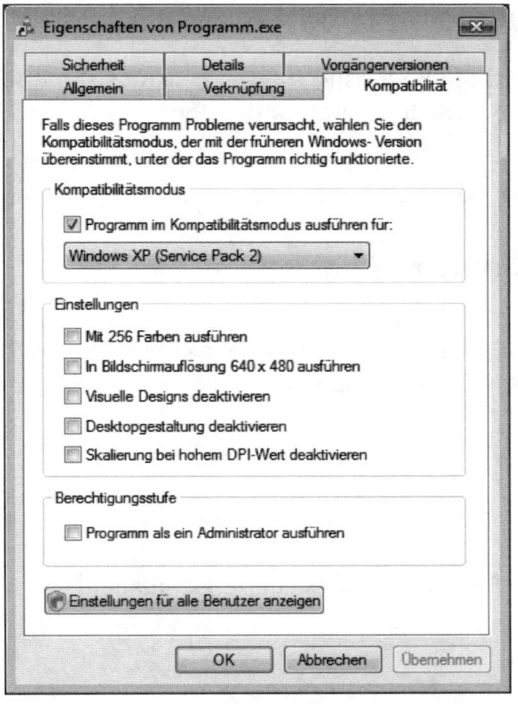

Abb. 18.19: Kompatibilitätsausführung

Dies funktioniert auch unter Windows 7. Zusätzlich bietet Windows 7 aber je nach Version des installierten Betriebssystems und der vorhandenen Hardware noch eine neue Dimension: den Windows XP-Modus. Damit kann eine komplett emulierte Windows XP-Umgebung geschaffen werden (Version Professional, Ultimate oder Enterprise vorausgesetzt). Damit können Sie ältere Windows XP-Programme direkt auf dem Windows 7-Desktop ausführen, und Windows 7 startet dann selbstständig eine eigene virtuelle Maschine mit Windows XP im Hintergrund.

Damit dies funktioniert, muss der XP-Modus vorgängig installiert werden. Dazu wird Microsofts eigene Virtualisierungssoftware installiert (Windows Virtual PC). Alle Laufwerke, auf die Sie unter Windows 7 Zugriff haben, werden automatisch auch für das soeben erstellte Windows XP verbunden und die entsprechenden Zugriffe erteilt. Der Windows XP-Modus erfordert zusätzlich 512 MB RAM, 15 GB zusätzlich verfügbaren Festplattenspeicher sowie einen Prozessor, der die Hardware-Virtualisierung (aktivierte Intel V- oder AMD-V-Technologie) unterstützt. Microsoft bietet ein Tool an, mit dem dies festgestellt werden kann: das HAV Detection Tool, zu finden unter `http://www.windows.com/downloads`.

18.10 Fragen zu diesem Kapitel

1. Ein Benutzer klagt über die mangelnde Bildqualität seines neuen LCD-Monitors. Was würden Sie ihm als ersten Schritt zur Korrektur raten?
   A. Den Bildschirm umtauschen
   B. In der Systemsteuerung unter ANZEIGE die Auflösung überprüfen und gegebenenfalls korrigieren
   C. Die Grafikkartentreiber neu installieren
   D. Den Monitor entmagnetisieren
2. Ein Benutzer hat Windows Vista SP1 installiert und möchte dieses Servicepack wieder deinstallieren. Mit welchem Befehl gelingt ihm dies?
   A. progman.exe
   B. taskman.exe
   C. spuninst.exe
   D. software.exe /u
3. In welchem Betriebssystem ist die Benutzerkontensteuerung enthalten?
   A. Windows 2000 Server
   B. Windows XP Home
   C. Windows Server 2003
   D. Windows 7 Professional
4. Unter welcher Registerkarte finden Sie den Computernamen bei Windows 7 Ultimate am schnellsten?
   A. COMPUTER mit rechter Maustaste anklicken → EIGENSCHAFTEN → EINSTELLUNGEN FÜR COMPUTERNAME, DOMÄNE UND ARBEITSGRUPPE
   B. COMPUTER mit rechter Maustaste anklicken → VERWALTEN → EINSTELLUNGEN FÜR COMPUTERNAME, DOMÄNE UND ARBEITSGRUPPE
   C. Systemsteuerung wählen → SYSTEM → EIGENSCHAFTEN
   D. Systemsteuerung wählen → GERÄTE-MANAGER → COMPUTERNAMEN
5. Mit welcher Tastenkombination sperren Sie eine Windows-Arbeitsstation?
   A. STRG-ALT-ENTF (CTRL-ALT-DEL)
   B. Windowstaste + D
   C. STRG-ALT-L (CTRL-ALT-L)
   D. Windowstaste + L

6. Welcher der folgenden Benutzer hat am meisten Autorität auf einem lokalen System, das mit Windows 7 Professional betrieben wird?
   A. BCM (Basis Custom Master)
   B. Power User
   C. Hauptbenutzer
   D. Administrator
7. Ein Kunde hat einen PC mit Windows Vista Home Premium gekauft und beklagt sich darüber, dass er die anderen PCs in seinem Büro in der Netzwerkumgebung nicht sehen kann. Was kann dafür die Ursache sein?
   A. Der Windows Defender-Dienst ist aktiviert.
   B. Der Netzwerkstandort ist auf »Öffentlicher Ort« eingestellt.
   C. Der Netzwerkstandort ist auf »Zu Hause« eingestellt.
   D. Der Netzwerkstandort ist auf »Arbeitsplatz« eingestellt.
8. Windows Vista und Windows 7 verwenden ein neues Sicherheitsmerkmal, um unerlaubte Zugriffe zu beschränken. Wie nennt sich dieses Merkmal?
   A. User Account Control (UAC)
   B. Windows Sidebar
   C. Windows Defender
   D. Windows Aero-Schnittstelle
9. Eine Technikerin möchte via Remotezugriff ein Problem auf einem Windows 7-System lösen, kann dieses aber mit PING nicht erreichen. Das Netzwerk ist aktiviert, Internetzugang von diesem System aus funktioniert ebenfalls. Was ist der wahrscheinlichste Grund für das Problem?
   A. Sie hat nicht genügend Rechte.
   B. Die lokale Sicherheitsrichtlinie ist nicht korrekt eingerichtet.
   C. Wake-on-LAN ist deaktiviert.
   D. Die Windows Firewall ist aktiviert.
10. Ein Techniker wird gebeten, auf einem Windows 7-System die Kontosperrung auf 30 Minuten einzustellen. Wo nimmt er die Einstellung vor?
   A. Lokale Sicherheitsrichtlinie
   B. Windows-Sicherheitscenter
   C. User Access Control Local Security Policy
   D. Benutzer und Gruppen

Kapitel 19

Die Konfiguration von Windows 8 und 8.1

Dieses Kapitel behandelt die folgenden CompTIA A+-Prüfungsziele:

Für das Examen 220-902

1.1 Vergleich und Gegenüberstellung verschiedener Merkmale und Anforderungen von Microsoft-Betriebssystemen (Windows Vista, Windows 7, Windows 8, Windows 8.1).
- Merkmale

1.4 Anwenden der richtigen Microsoft-Betriebssystemfunktionen bei einem gegebenen Szenario.
- Systemprogramme

1.5 Anwenden der Programme der Windows-Systemsteuerung bei einem gegebenen Szenario.
- Internet-Optionen, Anzeige/Anzeigeeinstellungen, Benutzerkonten, Ordneroptionen, System, Windows Firewall, Energieoptionen, Programme und Funktionen, Heimnetzwerk, Geräte und Drucker, Sound
- Fehlersuche
- Netzwerk- und Freigabecenter
- Gerätemanager

Dieses und das folgende Kapitel bilden die Fortsetzung des Kapitels zur Konfiguration von Windows Vista und Windows 7. Mit Windows 8 hat sich wiederum einiges verändert, vor allem in der Art und Weise, wie die Bedienung vorgesehen ist.

19.1 Desktop und Taskleiste

Auf der neuen Modern UI (Metro) Startseite von Windows 8 finden Sie Verknüpfungen zu Apps, eine Verknüpfung zum Desktop und aktuelle Informationen aus diversen Apps wie dem Wetter, Nachrichten oder Mails.

19.1.1 Startseite oder Desktop

Die auf dem Startbildschirm befindlichen Programme, Apps (aus dem Windows Store) oder Verknüpfungen lassen sich beliebig anordnen, gruppieren und in Ihrer Größe verändern.

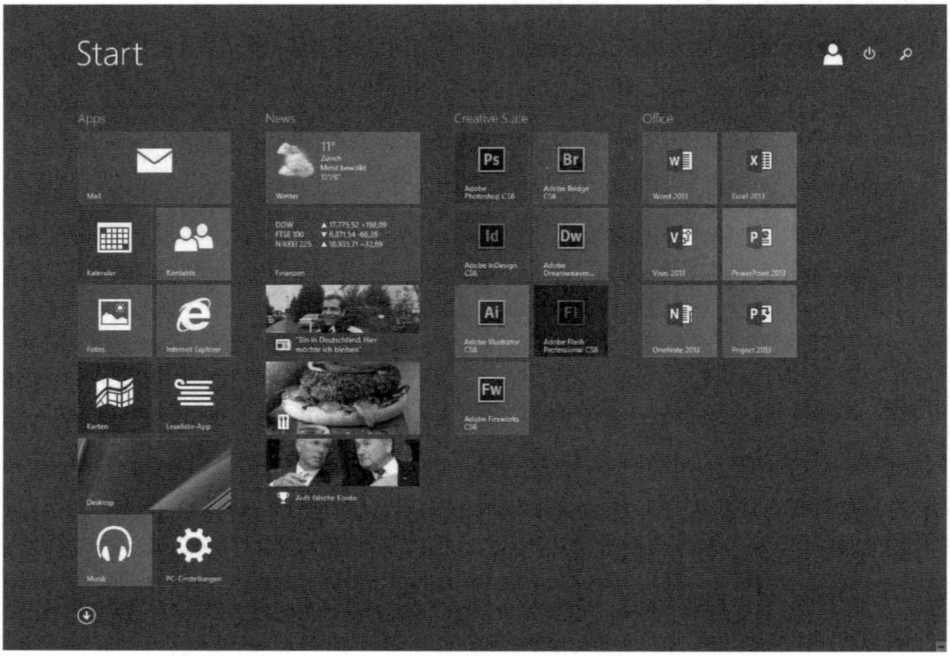

Abb. 19.1: Individualisierter Startbildschirm in Windows 8.1

Aus der App-Liste, die mit einem Klick auf den Pfeil unten links angezeigt werden kann, können Sie neue Programme oder Apps an den Startbildschirm anheften. Mit der Desktop-Kachel gelangen Sie schließlich zur klassischen Desktop-Ansicht von Windows. Um wiederum zum Startbildschirm zurückzukehren, klicken Sie auf den Startknopf in der Taskleiste.

19.1.2 Die Taskleiste

In der Desktop-Ansicht befindet sich am unteren Rand weiterhin standardmäßig die Taskleiste. Hier finden sich neben der Start-Schaltfläche Verknüpfungen zu Programmen, Ordnern oder Apps.

19.1.3 Charms-Leiste

Spätestens, wenn Sie in Windows 8 schnell eine Netzwerkverbindung herstellen oder überprüfen möchten, kommen Sie nicht an der Charms-Leiste vorbei. Auf dem Tablet oder PC mit Touchscreen erreichen Sie diese Leiste, indem Sie vom rechten Bildschirmrand in Richtung Bildschirmmitte streichen. Mit der Maus funktioniert das Ganze etwas anders: Navigieren Sie mit dem Mauszeiger in die obere oder untere rechte Ecke des Bildschirms und bewegen Sie anschließend die Maus entlang des rechten Bildschirmrandes in Richtung Mitte. Und gibt es auch eine Tastenkombination für den Aufruf der Charms. Benutzen Sie dafür die Windows-Taste + C.

Was Sie nun sehen, sind die fünf Charms »Suche«, »Teilen«, »Start«, »Geräte« und »Einstellungen«. Wie man bereits an den Bezeichnungen erkennt, handelt es sich um Befehle für oft benötigte Funktionen.

Charm	Beschreibung
Suchen	Dateien auf dem Computer durchsuchen, Websuche über Bing starten, Windows Store durchsuchen, Eingrenzung von Suchergebnissen
Teilen	Programmspezifische Aktionen zum Versenden von Dateien, Fotos oder Informationen, Verknüpfung mit Mail-Account oder sozialen Netzwerken
Start	Verknüpfung zur individuellen Startseite, Zurückkehren zur zuletzt geöffneten App, wenn man sich bereits auf der Startseite befindet
Geräte	Programmspezifische Aktionen für angeschlossene Geräte wie Drucker, Bildschirme/Projektoren
Einstellungen	Zugriff auf allgemeine Einstellungen wie die Netzwerkverbindung, Lautstärke und Bildschirmhelligkeit, kann programmspezifische Einstellungen beinhalten

19.1.4 Der Task-Manager

Der Task-Manager kommt in Windows 8 in der Standard-Ansicht stark vereinfacht daher. Sobald Sie jedoch in die Detail-Ansicht wechseln, finden Sie vielerlei optisch überarbeitete Funktionen wie eine übersichtliche Prozess-Liste und einen Ressourcenmonitor.

Im Register Prozesse erhalten Sie einen Überblick über die aktuell laufenden Anwendungen (offene oder minimierte Fenster) sowie über sämtliche Hintergrundprozesse. Sie erfahren, wie stark ein Prozess die CPU belastet und wie viel Arbeitsspeicher er belegt. Zudem haben Sie die Möglichkeit, die Prozesspriorität zu ändern. Sie können einzelne Anwendungen oder Prozesse auch über den Task-Manager beenden. Hierbei ist aber Vorsicht geboten, da das Beenden eines Dienstes dazu führen kann, dass Ihr System nicht mehr korrekt funktioniert. Jeder Prozess braucht zur Ausführung einen oder mehrere Dienste. Diese können im Register Dienste zusätzlich angezeigt werden. Im Register Leistung erhalten Sie eine grafische Ansicht der Auslastung von CPU, Arbeitsspeicher und Netzwerk.

Falls mehrere Benutzer am gleichen System angemeldet sind, sehen Sie diese im Register Benutzer.

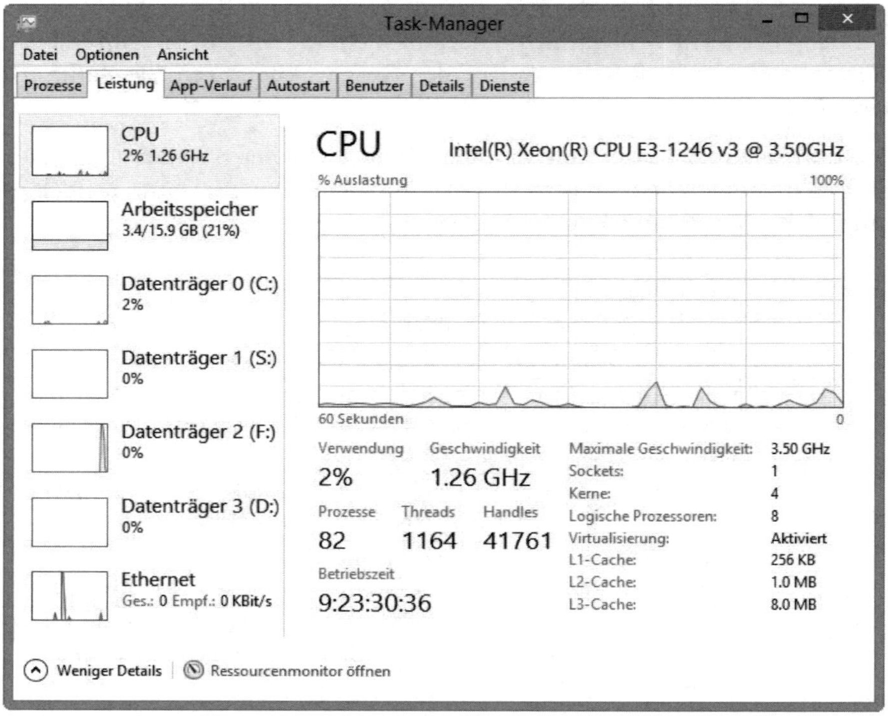

Abb. 19.2: Leistungsübersicht im Task-Manager von Windows 8

Eine ähnliche Möglichkeit bietet die Konsolenanwendung TASKKILL, mit der einzelne Programme beendet werden können. Damit Sie sehen können, welche Prozesse und Tasks aktuell laufen, setzen Sie vorgängig den Befehl TASKLIST ab, welcher eine Liste ähnlich wie die im Task-Manager erzeugt.

19.2 Systemsteuerung oder PC-Einstellungen?

Neben der bekannten Systemsteuerung in der Desktop-Ansicht findet man unter Windows 8 zusätzliche PC-Einstellungen. In den PC-Einstellungen finden Sie viele in der Systemsteuerung ebenfalls vorhandene Funktionen, doch sind sie hier meist einfacher dargestellt und geordnet. An welcher Stelle Sie welche Einstellungen finden, sehen Sie in den folgenden zwei Tabellen.

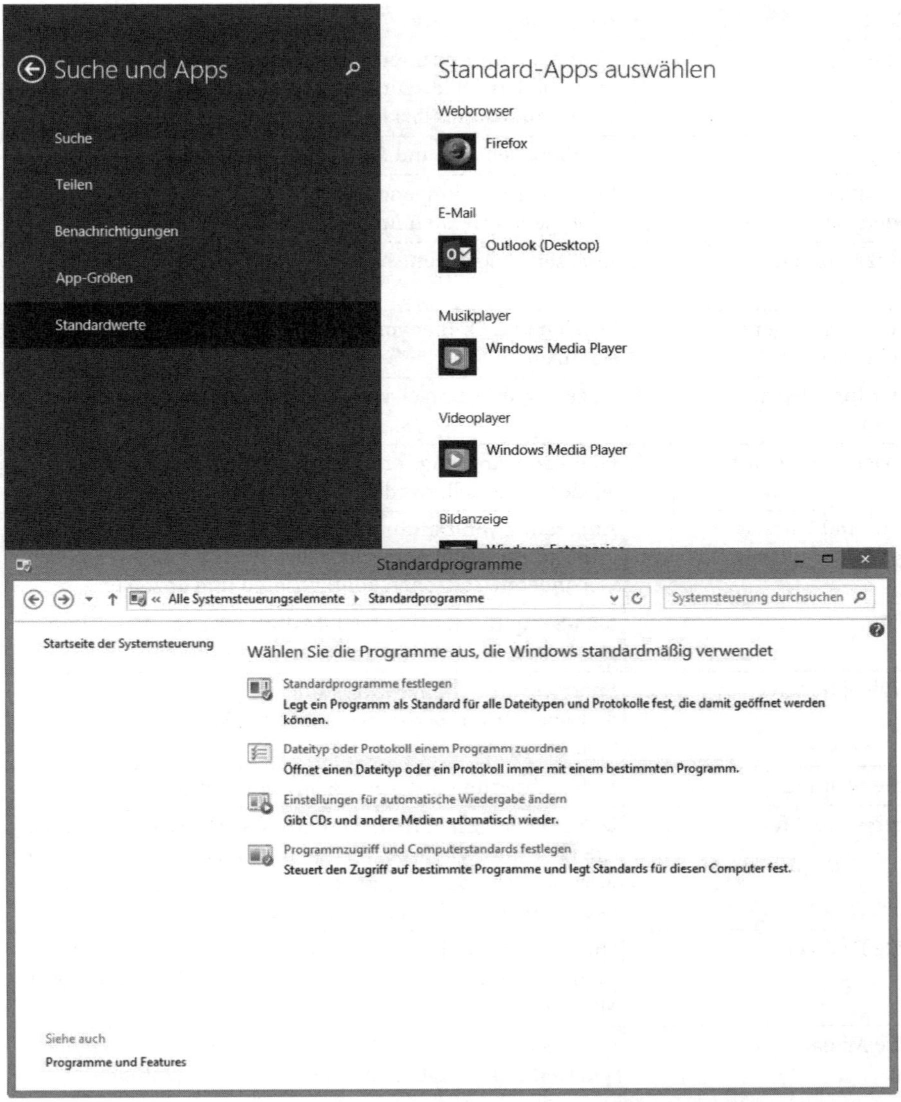

Abb. 19.3: Unterschiedliche Darstellung der Einstellungen am Beispiel der Standardprogramme

Applets in der Systemsteuerung

Applet	Beschreibung
Anmeldungsinformations-verwaltung	Auch Windows-Tresor genannt. Zur sicheren Speicherung von Passwörtern für Dienste, Webpages, Zugriffe etc.

Tabelle 19.1: Elemente der PC-Einstellungen von Windows 8.1

Applet	Beschreibung
Anpassung	Zentrale zum Anpassen von Desktopsymbolen, Hintergrundbildern, Bildschirmschonern, Sound, Farben, Bildschirmauflösung, Taskleiste, Startmenü
Anzeige	Symbol-, Fenster- und Schriftgröße anpassen
Automatische Wiedergabe	Standardeinstellungen, wie mit Medien, Musik oder angeschlossenen Geräten umgegangen werden soll
Benutzerkonten	Erfassen, Ändern und Verwalten von lokalen Benutzerkonten
BitLocker-Laufwerkverschlüsselung	Dateien und Ordner vor nicht autorisiertem Zugriff schützen
Center für erleichterte Bedienung	Anzeigegröße, Sprachausgabe, Bildschirmtastatur etc.
Dateiversionsverlauf	Hier kann ein Image erstellt, gespeichert und anschließend wieder hergestellt werden.
Datum und Uhrzeit	Anpassung von Datum, Uhrzeit und Zeitzone der Rechneruhr. Zudem können Sie zusätzlich noch bis zu zwei Uhren von anderen Zeitzonen konfigurieren und anzeigen.
E-Mail	Mail-Setup für installiertes E-Mail-Programm, Verwaltung von E-Mail-Konten, Datendateien und Profilen
Energieoptionen	Energiesparfunktionen wie Ruhezustand, Standby, Ausschalten von Bildschirm und Festplatten bei Nichtbenutzung etc.
Farbverwaltung	Farbkalibrierung und -anpassung der Monitore.
Features hinzufügen	Durch Einsetzen eines neuen Lizenzschlüssels können Sie jederzeit Ihre Windows-Version upgraden. Die nötigen Features sind standardmäßig bereits im Paket dabei, aber je nach Version noch nicht freigeschaltet.
Geräte Drucker	Hinzufügen von Druckern sowie deren Einstellung und Konfiguration, Verwaltung zusätzlicher Geräte wie Tastatur, Maus, Display.
Geräte-Manager	Hier lassen sich die Treiber verschiedener Geräte aktualisieren, Geräte abschalten oder neue Geräte hinzufügen.
Heimnetzgruppe	Dieses Feature ermöglicht es, die eigenen Bilder, Musik, Videos, Dokumente und Drucker für andere Benutzer im gleichen LAN- oder WLAN-Netz zugänglich zu machen. Die Heimnetzgruppe umfasst aber maximal sieben PCs und ist nur mit Windows 7-Betriebssystemen möglich. Beim ersten PC der Gruppe wird ein Kennwort erzeugt, das wiederum auf allen anderen PCs eingegeben werden muss, um in die Gruppe aufgenommen zu werden. Ein Austritt ist jederzeit möglich, auch für den Initiator.

Tabelle 19.1: Elemente der PC-Einstellungen von Windows 8.1 (Forts.)

Applet	Beschreibung
Indizierungsoptionen	Stellt fest, welche Dateiendungen für die vereinfachte Suche indiziert werden sollen, und ob das nur auf den Dateinamen oder auch auf den ganzen Dateiinhalt angewandt werden soll. Zudem lässt es sich auf USB-, FireWire- oder Netzlaufwerke erweitern.
Infobereichssymbole	Einstellungen, was im Infobereich der Taskleiste (unten rechts) angezeigt werden soll.
Internetoptionen	Einstellungen für den Microsoft Internet Explorer.
Maus	Mauseinstellungen verändern.
Netzwerk- und Freigabecenter	Hier werden Verbindungen zum Netzwerk eingerichtet. Es stehen mehrere Netzwerkoptionen zur Auswahl: Heim-, Arbeitsplatz- oder öffentliches Netzwerk. Je nach gewähltem Netzwerk werden standardmäßig Freigaben und Firewall-Einstellungen angepasst. Diese lassen sich im Nachhinein wieder verändern.
Ordneroptionen	Einstellungen, wie Ordner angezeigt werden. Einsatz von Offlinedateien.
Problembehandlung	Wenn Sie Probleme oder Leistungseinbußen haben, versucht Windows, Sie mit einfachen Schritten zu einer Lösung zu führen. Eventuell ist eine Internetverbindung nötig.
Programme und Features	Programme installieren, deinstallieren sowie (getätigte) Updates anzeigen und ändern.
Region	Ändern von Land, Region, Datums- und Uhrzeitformaten.
RemoteApp- und Desktop-Verbindungen	Verbindung zu einem entfernten Rechner aufbauen.
Schriftarten	Hier können die installierten Schriftarten in einer Vorschau angesehen und gedruckt werden.
Sound	Einstellungen für Lautsprecher, Mikrofon und sonstige Sound-Einstellungen.
Speicherplätze	Dateien auf mehreren Laufwerken speichern, zum Schutz bei einem Laufwerksausfall, Erweitern des Speicherplatzes durch Hinzufügen von mehr Laufwerken.
Sprache	Spracheinstellungen und Tastaturen-Layout ändern, Eingabemethoden verwalten.
Spracherkennung	Einstellung für Spracherkennung: Mit der Stimme den Rechner steuern und den Rechner Bildschirminhalte vorlesen lassen.
Standardprogramme	Einstellen, welche Datei(-Endungen) mit welchem Programm standardmäßig ausgeführt werden sollen.
Standorteinstellungen	Verwendung von Positionsdaten konfigurieren, Übertragung von GPS-Informationen an Microsoft.

Tabelle 19.1: Elemente der PC-Einstellungen von Windows 8.1 (Forts.)

Applet	Beschreibung
Synchronisierungscenter	Synchronisieren von Dateien und Einstellungen mit einem entfernten Rechner oder Netzwerk.
System	Erweiterte Systemeinstellungen und Windows-Aktivierung
Taskleiste und Navigation	Eigenschaften und Ansicht der Taskleiste und des Startmenüs ändern und personalisieren, Start auf Startseite oder Desktop (Windows 8.1).
Tastatur	Einstellung von Geschwindigkeit der Zeichenwiederholrate und der Cursor-Blinkrate.
Telefon und Modem	Hier werden neue Modems installiert und vorhandene eingerichtet und angepasst.
Verwaltung	Links zu verschiedenen Dienstprogrammen für Administration und Management des gesamten Rechners.
Wartungscenter	Wartungscenter
Wiederherstellung	Wenn Sie Sicherungen oder Images erstellt haben, können Sie diese hier wiederholen und installieren. Mit der Wiederherstellung kann jederzeit das gespeicherte Systemabbild wiederhergestellt werden. Alle Änderungen (inkl. Registry-Einträge) werden zurückgesetzt.
Windows Defender	Sicherheitsunterstützendes Programm, das (auf Spy- und Malware konzentriert) im Hintergrund läuft. Mit diesem Programm kann man auch Ordner oder ganze Systeme auf Spy- und Malware untersuchen. Der Defender lässt sich konfigurieren.
Windows Update	Unterstützt Sie in der Auswahl von neuen/aktuellen Sicherheitsupdates für das System (Windows und Treiber für Hardware) sowie verschiedene Updates zu Microsoft-eigenen Produkten. Windows Defender-Definitionen sind auch dabei.
Windows Firewall	Im Betriebssystem integrierte Software-Firewall.

Tabelle 19.1: Elemente der PC-Einstellungen von Windows 8.1 (Forts.)

Optionen in der Systemsteuerung

Option	Beschreibung
Sperrbildschirm	Einstellungen für Hintergrundbild oder Diashow, Statusinfos und Benachrichtigungen von Apps auf dem Sperrbildschirm.
Bildschirm	Auflösung, Ausrichtung und Konfiguration von Haupt- und Zweitbildschirm, Größe von Bedienelementen und Text ändern.

Tabelle 19.2: Elemente der Systemsteuerung von Windows 8.1

Option	Beschreibung
Geräte	Installierte Drucker, Scanner und weitere Geräte verwalten, Geräte entfernen, Standardspeicherort für Bibliotheken ändern.
Maus und Touchpad	Primäre Maustaste definieren, individuelle Einstellungen für Maus (Mausrad, Tasten etc.).
Eingabe	Rechtschreibekorrektur, Rechtschreibefehler automatisch korrigieren oder hervorheben.
Ecken und Ränder	Apps in Task-Leiste anzeigen, Wechsel zwischen zuletzt benutzten Apps, Eckennavigation ein- oder ausschalten.
Netzschalter und Energiesparen	Bildschirm und Stand-by-Modus konfigurieren.
Automatische Wiedergabe	Automatische Wiedergabe verwenden, Standardwerte für automatische Wiedergabe.
Speicherplatz	Verfügbaren Speicherplatz anzeigen, Übersicht zu Speicherplatz für Apps, Medien und Dateien.
PC-Info	Übersicht zu Systemkomponenten und Windows-Version, PC-Name und Domäne.
Ihr Konto	Lokales Konto oder Microsoft-Konto verwalten, Profilbild erstellen.
Anmeldeoptionen	Vergabe von Kennwort, Bild Code, PIN, Kennwortrichtlinie.
Weitere Konten	Konten verwalten bzw. neues Konto hinzufügen.
OneDrive	Cloud-Dateispeicher bei Verwendung eines Microsoft-Kontos aktivieren.
Suche und Apps	Einstellungen für Schnell-Suche von Windows 8, Benachrichtigungen sowie für Apps zum Teilen von Inhalten.
Datenschutz	Datenschutzoptionen konfigurieren (unter anderem Smart-Screen-Filter, Berechtigungen von Apps, Webcam und Mikrofon.
Netzwerk	Netzwerkeinstellungen, abhängig vom derzeitigen Netzwerkstatus, Konfiguration der Heimnetzgruppen.
Zeit und Sprache	Einstellungen für Datum/Uhrzeit und Region/Sprache.
Erleichterte Bedienung	Sprachausgabe konfigurieren, Bildschirmlupe, hoher Kontrast, Tastatur/Maus.

Tabelle 19.2: Elemente der Systemsteuerung von Windows 8.1 (Forts.)

19.3 Konfiguration der Hardware-Einstellungen

Konflikte treten auch in Windows 8 auf, wenn zwei Geräte die gleichen Ressourcen beanspruchen. Jede Hardware-Ressource muss eindeutig einem Gerät zugewiesen werden, ansonsten funktioniert das Konzept nicht. Das Verständnis über die Konfigurationseinstellungen ermöglicht Ihnen, Ressourcen neu zu definieren und zuzuweisen. Sie sollten über folgende Kenntnisse verfügen:

- Bedienung des Geräte-Managers und Bestätigung der getroffenen Auswahl.
- Verwaltung von Hardware-Profilen und die Auswahl der Geräte für jedes Profil.
- Konfiguration mehrerer Monitore, um die Größe Ihrer Bildschirmarbeitsfläche zu erweitern.

19.3.1 Der Geräte-Manager

Der Geräte-Manager bietet auch bei Windows 8 eine grafische Übersicht der im Computer installierten Hardware sowie der dazugehörenden Gerätetreiber und Ressourcen. Der Geräte-Manager stellt eine zentrale Instanz zur Änderung von Hardware-Konfigurationen dar.

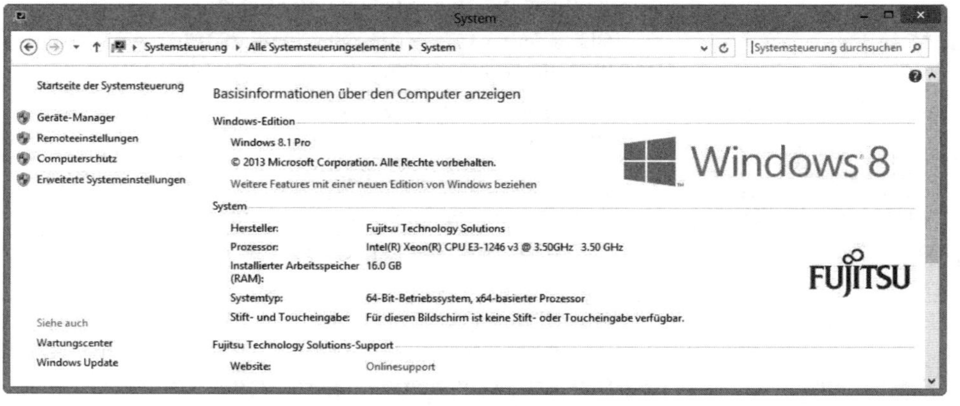

Abb. 19.4: Die Elemente im Applet *System* der Systemsteuerung

Der Geräte-Manager kann auf mehrere Arten und Weisen aufgerufen werden. Sie können beispielsweise im Menü START – SYSTEMSTEUERUNG – SYSTEM auf den Geräte-Manager zugreifen (Abbildung 19.4).

Wenn Sie mit der rechten Maustaste auf ein Gerät klicken und anschließend auf den Kontextmenüpunkt EIGENSCHAFTEN, sehen Sie alle relevanten Daten zu diesem Gerät.

Alternativ dazu können Sie die Computerverwaltung auch über das Kontextmenü des Arbeitsplatzes aufrufen.

Für die Verwaltung von Geräten sowie das De- und Installieren von Treibern sind Administratorberechtigungen erforderlich.

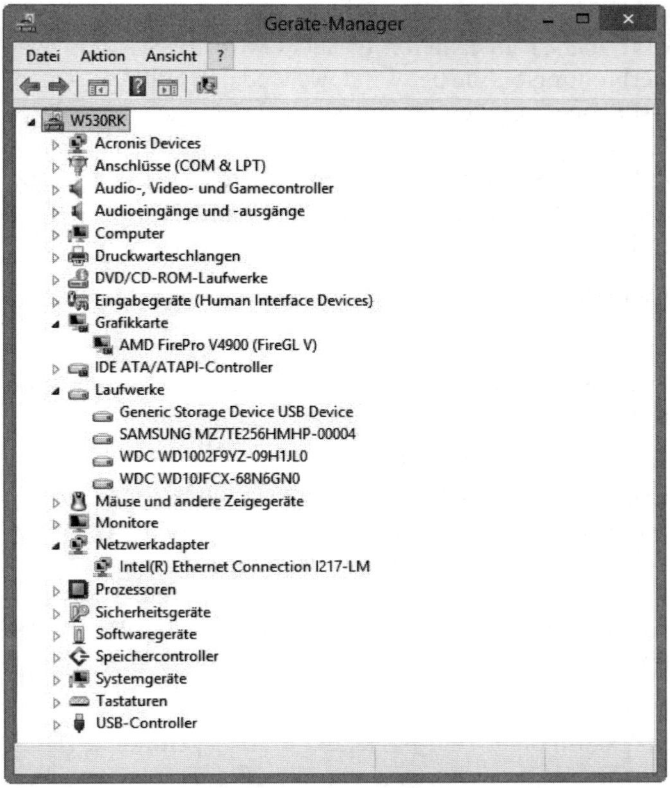

Abb. 19.5: Der Geräte-Manager von Windows 8

Nach der Installation von neuer Hardware bietet Ihnen der Geräte-Manager folgende Funktionalitäten:

- Überprüfen, ob die Hardware auf dem Computer ordnungsgemäß funktioniert.
- Die Hardware-Konfigurationseinstellungen ändern.
- Aktuell installierte Gerätetreiber für das Gerät ermitteln und Informationen über den Gerätetreiber anzeigen lassen.
- Ändern von erweiterten Einstellungen und Eigenschaften des Gerätes.
- Gerätetreiber installieren bzw. aktualisieren.
- Gerät deaktivieren, aktivieren und deinstallieren.
- Vorherige Treiberversion erneut laden und installieren.
- Gerätekonflikte identifizieren und Ressourceneinstellungen manuell konfigurieren.
- Eine Übersicht aller installierten Geräte auf Ihrem Computer ausdrucken.

Windows erkennt in der Regel das Hinzufügen neuer Hardware automatisch und versucht, einen aktuellen Treiber zu installieren (gesucht wird im System sowie bei bestehender Internetverbindung online bei Windows Update). Sollte dies nicht vollständig gelingen, müssen Sie eingreifen, indem Sie die benötigten Treiber von Hand installieren. Hier gilt es explizit zu erwähnen, dass viele Hersteller unterschiedliche Treiber für 32 Bit und 64 Bit anbieten. Kontrollieren Sie also vor dem Download, um welche Windows-Version es sich bei Ihnen handelt, um die bestmöglichen Treiber zu installieren.

Der Geräte-Manager von Windows 8 kennt vier verschiedene Statusanzeigen:

- OK:

  Das Gerät wird mit einem Symbol dargestellt. Keine Probleme erkannt, Gerät funktioniert ordnungsgemäß.

- Fehler mit Fragezeichen »?« in weißem Kreis:

  Windows erkennt ein physisches Gerät, kann es aber nicht einordnen und keinen passenden Treiber installieren. Um die ordnungsgemäße Funktion zu erlauben, muss ein aktueller Treiber installiert werden. Klicken Sie dazu auf TREIBER AKTUALISIEREN ... und wählen Sie einen passenden Treiber aus (auf dem mit der Hardware mitgelieferten Datenträger oder auf der Homepage des Geräteherstellers zu finden).

- Fehler mit Ausrufezeichen »!« in gelbem Dreieck:

  Das Gerät wurde zwar erkannt, aber kein passender Treiber gefunden. Damit das Gerät ordnungsgemäß funktioniert, muss ein aktueller Treiber installiert werden. Klicken Sie auf TREIBER AKTUALISIEREN ... und wählen Sie einen passenden Treiber aus (auf dem mit der Hardware mitgelieferten Datenträger oder auf der Homepage des Geräteherstellers zu finden).

- Deaktiviertes Gerät:

  Weißer Kreis mit einem Pfeil nach unten zeigend: Das Gerät ist deaktiviert. Sie können es wieder aktivieren oder deinstallieren.

Natürlich können Sie ein Gerät auf Wunsch auch manuell deaktivieren, indem Sie es mit der rechten Maustaste anklicken und DEAKTIVIEREN auswählen. Es wird dadurch im Unterschied zum Deinstallieren nicht aus dem System entfernt.

19.3.2 Treiber-Signierung

Ein wichtiges Thema, wenn es um die Installation von Geräten geht, ist auch die Signierung von Treibern. Wenn das Gerät von Windows erkannt wird, brauchen Sie sich darüber keine Gedanken zu machen, da alle im Lieferumfang von Windows enthaltenen Treiber bereits die digitale Signatur von Microsoft aufweisen. Die digitale Signatur (Treibersignierung) gibt Ihnen die Sicherheit, dass ein

Treiber oder eine Datei gewisse Testkriterien erfüllt und nicht durch die Installation eines anderen Programms geändert oder überschrieben wurde.

Wenn Sie eine neue Komponente erwerben und dieses an den Computer anschließen oder einbauen wollen, vergewissern Sie sich, ob dieses Gerät Windows-tauglich ist. Meist ist dazu auf der Packung ein Windows-Logo vorhanden oder es wird explizit darauf hingewiesen, dass dieses Gerät für den Einsatz unter Microsoft Windows geeignet ist und für welche Version von Windows dies gilt.

Der Gebrauch eines nicht signierten Treibers ist prinzipiell (noch) möglich. Microsoft rät aber davon ab, da es zu unerwünschten Fehlern führen und die korrekte Funktionalität zusammen mit anderen Geräten nicht gewährleistet werden kann. Um einen nicht signierten Treiber zu installieren, muss in den erweiterten Optionen der Starteinstellungen der Punkt »Erzwingen der Treibersignatur deaktivieren« gewählt werden.

19.4 Der Explorer

Auch der Explorer erhielt neben einer optischen Aktualisierung einige neue Funktionen. Wie aus Office-Programmen bekannt, befindet sich am oberen Rand nun eine Ribbon-Leiste, die auswahlabhängige Funktionen anzeigt. Besteht Ihre Auswahl beispielsweise aus Bildern, werden Ihnen entsprechende Bildtools eingeblendet, die in diesem Fall direkt das Drehen von Bildern oder das Starten von Diashows ermöglicht.

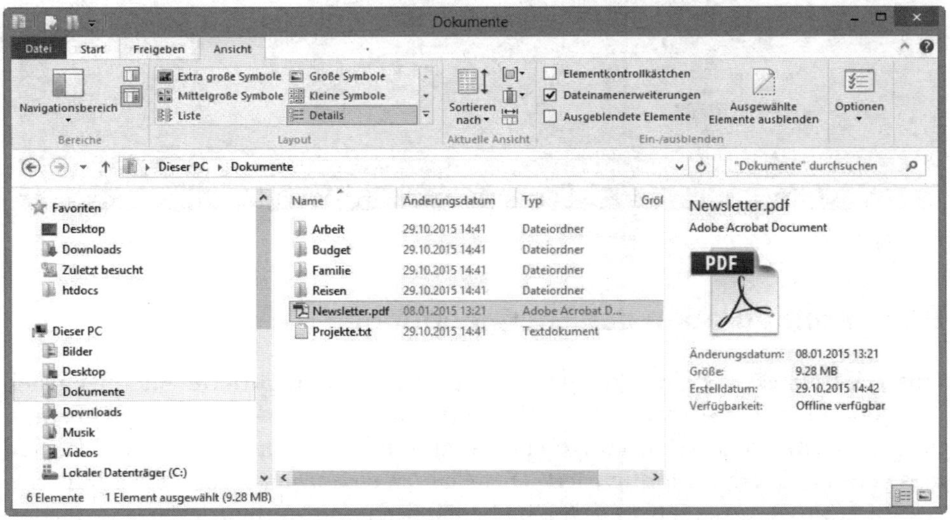

Abb. 19.6: Überarbeiteter Explorer von Windows 8

19.5 Lokales Konto oder Microsoft-Konto

In Windows Vista und Windows 7 hatte man die Möglichkeit, in der Systemsteuerung neue Benutzer mit Standard oder Administratorenrechten hinzuzufügen. Mit Windows 8 kam eine weitere Option dazu: die Anmeldung mittels Microsoft-Konto.

Für den Nutzer bringt die Anmeldung mit Microsoft-Konto Vor-, aber auch Nachteile mit sich. Erst ein Benutzerkonto mit hinterlegtem Microsoft-Konto macht es beispielsweise möglich, die Cloud-Dienste von OneDrive zu benutzen oder Apps aus dem Windows Store zu laden. Legen Sie großen Wert auf Sicherheit und Datenschutz, sollten Sie sich hingegen vielleicht eher für ein lokales Konto entscheiden, welches nicht an Ihre E-Mail-Adresse geknüpft ist.

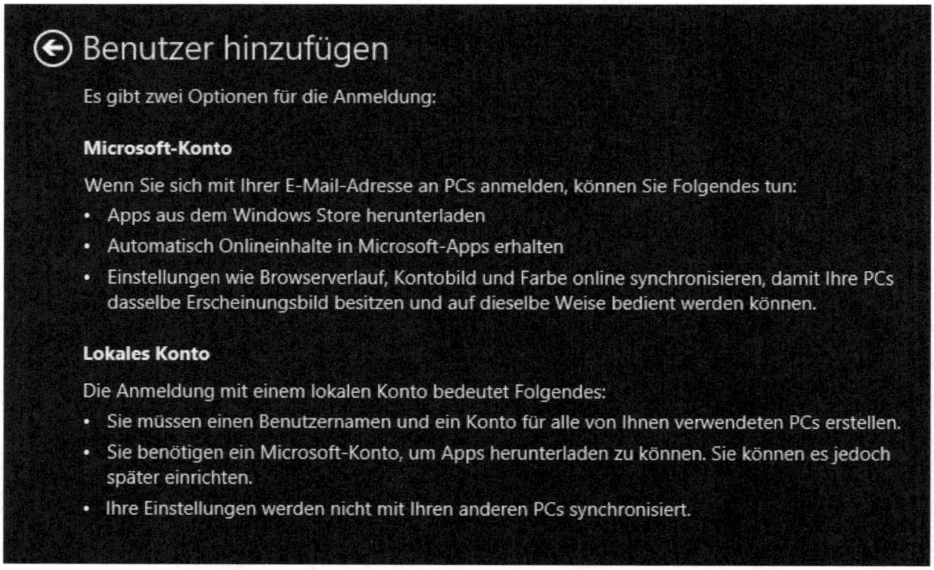

Abb. 19.7: Optionen für Benutzerkonto

19.6 Konfiguration der Energieoptionen

Unter Windows 8 stehen standardmäßig drei vorkonfigurierte Energieeinstellungsoptionen zur Auswahl: Ausbalanciert, Energiesparmodus und Höchstleistung. Je nachdem, ob es sich um einen Desktop-Rechner oder Laptop handelt, sind diese etwas anders vorkonfiguriert. Diese lassen sich unter ERWEITERTE ENERGIEEINSTELLUNGEN ÄNDERN fast nach Belieben ändern und konfigurieren. Es ist jederzeit möglich, die Standardeinstellungen wiederherzustellen.

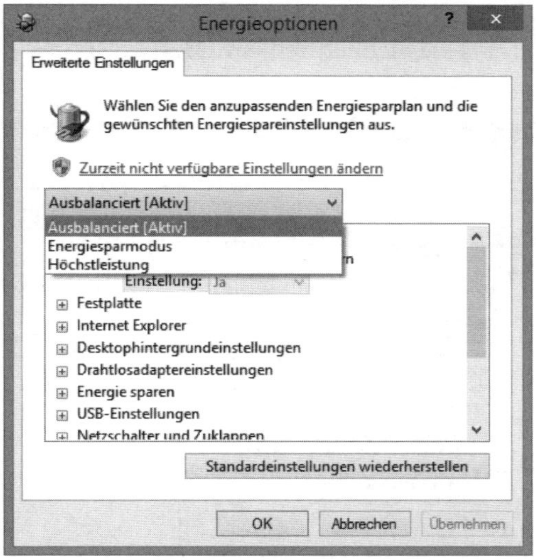

Abb. 19.8: Energieoptionen

19.7 Peripheriegeräte einbinden und entfernen

Wie bereits beschrieben, erkennt Windows im Normalfall ein angehängtes Peripheriegerät automatisch und installiert die für den Betrieb benötigten Treiber. Sollte dies nicht einwandfrei funktionieren, liefert der Hersteller meist eine Treiber-CD mit oder bietet deren Download auf der Homepage an, je nach Gerät kann auch noch zusätzliche Software geladen werden.

Vergewissern Sie sich vorher, ob Sie 32-Bit- oder 64-Bit-Treiber benötigen, und laden Sie nur diejenigen Treiber, die für Ihr Betriebssystem vorgesehen sind. Im Infobereich erscheint anschließend ein Symbol mit der Anzeige »Hardware sicher entfernen und Medium auswerfen«. Bevor Sie das Gerät wieder vom Computer entfernen, sollten Sie die Hardware sicher entfernen: Rechtsklick auf das Symbol und das gewünschte Gerät anwählen. Das sichere Entfernen verhindert mögliche Datenverluste. Sie können das Gerät oder Medium auch direkt im Windows Explorer auswerfen.

19.8 Dienste und Registry

Die Computerverwaltungs-Konsole ist auch unter Windows 8 ein wichtiges Werkzeug zur Konfiguration Ihres Computers. Es kann den lokalen oder remote auch einen entfernten Computer verwalten.

Sie können die Eigenschaften aller Dienste konfigurieren, die auf Ihrem Computer ausgeführt werden. Klicken Sie hierzu auf den Ast DIENSTE UND ANWENDUN-

GEN und darunter auf DIENSTE. In der rechten Fensterhälfte sehen Sie die vorhandenen Dienste und in welchem Status sie sich aktuell befinden.

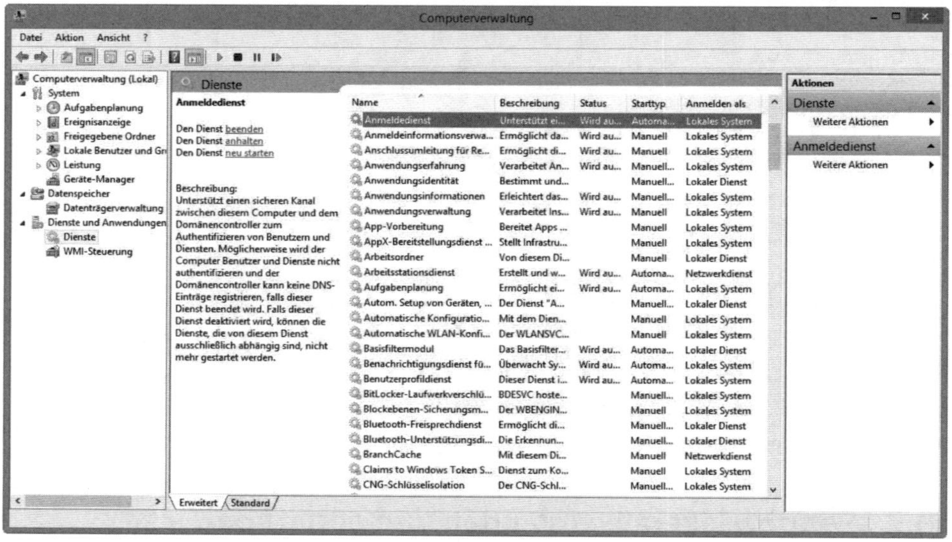

Abb. 19.9: Die Computerverwaltung

Sie können Dienste anhalten, beenden oder starten und die Startoptionen festlegen. Sie können ebenfalls den Anzeigenamen ändern, um die Dienste besser identifizieren zu können.

Ein Dienst wird konfiguriert, indem Sie mit der rechten Maustaste darauf klicken und den Menüpunkt EIGENSCHAFTEN auswählen. Es erscheint eine Dialogbox mit mehreren Registern. Diese sind abhängig von der Art des Dienstes und sollten nur mit äußerster Vorsicht verwendet werden, wenn Sie genau wissen, was Sie ändern.

Die Registry beinhaltet auch unter Windows 8 die wichtigen Konfigurationsinformationen für die Hardware, Protokolleinstellungen, Gerätetreiber usw. Ebenso befinden sich Benutzereinstellungen in der Registry. Diese betreffen benutzerdefinierte Einstellungen des Systems und zusätzlich installierter Software.

Das gesamte System wird über den Inhalt der Registry gesteuert. Jede Einstellung, Veränderung oder Installation wird in der Registry festgehalten.

Die Registry überwacht das Betriebssystem folgendermaßen:

- Sie speichert die Informationen, die für das Öffnen von Komponenten wie Gerätetreibern und Netzwerkprotokollen erforderlich sind.
- Sie liefert die zum Start von Applikationen erforderlichen Informationen.
- Sie speichert die Sicherheitseinstellungen eines Rechners.

Unter anderem sind folgende Informationen in der Registry hinterlegt:

- Eine Inventarliste der installierten Hardware samt der einschlägigen Konfigurationsdaten
- Benutzerspezifische Einstellungen in Windows und in Applikationen
- Installierte Gerätetreiber pro Benutzer und insgesamt
- Sicherheitseinstellungen
- Die Konfiguration der Netzwerkprotokolle

Die Registry besteht aus mehreren Dateien:

- c:\windows\system32\config\system
- c:\windows\system32\config\software
- c:\windows\system32\config\sam
- c:\windows\system32\config\security
- c:\windows\system32\config\default

Die benutzerbezogenen Daten werden zudem in der Datei `ntuser.dat` abgelegt. Dabei wird diese Datei für jeden Benutzer einzeln angelegt, und zwar in seinem persönlichen Benutzerverzeichnis unter `C:\Dokumente und Einstellungen` bzw. bei servergespeicherten Profilen auf dem Server.

Der Registrierungseditor wird mit dem Befehl REGEDIT.EXE gestartet, welchen Sie über START – AUSFÜHREN eingeben können.

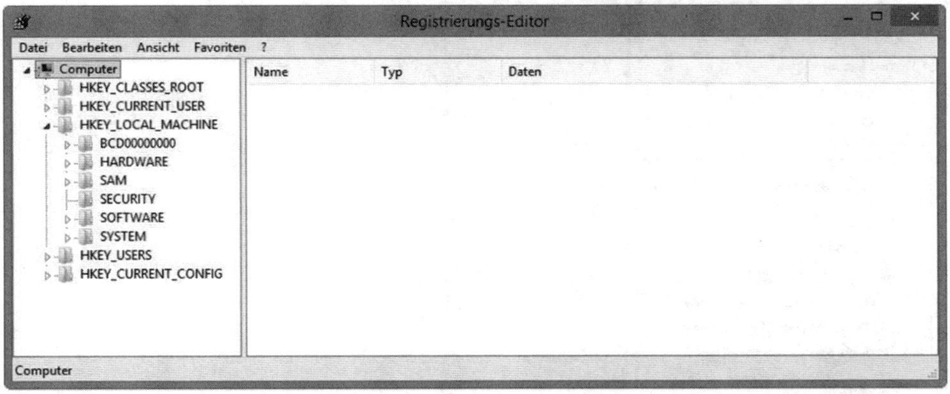

Abb. 19.10: Der Registrierungseditor REGEDIT.EXE

Der Registrierungseditor ist auch ein Fernadministrierungswerkzeug. Über den Menüpunkt DATEI – MIT NETZWERKREGISTRIERUNG VERBINDEN … kann die Registry eines entfernten Computers bearbeitet werden (vorausgesetzt, die notwendigen Rechte stehen hierfür zur Verfügung). Ebenso kann der Inhalt der Registry ex- und importiert werden.

Grundsätzlich sollten Sie in der Registry keine Änderungen vornehmen, außer Sie wissen ganz genau, was Sie machen. Auf jeden Fall empfiehlt es sich, vor jeder Änderung eine Sicherung der Registry durchzuführen, um eventuell jederzeit wieder darauf zugreifen zu können, wenn die Änderungen unerwünschte Konsequenzen mit sich bringen. Sie können die Datei mit EXPORTIEREN sichern (beachten Sie die Selektionsmöglichkeit bei EXPORTBEREICH und wählen Sie ALLES!) und bei Bedarf mit IMPORTIEREN wiederherstellen. Beachten Sie, dass diese Datei dann mehrere Megabyte groß sein und die Sicherung bzw. der Export einige Zeit beanspruchen kann.

19.9 Der Windows-Kompatibilitätsmodus

Falls ältere Programme, die problemlos unter Windows XP, Windows Vista oder Windows 7 funktionierten, in Windows 8 Probleme bereiten, können diese im Kompatibilitätsmodus ausgeführt werden. Hierfür müssen Sie in die Eigenschaften des Programms wechseln (Rechtsklick, EIGENSCHAFTEN) und dann den Reiter KOMPATIBILITÄT aufrufen. Hier lässt sich nun einstellen, mit welchem früheren Betriebssystem das entsprechende Programm gestartet werden soll (Häkchen bei PROGRAMM IM KOMPATIBILITÄTSMODUS AUSFÜHREN FÜR:), z.B. WINDOWS XP (SERVICE PACK 3). Der aus Windows 7 bekannte Windows XP-Modus wird ab Windows 8 nicht mehr unterstützt.

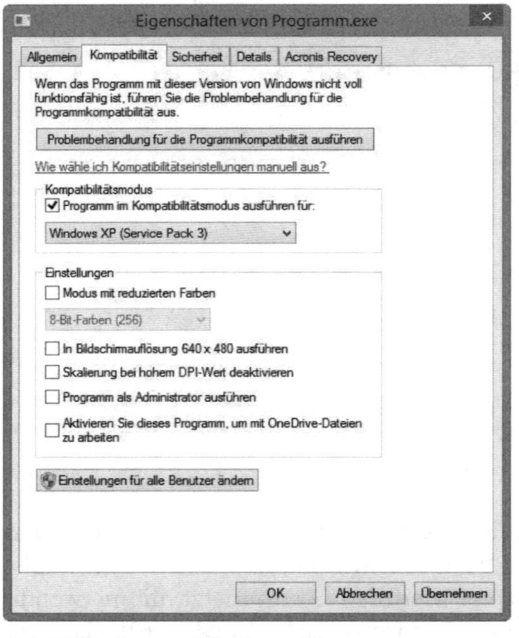

Abb. 19.11: Kompatibilitätsausführung

19.10 Fragen zu diesem Kapitel

1. Welche Aussage zur Charms-Leiste ist korrekt?
   A. Die Charms-Leiste ist auf Geräten mit Touchscreen und Windows 8 verfügbar, nicht aber auf Geräten mit normalem Bildschirm und Windows 8.
   B. Die Charms-Leiste ersetzt den Startbildschirm unter Windows 8.
   C. Der Task-Manager ist in der Charms-Leiste integriert.
   D. Die Charms-Leiste beinhaltet die Reiter »Suchen«, »Teilen«, »Geräte« und »Einstellungen«.
2. Die Anmeldung mit einem Microsoft-Konto bringt Vor- und Nachteile. Wählen Sie die zwei zutreffenden Vorteile.
   A. Kostenloses Upgrade auf Windows 10
   B. Synchronisierung von Inhalten mehrerer PCs
   C. Verwendung des Windows Store ohne weitere Anmeldung
   D. Privatsphäre wird besser geschützt
3. Welche Funktion in Windows 8 ist dazu gedacht, das Installieren von Software oder Ändern von Einstellungen durch unautorisierte Benutzer zu unterbinden?
   A. UAC
   B. Sudo
   C. Windows Defender
   D. NTFS
4. Ein Benutzer vermisst seit dem Upgrade auf Windows 8 das aus Windows 7 gewohnte Startmenü. Gibt es eine Möglichkeit, dieses zurückzubringen?
   A. Nein, unter keinen Umständen
   B. Ja, über die Installation eines Zusatzprogramms
   C. Ja, über die SYSTEMSTEUERUNG → ANPASSUNG → STARTMENÜ
   D. Nein, nur unter Windows 8.1
5. Wo findet man unter Windows 8 die Lautstärke- und Helligkeitssteuerung sowie Verbindungseinstellungen?
   A. Taskleiste
   B. Charms-Leiste
   C. Explorer
   D. Finder

6. Ein Benutzer stellt auf seinem Computer Probleme mit der Druckerwarteschlage eines Netzwerkdruckers fest. Wo kann er am schnellsten überprüfen, ob diese gestartet ist?
   A. SYSTEMSTEUERUNG → GERÄTE UND DRUCKER
   B. SYSTEMSTEUERUNG → NETZWERK- UND FREIGABECENTER
   C. COMPUTERVERWALTUNG → GERÄTE-MANAGER → SPEICHERCONTROLLER
   D. COMPUTERVERWALTUNG → DIENSTE UND ANWENDUNGEN → DIENSTE
7. Ein Techniker weist Sie an, eine Änderung in der Registry vorzunehmen. Welche Anwendung ist dafür in Windows 8 vorhanden?
   A. Registrierungs-Editor
   B. Systemkonfiguration
   C. CHKDSK
   D. SYSINFO
8. Nach der Installation mehrerer Updates startet ein Windows 8-System immer wieder neu, bevor der Benutzer überhaupt die Möglichkeit hat, sein Passwort einzugeben. Wie kann versucht werden, auf das installierte Betriebssystem zuzugreifen?
   A. Start mit einer Live-CD
   B. Boot-Reihenfolge im BIOS kontrollieren
   C. Abgesicherter Modus starten
   D. Defragmentierungsmodus starten
9. Ein Benutzer ruft Sie an, weil er auf seinem neuen Computer mit Windows 8.1 ein Foto öffnete, dieses jetzt aber nicht mehr schließen und lediglich zu einer Bildbibliothek zurückkehren kann. Was empfehlen Sie?
   A. Der Computer ist vermutlich eingefroren. Durch Drücken und Halten des Power-Knopfs muss er neu gestartet werden.
   B. Mit der Maus an den oberen Bildschirmrand fahren und das Fenster mit der Schaltfläche rechts schließen.
   C. Das Fenster kann mit der Tastenkombination CTRL + F5 geschlossen werden.
   D. In der Bildbibliothek ist versteckt die Option zum Schließen des Fensters vorhanden.
10. Wie wird die Oberfläche der Startseite von Windows 8 von Microsoft offiziell genannt?
   A. Metro
   B. Tiles
   C. Windows 8 UI
   D. Modern UI

Kapitel 20

Die Konfiguration von Windows 10

Die Konfiguration ist aufgrund der geräteübergreifenden Plattform für Desktop-Computer, Notebooks, aber auch Tablets und Smartphones in vielen Bereichen sehr ähnlich. In diesem Kapitel konzentrieren Sie sich auf die vollwertigen Versionen für Desktops und Notebook. Da CompTIA Windows 10 noch nicht in der aktuellen Fassung der Prüfungsziele verankert hat, fehlt diese Einleitung »folgende Prüfungsziele....« an dieser Stelle – aber Sie können Windows 10 dennoch konfigurieren – und die Prüfungsziele werden bald folgen, seien Sie da versichert.

20.1 Desktop und Taskleiste

Der Desktop sieht auf den ersten Blick wie eine Kombination aus Windows 7 und Windows 8 aus. Sie finden sowohl das »alt bekannte« Startmenü wieder als auch die Möglichkeit, dieses Menü um Kacheln zu ergänzen und so auf Apps direkt zuzugreifen. Dabei bleibt vieles für Sie frei konfigurierbar.

Abb. 20.1: Der Desktop und das Startmenü von Windows 10

20.1.1 Die Taskleiste

Hier findet man wie gewohnt ganz links den Startknopf, der das neue Startmenü erscheinen lässt. Über das zweite Symbol (Lupe) wird die Schnellsuche gestartet (die gleiche Funktion kann gestartet werden, indem bei offenem Startmenü etwas eingetippt wird). Die Taskansicht hilft Ihnen, offene Fenster übersichtlich darzustellen und zu verwalten, indem mehrere virtuelle Desktops angelegt werden können.

Darauffolgend findet man in der Taskleiste alle geöffneten Programme und angehefteten Verknüpfungen. Im Infobereich am rechten Bildschirmrand findet man die gewöhnlichen Symbole, das Datum und die Uhrzeit. Neu zum Infobereich hinzugekommen ist die Sprechblase, über welche das Info-Center geöffnet wird.

20.1.2 Das Startmenü

Das neue Startmenü bietet besonders viele Möglichkeiten zur Individualisierung. Da in Windows 10 keine eigentliche Startseite mehr vorhanden ist, ist hier der Platz, um schnell auf Apps und Einstellungen zuzugreifen. Die Größe des Startmenüs hängt dabei von der Anzahl, Größe und Anordnung Ihrer Kacheln ab. In der linken Spalte hingegen werden die meistverwendeten oder zuletzt hinzugefügten Programme aufgelistet.

20.2 Die Einstellungen

Gab es unter Windows 8 sowohl die Systemsteuerung wie auch die PC-Einstellungen mit teilweise identischen Funktionen, wurden in Windows 10 diese beiden Dienstprogramme unter dem Namen »Einstellungen« zusammengeführt. Für alle, die sich nicht an die neue Darstellung gewöhnen können, ist die Systemsteuerung mit einigen Optionen mehr weiterhin vorhanden.

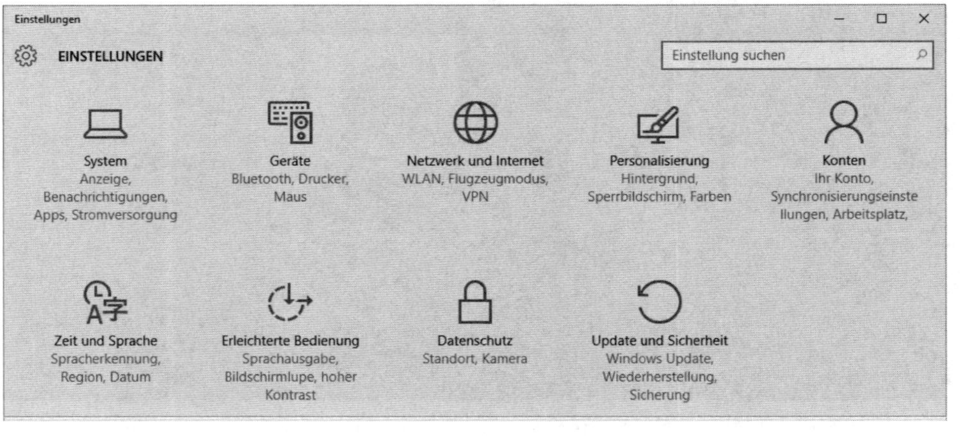

Abb. 20.2: Einstellungen von Windows 10

Die Einstellungen sind in neun Kategorien unterteilt, was das Auffinden von Optionen vereinfacht.

Kategorie	Einstellung	Beschreibung
System	Bildschirm	Anzeigeeinstellungen bearbeiten, Bildschirmauflösung und Farbkalibrierung bearbeiten
	Benachrichtigungen und Aktionen	Schnellaktionen in Info-Center auswählen, Benachrichtigungseinstellungen für System und Apps
	Apps & Features	Übersicht über alle Apps und deren verwendeten Speicherplatz, Verschieben und Deinstallieren von Apps
	Multitasking	Automatisches Anordnen von Fenstern, Andocken von Fenstern, Einstellungen für virtuelle Desktops
	Tablet-Modus	Verbesserte Toucheingabe von Windows, automatischer Wechsel in Tablet-Modus
	Netzbetrieb und Energiesparen	Bildschirmsperre, Standby-Modus und zusätzliche Energieeinstellungen
	Speicher	Speicherplatz von internen und externen Laufwerken verwalten, Standardspeicherort für Bibliotheken ändern
	Offlinekarten	Karten einer bestimmten Region für Offline-Nutzung in der Karten-App herunterladen, automatische Aktualisierung von Karten
	Standard-Apps	Standard-Apps nach Anwendung, Dateityp oder Protokoll bestimmen
	Info	Allgemeine Informationen zu System, Windows Edition, Prozessor, Arbeitsspeicher, Systemtyp, PC-Namen ändern oder einer Domäne beitreten
Geräte	Drucker & Scanner	Drucker oder Scanner hinzufügen, installierte Drucker verwalten
	Angeschlossene Geräte	Weitere Geräte wie Maus, Tastatur, externe Speichergeräte, Displays etc. verwalten oder neu hinzufügen
	Maus und Touchpad	Primäre Maustaste wählen, Einstellungen für Bildlauf und dessen Geschwindigkeit
	Eingabe	Automatische Rechtschreibekorrektur aktivieren oder Rechtschreibefehler hervorheben
	Automatische Wiedergabe	Standardeinstellungen für die automatische Wiedergabe von Medien

Tabelle 20.1: Einstellungen in Windows 10

Kategorie	Einstellung	Beschreibung
Netzwerk und Internet	WLAN	Mit einem WLAN-Netzwerk verbinden oder bestehende Verbindungen bearbeiten
	Datennutzung	Übersicht über Datennutzung, Nutzungsdetails und Netzwerkauslastung
	VPN	VPN-Verbindungen verwalten oder erstellen
	DFÜ	DFÜ-Verbindung einrichten
	Ethernet	Eigenschaften der Ethernet-Verbindung, Geräte und Inhalte im Netzwerk suchen
	Proxy	Automatische oder manuelle Proxyeinrichtung für Ethernet- oder WLAN-Verbindungen
Personalisierung	Hintergrund	Hintergrundbild auswählen
	Farben	Akzentfarbe für Taskleiste, Fenster und Startmenü festlegen, Transparenzeinstellungen
	Sperrbildschirm	Bild für Sperrbildschirm definieren, Apps für Statusinfos auf Sperrbildschirm auswählen
	Designs	Designs oder Themes verwalten oder hinzufügen
	Start	Einstellungen des Startmenüs, Wahl, ob meistverwendete Apps oder zuletzt hinzugefügte Apps angezeigt werden sollen
Konten	Ihr Konto	Kontoeinstellungen des lokalen Kontos oder des Microsoft-Kontos bearbeiten, Profilbild erstellen
	Anmeldeoptionen	Passwortabfrage nach Standby konfigurieren, Kennwort ändern, PIN oder Bildcode verwenden
	Arbeitsplatzzugriff	Registrierung bei der Geräteverwaltung in Unternehmen oder Schulen
	Familie und weitere Benutzer	Familienmitglieder anzeigen, wenn ein Microsoft-Konto verwendet wird, weitere Benutzer hinzufügen
	Einstellungen synchronisieren	Synchronisation von Design, Browsereinstellungen und Kennwörtern zwischen mehreren Windows 10-Geräten mit demselben Microsoft-Konto
Zeit und Sprache	Datum und Uhrzeit	Datum und Uhrzeit automatisch beziehen oder manuell ändern, Zeitzone, Sommerzeit und Formate
	Region und Sprache	Land bzw. Region auswählen, Anzeigesprache wählen, Sprachen hinzufügen und verwalten
	Sprachein-/ausgabe	Einstellungen der Spracherkennung und Sprachausgabe, Mikrofon einrichten

Tabelle 20.1: Einstellungen in Windows 10 (Forts.)

Kategorie	Einstellung	Beschreibung
Erleichterte Bedienung	Sprachausgabe	Text und Steuerelemente vorlesen lassen, Sprache, Geschwindigkeit und Tonhöhe der Sprachausgabe wählen, Audiohinweise wiedergeben
	Bildschirmlupe	Bildschirmlupe aktivieren, Verhalten der Bildschirmlupe steuern
	Hoher Kontrast	Kontrasteinstellungen der Windows-Oberfläche nach diversen Vorgaben verändern
	Untertitel für Hörgeschädigte	Untertitel für Hörgeschädigte aktivieren, diverse Einstellungen für Farbe, Transparenz, Größe und Effekte
	Tastatur	Bildschirmtastatur aktivieren, Einrastfunktion für Tastenkombinationen, Anschlagverzögerung
	Maus	Zeigergröße und -farbe ändern, Steuerung mit Pfeiltasten des NUM-Blocks aktivieren
	Weitere Optionen	Animationen und Hintergrund deaktivieren, Dauer der Anzeige einer Benachrichtigung, Cursorbreite
Datenschutz	Allgemein	Nutzung der Werbungs-ID konfigurieren, SmartScreen-Filter, Informationen an Microsoft senden
	Position	Positionsdienste konfigurieren
	Kamera	Allen Apps oder einer beschränkten Auswahl die Verwendung der Webcam erlauben oder verbieten
	Mikrofon	Allen Apps oder einer beschränkten Auswahl die Verwendung des Mikrofons erlauben oder verbieten
	Spracherkennung, Freihand und Eingabe	Mit der Cortana-Stimmerkennung und Handschriftanalyse persönliche Empfehlungen verbessern
	Kontoinformationen	Allen Apps oder einer beschränkten Auswahl den Zugriff auf Kontoinformationen erlauben oder verbieten
	Kontakte	Allen Apps oder einer beschränkten Auswahl den Zugriff auf Kontakte erlauben oder verbieten
	Kalender	Allen Apps oder einer beschränkten Auswahl den Zugriff auf den Kalender erlauben oder verbieten
	Messaging	Allen Apps oder einer beschränkten Auswahl das Senden von SMS oder MMS erlauben oder verbieten
	Funkempfang	Allen Apps oder einer beschränkten Auswahl die Funksteuerung erlauben oder verbieten
	Weitere Geräte	Allen Apps oder einer beschränkten Auswahl das Synchronisieren von Daten erlauben oder verbieten (z.B. Xbox, TV-Geräte oder Projektoren)
	Feedback und Diagnose	Umfang des Sendens von Diagnose- und Nutzungsdaten an Microsoft konfigurieren oder deaktivieren
	Hintergrund-Apps	Apps mit Hintergrundprozessen ausschalten, um Energie zu sparen

Tabelle 20.1: Einstellungen in Windows 10 (Forts.)

Kategorie	Einstellung	Beschreibung
Update und Sicherheit	Windows Update	Unterstützt Sie in der Auswahl von neuen/aktuellen Sicherheitsupdates für das System (Windows und Treiber für Hardware)
	Windows Defender	Sicherheitsunterstützendes Programm, das (auf Spy- und Malware konzentriert) im Hintergrund läuft.
	Sicherung	Hier kann ein Image erstellt, gespeichert und anschließend wieder hergestellt werden. Sicherungen aus dem Sicherungs- und Wiederherstellungstool von Windows 7 wiederverwenden
	Wiederherstellung	PC zurücksetzen, um eventuelle Probleme zu lösen, erweiterten Start anstoßen
	Aktivierung	Informationen zur verwendeten Windows-Version, Windows-Version aktivieren oder Product Key auslesen
	Für Entwickler	Entwicklerfunktionen aktivieren (Debuggen und Querladen von Apps)

Tabelle 20.1: Einstellungen in Windows 10 (Forts.)

20.3 Info-Center

Im bereits erwähnten Info-Center laufen jegliche Benachrichtigungen von Windows, Programmen und Apps zusammen. Sortiert nach Uhrzeit und Datum erhält man so einen schnellen Überblick, was man verpasst hat, seien es Mails, Warnungen oder App-spezifische Angaben.

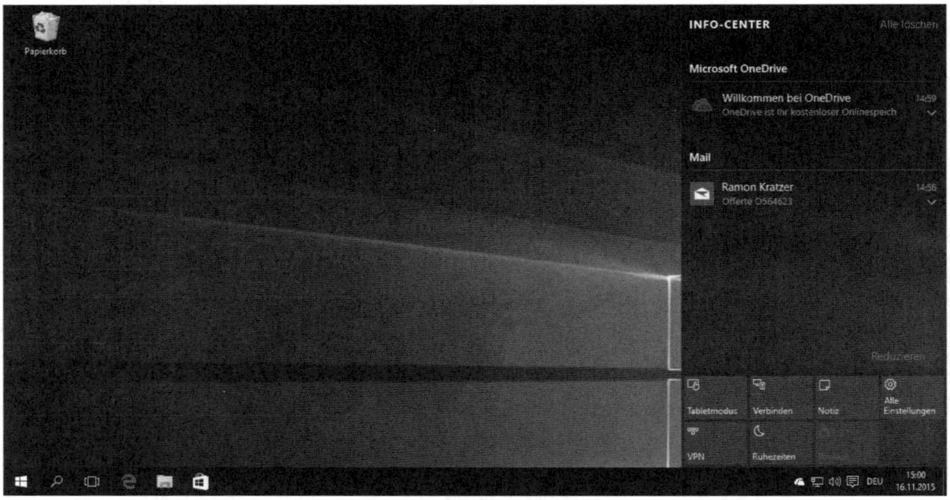

Abb. 20.3: Das Info-Center wird am rechten Bildschirmrand angezeigt

Im unteren Bereich befinden sich zudem die Schnellaktionen, die in den Einstellungen konfiguriert werden können. Folgende Aktionen sind möglich:

- Alle Einstellungen
- Verbinden
- VPN
- Notiz
- Ruhezeiten
- Position
- Tabletmodus

20.4 Microsoft Edge

Zusammen mit Windows 10 wird Microsoft Edge ausgeliefert, dem Nachfolger vom allseits bekannten Internet Explorer. Sieht man sich Edge über die stark veränderte Oberfläche hinaus etwas genauer an, findet man einige spannende Funktionen, die einem das Browsen und Arbeiten im Internet vereinfachen.

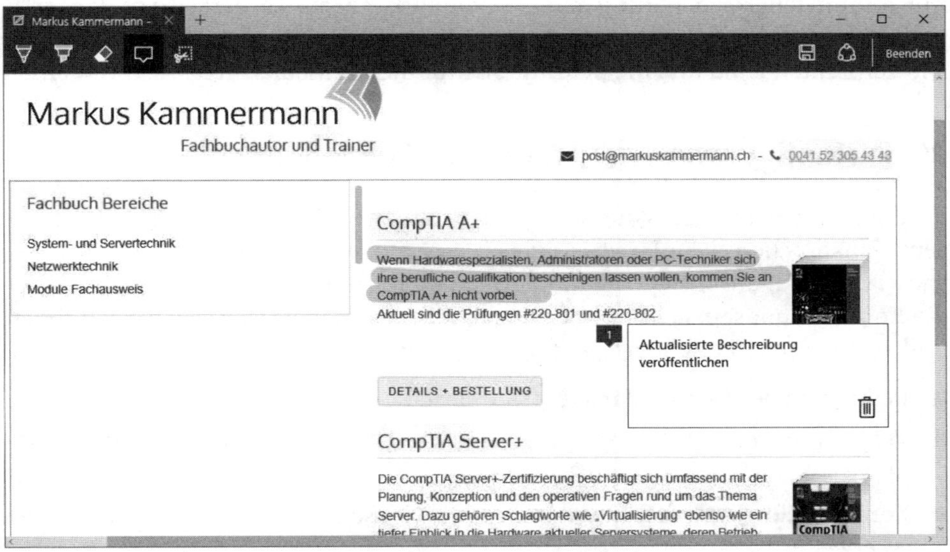

Abb. 20.4: Der Notiz-Modus auf einer Webseite

Mit dem Notiz-Symbol in der Symbolleiste lassen sich besonders schnell Webseitennotizen erstellen. Befindet man sich einmal im Notiz-Modus, können mit dem Textmarker frei Hand Textpassagen markiert, Anmerkungen mit dem Stift erfasst oder Kommentare hinzugefügt werden.

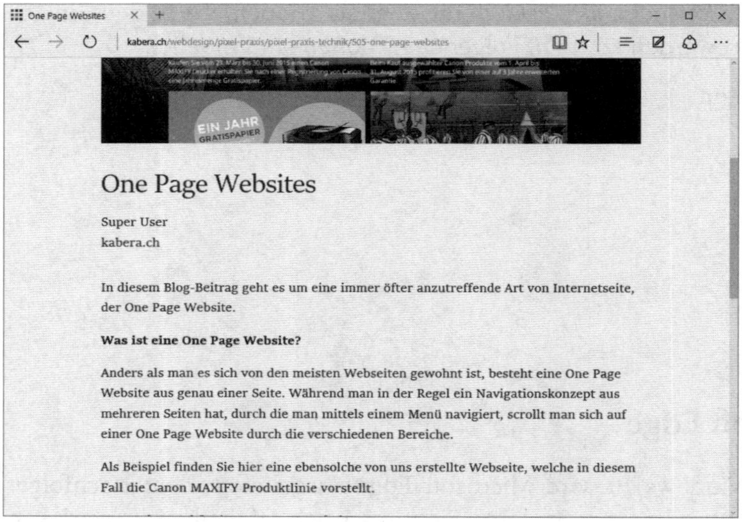

Abb. 20.5: Der Lese-Modus auf einer Webseite

Die Leseansicht stellt Ihnen auf unterstützen Webseiten eine Ansicht des Inhalts mit minimalen Formatierungen an. Dadurch kann die Lesbarkeit von längeren Artikeln maßgeblich verbessert werden. In den Einstellungen können Optionen, wie der Hintergrund und die Schrittgröße für diesen Modus angepasst werden.

20.5 Konfiguration der Hardware-Einstellungen

Konflikte treten auch in Windows 10 auf, wenn zwei Geräte die gleichen Ressourcen beanspruchen. Jede Hardware-Ressource muss eindeutig einem Gerät zugewiesen werden, ansonsten funktioniert das Konzept nicht. Das Verständnis über die Konfigurationseinstellungen ermöglicht Ihnen, Ressourcen neu zu definieren und zuzuweisen. Sie sollten über folgende Kenntnisse verfügen:

- Bedienung des Geräte-Managers und Bestätigung der getroffenen Auswahl.
- Verwaltung von Hardware-Profilen und die Auswahl der Geräte für jedes Profil.
- Konfiguration mehrerer Monitore, um die Größe Ihrer Bildschirmarbeitsfläche zu erweitern.

20.5.1 Der Geräte-Manager

Der Geräte-Manager bietet auch bei Windows 10 eine grafische Übersicht der im Computer installierten Hardware sowie der dazugehörenden Gerätetreiber und Ressourcen. Der Geräte-Manager stellt eine zentrale Instanz zur Änderung von Hardware-Konfigurationen dar.

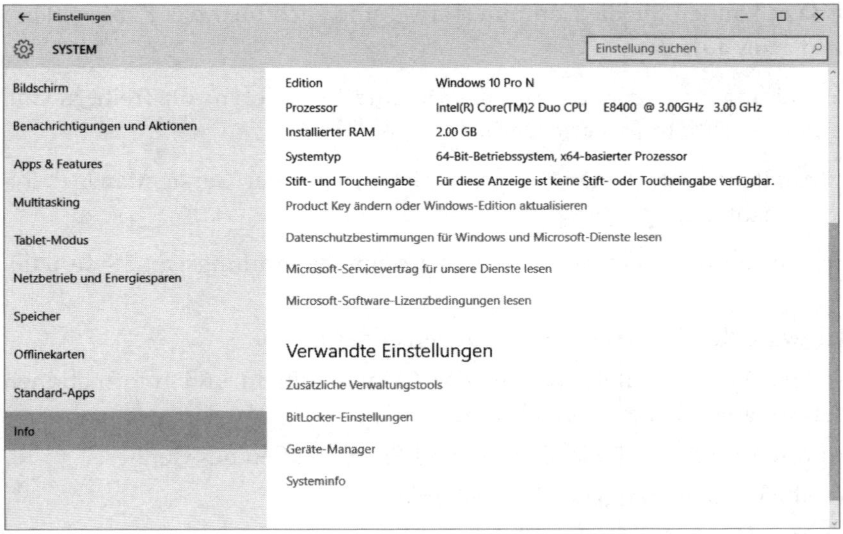

Abb. 20.6: Die Elemente im Applet *System* der Systemsteuerung

Der Geräte-Manager kann auf mehrere Arten und Weisen aufgerufen werden. Sie können beispielsweise im Menü START – EINSTELLUNGEN – SYSTEM – INFO auf den Geräte-Manager zugreifen. Wenn Sie mit der rechten Maustaste auf ein Gerät klicken und anschließend auf den Kontextmenüpunkt EIGENSCHAFTEN, sehen Sie alle relevanten Daten zu diesem Gerät.

Abb. 20.7: Der Geräte-Manager von Windows 10

Alternativ dazu können Sie die Computerverwaltung auch über das Kontextmenü des Arbeitsplatzes aufrufen.

Für die Verwaltung von Geräten sowie das De- und Installieren von Treibern sind Administratorberechtigungen erforderlich.

Nach der Installation von neuer Hardware bietet Ihnen der Geräte-Manager folgende Funktionalitäten:

- Überprüfen, ob die Hardware auf dem Computer ordnungsgemäß funktioniert.
- Die Hardware-Konfigurationseinstellungen ändern.
- Aktuell installierte Gerätetreiber für das Gerät ermitteln und Informationen über den Gerätetreiber anzeigen lassen.
- Ändern von erweiterten Einstellungen und Eigenschaften des Gerätes.
- Gerätetreiber installieren bzw. aktualisieren.
- Gerät deaktivieren, aktivieren und deinstallieren.
- Vorherige Treiberversion erneut laden und installieren.
- Gerätekonflikte identifizieren und Ressourceneinstellungen manuell konfigurieren.
- Eine Übersicht aller installierten Geräte auf Ihrem Computer ausdrucken.

Windows erkennt in der Regel das Hinzufügen neuer Hardware automatisch und versucht, einen aktuellen Treiber zu installieren (gesucht wird im System sowie bei bestehender Internetverbindung online bei Windows Update). Sollte dies nicht vollständig gelingen, müssen Sie eingreifen, indem Sie die benötigten Treiber von Hand installieren. Hier muss explizit erwähnt werden, dass viele Hersteller unterschiedliche Treiber für 32 Bit und 64 Bit anbieten. Kontrollieren Sie also vor dem Download, um welche Windows-Version es sich bei Ihnen handelt, um die bestmöglichen Treiber zu installieren.

Der Geräte-Manager von Windows 10 kennt vier verschiedene Statusanzeigen:

- OK:

  Das Gerät wird mit einem Symbol dargestellt. Keine Probleme erkannt, Gerät funktioniert ordnungsgemäß.
- Fehler mit Fragezeichen »?« in weißem Kreis:

  Windows erkennt ein physisches Gerät, kann es aber nicht einordnen und keinen passenden Treiber installieren. Um die ordnungsgemäße Funktion zu erlauben, muss ein aktueller Treiber installiert werden. Klicken Sie dazu auf TREIBER AKTUALISIEREN ... und wählen Sie einen passenden Treiber aus (auf dem mit der Hardware mitgelieferten Datenträger oder auf der Homepage des Geräteherstellers zu finden).

- Fehler mit Ausrufezeichen »!« in gelbem Dreieck:

  Das Gerät wurde zwar erkannt, aber kein passender Treiber gefunden. Damit das Gerät ordnungsgemäß funktioniert, muss ein aktueller Treiber installiert werden. Klicken Sie auf TREIBER AKTUALISIEREN ... und wählen Sie einen passenden Treiber aus (auf dem mit der Hardware mitgelieferten Datenträger oder auf der Homepage des Geräteherstellers zu finden).

- Deaktiviertes Gerät:

  Weißer Kreis mit einem Pfeil nach unten zeigend: Das Gerät ist deaktiviert. Sie können es wieder aktivieren oder deinstallieren.

Natürlich können Sie ein Gerät auf Wunsch auch manuell deaktivieren, indem Sie es mit der rechten Maustaste anklicken und DEAKTIVIEREN auswählen. Es wird dadurch im Unterschied zum Deinstallieren nicht aus dem System entfernt.

20.5.2 Treiber-Signierung

Ein wichtiges Thema, wenn es um die Installation von Geräten geht, ist auch die Signierung von Treibern. Wenn das Gerät von Windows erkannt wird, brauchen Sie sich darüber keine Gedanken zu machen, da alle im Lieferumfang von Windows enthaltenen Treiber bereits die digitale Signatur von Microsoft aufweisen. Die digitale Signatur (Treibersignierung) gibt Ihnen die Sicherheit, dass ein Treiber oder eine Datei gewisse Testkriterien erfüllt und nicht durch die Installation eines anderen Programms geändert oder überschrieben wurde.

Wenn Sie eine neue Komponente erwerben und dieses an den Computer anschließen oder einbauen wollen, vergewissern Sie sich, ob dieses Gerät Windows-tauglich ist. Meist ist dazu auf der Packung ein Windows-Logo vorhanden oder es wird explizit darauf hingewiesen, dass dieses Gerät für den Einsatz unter Microsoft Windows geeignet ist und für welche Version von Windows dies gilt.

Der Gebrauch eines nicht signierten Treibers ist prinzipiell (noch) möglich. Microsoft rät aber davon ab, da es zu unerwünschten Fehlern führen kann und die korrekte Funktionalität zusammen mit anderen Geräten nicht gewährleistet werden kann. Um einen nicht signierten Treiber zu installieren, muss in den erweiterten Optionen der Starteinstellungen der Punkt »Erzwingen der Treibersignatur deaktivieren« gewählt werden.

20.5.3 Peripheriegeräte einbinden und entfernen

Wie bereits beschrieben, erkennt Windows im Normalfall ein angehängtes Peripheriegerät automatisch und installiert die für den Betrieb benötigten Treiber. Sollte dies nicht einwandfrei funktionieren, liefert der Hersteller meist eine Treiber-CD mit oder bietet deren Download auf der Homepage an, je nach Gerät kann auch noch zusätzliche Software geladen werden.

Vergewissern Sie sich vorher, ob Sie 32-Bit- oder 64-Bit-Treiber benötigen, und laden Sie nur diejenigen Treiber, die für Ihr Betriebssystem vorgesehen sind. Im Infobereich erscheint anschließend ein Symbol mit der Anzeige »Hardware sicher entfernen und Medium auswerfen«. Bevor Sie das Gerät wieder vom Computer entfernen, sollten Sie die Hardware sicher entfernen: Rechtsklick auf das Symbol und das gewünschte Gerät anwählen. Das sichere Entfernen verhindert mögliche Datenverluste. Sie können das Gerät oder Medium auch direkt im Windows Explorer auswerfen.

20.5.4 Konfiguration der Energieoptionen

Unter Windows 10 stehen standardmäßig drei vorkonfigurierte Energieeinstellungsoptionen zur Auswahl: Ausbalanciert, Energiesparmodus und Höchstleistung. Diese findet man nicht in den Einstellungen, sondern nur in den erweiterten Energieoptionen. Je nachdem, ob es sich um einen Desktop-Rechner oder Laptop handelt, sind die Energiesparpläne etwas anders vorkonfiguriert. Diese lassen sich unter ERWEITERTE ENERGIEEINSTELLUNGEN ÄNDERN fast nach Belieben ändern und konfigurieren. Es ist jederzeit möglich, die Standardeinstellungen wiederherzustellen.

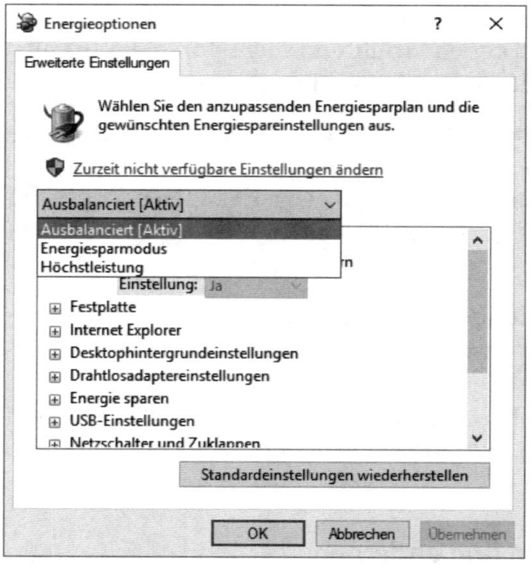

Abb. 20.8: Energieoptionen

20.6 Der Explorer

Die mit Windows 8 hinzugefügte Ribbon-Leiste, die auswahlabhängige Funktionen anzeigt, wurde auch unter Windows 10 beibehalten. Besteht Ihre Auswahl beispielsweise aus Bildern, werden Ihnen entsprechende Bildtools eingeblendet, die in diesem Fall direkt das Drehen von Bildern oder das Starten von Diashows ermöglicht.

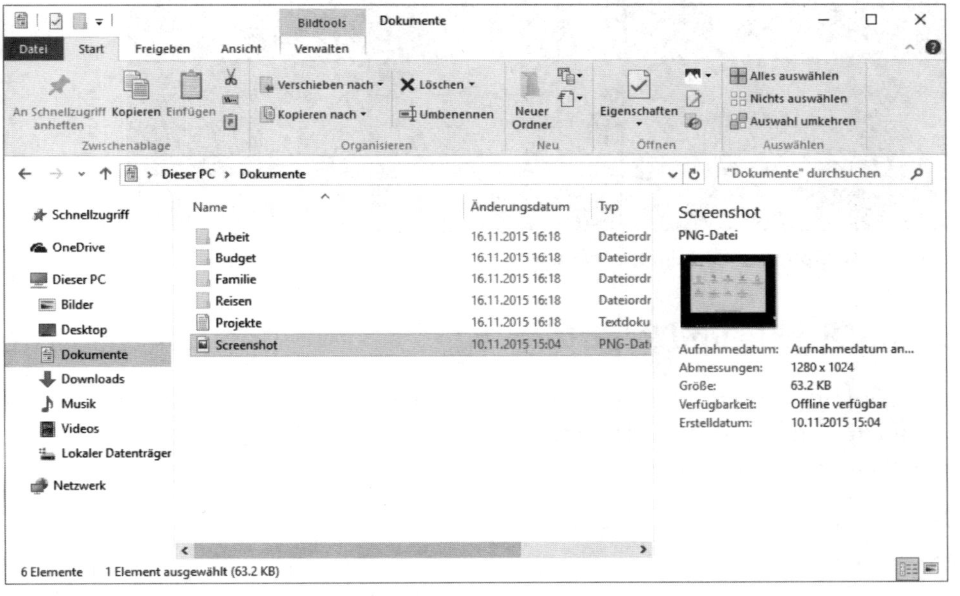

Abb. 20.9: Überarbeiteter Explorer von Windows 10

20.7 Lokales Konto oder Microsoft-Konto

In Windows Vista und Windows 7 hatte man die Möglichkeit, in der Systemsteuerung neue Benutzer mit Standard oder Administratorenrechten hinzuzufügen. Ab Windows 8 kam eine weitere Option dazu: die Anmeldung mittels Microsoft-Konto.

Für den Nutzer bringt die Anmeldung mit Microsoft-Konto Vor-, aber auch Nachteile mit sich. Erst ein Benutzerkonto mit hinterlegtem Microsoft-Konto macht es beispielsweise möglich, die Cloud-Dienste von OneDrive zu benutzen oder Apps aus dem Windows Store zu laden. Legen Sie großen Wert auf Sicherheit und Datenschutz sollten Sie sich hingegen vielleicht eher für ein lokales Konto entscheiden, welches nicht an Ihre E-Mail-Adresse geknüpft ist.

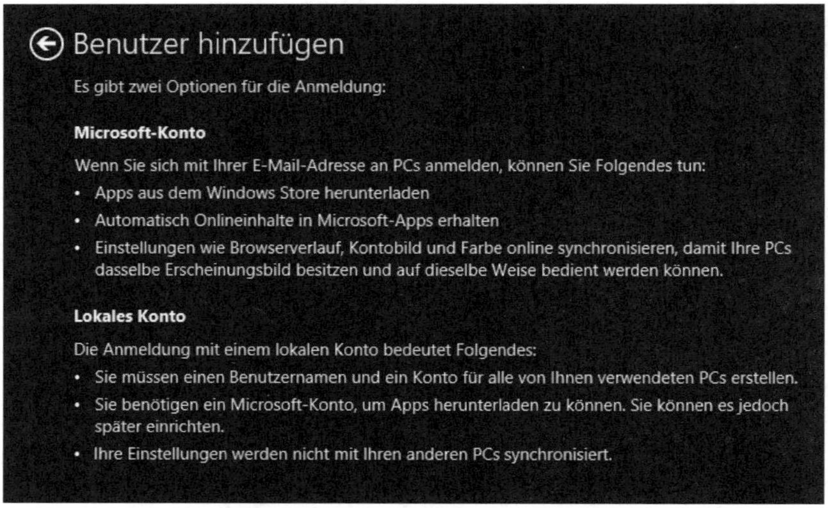

Abb. 20.10: Optionen für Benutzerkonto

20.8 Dienste und Registrierung

Die Computerverwaltungs-Konsole ist auch unter Windows 10 ein wichtiges Werkzeug zur Konfiguration Ihres Computers. Es kann den lokalen oder remote auch einen entfernten Computer verwalten.

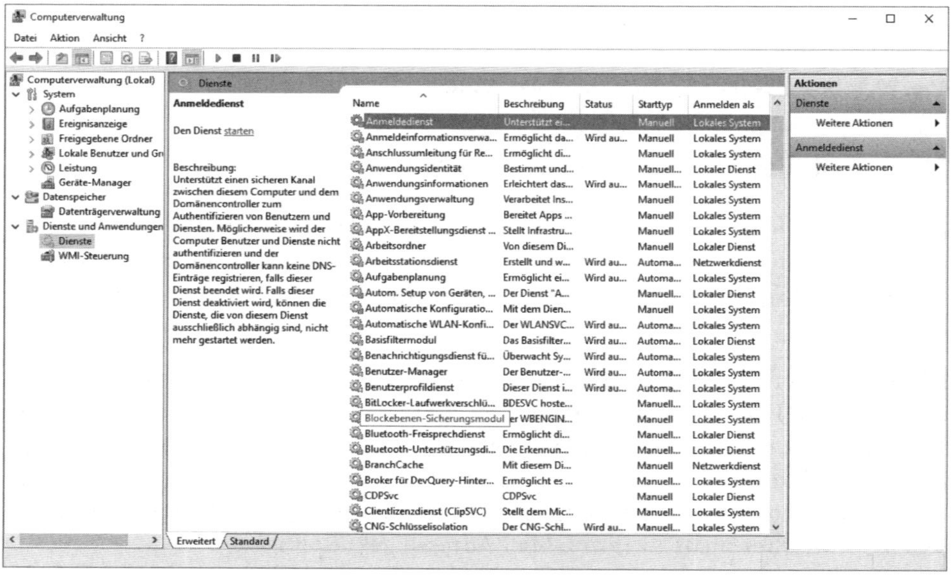

Abb. 20.11: Die Computerverwaltung

Sie können die Eigenschaften aller Dienste konfigurieren, die auf Ihrem Computer ausgeführt werden. Klicken Sie hierzu auf den Ast DIENSTE UND ANWENDUNGEN und darunter auf DIENSTE. In der rechten Fensterhälfte sehen Sie die vorhandenen Dienste und in welchem Status sie sich aktuell befinden.

Sie können Dienste anhalten, beenden oder starten und die Startoptionen festlegen. Sie können ebenfalls den Anzeigenamen ändern, um die Dienste besser identifizieren zu können.

Ein Dienst wird konfiguriert, indem Sie mit der rechten Maustaste darauf klicken und den Menüpunkt EIGENSCHAFTEN auswählen. Es erscheint eine Dialogbox mit mehreren Registern. Diese sind abhängig von der Art des Dienstes und sollten nur mit äußerster Vorsicht verwendet werden, wenn Sie genau wissen, was Sie ändern.

Die Registry beinhaltet auch unter Windows 10 die wichtigen Konfigurationsinformationen für die Hardware, Protokolleinstellungen, Gerätetreiber usw. Ebenso befinden sich Benutzereinstellungen in der Registry. Diese betreffen benutzerdefinierte Einstellungen des Systems und zusätzlich installierter Software.

Das gesamte System wird über den Inhalt der Registry gesteuert. Jede Einstellung, Veränderung oder Installation wird in der Registry festgehalten.

Die Registry überwacht das Betriebssystem folgendermaßen:

- Sie speichert die Informationen, die für das Öffnen von Komponenten wie Gerätetreibern und Netzwerkprotokollen erforderlich sind.
- Sie liefert die zum Start von Applikationen erforderlichen Informationen.
- Sie speichert die Sicherheitseinstellungen eines Rechners.

Unter anderem sind folgende Informationen in der Registry hinterlegt:

- Eine Inventarliste der installierten Hardware samt der einschlägigen Konfigurationsdaten
- Benutzerspezifische Einstellungen in Windows und in Applikationen
- Installierte Gerätetreiber pro Benutzer und insgesamt
- Sicherheitseinstellungen
- Die Konfiguration der Netzwerkprotokolle

Die Registry besteht aus mehreren Dateien:

- c:\windows\system32\config\system
- c:\windows\system32\config\software
- c:\windows\system32\config\sam
- c:\windows\system32\config\security
- c:\windows\system32\config\default

Die benutzerbezogenen Daten werden zudem in der Datei `ntuser.dat` abgelegt. Dabei wird diese Datei für jeden Benutzer einzeln angelegt, und zwar in seinem persönlichen Benutzerverzeichnis unter `C:\Dokumente und Einstellungen` bzw. bei servergespeicherten Profilen auf dem Server.

Der Registrierungseditor wird mit dem Befehl `REGEDIT.EXE` gestartet, welchen Sie über START – AUSFÜHREN eingeben können.

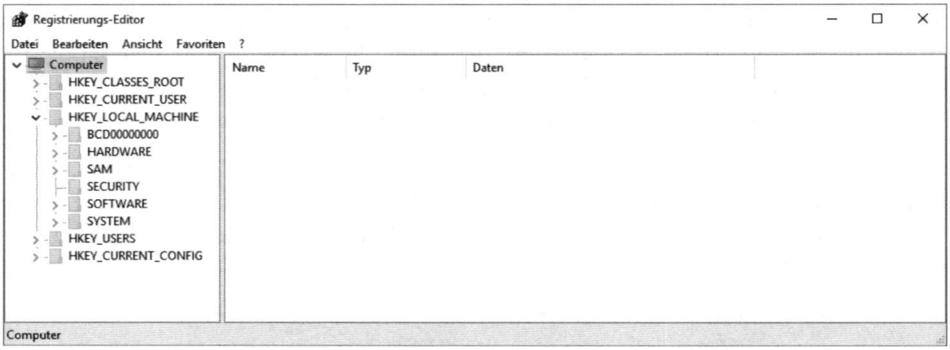

Abb. 20.12: Der Registrierungseditor REGEDIT.EXE

Der Registrierungseditor ist auch ein Fernadministrierungswerkzeug. Über den Menüpunkt DATEI – MIT NETZWERKREGISTRIERUNG VERBINDEN ... kann die Registry eines entfernten Computers bearbeitet werden (vorausgesetzt, die notwendigen Rechte stehen hierfür zur Verfügung). Ebenso kann der Inhalt der Registry ex- und importiert werden.

Grundsätzlich sollten Sie in der Registry keine Änderungen vornehmen, außer Sie wissen ganz genau, was Sie machen. Auf jeden Fall empfiehlt es sich, vor jeder Änderung eine Sicherung der Registry durchzuführen, um eventuell jederzeit wieder darauf zugreifen zu können, wenn die Änderungen unerwünschte Konsequenzen mit sich bringen. Sie können die Datei mit EXPORTIEREN sichern (beachten Sie die Selektionsmöglichkeit bei EXPORTBEREICH und wählen Sie ALLES!) und bei Bedarf mit IMPORTIEREN wiederherstellen. Beachten Sie, dass diese Datei dann mehrere Megabyte groß sein und die Sicherung bzw. der Export einige Zeit beanspruchen kann.

20.9 Der Windows-Kompatibilitätsmodus

Falls ältere Programme, die problemlos unter Windows XP, Windows Vista oder Windows 7 funktionierten, in Windows 10 Probleme bereiten, können diese im Kompatibilitätsmodus ausgeführt werden. Hierfür müssen Sie in die Eigenschaften des Programms wechseln (Rechtsklick, EIGENSCHAFTEN) und dann den Reiter

Kompatibilität aufrufen. Hier lässt sich nun einstellen, mit welchem früheren Betriebssystem das entsprechende Programm gestartet werden soll (Häkchen bei Programm im Kompatibilitätsmodus ausführen für:), z.B. Windows XP (Service Pack 3).

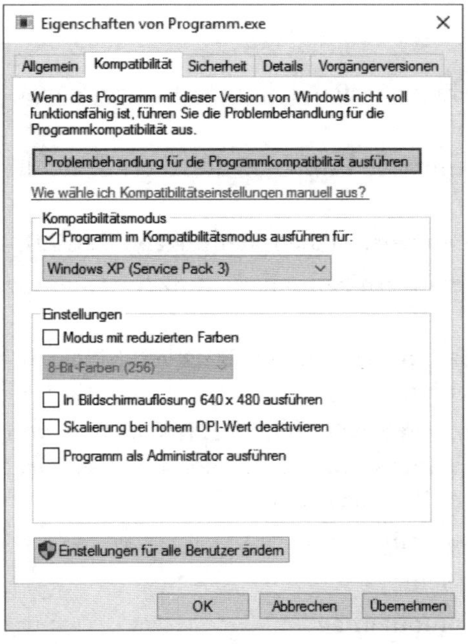

Abb. 20.13: Der Kompatibilitätsmodus in Windows 10

20.10 Fragen zu diesem Kapitel

1. Sie geben Daten unter Windows 10 frei. Sie möchten aber auch, dass die Daten jedes Benutzers vor unberechtigtem Zugriff sicher sind. Was müssen Sie dazu unternehmen? Wählen Sie zwei Antworten aus.
   A. Benutzen Sie die Verschlüsselung für den Datenordner der Benutzer.
   B. Deaktivieren Sie die schnelle Benutzerumschaltung für das Anmelden der einzelnen Benutzer.
   C. Fügen Sie in den Benutzerkonten mehrere verschiedene Benutzer hinzu.
   D. Setzen Sie als Dateisystem NTFS ein, um die Daten zu schützen.
   E. Stellen Sie die Sicherheitsstufe im Sicherheitscenter der Systemsteuerung entsprechend ein.
   F. Verweigern Sie allen Benutzern den Zugriff auf die Ordner der anderen Benutzer, indem Sie in der Systemsteuerung die Benutzerkontensteuerung auf Dateiebene aktivieren.

2. Wie heißt das Programm, das es Ihnen ermöglicht, verschiedene Snap-Ins zu laden, um das System und die Benutzer zu verwalten?
   A. Systemsteuerung
   B. Microsoft Management Console
   C. Task-Manager
   D. Benutzerkontensteuerung
3. Nennen Sie einen Grund, warum auf einem System mehrere Benutzer eingerichtet werden können.
   A. Nur bei mehreren eingerichteten Benutzern kann man die Zugriffe auf die Daten entsprechend einschränken.
   B. Nur bei mehreren eingerichteten Benutzern ist die Dateifreigabe aktiviert.
   C. Nur bei mehreren eingerichteten Benutzern kann die Benutzerverwaltung in Windows genutzt werden.
   D. Nur bei mehreren eingerichteten Benutzern können Netzwerktreiber installiert und das Internet genutzt werden.
4. Wenn Sie einen PC neu installieren, wird während der Installation von Windows 10 Professional ein Benutzername verlangt, welcher angelegt wird. Welcher Einschränkung unterliegt dieser Benutzername?
   A. Er darf nicht mehr als 8 Zeichen lang sein.
   B. Er muss mindestens 8 Zeichen lang sein.
   C. Er darf nicht gleich lauten wie der Computername.
   D. Er muss Groß- und Kleinschreibung enthalten.
5. Wie heißen die einzelnen Verwaltungsinstrumente, welche in die Verwaltungskonsole hineingeladen werden können?
   A. Tasks
   B. Applets
   C. Cookies
   D. Snap-Ins
6. Was sollte bei der Konfiguration von Benutzerkonten eingestellt werden?
   A. Allen Benutzern lokale Administratorenrechte geben.
   B. Alle Benutzer als Standard-User erfassen.
   C. Den Benutzern nur die für ihre Arbeit benötigten Rechte geben.
   D. Den Benutzern alle Rechte geben.

7. Welcher Kontotyp genügt, um die meisten Programme auf Windows 10 zu installieren?
   A. Hauptbenutzer
   B. Administrator
   C. Standard
   D. Gast
8. Eine Arbeitsgruppe von fünf PCs nutzt einen freigegebenen Drucker. Ein Benutzer meldet, dass er zwar auf Freigaben eines anderen PCs zugreifen kann, es jedoch nicht möglich ist, etwas auszudrucken, obwohl der Drucker eingeschaltet ist. Was ist der wahrscheinlichste Grund dafür?
   A. Der PC, welcher den Drucker freigibt, ist offline.
   B. Der Toner muss ausgetauscht werden.
   C. Der Drucker muss neu gestartet werden.
   D. Die Gerätetreiber sind korrupt.
9. Ein Benutzer meldet sich bei einem Techniker, weil ihm das Drucken auf einem freigegebenen Drucker nicht möglich ist, obwohl dieser eingeschaltet ist. An was könnte dies liegen?
   A. Der Providerdienst ist momentan nicht verfügbar.
   B. Der Druckserver hat keine aktive Netzwerkverbindung.
   C. Der Toner des Druckers ist fast leer.
   D. Die Druckertreiber auf dem Computer des Benutzers sind korrupt.
10. Ein Techniker möchte eine Verbindung zu einem Netzlaufwerk aufbauen. Wie wird der Pfad korrekt angegeben?
   A. \\share\servername
   B. \\benutzername\servername
   C. \\passwort\share
   D. \\servername\share

Kapitel 21

Unterhalt und Wartung für Windows

CompTIA-Prüfungsziele, die in diesem Kapitel behandelt werden:

Für das Examen 220-902

1.4 Anwenden der richtigen Microsoft-Betriebssystemfunktionen bei einem gegebenen Szenario.
- Verwaltung
- MSCONFIG
- Task-Manager
- Festplattenverwaltung
- Sonstiges
- Systemprogramme

1.7 Durchführen allgemeiner vorbeugender Wartungsverfahren mit den geeigneten Windows-Betriebssystemtools.
- Bewährte Methoden
- Tools

3.3 Vergleich und Gegenüberstellung von grundlegenden Sicherheitseinstellungen des Windows-Betriebssystems.
- Benutzer und Gruppen
- Als Administrator oder Standardbenutzer ausführen

4.1 Beheben von Problemen mit PC-Betriebssystemen mit geeigneten Werkzeugen bei einem gegebenen Szenario.
- Häufige Symptome
- Werkzeuge

In diesem Kapitel lernen Sie verschiedene Diagnosemöglichkeiten kennen, die im Betriebssystem integriert sind und mit denen Sie Probleme mit Ihrer Windows-Version oder der installierten Hardware erkennen und beheben können.

21.1 Einrichten von Benutzern

Sie können bis und mit Windows 7 unterschiedliche lokale Benutzer einrichten. Bei Windows 8 kommen hierzu noch die Möglichkeit, Microsoft-Konten einzurichten. Letztere Möglichkeit nutzt aber die MMC nicht mehr, sondern funktioniert nur noch online. Zur Einrichtung lokaler Konten gibt es zwei Werkzeuge: BENUTZER UND KENNWÖRTER in der Systemsteuerung und die Computerverwaltung.

Bevor Sie ein Konto einrichten, machen Sie sich Gedanken über den Einsatz und die Rechte, welche Sie diesem Konto geben möchten. Dabei stehen Ihnen grundsätzlich zwei Kontentypen zur Auswahl: Sie dürfen sich zwischen Standardbenutzer oder Administrator entscheiden. Letzteren Typ benötigen Sie dann, wenn der neue Benutzer das Recht haben soll, Software zu installieren oder selber Benutzer zu verwalten oder Einstellungen zu verändern. Auch für die Verwaltung von Geräten sowie das De- und Installieren von Treibern sind Administratorberechtigungen erforderlich.

Für die täglichen Arbeiten sind dagegen die Standardberechtigungen völlig ausreichend. Der Vorteil des Einrichtens von Standardkonten besteht darin, dass diese Benutzer Ihnen nicht »aus Versehen« etwas am System verändern können.

Ein integriertes, wenn auch von Haus deaktiviertes Konto ist zudem das »Gast«-Konto. Dieses wird grundsätzlich bei der Installation von Windows angelegt, aber von Windows deaktiviert. Aktivieren Sie es, kann der Benutzer sich ohne ein Kennwort am System anmelden (Kennwort setzen nicht möglich). Dieses Konto bietet eine bequeme Möglichkeit für Besucher, sich schnell anzumelden, um auf E-Mail oder Internet zuzugreifen, Dokumente zu verfassen und zu drucken oder ähnliche Aktionen durchzuführen. Darüber hinaus verfügt dieses Konto aber über keinerlei Rechte.

21.1.1 Benutzerkonten einrichten

Benutzerkonten können Sie über die Systemsteuerung einrichten – allerdings fehlen Ihnen dort zahlreiche Einstellungen. Präziser geht es, wenn Sie über die Verwaltung die Computerverwaltung aufrufen und dort den Eintrag LOKALE BENUTZER UND GRUPPEN aufrufen. Wir schauen uns dies anhand von Windows 7 in einer lokalen Umgebung einmal genauer an.

Wenn Sie auf das Applet BENUTZERKONTEN doppelklicken, erscheint folgende Dialogbox:

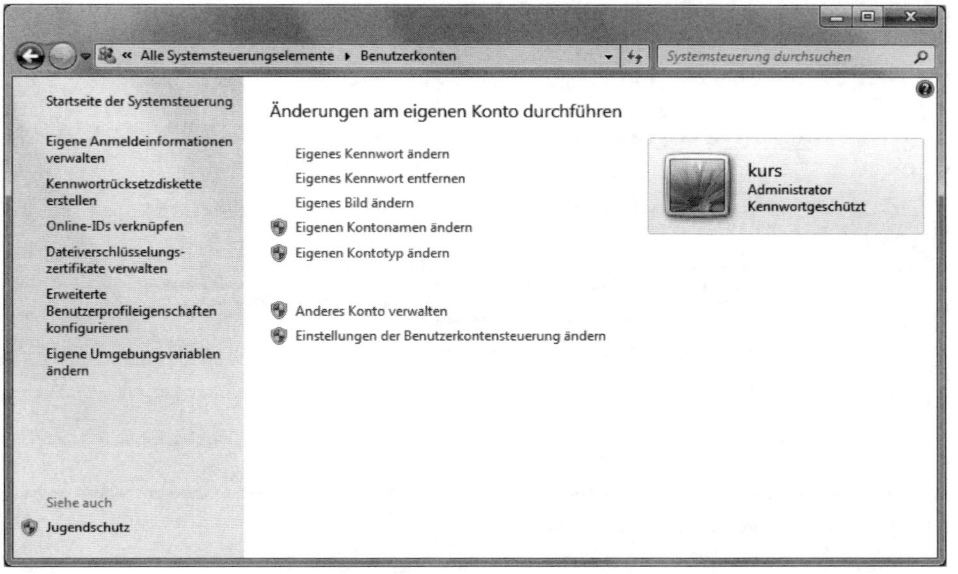

Abb. 21.1: Übersicht über die Benutzerkonten

Klicken Sie jetzt auf den Befehl ANDERES KONTO VERWALTEN, damit Sie neue Konten hinzufügen können.

Abb. 21.2: Konten hinzufügen

Erst jetzt finden Sie den Befehl NEUES KONTO ERSTELLEN und können durch dessen Auswahl ein neues Konto wie folgt eröffnen:

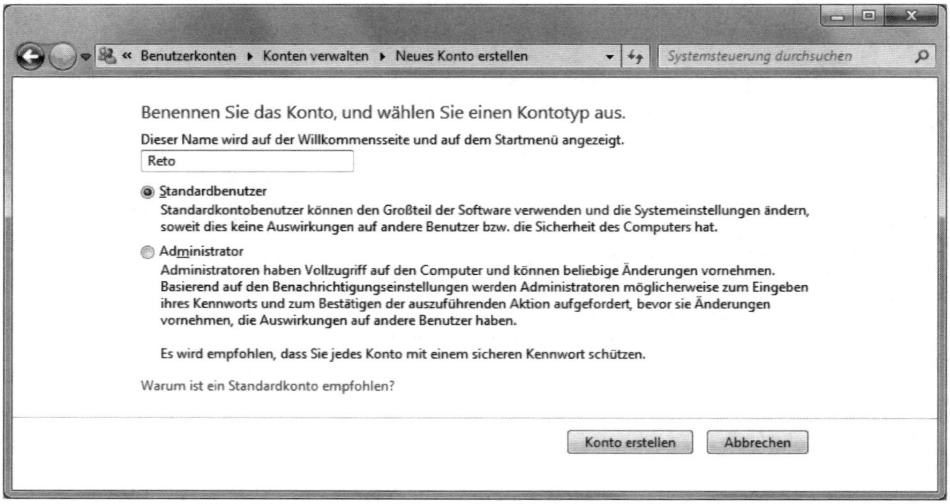

Abb. 21.3: Auswahl von Standardbenutzer oder Administrator

Die Auswahlmöglichkeiten sind nicht gerade groß: Standardbenutzer oder Administrator können Sie auswählen. Letzteres benötigen Sie dann, wenn der neue Benutzer das Recht haben soll, Software zu installieren oder selber Benutzer zu verwalten, Geräte zu installieren oder Einstellungen zu verändern.

21.1.2 Benutzerverwaltung über die Verwaltung

Wenn Sie die COMPUTERVERWALTUNG in der Verwaltung starten, erscheint ein Snap-In, über das Sie die lokalen Benutzer und Gruppen verwalten können. Hier jetzt im Unterschied zu vorigem Beispiel eine Ansicht von Windows XP:

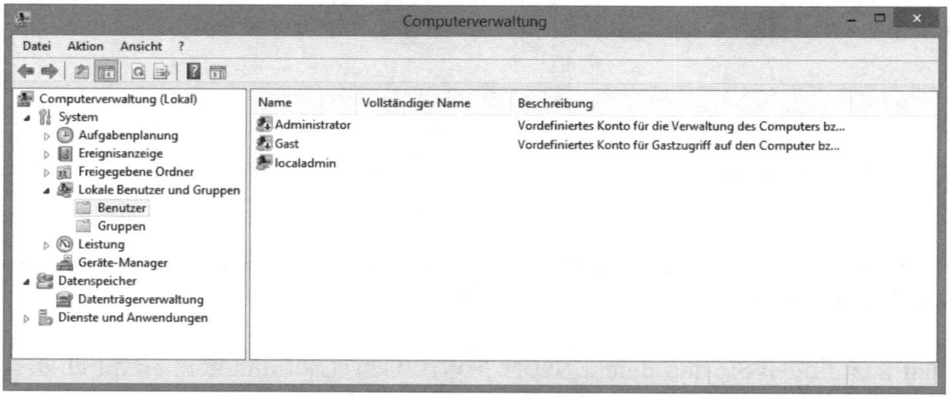

Abb. 21.4: Verwaltung lokaler Benutzer und Gruppen

Die Eigenschaften eines Benutzers lassen sich über drei Register steuern. Das Register ALLGEMEIN erlaubt dabei folgende Einstellungen: die Angabe des vollständigen Namens, eine Beschreibung dazu sowie Angaben zur Handhabung des Passwortes, ob es vom Benutzer geändert werden muss bzw. ob er es überhaupt ändern kann, ob das Passwort ein Ablaufdatum hat, und zu guter Letzt kann das Konto über dieses Register auch deaktiviert oder gesperrt werden.

Das Register MITGLIEDSCHAFT definiert die Gruppenzugehörigkeit. Im Register PROFIL können weitere Profilparameter definiert werden, auf welche Sie über die Systemsteuerung keinen Zugriff haben.

Die Standardrichtlinien zu den Kontenangaben sind in der lokalen Sicherheitsrichtlinie abgelegt, z.B. die Komplexitätsanforderung an ein Passwort.

21.2 Freigabe von Ordnern

Eine spezielle Rolle nehmen im Netzwerk die Daten ein. Sie können nicht nur durch Benutzerrechte geschützt werden, sondern enthalten zumeist auch noch weitergehende Rechte, welche im Dateisystem selber implementiert sind.

Die grundlegende Möglichkeit, Daten freizugeben, ist die allgemeine Freigabe, der »Share«. Dieser wird vom Betriebssystem verwaltet und lässt die Möglichkeit zu, dass andere Benutzer auf die Daten des lokalen Rechners zugreifen können. Unter Windows nennt sich dies »Freigabe«, und sie wird in den Eigenschaften einer Datei oder eines Ordners angegeben.

Ein Dateisystem legt fest, wie Dateien und Ordner verwaltet, gespeichert und organisiert werden. Sie legen das Dateisystem fest, indem Sie den Datenträger formatieren und die entsprechende Auswahl dabei treffen. Die Verwaltung von Rechten über das Dateisystem geht wesentlich weiter als die Freigabe und ermöglicht es daher auch, detaillierte Rechte einzurichten.

Windows-Systeme arbeiten mit NTFS als Dateisystem. Um Dateien und Ordner auf NTFS-Partitionen zu sichern, können Sie über NTFS-Rechte jedem Benutzer- und Gruppenkonto explizite Zugriffsrechte erteilen oder entziehen.

Erhält ein Benutzer oder eine Gruppe keine expliziten Zugriffsrechte, können die Benutzer diese Ressource nicht verwenden. NTFS bietet ein Sicherheitssystem, mit dem der Benutzer Zugriffsrechte auf individuelle Dateien und Ordner in unterschiedlichen Ebenen erhält.

Benutzern müssen explizit Rechte einer Ressource zugewiesen werden, bevor sie darauf zugreifen können. Sie können Benutzer- oder Gruppenrechte erteilen.

Es gelten folgende Richtlinien:

- Administratoren, Ersteller-Besitzer und Benutzer mit Vollzugriff können Rechte auf Dateien und Ordner vergeben.
- Gehört ein Benutzer mehreren Gruppen an, so addieren sich die Rechte aus allen Gruppenrechten.
- Aber: Gehört ein Benutzer mehreren Gruppen an und wird einer dieser Gruppen der Zugriff auf eine Ressource entzogen, so hat dieser Benutzer auch dann keine Zugriffsrechte mehr, wenn er durch die Mitgliedschaft in anderen Gruppen die Rechte noch wahrnehmen könnte.

Normalerweise haben Dateien in einem Ordner die gleichen Rechte wie der Ordner, in dem sie sich befinden; in Einzelfällen kann es möglich sein, Dateien andere Rechte zu erteilen.

Das gesamte Konzept funktioniert aber nur bei einer NTFS-Partition; FAT- und FAT32-Partitionen verfügen nicht über diese Eigenschaft.

Sie können Benutzern oder Gruppen Berechtigungen zuweisen. Wenn Sie einem Benutzer Rechte zuweisen und ebenso einer Gruppe, deren Mitglied er ist, spricht man von mehrfachen Berechtigungen, ebenso wenn eine Benutzerin Mitglied mehrerer Gruppen ist. Dies ist nach Möglichkeit zu verhindern, um die Transparenz zu wahren.

Merken Sie sich folgende Eigenschaften bei mehrfachen Berechtigungen:

- **Berechtigungen sind kumulativ**: Die endgültigen Rechte für einen Benutzer bestehen aus der Summe der Benutzer- und Gruppenrechte. Hat der Benutzer Leserechte und gehört er einer Gruppe mit Lese- und Schreibrechten an, so hat er Lese- und Schreibrechte.
- **NTFS-Dateirechte stehen über NTFS-Ordnerrechten**: Wenn ein Benutzer Änderungsrechte auf eine Datei besitzt, so bleiben diese bestehen, auch wenn er nur Leserechte auf den Ordner besitzt, der diese Datei enthält.
- **Zugriff verweigern hat höchste Priorität**: Unabhängig von anderen Gruppen- oder Benutzerrechte wird eine Berechtigung entzogen, wenn der Zugriff verweigert wird.

Sie sollten folgende Richtlinien bei der Zuordnung von Berechtigungen befolgen:

- Weisen Sie Rechte möglichst nur Gruppen und nicht individuellen Benutzern zu. Dadurch haben Sie weniger Arbeit beim Mutieren von Benutzern.
- Weisen Sie nur die gerade notwendigen Berechtigungen zu (Least Privilege).
- Ordnern mit Anwendungen sollte für Benutzer und Administratoren nur die Berechtigung »Lesen, Ausführen« zugewiesen werden. Dadurch verhindern Sie unbeabsichtigtes Löschen von Dateien und Virenbefall.
- Verweigern Sie den Zugriff nur in speziell vorgesehenen Fällen.

Wenn Sie Dateien, die mit speziellen Rechten versehen sind, in einen anderen Ordner kopieren oder verschieben, ändern sich möglicherweise die Rechte der Datei während des Transfers. Es gelten nachfolgende Bedingungen:

- Im Falle des Kopierens einer Datei in einen Ordner der gleichen Partition übernimmt die Datei die Attribute des Zielordners.
- Im Falle des Verschiebens einer Datei in einen Ordner der gleichen Partition nimmt die Datei ihre Attribute in den Zielordner mit.
- Im Falle von Kopieren oder Verschieben einer Datei in einen Ordner auf einer anderen NTFS-Partition übernimmt die Datei die Attribute des Zielordners.
- Im Falle des Kopierens oder Verschiebens einer Datei in einen Ordner auf einer anderen Nicht-NTFS-Partition gehen alle Rechte verloren.

Die Freigabe von Ordnern kann ebenfalls im selben Snap-In erledigt werden. Natürlich können Sie mit dem rechten Mausklick im Explorer über den Kontextmenüpunkt FREIGABE ... eine Freigabe einrichten. Es geht aber eben auch zentral in der Computerverwaltung. Hierzu wählen Sie das entsprechende Snap-In aus dem Verwaltungsordner in der Systemsteuerung.

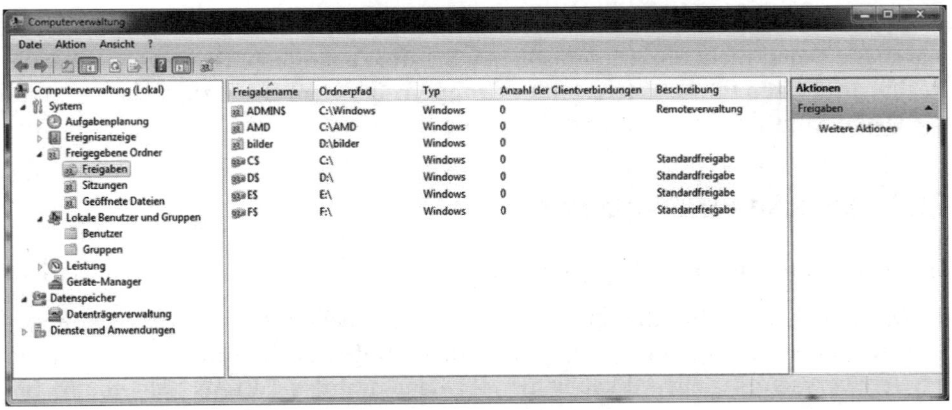

Abb. 21.5: Zentrale Ordnerfreigabe

Es wird ein Assistent zur Erstellung von Ordnerfreigaben gestartet, der Ihnen im letzten Schritt die Möglichkeit gibt, die Freigabeberechtigungen festzulegen.

Wenn Sie über die Netzwerkumgebung auf eine Arbeitsstation einer Arbeitsgruppe mit Windows Vista Business/Windows 7 Pro/Windows 8 Pro zugreifen, müssen Sie sich als Benutzer dieser Station lokal anmelden, damit für Sie die festgelegten Freigaberechte gelten. Wenn Sie in der Netzwerkumgebung auf eine Arbeitsstation klicken und nicht aufgefordert werden, einen Benutzernamen sowie Kennwort einzugeben, so haben Sie sich (zufälligerweise) unter dem gleichen Benutzer angemeldet, unter dem Sie bei Ihrer eigenen Arbeitsstation angemeldet waren. Es kann dann sein, dass die erteilten Freigaberechte nicht für Sie gelten.

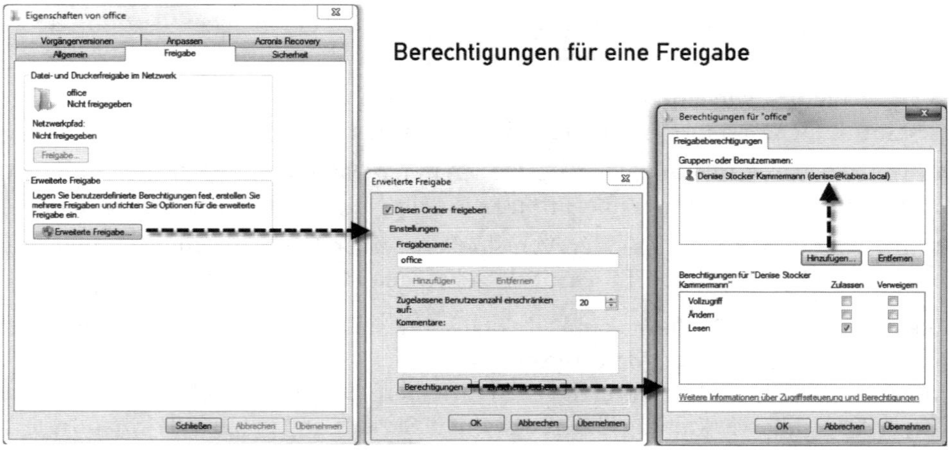

Abb. 21.6: Freigaben mit Berechtigungen einrichten

Richten Sie Freigaben immer mit Benutzernamen und sicherem Passwort ein und lassen Sie Daten nicht ohne einen solchen Schutz zugänglich. Dazu weisen Sie die Rechte am besten immer bestimmten Gruppen oder Benutzern zu, sodass nur auf die Daten Zugriff erhält, wer dazu berechtigt ist.

21.3 Drucken im Netzwerk

Drucker können unter zwei Umständen im Netzwerk gemeinsam genutzt werden:

- Der Drucker verfügt über eine Netzwerkschnittstelle und kann direkt von verschiedenen Clients aus adressiert werden. Dabei ist es unerheblich, ob die Netzwerkschnittstelle verkabelt (RJ-45) oder drahtlos (WLAN, Bluetooth, IR) vorhanden ist. Selbst als Hotspot für drahtlosen Direktdruck gibt es mittlerweile Schnittstellen direkt in den Geräten (z.B. Canon, HP).
- Der Drucker wird lokal installiert und dann freigegeben (Freigabe ähnlich wie bei den Ordnern, »printer share«). Hierbei kann es sich um einen parallelen, USB oder gar (sehr alt) seriellen Anschluss handeln.

In beiden Fällen benötigen Sie für alle betroffenen Clients die entsprechenden Treiber, welche lokal installiert werden. In jedem Fall gilt: Befolgen Sie die Angaben des jeweiligen Herstellers genau.

Falls die Treiberinstallation manuell erfolgen soll, gehen Sie über die *Systemsteuerung* zu *Geräte und Drucker* und klicken dort auf *Hinzufügen eines neuen Druckers.*

Ein Assistent führt jetzt durch die Installation. Die erste Entscheidung ist, ob es sich um einen lokalen oder um einen Netzwerkdrucker handelt. Das etwas Unlogische dabei: Unser Netzwerkdrucker ist ein lokaler Drucker!

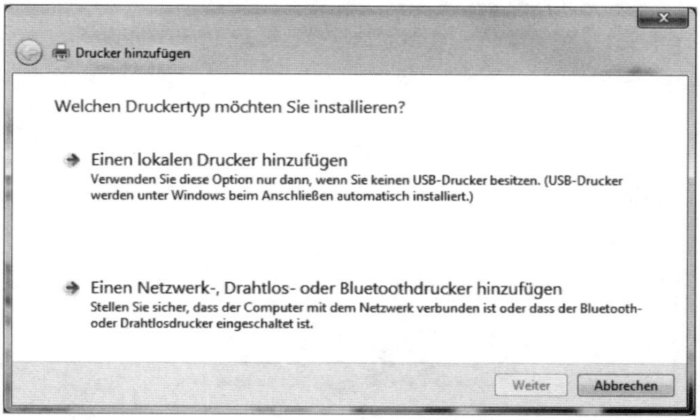

Abb. 21.7: Druckerinstallation unter Windows 7

Wie kommt dies? Unter »Lokaler Drucker« werden alle Drucker installiert, welche direkt angesprochen werden. Das Netzwerk bzw. die IP-Adresse ist in diesem Fall lediglich ein anderer Anschluss als LPT1 oder USBDOT4.

Als »Netzwerkdrucker« wird in diesem Dialog lediglich ein Drucker angesprochen, der bereits im Netzwerk installiert und freigegeben ist. Hier können wir lediglich nach installierten Druckern suchen, keine eigenen installieren.

Als Nächstes müssen wir den Anschluss auswählen. Die auf dem Computer bereits installierten lokalen Anschlüsse (z.B. LPT, COM, USB) werden angezeigt. Wir müssen einen neuen Anschluss erstellen, und zwar einen *Standard TCP/IP-Port*.

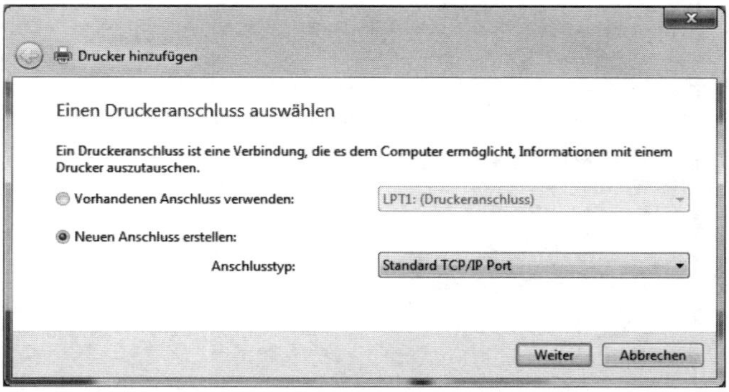

Abb. 21.8: Neuen Druckerport installieren

Anschließend fragt der Assistent nach der Adresse, in unserem Fall nach 192.168.15.44, die wir jetzt eingeben, wie im folgenden Bild dargestellt:

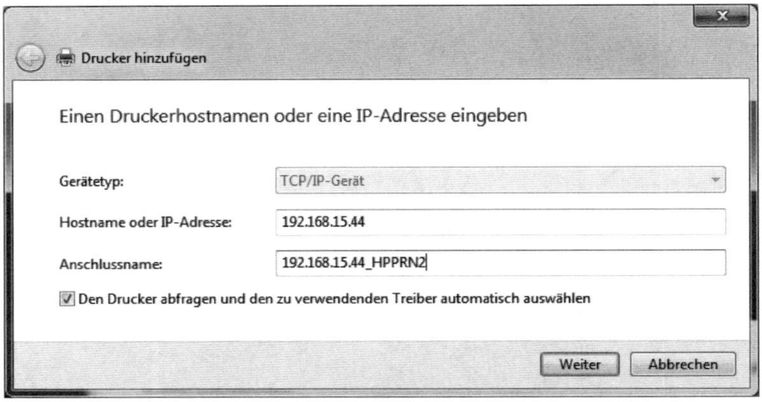

Abb. 21.9: IP-Adresse angeben

Über diesen Anschluss wird der Assistent anschließend den Drucker suchen und ansprechen sowie die dazugehörigen Treiber installieren. Passen Sie also genau auf, dass die Adresse auch richtig eingegeben ist.

Bei einer Unklarheit (Drucker offline, Treiber nicht bekannt) wird Ihnen das Druckertreiberfeld eingeblendet.

Mit diesem können Sie jetzt den korrekten Treiber manuell hinzufügen oder über Windows Update aktualisierte Treiber von Microsoft suchen und zuordnen lassen.

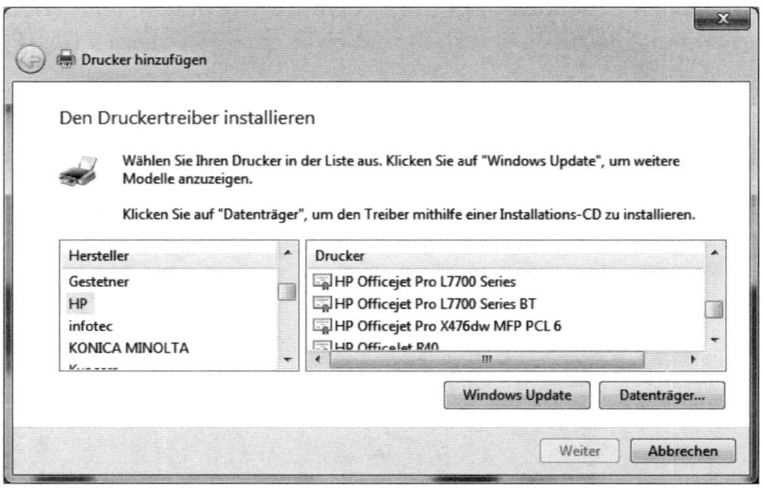

Abb. 21.10: Treiber hinzufügen

Worauf Sie hierbei achten müssen: Verwenden Sie für Windows 7 auch wirklich Windows 7-Treiber. Und beachten Sie hierbei insbesondere, ob Sie eine 32-Bit-Version oder eine 64-Bit-Version von Windows 7 einsetzen, denn die Gerätetreiber müssen dies unterstützen. Das sehen Sie auch auf den Herstellerseiten wie hier bei Canon deutlich:

Abb. 21.11: Treiber: 32 Bit oder 64 Bit – das ist hier die Frage.

Nach der Festlegung des Druckernamens kommen Sie jetzt zum Punkt, an welchem Sie den Drucker freigeben können. Dabei legen Sie den Freigabenamen (printershare) fest, unter welchem der Drucker aufgerufen werden kann. Zudem können Sie weitere Informationen wie den Standort oder Kommentare ergänzen, damit der Drucker möglichst effizient genutzt werden kann.

Im Fall der nachstehenden Grafik wird der Drucker als `\\PCNAME\OKI531DN` im Netzwerk freigegeben (oder auch `\\IPADRESSE\OKI531DN`) und ist gemäß Kommentar als Farbiges Druckgerät für Office-Dokumente eingerichtet.

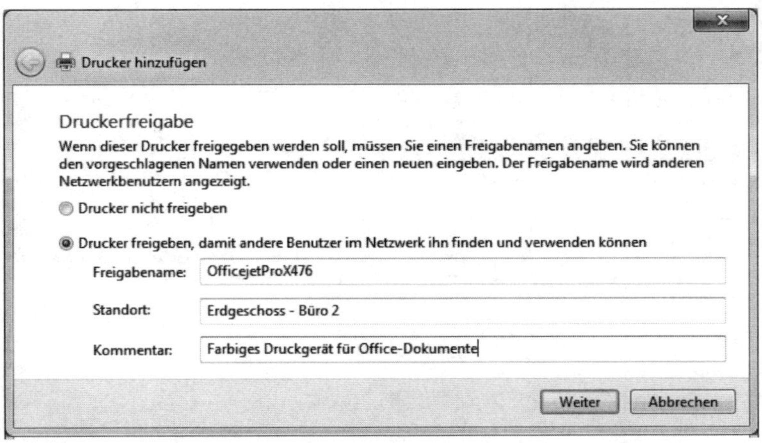

Abb. 21.12: Freigabename und Kommentar

Nach der Einrichtung der Druckerfreigabe richtet Windows eine Druckerwarteschlange ein, über welche die Druckaufträge an den freigegebenen Drucker abgewickelt werden.

21.4 Die Windows-Systeminformation

Das Programm Systeminformation befindet sich im Startmenü unter ALLE PROGRAMME, ZUBEHÖR, SYSTEMPROGRAMME.

Die Systeminformation kann dazu eingesetzt werden, die unterschiedlichsten Informationen über das System abzurufen, z.B. über die installierte Hardware oder über die installierten Treiber.

Mit dem Programm Systeminformation können Systemprobleme erkannt und gelöst werden. Hat der Benutzer beispielsweise Probleme mit der Bildschirmdarstellung, setzt man die Systeminformation dazu ein, den Typ der Grafikkarte und der geladenen Videotreiber zu bestimmen.

Die Systeminformation bezieht ihre Informationen aus der Registry (der Registrierdatenbank von Windows) und nicht aus dem Betriebssystem. Dazu zählen Informationen, welche aus Dynamic Link Libraries (DLLs) und Software-Programmen geladen wurden.

21.4.1 Beschreibung der Systeminformation

Die Systeminformation (msinfo32) zeigt eine zusammengefasste Information für die aktuelle Hardware-, Systemkomponenten- und Software-Umgebung an. Der linke Bereich gibt verschiedene Kategorien von Informationen wieder: Hardware-Ressourcen, Komponenten, Software-Umgebung und zudem optional auch Internet- oder Office-Einstellungen.

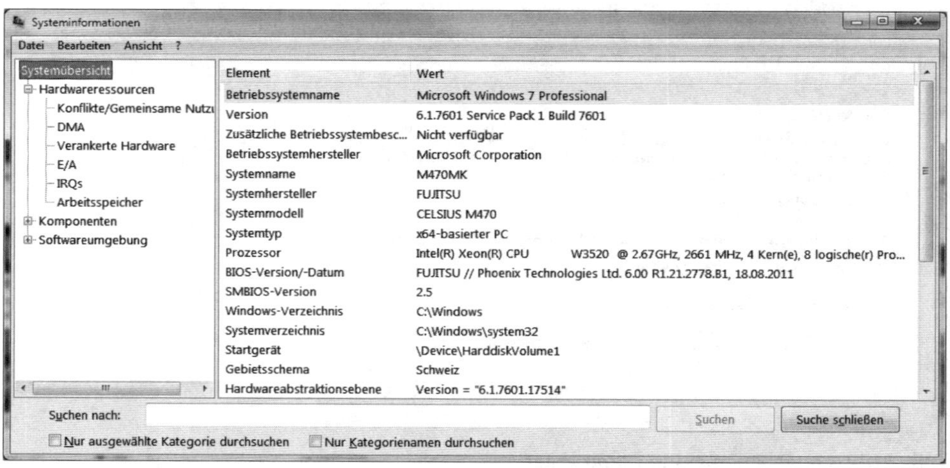

Abb. 21.13: Die Systeminfo zu Hardware und Komponenten

Hardware-Ressourcen: zeigt hardwarespezifische Einstellungen wie DMA, IRQs und I/O-Adressen an.

Komponenten: informiert über die aktuelle Windows-Konfiguration, einschließlich des Status der Gerätetreiber und Netzwerkkomponenten.

Software-Umgebung: beinhaltet Informationen über gerade in den Speicher geladene Software, einschließlich der Versionsinformationen, und ob gerade ein Arbeitsvorgang abläuft.

Interneteinstellungen: beinhaltet Informationen über die installierten und aktiven Komponenten des Internet Explorers.

Weitere: Je nach installierter Software können weitere Kategorien erscheinen wie im abgebildeten Beispiel »Office-2003-Anwendungen«.

Seit Windows Vista und Windows 7 finden Sie diese Diagnosemöglichkeiten dort, wo sie meist gebraucht werden.

- Netzwerkdiagnose ist im Netzwerk- und Freigabecenter unter Diagnose und Reparatur zu finden.
- Die Systemwiederherstellung findet sich unter Sichern und Wiederherstellen.
- Die DATEISIGNATURBESTÄTIGUNG kann über `sfc.exe` aufgerufen werden.
- Das DirectX-Diagnoseprogramm kann über `dxdiag.exe` aufgerufen werden
- Das Programm »Dr. Watson« wurde zu »Problemberichte und -lösungen«.

21.4.2 Systemkonfigurationsprogramm

Das Utility »Systemkonfigurationsprogramm« (kurz `msconfig`) bietet eine grafische Benutzeroberfläche, mit der sich die Startumgebung von Windows einrichten und überprüfen lässt. Mit der Systemkonfiguration lassen sich Systemdateien sichern und bearbeiten, und der Programmstart kann über Kontrollkästchen gesteuert und von Fehlern bereinigt werden.

Das Programm, welches über START – AUSFÜHREN gestartet werden kann, heißt `MSCONFIG.EXE`.

Mit der Systemkonfiguration lässt sich der Startvorgang über eine der drei Optionen des Registers ALLGEMEIN steuern.

Normaler Start: lädt alle Treiber und Software.

Diagnosesystemstart: schafft eine saubere Umgebung für die Fehlerbehebung, indem es das Windows-Startmenü bei einem Neustart des Rechners im Kommandozeilenformat anzeigt. Mit der Bestätigung SCHRITTWEISES AUSFÜHREN aus den Menüoptionen können die jeweils aufzurufenden Dateien einzeln bestimmt werden.

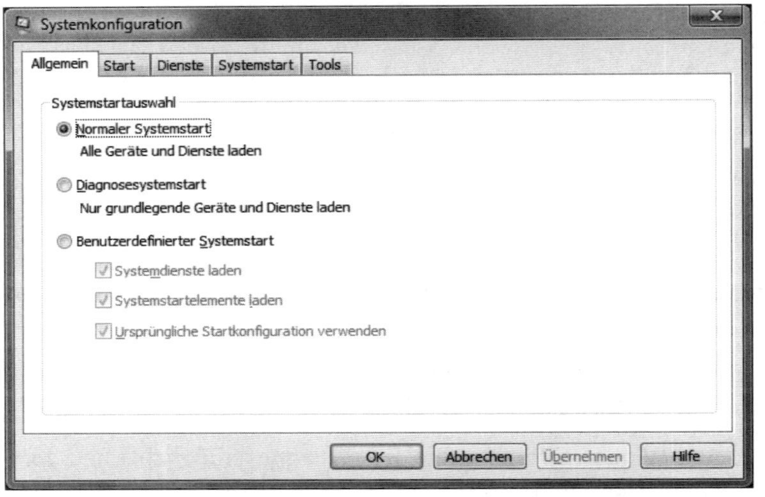

Abb. 21.14: Die Systemkonfiguration von Windows 7

Benutzerdefinierter Systemstart: aktiviert und deaktiviert einzelne Startdateien über Kontrollkästchen.

Treten Fehler beim Hochfahren des Systems auf, stellt man mit den Startmöglichkeiten DIAGNOSESYSTEMSTART oder BENUTZERDEFINIERTER START fest, welche Datei das Problem hervorruft. Mit der Systemkonfiguration lassen sich die Startdateien und die Dateien des Autostartmenüs so bearbeiten, dass man den speziellen Treiber oder die Software herausfindet, die den Start stören.

Auch die Einträge in RUN (Ausführen bei Systemstart) oder RUN Once (nur beim nächsten Systemstart ausführen) können über `msconfig` überwacht und gegebenenfalls auch deaktiviert werden.

Störende Hintergrundprozesse können ebenfalls in `msconfig` konfiguriert oder aber über den Taskmanager bzw. das CLI-Kommando `rundll32.exe advapi32.dll,ProcessIdleTask` sofort beendet werden.

Nach solchen Änderungen in `msconfig` muss das System jeweils neu gestartet werden, um die Änderungen zu übernehmen.

21.4.3 DxDiag

Falls Sie spezifisch nach Problemen in Zusammenhang mit der Grafikausgabe suchen, kann das Programm DxDiag, ebenfalls ein Systemtool von Windows, dabei weiterhelfen. DxDiag überprüft die Direct-X-Funktionalität sowie bild- und tonübertragende Treiber und Funktionen. Das Ergebnis der Überprüfung wird im Programm selber angezeigt und kann zudem als Textdatei gespeichert werden.

Während übrigens das Programm DxDiag unter Windows XP noch aktive Überprüfungen am System durchgeführt hat, dient es unter Windows Vista und Windows 7 lediglich als Informationsanzeige.

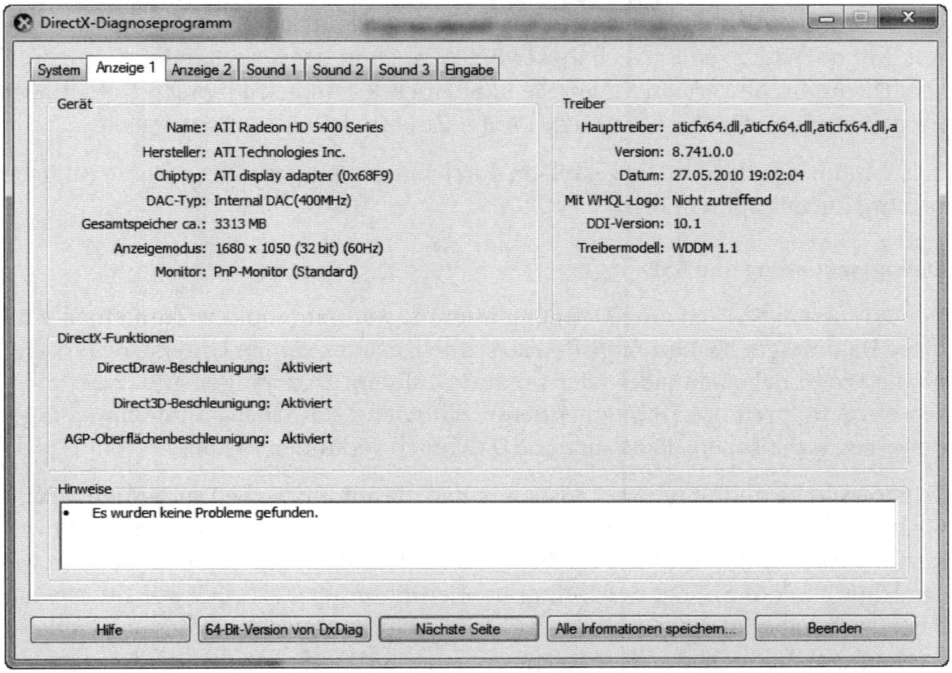

Abb. 21.15: Die Anzeigeeigenschaften, welche DxDiag liefert (Windows 7)

21.5 Wartungsaufgaben

Nicht nur die Hardware, auch das Betriebssystem benötigt in regelmäßigen Abständen eine Wartung. Wenn wir von Windows sprechen, gehören hierzu die regelmäßige Pflege der Festplatte durch Defragmentierung, das Löschen nicht mehr benötigter Daten und Programme, aber auch die Aktualisierung des Systems durch Windows Update und ggf. aktuelle Treiber des Systemherstellers.

21.5.1 Defragmentierung

Unter Fragmentierung versteht man den Effekt, dass zusammenhängende Dateien nicht am Stück, sondern verstreut auf der ganzen Festplatte verteilt gespeichert werden. Dies erfolgt immer dann, wenn auf einer Festplatte über einen längeren Zeitraum Dateien angelegt, gelöscht, geändert, kopiert und verschoben werden.

Die Schreib- und Leseköpfe einer Festplatte müssen zwischen den verschiedenen Dateifragmenten hin und her springen, das kostet viel Zeit und äußert sich in einer geringeren Datentransferrate.

Mit dem Programm Defragmentierung können Sie die einzelnen Dateifragmente wieder zusammenführen und zusammenhängend auf der Festplatte positionieren. Mit `defrag.exe` lässt sich dieser Befehl auch in der Kommandozeile ausführen. Die grafische Version finden Sie über einen Rechtklick auf einen Datenträger im Arbeitsplatz oder im STARTMENÜ unter ZUBEHÖR-DIENSTPROGRAMME.

Seit Windows Vista wird die Festplatte durch eine voreingestellte geplante Aufgabe regelmäßig defragmentiert.

Defragmentierung und SSD

Bei den neuen SSD ist eine Defragmentierung kontraproduktiv. Zum einen sind diese Datenträger bei den Zugriffen so schnell, dass es keinen Unterschied macht, ob die Daten nebeneinander oder verstreut auf dem Datenträger sind, zum anderen werden durch das Defragmentieren zahlreiche zusätzliche Schreibzyklen generiert, was die Lebensdauer einer SSD deutlich verkürzen kann.

Windows Vista und Windows 7 Vista schalten die automatische Defragmentierung auch bei Einsatz einer SSD nicht aus. Um die Lebensdauer nicht unnötig zu verkürzen, empfiehlt es sich daher, diese manuell zu deaktivieren. Dies können Sie erreichen, indem Sie bei der Defragmentierung unter ZEITPLAN KONFIGURIEREN das Häkchen bei AUSFÜHRUNG NACH ZEITPLAN (EMPFOHLEN) entfernen. Windows 7 erkennt nicht direkt das Vorhandensein einer SSD, schaltet aber die Defragmentierung bei einem Windows-Leistungsindex ab 6.4 automatisch ab. Da der Windows-Leistungsindex kontinuierlich an die aktuellsten auf dem Markt verfügbaren Systemkomponenten angepasst wird, ist dies aber kein zuverlässiger Wert. Aus diesem Grund ist es empfehlenswert, die Defragmentierung wie oben erwähnt manuell zu deaktivieren.

21.5.2 Die Datenträgerverwaltung

Das Verwalten von Datenträgern ist für die Einrichtung von Festplatten zentral. Sie können unterschiedliche Arten von Einteilungen (Partitionen) erstellen, und je nach Anforderung des Systems ist dies auch nötig.

Grundsätzlich benötigen Sie mindestens eine primäre Partition. Wenn Sie Windows auf ein neues Laufwerk installieren, wird Ihnen das Setup-Programm vorschlagen, die gefundene Festplatte entsprechend als Ganzes als primäre Partition zu formatieren. Falls Sie nur ein Betriebssystem installieren möchten, ist dies die richtige Wahl. Große Platten können Sie natürlich auch teilen. Sie können aber maximal drei primäre und eine erweiterte Partition anlegen oder vier primäre – mehr geht nicht (unter MBR). Von daher ist beim Wunsch nach mehr Partitionen die »erweiterte« Partition von Bedeutung. In dieser Partition können Sie anschließend so viele logische Laufwerke erstellen und mit Laufwerkszuordnungen versehen, wie Sie möchten – bzw. wie Sie noch zuteilbare Laufwerksbuchstaben von »c:« bis »z:« zur Verfügung haben. Allerdings kann von einer erweiterten Partition aus nicht gebootet werden – Sie benötigen also mindestens eine primäre Partition, welche Sie zum Starten aktivieren können – danach sind Sie frei.

Wie gesagt erlaubt das Setup von Windows Vista/7 das Erstellen von Partitionen, auch wenn das Setup die ersten drei Partitionen automatisch als primäre Partition anlegt und die vierte dann ebenso automatisch als erweiterte Partition. Darüber hinaus möchten Sie vielleicht aber auch nach der Installation weitere Festplatten hinzufügen oder die Partitionierung verändern; dazu dient die Datenträgerverwaltung – jedenfalls teilweise.

Mit der Datenträgerverwaltung können Sie verschiedene Aufgaben lösen wie das Einrichten von Festplatten, das Vergrößern oder Verkleinern von Partitionen, das Zuweisen von Laufwerksbuchstaben und dergleichen mehr.

Die Datenträgerverwaltung geht dabei sehr konservativ mit ihren Möglichkeiten um, sodass Sie manchmal nicht ohne Drittherstellerprogramme auskommen, um bestimmte Aufgaben zu lösen wie etwa das Erweitern der Systempartition oder das Zusammenlegen von Partitionen, die Daten enthalten. Solche komplexen Aufgaben löst dieses Snap-In nicht.

Sie können aber eine neue Festplatte im System in verschiedene Partitionen einteilen, diese mit dem gewünschten Dateisystem formatieren und den Partitionen einen noch freien Laufwerksbuchstaben zuordnen.

Beim Einsatz mehrerer Platten lassen sich sogar Software-RAID-Level einrichten.

21.5.3 Arbeiten mit Diskpart

Diskpart ist ein Kommandozeilentool, welches in verschiedenen Windows-Versionen zur Verfügung steht und es ermöglicht, Disks und deren Partitionen zu verwalten.

Es kann im interaktiven Modus durch den Befehl `diskpart` gestartet werden und ermöglicht es, Informationen zu Disks und Partitionen auszulesen, aber auch entsprechende Partitionen zu löschen oder neu anzulegen.

Einer der Vorteile von Diskpart besteht darin, dass es auch mit Windows-fremden Partitionen umgehen kann. So können auch Linux-Partitionen wie ext4 gelöscht, aber nicht erstellt werden. Im Technet gibt es eine ausführliche Liste von Kommandos und auch Hinweise, welche Kommandos in welcher Windows-Version zur Verfügung stehen können.

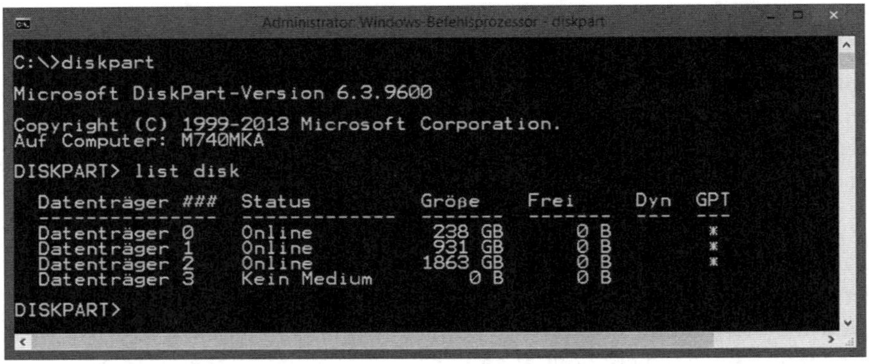

Abb. 21.16: Diskpart zeigt mit »list disk« alle installierten lokalen Laufwerke an.

Typische Arbeiten mit Diskpart sind das Löschen von Partitionen, das Hinzufügen von Laufwerken oder Partitionen oder das Anlegen von Software-RAID.

21.5.4 Programme und temporäre Daten löschen

Wenn Sie Programme nicht mehr benötigen, deinstallieren Sie diese über das entsprechende Applet in der Systemsteuerung. Nehmen Sie in jedem Fall Abstand davon, Programme über den Arbeitsplatz mit `Delete` zu löschen, da Sie hierbei immer Daten und Registry-Einstellungen zurücklassen und das System in einen instabilen Zustand geraten kann.

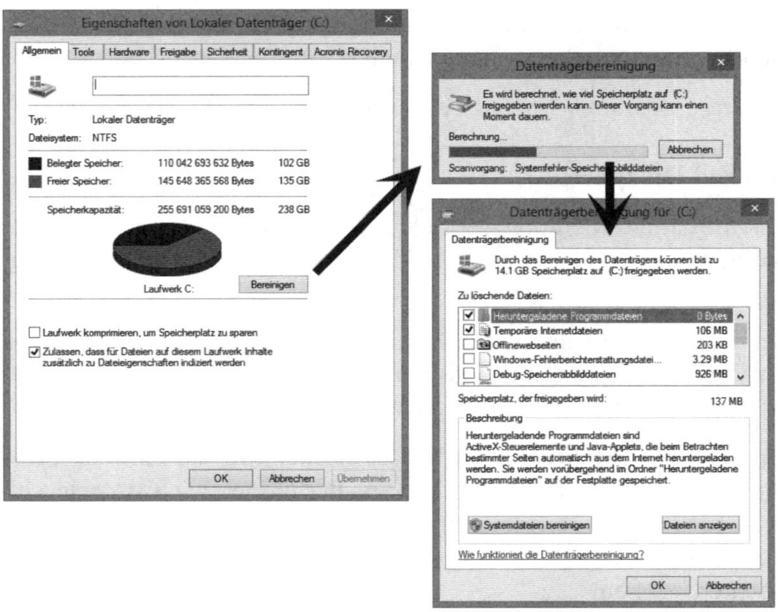

Abb. 21.17: Datenträger bereinigen

Temporäre Daten löschen Sie am einfachsten über die Datenträgerbereinigung. Diese finden Sie ebenfalls bei den Wartungsprogrammen in der Systemsteuerung oder über die Eigenschaften eines Laufwerks im Arbeitsplatz.

Auch Schriftarten können ein System belasten. Von daher lohnt es sich, von Zeit zu Zeit im Ordner SCHRIFTARTEN in der Systemsteuerung vorbeizuschauen, ob alle diese Schriftarten noch aktuell sind. Beachten Sie dabei, dass zum einen jede Windows-Version eigene Systemschriftarten mitbringt, zum anderen, dass Sie keine Schriftarten löschen, die von einem Programm benötigt werden.

21.5.5 Automatische Updates

Windows Update, eine webbasierte Site mit Ressourcen, automatisiert die Aktualisierung des Betriebssystems, stellt Treiber- und Systemdateien-Updates zur Verfügung und liefert aktuelle Produktinformationen. Seit Windows XP SP1 wird dieses Tool installiert und verbindet den PC regelmäßig mit der Website von Microsoft, um diese auf Aktualisierungen zu prüfen. So können Sie Ihr System aktuell und sicher halten.

Der Update-Assistent ist ein Link auf die Seite von Windows Update, über den das Betriebssystem, Gerätetreiber und Systemsoftware auf einem Rechner geprüft werden. Dabei werden die gefundenen Dateien mit einer Datenbank im Web verglichen, und danach werden speziell auf diesen Rechner zugeschnittene Updates empfohlen und installiert. Microsoft hat dazu seit einigen Jahren auch den sogenannten »Patch-Day« eingeführt. An diesem speziellen Tag im Monat stellt Microsoft die jeweils aktuellsten Sicherheitsupdates für Windows bereit. Die gefundenen Updates werden angezeigt und können anschließend zuerst angesehen und ausgewählt werden.

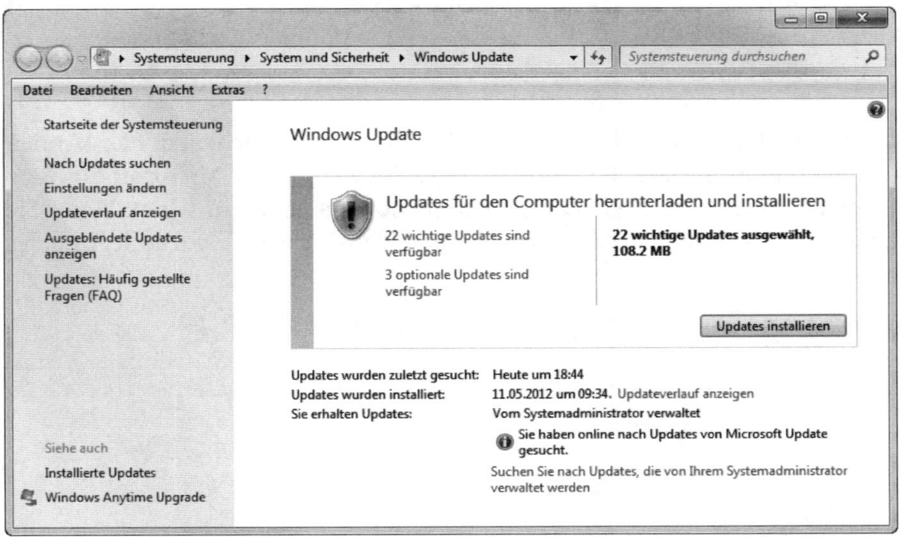

Abb. 21.18: Die gefundenen Updates

Die Updates können wohl einzeln ausgewählt werden. Seien Sie aber vorsichtig beim Abwählen von ausgewählten wichtigen Updates, denn diese beheben in der Regel Probleme oder Schwachstellen, die sonst durch Schadprogramme ausgenutzt werden können oder die Instabilitäten beseitigen.

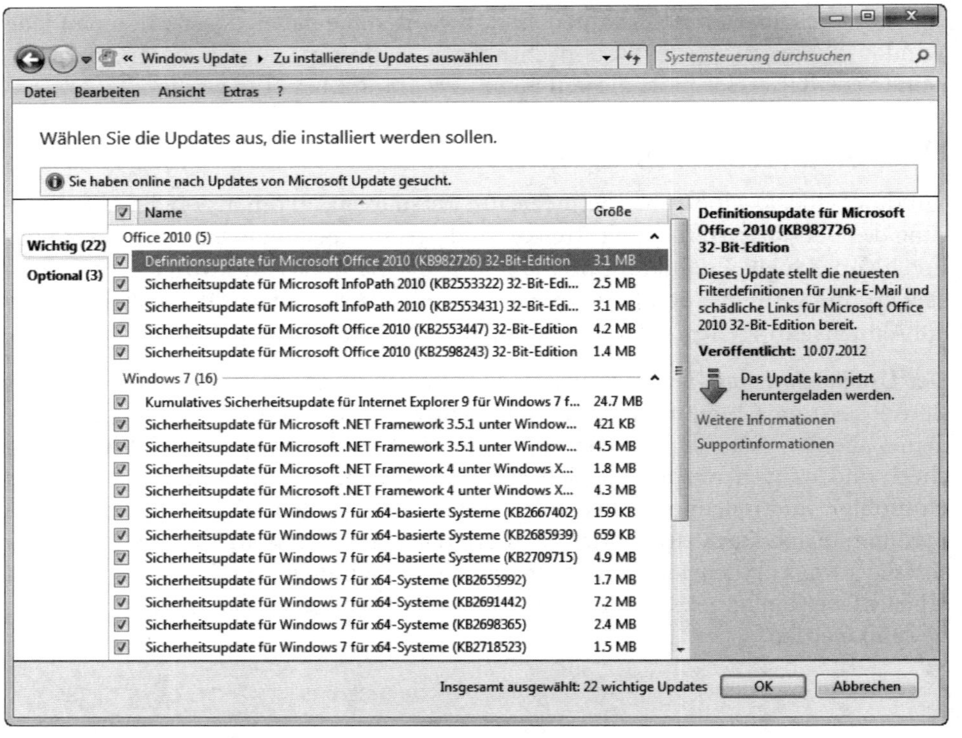

Abb. 21.19: Update-Liste

Bei den optionalen Updates lohnt es sich aber immer hinzuschauen, hier können auch neue Programme oder Funktionen angezeigt werden, die Microsoft für nützlich erachtet, Sie aber möglicherweise nicht benötigen oder wünschen. Wenn Sie unsicher sind, lesen Sie bei Microsoft auf der Webseite nach, wozu die Updates dienen.

Wenn Ihr System auf dem aktuellen Stand ist, sieht das so aus:

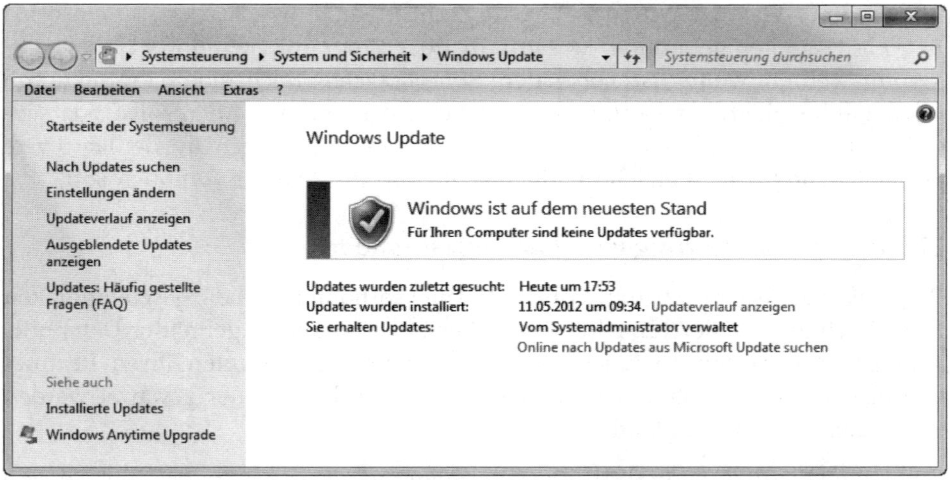

Abb. 21.20: Statusmeldung nach erfolgreich installierten Updates

Jetzt ist Ihr System auf dem aktuellen Stand und kann bestmöglich funktionieren.

Damit Sie sich nicht selber um diese Aktualisierungen kümmern müssen, können Sie diesen Vorgang auch automatisieren, was von Microsoft sogar empfohlen wird.

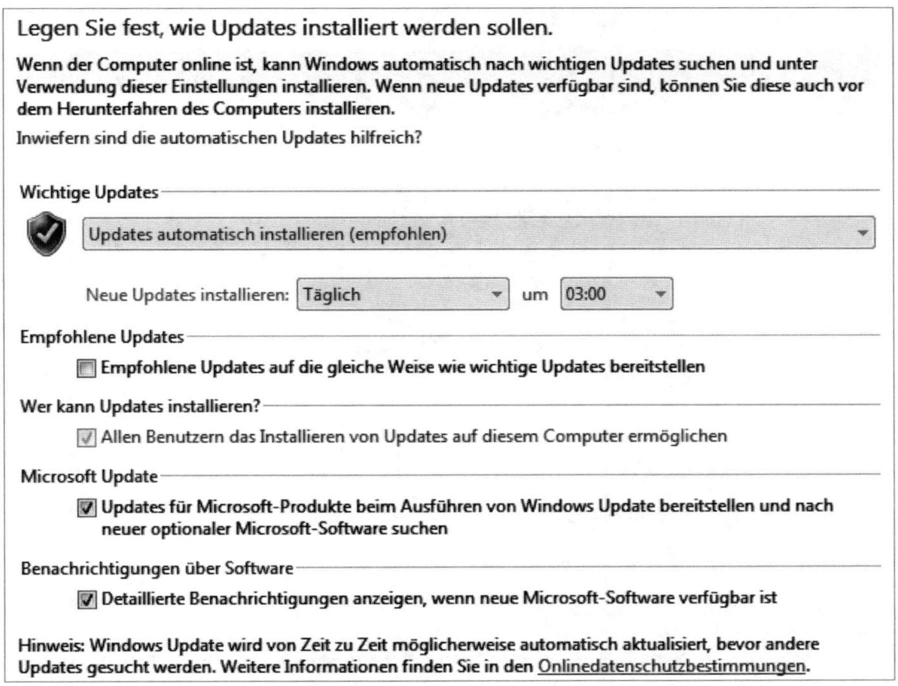

Abb. 21.21: Updates automatisch installieren

Ab Windows Vista ist Windows Update nicht mehr browserbasiert, sondern ins Betriebssystem eingebunden. Es kann über das Programm Windows Update aufgerufen werden. Wenn man neben dem Betriebssystem noch andere Produkte von Microsoft installiert hat, kann man zusätzlich das Programm Microsoft Update installieren. Damit werden nicht nur Updates zum Betriebssystem und der Hardware gesucht, sondern auch gleich für alle installierten Programme von Microsoft.

21.5.6 Automatisierung von Wartungsaufgaben

Regelmäßige Systemwartung führt zu einer erhöhten Arbeitsgeschwindigkeit Ihres Rechners. Leider verzichten viele Anwender darauf, regelmäßig Datenpflegeprogramme laufen zu lassen, weil sie fürchten, sie könnten ihren Rechner lahmlegen, oder sie vergessen einfach, dass auch ihr Rechner gewartet werden muss, damit er effizient läuft.

Zur Unterstützung dieser Wartungstätigkeiten stellt Ihnen Windows seit Version Vista sich die Funktion AUFGABENPLANUNG (gilt auch für Windows 7) zur Verfügung.

Diese Vorgänge werden durch eine Funktion im Betriebssystem verwaltet. Dabei handelt es sich bei der Bezeichnung AUFGABENPLANUNG um einen speziellen Ordner, ähnlich der Systemsteuerung. Dies ist eine Anwendung, mit der sich festlegen lässt, zu welcher Zeit bestimmte Programme laufen sollen.

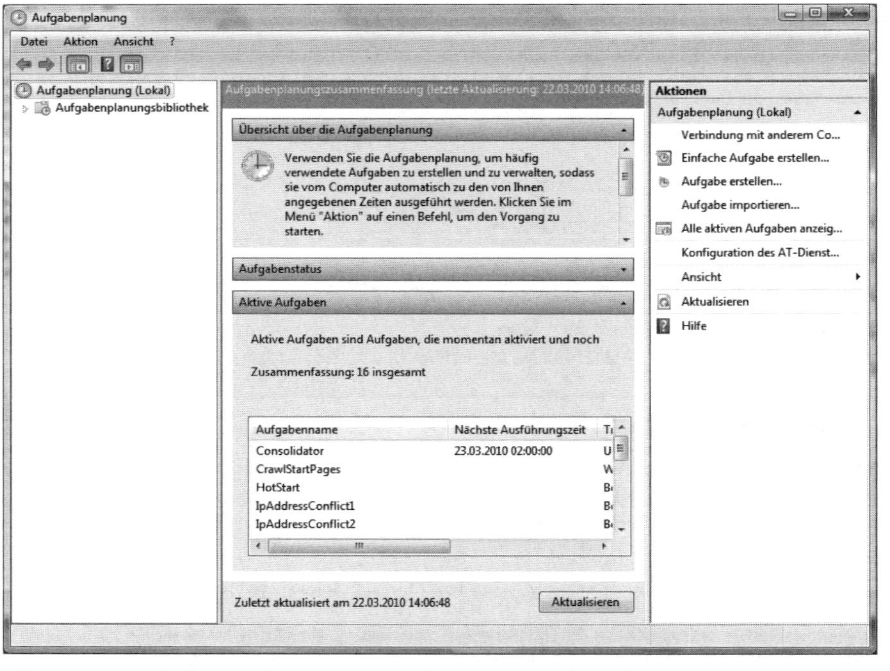

Abb. 21.22: Die Aufgabenplanung von Windows Vista und Windows 7

Jede Aufgabe, die im Zeitplan steht, wird im Ordner GEPLANTE VORGÄNGE durch ein Icon dargestellt. Man kann den Zeitplan für einzelne Aufgaben ändern, indem man das Icon für die entsprechende Aufgabe anklickt.

21.5.7 Das System automatisiert herunterfahren

Der Sleep Timer ist uns hauptsächlich aus der Unterhaltungselektronik bekannt und ermöglicht das automatische Herunterfahren eines Gerätes nach einer vorher definierten Restlaufzeit.

Unter Windows ist dies mit dem Befehl `shutdown.exe` realisierbar. Dabei handelt es sich um ein textbasiertes Programm, welches Sie nach der Eingabe von `cmd` unter START – AUSFÜHREN in die Kommandozeile eingeben.

Der Befehl `shutdown.exe` verfügt über verschiedene Parameter zur Steuerung. Folgende Möglichkeiten bieten Ihnen diese Parameter an:

- `-a` – Bricht einen zur Ausführung anstehenden Shutdown-Vorgang ab
- `-f` – Erzwingt die Schließung aller offenen Anwendungen
- `-m` – mit `\\Computername` fährt ein entferntes System herunter
- `-s` – Fährt das System herunter
- `-t` – Gibt das Zeitlimit an, nach welchem das System herunterfährt

Der Befehl wird dann wie folgt aufgebaut:

```
Shutdown.exe -s -f -t 120
```

Soll dieser Vorgang regelmäßig wiederholt werden, lässt er sich in einer wiederkehrenden Aufgabe unterbringen, z.B. als `shutdown.bat`.

21.5.8 Fernzugriff via Remote Desktop

Mit dem Remote Desktop verfügen alle hier behandelten Windows-Versionen über ein kleines Programm, das betriebssystemintern vorhanden ist und Ihnen den Fernzugriff auf andere Windows-Systeme erlaubt.

Microsoft verwendet für diese Dienste ein eigens optimiertes Protokoll namens Remote Desktop Protocol (RDP). Es existiert für verschiedene, auch Nicht-Windows-Plattformen, damit sich möglichst unterschiedliche Clients an einem Terminalserver anmelden können. Das Protokoll wird stetig weiterentwickelt und liegt mittlerweile als Version RDP 7 vor. Das Protokoll arbeitet über Port 3389, d.h. das angesprochene System hört diesen Port ab und wartet, ob eine Anfrage für den Aufbau einer Verbindung hereinkommt. Wenn Sie RDP in größeren Umgebungen einsetzen möchten, können Sie mit dem Terminalserver auch eine eigens konzipierte Version von Windows 2003/Windows Server 2008 einsetzen.

21.6 Die Ereignisanzeige

Eines der wichtigsten Hilfsmittel ist die Ereignisanzeige. Jede Fehlfunktion des Systems kann hieraus abgelesen werden, und es können entsprechende Gegenmaßnahmen ergriffen werden.

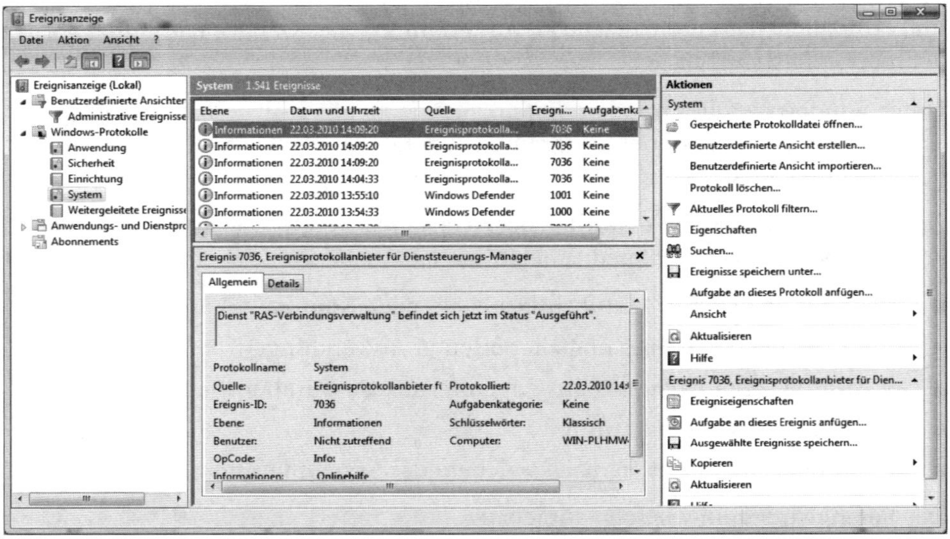

Abb. 21.23: Die Ereignisanzeige von Windows 7

Folgende Ereignisse werden protokolliert:

Ereignis	Bedeutung
Information	Ein Informationsergebnis wird durch ein blaues »i« gekennzeichnet. Diese Einträge protokollieren erfolgreich geladene Treiber und Dienste.
Warnung	Eine Warnung hat ein gelbes Ausrufezeichen. Diese Ereignisse sind nicht kritisch, können sich aber negativ auswirken. Sobald der Festplattenspeicher niedrig wird, kann es zu einer solchen Meldung kommen.
Fehler	Der Fehler wird durch ein rotes Stoppzeichen dargestellt. Ein nicht geladener Dienst oder ein fehlerhafter Netzwerkkartentreiber verursacht diesen Eintrag.
Überwachungserfolg	Eine erfolgreiche Anmeldung beispielsweise wird durch einen gelben Schlüssel angezeigt.
Überwachungsmisserfolg	Ein unerlaubter Zugriff auf eine Ressource verursacht dieses Ereignis, was durch ein Schloss gekennzeichnet wird.

Tabelle 21.1: Die protokollierten Ereignisse

21.6.1 Ereignisdetails

Durch Doppelklick auf ein Ereignis können dessen Details angezeigt werden.

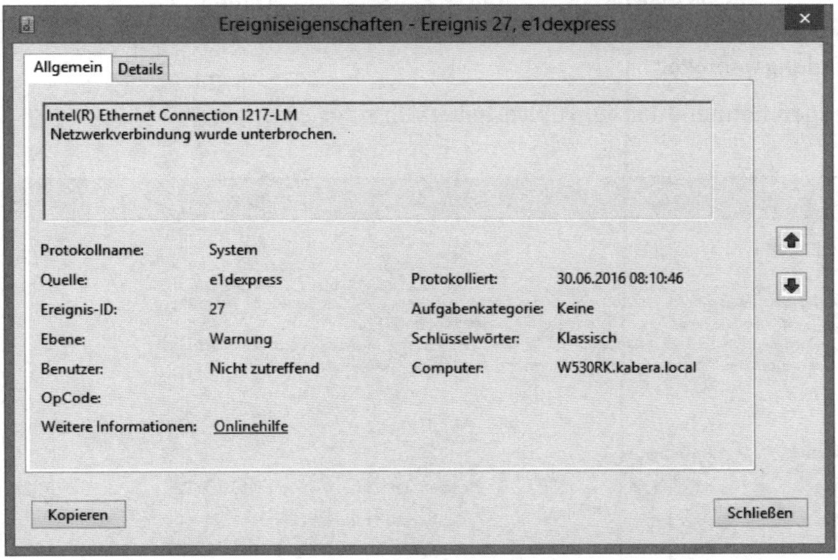

Abb. 21.24: Ereignisdetails

Aus diesen Details lassen sich Rückschlüsse auf Art und Natur des Ereignisses schließen. Diese Informationen dienen zur Identifikation und Einkreisung möglicher Probleme.

Ab Windows Vista werden die Ereignisse und Meldungen gegliedert angezeigt. Zudem können Sie selbst benutzerdefinierte Ansichten und Filter erstellen, Protokolldateien speichern und kopieren sowie Aufgaben an bestimmte Ereignisse anhängen oder davon abhängig machen. Details zu den einzelnen Ereignissen werden direkt im Fenster unterhalb angezeigt.

21.6.2 Ereignisprotokolle

Die Ereignisanzeige verwaltet drei Protokolle; sie werden im Menü PROTOKOLLE ausgewählt. Diese werden nachfolgend beschrieben.

Das Systemprotokoll

Das Systemprotokoll registriert Ereignisse, die das System betreffen, d.h. Laden von Treibern, Diensten, Geräten usw. Beispielsweise wird bei einem installierten, aber nicht angeschlossenen ZIP-Laufwerk ein Fehler erzeugt.

Das Sicherheitsprotokoll

Dieses Protokoll registriert Netzwerkzugriffe und zeigt Verletzungsversuche der Sicherheit an. Nur ein Administrator kann dieses Protokoll einsehen. Die zu überwachenden Ereignisse werden im Benutzermanager eingetragen.

Das Anwendungsprotokoll

Anwendungen können hier bei Fehlverhalten Einträge erzeugen.

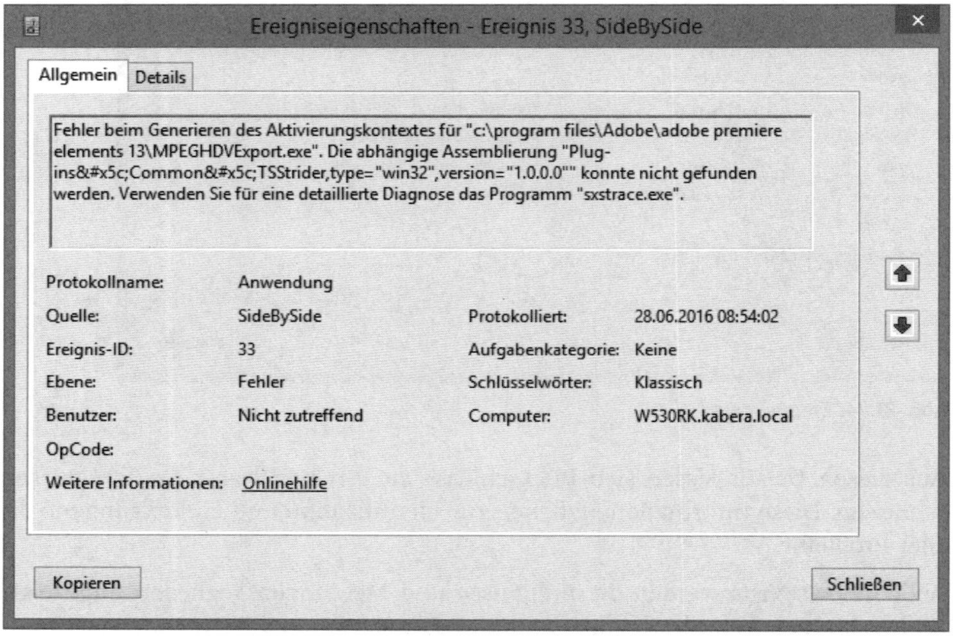

Abb. 21.25: Informationen zu einem Anwendungsfehler

21.7 Systemüberwachung und Systemleistung

Der Systemmonitor ist eine dynamische Anzeige diverser Zustände im Computer. Der Benutzer kann aus unterschiedlichen Datenquellen deren Werte grafisch anzeigen.

Es stehen verschiedene Datenquellen pro Element zur Verfügung. Dazu zählen z.B. beim Prozessor Prozessorzeit, Interrupts pro Sekunde, Benutzerzeit usw.

Der Systemmonitor ist ein sehr umfangreiches Werkzeug und wird hauptsächlich dazu verwendet, »Flaschenhälse« aufzudecken. Standardmäßig sieht man beim

Durchlaufen der Grafik 100 Ereignisse. Für eine Langzeitüberwachung reicht das natürlich nicht. Daher können die Daten in eine Protokolldatei geschrieben werden.

Ebenso ist es möglich, Warn- oder Schwellenwerte zu setzen. Diese warnen in einer Tabelle den Administrator, sobald gewisse Werte ein Maximum über- oder ein Minimum unterschritten haben.

Der Systemmonitor arbeitet wie alle Diagnosewerkzeuge computerübergreifend. Alle im Netz angeschlossenen Workstations lassen sich so überwachen. Auch ist es von besonderem Vorteil für einen Helpdesk: Auf telefonische Anfrage des Benutzers kann der Administrator sich von seinem Gerät aus über alle laufenden Prozesse informieren, ohne seine Workstation verlassen zu müssen.

Unter Windows Vista heißt der Systemmonitor Zuverlässigkeits- und Leistungsüberwachung und unter Windows 7 Ressourcenmonitor.

Auch unter diesen beiden Betriebssystemen können grafische Darstellungen (auch Ressourcenübersicht genannt) von der CPU, den Datenträgern, dem Netzwerk und dem (Arbeits-)Speicher angezeigt werden.

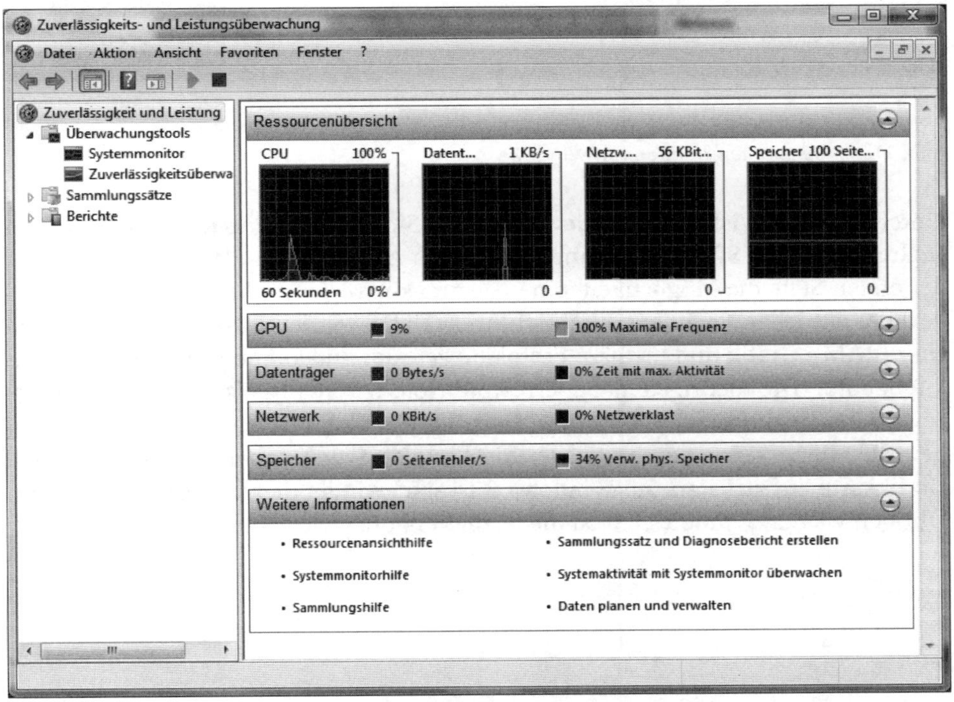

Abb. 21.26: Leistungsüberwachung von Windows Vista

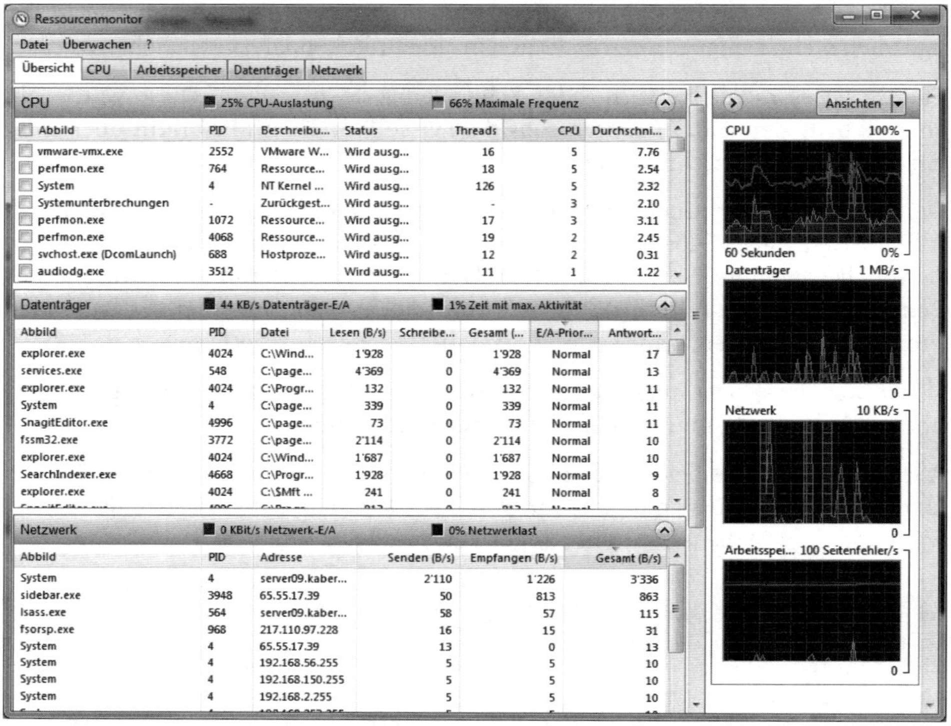

Abb. 21.27: Ressourcenmonitor von Windows 7

Unter Windows Vista und Windows 7 finden Sie verschiedene Konfigurationseinstellungen in der Systemsteuerung unter dem Applet System. Hier haben Sie auf der ersten Seite die Möglichkeit, eine Leistungsbewertung (Windows Leistungsindex) des aktuellen Rechners durchzuführen. Dabei werden Prozessor, Arbeitsspeicher (RAM), Grafik und primäre Festplatte getestet und auf einer Skala von 1,0 bis 7,9 benotet. Die niedrigste dabei erreichte Note wird dann als Gesamtnote angezeigt: Hier liegt der Schwachpunkt. Falls Sie Ihr System verbessern wollen, können Sie zuerst versuchen, entweder die Festplatte, den Arbeitsspeicher oder die Grafikkarte aufzurüsten. Ab Windows 8.1 verschwindet dieser Leistungsindex im Übrigen wieder, Windows 8.0 ist die letzte Version, welche den Index enthält.

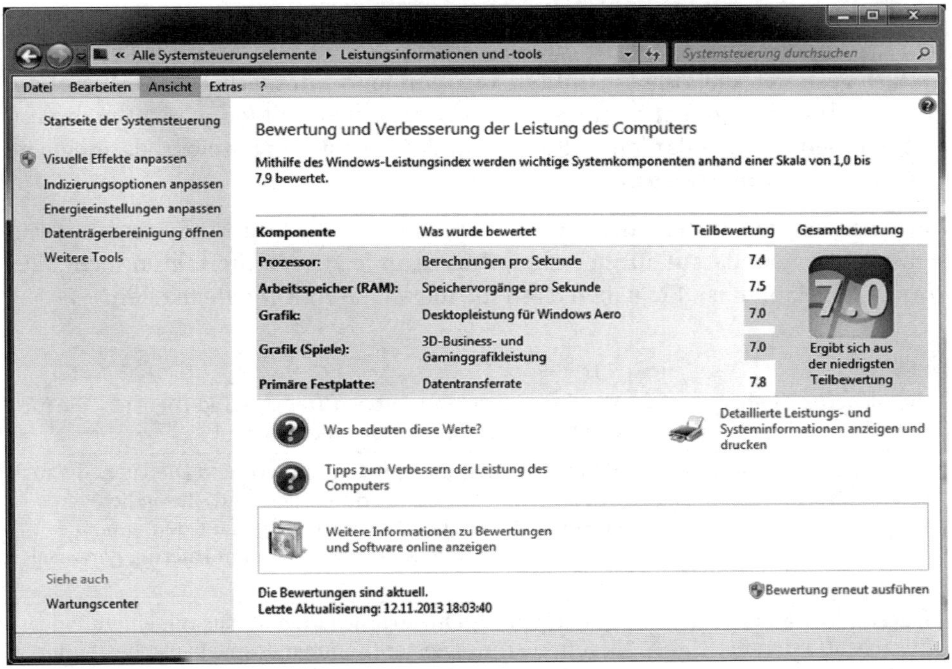

Abb. 21.28: Die Leistungsinformation

21.8 Startschwierigkeiten und Abhilfe

Falls Windows nicht startet, kann dies unterschiedliche Ursachen haben, sowohl seitens der Hardware (z.B. defekter MBR auf der Festplatte) oder seitens des Betriebssystems (z.B. fehlender NTLDR).

Der NTLDR (Bootmanager) benötigt für die Konfiguration die Datei `boot.ini`, da die Windows-Registrierungsdatenbank erst nach erfolgreichem Start des Systems zu Verfügung steht. Ab Windows Vista wurde der NTLDR dann durch den BOOTMGR ersetzt. Neben den Dateien `ndldr` und `booti.ini` wird auch `ntdetect.com` benötigt.

Falls Windows einmal nicht richtig startet oder nach der Installation von Hard- oder Software Probleme verursacht, können Sie mit verschiedenen Bordmitteln versuchen, diesen Problemen beizukommen.

21.8.1 Abgesicherter Modus

Wenn es Probleme mit Treibern gibt, die ein produktives Arbeiten behindern, verunmöglichen oder gar den Rechner zum Absturz führen, bietet Windows die Möglichkeit des abgesicherten Modus an. Der abgesicherte Modus ist eine Option für die Problembehandlung von Windows. Der Computer wird in einem eingeschränkten Status gestartet. In diesem Modus werden nur die Basisdateien und -treiber gestartet, die zum Ausführen von Windows erforderlich sind. Wenn ein bestehendes Problem nach dem Starten im abgesicherten Modus nicht mehr auftritt, können die Standardeinstellungen und die Basisgerätetreiber als mögliche Ursache ausgeschlossen werden.

Bei einem Systemabsturz meldet sich Windows beim nächsten Systemstart von selbst und macht darauf aufmerksam, dass beim letzten Runterfahren nicht alles korrekt abgelaufen ist. Sie haben dann die folgenden fünf Möglichkeiten:

Modus	Ergebnis
Abgesicherter Modus	Windows startet nur mit den Treibern und Diensten, die für den Start von Windows erforderlich sind.
Abgesicherter Modus mit Netzwerktreiber	Windows startet nur mit den Treibern und Diensten, die für den Start von Windows erforderlich sind. Zusätzlich wird versucht, die nötigen Netzwerktreiber zu laden, um eine Verbindung zum lokalen Netz oder dem Internet herzustellen.
Abgesicherter Modus mit Eingabeaufforderung	Startet Windows im abgesicherten Modus mit einem Eingabeaufforderungsfenster (Kommandozeile) anstelle der normalen Windows-Benutzeroberfläche.
Letzte als funktionierend bekannte Konfiguration	Falls die Installation eines neuen Treibers zum Absturz geführt hat, kann man mit dieser Möglichkeit Windows ohne diesen Treiber starten.
Windows normal starten	Versucht, Windows mit den normalen Einstellungen, Treibern und Diensten zu starten.

Tabelle 21.2: Verschiedene Startmodi von Windows

Alternativ können Sie den Abgesicherten Modus auch über die Taste F8 beim Systemstart aufrufen. Der abgesicherte Modus startet das System mit einer Standard-VGA-Auflösung von maximal 800 × 600 (Windows Vista, Windows 7) sowie den notwendigen Treibern für Tastatur, Speicher und (wenn vorhanden) Netzwerk.

Im abgesicherten Modus können Sie im Gerätemanager Geräte deaktivieren oder Treiber nachladen – oftmals können aber Setup-Programme nicht ausgeführt und ebenso wenig Deinstallationen in der Systemsteuerung vorgenommen werden. Der Fokus liegt damit eindeutig beim Beheben von Geräte- und Treiberproblemen, damit das System anschließend wieder gestartet werden kann.

21.8.2 Das GUI lädt nicht

Wenn Windows zwar startet, aber anschließend die grafische Oberfläche für die Anmeldung nicht erscheint, liegt meist ebenfalls ein Treiberproblem vor, das sich mit dem abgesicherten Modus beheben lässt. Deinstallieren Sie den Grafiktreiber und starten Sie danach das System neu.

Wenn das Problem damit nicht behoben werden kann, muss oft eine Systemwiederherstellung das Problem lösen, weil z.B. in der Registry (Registrierdatenbank) korrupte Daten vorhanden sind. Gut bedient ist, wer in so einer Situation eine Komplettsicherung des Systems vorliegen hat – sonst kann eine Neuinstallation fällig sein.

21.8.3 Die automatische Systemwiederherstellung

Windows 7 und folgende bieten eine automatische Systemwiederherstellung mittels Boot-Medium an. Ansonsten steht Ihnen die Wiederherstellung über die Systemsteuerung auf einen bestimmten Wiederherstellungspunkt zur Verfügung.

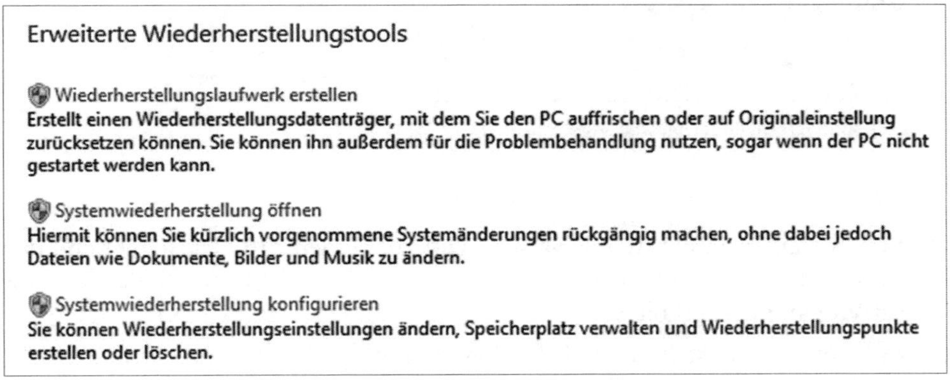

Abb. 21.29: Optionen zur Systemwiederherstellung bei Windows 7

21.8.4 Wiederherstellungskonsole

Ein anderes Tool nennt sich Wiederherstellungskonsole (WHK) und wurde bereits mit Windows 2000 eingeführt, erhielt aber erst mit Windows Vista eine grafische Oberfläche, was die Bedienung seither vereinfacht.

Um auf die Wiederherstellungskonsole zu gelangen, startet man das System von einem Windows-Installationsmedium (CD/DVD mit Windows 7, Vista oder XP). Die WHK ist abwärtskompatibel, d.h. eine Windows XP-Installation lässt sich auch über ein Windows 7- oder Vista-Installationsmedium reparieren.

In Windows 7 und Vista erscheint beim Installationsfenster unten rechts die Auswahl COMPUTERREPARATUROPTION. Dann wird das installierte Betriebssystem angezeigt (auch mehr als eines, falls mehrere verschiedene Betriebssysteme auf dem Computer installiert sind). Wählen Sie es aus und klicken auf WEITER. Nun erscheint folgendes Bild:

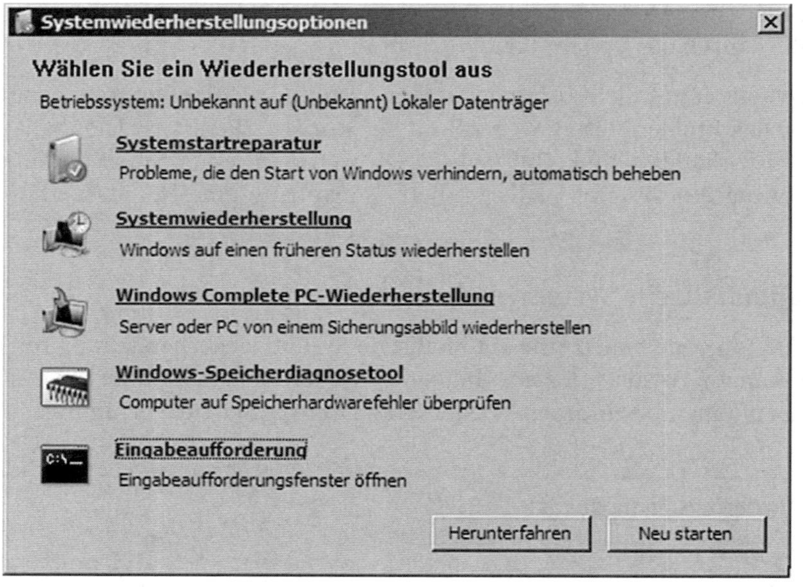

Abb. 21.30: Systemwiederherstellungsoptionen

Sie haben nun verschiedene Möglichkeiten:

- Systemstartreparatur: Windows versucht, zuerst den MBR, anschließend den PBR und schlussendlich den Bootmanager zu reparieren (eventuell muss dieser Vorgang wiederholt werden).
- Systemwiederherstellung und Windows Complete PC-Wiederherstellung: Setzt das System auf einen früheren Wiederherstellungspunkt zurück. Es setzt aber voraus, dass Sicherungen erfolgt sind und dass Sie Zugriff auf diese Sicherungen haben, sonst kann auch nichts wiederhergestellt werden. So gelingt Ihnen eine Systemwiederherstellung.
- Windows-Speicherdiagnosetool: ermittelt, ob der Arbeitsspeicher eventuell defekt ist oder Probleme verursacht, und meldet dies.
- Eingabeaufforderung: Hiermit öffnet sich ein Eingabeaufforderungsfenster, wo Sie direkt einige Befehle selbst eingeben können. Diese wurden weiter oben bereits mit Windows XP erwähnt. Unter Windows 7 haben Sie die Möglichkeit, das Programm `Bootrec.exe` über die Eingabeaufforderung auszuführen. Sie können das Hilfsprogramm `Bootrec.exe` zur Fehlersuche und zum Reparieren der folgenden Elemente in Windows Vista und Windows 7 verwenden:
- Master Boot Record (MBR)
- Startsektor
- Speicher für Startkonfigurationsdaten

Unter Windows XP bestand zusätzlich die Möglichkeit, eine Recovery-CD oder Notfalldiskette zu erstellen. Dies hilft vor allem bei jenen Systemen, die vom Hersteller ohne Betriebssystem-CD ausgeliefert werden. Windows bietet ab Windows Vista diese Möglichkeit nicht mehr von Haus aus an. Dafür gibt es Lösungen von Drittanbietern. Microsoft ist der Ansicht, mit den neuen Möglichkeiten (Wiederherstellung) hierfür genügend Ressourcen zur Verfügung gestellt zu haben.

21.8.5 Herstellerabhängige Wiederherstellung

Beim Kauf eines Computersystems bieten viele Hersteller ein vorinstalliertes Betriebssystem mit an. In dieser Vorinstallation sind bereits alle notwendigen Treiber für das System integriert, zudem meistens noch zusätzliche Programme zur Verwaltung und den Betrieb des Systems. Beim ersten Einschalten des Rechners können Sie das vorinstallierte System dann mehr oder weniger nach Ihren Wünschen konfigurieren und in kurzer Zeit in Betrieb nehmen.

Anstelle einer originalen Windows-CD/DVD liegen diesen Systemen dann Wiederherstellungsdatenträger bei, sogenannte Recovery Disks. Mit diesen lässt sich das System z.B. im Fall eines Festplattendefekts erneut installieren. Die Wiederherstellung erfolgt auf den Stand der Auslieferung, Ihre persönlichen Daten und Einstellungen werden dabei überschrieben. Diese müssen Sie also vorher sichern.

21.9 Probleme im laufenden Betrieb

Auch im laufenden Betrieb können Probleme entstehen. Dabei klammern wir an dieser Stelle die bereits behandelten Hardware-Probleme aus und kümmern uns um Schwierigkeiten, die in Zusammenhang mit Betriebssystem und Installationen auftreten können.

21.9.1 Treiberprobleme

Das weitaus häufigste Problem betrifft Treiber. Hier hilft nichts außer sorgfältigem Vorgehen. Der Treiber muss für das eingesetzte Betriebssystem freigegeben sein, und Windows ist nicht »Windows« – sondern es ist eben Windows XP oder Windows Vista usw. Dasselbe gilt im Übrigen auch bei Mac OSX oder bei den Androiden, wo längst nicht jede App oder jeder Treiber für jede Version des System tauglich ist.

Unter Windows speziell, wenn auch schon erwähnt, ist sicherlich die 32-Bit/64-Bit-Unterscheidung. Da immer mehr 64-Bit-Systeme im Umlauf sind, müssen Sie entsprechend wirklich darauf achten, dass ein Gerätetreiber auch dafür vorgesehen ist.

21.9.2 Kompatibilitätsprobleme

Nur weil man das Betriebssystem aktualisiert, heißt das ja oft noch lange nicht, dass man auch alle Anwendungen neu einkauft und installiert. Das kann dazu führen, dass bisher stabile Anwendungen, z.B. unter Windows XP, unter Windows 7 plötzlich nicht mehr zuverlässig funktionieren. Noch häufiger tritt dies auf, wenn eine Anwendung noch älter ist, etwa aus Windows 98-Zeiten.

Grundsätzlich klären Sie zuerst beim Hersteller ab, ob die Anwendung überhaupt lauffähig ist, danach gibt es allenfalls einen Patch oder ein Update.

Aber auch Windows selber hat eine Hilfe eingebaut, den sogenannten Kompatibilitätsmodus.

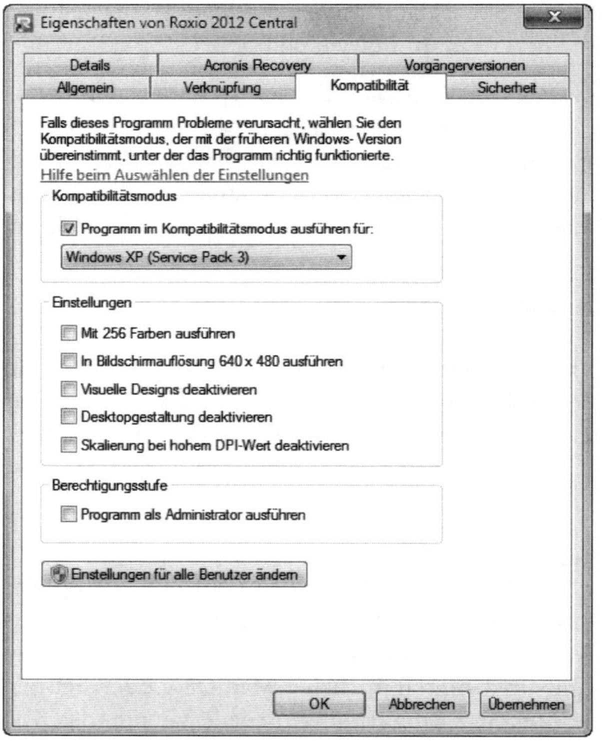

Abb. 21.31: Kompatibilitätseinstellungen

In den Eigenschaften ausführbarer Anwendungen finden Sie die Registerkarte KOMPATIBILITÄT, welche Ihnen verschiedene Möglichkeiten anbietet, in welchem Modus Sie das Programm laufen lassen können. Sie können zudem verschiedene Einstellungen anpassen, etwa die Auflösung reduzieren. Oftmals helfen diese Möglichkeiten, um eine Software weiter betreiben zu können.

21.9.3 Registrierungsprobleme

OLE-Steuerelemente, z.B. DLL- oder ActiveX-Steuerelemente (OCX)-Dateien, müssen registriert werden. Sie gehören zu einer jeweiligen Anwendung und werden in die Registrierungsdatenbank geschrieben. Verschiedene Anwendungen nutzen dazu Bibliotheken, d.h. Elemente, welche sie nicht selber besitzen, sondern die auch von anderen Programmen genutzt werden (können) und die daher in separaten DLL-Dateien abgelegt sind. Durch das Registrieren eines OLE-Steuerelements wird die Windows-Registrierung mit dem Speicherort und den Funktionen einer Datei aktualisiert, sodass ein Programm ordnungsgemäß ausgeführt wird.

Jetzt kann es geschehen, dass Sie eine neue Anwendung installieren, und diese schreibt eine neuere Version einer DLL – aber eine andere Anwendung benötigt die ältere. Oder Sie deinstallieren eine Anwendung, und dabei erwischen Sie auch eine DLL, welche eigentlich noch von einer anderen Anwendung benötigt wird.

Keine Sorge, beides sind seltene Fälle, da die Hersteller sorgfältig darauf achten, dass dies nicht geschieht – aber weil es eben doch vorkommt, sehen Sie dann plötzlich die Meldung »DLL nicht gefunden« oder »Datei kann nicht geöffnet werden« vor sich.

Dazu gibt es von Microsoft ein Programm, das Ihnen helfen kann, fehlende Elemente wieder zu registrieren oder auch überflüssige Einträge zu entfernen.

Das Programm heißt »Regsvr32«, ist ein Kommandozeilenprogramm und seit Windows 95 OSR2 Bestandteil des Betriebssystems. Weitere Informationen dazu finden Sie danach ausführlich im Microsoft Technet und der Knowledge Base.

21.9.4 Der berühmte Blue Screen

Nicht nur beim Starten, sondern auch im Betrieb können natürlich Probleme auftreten. Das können Treiber sein, die nicht mehr korrekt funktionieren, es können aber auch Druckprobleme vorkommen, sei es durch fehlende oder falsche Treiber oder dadurch, dass zum Beispiel zu wenig Speicherplatz auf der Festplatte frei ist, um den Druckauftrag zu verarbeiten.

Nach der Aktualisierung von Systemkomponenten oder Treibern kann es zudem sein, dass das System nicht mehr richtig startet. Das Stichwort (nicht nur) hierzu lautet Blue Screen oder vollständig BSOD für »Blue Screen of Death«.

Blue Screens werden meistens durch fehlerhafte Gerätetreiber oder defekte Hardware verursacht, seltener auch durch Fehler in Applikationen. Hier greifen verschiedene, bereits besprochene Methoden. Laden Sie nur originale Treiber von Herstellern, halten Sie Ihr System durch automatische Updates aktuell, und prüfen Sie immer die Systemvoraussetzungen für Hardware und Applikationen, bevor Sie etwas installieren.

Sollte dennoch ein Fehler auftreten, schützt Windows das System, um irreversible Schäden an Hardware und Software oder sogar Datenverluste zu vermeiden, durch das Anhalten des Systems, und es wird Ihnen ein Blue Screen angezeigt. Nicht gespeicherte Dokumente sind jedoch verloren. Die Ursache, welche zu einem Blue Screen führen, wird durch Fehlercodes beschrieben. Bei Blue Screens ist in jedem Fall ein Neustart des Systems nötig.

Um Probleme zu lösen, z.B. das Ersetzen eines fehlerhaften Treibers, kann ein Neustart im abgesicherten Modus nötig sein (dann werden nur Standardtreiber/Standardgrafik geladen). Nun können Sie sich anhand des Fehlertextes und der Fehlercodes um die Behebung des Problems kümmern.

Hilfreich ist in diesem Zusammenhang auch die Option LETZTE FUNKTIONIERENDE KONFIGURATION LADEN, welche die letzte (aber wirklich nur die letzte!) Systemänderung rückgängig macht und das System im vorigen Zustand neu startet.

Bei Unix/Linux-Systemen entspricht ein Blue Screen übrigens der Kernel Panic.

Sollte nur ein einzelner Dienst nicht starten, überprüfen Sie in jedem Fall zuerst die Ereignisanzeige. Dort finden Sie die entsprechenden Informationen zu diesem Problem.

21.10 Fragen zu diesem Kapitel

1. Welche Informationen können Sie aus der Ereignisanzeige von Windows 7 Professional ersehen?
   A. Systemprotokoll, Sicherheitsprotokoll, Ereignisprotokoll
   B. Anwendungsprotokoll, Sicherheitsprotokoll, Windows-Protokoll
   C. Anwendungsprotokoll, Sicherheitsprotokoll, Systemprotokoll
   D. Windows-Protokoll, Systemprotokoll, Ereignisprotokoll
2. Wo können Sie sich über die belegten Interrupts und DMA-Kanäle auf Ihrem Windows-System informieren?
   A. Systemsteuerung, Geräte-Manager
   B. Systemverwaltung
   C. Interrupt-Tabelle im Task-Manager
   D. Gar nicht, geht nur im BIOS
3. Welche Informationen zeigt Ihnen das Kommandozeilenprogramm `systeminfo` unter Windows 7 Professional an? Wählen Sie zwei Informationen aus.
   A. Den eingesetzten Prozessor
   B. Die installierten Programme
   C. Das Installationsdatum des Betriebssystems
   D. Die Anzahl ausstehender Aktualisierungen

4. Ein Benutzer versucht, eine Anwendung auf einer Arbeitsstation mit Windows Vista Ultimate zu installieren. Die Installation schlägt fehl. Der Anwender benötigt aber das Programm. Wo sollte er zuerst nach Informationen suchen?
   A. In der Readme-Datei auf der CD
   B. Auf der Website des Programmherstellers
   C. In der Datei `program.ini`
   D. In der Datei `error.log` im Verzeichnis `c:\windows\error`
   E. Auf der Website von Microsoft
5. Welches Hilfsprogramm können Sie auf einem Windows XP-Rechner einsetzen, um zu überprüfen, ob die Dateistruktur beschädigt ist?
   A. `chkdsk`
   B. `bootsec.part`
   C. `dmdiag`
   D. `scan /all`
6. Welche Aussagen zum Erstellen von Partitionen auf einem Basisdatenträger sind korrekt? Wählen Sie zwei aus.
   A. Bei der Verwendung von NTFS können maximal 64 Partitionen erstellt werden.
   B. Bei der Verwendung von FAT32 können maximal 32 Partitionen erstellt werden.
   C. Ohne erweiterte Partition können maximal vier Partitionen erstellt werden.
   D. Ob FAT oder NTFS spielt keine Rolle, es können maximal drei Partitionen erstellt werden.
   E. Wenn Sie eine erweiterte Partition einrichten, können darin fast unlimitiert logische Partitionen erstellt werden.
7. Ein Techniker untersucht den Fehler auf einem Windows 7-PC, auf dem die Fehlermeldung »NTLDR is missing« erscheint. Welcher Kommandozeilenbefehl löst dieses Problem?
   A. Fixboot
   B. CHKDSK
   C. Scandisk
   D. DEFRAG

8. Ein Benutzer beklagt sich, dass der Bildschirm zwar alles anzeigt, aber mit sehr groben Darstellungen und nur wenigen Farben. Wie lösen Sie dieses Problem?
   A. Ersetzen Sie den Monitor, das ist ein Anzeichen eines Defektes.
   B. Die Farbtiefe ist zu niedrig eingestellt. Öffnen Sie die Systemsteuerung und ändern Sie den Wert im Anzeige-Applet auf 16 Bit.
   C. Installieren Sie neue Grafikkartentreiber, dann verschwindet das Problem automatisch bei Neustart.
   D. Die Farbtiefe ist zu niedrig eingestellt. Öffnen Sie die Anzeigeeinstellungen und ändern Sie die Farbqualität auf der Eigenschaftsseite EINSTELLUNGEN auf 32 Bit.
9. Mit welchem Hilfsmittel untersuchen Sie bei Windows Vista einen Anwendungsfehler?
   A. Systemmonitor
   B. Ereignisanzeige
   C. Leistungsprotokolle
   D. Dienste
10. Ein Techniker möchte vorübergehend die UAC in Windows 7 SP1 ausschalten. Wie kann diese Funktion deaktiviert werden?
    A. Systemsteuerung – UAC – Deaktivieren
    B. Systemsteuerung – Benutzerverwaltung – UAC on/off – Weiter – Aktivierung ausschalten – OK
    C. Systemsteuerung – Benutzerverwaltung – Klicken auf UAC DEAKTIVIEREN – OK
    D. Systemsteuerung – Benutzerverwaltung – UAC ausschalten – OK

Kapitel 22

Die Installation und Konfiguration von Mac OS X

Für das Examen 220-902

2.1 Erkennen von gebräuchlichen Merkmalen und Funktionen der Betriebssysteme Mac OS und Linux.

- Bewährte Methoden
- Tools
- Merkmale
- Grundlegende Linux-Befehle

Auf den Computern des Herstellers Apple ist von Haus aus immer ein Betriebssystem installiert. Seit mit neuen iMacs und MacBooks keine CDs mit dem Betriebssystem mehr ausgeliefert werden (meistens keine CD-Laufwerke mehr), hat sich aber auch die Art und Weise geändert, wie OS X neu installiert wird.

Die Neuinstallation kann unterschiedlich gestartet werden. Je nachdem wird die aktuellste Version von OS X oder die Version, mit der das System ausgeliefert wird, zurückgesetzt. Darum ist es wichtig, auf die Hardwareanforderungen zu achten.

22.1 Installationsvorbereitung

22.1.1 Hardwarekompatibilität

Neue OS X-Versionen und deren Funktionen werden jeweils aufgrund der Modellbaujahre freigegeben. Eine Übersicht zur aktuellsten Version finden Sie auf der folgenden Seite: `http://www.apple.com/osx/how-to-upgrade/#hardware-requirements`.

22.1.2 Upgrade-Optionen

Aktualisierungen wie auch neue Versionen von Mac OS werden über den Mac App Store verteilt. Seit OS X 10.9 (Mavericks) sind Upgrades dieser Art komplett kostenlos. Überprüfen Sie vor einem Upgrade unbedingt die Kompatibilität Ihrer Programme und erstellen Sie eine Sicherung.

22.1.3 Dateisystem

Mac OS muss zwingend auf einer Festplatte mit dem Dateisystem HFS beziehungsweise HFS+ installiert werden. Im Festplattendienstprogramm wird dieses mit OS X Extended bezeichnet.

Verzeichnisstruktur von Mac OS X

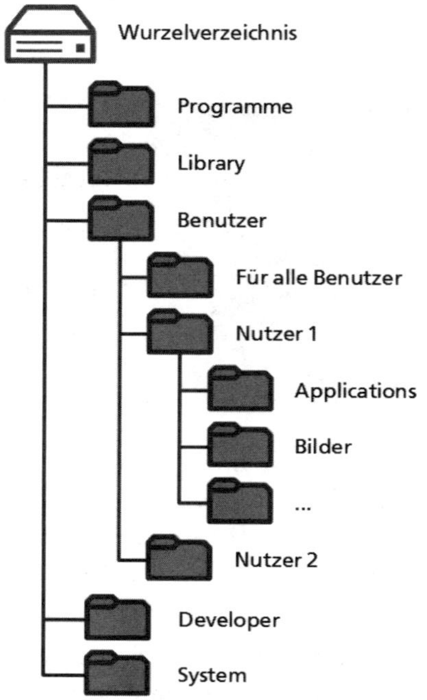

Abb. 22.1: Verzeichnisstruktur von Mac OS X

22.2 Installationsmöglichkeiten

Wie bereits erwähnt ist die Neuinstallation auf zwei Arten möglich, entweder mit der

- OS X-Wiederherstellung
- oder der OS X-Internetwiederherstellung.

Diese beiden Varianten unterscheiden sich insofern, dass bei der Internetwiederherstellung kein lauffähiges Startlaufwerk nötig ist und die Wiederherstellung über das Internet gestartet wird.

Die OS X-Wiederherstellung wird beim Systemstart durch das Drücken der Befehls- und R-Taste gestartet, die Internetwiederherstellung durch Drücken der Befehls-, Wahl- und R-Taste.

- Bei einer Neuinstallation wird über das Festplattendienstprogramm die Festplatte formatiert.
- Nach Auswahl des Installationsmediums werden die Daten kopiert und das System eingerichtet.
- Wählen Sie Ihr Land, Sprache, Tastaturlayout und richten Sie Ihr Netzwerk ein.
- Melden Sie sich mit Ihrer Apple ID an oder überspringen Sie diesen Schritt.
- Erstellen Sie Ihr Benutzerkonto.
- Wählen Sie, ob Sie FileVault (Verschlüsselung) für Ihre Daten verwenden möchten.
- Mac OS wird für den ersten Gebrauch gestartet.

Sie haben nun die Möglichkeit, Ihr System einzustellen und zu konfigurieren.

22.3 Die Konfiguration von Mac OS X 10.11

In diesem Kapitel wird die Konfiguration der aktuellen Version von Mac OS X (El Capitan) näher betrachtet. Die meisten Funktionen sind auch auf ältere Versionen übertragbar, eventuell mit einigen optischen Anpassungen.

22.3.1 Schreibtisch und Dock

Der Schreibtisch von Mac OS ist nach der Grundinstallation leer, sofern keine CDs oder DVDs eingelegt oder externe Geräte angeschlossen sind. In den Finder-Einstellungen kann gewählt werden, dass interne Festplatten oder verbundene Server dargestellt werden.

Abb. 22.2: Schreibtisch und Dock unter Mac OS X 10.11 El Capitan

Im Dock befinden sich Verknüpfungen zu Programmen, dem Finder, bestimmten Ordnern und dem Papierkorb. Das Dock lässt sich jedoch auch individuell anpassen, nicht nur in dessen Inhalt mittels Hineinziehen von Programmen oder Ordnern, sondern auch in der Darstellung. So kann die Position, die Größe, Effekte und vieles mehr in den Systemeinstellungen verändert werden. Nicht benötigte Symbole werden mit gedrückter Maustaste aus dem Dock gezogen und losgelassen, sobald der Text »Entfernen« angezeigt wird.

Die Menüleiste stellt ein programmabhängiges Menü und diverse Informationen und Kurzbefehle dar. So erhält man einen Überblick über den aktuellen Netzwerkstatus und die Batterieladung. Des Weiteren befinden sich auf der rechten Seite Links zur Spotlight-Suche und der Mitteilungszentrale.

22.3.2 Finder

Abb. 22.3: Benutzerordner im Finder

Der Finder ist unter Mac OS X das Pendant zum Windows Explorer. Im Navigationsbereich auf der linken Seite des Finders findet man standardmäßig favorisierte Verknüpfungen zu Programmen, dem Schreibtisch und Dokumenten. Des Weiteren findet man in diesem Bereich verbundene Geräte wie USB-Sticks oder CDs/DVDs.

Seit Dateien und Ordner unter Mac OS X von Haus aus mit Tags versehen werden können, erhält man zum Schluss eine Übersicht über oft verwendete Begriffe zur besseren Organisation von Projekten.

Mit Tags gekennzeichnete Dateien und Ordner können auch über das Suchfeld in der Symbolleiste aufgestöbert werden. Daneben ist es möglich, jegliche Ordner nach Datei- oder Ordnernamen und gewissen Dateiinhalten zu durchsuchen.

22.4 Systemeinstellungen

In den Systemeinstellungen befinden sich sowohl systemrelevante als auch anwendungsspezifische Einstellungsmöglichkeiten. In der folgenden Tabelle sehen Sie, welche Einstellungen hinter welchem Symbol stecken. Fall Sie eine bestimmte Einstellung in den Systemeinstellungen suchen, nutzen Sie das Suchfeld oben rechts.

Abb. 22.4: Darstellung der Systemeinstellungen

Elemente in den Systemeinstellungen

Element	Beschreibung
Allgemein	Farbliches Erscheinungsbild, Verhalten von Rollbalken, Standard-Webbrowser, Handoff
Schreibtisch & Bildschirmschoner	Hintergrundbild festlegen, Bildschirmschoner und Bildschirmschoner-Optionen wählen
Dock	Größe, Vergrößerungseffekt, Position und Effekt für Dock verwenden, Verhalten des Docks (automatisch ein- und ausblenden, Anzeige etc.)
Mission Control	Tastatur- und Mauskurzbefehle für Mission Control, Dashboard aktivieren
Sprache & Region	Regions- und Zeiteinstellungen, bevorzugte Sprachen, Trennzeichen, Standardwährung, Maßeinheit

Tabelle 22.1: Elemente der Systemeinstellungen von Mac OS X 10.11

Element	Beschreibung
Sicherheit	Passwort ändern, Installation von Programmen nicht verifizierter Entwickler ermöglichen, Inhalte verschlüsseln mit FileVault, Firewall- und Privatsphäreneinstellungen
Spotlight	Indexierung von Dateien bestimmter Kategorien aktivieren/deaktivieren, Spotlight-Vorschläge
Mitteilungen	Benachrichtigungseinstellungen für Mitteilungszentrale konfigurieren, Anzahl Mitteilungen begrenzen, Kennzeichen deaktivieren
Monitore	Einstellung der Auflösung und Helligkeit, Skalierung, AirPlay-Einstellungen, Farbprofile
Energie sparen	Ruhezustand bei Batterie- oder Netzbetrieb, Ruhezustand für Festplatte, Power Nap (Synchronisation im Ruhezustand), Zeitplan für Ruhezustand
Tastatur	Tastaturverhalten und -layout ändern, Tastaturbeleuchtung (Notebook), Kurzbefehle, Auto- und Rechtschreibekorrektur
Maus	Scrollrichtung, Tempo und Intervalle festlegen, neue Bluetooth-Maus konfigurieren
Trackpad	Gesten und Verhalten von Trackpad (Notebook oder Peripherie), Zeigerbewegungen, Scrollrichtung
Drucker & Scanner	Drucker verwalten oder Druckereinstellungen ändern, Scan-Modus, Drucker-Warteliste, Netzwerkdrucker hinzufügen
Ton	Toneffekte auswählen, Warnton, Lautstärke, Tonausgabegerät wählen, Toneingabegerät wählen, Eingangslautstärke regeln
iCloud	Mit Apple-ID anmelden, iCloud-Dienste aktivieren/deaktivieren, Accountdetails ändern
Internet-Accounts	Internet-Accounts wie Exchange, Google, Twitter, Facebook etc. für die Verwendung in Programmen einrichten und verwalten
Erweiterungen	Erweiterungen von Drittanbietern aktivieren/deaktivieren, Widgets für »Heute«-Ansicht in Mitteilungszentrale verwalten, Freigabeoptionen aktivieren/deaktivieren
Netzwerk	Netzwerkstatus abrufen, Netzwerkeinstellungen ändern
Bluetooth	Bluetooth aktivieren/deaktivieren, neue Geräte verbinden
Freigaben	Bildschirmfreigabe, Dateifreigabe, Druckerfreigabe, Entfernte Anmeldung, Verwaltung und Apple-Events, Internetfreigabe, Bluetooth-Freigabe
Benutzer & Gruppen	Benutzer verwalten, Passwort ändern, Anmeldeobjekte aktivieren/deaktivieren
Kindersicherung	Programm- und Internetnutzung einschränken, Zugriffszeiten festlegen, Website-Beschränkungen
App Store	App-Updates automatisch durchführen, Einstellungen für Passwort-Abfrage im Mac App Store
Diktat & Sprache	Diktierfunktion für Texteingaben, Kurzbefehle und Sprachausgabe

Tabelle 22.1: Elemente der Systemeinstellungen von Mac OS X 10.11 (Forts.)

Element	Beschreibung
Datum & Uhrzeit	Datum und Uhrzeit einstellen, Zeitzone und Zeitoptionen (digital oder analog), 24 Stunden verwenden
Startvolume	Auswahl des Startvolume bei mehreren Installationen
Time Machine	Laufwerk für automatische Systemsicherung und lokale Schnappschüsse auswählen, nicht zu sichernde Objekte festlegen
Bedienungshilfen	Bedienung optimieren, unterteilt in die Kategorie Sehen, Medien, Hören und Interaktion

Tabelle 22.1: Elemente der Systemeinstellungen von Mac OS X 10.11 (Forts.)

22.4.1 Mitteilungszentrale

Die Mitteilungszentrale ist die Anlaufstelle für jegliche Benachrichtigungen von Betriebssystem und Programmen. In der »Heute«-Ansicht finden sich aktuelle benutzerspezifische Informationen wie Termine im Kalender, das aktuelle Wetter, Erinnerungen und Aktienkurse. Auch Software von Drittherstellern kann über diese sogenannten Widgets Informationen in die Mitteilungszentrale senden.

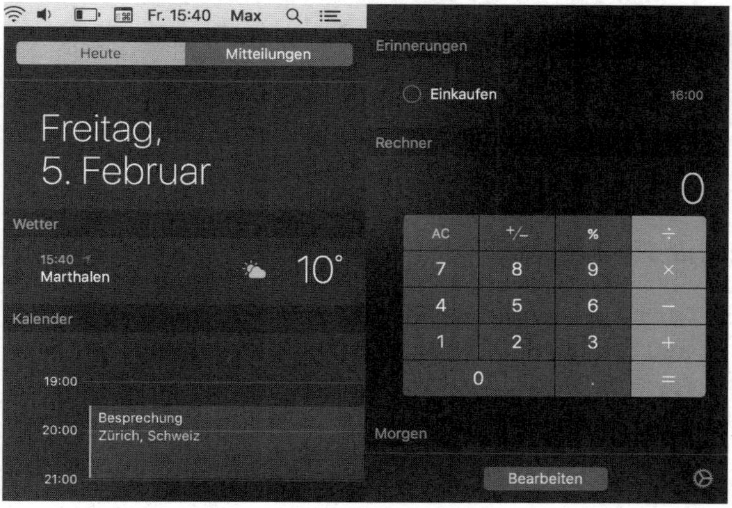

Abb. 22.5: OS X Mitteilungszentrale

22.4.2 Das Launchpad

Der Ort, an dem Sie eine Übersicht über alle auf Ihrem Computer installierten Programme erhalten, nennt sich Launchpad und wird entweder über das Raketen-Symbol im Dock oder, bei einem Notebook, durch Zusammenziehen von Daumen und drei Fingern auf dem Trackpad geöffnet.

Die Programme und Apps im Launchpad sind frei verschiebbar. Erstellen Sie beispielsweise Ordner mit ähnlichen Programmen, die Sie nicht häufig benötigen, oder legen Sie die wichtigsten Programme auf der ersten Seite ab.

Das Launchpad ist auch der einfachste Weg, nicht mehr gewünschte Software zu entfernen. Klicken Sie dazu lange auf ein beliebiges Symbol und betätigen Sie das Entfernen-Symbol, sobald sich die Programm-Icons anfangen zu bewegen.

Abb. 22.6: OS X Launchpad

22.5 Arbeiten mit Fenstern

Die drei wichtigsten Symbole zum Verändern der Fenstergröße finden Sie bei Mac OS X in der linken oberen Ecke jedes Fensters. Die drei farblich unterscheidbaren Symbole haben ganz unterschiedliche Funktionen, ganz abhängig davon, was das Programm unterstützt.

Abb. 22.7: Schaltflächen für Fenster

- Roter Kreis: Schaltfläche zum Schließen von Fenstern. Beachten Sie, dass unter Mac OS X das Schließen eines Fensters nicht automatisch bedeutet, dass das Programm beendet ist. Vergewissern Sie sich in diesem Fall im Dock, ob das Programm mit einem schwarzen Punkt darunter dargestellt wird.

- Gelber Kreis: Minimieren Sie über diese Schaltfläche Fenster, sodass diese im Dock verschwinden. Minimierte Apps oder Programme werden nicht beendet und sind dadurch jederzeit durch ein Klick auf das Fenster im Dock abrufbar.
- Grüner Kreis:
  - Erscheint beim Darüberfahren mit der Maus ein Plus-Symbol auf dem grünen Kreis, wird bei einem Klick darauf das Fenster auf seine maximale Größe maximiert. Das Dock und die Menüleiste werden weiterhin angezeigt.
  - Erscheinen beim Darüberfahren mit der Maus zwei Pfeile auf dem grünen Kreis, wird bei einem Klick darauf das Fenster in den Vollbildmodus (Dock und Menüleiste ausgeblendet) bewegt. Klicken und halten Sie mit der Pfeiltaste auf dem grünen Kreis, kann das Programm in einen geteilten Bildschirmmodus verschoben werden.
- Sofort beenden...: Mit »Sofort Beenden« wird das erzwungene Schließen eines Programmes ermöglicht. Lässt sich ein Programm nicht mehr schließen, weil es abgestürzt ist, findet man dieses im Englischen mit »Force Quit« bezeichnete Fenster im Apple-Menü oben links oder öffnet es durch gleichzeitiges Betätigen der Befehls-, Options- und Escape-Taste.

Mission Control

Mit Mission Control besteht ein weiterer Weg zur Organisation und besseren Übersicht über alle offenen Fenster. Mission Control kann mit vielen unterschiedlichen Methoden geöffnet werden. Auf einem Notebook oder mit einem Magic Trackpad geht dies am einfachsten, indem auf dem Trackpad mit drei oder vier Fingern nach oben gewischt wird. Alternativ kann Mission Control über ein Symbol im Dock oder Launchpad gestartet werden. Schließlich kann über Apple-Tastaturen auch über die Taste F3 auf Mission Control zugegriffen werden.

Abb. 22.8: OS X Mission Control

Mission Control ist besonders hilfreich, wenn Sie viele Programme und Fenster offen haben. Wählen Sie das Fenster, welches Sie im Vordergrund benötigen, einfach aus. In der Spaces-Leiste am oberen Bildschirmrand sind, falls vorhanden, andere Schreibtische und Programme im Vollbildmodus auffindbar. Hier können Fenster auch auf andere Schreibtische verschoben oder neue Schreibtische erstellt werden.

Gesten

Bei der Benutzung einer Magic Mouse, eines Magic Trackpad oder dem im MacBook verbauten Trackpad sind weitere Gesten vorkonfiguriert. In der Systemsteuerung finden Sie unter »Trackpad« oder »Maus« eine Übersicht über alle Gesten und können diese verändern oder deaktivieren. Weiter wird die ausgewählte Geste anhand einer kurzen Videosequenz bildlich dargestellt.

22.6 Windows auf dem Mac

Boot Camp gilt als einzige Möglichkeit, Windows mit der höchstmöglichen Leistung auf einem Mac einzusetzen. Natürlich gibt es auf dem Markt sowohl kostenlose als auch kostenpflichtige Virtualisierungslösungen, welche den simultanen Betrieb beider Betriebssysteme versprechen. In allen Fällen ist die Leistung jedoch nicht mit derjenigen unter Boot Camp vergleichbar.

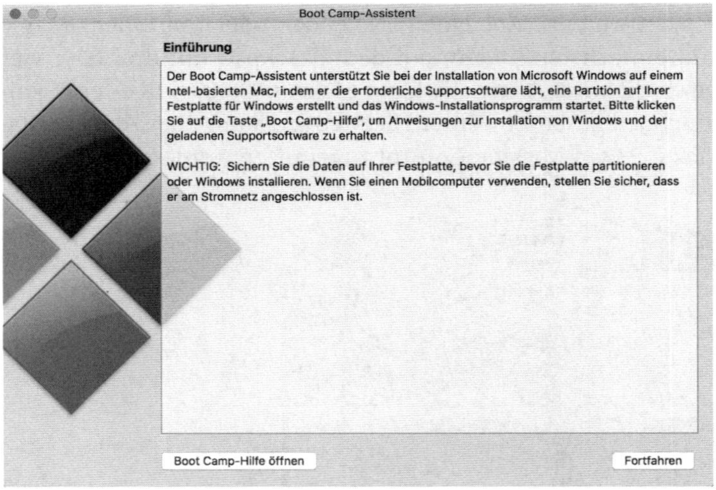

Abb. 22.9: Boot Camp-Assistent in OS X

Der Grund dafür ist, dass es sich bei Boot Camp um eine »echte« Windows-Installation handelt, die von der vollen Rechenleistung des Systems profitieren kann. Gängige Virtualisierungslösungen müssen im Betrieb die Rechenleistung mit

Mac OS teilen. Bei einfachen Desktop-Anwendungen fällt dies wenig bis gar nicht auf, hingegen ist der Unterschied bei rechenintensiven Anwendungen oder Computerspielen deutlich mess- und spürbar.

22.7 Unterhalt und Verwaltung

Während die grundsätzlichen Methoden des Unterhalts und der Sicherheit identisch mit Windows sind, werden unter Mac OS die entsprechenden Werkzeuge unter anderem Namen und teilweise mit anderen Funktionen angeboten.

22.7.1 Sicherungen

Mit Time Machine ist im Betriebssystem eine automatisierte Sicherungssoftware integriert. Im Heimgebrauch kann für Backups eine externe Festplatten oder eine AirPort Time Capsule eingesetzt werden. Die Schnittstelle wird aber auch von einigen Herstellern von Netzwerkspeichern (NAS) unterstützt.

Ist das ausgewählte Volume konstant verbunden (und genügend Speicherkapazität vorhanden), behält Time Machine in der Standardkonfiguration:

- Stündliche Backups der letzten 24 Stunden
- Tägliche Backups des letzten Monats
- Wöchentliche Backups aller vorherigen Monate

Alte Backups werden nur dann automatisch entfernt, wenn der Speicherplatz knapp wird.

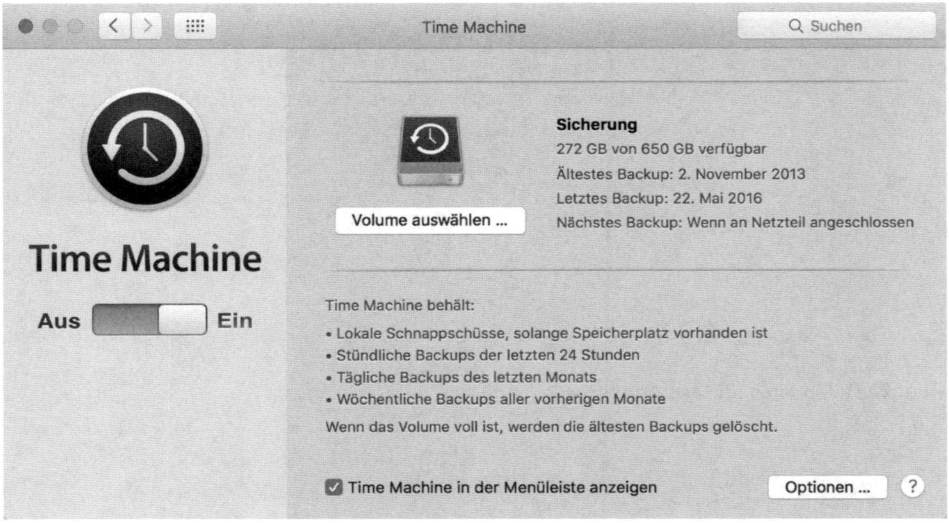

Abb. 22.10: Time Machine in der Systemsteuerung von OS X

Zum Zug kommt die »Zeitmaschine« beispielsweise dann, wenn ein vorheriger Stand einer bestimmten Datei oder eines bestimmten Ordners wiederhergestellt werden soll. Navigieren Sie im Finder zu der gewünschten Datei oder dem Ordner und wählen Sie in der Menüleiste im Time Machine-Menü »Time Machine öffnen«. Anhand der Zeitleiste kann der Verlauf des geöffneten Verzeichnisses nachvollzogen werden.

Über die OS X-Wiederherstellung kann das komplette System aus einem Time Machine-Backup wiederhergestellt werden. Die OS X-Wiederherstellung wird beim Systemstart durch das Drücken der Befehls- und R-Taste gestartet. Die Option zur Wiederherstellung von einem Backup wird in dem Fenster Dienstprogramme dargestellt und kann von dort aus gestartet werden.

22.7.2 Updates und Patches

Update- und Patchpakete sind unter OS X, wie die größeren Upgrades, im Mac App Store verfügbar. Anders als bei den Windows-Updates sind jeweils alle Updates für das Betriebssystem in einem Paket vereint. Dazu können weitere Updates für Zusatzprogramme oder verwendete Treiber kommen.

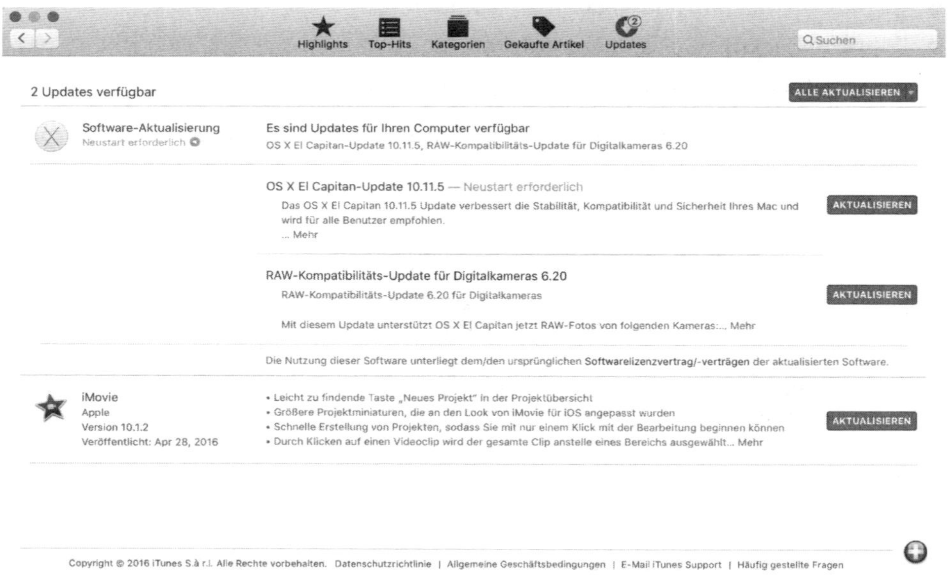

Abb. 22.11: Updates im Mac App Store

22.7.3 Terminal – Die Kommandozeile auf dem Mac

Das Gegenstück zur Windows-Eingabeaufforderung wird unter Mac OS mit Terminal bezeichnet. Wie unter Windows sind einige Befehle über das Terminal einfacher durchführbar oder es führt sogar kein Weg an der Kommandozeile vorbei.

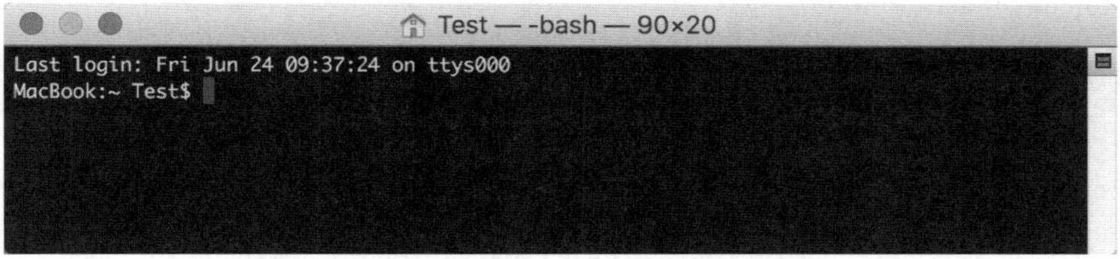

Abb. 22.12: Ein Terminal-Fenster in OS X

22.7.4 Schlüsselbundverwaltung

Seit Mac OS X Lion erhält der Benutzer über die Schlüsselbundverwaltung Zugriff auf den vom Betriebssystem geführten Schlüsselbund. Der Schlüsselbund umfasst benutzerspezifische als auch -unabhängige Zertifikate und Passwörter (z.B. im Browser oder Mail-Programm gespeicherte Zugänge und WLAN-Passwörter).

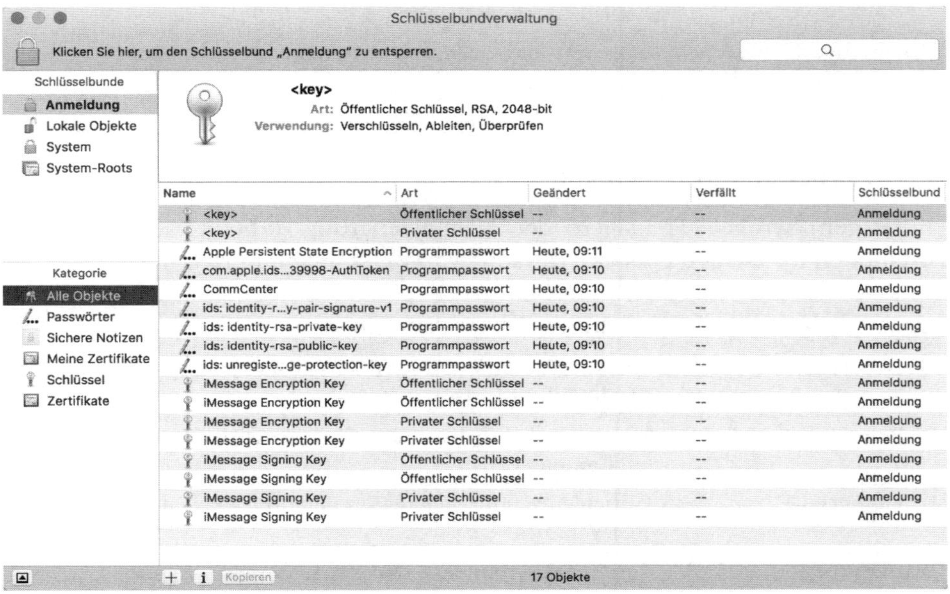

Abb. 22.13: Schlüsselbundverwaltung

22.7.5 iCloud

Der in Mac OS und iOS verankerte Dienst iCloud ist weit mehr als eine Alternative zu Cloud Storage-Diensten. Vielmehr handelt es sich dabei um eine Komplettlösung zur Speicherung und Synchronisierung unterschiedlicher Dienste und Funktionen. Auf einem Mac kann individuell eine Auswahl aus folgenden Funktionen gemacht werden:

Funktion	Beschreibung
iCloud Drive	Synchronisierte Verzeichnisse für Dokumente aller Art, ebenfalls auf iPhone, iPad und Windows PCs möglich
Fotos	iCloud-Fotomediathek für Aufnahmen von iPhone oder iPad
Mail	Synchronisation der konfigurierten Mail-Accounts auf andere Geräte
Kontakte	Zugriff auf alle Kontakte von Mac, iPhone und iPad
Kalender	Zugriff auf alle Termine von Mac, iPhone und iPad
Erinnerungen	Zugriff auf alle Erinnerungen von Mac, iPhone und iPad
Safari	Synchronisation der Lesezeichen, Zugriff auf iCloud-Tabs (auf anderen Geräten geöffnete Webseiten)
Notizen	Zugriff auf alle Notizen von Mac, iPhone und iPad
Schlüsselbund	Konfiguration des iCloud-Schlüsselbundes, Sicherheitscode erstellen oder ändern
Zugang zu meinem Mac	Datei- oder Bildschirmfreigabe eines entfernten Macs
Meinen Mac suchen	Ortungsfunktion für mobile Systeme bei Verlust oder Diebstahl

22.7.6 Arbeiten mit Freigaben

Hinter dem Symbol »Freigaben« der Systemsteuerung verbergen sich nützliche Funktionen für die gemeinsame Nutzung von Ressourcen im Netzwerk.

Dienst	Beschreibung
DVD- oder CD-Freigabe	Remote Disc, Freigabe des internen oder extern verbundenen CD/DVD-Laufwerks
Bildschirmfreigabe	Screensharing, Beobachtung oder Steuerung von einem anderen Computer aus
Dateifreigabe	Einrichten von für andere Computer freigegebenen Ordnern oder Volumes
Druckerfreigabe	Zugriff auf verbundene Drucker gewähren
Entfernte Anmeldung	Zugriff auf Computer über SSH und FTP
Entfernte Verwaltung	Zugriff mittels Apple Remote Desktop
Entfernte Apple-Events	Kommunikation mit Programmen auf anderen Macs

Dienst	Beschreibung
Internetfreigabe	Internetfreigabe über WLAN, USB Ethernet, Bluetooth oder Thunderbolt
Bluetooth-Freigabe	Konfiguration des Datenaustauschs über Bluetooth

22.8 Arbeiten mit Linux

Linux-Distributionen basieren wie OS X auf Unix und weisen in gewissen Bereichen durchaus Ähnlichkeiten auf. Bekannte optisch wie auch funktional ansprechende Distributionen sind beispielsweise Ubuntu oder Linux Mint.

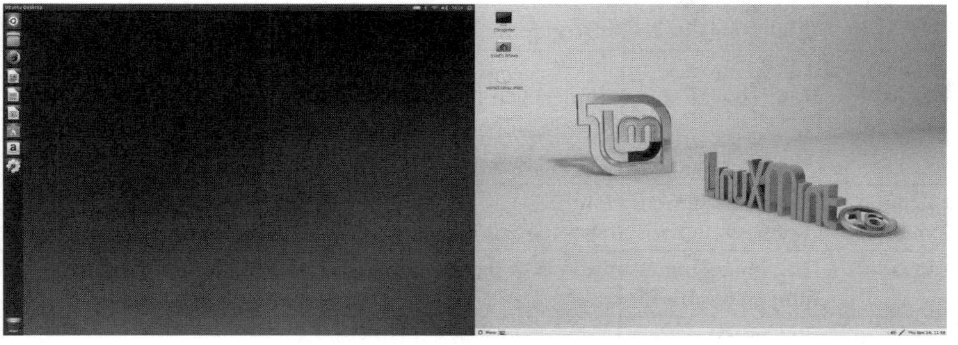

Abb. 22.14: Ubuntu (links) sowie Linux Mint (rechts)

Während die beiden zuvor genannten Distributionen kostenlos zur Verfügung gestellt werden, gibt es auch kostenpflichtige Distributionen, welche z.B. auch die entsprechenden Support-Leistungen mitbringen.

Linux-Befehle

Da Linux in Server-Umgebungen sehr verbreitet ist, kann es nützlich sein, die wichtigsten Kommandozeilenbefehle zu kennen. Viele aus Linux bekannte Kommandos können auch im Terminal von Mac OS X angewendet werden.

Befehl	Beschreibung
ls	List Auflisten des Inhalts eines Verzeichnisses/Ordners
grep	Global regular expression print Durchsuchen von Dateien nach Text
cd	Change directory Aktuelles Verzeichnis wechseln
shutdown	Herunterfahren des Systems

Befehl	Beschreibung
pwd	Print working directory Ausgabe des aktuellen Verzeichnisses
passwd	Password Änderung von Benutzerpasswörtern
mv	Move Verschieben einer Datei
cp	Copy Kopieren von Dateien oder Verzeichnissen
rm	Remove Löschen von Dateien oder Verzeichnissen
chmod	Change mode Änderung der Zugriffsrechte von Dateien
chown	Change owner Änderung des Eigentümers von Dateien
iwconfig	Wireless configuration Konfiguration eines WLAN-Schnittstelle
ifconfig	Interface configuration Konfiguration der Netzwerk-Schnittstelle
ip (addr)	Nachfolgeprogramm von ifconfig zur Anzeige und Konfiguration von Einstellungen der IP-Adresse
ps	Processes Liste der laufenden Prozesse
su	Substitute user identity Wechsel der Identität in der Kommandozeile
sudo	Substitute user do Administratorrechte für begrenzten Zeitraum
apt-get	Advanced packaging tool – get Verwaltung von Paketen und Softwarenachinstallation
vi	Visual Erweiterter Texteditor für Kommandozeile
dd	Duplicate data (keine offizielle Vollform) Bit-genaues Kopieren von ganzen Datenträgern oder Dateien

22.9 Fragen zu diesem Kapitel

1. Wie lautet der Name der Standard-Paketverwaltung in Ubuntu Linux?
   A. Yum
   B. Apt
   C. Wget
   D. Gzip

2. In einem Architekturbüro werden hauptsächlich Macs eingesetzt. Sie werden beauftragt, eine Lösung zu finden, die es erlaubt, auf den bestehenden Geräten Windows-Applikationen zu benutzen. Welches Tool bietet sich dafür an?
   A. Boot Camp
   B. VSphere
   C. Disk Util
   D. iBoot
3. Ein Benutzer kann eine auf seinem Mac gespeicherte Datei nicht mehr finden. Mit welchem vorinstallierten Tool kann er nach dem Dateinamen suchen?
   A. Alfred
   B. Searcher
   C. Spotlight
   D. Find my Mac
4. Mit welchem Kommandozeilenbefehl lässt sich die Konfiguration der IP-Netzwerkschnittstelle unter Unix-basierten Rechnern auflisten?
   A. ethtools
   B. ifconfig
   C. iptables
   D. ipconfig
5. Wie wird der grafische Dateimanager in OS X genannt?
   A. Explorer
   B. Gnome
   C. Safari
   D. Finder
6. Welches Tool können Sie auf einem Linux-Computer ohne GUI einsetzen, um eine einfache Text-Datei zu bearbeiten?
   A. Vi
   B. Notepad
   C. Cat
   D. Ifconfig

7. Ein Benutzer bemerkt, dass er auf seinem Mac vor ungefähr einer Woche versehentlich ein wichtiges Dokument gelöscht hat. In der Zwischenzeit hat er den Papierkorb geleert. Womit hätte der Verlust des Dokuments verhindert werden können?

   A. Time Machine

   B. BitLocker

   C. Mission Control

   D. Numbers für Mac

8. Ein Benutzer möchte die Computernutzung für eine Gruppe von Benutzern auf bestimmte Uhrzeiten beschränken. Wie lautet der Name dieser Funktion in OS X?

   A. Family Safety

   B. Kindersicherung

   C. Web Protection

   D. KxFilter

9. Im Betrieb eines Computers mit Mac OS X reagiert eine Anwendung nicht mehr auf die Eingaben des Anwenders und lässt sich nicht mehr schließen. Welche Alternative zu einem Neustart gibt es?

   A. Taskmanager → Taskkill

   B. Systemeinstellungen → Softwareaktualisierung

   C. Hilfe → Programm beenden...

   D. Apple-Menü → Sofort beenden...

10. Ein Angestellter meldet sich bei Ihnen, weil im Dock seines Macs beim Symbol für den Mac App Store seit längerer Zeit die Zahl 1 in einem roten Kreis dargestellt wird. Was ist vermutlich der Grund dafür?

   A. Es besteht ein Problem mit einem Programm aus dem Mac App Store. Details können der Mitteilungszentrale entnommen werden.

   B. Eine Anmeldung mit der Apple-ID zur Konfiguration von iCloud ist nötig.

   C. Es ist eine Softwareaktualisierung für das Betriebssystem oder Programme aus dem Mac App Store verfügbar.

   D. Eine Sicherung mit Time Machine ist fehlgeschlagen. Sobald das Volume wieder verbunden ist, verschwindet das Symbol.

Teil IV

Netzwerk und Sicherheit

Im Kontakt mit der Welt

Lernziele

Der vierte und letzte Fachteil gehört den beiden Themen Netzwerk und Sicherheit, welche eng miteinander verbunden sind.

Sie lernen im Folgenden grundlegende Netzwerkmodelle und deren Aufbau und Betrieb kennen sowie die wichtigsten Sicherheitselemente in diesem Umfeld.

Nach dem Durcharbeiten der folgenden Kapitel und dem erfolgreichen Beantworten der jeweiligen Kapitelfragen erreichen Sie folgende Lernziele:

- Sie kennen unterschiedliche Netzwerkmodelle und ihren typischen Einsatz.
- Sie können unterschiedliche Kabel- und Steckertypen identifizieren und richtig zuordnen.
- Sie kennen verschiedene LAN- und WAN-Topologien und ihren Einsatz.
- Sie kennen unterschiedliche WAN-Zugangstechnologien für das Internet.
- Sie können den Aufbau von IP-Adressen erklären und ein Netzwerk mit IPv4 korrekt einrichten.
- Sie kennen die Grundlagen von IPv6.
- Sie können verschiedene Dienste unter TCP/IP erläutern.

- Sie können ein lokales Netzwerk für kleine Büros und zu Hause aufbauen.
- Sie finden Fehler im Netzwerk und können diese fachgerecht beheben.
- Sie verstehen die Bedeutung der Datensicherheit und können die Anforderungen an Datensicherheit und Datenschutz benennen.
- Sie kennen verschiedene Bedrohungen im Netzwerk und aus dem Internet und kennen die notwendigen Gegenmaßnahmen.

In diesem Teil:

Kapitel 23

Einführung in die Welt der Netzwerke

CompTIA-Prüfungsziele, die in diesem Kapitel behandelt werden:

Für das Examen 220-901

1.7 Vergleich und Gegenüberstellung verschiedener PC-Anschlussschnittstellen, deren Eigenschaften und Zweck.

- Drahtlose Verbindung, Eigenschaften

2.1 Erkennen der verschiedenen Typen von Netzwerkkabeln und -steckern.

- Glasfaser, Twisted Pair, Koaxial

2.2 Vergleich und Gegenüberstellung der Eigenschaften von Steckern und Kabeln.

- Glasfaser, Twisted Pair, Koaxial

2.5 Vergleich und Gegenüberstellung verschiedener WiFi-Netzwerkstandards und Verschlüsselungstypen.

- Standards

2.7 Vergleich und Gegenüberstellung von Internet-Verbindungstypen, Netzwerktypen und deren Merkmalen.

- Internet-Verbindungstypen
- Netzwerktypen

2.8 Vergleich und Gegenüberstellung von Netzwerkarchitekturgeräten, deren Funktionen und Merkmalen.

- Hub, Switch, Access Point, Bridge
- Router, Modem
- Firewall
- Patchfeld
- Repeater/Extender
- Ethernet über Stromleitung
- PoE-Injektor (Strom über Ethernet-Kabel)

Systemtechnik ist heute ohne Vernetzung eigentlich nicht mehr denkbar. Vom Tablet, mit dem man sich zu Hause ins WLAN verbinden möchte, über das Notebook für den Internetzugang bis hin zu den netzwerkfähigen Smartphones, ermöglichen oder erfordern zahlreiche Systeme sogar eine Vernetzung, um ihre Möglichkeiten ausschöpfen zu können.

23.1 Die Entwicklung der Vernetzung

Die Geschichte der Netzwerke ist nicht ganz so alt wie die Geschichte der Computersysteme. Die Sechzigerjahre des letzten Jahrhunderts waren die Zeit von Großrechnerlösungen, die Zeit der Lochkartenleser, aber auch die Zeit der hochspezialisierten Programmierer und Operateure. Demgegenüber gab es in den Sechzigerjahren keine eigentlichen Endbenutzer an Computersystemen.

In den Siebzigerjahren kamen dann die ersten Großrechnerlösungen, welche mit Terminals für mehrere Benutzer ausgestattet waren. Es kam zu einer ersten Trennung von Großrechnern und Arbeitsplatzrechnern – sogenannten Terminals –, und es gab eine Reihe neuer Hersteller am Markt, die diese Lösungen verkauften (NCR, DEC, IBM).

Die Achtzigerjahre waren die Dekade der Firma IBM. Mit Einführung des PCs erlangte sie eine marktbeherrschende Stellung. Dabei wurde der PC parallel zu den bestehenden Großrechneranlagen eingesetzt, und erst Ende der Achtzigerjahre begannen Firmen wie Novell, erste Netzwerkarchitekturen zu verkaufen, welche ohne Großrechner auskamen.

Zu Beginn der Neunzigerjahre drängte auch Microsoft auf den Markt der kleinen Netzwerke, und es begann über viele Jahre ein heftiger Kampf zwischen Novell Netware und Microsoft Windows NT ... aber kennen Sie Novell noch?

Die aktuellen Trends in der technischen Entwicklung der letzten Jahre lauten:

- Schnelle Verbindungswege mit 1 Gbps und mehr
- Verschiedene Netzwerkgrößen (z.B. lokal und weltweit) verschmelzen
- Netzwerke überall vom Büro bis ins Flugzeug und jederzeit verfügbar
- Netzwerkdienste zur Bezahlung von Dienstleistungen einsetzen
- Immer schnellere drahtlose Übertragungen im lokalen Netz (Wireless LAN)

23.2 Was ist ein Netzwerk?

Die aktuelle Definition dazu lautet:

Ein Netzwerk ist eine Anzahl voneinander entfernter, intelligenter Maschinen, die alle über Kommunikationsleitungen miteinander verbunden an denselben Daten und Informationen teilhaben. *(Markus Kammermann, CompTIA Network+ 1. Auflage 2008)*

Die Welt der Netzwerke kann auf drei Hauptkomponenten reduziert werden:

- Netzwerkelemente – was gehört ins Netzwerk?
- Netzwerkmodelle – wie wird das Netzwerk gebaut?
- Netzwerkmanagement – wie wird das Netzwerk verwaltet?

Netzwerkelemente

Die Grundbegriffe der Netzwerkelemente heißen »Daten«, »Schnittstelle« und »Protokoll«.

Als *Daten* bezeichnen wir in der Netzwerktechnik Informationen, welche über das Netzwerk transportiert werden. Die Übermittlung dieser Information von einem zum anderen Ort ist ein Kernanliegen der Vernetzung. Daten werden über verschiedene Geräte und Medien transportiert. Damit dies möglich ist, müssen die Regeln für diese Vermittlung bestimmt werden, und diese Regeln nennen wir *Schnittstellen*. Durch die Definition von Schnittstellen wird es möglich, Informationen weiterzugeben.

Protokolle sind eigentlich Sprachkonventionen. So wie es Französisch, Deutsch oder Italienisch als Sprache gibt, so gibt es unterschiedliche »Netzwerksprachen«, wobei der Begriff des Protokolls sehr allgemein ist und in vielen unterschiedlichen Zusammenhängen verwendet werden kann.

Häufig werden Netzwerke von einem oder mehreren Rechnern aus verwaltet, die zentrale Dienste für das Netzwerk anbieten. Diese speziellen Rechner tragen den Namen Server und übernehmen die Steuerung des Netzwerks. Die Gegenstellen eines Servers nehmen die Dienste des Servers als Kunden in Anspruch, sie werden daher neudeutsch »Clients« (Kunden) genannt.

Folgende Aufgaben können von einem Server wahrgenommen werden:

- Verwaltung der Ressourcen
- Überwachung und Kontrolle der Druckvorgänge
- Verwaltung der Berechtigungen
- Zuweisung von Daten und Programmen
- Bereitstellung von Diensten wie Mail oder Telefonie

Beim Client-Server-Ansatz ist die Aufgabe der übergeordneten Datenverarbeitung zwischen einem oder mehreren Client-Rechnern und dem Server aufgeteilt. Clients übermitteln Anforderungen an Dienste der Server im Netz. Der Server empfängt die Anforderung und führt eine Aufgabe wie etwa das Bereitstellen einer Datei für den Client aus. Führt ein Server nur einen bestimmten Dienst aus und ist für diesen reserviert, spricht man auch von einem dedizierten Server.

Auf der anderen Seite gibt es auch Netzwerke, die ohne solche zentralen Server funktionieren. Denken Sie nur an die Verbindung von mehreren kleinen Geräten wie mobile Telefone über Bluetooth. Hier sprechen wir von einem Netz von Gleichberechtigten, »Peer to Peer« genannt.

Beim aktuellen Cloud-Ansatz für die Bereitstellung von Diensten sind wir eigentlich wieder beim Server angelangt, nur steht dieser nicht mehr bei uns zu Hause, sondern steht uns über das Internet zur Verfügung und kann für verschiedenste Dienste vom reinen Datenspeichern über das Mail versenden bis zur Fotodatenbank genutzt werden. Selbst ganze Server, die man dann selber einrichten kann, sind heute über eine Cloud verfügbar – immer vorausgesetzt, die Internetverbindung ist vorhanden, stabil und schnell genug.

Netzwerkmodelle

Um diese Vielfalt an Möglichkeiten klassifizieren zu können, spricht man von Netzwerkmodellen, welche sich historisch an der Ausdehnung des Netzwerks orientieren. Die klassischen Modelle dazu sind:

- Local Area Networks (LANs)
- Metropolitan Area Networks (MANs)
- Wide Area Networks (WANs)

Dazu sind in den letzten Jahren die Begriffe GAN für globale Netzwerke und PAN (Personal Area Network) bzw. BAN (Body Area Network) für engräumige Netzwerke entstanden. Vereinzelt ist auch der Begriff CAN für Campus Area Network anzutreffen, womit »übergroße« LANs zum Beispiel auf einem Universitätsgelände zu verstehen sind. Der Begriff tritt aber selten auf.

Ein LAN bezieht sich auf eine Kombination von Computerhardware und Übertragungsmedien von relativ geringem geografischem Umfang. LANs befinden sich üblicherweise innerhalb eines Gebäudes und benutzen meist nur eine Art der Verkabelung. Sie sind selten größer als 10 km und laufen ausschließlich über privaten Grund.

Ein MAN ist größer als ein LAN. Es wird »Metropolitan« genannt, weil es normalerweise die Ausdehnung einer Stadt erreicht. Oft werden verschiedene Typen von Hardware und Übertragungsmedien benutzt, um die Entfernungen effizient zu überbrücken. MANs verbinden typischerweise unterschiedliche Systeme mit verschiedenen Funktionen.

Ein WAN ist im Wesentlichen ein aus LANs bestehendes Über-LAN. WANs verbinden LANs, die auf verschiedenen Seiten eines Gebäudes, an den entgegengesetzten Grenzen eines Landes oder am anderen Ende der Welt stehen. MAN- und WAN-Technologie verschmelzen allerdings zunehmend im Rahmen sich ständig weiterentwickelnder Technologien.

Die folgende Tabelle zeigt Ihnen den aktuellen Stand der gegenwärtig verwendeten Begriffe und Modelle.

	Geschwindigkeit	Ausdehnung	Bemerkungen
GAN	9,6 Kbps bis > 2 Mbps	Weltweit	Häufig Satellitenverbindung. Sehr heterogene Technologien im Einsatz, zunehmend auch Glasfaser
WAN	2 Mbps bis 40'000 Mbps	... 1000km	Zunehmend reine Glasfasernetze, vor allem in Europa. Für Kontintentalverbindungen immer noch viele Kupferkabel z.B. Seekabel, wobei neuere Seekabel ebenfalls aus Glasfaser bestehen.
MAN	100 bis 10'000 Mbps	... 100km	Technisch heute keine eigene Domäne mehr, da WAN und MAN immer näher zusammenrücken.
LAN	4 bis 10'000 Mbps	< 10 km	Heute 100 Mbps und 1 Gbps als aktuelle Standards, die bezahlbar sind, 10 Gbps im Zunehmen begriffen.
PAN/ BAN	1-300 Mbps	<100 m	Klassische Wireless-Zone für Bluetooth, Mobile Devices, Wearables und Smart Devices untereinander oder als Verbindung zu größeren Geräten (z.B. Headset zu Smartphone) .

Abb. 23.1: Netzwerkmodelle

Entsprechend ihrem Einsatzgebiet werden diese Netzwerke auch unterschiedlich aufgebaut. Hierbei sprechen wir von einer Topologie. Eine Topologie beschreibt, wie ein Netzwerk aufgebaut wird.

Topologien basieren grundsätzlich auf zwei Arten von Verbindungen:

Eine *Punkt-zu-Punkt-Verbindung* ist eine direkte Verbindung zwischen zwei Geräten. Da solche Verbindungen nur von zwei Geräten gemeinsam genutzt werden können, werden die Zielsetzungen eines gemeinsam genutzten Netzwerks nicht erreicht. Dafür haben Medienzugriff und Adressierung keine Funktion. Typische Punkt-zu-Punkt-Verbindungen sind etwa parallele Drucker oder USB-Verbindungen.

Bei einer *Mehrpunktverbindung* handelt es sich um eine Verbindung zwischen mehreren Geräten. In den heutigen LANs dienen solche Verbindungen dazu, eine große Anzahl von Netzwerkgeräten zu verbinden, und sie setzen eine Form der Medienzugriffssteuerung und eine Adressierung voraus, mit deren Hilfe sich der Zugriff auf die Medien und die Erkennung der angeschlossenen Geräte organisieren lässt.

In der Praxis treffen Sie im LAN-Bereich hauptsächlich auf die sogenannte Stern-Topologie oder die Zellentopologie für WLANs.

Die Stern-Topologie verwendet einen zentralen Rechner oder als Stern-Hub-Topologie einen zentralen Verteiler, dessen Kabelverbindungen sich in alle Richtungen erstrecken. Dadurch wird viel Kabel benötigt, da jeder Rechner mit der Zentralstelle verbunden ist (Rechner, Hub oder Switching Hub). Man könnte sagen, ein Sternsystem besteht aus vielen einzelnen Bussystemen mit jeweils zwei Rechnern. Der große Vorteil: Bei einem Kabelbruch ist nur ein Rechner verloren.

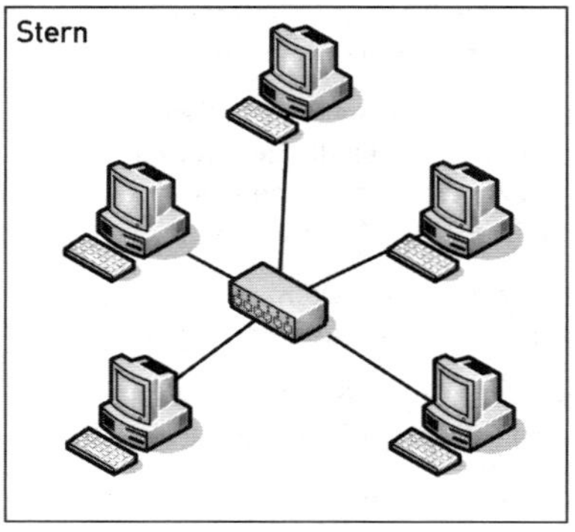

Abb. 23.2: Stern-Topologie

Bei der Zellen-Topologie werden drahtlose Punkt-zu-Punkt-Verfahren mit Mehrpunktverbindungen kombiniert, sodass ein Gebiet in Zellen unterteilt wird. Es werden für den Bau dieser Topologie keine Kabel benötigt, dafür sind sie im Verhältnis zu den anderen Topologien störungsanfälliger.

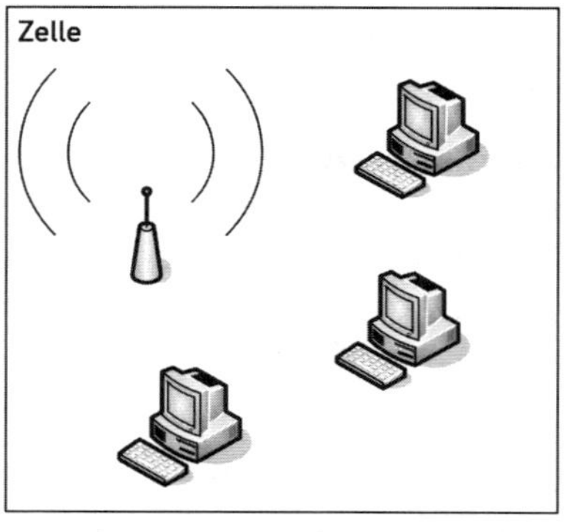

Abb. 23.3: Zellen-Topologie

Netzwerkmanagement

Die erfolgreiche Unterstützung eines Netzwerks hängt in erheblichem Maße vom eingesetzten Netzwerkmanagement ab. Dieses zeigt sich in drei Charakteristika:

- Dem Wissen über das Netzwerk
- Den Handlungskompetenzen und Managementfähigkeiten
- Der Kenntnis von Krisenmaßnahmen und -konzepten

Wer für den Aufbau und Unterhalt von Netzwerken zuständig ist, muss über diese Themen Bescheid wissen, doch dies führt dann über den CompTIA A+ hinaus und in die Thematik von CompTIA Network+.

23.3 Am Anfang steht das Signal

Wenn wir von der Hardware im Netzwerk sprechen, dann ist deren Grundlage die Übertragung des Signals. Dazu gibt es unterschiedliche Medien und Geräte, wie wir gleich sehen werden, und außerdem unterschiedliche Übertragungsmöglichkeiten.

Eine Unterscheidung wird dabei ganz zu Beginn getroffen: Daten werden entweder gleichzeitig (parallel) oder nacheinander (seriell) übertragen.

Daneben kann ein Signal aber auch nur eine Richtung oder in zwei Richtungen übertragen werden.

23.3.1 Seriell – Parallel

Bei einer *parallelen* Datenübertragung werden mehrere Leitungen gleichzeitig zur Datenübertragung benutzt. Es kann so pro Zeiteinheit ein Mehrfaches an Daten übertragen werden, es wird aber für jede Datenleitung auch ein Draht benötigt. Zudem können die Daten am Empfangsende nur dann verstanden werden, wenn die Signale auch wirklich exakt gleichzeitig empfangen werden. Man spricht daher auch vom Bitversatz als Problem der parallelen Datenübertragung. Die höhere Geschwindigkeit steht daher der höheren Empfindlichkeit gegenüber. Zudem sind mit dieser Übertragung nur kürzere Distanzen im Bereich von maximal wenigen Metern zu bewerkstelligen.

Beispiele paralleler Datenübertragungen sind:

- IEEE 1284 Centronics (sogenannte parallele Druckerschnittstelle)
- SCSI, EIDE
- PCI-Bus

Durch die fortwährende Weiterentwicklung der Übertragungstechniken ist die parallele Technik zurzeit auf dem Rückzug. Waren früher die Geschwindigkeitsvorteile etwa beim PC-Bussystem ein Hauptvorteil, so ist dieser in den letzten Jahren durch die zunehmende Geschwindigkeit serieller Übertragungsmethoden so weit in den Hintergrund gerückt, dass sogar klassische Systeme wie die EIDE-Technik für Festplatten durch serielle Systeme abgelöst worden sind (S-ATA).

Bei einer *seriellen* Datenübertragung werden die Informationen bitweise nacheinander übertragen. Dies benötigt auf den ersten Blick mehr Zeit als eine gleichzeitige Übertragung, hat aber den Vorteil, dass keine Daten verloren gehen. Für eine serielle Übertragung benötigt man nur eine Leitung (dazu je nach Standard eventuell einen Rückleiter und Kontrollleitungen). Deswegen eignet sich eine serielle Leitung auch für größere Distanzen. Den klassischen Nachteil der geringeren Geschwindigkeit haben ausgeklügelte Entwicklungen in diesem Bereich längst wettgemacht.

Beispiele serieller Datenübertragungen:

- EIA-RS232/V.24
- USB (Universal Serial Bus)
- FireWire IEEE 1394
- S-ATA
- 100Base-T Ethernet

Aufgrund des Distanzvorteils ist die serielle Übertragungstechnik die vorherrschende Technik, wenn es um Netzwerke geht.

23.3.2 Einfach oder hin und zurück?

Ähnlich wie zwei Menschen miteinander sprechen, können auch Computer entweder nur in eine Richtung Daten senden, nacheinander senden oder gleichzeitig miteinander Daten senden.

- Simplex
  Bei einer unidirektionalen Übertragung werden Signale nur in einer Richtung übertragen.

  Typische Beispiele für Simplexübertragungen sind Rundfunk- und Fernsehübertragung.
- Halbduplex
  Beim Halbduplexverfahren werden die Informationen in einem Wechselverfahren einmal in die eine Richtung, dann wieder in die andere übertragen. Die Leitung kann also von beiden Parteien benutzt werden, aber nur abwechselnd, was durch die Kommunikation zwischen den Endgeräten verhandelt werden muss.

  Beispiele hierfür sind Fax, der Sprechfunk oder auch die älteren Ethernet-Netzwerke, wobei der Wechsel beim Ethernet so schnell vor sich geht, dass er für den Menschen nicht wahrnehmbar ist.
- Vollduplex (Bidirektional)
  Bei einer bidirektionalen Übertragung werden gleichzeitig Informationen in beide Richtungen übertragen. Dies ist natürlich die schnellste, aber auch aufwendigste Übertragungstechnik.

  Dies ist zum Beispiel in einem modernen Ethernet oder bei klassischen analogen Telefonleitungen der Fall.

Für eine fehlerfreie Kommunikation zwischen Netzwerkkomponenten ist es wichtig, dass alle beteiligten Stellen über dieselbe diesbezügliche Funktionalität verfügen, sonst kommt es zu Verzögerungen bis hin zu Verbindungsabbrüchen.

23.4 Die Verkabelung eines Netzwerks

Damit ein Netzwerk funktionieren kann, benötigen wir verschiedene Komponenten vom Endgerät über die Verkabelung bis hin zu den Anlagen, um diese Kabel zu verbinden. Als Erstes wenden wir uns an dieser Stelle den Übertragungsmedien zu, welche die Verbindungen zwischen Vermittlungs- und auch Endgeräten physikalisch herstellen.

Übertragungsmedien gibt es sowohl für lokale Netze (LAN) als auch für Weitverkehrsnetzwerke (WAN, GAN). Da aber die Anforderungen an diese Netze unterschiedlich sind, sind auch andere Medien im Einsatz. Wir unterscheiden daher nach LAN-Kabel-Spezifikationen und WAN-Kabel-Spezifikationen. Im Bereich von CompTIA A+ stehen dabei die LAN-Medien und deren Standards im Mittelpunkt.

Es gibt vier relevante Arten von Übertragungsmedien:

- Unshielded Twisted-Pair (UTP) – LAN
- Shielded Twisted-Pair (STP) – LAN
- Koaxialkabel – WAN (früher auch LAN)
- Lichtwellenleiter – WAN (seltener LAN, wegen der Kosten)

Daneben gibt es natürlich auch noch die drahtlose Übermittlungstechnik, WLAN genannt, welche sozusagen die Luft als »Kabel« verwendet.

Jedes der oben angesprochenen Übertragungsmedien hat unterschiedliche charakteristische Eigenschaften. Bei der Auswahl eines Mediums spielen daher folgende Faktoren eine Rolle:

- Kapazität
- Physische Eigenschaften (z.B. Dämpfung, Beweglichkeit, maximale Länge)
- Kosten
- Installationsaufwand
- Unempfindlichkeit gegenüber elektromagnetischen Interferenzen (EMI)
- Plenum oder Non-Plenum (schwer entflammbar oder nicht)

23.4.1 Twisted-Pair-Kabel (UTP und STP)

Ursprünglich als Telefonkabel in den Vereinigten Staaten im Einsatz, hat das verdrillte Kabel (englisch: *twisted pair*) längst seinen Siegeszug durch die Welt der

Netzwerke angetreten. Der Grund war einfach: Als die ersten Netzwerke geplant wurden, überlegte man sich, welche bestehenden Kabel man nutzen konnte – und kam auf die bereits verlegten Telefonleitungen.

Das Kabel besteht in seiner einfachsten Form aus zwei verdrillten Leitungen, ähnlich wie Sie es hierzulande auch kennen – allerdings waren bei uns die alten Telefonleitung selten verdrillt und konnten für Datenübertragungen in Netzwerken kaum genutzt werden. Im Lauf der Zeit wurde das TP-Kabel durch viele Anpassungen verbessert, leistungsfähiger und sicherer gemacht.

Heute gibt es zwei Hauptkategorien: das ungeschirmte und das geschirmte TP-Kabel, entsprechend den englischen Begriffen

- Unshielded Twisted-Pair (UTP) und
- Shielded Twisted-Pair (STP)

genannt. Der Begriff »shielded« bezieht sich auf die Frage, ob die einzelnen Aderpaare, nebst ihrer eigenen Ader-Plastikhülle, zusätzlich geschützt sind oder eben nicht. Da es hierzu mittlerweile unterschiedliche Möglichkeiten gibt, z.B. Folien oder Drahtgeflechte, existieren auch unterschiedliche Bezeichnungen. Mehr dazu im Abschnitt »Shielded Twisted Pair«. Als Beispiel sehen Sie nachstehend ein UTP-Kabel, das allerdings einen Folienschirm um alle Adern herum hat. Daher heißt es auch F/UTP, weil es mit einer Folie umwickelt ist.

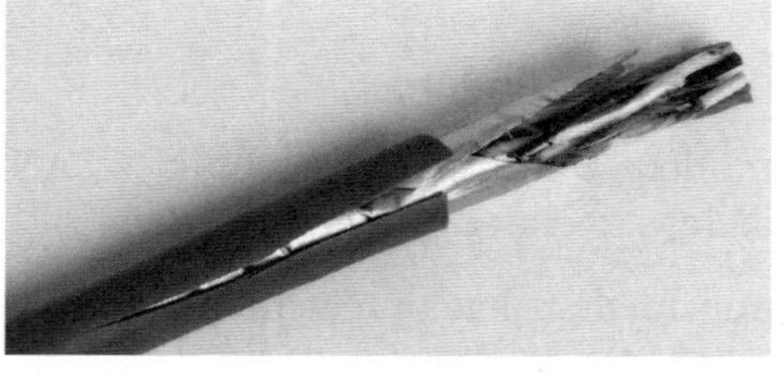

Abb. 23.4: F/UTP-Kabel

Unshielded Twisted Pair

Kabel werden von verschiedenen Organisationen national und international spezifiziert. Die TIA-Standards (Telecommunications Industry Association) gelten für die USA, während die ISO-Standards für den globalen Markt definiert werden. Zudem verfügen Japan, Kanada oder auch Europa über eigene Normierungsgremien, welche weitere Standards definieren. Diese »lokalen« Standards werden aber meist in Abstimmung mit der ISO verfasst, sodass hier kaum Konflikte entstehen, sondern lediglich abweichende Bezeichnungen.

In Europa ist diesbezüglich die CENELEC (Comité Européen de Normalisation Électrotechnique), zu Deutsch »Europäische Komitee für elektrotechnische Normung« relevant. Dieses Gremium normiert im Auftrag der EU und der EFTA

Sicherheitsrichtlinien für Verkabelungen. Dies ist der Hauptgrund, warum in den meisten europäischen Ländern die europäische Norm (EN) als der zu berücksichtigende Standard verlangt wird und nicht die TIA oder ISO-Normen.

Im Netzwerkalltag sind aber häufig die amerikanischen Begriffe geläufig, weniger bei den Elektrikern, sicher aber in der Informatik. Daher beginnen Sie an dieser Stelle mit EIA/TIA und deren Kabelkategorien.

Die EIA/TIA-568-Spezifikationen standardisieren die Installation von Kupferverkabelungen. Sie enthalten bis heute mehrere Aktualisierungen, so z.B. TIA 568B.2.1 für die Kategorie 6 von 2002. Die Normen gelten für TP-Verdrahtungsschemas, die mit POTS, ISDN, xBase oder Tokenring arbeiten. Die Unterscheidung nach TIA-568A und TIA-568B kommt daher, dass die EIA/TIA mit der Standardisierung von TIA-568A länger brauchte als AT&T in den USA mit der Marktdurchdringung ihrer eigenen Verdrahtung (258A genannt) – so wurde anschließend mit EIA/TIA 568B diese Version, die sich auf dem Markt verbreitet hatte, de facto als Standard übernommen. Sie treffen daher in den USA häufig TIA-568B-Verdrahtungen an; in Europa bis Kategorie 5 dagegen, wo AT&T nie diese wichtige Rolle spielte, finden Sie eher TIA-568A.

Der einzige Unterschied zwischen TIA-568A und TIA-568B ist übrigens die Vertauschung der Adernpaare 2 und 3 (orange und grün). Beide Standards verdrahten die Kontakte »straight through« (gerade, auch 1:1 genannt). Daher sind die Kabel problemlos austauschbar, solange beide Enden nach demselben Standard verdrahtet sind. Ansonsten erhalten Sie bei Mischung ein Crossover-Kabel.

Die TIA-Normen definieren die folgenden Kabelkategorien für Kupferkabel:

Kategorie	Übertragungsrate	Einsatz
Kat 1 UTP	< 1 Mbps	Für Sprache, Telefonkabel
Kat 2 UTP	Bis 4 Mbps	Löst Kat 1 ab. Sprache, Telefonie, ISDN, Token-Ring-Datenübertragung
Kat 3 UTP/STP	Bis 10 Mbps	Datenübertragung, 10Base-T
Kat 4 UTP/STP	Bis 20 Mbps	Datenübertragung, 10Base-T, 16 Mbps für Token-Ring
Kat 5 UTP/STP	Bis 100 MHz und bis 100 Mbit/s	LAN, Ethernet (100Base-T)
Kat 5e UTP/STP	Bis 100 MHz und bis 1 Gbit/s	LAN, Ethernet, Vollduplexbetrieb
Kat 6 UTP/STP	250 MHz und bis 1 Gbit/s	LAN, Ethernet
Kat 7/7A	600 /1000 MHz	Universale Kommunikationsverkabelung
Kat. 8	in Arbeit	für 40Gbps-Netzwerke

Tabelle 23.1: Genormte Kategorien für Twisted-Pair-Kupferkabel

Wenn Sie nun die ISO-Norm (Basis der CENELEC-Normen) dazu nehmen, sieht eine vergleichende Tabelle mit den aktuellen Normen wie folgt aus:

TIA Norm	Standard	Frequenzbereich	ISO Norm	Standard
Kat. 5e	EIA-568-B.2	1 – 100 MHz	Class D	ISO/IEC 11801
Kat. 6	EIA-568-B.2-1	1 – 250 MHz	Class E	ISO/IEC 11801
Kat. 6a	EIA-568-B.2-10	1 – 500 MHz	Class EA	Anhang 1 zu 11801
Kat. 7	n/a	1 – 600 MHz	Class F	ISO/IEC 11801
Kat. 7A	n/a	1 – 1000 MHz	Class FA	Anhang 1 zu 11801

Tabelle 23.2: EIA/TIA-Normen und ISO-Normen

Als richtungsweisende Dokumente für die Normierung von Datenkabeln dienen die Systemstandards ISO/IEC 11801 und 50173-1. Hier werden die Grundanforderungen an die Verkabelungssysteme formuliert. Diese internationalen Dokumente spezifizieren die Datenkabel der Kategorie 3, 5, 6 und 7 sowohl für Installationskabel und Backbone-Kabel als auch für Anschluss- und Verbindungskabel. In Europa gilt stattdessen die Norm EN 50288, »Mehradrige metallische Daten- und Kontrollkabel für analoge und digitale Übertragung«. Wie die IEC-Norm stellt sie sich in mehreren einzelnen Normen nach dem Schema 50288-n auf.

Für die immer noch sehr häufig verwendeten Kategorie-5-Kabel sieht die Verdrahtung nach den Standards TIA-568A respektive TIA-568B dann wie folgt aus:

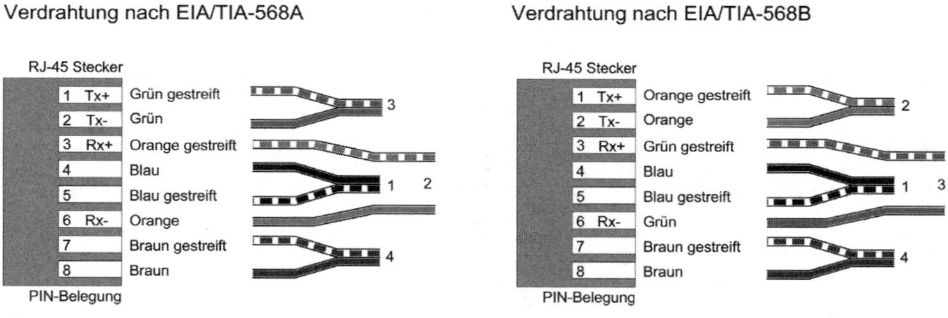

Abb. 23.5: Verdrahtungsschema nach EIA/TIA-568

Verwendet werden davon bis und mit 100 Mbit/s (Kat. 5) lediglich zwei Adernpaare, nämlich die Adern 1 und 2 zum Senden und die Adern 3 und 6 zum Empfangen. Die heute eingesetzten Kategorien 5e bis 7 bzw. ISO-Class D bis F verfügen über acht Adern, die in jeweils vier miteinander verdrillten Paaren angeordnet sind und parallel von Sender zu Empfänger gezogen werden.

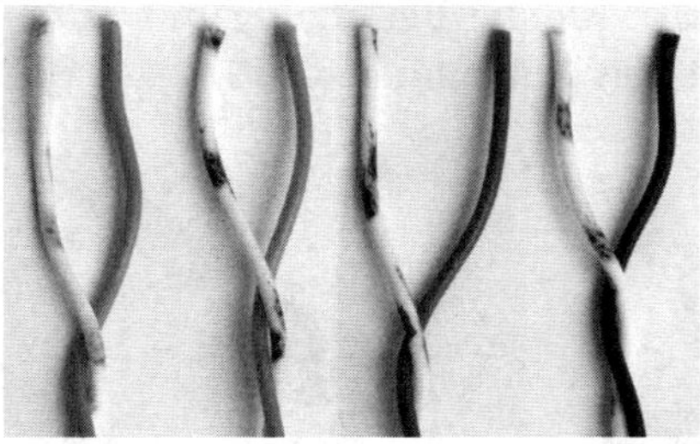

Abb. 23.6: Twisted-Pair-Kabel nach Paaren angeordnet (Kat. 5e bis 7)

Bei einem sogenannten »Crosskabel« werden dabei bis 100 Mbit/s die Adern 1 und 2 sowie 3 und 6 gekreuzt. Bei einem Gigabit-Kabel werden dagegen alle Adernpaare gekreuzt. Und seit der Einführung von »AutoSense«, d.h. der Möglichkeit von Netzwerkschnittstellen, die benötigte Verbindung selber zu bestimmen, sind Crosskabel eigentlich überflüssig geworden.

Bis und mit Kategorie 6 bzw. ISO-Class E werden die Kabel mit RJ-45-Steckern eingesetzt, für die Class F bzw. FA gibt es dann einen neuen Steckertyp, der nur noch voll geschirmt verfügbar ist. Der neue Steckertyp nennt sich GG45 und ist zwei verschiedenen Ausführungen normiert. Nexans GG45 ist abwärtskompatibel zu RJ45 und wird daher gerne für LAN-Vernetzungen eingesetzt. RJ45-Stecker selber sind dem gegenüber mangels ihrer Eignung offiziell nicht freigegeben für Kat. 7 – auch wenn Sie das problemlos auf dem Markt finden.

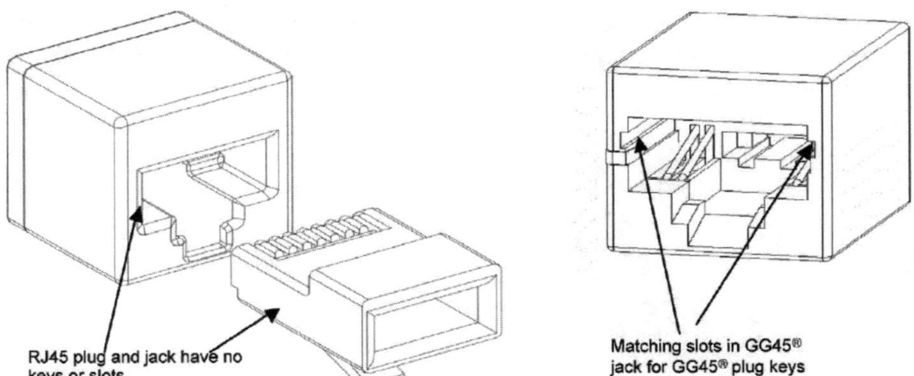

Abb. 23.7: Unterschiede von RJ45 und GG45

Siemens TERA wiederum gibt es in verschiedenen Ausführungen und wird daher dann eingesetzt, wenn unterschiedliche Anforderungen bestehen. Dies liegt daran, dass es die TERA-Class-F-Anschlussstecker in unterschiedlicher Ausführung gibt mit unterschiedlicher Anzahl verdrahteter Paare für die Benutzung mit unterschiedlichen Diensten, von Kat. 7-Netzwerk (4P) bis Telefondienst (1P).

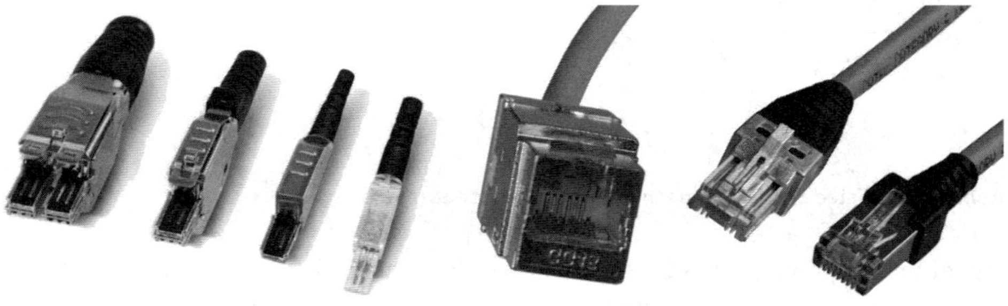

Abb. 23.8: Class-F-Anschlussstecker: TERA in den Ausführungen 4P, 2P und 1P und Nexans GG45

Mit der Normierung in IEC-60603-7 sind TERA und GG45 in Europa zur Norm für den informationstechnischen Anschluss von Klasse F/Kategorie-7-Verkabelungen gemäß ISO/IEC 11801 und EN 50173 avanciert. Zudem ist die Bauart dieser Schnittstelle auch für die Class-FA-Netzwerke geeignet. Noch diskutiert wird, welcher Steckertyp für die anstehende Standardisierung der 40 Gbps-Verkabelung geeignet ist.

Shielded-Twisted-Pair

Um die Empfindlichkeit von Twisted-Pair-Kabeln gegenüber elektromagnetischen Einflüssen (EMI) zu verringern, werden ein Kupfergeflecht und/oder eine Folienschirmung pro Adernpaar und/oder rund um alle Adern als zusätzliche Abschirmungen verwendet.

Abb. 23.9: S/STP-Kabel mit paarweiser Folienschirmung und zusätzlichem Drahtgeflecht

Entsprechend heißen die Bezeichnungen nach ISO/IEC-11801:2002 Annex E, ausgehend von der Gesamtschirmung zur Adernpaarschirmung bis zur Bezeichnung TP:

- U/UTP
  Bündel ungeschirmt, Adernpaare ungeschirmt
- F/UTP
  Bündel mit Folienschirmung, Adernpaare ungeschirmt
- S/UTP
  Bündel mit Geflechtschirmung, Adernpaare ungeschirmt
- SF/UTP
  Bündel mit Geflecht- + Folienschirmung, Adernpaare ungeschirmt
- U/FTP
  Bündel ungeschirmt, Adernpaare mit Folienschirmung
- F/FTP
  Bündel mit Folienschirmung, Adernpaare mit Folienschirmung
- S/FTP
  Bündel mit Geflechtschirmung, Adernpaare mit Folienschirmung, (werden auch PIMF genannt, Pair in Metal Foil)
- SF/FTP
  Bündel mit Geflecht- + Folienschirmung, Adernpaare mit Folienschirmung (werden auch PIMF genannt, Pair in Metal Foil)
- U/STP
  Bündel ohne Schirmung, Adernpaare mit Geflechtschirmung
- F/STP
  Bündel mit Folienschirmung, Adernpaare mit Geflechtschirmung
- S/STP
  Bündel mit Geflechtschirmung, Adernpaare mit Geflechtschirmung
- SF/STP
  Bündel mit Geflecht- + Folienschirmung, Adernpaare mit Geflechtschirmung

Die letztgenannten Kabel sind die bestgeschirmten Kabel, da diese nicht nur einen Gesamtschirm um alle Adernpaare haben, sondern auch jedes Adernpaar einzeln schirmen. Dadurch haben die einzelnen Adern weniger negativen Einfluss aufeinander.

FTP- und STP-Kabel kaufen Sie dann, wenn Sie mehrere Kabel nahe beieinander verlegen, oder auch, wenn Sie längere Distanzen zurücklegen möchten.

Die Kategorie und der Kabeltyp sind jeweils auf den Kabeln aufgedruckt, damit Sie sehen, was Sie einsetzen. Bei Distanzen über 10 Metern wird Ihnen grundsätzlich nur der Einsatz von FTP- und STP-Kabeln empfohlen, damit die Übertragungsqualität nicht leidet.

Und noch etwas: Die Gesamtschirmung von Bündeln (das F/ oder S/ *vor* dem »/«) nützt nur dann etwas, wenn Sie diese auch auf den Stecker weiterführen! Dazu verfügen diese Kabel in der Regel über einen Erdungsdraht, der in den Stecker geführt wird, damit Sie nicht den Schirm selber einziehen müssen. Dazu sehen auch die Stecker anders aus als die UTP-RJ-45, da sie den Erdungsdraht aus dem Kabel in einer metallischen Hülle aufnehmen.

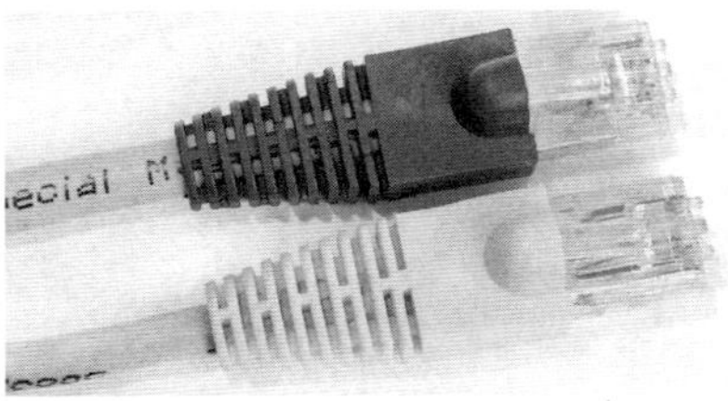

Abb. 23.10: STP-Stecker (oben) UTP-Stecker (unten)

Die Kabel können Sie ab Rolle kaufen (und separat dazu die Stecker) oder fertig konfektioniert. Falls Sie die Kabel selber konfektionieren möchten, benötigen Sie dazu entsprechendes Werkzeug, das je nach verwendetem Stecker unterschiedlich heißen kann, im Allgemeinen sprechen Sie von einer Crimpzange.

Achtung

ISDN hat ähnliche Stecker, da gibt es einen RJ12-Stecker – ähnlich, aber nicht derselbe!

Analoge Telefone verfügen über einen RJ11-Stecker wie bei Modemanschlüssen. Sie sind zweiadrig verdrahtet. In Deutschland findet sich ISDN aber auch mittels RJ-45-Steckern angeschlossen.

23.4.2 Kommunikationsstandards für TP-Kabel

Auf OSI-Layer 2 werden die Zugriffsverfahren für Netzwerke definiert. Dazu erfahren Sie mehr in meinem Buch zur CompTIA Network+-Zertifizierung (M. Kammermann: CompTIA Network+, mitp-Verlag, 3. Auflage 2010). An dieser Stelle seien aber die Auswirkungen dieser Zugriffsverfahren erwähnt: die Kommunikations- bzw. Geschwindigkeitsstandards für kabelgebundene Twisted-Pair-Netzwerke.

Um die Kabelkategorie eindeutig darzustellen, hat das IEEE die folgenden Benennungskonventionen entwickelt:

Geschwindigkeit Typ Länge

Die Geschwindigkeit verkörpert die Datenmenge in Mbps, die mithilfe dieses Standards in einer Sekunde übertragen werden kann. Der Typ definiert die Datensignalisierungsmethode (wie BASE für Basisband und BROAD für Breitband). Schließlich bezeichnet die Länge die Maximallänge eines Segmentes in Einheiten von 100 Metern.

Die älteste Form dieser Verkabelung waren 10Base-T-Netzwerke mit 10 Mbps. Sie werden umgangssprachlich auch als Twisted-Pair-Ethernet bezeichnet. Die nächste Entwicklung nannte sich dann Fast Ethernet – 100Base-T. Darauf wiederum folgte dann Gigabit Ethernet oder 1000Base-T. Aufgrund der hohen Geschwindigkeiten kommen hier aber auch Glasfaserkabel zum Einsatz, die dann entsprechend mit 1000Base-SX für langwellige und 1000Base-LX für kurzwellige Lichtwellenleiter bezeichnet werden.

23.4.3 Koaxialkabel

Koaxialkabel bestehen aus zwei eine gemeinsame Achse aufweisenden Leitern, einem Innen- und einem Außenleiter. Bei heutigen lokalen Netzwerken kommen die Koaxkabel nur noch selten zum Einsatz.

Folgende Standards sind noch bekannt:

Standard	Ohm	Einsatz
RG-6	75 Ohm	Breitbandeinsatz z.B. für Fernsehkabel
RG-8	50 Ohm	Thick Ethernet
RG-11	75 Ohm	Geringere Dämpfung als RG-6, bis 1 km Reichweite ohne Repeater
RG-58	50 Ohm	Thin Ethernet, (ehemals) typisches LAN-Kabel
RG-59	75 Ohm	CCTV, CATV (alt, danach RG-6 in verschiedenen Ausführungen und neu abgelöst durch Glasfaser)

Tabelle 23.3: Genormte Kategorien für Koaxialkabel

Abb. 23.11: Koaxialkabel RG-58

Passend zu den Kabeltypen wurden bei Thick Ethernet AUI-Stecker für die Transceiver-Kabel verwendet.

Für Thin Ethernet wurden die BNC-Stecker verwendet; einen Vertreter für den kabelseitigen BNC-Anschluss sehen Sie in Abbildung 22.4.

Koax-F-Stecker werden für Anschluss von Kabelmodems (CATV) verwendet, auf diese Stecker treffen Sie auch heute noch.

Am weitesten verbreitet sind die Koaxialkabel noch in der Gebäude- und Gewerbeverkabelung bzw. für CCTV- und CATV-Verkabelungen, wo erst nach und nach Glasfasernetze deren Aufgabe übernehmen.

23.4.4 Lichtwellenleiter

Die LWL-Technik ist die Zukunft der Netzwerkverkabelung. Sie beruht auf einer neuen Technologie, der Photonik. Bei der Photonik werden zum Übertragen von Daten die Eigenschaften des Lichts anstelle der Elektrizität eingesetzt, sodass eine vollständige Unempfindlichkeit gegenüber EMI besteht. Dabei wird jeder Farbe des Lichtspektrums eine bestimmte elektromagnetische Frequenz zugeordnet, sodass die Übertragung auch zwischen beiden Technologien funktioniert.

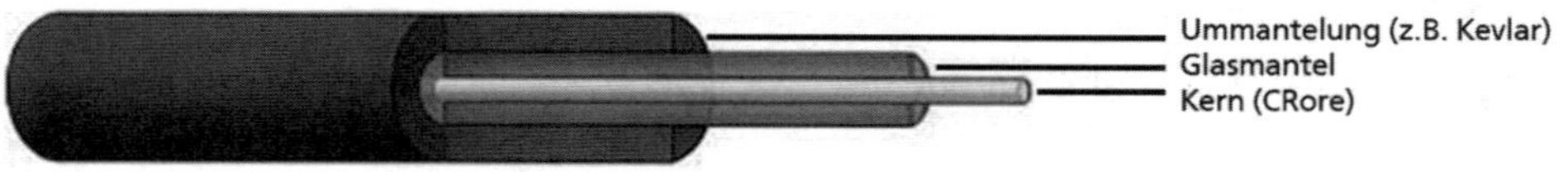

Abb. 23.12: Aufbau eines Glasfaserkabels (Singlemode)

Dabei wird das Signal über einen Lichtwellenleiter gesandt, welcher ummantelt wird, damit sich das Licht entweder an der Kernwand bricht und sich durch Reflexion fortsetzt (Multimode-Faser) oder als hochenergetisches Signal gerade durch den Lichtwellenleiter (LWL) gesandt wird (Singlemode). Der häufigste LWL ist dabei die Glasfaser, weshalb diese Begriffe auch oft synonym eingesetzt werden. Das ist aber nicht ganz richtig, da mit POF (Polymere optische Faser) auch eine kunststoffbasierte Anwendung vorhanden ist.

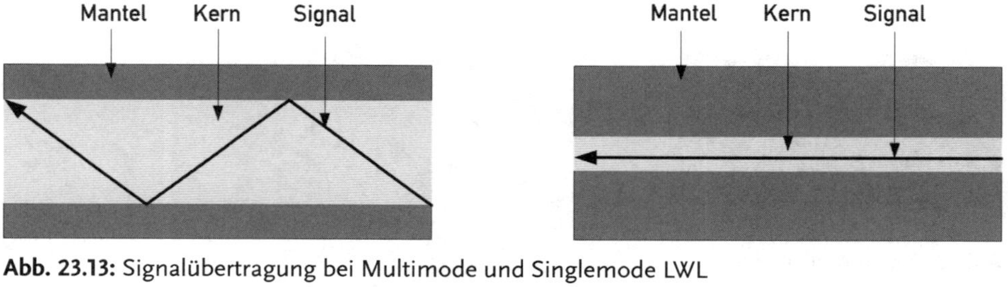

Abb. 23.13: Signalübertragung bei Multimode und Singlemode LWL

Kategorien von Lichtwellenleiterkabeln

Es gibt zwei verschiedene LWL-Typen:

- Singlemode, auch Monomode genannt
- Multimode

Während Singlemode-Fasern mit Laserdioden zur Lichteinspeisung arbeiten, verwenden die Multimode-Fasern LED.

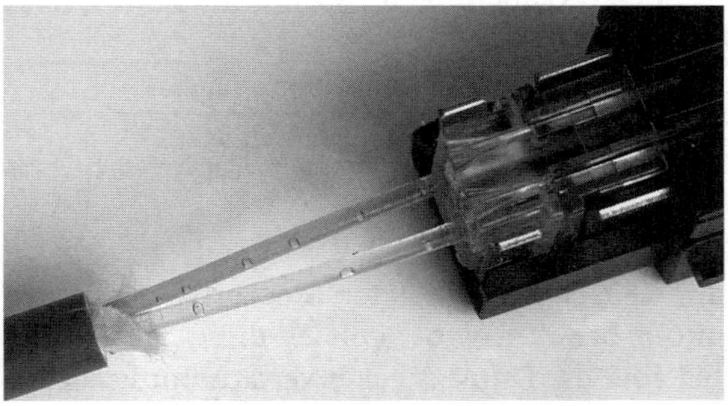

Abb. 23.14: Lichtwellenleiter

Bei der Singlemode-Ausführung wird eine einzelne Lichtwellenleitung für die Signalführung genutzt. Obwohl dadurch die Bandbreite geringer ist als bei gebündelter Übertragung, wird diese Technik eingesetzt, um durch diese Übertragungsart wesentlich größere Strecken zurücklegen zu können, da das Signal nicht durch andere Signale überlagert werden kann.

Singlemode-Fasern haben einen deutlich kleineren Kern als Multimode-Fasern: Die Standard-Singlemode-Faser (SSMF, z.B. Corning SMF-28) hat einen Kerndurchmesser von gerade mal 8 µm, der äußere Durchmesser beträgt jedoch auch hier 125 µm. Die eigentliche Übertragung der Information erfolgt im Kern der Faser.

Bei der Multimode-Ausführung werden dagegen mehrere Fasern gebündelt. Aufgrund mehrerer möglicher Lichtwege kommt es aber eher zu Signalbeeinflussungen, und daher sind Multimode-Fasern zur Nachrichtenübertragung über große Distanzen bei hoher Bandbreite nicht geeignet. Aufgrund ihrer Beschaffenheit sind sie allerdings deutlich günstiger als die Singlemode-Fasern.

Die maximale Übertragungsreichweite bei Multimode beträgt bei einem Kerndurchmesser von 50 µm ca. 500 m und bei 62,5 µm ca. 250 m, dies bei einer Übertragungsrate von 1 Gbps. Im Gegensatz dazu können Singlemode-Übertragungen über mehrere Kilometer weit gehen: bei 1 Gbps bis zu 50 Kilometer. Um Daten über große Distanzen zu übertragen, benötigen beide Versionen optische Verstärker, sodass das Signal für die weitere Vermittlung wieder aufbereitet werden kann.

Die Stecker für Glasfaserverbindungen

Es gibt zahlreiche unterschiedliche Stecker für Glasfaserverbindungen. Im Folgenden sind die wichtigsten aktuellen Typen aufgeführt.

Steckertyp	Einsatz	Beschreibung
LC	LAN	Anschluss für Mini-GBICs; wie SC, nur kleiner
LSH	MAN	Push-Pull-Stecker für WAN und MAN, auch E2000 genannt
MIC	WAN	FDDI-Netzanschlussstecker
MTRJ	LAN	Duplexstecker, vertauschsicher
SC	LAN	Mono- und Multimode, Push-Pull-Schnappverschluss
ST	LAN	Mono- und Multimode, einfacher Bajonettanschluss

Tabelle 23.4: LWL-Steckerverbindungen

SC und ST sind dabei die aktuell am weitesten verbreiteten Steckertypen. Da pro Signalrichtung eine Lichtwellenleitung benötigt wird, gibt es diese Stecker als Single- oder als Duplexstecker. Dabei sind die Duplexstecker vertauschungssicher ausgelegt, damit nicht die falsche Leitung angesteckt wird.

Abb. 23.15: LWL-Anschlussstecker: ST (Bajonett), SC Simplex und SC Duplex, LSH (E2000), MTRJ

Ein Hinweis noch: Zu Hause werden Sie Glasfaser meistens noch nicht einsetzen können. Die Kabel verlangen eigene, spezielle Netzwerkkarten und teure Installationsgeräte. Im Zuge der Glasfaservernetzung in den europäischen Ballungsgebieten für Kabel- und Internetanschlüsse wird sich dies aber in absehbarer Zeit ändern.

23.4.5 Auch das geht: Daten via Stromnetz

Unter dem Begriff »Powerline« kann auch das Stromnetz in Haushalten für die mehrfrequente Nutzung von Signalen eingesetzt werden. Die Signale zur Netzwerkdatenübertragung werden dabei zusätzlich auf die bestehende Leitung moduliert. Damit entfällt die Installation zusätzlicher Leitungen, und bestehende Infrastrukturen können mehrfach genutzt werden. Bekannt sind diese Verfahren im Markt als PowerLAN oder auch Powerline Communication (PLC-Netze). Theoretisch sind dabei heute Datendurchsatzraten bis 1 Gigabit/s möglich.

Das zur Verfügung stehende Frequenzspektrum wird dabei in mehrere Kanäle eingeteilt, weshalb das Verfahren auch Breitband-PowerLAN genannt wird.

Während die Installation verhältnismäßig einfach ist, da lediglich Adapter ans Stromnetz anzuschließen sind, müssen Störfaktoren besonders berücksichtigt werden, da das Netz eben auch anderweitig eingesetzt wird. Dazu gehören etwa Dimmer, Netzteile anderer Geräte etc., welche einen stark dämpfenden Einfluss haben können.

Durch die Modulierung des Signals sind die für die Kommunikation eingesetzten PowerLAN-Adapter klassische Modems, wie sie gleich noch beschrieben werden.

23.5 Drahtlose Kommunikation (WLAN)

Immer häufiger werden in LANs ach drahtlose Techniken eingesetzt. Der IEEE-Arbeitskreis 802.11 definiert seit 1996 Standards für Wireless LAN (WLAN). Eine Gruppe beschäftigt sich mit der Definition der physikalischen Schicht von Wireless LANs wie z.B. den Modulationsmethoden, eine andere definiert die Protokolle für den Medienzugang.

Abb. 23.16: WLAN Access Point

Für den Aufbau eines drahtlosen Netzwerkes benötigen Sie anstelle von Kabeln einen sogenannten Access Point, der dann wiederum mit einem Kabel ans Netz angeschlossen wird, z.B. ans Internet oder den verkabelten Teil des Netzwerkes. Solche Access Points können innerhalb eines Gebäudes eingesetzt werden, die Reichweite beträgt bis zu 30 Metern. Sie werden auch WAP genannt (Wireless Access Point).

Solche Access Points verfügen entweder nur über eine drahtlose Funktion (Bridge) und geben die bestehenden Adressinformationen aus dem lokalen Netzwerk eins zu eins weiter (DHCP-Passthrough) oder sie beinhalten auch eine Routing-Funktion und stellen dann einen eigenen DHCP-Service zur Verfügung, um die drahtlosen Clients mit Adressen zu versorgen.

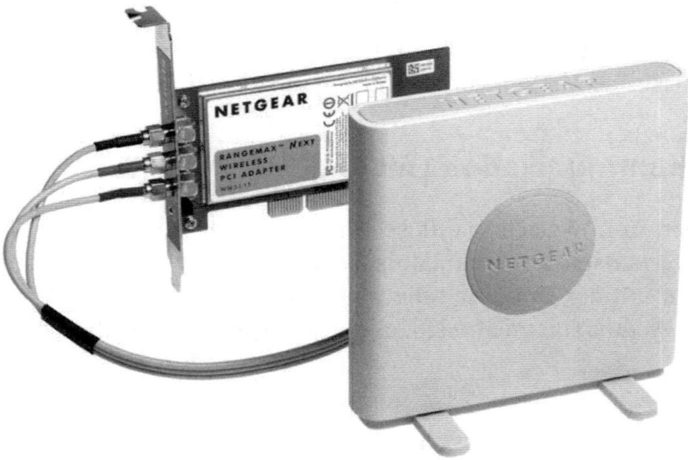

Abb. 23.17: WLAN-Adapterkarte mit externer Antenne für einen PC

Für die einzelnen PCs benötigen Sie entweder die in Notebooks oder Tablets bereits integrierten Wireless Chips oder eine Wireless-Karte. Diese gibt es sowohl für Notebooks als auch für Desktop-Rechner. Bei Smartphones und Tablets sind sie dagegen fest an Bord (fast immer).

Der Standard 802.11 definiert die physikalische Schicht (PHY) und die MAC-Schicht (WMAC). In den ursprünglich ausschließlich eingesetzten 2,4 bis 2,483 GHz breiten Frequenzträgern standen über das FHSS-Verfahren 79 Kanäle mit je 1 MHz zur Verfügung. Typische Vertreter dieser Sendetechnik waren die ersten WLAN-Sets Ende der 90er-Jahre mit 2 Mbit/s Übertragungsraten, etwa das Gigaset von Siemens.

23.5.1 Die Standards IEEE 802.11a/b/g

1999 wurden zwei Standards auf den Markt gebracht. Zum einen der Standard IEEE 802.11a, welcher Übertragungsraten bis 54 Mbps zuließ.

Da dieser aber im (in Europa von der öffentlichen Hand verwalteten) 5-GHz-Band arbeitet, wurde er in Europa vorerst verboten und erst nach Einrichtung eines zweiten ISM-Bandes im Frequenzbereich von 5,15 GHz bis 5,725 GHz im Jahre 2003 zur Nutzung freigegeben.

Demgegenüber wurde IEEE 802.11b im für WLAN bereits im Einsatz stehenden 2,4 GHz-ISM-Band entwickelt. Daher gab es international auch keine Komplikationen wie bei IEEE 802.11a, und der Einsatz erfolgte »weltweit«. Allerdings brachte es 802.11b gegenüber 802.11a lediglich auf 11 Mbps Datendurchsatzrate.

Dafür brachte dieser Standard auch erste Sicherheitsmerkmale wie die WEP-Verschlüsselung (Wired Equivalent Privacy) mit sich, was verhindern sollte, dass andere Stationen die Signale abhören und entschlüsseln können.

Dabei können sich die exakten verfügbaren Frequenzen für die Nutzung von 802.11b je nach Land oder Region unterscheiden. In den USA und Europa stehen nicht dieselben Frequenzbereiche zur Verfügung, und selbst innerhalb Europas bestimmen Länder wie Frankreich oder Italien eigene Regelungen.

Nach 802.11b erarbeitete die IEEE einen zu 802.11b kompatiblen, aber schnelleren Standard, der sich 802.11g nannte, 2003 standardisiert wurde und bis Ende 2009 den am meisten verbreiteten Standard für drahtlose Netzwerke bildete. Er ermöglichte ebenfalls eine Durchsatzrate von bis zu 54 Mbps, und dies im 2,4 GHz-Band.

IEEE 802.11h ist die »Harmonisierung« des Standards 802.11a für europäische WLAN-Anwendungen. Im Gegensatz zu 802.11a setzt dieser Standard die Fähigkeiten DFS (Dynamic Frequency Selection, Dynamisches Frequenzwahlverfahren) und TPC (Transmission Power Control, Steuerung der Übertragungssendeleistung) voraus, um andere in Europa tätige Dienste im 5-GHz-Band wie militärische Radarsysteme sowie Satelliten- und Ortungsfunk nicht zu stören. 802.11h bildet daher keinen eigenständigen Standard ab, sondern stellt eine Ergänzung zu 80.11a für Europa dar.

23.5.2 Die Gegenwart: IEEE 802.11n und 802.11ac

IEEE 802.11n hat sich in den letzten Jahren gut etabliert, auch wenn mit IEEE 802.11ac bereits dessen Nachfolger bereitsteht und seit Ende 2013 auch als Standard offiziell verabschiedet worden ist.

802.11n und MIMO

Der Standard IEEE 802.11n nutzt zur Datenübertragung eine Technik, welche Multiple Input Multiple Output (MIMO) genannt wird. Diese setzt zwei bis maximal vier Antennen jeweils zum Senden oder Empfangen ein. Allerdings verfügen längst nicht alle Access Points über 4+4 Antennen, geschweige denn die Clients, bei denen Sie froh sein können, wenn sie über 2+2 Antennen verfügen. Und ja, Sie lesen richtig, eine Antenne sendet oder empfängt, sie tut nicht beides. Wenn Sie also einen MIMO-Access Point mit 4+4 Antennen einsetzen und daneben ein Notebook mit 2+2 oder ein Smartphone mit 2+1 Antennen besitzen, werden Sie die »theoretische« Leistung des Access Points nicht erreichen können – aber finden Sie zuerst einmal zuverlässig heraus, wie viele Antennen Ihr Gerät aufweist ...

Die Übertragungsraten

Das Verfahren MIMO ermöglicht es, einen Funkkanal im selben Frequenzbereich räumlich mehrfach zu nutzen und somit eine parallele Datenübertragung zu erlauben. Dadurch sollen in bestehenden Netzen die bisherigen Datenraten über größere Distanzen erreicht oder aber auf gleicher Distanz eine höhere Datenrate als bisher ermöglicht werden. Das Netzwerk kann dabei entweder im gemischten Modus (802.11a//g + n) oder im reinen 802.11n-Modus betrieben werden (sogenannter Greenfield-Modus). Zudem unterstützt der Standard 802.11n sowohl die bisherigen 2.4 GHz-Frequenzen als auch das 5 GISM-Band. Zudem können 802.11n-Netzwerke neben den bisherigen 20-MHz-Datenkanälen auch 40 MHz breite Datenkanäle nutzen. 802.11n ist abwärtskompatibel zu älteren Standards, aber nur, wenn der gemischte Modus aktiv eingestellt ist.

Dies ist ein Unterschied zu den bisherigen 802.11er-Standards, welche nur 20-MHz-Datenkanäle nutzten. Die Anzahl der verfügbaren Subkanäle steigt damit von 52 auf 108, was etwas mehr als eine reine Verdoppelung darstellt. Ein Datenstrom (Stream) bringt es damit auf eine maximale Bruttoleistung von 150 Mbit/s. Durch die Kombination mittels MIMO können maximal 4 solcher Streams die 600 Mbit/s erbringen – wie gesagt als Bruttoleistung, nicht als Datenübertragungsrate. Geräte, welche nur einen Stream unterstützen, werden demgegenüber als N-Lite-Geräte verkauft.

Automatische Kanal- und Leistungsanpassung

Durch den Einsatz des 5 GHz-Frequenzträgers werden zudem seit 802.11n »indoor« und »outdoor« unterschieden. Dies hat zum einen mit der Wahl der Frequenzen zu tun, 5,150 bis 5,350 GHz (nur indoor) und 5,470 bis 5,725 GHz (indoor und outdoor), zum anderen damit, dass im oberen Frequenzbereich die Sendeleistung auf 1 Watt erhöht werden kann.

Damit dies nicht zu Komplikationen führt, *müssen* Geräte, welche den oberen Kanalbereich nutzen wollen, zwingend folgende Technologien unterstützen:

- DFS: dynamische Kanal- und Frequenzwahl, um sich freie Frequenzen automatisch zuordnen zu können, wenn ein anderes (stärkeres) Signal sich im bislang gewählten Bereich aufhält (bekanntes Beispiel: Wetterradar auf den Kanälen 120 bis 128).
- TPC: automatische Anpassung der Leistung. Damit steuern Access Points ihre Sendeleistung dynamisch. So werden bei guter Funkverbindung die Daten mit geringerer Sendeleistung gesendet, bei schlechter Verbindung kann die Sendeleistung dagegen bis 1 Watt hochgefahren werden.
- Der (für outdoor obligatorische) Einsatz dieser beiden Verfahren gilt im Übrigen auch in Hinblick auf den nachfolgenden 802.11ac-Standard.
- Erfunden wurden beide Verfahren übrigens nicht erst für 802.11n, sondern bereits für den Einsatz von 802.11a – im Jahre 1999.

Es gibt aber Herausforderungen in Bezug auf 802.11n-Implementationen, die Sie lösen müssen, damit Sie den Nutzen daraus ziehen können:

- Mit 802.11n steigt der Datendurchsatz bis auf das Zehnfache – verkraften die WLAN-Switches diesen Verkehrszuwachs?
- Schnelle Access Points erfordern Gigabit-Ethernet-Anschlüsse im Backbone, damit die Übertragungen nicht im verdrahteten Netz stecken bleiben.

Beamforming

Mit der unter 802.11n eingeführten und unter 802.11ac weitaus genaueren Spezifikation des Beamforming kann ein Access Point sein Funksignal auf einen Client ausrichten und es in dessen Richtung abstrahlen, sodass sich die Verbindung zu einem bestimmten Empfänger deutlich verbessern kann. Dabei senden mehrere Antennen das gleiche Signal in zeitlichem Versatz, wodurch eine Richtwirkung des Signals auf einen Client hin entsteht.

Die Weiterentwicklungen von 802.11ac

Die wesentlichen Merkmale lauten zusammengefasst:

- Nur noch 5-GHz-Band als Trägerfrequenz
- 80 MHz und 160 MHz breite Kanäle
- MUMIMO-Technologie mit bis zu acht Sende- und Empfangs-Antennen
- Verbessertes Beamforming
- Abwärtskompatibilität zum 802.11n-5-GHz-Standard durch Unterstützung von 40 MHz-Kanälen

802.11ac nimmt verschiedene Entwicklung von 802.11n auf und erweitert zum einen die Antennentechnologie von MIMO auf MUMIMO, was so viel bedeutet wie Multi User MIMO, d.h. mehrere Benutzer können MIMO gleichzeitig nutzen, was den Gesamtdurchsatz für mehrere gleichzeitig in der Zelle aktiven Benutzer verbessern kann.

Zum anderen werden die Datenkanäle weiter verbreitert auf 80 MHz und 160 MHz. Andererseits wird aber das 2,4 GHz-ISM-Band nicht mehr unterstützt. IEEE 802.11ac arbeitet ausschließlich auf dem 5-GHz-ISM-Band und verfügt damit prinzipiell über eine etwas geringere Reichweite als Geräte im 2,4 GHz-Band.

Die erreichbaren Übertragungsraten liegen zumindest in der Theorie bei bis zu 433 Mbps pro Antenne bei Nutzung von 80-MHZ-Bändern und dem doppelten von 866 Mbps bei der Nutzung von 160-MHz-Bändern, was dann in einer maximalen Übertragungsrate von bis zu 6, 93 Gbps bei 8+8 Antennen enden könnte. Allerdings wird die Geschwindigkeit automatisch reduziert, wenn die Bedingungen für eine höhere Datenrate nicht gegeben sind.

Alle bekannten Hersteller vertreiben mittlerweile AC-Access Points und Router, sowohl im Heimbereich (SoHo-Geräte) als auch im Business-Umfeld und bei den managed Access Points. Etwas schwerer tun sich die Hersteller der Empfangsgeräte, namentlich die Notebooks und Tablets. Hier benötigt man mit Stand 2015 noch des Öfteren einen externen neuen USB-Stick mit einer 802.11ac-Antenne drin, weil viele Geräte »nur« 802.11n unterstützen. Dies beginnt sich aber zu ändern, und wenn Sie das Buch 2016 lesen, werden auch die meisten neuen Clients bei ihrer Auslieferung auf dem aktuellen Stand sein.

Abb. 23.18: Access Points und WLAN-Router mit IEEE 802.11ac-Unterstützung (© ZyXEL)

Und jetzt eine Übersicht der wichtigsten Eckwerte für drahtlose Standards:

Standard	Standardisiert im Jahr	Maximale Übertragungsrate	Übertragungs-Verfahren	Frequenzband
802.11a	1999	54 Mbps	OFDM	5 GHz*
802.11b	1999	11 Mbps	DSSS	2,4 GHz**
802.11g	2003	54 Mbps	DSSS/OFDM	2,4 GHz
802.11n	2009	300 Mbps	OFDM	2,4 GHz
		600 Mbps	OFDM	5 GHz
802.11ac	2013 (Dez.)	6,93 Gbps	OFDM	5 GHz

* Frequenzträger von 5,150 bis 5,350 GHz (nur indoor) und 5,470 bis 5,725 GHz (indoor und outdoor), der obere Frequenzträger stellt zudem bis 1000 mW Leistung zur Verfügung anstelle der 200 mW beim Indoor-Frequenzträger

** Frequenzträger von 2,40 bis 2,4835 GHz

Tabelle 23.5: WLAN-Standards im Vergleich

23.6 Kommunikation auf kurze Distanz

23.6.1 Infrarot

Die Lichteigenschaften stellen einen hervorragenden Pfad für die Datenkommunikation bereit. Infrarotverbindungen verwenden lichtemittierende Dioden (LED – Light Emitting Diode), Halbleiter-Laserdioden (ILD – Injection Laser Diode) oder Fotodioden zum Datenaustausch zwischen Netzwerkknoten. Im Allgemeinen arbeitet die Infrarotkommunikation in einem elektromagnetischen Band im Terahertz-Bereich.

Das Konzept wurde in den 90er-Jahren entwickelt und zuerst mit einer Übertragungsgeschwindigkeit von 115 Kbit/s als SIR (Serial Infrared) standardisiert. Später wurde die Übertragungsgeschwindigkeit in der FIR-Version (Fast Infrared) auf 4 Mbit/s und noch später auf 16 Mbit/s erhöht. Vom Konzept her findet der Datenaustausch zwischen den Geräten – normalerweise handelte es sich um Handys, Handhelds, PDAs und Laptops – über die Infrarotlichtverbindung statt. Die Entfernungen zwischen sendender und empfangender Station sind auf nur wenige Meter begrenzt. Hinzu kommt, dass beide Geräte Sichtkontakt haben müssen und die Positionierung beider Geräte relativ exakt sein muss, da bereits ein Einfallswinkel von über 30 Grad eine fehlerhafte Übertragung zur Folge hat.

Aufgrund der genannten Beschränkungen ist die IrDA-Technik (Infrarot) im Netzwerkbereich in den meisten Einsatzgebieten durch neuere Technologien wie Funk oder Bluetooth abgelöst worden.

23.6.2 Was ist Bluetooth?

Bei Bluetooth handelt es sich um einen Standard für Kurzstreckenfunk, welcher genauso wie die 802.11-Standards in einer sogenannten ISM-Frequenz sendet. Auch bei Bluetooth handelt es sich dabei um Frequenzen im 2,4-GHz-Band.

Bluetooth ist auf Kurzstrecken bis zehn Meter ausgelegt (Standard 2.0), in der gerade frisch verabschiedeten Version 4.0 steigt diese Distanz dann auf 50 Meter an.

Im Gegensatz zur IrDA-Technik können die Bluetooth-Geräte dabei auch ohne Sichtkontakt miteinander kommunizieren, und neben Daten kann auch Sprache übertragen werden.

Dafür werden Klassen bezeichnet, welche mit unterschiedlicher Sendeleistung auch unterschiedliche Distanzen überwinden können.

- Klasse 1 mit 100 Milliwatt bis rund 100 Meter
- Klasse 2 mit 2,5 Milliwatt bis rund 10 Meter
- Klasse 3 mit 1 Milliwatt bis rund 1 Meter

Die maximale Geschwindigkeit liegt seit Bluetooth 2.0 bei 25 Mbit/s, das gilt auch für die neueste Version Bluetooth 4.0.

Der Bluetooth-Standard hat das Ziel, die Kurzstreckenkommunikation zwischen bis zu acht Endgeräten wie Notebooks, Organizer, PDAs und Handys zu unterstützen. Aber auch die Fernsteuerung von Druckern, Fernsehern, Radios oder anderen elektronischen Geräten ist vorgesehen.

Mittels Bluetooth können kleine drahtlose Netze aufgebaut werden, in denen viele LAN-relevante Anwendungen durchgeführt werden können. Andererseits ist auch eine Sprachkommunikation zwischen Bluetooth-Geräten, aber auch über eine funktechnische Anbindung an das mobile Fernsprechnetz möglich. Ein weiteres Einsatzgebiet kann die Steuerung von Haushaltsgeräten sein.

23.6.3 RF (RFID)

Die mit RFID (Radio-Frequency Identification) bezeichnete Technologie basiert auf einem Verfahren, bei dem auf einem Transponder (Chip) Informationen hinterlegt werden, und einem Lesegerät, welches diese Informationen auf sehr kurze Distanzen auslesen kann und dann an weitere Systeme zur Verarbeitung übergibt. Dabei sprechen wir auf dem Transponder von Informationsmengen im Bereich von einzelnen Bytes bis Kilobytes. RFID wird hauptsächlich in der Logistik eingesetzt.

Das Konzept dabei ist, dass der Transponder so günstig wie möglich hergestellt werden kann, damit er auch im Umgang mit Massenprodukten wie Büchern, Musikträgern oder gar Lebensmitteln eingesetzt werden kann. Sei es zur Überprüfung von Haltbarkeitsdaten, der Nachverfolgung von Kühlketten oder der Überwachung von Lieferwegen etc. Sogar Haustiere können anhand eines implantierten RFID-Chips gekennzeichnet und mittels Lesegerät identifiziert werden.

Die Reichweite hängt nicht nur an der Energieversorgung, sondern auch an den eingesetzten Frequenzen. Je nach Einsatzgebiet kommen sehr unterschiedliche Frequenzen zum Einsatz, von Niederfrequenz-RFID (9-135 kHz) über HF (z.B. 6,78 oder 13,56 MHz) bis SHF (2,4 GHz ISM, 5,8 GHz und höher). Es gibt unterschiedliche Anforderungen an Informationsmenge, Stabilität und Reichweite, die so abgedeckt werden können.

Die RFID-Technik positioniert sich zwischen der aktiven lokalen Netzwerkverbindung wie WLAN oder Bluetooth (was für die Massenproduktion zu teuer und zu aufwendig ist) und dem bisherigen Barcode-Verfahren (zu wenig flexibel, zu wenig Informationen). Ist die Chip-Produktion im Cent-Bereich angelangt, ist dieses Verfahren auch von den Kosten her massentauglich wie heute der Barcode. Zudem muss bei RFID im Unterschied zum Barcode kein Sichtkontakt zum Auslesen bestehen, und das System ist weniger anfällig für äußere Einflüsse als der

Barcode. Aktuelle RFID-Systeme verschlüsseln zudem ihre Kommunikation wie in ISO 18000 näher beschrieben.

23.6.4 NFC

Bei NFC (Near Field Communication) handelt es sich um einen Standard für die Datenübertragung im sehr kurzen Bereich von einigen Zentimetern. Die Normierung von NFC ist aktuell noch nicht abgeschlossen. Dennoch wird diese Technologie beispielsweise in Mobiltelefonen eingesetzt, um damit bargeldlose Zahlungen zu ermöglichen. Das bedeutet, dass dieser Chip im Kundengerät mit einem Geldbetrag aufgeladen wird, und durch die Kommunikation mit NFC-Terminals kann dann mittels dieses Guthabens bezahlt werden. Daher auch die kurze Übertragungsreichweite: Nur der Träger des NFC-Chips soll die Kommunikation benutzen und damit sicher einsetzen können, ohne dass das Signal wie etwa bei WLAN über größere Distanzen mitgelesen werden kann. Auch ein zufälliges Abbuchen soll dadurch verhindert werden, da bei Distanzen von unter 10 cm vom Kundengerät zum Terminal eine bewusste Aktion (Einverständnis) zudem nur bei offener Transaktion gegeben sein sollte.

Nebst Mobiltelefonen können auch Kreditkarten mit einem NFC-Chip ausgestattet werden. Damit entfällt dann das Aufladen, es geht nun lediglich um eine Beschleunigung des Zahlungsvorgangs mit der Kreditkarte (keine Unterschrift, kein Pin) für das sogenannte Micro Payment, also Beträge bis rund 30 €. Im weiteren Verlauf des Ausbaus soll ein NFC-Gerät als digitale Brieftasche auch Fahrkarten, Eintrittskarten sowie Kundenkartendaten direkt verwalten können. Zudem ist angedacht, einen direkten Geldtransfer zwischen zwei Geräten zu ermöglichen.

23.7 Netzwerkgeräte

Um ein Netzwerk zu bauen, benötigen Sie im Minimum zwei Endgeräte mit einer Netzwerkschnittstelle. Da ein Netzwerk aber meist aus mehr als nur gerade zwei Endgeräten besteht, benötigen Sie schnell einmal auch Verbindungs- und Vermittlungsgeräte.

23.7.1 Netzwerkkarten

Eine Netzwerkkarte (häufig abgekürzt als NIC, Network Interface Card) ist eine Erweiterung des Endgerätes mit Netzwerkfunktionalität, entweder durch den Einbau einer Steckkarte oder direkt als Chipsatz auf dem Mainboard. Die Netzadapterkarte bildet die physikalische Schnittstelle zwischen dem Rechner und dem Netzwerk. Sie ist daher mit den entsprechenden Anschlussbuchsen für das physikalische Medium versehen. Je nachdem, ob Sie also ein Koaxial-, ein Twisted-Pair- oder ein LWL-Netzwerk einsetzen, müssen Sie auch die passende Netzwerkkarte einsetzen bzw. bei einer Migration des Netzwerks austauschen!

Weil ja jede Kommunikation – auch die elektronische – über Adressen funktioniert, damit man Absender und Adressat kennt, hat jede Netzwerkkarte ab Werk eine fest eingestellte Adresse. Diese Adresse nennen wir »Media Access Control«, kurz MAC-Adresse, da sie den Zugriff auf ein Endgerät definiert. Aufgrund einer Vereinbarung der Hersteller ist diese Adresse garantiert einzigartig bei der Erzeugung und damit geeignet, um einen PC mit dieser NIC eindeutig zu identifizieren.

Die MAC-Adresse wird üblicherweise in HEX dargestellt und umfasst 48 Bit, wobei die ersten 24 Bit den Hersteller der Karte identifizieren und die zweiten 24 Bit die Adresse der eigentlichen Karte.

Folgendes Beispiel zeigt eine MAC-Adresse einer Intel-Netzwerkkarte:

00-07-E9-1A-00-A0 oder 00:07:E9:1A:00:A0

Dabei ist die vordere Hälfte die Identifizierung des Herstellers, in diesem Fall Intel, der hintere Teil die Kartenadresse. Auf der Webseite der für die Vergabe der öffentlichen Teile der MAC-Adressen zuständigen IEEE (standards.ieee.org) können Sie den Hersteller anhand dieser ersten drei Bytes ermitteln. Mithilfe verschiedener Tools eines Betriebssystems lassen sich solche Adressen sowohl auslesen als auch verändern. Mit der Einführung von IPv6 wird die MAC-Adresse zudem für die automatische Berechnung einer IP-Adresse miteinbezogen.

Die ersten sechs Hex-Zahlen werden wie erwähnt durch die IEEE verwaltet und den Herstellern von Netzwerkschnittstellen zugeteilt. Dieser Teil der MAC-Adresse wird Organizationally Unique Identifier genannt, kurz OUI. Sie stellen daher eine fest zugeteilte Nummer dar:

00-19-99 = Fujitsu Technology Solutions

Die zweiten 6 Zahlen kann jeder Hersteller danach frei vergeben. Durch die Kombination von OUI und freier Vergabe durch die Hersteller sollte jede MAC-Adresse weltweit eindeutig sein, das ist aber für die meisten Netzwerke nicht notwendig, die MAC-Adresse muss lediglich innerhalb einer Broadcast-Domäne eindeutig sein.

Daneben gibt es spezielle Adressen, sogenannte funktionelle MAC-Adressen, die nicht an ein einzelnes System vergeben werden, sondern für spezifische Funktionen eingesetzt werden. Bekannt und nützlich davon ist die Broadcast-Adresse, also »senden an alle«: FF-FF-FF-FF-FF-FF.

Neben der physikalischen Adaption in der `Bitübertragungsschicht` bearbeiten die meisten Netzwerkadapter zusätzliche Kommunikationsfunktionen, beispielsweise im Rahmen der `Übertragungssicherung`, der `Flusskontrolle`, der `Datenkompression` und der vermittlungstechnischen Verbindungssteuerung.

Zur Kontrolle der Aktivität verfügen die meisten NICs über LEDs an der Rückseite, welche anzeigen, ob die Karte verbunden ist (antwortet eine Gegenstelle auf das Signal?), ob Aktivität vorhanden ist und welche Geschwindigkeit das Netzwerk über die Karte aufrechterhält.

Abb. 23.19: Netzwerkkarte mit PCIe-Anschluss

Viele Netzwerkkarten verfügen zudem über eine Funktion, mit der man das System über ein Signal an die Netzwerkkarte starten kann. Diese Technologie nennt sich Wake on LAN (WOL) und erfordert, dass es eine direkte Signalleitung von der Netzwerkkarte auf das Mainboard gibt, sodass über das Ansprechen der Netzwerkkarte das System hochgefahren werden kann. Etwas einfacher gestaltet sich WOL natürlich bei Onboard-Netzwerkschnittstellen: Hier lässt sich die Funktion über das BIOS ein- und ausschalten.

23.7.2 Repeater und Hubs

Wie der englische Name nahelegt (*repeat* = wiederholen), wiederholen Repeater Netzwerkdaten. Repeater arbeiten im Regelfall auf der elektronischen Ebene und besitzen keine »echte« Intelligenz. Ein Repeater nimmt (schwache) Signale entgegen, verstärkt und regeneriert sie auf elektrischer Ebene und sendet dann das Signal an den nächsten Empfänger weiter. Repeater kümmern sich einzig um die Verstärkung des Signals.

Repeater sind bzw. waren typische Vertreter der 10Base-2- und 10Base-5-Netzwerke. Doch auch bei LWL-Netzwerken spielen diese Vertreter eine wichtige Rolle, um die Reichweite zu erhöhen. Besonders beliebt sind sie auch bei drahtlosen Netzwerken, um die Reichweite eines Access Points zu erweitern.

Vom technischen Standpunkt aus gesehen ist ein (aktiver) Hub lediglich ein Repeater mit mehreren Anschlüssen. Der Hub leitet also die Netzwerkdatensignale einfach weiter, und zwar an alle angeschlossenen Stationen. Das ist nicht besonders effektiv, weil es viel Datenverkehr produziert, aber dafür sind die Geräte einfach herzustellen. Es gibt aktive Hubs (mit Signalregeneration) und passive Hubs (leiten nur das Signal weiter), wobei Erstere allerdings den Normalfall an Geräten darstellen. Aktive Hubs verfügen über eine eigene Stromquelle, während passive Hubs nur den Signalstrom des eingehenden Signals zur Verfügung haben. Ein aktuelles, wenn auch nicht direkt aus der Netzwerktechnik stammendes Beispiel für einen passiven Hub ist ein mobiler USB-Hub, der keine eigene Stromversorgung besitzt, sondern lediglich vom eingehenden Signal des Verbindungskabels gespeist wird. Auch die sogenannten Kabelweichen (die z.B. aus einem RJ-45 zwei Anschlüsse weiterführen) sind passive Hubs, da sie das Signal nur weiterleiten, aber nicht regenerieren können.

Alle Hubs wie der in der folgenden Abbildung, die auch über eine eigene Stromversorgung verfügen, sind demgegenüber aktive Hubs.

Abb. 23.20: Typischer 8-Port-Hub mit 10/100 Mbit/s für Heimnetze

23.7.3 Bridge

Die Bridge arbeitet als Brücke, sprich als Verbindung von Netzwerken. Die Bridge arbeitet auf OSI-Layer 2, d.h. mit der physischen Adressierung. Eine Bridge nimmt die Signale entgegen, welche an ein Endgerät oder Netzwerk außerhalb des lokalen Netzes adressiert sind, und leitet diese weiter. Der Trick – und auch der Nachteil – dieser Methode ist dabei der, dass die Bridge sich zwar die Adressen der Rechner im lokalen Netz anhand einer Tabelle merkt, aber alles, was sie nicht kennt, einfach weiterleitet. Dadurch erzeugt eine Bridge viel Verkehr, da sie nicht zielgerichtet das weiterleitet, was sie außerhalb des lokalen Netzes kennt, sondern das, was ihr im lokalen Netz unbekannt ist. Für dieses Verhalten hat sich der Name »Broadcast-Storm« eingeprägt, weil die Bridge bei schlechtem Signalwetter Unmengen von Daten rundherum schickt, um zu erfahren, wo denn dieses Frame hingehört ...

Dennoch waren Bridges sehr nützlich, um größere Netzwerke zur Entlastung in logische kleinere Netze zu unterteilen. Dem Gebrauch von »waren« können Sie aber auch entnehmen, dass Bridges keine aktuellen Geräte für lokale Netzwerke mehr sind ... Sie wurden von der technologischen Entwicklung überholt, und heute werden zumeist die nachfolgend genannten Switches verwendet.

Eine wichtige Ausnahme gibt es aber: die drahtlosen Netzwerke. Um kabelgebundene Netzwerke um die Funktion »drahtlos« zu erweitern, werden sogenannte Access Points eingesetzt – das sind in ihrer Grundfunktion nichts anderes als Bridges.

23.7.4 Switching Hubs und Switches

Bei schlechten Leistungen in Ethernet-Netzwerken hatte man früher lediglich zwei Möglichkeiten:

Entweder man musste Bridges installieren und die verschiedenen Netzwerkgeräte auf die Segmente verteilen oder aber schnellere Netzwerk-Hardware beschaffen.

Die Weiterentwicklung brachte dann eine neue Möglichkeit: die Switching-Hubs.

Abb. 23.21: 24-Port Switching Hub

Ein Switching-Hub funktioniert wie eine Bridge, aber einfach mit vielen Ports. Man kann daher sagen, dass jeder Switch auch eine Bridge ist – umgekehrt gilt dies allerdings nicht, da ein Switching-Hub zusätzliche Protokolle unterstützt, u.a. um eben mit mehreren Ports arbeiten zu können. Durch die Bridge-Funktionalität wird jeder Anschluss zu einer eigenen Kollisionsdomäne – im Unterschied zu einem Hub, bei dem alle angeschlossenen Geräte zusammen *eine* Kollisionsdomäne bilden.

Switching Hubs – meist verkürzend nur Switches genannt – arbeiten in der Regel auf OSI-Layer 2, d.h. wie die Bridge arbeiten sie mittels Adresstabelle, hier SAT (Source Address Table) genannt. Die MAC-Adresse von jedem Sender, der ein Datenpaket über den Switch verschickt, wird dabei automatisch in diese SAT eingetragen. Wird jetzt ein Datenpaket an einen durch die SAT bekannten Empfänger versandt, wird das Datenpaket nicht wie beim Hub oder Repeater an alle Stationen weitergeleitet, sondern direkt an die Zieladresse (genauer: Ziel-MAC-Adresse) durchgestellt. Ist ein Paket dagegen unbekannt, wird es wiederum an alle weitergeleitet. Die standardmäßige Weiterleitung gilt aber für alle modernen Switches nicht mehr, da zahlreiche neuere Produkte eine Kontrollfunktion für unbekannte Unicast-Pakete enthalten und diese nicht mehr weiterleiten.

Neuere Entwicklungen sind die sogenannten verwaltbaren (*manageable*) Switches. Diese arbeiten je nach angebotenen Funktionen entweder auf OSI-Layer 2 oder

OSI-Layer 3. Sie sind in der Lage, die Zuordnung von Datenpaketen aufgrund der IP-Adresse vorzunehmen, und daher effizienter (aber auch teurer) als die normalen Switches. Man kann sie zur Verwaltung über eine IP-Adresse aufrufen, und sie bieten Ihnen dann eine grafische Oberfläche zur Verwaltung an. Verwaltbare Switches können je nach Gerät mehrere Ports bündeln, Ausfallsicherheit gewähren (Übernahme der Funktionalität an einem anderen Port) oder weitere Funktionen wie VLANs anbieten.

Eine weitere neuere Funktion nennt sich »Power over Ethernet«, kurz PoE. Dieses Verfahren beschreibt, wie sich Ethernet-fähige Geräte über das Twisted-Pair-Kabel mit Energie versorgen lassen, sodass keine zusätzliche Netzversorgung notwendig ist. Dabei werden entweder die ungenutzten Adern der Leitung verwendet (Spare-Pair-Use) oder es wird zusätzlich zum Datensignal ein Gleichstromanteil über die vier verwendeten Adern übertragen (Phantom-Use). Entsprechend ausgelegte Geräte können mit 44 bis 57 Volt, im Mittel mit 48 V und bis zu 15,4 Watt versorgt werden. Typische Anwendungen für diese Technologie sind etwa Webcams oder VoIP-Telefone, aber auch Access Points, Printserver und sehr sparsame Netbooks.

23.7.5 Modems

Modems (ein Kunstwort aus Modulator/Demodulator) sind erforderlich, da Computer und Übertragungsmedien vollkommen verschiedene Sprachen sprechen. Computer arbeiten digital (mit Nullen und Einsen) und die meisten Übertragungsgeräte analog. Damit digitale Computer über analoge Medien kommunizieren können, brauchen sie ein Übersetzungsgerät – das Modem. Das Modem übernimmt zwei unterschiedliche Aufgaben: die Modulation und die Demodulation. Bei der Modulation übersetzt das Modem digitale Informationen in eine analoge Wellenform. Danach bewegen sich die Daten über das Medium bis zum Zielgerät. Dort wird die analoge Welle in digitale Nullen und Einsen demoduliert.

Abb. 23.22: DSL-Modem

Notebooks besitzen oft ein integriertes Modem. Mit dem entsprechenden RJ-11-Kabel kann man sich anschließend über eine funktionierende Telefonbuchse (über Dial-In) ins Internet einwählen mit theoretischen Höchstgeschwindigkeiten von bis zu 56 Kbit/s.

23.7.6 Router

Router werden ähnlich wie Repeater oder Bridges zur Vermittlung von Netzwerken eingesetzt. Sie arbeiten allerdings nicht mehr nur auf OSI-Layer 1 oder 2, sondern mittels Netzwerkadressierung auf OSI-Layer 3. Router können für verschiedene Zwecke eingesetzt werden: um Netzwerksegmente zu trennen, um Netzwerke direkt miteinander zu verbinden oder um ein lokales Netzwerk mit dem Internet zu verbinden.

Router arbeiten mit lokalen Adresstabellen (Routing-Tabellen). Sie stellen daher den Netzverkehr gezielt über die Grenze einer Broadcast Domain hinweg zu.

Abb. 23.23: Router

Ein Router besitzt für jedes an ihn angeschlossene Netz eine Schnittstelle. Beim Eintreffen von Daten muss der Router den richtigen Weg zum Ziel und damit die passende Schnittstelle bestimmen, über welche die Daten weiterzuleiten sind. Dazu bedient er sich einer lokal vorhandenen Routing-Tabelle, die angibt, über welchen Anschluss welches Netz erreichbar ist. So wird ein überflüssiges Broadcasting vermieden. Dies zeichnet den Router auch gegenüber einer normalen Bridge aus.

Üblicherweise ist ein Eintrag in der Routing-Tabelle die Default-Route (auch Standard-Gateway); diese Route wird für alle Ziele benutzt, die über keinen besser passenden Eintrag in der Routing-Tabelle verfügen.

23.8 WAN-Technologien

Bis jetzt haben wir viel von lokalen Netzwerkarchitekturen (LAN) gesprochen. Die Weitverkehrsnetze (WAN) bilden dazu den unabdingbaren Rückhalt für deren Verbindung. Da die Herausforderungen für große Netze ganz andere sind als für lokale Netzwerke, werden dafür auch andere Verfahren eingesetzt, und somit kommen auch andere Spezifikationen zum Tragen. Fragen wie die Überwindung großer Distanzen ohne große Signalverluste, die Fehlerkorrektur oder bestmögliche Ausnutzung der verfügbaren Bandbreite stehen hierbei im Zentrum. Viele Technologien basieren daher auch auf dem erwähnten Breitbandverfahren, das heißt, mehrere Benutzer können sich die Bandbreite eines verfügbaren Mediums teilen. Das gilt sowohl für die folgenden DSL-, CATV- wie auch Satellitenverbindungen. Im Gegensatz dazu stehen (ältere) Mobilfunkverfahren oder auch Standard-ISDN. Die sogenannten »Line of Sight«-Verfahren, d.h. Kontaktaufnahme auf Sichtweite ohne Hindernis sind dagegen in Europa kaum ein Thema.

23.8.1 ISDN und B-ISDN

Die Weiterentwicklung der klassischen, analogen Telefonleitung führt uns zu ISDN, das in den Neunzigerjahren entwickelt worden ist. Die Abkürzung ISDN steht für Integrated Services Digital Network, also Integriertes Sprach- und Datennetz. Diese Integration basiert auf der Grundlage der Digitalisierung beider Dienste.

Der Hauptunterschied von ISDN zum analogen Telefonnetz besteht darin, dass die Daten digital bis zum Endgerät übertragen werden: Anstelle eines Modems wird daher ein Terminal-Adapter eingesetzt. Zugleich können mit dieser Übertragungsart mehrere Kanäle gebündelt werden. Da jeder Kanal 64 Kbps Bandbreite aufweist, können beim Basisanschluss (2 Kanäle) 128 Kbps und beim Primäranschluss (30 Kanäle) bis zu 2 Mbps Datenrate erreicht werden, die dann für Daten- und/oder Sprachdienste eingesetzt werden können.

Während die Weiterentwicklung bei den Datendiensten heute weit höhere Durchsatzraten ermöglicht (man denke etwa an DSL-Anschlüsse mit bis zu 20 Mbps), wird ISDN auch heute noch oft als Backup-Leitung eingesetzt, sodass bei Ausfall einer schnelleren Technologie noch eine Absicherung besteht, die aufgrund der Anbindung ans Telefonienetz auch fast immer verfügbar sein wird.

Für die Datenübertragung in großen Netzen wurde dann das sogenannte Breitband-ISDN entwickelt. Es erreichte zwar nur eine geringe Verbreitung, diente aber als Grundlage für heute eingesetzte Verfahren wie SDH oder Sonet. Sonet (Synchronous Optical Network) ist eine in den USA für die Hochgeschwindigkeitsdatenübertragung konzipierte Technik mit Übertragungsgeschwindigkeiten von 12,0 Mbit/s bis zu 160 Gbit/s. Synchronous Digital Hierarchy (SDH)-Netze sind ihrerseits ein ITU-Standard, werden aber hauptsächlich in Europa eingesetzt. Diese Hochgeschwindigkeitsnetze sind heute fast allesamt Glasfasernetze.

23.8.2 DSL-Verfahren

Allen DSL-Varianten gemeinsam ist die Basistechnologie Digital Subscriber Line (digitale Teilnehmeranschlussleitung). Es handelt sich um ein Breitbandverfahren, welches mehrere Frequenzen zur Datenübertragung nutzt und dabei auf herkömmlichen Kupferkabeln basiert.

Die DSL-Informationen werden beim Anwender mit einem Filter aus dem gemeinsamen Daten-/Telefonstrom herausgefiltert und zum Modem weitergeleitet. Zwischen Modem und Computer besteht eine klassische Netzwerkverbindung. Das ADSL-Modem wird per Ethernet-Technik an den Computer angeschlossen. Das heißt, im PC genügt eine einfache Ethernet-Netzwerkkarte mit der entsprechenden Schnittstelle.

Die wichtigsten »Familienmitglieder« der DSL-Familie sind ADSL, SDSL und VDSL. DSL verwendet aber andere Frequenzen als das Telefon. Das analoge Telefonsignal arbeitet im Bereich von 0 bis 4 kHz. ISDN deckt das Spektrum von 4 bis 138 kHz ab. DSL-Übertragungen nutzen den Bereich über diesen Bereich, und zwar von 138-276 KHz für den Upload und von da an bis rund 1,1 MHz für den Download. Die Auftrennung der Frequenzen für Telefonie bzw. DSL geschieht über den oben erwähnten Filter (auch Splitter genannt).

ADSL ist die typische Telefonleitungsbreitbandverbindung für Endkunden. Die Bezeichnung »A« steht dabei für »asymmetrisch« und beschreibt den Umstand, dass die Downloadrate zum und die Uploadrate vom Kunden her unterschiedlich ist. Die Leistungsfähigkeit hängt auch von der Entfernung zwischen der Ortszentrale und dem Empfänger ab. Die Reichweite von ADSL beträgt maximal ca. 5,5 Kilometer: je kürzer die Distanz, desto höher die angebotene Datenrate.

ADSL2 und ADSL2+ sind Weiterentwicklungen mit Blick auf die Ausdehnung der Distanzen sowie die Erhöhung der Bandbreite. Die Datenrate für den Download liegt per Definition jetzt bei maximal 25 Mbit/s.

SDSL (Symmetric Digital Subscriber Line) ist ein Sammelbegriff für providerabhängige DSL-Varianten über das normale zweiadrige Telefonkabel und kann mit oder ohne Telefondienste arbeiten. Im Gegensatz zu ADSL ist die Geschwindigkeit bei SDSL in beiden Richtungen gleich hoch und geht bis 4 Mbit/s. Die symmetrische Übertragung ist für Anwender wichtig, die nicht nur im Internet surfen, sondern konstante Verbindungen benötigen – wie sie zum Beispiel bei Videokonferenzen oder digitaler Sprachübertragung anfallen.

VDSL (Very High Speed Digital Subscriber Line) bietet noch einmal wesentlich höhere Datenübertragungsraten über gebräuchliche Telefonleitungen. Aktuell ist in Europa VDSL2 im Einsatz, auch wenn nur von VDSL gesprochen wird. Der Standard VDSL2 basiert auf dem ADSL2+-Standard und ist zu diesem vollständig abwärtskompatibel. Zusätzlich wurden Möglichkeiten implementiert, gleichzeitig mehrere virtuelle Verbindungen über eine physikalische Verbindung zu realisieren, um so etwa IPTV-Daten priorisieren zu können.

Die VDSL-Standards wurden mit dem Ziel entwickelt, sogenannte »Triple-Play-Dienste« anzubieten. Darunter wird die Vereinigung von Telefon-, Internet- und TV-Diensten verstanden. Zahlreiche Anbieter tummeln sich in neuester Zeit in diesem Gebiet und versuchen, Kunden für dieses neue Angebot zu gewinnen. Grundlage dafür ist allerdings ein dichtes Netz an lokalen Verteilern, da die Reichweite dieser Signale im Bereich von Hunderten von Metern und nicht mehr Kilometern liegt. Zudem basieren die Geschwindigkeiten auf einer breiten Verfügbarkeit von Glasfasernetzen, um die Kapazitäten anbieten zu können.

DSL-Technik	Maximale Geschwindigkeit	Maximale Distanz
ADSL	bis 768 Kbit/s Upstream bis 8,0 Mbit/s Downstream	bis 5 Kilometer (Anschluss bis rund 3,5 km)
SDSL	bis 4 Mbit/s Upstream bis 4 Mbit/s Downstream	bis 5 km
VDSL	bis 2,3 Mbit/s Upstream bis 52,8 Mbit/s Downstream	0,3 bis 1,5 km

Tabelle 23.6: DSL-Standards im Vergleich

23.8.3 CATV

Als Alternative zu DSL-Verfahren bieten in vielen Ländern die Betreiber von Kabelfernsehen ebenfalls Anschluss ans Internet an.

Die Cable Labs haben dazu Ende der Neunzigerjahre den DOCSIS-Standard erarbeitet, welcher dann von der ITU-T im Jahre 1998 als allgemeiner Standard für die Datenübertragung in Kabelnetzen verabschiedet wurde. DOCSIS liegt mittlerweile in Version 3.0 vor, und aufgrund der unterschiedlichen Frequenznutzung in den USA und Europa gibt es für den europäischen Raum die angepasste Version EuroDOCSIS. Mit dem aktuellen Standard 3.0 können dabei in Europa Geschwindigkeiten bis 200 Mbps Downstream und 108 Mbps Upstream erzielt werden. Zudem unterstützt DOCSIS 3.0 jetzt auch IPv6.

Die praktische Anwendung von CATV unterscheidet zwischen analogen und digitalen Kabelnetzen. Während analoge Netze sich auf das klassische Angebot von Fernsehen beschränken, bieten die digitalen Netze aufgrund ihrer höheren Bandbreite auch Internet- und Telefondienste an. Dies wird auch unter dem Begriff Triple Play (»drei Angebote«) vermarktet. Um diese Dienste nutzen zu können, benötigt der Kunde in der Regel ein Kabelmodem für den Internetzugang und eine Settop-Box für den Fernsehempfang. Beide Geräte sind anbieterabhängig und erzwingen daher bislang eine Bindung des Kunden an einen bestimmten Anbieter.

23.8.4 Satellitenverbindungen

Nicht nur kabelgebundene Verbindungen werden für den Aufbau von WAN-Verbindungen eingesetzt, sondern auch Satelliten. Dabei werden zwei unterschiedliche Verfahren eingesetzt, die Satellit-zu-Satellit-Verbindung für Up- und Download via Satellit sowie die Variante Satellit-zu-Modem, bei welcher nur der (schnelle) Download über Satellit erfolgt, die Rückverbindung für den Upload von Daten erfolgt dagegen via Modem.

Der Vorteil satellitengestützter Netzwerkverbindungen ist natürlich die topografische Unabhängigkeit. Gerade in dünnbesiedelten und ländlichen Gebieten oder im Gebirge lässt sich nicht immer eine schnelle Leitung verlegen. Hier bieten die Satellitenverbindungen eine echte Alternative, weil sie mit relativ wenig Aufwand einen bis zu 2 Mbps schnellen Internetzugang ermöglichen.

Nachteile sind auf der anderen Seite die hohen Latenzzeiten aufgrund der großen Entfernungen, die zu überwinden sind, sowie lange Datenwege und die damit verbundenen Laufzeiten der Datenpakete.

23.8.5 Fiber to the Home

Die bisher beschriebenen Anschlussmöglichkeiten wie Breitband oder CATV werden zunehmend durch die neue Lichtwellenleitertechnik ersetzt, wenn auch je nach Land und Region in sehr unterschiedlichem Tempo.

Das Stichwort dazu lautet: FTTH für *Fiber to the Home*, also in etwa »Glasfaser bis zur Haustür«.

Fibernetze erlauben die Bildung neuer, bandbreitenstarker Zugangsnetze für verschiedenste Dienste von Internet bis PayTV bzw. für die bereits erwähnten »Triple-Play«-Angebote (Internet, Telefonie, Fernsehen bzw. Multimediainhalte). Die Glasfasertechnologie erlaubt dabei gegenüber den kupferbasierten Breitbandverbindungen wesentlich höhere Reichweiten (bis zu 20 km), höhere Bandbreiten im Gigabitbereich, und sie arbeiten bidirektional.

23.8.6 Mobilfunk

GSM zählt mit seiner digitalen Datenübertragung zu den Mobilfunkstandards der zweiten Generation (auch 2G abgekürzt). Neben der vorherrschenden Sprachkommunikation ermöglicht dieser Standard auch die Übertragung digitaler Daten mit maximal 9600 Bit/s. GSM ist ein offener Standard.

Die Weiterentwicklung innerhalb der 2. Generation führte zu HSCSD. Diese Abkürzung steht für High Speed Circuit Switched Data und ermöglicht höhere Übertragungsraten für Daten, indem mehrere GSM-Kanäle zusammengeschaltet werden. HSCSD ist in diesem Sinn kein eigener Standard, sondern vollständig in GSM integriert. Dies hieß auch, dass auf Seiten der Netzwerke keine neue Hardware nötig war, sondern nur softwareseitige Anpassungen bzw. HSCSD-fähige Mobiltelefone. HSCSD erhöht die Datenrate pro Kanal von 9600 Bit/s auf 14400 Bit/s, zudem können bis zu vier Kanäle gebündelt werden (theoretisch sogar acht), sodass Datenraten bis zu 57,6 Kbps realisiert werden können.

Die nächste Stufe innerhalb der 2. Generation nennt sich General Packet Radio Services (GPRS, auch 2.5G abgekürzt). Bei GPRS handelt es sich um einen permanenten Internetzugang für Mobilgeräte. Man schließt dafür mit dem Netzbetreiber einen Vertrag ab, und dieser wird dadurch gleichzeitig zum Internet-Provider. Die Daten werden bei GPRS paketweise übertragen, wobei der Netzbetreiber jeweils entscheidet, wie viele Datenkanäle er für die Übertragung erübrigen kann. Unter idealen Voraussetzungen kann GPRS bis zu acht Kanäle belegen, immer noch auf Basis der GSM-Kanäle von 9600 Bit/s. Durch angepasste Codierungsschemen konnte an dieser Rate noch etwas geschraubt werden bis in den Bereich von rund 13.000 Bit/s. Damit lassen sich Raten im Bereich von 53,6 Kbit/s bis rund 150 Kbit/s realisieren.

Die Verbindung ist bei GPRS permanent vorhanden, d.h. es findet keine Interneteinwahl statt, sondern das Gerät ist jederzeit online. Das ermöglicht z.B. die direkte Zustellung von E-Mails auf das Endgerät, ohne dass dieses sich erst zur Abholung einwählen müsste. Daraus hat die Mobilfunkindustrie beispielsweise Dienste wie Push-Mail oder Blackberry realisiert.

EDGE (Enhanced Data Rates for GSM Evolution) basiert auf einer Weiterentwicklung des GSM-Standards und bringt noch etwas höhere Datenraten. Nach EDGE kommt die 3. Generation Mobilfunknetze ins Spiel, kurz 3G genannt. Der Standard nennt sich UMTS, berüchtigt geworden durch die sehr teuren Versteigerungen der UMTS-Lizenzen in Europa.

Das UMTS-Netz ähnelt an sich sehr stark dem GSM-Netz. Die Besonderheit ist allerdings, dass es sich dabei um ein paketvermitteltes Netzwerk auf Basis des IP-Protokolls handelt. Die maximale Übertragungsrate auf einem Kanal beträgt bis zu 2 Mbit/s. Ähnlich wie bei GPRS teilt man sich die vorhandene Übertragungskapazität mit den übrigen Teilnehmern, die sich in derselben Zelle aufhalten. Ebenfalls gleich ist die Tatsache, dass ein einmal eingebuchtes Gerät jederzeit erreichbar ist (Stichwort Push-Mail).

Mit LTE sind Sie bei den Funknetzen der 4. Generation (4G) angelangt. LTE (Long Term Evolution) ist – anders als 3G – ein rein paketorientiertes Datennetz. Es wird also parallel zu den bisherigen Gesprächsnetzen betrieben. Dabei wird eine komplett neu entwickelte Funkschnittstellentechnik eingesetzt. Das hat zur Folge, dass erneut eine komplett neue Infrastruktur aufgebaut werden muss (zulasten von UMTS). Auf der anderen Seite bringt der Standard aber auch keine »Altlasten« mit und kann die technisch möglichen Leistungen optimal nutzen.

Die wichtigsten Vorteile von LTE sind der Anstieg der Datengeschwindigkeit in bisher nicht gekannte Regionen von bis zu 100 Mbit/s im Download und bis zu 50 Mbit/s im Upload. Aber auch die Latenzzeiten verbessern sich um mindestens den Faktor 2 und Signaleffizienz in der Ausbreitung ebenfalls in diesem Bereich.

Zudem benötigen Endgeräte mit LTE deutlich weniger Energie. Nicht zuletzt kann der Standard koexistent mit GSM/GPRS/EDGE und UMTS betrieben werden.

Die Frequenzen für LTE werden im 2,6 GHz-Band vergeben. Dabei können Kanäle von 1,25 MHz bis 20 MHz genutzt werden.

Was LTE selbst betrifft, geht die Entwicklung weiter mit dem Ziel, über ein bisher LTE-advanced genanntes Protokoll auf Datenraten bis 1000 Mbit/s zu gelangen.

23.9 Voice over IP

Wir unterscheiden den technischen Begriff VoIP vom Begriff »IP-Telefonie«, da Letzterer nur dann verwendet wird, wenn auch die Endgeräte (bzw. die im Haus eingesetzte TK-Anlage) bereits VoIP-Technologie einsetzen.

Die herkömmlichen Telefonfestnetze arbeiten aufgrund der Leitungsvermittlung und dem Einsatz von Konzentratoren (Multiplexer) in den Zentralen nahezu verzögerungsfrei.

Bei Datennetzen dagegen – und damit auch bei VoIP – werden die Daten in Pakete zerlegt und einzeln übertragen. Die Pakete können sogar unterschiedliche Datenwege nehmen, bis sie am Endpunkt wieder zusammengesetzt und in die richtige Reihenfolge gebracht werden. Dies hat den Vorteil, dass unterschiedliche Leitungen zur Übermittlung eingesetzt werden können, birgt aber das Risiko von (größeren) Verzögerungen im Sprachverkehr. Um dies in den Griff zu bekommen, setzt VoIP bestimmte Technologien und Protokolle ein. Diese sind aber auf Hochgeschwindigkeitsnetze und moderne Netzwerkhardware ausgelegt, für Sprachübertragung sind ältere Infrastrukturen daher kaum geeignet.

Bei VoIP gibt es aktuell zwei Standards, die miteinander konkurrieren, und zudem von verschiedenen Herstellern eingesetzte nicht-standardisierte Lösungen!

Der H.323-Standard, seit 1998 von der ITU definiert, wird außer für Sprache auch für Videokonferenzanwendungen eingesetzt. H.323 behandelt nicht nur die Signalisierung, sondern alle Aspekte einer Sprach- oder Videoverbindung. Insgesamt stellt H.323 ein ausgewachsenes, fest definiertes Multimediasystem bereit.

Daneben hat die IETF das Protokoll SIP (Session Initiation Protocol) als allgemeines, wesentlich einfacher gestricktes Signalisierungsprotokoll für Multimediaanwendungen entwickelt.

SIP konzentriert sich ausschließlich auf die Signalisierung. Deshalb ist das Protokoll viel flexibler für unterschiedliche Zwecke einsetzbar. Beispielsweise wird SIP auch für Instant Messaging eingesetzt. SIP stellt von der Struktur her – etwas vereinfacht ausgedrückt – eine Mischung aus HTML- und E-Mail-Übertragungsformaten dar. Es reiht sich somit nahtlos in die Internet-Protokollfamilie ein. Das Protokoll verfügt noch nicht über denselben Reifegrad wie H.323, wird aber mittlerweile von fast allen Herstellern unterstützt.

RTP (Real Time Transport Protocol, RFC 3550) wird über SIP zur eigentlichen Übertragung der Sprach- und Videodaten eingesetzt. Es ist ein paketorientiertes Stream-Protokoll, arbeitet über UDP und dient dazu, die Daten zu kodieren, paketieren und zu versenden.

Als Endgeräte können drei unterschiedliche Typen eingesetzt werden:

- Das sogenannte Softphone, d.h. eine Software, welche auf einem Rechner installiert und mittels Headset oder Mikrofon/Lautsprecher betrieben wird. Der bekannteste Vertreter dieser Lösung ist die Software Skype.
- Ein direkt ans Netzwerk angeschlossenes SIP- oder H.323-Telefon
- Ein klassisches Telefon, welches über einen VoIP-Gateway an das Netzwerk angeschlossen wird: entweder als Geräte-Gateway direkt hinter dem Apparat oder als Anlage-Gateway, bei welchem die gesamte TK-Anlage ins Datennetz verbunden wird.

Die Qualitätssicherung bei VoIP ist eng an das Thema der garantierten Bandbreite gekoppelt. Dazu gibt es unter TCP/IP eine Reihe von Verfahren, die zusammengefasst als Quality of Service (QoS) bezeichnet werden. Mit QoS kann VoIP, aber auch anderen zeitkritischen Diensten wie IPTV eine korrekte Bandbreite zur Verfügung gestellt werden, und dennoch können verschiedene Netzwerkdienste nebeneinander existieren.

Mit dem Begriff QoS wird dabei eine Reihe von Verfahren bezeichnet, die eine gewisse Qualität für verschiedene Dienste im Netz gewährleisten. Dienstgüte kann zum Beispiel eine eingehaltene Bandbreitenanforderung, geringe Latenz, Verlustfreiheit bei der Paketübertragung usw. bedeuten. Die wichtigsten Vorteile eines QoS-optimierten Netzwerks lassen sich folgendermaßen zusammenfassen:

- Fähigkeit, Übertragungsprioritäten festzulegen, sodass kritische Datenströme vor weniger dringlichen bedient werden.
- Größere Zuverlässigkeit im Netzwerk dank der Kontrolle der Bandbreite, die einer Anwendung zugestanden wird, und dadurch Kontrolle über die Bandbreitenkonkurrenz zwischen Anwendungen.

Um QoS in einem Netzwerk mit Netzwerkvideoprodukten umzusetzen, müssen die folgenden Anforderungen eingehalten werden:

- Alle Netzwerk-Switches und Router müssen QoS unterstützen. Das ist wichtig, um eine End-to-End-Funktionalität von QoS zu erreichen.
- Die verwendeten Netzwerk-, Telefon- oder Videoprodukte müssen QoS-fähig sein.

23.10 Fragen zu diesem Kapitel

1. Welcher 802.11-Wireless-Standard verfügt über einen maximalen Datendurchsatz von 11 Mbps?

   A. A

   B. B

   C. G

   D. N

2. Welcher kabellose Kommunikationsstandard benötigt Sichtkontakt?

   A. Bluetooth

   B. IR

   C. RF

   D. WiFi

3. Mit welchem Standard ist es möglich, einen Kanal im gleichen Frequenzbereich mehrmals zu nutzen?

   A. 802.11a

   B. 802.11b

   C. 802.11g

   D. 802.11n

4. Sie haben das eine Ende eines UTP-Kabels gemäß dem Standard EIA-568B verdrahtet. Wenn Sie eine gerade Verbindung herstellen möchten, werden Sie das andere Ende wie verdrahten?

   A. RJ-45

   B. RJ-11

   C. 568A

   D. 568B

5. Welches ist der größte Unterschied zwischen Plenum- und Non-Plenum-Kabeln?

   A. Entstehung von schädlichen Dämpfen bei Kontakt mit Feuer

   B. Biegsamkeit der Kabel

   C. Geräuschpegel beim Bündeln von 15 oder mehr Kabeln

   D. Anfälligkeit für Übersprechen

6. Welcher Anschlusstyp wird für Twisted-Pair-Kabel verwendet?
   A. T-Connector
   B. BNC
   C. RJ-45
   D. LC
7. Welches Übertragungsmedium hat für gewöhnlich die höchste Latenz?
   A. Lichtwellenleiter
   B. DSL
   C. CATV
   D. Satellit
8. Wenn Sie einen WAP installieren, was wird für gewöhnlich immer ausgesendet?
   A. WEP
   B. WPA2
   C. SSID
   D. WAP1
9. Welche Funktion hat ein Switch in einem Netzwerk?
   A. Übermittelt erhaltene Pakete an spezifizierte Verbindungen.
   B. Konvertiert Pakete zur Übermittlung vom einen ins andere Netzwerk.
   C. Entscheidet, ob Pakete zu einem internen oder externen Netzwerk gehören.
   D. Übermittelt erhaltene Pakete an alle Verbindungen.
10. Wake on LAN beschreibt die Möglichkeiten eines Systems, um ...
   A. Pakete zu sammeln, welche über das Netzwerk versandt werden.
   B. allen Stationen im Netz gleichzeitig Broadcast-Pakete zu senden.
   C. andere Stationen im Netz in den Ruhezustand zu versetzen.
   D. aus dem Ruhezustand zu starten, wenn ein entsprechendes Datenpaket über das Netzwerk diese Anforderung sendet.

Kapitel 24

Der Einsatz von Netzwerkprotokollen

CompTIA-Prüfungsziele, die in diesem Kapitel behandelt werden:

Für das Examen 220-901

2.3 Erläutern der Eigenschaften und Charakteristika von TCP/IP.

- IPv4 oder IPv6
- Öffentlich oder Privat oder APIPA/Link lokal
- Statisch oder dynamisch
- Client-seitige DNS-Einstellungen
- Client-seitiges DHCP
- Subnetzmaske oder CIDR
- Gateway

2.4 Erläutern von gebräuchlichen TCP- und UDP-Ports, -Protokollen und deren Zweck.

- Ports
- Protokolle
- TCP oder UDP

Für das Examen 220-902

2.3 Erkennen von grundlegenden Cloud-Konzepten.

- SaaS, IaaS, Paas
- Öffentlich oder Privat oder Hybrid oder Gemeinschaft
- Schnelle Anpassbarkeit, Abruf
- Ressourcenpooling
- Nutzungsabhängiger Dienst

2.4 Zusammenfassendes Darstellen der Eigenschaften und des Zwecks von Diensten, die von Netzwerk-Hosts bereitgestellt werden.

- Server-Rollen
- Internet-Gerät
- Legacy/eingebettete Systeme

Wiewohl der Begriff »Protokoll« in der Netzwerktechnologie sehr ungenau ist, da er in unterschiedlichsten Zusammenhängen in Gebrauch ist, wird er gerade im folgenden Zusammenhang gern und häufig eingesetzt. Genauer betrachtet handelt es sich um Netzwerk- und Transportprotokolle, also Definitionen darüber, wie ein Netzwerk adressiert wird und Daten weitergeleitet und zugestellt werden, aber auch darüber, wie die Daten an sich transportiert und deren Zustellung und Vollständigkeit überprüft werden.

Bei der Kommunikation im Netzwerk kennen wir mehrere Ebenen der Adressierung, entsprechend ihrer Aufgabe im Datenverkehr und der Position im OSI-Modell.

Damit die Daten das richtige Endziel erreichen, müssen sie drei Adressinformationen von der Quelle und dem Ziel enthalten:

- Physische Adresse
- Logische Adresse
- Dienstadresse

Verdeutlichen wir das an einem Beispiel. Wenn Sie in Ihrem Ort an der Bergstraße 8 wohnen, steht Ihr Haus an einer bestimmten Stelle dieses Planeten. Damit verfügen Sie auf einen Schlag über zwei Adressen: die physische Adresse ist der Ort, wo das Haus steht, gemessen in Längen- und Breitengraden und damit eindeutig bestimmbar – weltweit. Dieses System verwenden wir etwa für Navigationssysteme. Im Briefverkehr arbeiten wir dagegen mit der Adresse »Bergstraße 8« – dies ist eine in Ihrem Ort vorgegebene, logisch bestimmte Adresse. Das kann sich auch ändern: Eines Tages beschließt man im Ort, alle Straßen nach Planeten zu benennen, und ab sofort wohnen Sie in der Saturnstraße. Zum Glück geschieht das selten, aber während das Ändern der physischen Adresse kaum möglich ist (Sie müssten schon Ihr Haus ausgraben ...), ist das Umändern einer logischen Adresse eine rein konzeptionelle Frage.

Vergleichbar verläuft dies auch in der Netzwerktechnik. Die physische Adresse wird durch die bereits erwähnte MAC-Adresse definiert. Sie wird jeder Netzwerkschnittstelle bei der Herstellung in die Firmware implementiert.

Die logische Adresse bestimmt der Netzwerkadministrator im zuständigen Netzwerk, die dann in den einzelnen Systemen entsprechend hinterlegt wird. Dazu bedient er sich eines Netzwerkprotokolls, z.B. IP oder IPX.

Die Dienstadresse bestimmt überdies, um welche Form der Daten es sich handelt. Wir unterscheiden beispielsweise zwischen einer HTTP-Adresse und einer SMTP-Adresse. Doch dazu später mehr.

Die Netzwerkprotokolle haben nun die Aufgabe, die Verbindung zwischen diesen Adressen herzustellen, um eine Kommunikation zu ermöglichen und Daten zu übertragen.

24.1 Die TCP/IP-Protokollsammlung

Die Protokollsammlung TCP/IP wurde vom und für das amerikanische Verteidigungsministerium (Department of Defense, DOD) sowie verschiedenen Forschungsorganisationen entwickelt. Das Internet wurde vor seiner weltweiten Verbreitung als Advanced Research Projects Agency Network (ARPANet) bezeichnet und ermöglichte die Kommunikation zwischen Regierungsstellen, Universitäten und Forschungseinrichtungen. Diese Entwicklungen datieren aus den 1960er und 1970er Jahren und führten später zu den uns heute bekannten Formen des Internets – um die Geschichte an dieser Stelle mal kurz zu halten. Auch die Protokollsammlung TCP/IP entstammt einem nach eben dem oben erwähnten DOD benannten Modell, und da es vier Schichten aufweist, nennt man es das DOD4-Modell.

Vergleich OSI-Modell mit dem DOD-4-Modell

OSI-Modell	TCP/IP (DOD-4-Modell)
Application	Application/Process
Presentation	Application/Process
Session	Application/Process
Transport	Host-to-Host
Network	Internet
Data Link	Network Access
Physical	Network Access

Tabelle 24.1: Das DOD4-Modell

Die TCP/IP-Protokollsammlung ist in drei funktionelle Gruppen aufgeteilt:

- Internet-Protokolle (IP, ICMP)
- Host-to-Host-Protokolle (TCP, UDP)
- Prozessprotokolle (FTP, SMTP, Telnet, NFS)

IP (Internet Protocol)

IP ist das wichtigste Internet-Protokoll. Es arbeitet verbindungslos und führt die logische Adressierung und die dynamische Routenwahl durch. Dazu sequenzialisiert IP die Datagramme, um Pakete in kleinere Einheiten aufzuteilen und sie an Zwischenstationen bzw. dem Zielort wieder zusammenzusetzen.

IPv6

Um in Zukunft den Internetzugang für die laufend steigende Anzahl Endgeräte zu unterstützen, wurde eine neue Version von IP eingeführt, welche einen wesentlich größeren Adressraum anbietet. IPv6 bietet wesentliche Verbesserungen:

- Einen erweiterten Adressraum von 232 auf 2128 Adressen
- Broadcasts werden durch Multicasts ersetzt
- Autokonfiguration der Geräte
- Verbesserte Unterstützung von Optionen (z.B. Verschlüsselung)
- Funktionen im Zusammenhang mit der Dienstqualität (QoS)
- Authentifizierung und Datenschutz
- Vereinfachung des Headers und feste Headerlänge von 40 Bytes

TCP (Transmission Control Protocol)

TCP ist das wichtigste Protokoll der Transportschicht. TCP nimmt Nachrichten beliebiger Länge von einem Dienst der oberen Schichten an und bietet verbindungsorientierte Übermittlung.

TCP teilt die Nachrichten für IP in Segmente auf. TCP stellt für jedes Segment eine Sequenznummer bereit.

Der wirkliche Zweck besteht in der Fehlerprüfung. Durch TCP-Bestätigungen werden die Segmente überwacht und geprüft, ob die Segmente am richtigen Ort eingetroffen sind.

UDP (User Datagram Protocol)

UDP arbeitet auch der gleichen Schicht wie TCP, ist aber schneller, weil verbindungslos. Komplexe Netze erfordern jedoch die von TCP bereitgestellten Funktionen.

24.2 IP-Adressierung

Jedes mit einem TCP/IP-Netzwerk verbundene Gerät wird durch eine eindeutige IP-Adresse identifiziert. (Einem Computer mit mehreren Netzwerkkarten wird demzufolge auch die entsprechende Anzahl an IP-Adressen zugewiesen.) Diese Adresse wird normalerweise in dezimaler Form angegeben, wobei die einzelnen, aus 8 Bits bzw. 1 Byte bestehenden Oktette durch einen Punkt voneinander abgetrennt werden. Eine IP-Adresse sieht zum Beispiel folgendermaßen aus: 172.16.40.5.

Wichtig

Da jede IP-Adresse ein einzelnes Gerät innerhalb des Netzwerks kennzeichnet, muss jedem Gerät auch eine eindeutige IP-Adresse innerhalb dieses Netzwerks zugeordnet sein.

24.2.1 Netzwerk- und Host-ID

Auch wenn eine IP-Adresse ein einzelner Wert ist, enthält sie trotzdem zwei Teilinformationen. Es handelt sich dabei zum einen um die Netzwerk-ID und zum anderen um die Host-ID des jeweiligen Computers.

- Durch die Netzwerk-ID werden sämtliche Systeme identifiziert, die sich physisch innerhalb desselben Netzwerks befinden. Allen Systemen eines physischen Netzwerks muss dieselbe Netzwerk-ID zugeordnet sein, die innerhalb des Netzwerkverbundes eindeutig ist.
- Durch die Host-ID wird eine Arbeitsstation, ein Server, ein Router oder ein anderes TCP/IP-Gerät innerhalb eines Netzwerks identifiziert. Innerhalb eines gegebenen Netzwerks mit einer Netzwerk-ID muss diese Adresse für jedes Gerät ebenfalls eindeutig sein.

Durch die Netzwerk- und die Host-ID wird für jeden mit einem TCP/IP-Netzwerk verbundenen Computer festgelegt, welche Pakete empfangen bzw. ignoriert werden sollen und wie weit der Übertragungsbereich dieses Computers reicht. (Netzwerkcomputer akzeptieren IP-Rundsendungen nur dann, wenn diese von einem Computer mit derselben Netzwerk-ID gesendet wurden.)

Anmerkung

Netzwerke, die mit dem Internet verbunden sind, benötigen eine vom InterNIC (Internet Network Information Center) bereitgestellte Netzwerk-ID, damit die Eindeutigkeit der IP-Netzwerk-ID gewährleistet ist. Weitere Informationen hierzu finden Sie auf der InterNIC-Homepage unter `http://www.internic.net/`.

Nach Erhalt der Netzwerk-ID muss der Administrator des lokalen Netzwerks jedem Computer innerhalb dieses Netzwerks eine eindeutige Host-ID zuweisen. Private Netzwerke, die nicht mit dem Internet verbunden sind, können natürlich eine eigene Netzwerk-ID verwenden; die Verwendung einer von InterNIC vergebenen Netzwerk-ID ermöglicht jedoch eine spätere Verbindung mit dem Internet, ohne dass hierzu sämtliche IDs geändert werden müssten.

Gab es früher noch feste Adressklassen, um Netzwerkgrößen und Adressbedarf aufeinander abzustimmen, ist dies längst Geschichte. Sie brauchen dieses Wissen eigentlich nur noch die privaten Netzwerke, sonst nicht mehr. Dazu gleich etwas mehr.

Es gibt aber verschiedene reservierte IP-Adressen, die Sie nicht benutzen dürfen:

- Netzwerk 0.0.0.0
- Netzwerk 127.0.0.0 (Loopback)

- Adressen, bei denen alle Net-IDs auf Null gesetzt sind (0.0.1.10/8)
- Adressen, bei denen alle Host-IDs auf Null gesetzt sind (172.16.0.0/16)
- Adressen, bei denen alle Net-IDs oder Host-IDs auf Eins gesetzt sind (172.16.255.255/16)
- Netzwerk 255.255.255.255

Der Loopback-Adressbereich (127.0.0.0 – 127.255.255.255) beinhaltet reservierte Netzwerkadressen, die vom lokalen System für prozessinterne Konfigurationen verwendet werden. Über diese Adressen kann der Host Pakete an sich selbst senden. So können Sie zum Beispiel überprüfen, ob Netzwerkkarte und Treiber korrekt geladen und installiert sind.

Soll das Netzwerk nicht direkt mit dem öffentlichen Internet verbunden werden, sollte man folgende für private Netzwerke reservierte Adressen verwenden:

- Netzwerke der Klasse A 10.0.0.0
  10.0.0.0 – 10.255.255.255
- Netzwerke der Klasse B 172.16.0.0
  172.16.0.0 – 172.31.255.255
- Netzwerke der Klasse C 192.168.0.0
  192.168.0.0 – 192.168.255.255

Diese Adressen werden garantiert von keinem öffentlichen Netz verwendet und sind somit unproblematisch für private Netzwerke (RFC 1597).

Netzwerke, die direkt mit dem Internet verbunden sind, benötigen dagegen eine vom InterNIC (Internet Network Information Center) bereitgestellte Netzwerk-ID, damit die Eindeutigkeit des Netzwerkes im ganzen Internet gewährleistet ist. Weitere Informationen hierzu finden Sie auf der InterNIC-Homepage unter `http://www.internic.net/`.

Wie gesagt werden Netzwerkadressen längst »frei« vergeben, und zwar mittels des bereits 1993 eingeführten Classless Inter-Domain Routing (CIDR, RFC 1519). Damit werden die verfügbaren Adressbereiche besser ausgenutzt.

Bei dieser klassenlosen Adressierung (Classless) entfällt die fixe Zuordnung einer IP-Adresse zu einer Netzklasse, dafür enthält jede vollständige Adressinformation zur IP-Adresse hinzu eine Netzwerkmaske, die sie einem Netzwerk zuordnet. Durch das Verrechnen von Adresse und Netzwerkmaske können so der Host- und der Netzteil der Adresse voneinander getrennt werden.

Mit CIDR wurde auch die Suffix-Notation eingeführt. Das Suffix wird nach einem »/« (Slash) an die IP-Adresse angehängt und gibt die Anzahl Bits des Netzwerkteils an. Die Adresse 192.168.1.15/24 entspricht also der Adresse 192.168.1.15 mit der Netzmaske 255.255.255.0 – kürzer und genauso eindeutig. Auch können

Sie 192.168.1.15/27 angeben und beschreiben damit dieselbe Adresse wie vorhin, aber in einem 255.255.255.224-Subnetz.

IPv6 wird grundsätzlich nur noch in CIDR-Notation geschrieben. Es gibt zwar noch die alten IPv4-Klassen, die in einer eigenen Klasse weitergeführt werden, aber neue Adressklassen wurden keine geschaffen.

Netzmasken

Bei einer Netzmaske (Net Mask) handelt es sich um 32-Bit-Werte, mit denen der Empfänger von IP-Paketen die Netzwerk-ID von der Host-ID unterscheiden kann. Für die weitere Unterteilung nennt man sie dann Subnetzmaske, weil Subnetze (Teilnetze) gebildet werden. Bei der Erstellung der Netzmaske wird dem Teil, der die Netzwerk-ID repräsentiert, der Wert 1 und dem Teil, der die Host-ID repräsentiert, der Wert 0 zugewiesen. Dieser 32-Bit-Wert wird anschließend in eine Dezimaldarstellung mit Punkten als Trennzeichen umgewandelt.

Wenn die IP-Adresse eines Computers z.B. 172.16.16.1 lautet und die Netzmaske den Wert 255.255.0.0 aufweist, ist 172.16 die Netzwerk-ID und 16.1 die Host-ID dieses Computers.

Da durch CIDR eine feste Zuordnung entfallen ist, müssen Sie die Netzmaske immer zur IP-Adresse dazuschreiben, damit man weiß, was Netz-ID und was Host-ID einer IP-Adresse ist.

Wichtig

Um Adressierungs- und Routing-Problemen vorzubeugen, sollte sämtlichen Computern eines logischen Netzwerks dieselbe Subnetzmaske und dieselbe Netzwerk-ID zugewiesen werden.

Ports

Bisher haben wir nur von den Protokollen gesprochen. Weil beispielsweise mit TCP aber gleichzeitig mehrere Verbindungen geöffnet werden können, bedarf es eines weiteren Elements, um diese Verbindungen auseinanderhalten zu können: dem Port, auch Dienstadresse genannt.

Die unter TCP und UDP verwendeten Ports sind 16 Bit lang, das ergibt die maximale Anzahl von 65.536, welche von 0 bis 65535 durchnummeriert werden. Die IANA verwaltet einen Teil dieser Ports, damit sie für alle Anwendungen im Internet durchgängig verwendet werden können. Diesen Teil nennt man die »well known ports«, also die »gut bekannten Adressen«. Sie tragen Nummern aus dem Bereich von 0 bis 1023. Darüber hinaus gibt es von 1024 bis 49151 die Registered Ports. Diese Adressen können Hersteller bei der IANA melden, um von ihnen verwendete Adressen zu registrieren. Adressen darüber hinaus sind private oder dynamische Ports und können frei verwendet werden.

Wichtig ist zu wissen, dass es zwei solcher Adresstabellen gibt: eine für TCP und eine für UDP. Port 21 gibt es zum Beispiel nur für TCP, Port 67 wiederum nur für UDP.

Nicht alle verwendeten Ports sind zudem bei der IANA registriert. So gilt z.B. der Port 3389 allgemein als der »RDP«-Port, weil er für die Microsoft Remote Administration verwendet wird – aber bei der IANA registriert ist er nicht, d.h. er ist genau genommen »inofficial« und könnte sich auch ändern. »Wohlbekannt« und »offiziell« können sich daher unterscheiden.

Die Adressen finden Sie in den Listen der IANA auf deren Webseiten und zahlreichen Websites wie Wikipedia (die englische Version gibt hier sehr gut Auskunft!). Hier ein paar der wichtigsten Ports, die Sie immer wieder antreffen werden:

Port	Protokoll		Dienst	Beschreibung
	TCP	UDP		
20	TCP		FTP-Data	Filetransfer Protocol – Datenübertragung
21	TCP		FTP	Filetransfer Protocol – Kontroll-Port
22	TCP	UDP	SSH	Secure Shell Protocol, Verbindungsprogramm
23	TCP		Telnet	Terminalorientierte zeilenbasierte Kommunikation
25	TCP	UDP	SMTP	Simple Mail Transfer Protocol – Mail-Versand
53	TCP	UDP	DNS	Auflösung von Domainnamen in IP-Adressen
67		UDP	BOOTPS	BootStrap Protocol Server, auch für DHCP-Anfrage
68		UDP	BOOTPC	BootStrap Protocol Client, auch für DHCP-Antwort
80	TCP		HTTP	Hypertext Transfer Protocol – Webseiten übertragen
110	TCP		POP3	Post Office Protocol Version 3 – Mail-Empfang
137	TCP	UDP	NetBIOS	Windows File and Printer Sharing
138	TCP	UDP	NetBIOS	Windows File and Printer Sharing
139	TCP	UDP	NetBIOS	Windows File and Printer Sharing
143	TCP	UDP	IMAP4	Internet Message Access Protocol 4 – Mail-Empfang
389	TCP	UDP	LDAP	Lightweight Directory Access Protocol
427	TCP	UDP	SLP	Server Location Protocol zur Ressourcenfindung
443	TCP		HTTPS	Verschlüsselte Webserver-Übertragung
445	TCP		SMB/CIFS	Protokoll für die Dateiübertragung via Freigaben
465	TCP		URL Rv	Eigentlich: URL Rendezvous Directory for SSM, aber auch SMTP over TLS
548	TCP		AFP	Apple Filing Protocol für Apple-Freigaben
587	TCP		Mail	Gesicherter E-Mail-Versand

Tabelle 24.2: Ports und ihre Bedeutung

Port	Protokoll TCP	UDP	Dienst	Beschreibung
993	TCP		IMAPS	IMAP4 over SSL
995	TCP		POP3S	POP3 over SSL
3389	TCP	UDP	RDP	Remote Desktop Protocol (Microsoft Remote Access)

Tabelle 24.2: Ports und ihre Bedeutung (Forts.)

Auf einem Linux- oder Unix-Rechner ist diese Liste in der Datei `/etc/services` definiert. Unter Betriebssystemen der Windows-Client-Linie findet sich diese unter `%WINDIR %\system32\drivers\etc\services`.

Die IP-Adresse und die damit verbundene Portnummer zusammen werden als Socket bezeichnet. Die Verbindung zweier Knoten wird durch einen eindeutigen Socket sichergestellt.

24.2.2 DNS (Domain Name System)

Das Domain Name System (DNS) findet derzeit besondere Verwendung im Internet sowie in zahlreichen privaten Unternehmen. Computer unter TCP/IP mit Anschluss an das Internet können über mindestens eine, mit jeder Netzwerkkarte des Computers verbundene IP-Adresse verfügen. DNS ist so ausgelegt, dass sich die Benutzer die IP-Adressen nicht merken müssen, sondern stattdessen sogenannte »Friendly Names« verwenden können, um Remote-Computer und andere Netzwerkgeräte in TCP/IP-Netzwerken ausfindig zu machen und um zu diesen Verbindungen herzustellen. Das heißt, der DNS-Dienst ist in der Lage, IP-Adressen in sogenannte Hostnamen umzusetzen. DNS wird sowohl im Internet als auch in privaten, TCP/IP-basierten Intranets eingesetzt.

Bei diesem System handelt es sich um ein Namenssystem. Man spricht von einer *Domänennamensraum* genannten, hierarchisch und logisch aufgebauten Baumstruktur. Dies sieht im Einzelnen wie folgt aus:

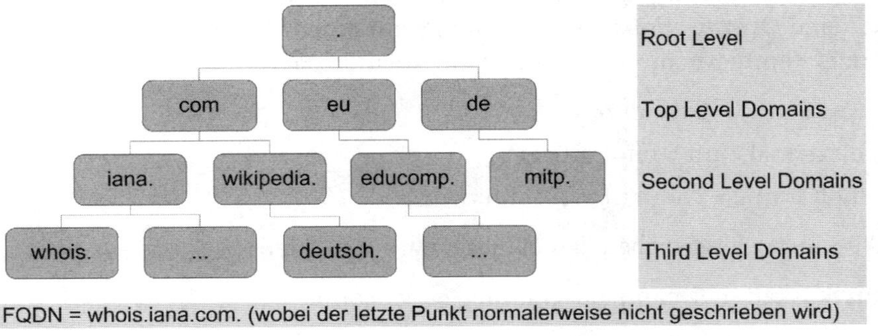

Abb. 24.1: Der DNS-Namensraum

24.2.3 DHCP (Dynamic Host Configuration Protocol)

Jedem Computer in einem TCP/IP-Netzwerkverbund muss ein eindeutiger Computername sowie eine eindeutige IP-Adresse zugewiesen werden. Die IP-Adresse identifiziert sowohl den Computer als auch das Subnetz, mit dem dieser Computer verbunden ist.

DHCP wurde entwickelt, um die Zuweisung und Pflege von IP-Adressen zu vereinfachen. Es verwendet Software basierend auf dem Client/Server-Prinzip. Der Administrator konfiguriert einen DHCP-Server, welcher dann den Clients die IP-Konfiguration automatisch zur Verfügung stellt.

Falls der Client keine Adresse erhält, »nimmt« er sich unter Windows eine 169.254.x.x-Adresse. Dies wird auch eine APIPA, eine automatisch zugewiesene Adresse genannt. Dies ist eine wichtige Information bei der Fehlersuche.

24.2.4 LDAP

LDAP wurde in den 1990er-Jahren mit dem Ziel entwickelt, Verzeichnisdienste in der Installation und Konfiguration einfacher zu gestalten, um deren Verbreitung zu fördern. LDAP setzt auf einem TCP/IP-Stack auf und implementiert nur eine Auswahl der DAP-Funktionen und Datentypen.

LDAP bezeichnet sowohl ein Protokoll auf der Anwendungsebene zur Kommunikation mit dem Directory Service als auch den Verzeichnisdienst (Directory Service) selber.

Die Datenstruktur eines LDAP-Verzeichnisses wird durch einen hierarchischen Baum mit Wurzeln, Zweigen und Blättern wiedergegeben und z.B. bei der auf LDAP basierenden Active Directory (Microsoft Server) auch so dargestellt.

Die Wurzel (Root, Suffix) ist das oberste Datenobjekt, unter ihm verzweigen sich die weiteren Strukturen. Als Root kann die Organisation bezeichnet werden, darunter folgen weitere Ebenen wie Organisationseinheiten, Gruppen oder Personen.

Diese Begriffe werden abgekürzt dargestellt und als LDAP-Notation bezeichnet.

Wenn die Firma Educomp als Organisation in LDAP aufgenommen werden soll und über eine Organisationseinheit Training mit einem Mitarbeiter verfügt, der sich Markus Kammermann nennt, heißt die Notation dann:

- Organisation = o=educomp
- Organisational Unit = ou=training
- Common Name = cn=markuskammermann

Als LDAP-Eintrag geschrieben, lautet dieser dann wie folgt:

- cn=markuskammermann, ou=training, o=educomp

Damit die Organisation der Daten nicht willkürlich geschieht, verwendet jedes LDAP-Verzeichnis eine bestimmte, genormte Struktur. Die Struktur wird durch das verwendete Schema definiert. Jedes LDAP-Schema definiert die Objektklassen mit ihren Attributen wie zum Beispiel die Klasse Person oder die Klasse Organisation. Die Einträge in der Objektklasse nennen sich danach Objekte.

X.500 bzw. die »Leichtgewichtsvariante« LDAP liegen heute zahlreichen Anwendungen zugrunde, denken Sie nur an Active Directory, IBM Lotus Notes oder auch Sendmail. Sie alle unterstützen LDAP als Verzeichnisdienst, sei es als komplexer Verzeichnisdienst oder als einfaches Adressbuch.

24.3 Weitere Protokolle des TCP/IP-Stacks

24.3.1 SMB/CIFS

Server Message Block (SMB) wurde zuerst 1983 von Barry Feigenbaum (IBM) vorgestellt. Im Laufe der Zeit wurde das Protokoll von verschiedenen Firmen und Gruppen, darunter Microsoft, Apple und der Linux-Gemeinschaft, erweitert. Die meisten Erweiterungen kommen aus dem Hause Microsoft, welche sich SMB zum Hausprotokoll für ihre Netzwerkbetriebssysteme erkoren hat.

SMB ist ein Kommunikationsprotokoll für Datei-, Druck- und weitere Serverdienste. Es bildete den Kern von IBMs und Microsofts LAN-Manager – ebenso wie der gesamten Windows-Produktfamilie – bis heute. Zudem hat sich auch das Projekt SAMBA mit SMB auseinandergesetzt und ermöglicht es mit der SMB-Implementation, dass Linux- und Unix-Server Windows-Server-Funktionen übernehmen können.

Mit dem Begriff Common Internet File System (CIFS) hat Microsoft 1996 eine erweiterte (proprietäre) Version von SMB eingeführt. CIFS baut dabei auf NetBIOS over TCP/IP (kurz NBT) und SMB auf und bietet neben der Datei- und Druckerfreigabe weitere Dienste wie zum Beispiel den Windows-RPC- und den NT-Domänendienst an. Die Namensauflösung im Netzwerk ist damit nicht mehr zwingend auf WINS angewiesen, sondern kann auch über DNS erfolgen. Den Begriff CIFS verwendet Microsoft selber wiederum nicht mehr, sondern nennt das Protokoll wieder SMB.

24.3.2 FTP (File Transfer Protocol)

Das FTP ermöglicht einem Benutzer das Übertragen von Dateien zwischen zwei Computern. Dazu stellt es anderen Diensten Funktionen für Anmeldung, Verzeichnisansicht, Dateioperationen und Ausführung von Befehlen bereit.

Für die Arbeit mit FTP benötigt es einen FTP-Client, der entweder als separate Software installiert wird, aber auch in vielen Browsern bereits integriert ist und über das Kommando »ftp://« in der Adresszeile genutzt werden kann. Serverseitig wird ein FTP-Server installiert, der die Benutzer- und die Datenverwaltung übernimmt.

FTP setzt zur Übertragung und Steuerung zwei Verbindungen auf den Ports 20 und 21 ein. Die FTP-Sitzung wird mit dem Kommando `ftp adresse` aufgebaut. Nach Authentifizierung der Anfrage können FTP-Client und FTP-Server miteinander kommunizieren.

Die Kommunikation kann auch für den anonymen Zugriff konfiguriert werden, sodass kein Passwort nötig oder ein beliebiges Passwort möglich ist. So wird bei anonymem Zugriff häufig nach der eigenen Mail-Adresse gefragt.

Da FTP ein textbasiertes Protokoll ist, werden einmal mehr sowohl die Daten als auch die Authentifizierungsinformationen in Klartext übertragen. Alternativen dazu bieten das Protokoll Secure-FTP (Secure File Transfer Protocol) oder SSH-FTP.

24.3.3 HTTP (Hypertext Transfer Protocol)

Das Protokoll HTTP sendet nach Anfrage eines Clients die Informationen von Server-Webseiten an die Client-Browser wie zum Beispiel Firefox oder den Internet Explorer. Der Zugriff auf Texte, Grafiken, Audio- und Videodaten wird damit ermöglicht. Wenn vom Webbrowser eine Anfrage via URL (z.B. `http://www.mitp.de/netzwerk.htm`) an den Host gesandt wird, ruft dieser die angeforderte Datei (in unserem Fall »netzwerk.htm«) auf und leitet sie dann an den Webbrowser zurück, wo sie angezeigt wird.

Eine weitere Entwicklung ist das Hypertext Transfer Protocol Secure. HTTPS definiert eine zusätzliche Anwendungsschicht zwischen http und dem Transportprotokoll TCP. Ziel von HTTPS ist die Verschlüsselung der Information. Ohne Verschlüsselung sind Webdaten für jeden, der Zugang zum entsprechenden Netz hat, als Klartext lesbar. Das ist an sich schon unschön, aber mit der Ausbreitung von Finanzgeschäften wie Online-Banking und E-Shopping nimmt die Bedeutung der Verschlüsselung laufend zu.

HTTPS wurde von der Firma Netscape entwickelt und zusammen mit SSL 1.0 im Jahr 1994 als Bestandteil des eigenen Browsers Netscape veröffentlicht. Mit HTTPS wird die Kommunikation zwischen Browser und Webserver auf Applikationsebene verschlüsselt und authentifiziert. Die Verschlüsselung dient der Lauschsicherheit, die Authentifizierung der Identitätssicherheit.

24.3.4 NTP

NTP wird eingesetzt, um Zeit und Datum der eigenen Rechner über das Internet anhand eines NTP-Servers zu synchronisieren.

24.3.5 NNTP

Bei NNTP handelt es sich um ein Protokoll zur Anzeige und Übertragung von Nachrichten in einem Newsforum bzw. einer Usergroup.

24.3.6 Telnet

Telnet ist ein zeichenorientiertes Protokoll zum Emulieren eines Terminals und ermöglicht den Benutzern den Zugriff auf Großrechner. Es kann aber auch zur Konfiguration von Netzwerkgeräten wie Router, Switches oder Modems eingesetzt werden, sofern auf dem entsprechenden Gerät noch ein Telnet-Zugang installiert ist. Generell wird aber Telnet zunehmend von Web-Interfaces abgelöst, wenn es um Konfigurationszugriffe geht.

24.3.7 Secure Shell

Secure Shell (SSH) ist ein Dienstprotokoll zum Aufbau einer verschlüsselten Verbindung über das Netzwerk. Es nutzt Port 22 und wird häufig eingesetzt, um entfernte Rechner über eine verschlüsselte Kommunikation lokal zu bedienen (Remote-Konsole). Seit 1996 läuft SSH in der Version SSH-2, das bis heute im Einsatz ist und als sicher gilt. Während SSH selber ein proprietäres Projekt ist, gibt es mit Open-SSH auch eine freie Version, die sich weit verbreitet hat.

SSH erlaubt es, eine sichere, authentifizierte und verschlüsselte Verbindung zwischen zwei Rechnern aufzubauen. Mit SFTP verfügt das Protokoll überdies über eine sichere Ersatzvariante zu FTP zur Datenübermittlung. SSH kann auch für den Einsatz in VPN (mit einem PPP-Daemon) verwendet werden oder auch nur, um TCP-Ports weiterzuleiten. Zudem ist SSH als Ersatz für Telnet einsetzbar.

24.3.8 SMTP (Simple Mail Transfer Protocol)

Das Simple Mail Transfer Protocol (SMTP) ist ein Standard für die Weiterleitung elektronischer Post, der zusammen mit TCP und IP E-Mails zwischen Hosts überträgt. Das SMTP-Verfahren selber wird innerhalb der Mailprogramme durch sogenannte Mail User Agents (MUA) abgehandelt, welche Kontakt zum SMTP-Server herstellen. Der Mail-Server überträgt die Nachricht anschließend mittels Mail Transfer Agents (MTA) zum Zielserver. Dazu wird in der Regel der Port 25 genutzt.

24.3.9 POP3

POP3 ist das Gegenstück zu SMTP und dient dazu, die versandten Nachrichten beim Postfach abzuholen. Seine Weiterentwicklung nennt sich dann IMAP4. Bei POP3 werden die Nachrichten dabei immer vom Server heruntergeladen, bevor man sie lesen kann. IMAP4 ermöglicht es Ihnen, nur die Betreffzeile herunterzuladen und die Nachrichten selber auf dem Server zu verwalten.

24.3.10 SNMP (Simple Network Management Protocol)

Das SNMP liefert Statusmeldungen von Netzwerkgeräten und arbeitet nach dem Client/Server-Prinzip. Beim SNMP-Agenten handelt es sich beispielweise um einen Server oder einen Router. Mithilfe von SNMP können diese Agents auf Anfrage Statusmeldungen abgeben, z.B. über die Drehzahl von Lüftern oder die Aktivität einer Schnittstelle (on/off) und vieles mehr.

24.4 Rollen und Dienste im Netzwerk

Die vorgestellten Protokolle stehen immer im Zusammenhang mit einem bestimmten Dienst, auch Rolle genannt, welche der damit ausgerüstete Host, meist Server genannt, damit zur Verfügung stellen kann. Dieses Thema kann hier nur angeschnitten werden, denn es reicht in die Themen von CompTIA Network+ und CompTIA Server+, wo sich ganze Kapitel mit dem Aufbau und der Gestaltung dieser Rollen befassen.

An dieser Stelle folgt daher eine tabellarische Übersicht über mögliche Rollen, die aber nicht abschließend sein kann. Zu viele verschiedene Möglichkeiten bestehen, und die Tabelle fokussiert auf die wesentlichen Rollen.

Rollenbezeichnung	Verwendung	Wichtige Protokolle
Fileserver (Dateiserver)	Stellen den Zugriff auf Speicherplatz für Dateien und Verzeichnisse zur Verfügung und implementieren die Zugriffsberechtigungen darauf.	CIFS SMB NFS
Printserver (Druckserver)	Stellen Druckdienste zur Verfügung, verwalten die Druckerwarteschlange und bieten eine zentrale Stelle für die Druckerverwaltung und die Druckertreiber.	SMB http IPP LPD/LPR
Domänen-Controller (Domain Controller)	Verwalten die Netzwerkobjekte in einer Windows-Umgebung und stellen Authentifizierungsdienste zur Verfügung.	Kerberos SMB LDAP
Datenbankserver	Stellen Datenbanken für den Netzwerkzugriff zur Verfügung.	-
Anwendungsserver (Application Server)	Basieren vielfach auf einem Datenbankserver, stellen aber nicht nur reine Datenbanken, sondern auch zentrale Anwendungsdienste zur Verfügung. Heute laufen Anwendungsserver häufig als Webdienst.	HTTP
Mailserver	Dienen dem Datenaustausch mit anderen Mailservern und stellen Dienste für Mail-Clients zur Verfügung, um auf Postfächer zuzugreifen.	SMTP POP IMAP

Tabelle 24.3: Mögliche Serverrollen

Rollenbezeichnung	Verwendung	Wichtige Protokolle
Webserver	Stellen Informationen über http zur Verfügung und können als Schnittstelle (Web-Frontend) für Anwendungsserver dienen.	HTTP HTTPS
Proxy-Server	Zentralisiert die Zugriffe für bestimmte Dienste. Häufig als Web Proxy für HTTP/HTTPS auf das Web. Bei Web Proxys werden oft auch Zwischenspeicherdienste zur Verfügung gestellt.	TCP/IP
DNS-Server	Erlauben die Host-Namensaufauflösung und Verwaltung der DNS-Namensräume. DNS-Server sind zuständig für die Auflösung von Namen in die dazu gehörigen IP-Adressen.	DNS
DHCP-Server	Zentrale Verwaltung von IP-Konfigurationen und Zuteilung von IP-Adressen an Host-Systeme. Stellt den Clients im lokalen Netzwerk IP-Adressen für eine bestimmte Zeit (Lease, Mietdauer) zur Verfügung und weitere Informationen wie den Gateway und die DNS-Server.	DHCP
Terminalserver oder Remote Desktop Service (RDS)	Terminalserver stellen Zugriffe auf Anwendungen über ein Netzwerk zur Verfügung, ohne dass diese auf dem Client installiert sein müssen.	RDP ICA HTTPS
Gameserver	Spielplattform für Multiuser-Spiele	TCP/IP
Firewall UTM	Sicherheitsfunktionen zum Schutz des Netzwerks. Trennt das lokale Netzwerk durch ein Regelwerk vom Internet. Unter dem Begriff UTM (Unified Threat Management) versteht man eine Kombination von Firewall mit weiteren Sicherheitsmaßnahmen wie Antispam, Antivirus oder Intrusion Detection (IDS) bis hin zur Intrusion Prävention (IPS).	TCP/IP diverse
Authentifizierungsserver	Stellen Anmeldeprozeduren zum Schutz von Ressourcen zur Verfügung, zum Beispiel in Form eines Active Directory für eine lokale Domäne oder in Form von RADIUS für WLAN-Authentifizierung oder den Internetzugang.	Kerberos IPSec RADIUS
Update-Server	Stellen den Clients Aktualisierungsinformationen wie Virenschutzaktualisierungen und/oder Sicherheitsaktualisierungen zur Verfügung.	TCP/IP HTTP

Tabelle 24.3: Mögliche Serverrollen (Forts.)

Rollenbezeichnung	Verwendung	Wichtige Protokolle
Fernzugriffserver	Remote-Access-Server, bei CompTIA auch Server mit Fernzugriff, ermöglichen Clients den Zugriff über ein WAN (PSTN oder Internet) auf ein lokales Netzwerk.	PPTP L2TP SSTP IPsec
Überwachungsserver	Erlauben eine zentralisierte Überwachung von Anwendungs-, Netzwerk- und Serverfunktionen.	SNMP RPC
Filterserver (SPAM)	Filterfunktion, welche aufgrund von Black- und White-Lists, von SPF (Sender Policy Framework) und/oder SCL (SPAM Confidence Level) unerwünschte Mails herausfiltert.	SMTP

Tabelle 24.3: Mögliche Serverrollen (Forts.)

24.5 Wenn das Netzwerk in der Wolke lebt

Das Thema Cloud Computing bringt ganz neue Aspekte in die Thematik nicht nur der Betriebssysteme, sondern auch des gesamten Verständnisses der Nutzung eines Netzwerks.

Da es für Cloud Computing keine einheitliche Definition gibt, findet man verschiedene Ansätze zur Beschreibung. An dieser Stelle sei auf die Definition von NIST verwiesen, dem amerikanischen Institut für Technologie und Standards. Die Definition ist sehr gründlich, sagt aber zusammenfassend Folgendes:

> *Cloud Computing ist ein Modell, das es komfortabel ermöglicht, bei Bedarf (on demand) über das Netzwerk Zugriff auf einen geteilten Pool von konfigurierbaren Ressourcen zu erhalten, beispielsweise Netzwerke, Server, Speicher, Applikationen und Dienste. Diese können rasch zur Verfügung gestellt (provisioniert) und mit minimalem Aufwand oder minimaler Interaktion seitens des Providers freigegeben werden.*

Die Grundlagen des Cloud Computing legen virtualisierte Umgebungen, um den Aspekt der Skalierbarkeit und damit des Ressourcenpooling zu ermöglichen. Dabei gibt es unterschiedliche Ebenen der Virtualisierung.

Der Grundgedanke bei der Hardware-Virtualisierung liegt darin, dass zwischen der Hardware und den Gastbetriebssystemen eine weitere Software-Komponente liegt, welche den Hardware-Zugriff für die verschiedenen Gastbetriebssysteme verwaltet. Damit können auf einer einzigen Hardware mehrere Gastbetriebssysteme verwaltet und durch die bessere Auslastung der Hardware im Idealfall Ressourcen eingespart werden. Dies ist angesichts der aktuell leistungsfähigen Server ein wichtiges Thema in der Serverplanung geworden und nimmt bei vielen Unternehmen einen entsprechend prominenten Platz bei der Serverplanung und -strategie ein. Mehr dazu erfahren Sie im Buch »CompTIA Server+«, an dem der Autor mitgearbeitet hat.

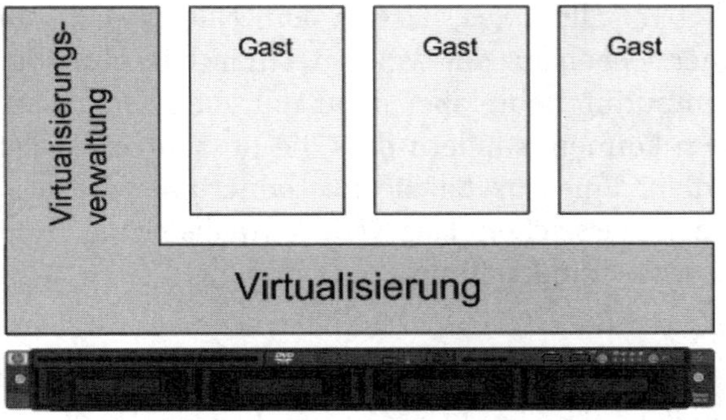

Abb. 24.2: Konzept der Virtualisierung

Host-Betriebssystem

Als Host-Betriebssystem wird das Betriebssystem bezeichnet, welches real auf der Hardware installiert wird. Dieses Host-Betriebssystem liefert die Basis, um die notwendige Virtualisierungssoftware auszuführen. Innerhalb des Host-Betriebssystems laufen auch die für die Verwaltung notwendigen Werkzeuge, die Virtualisierungsverwaltung.

Gastbetriebssystem

Als Gastbetriebssysteme werden die innerhalb der Virtualisierungsumgebung laufenden Betriebssysteme bezeichnet.

Das Cloud Computing ist eine weitere Abstrahierung der Virtualisierungskonzepte. Die Bezeichnung lässt sich vermutlich daraus herleiten, dass Netzwerke in Grafiken undifferenziert als Wolke gezeichnet werden. In der klassischen Wolke sind die Verbindungen und Server allerdings noch klar zugewiesen, für den Nutzer war das aber unwichtig. Seine Daten, Programme oder Netzwerkverbindungen kamen einfach aus dieser Wolke, mehr musste ihn nicht kümmern. Dies zeigt auch, dass mit »Cloud« nicht eine bestimmte Technologie definiert wird, sondern die Art und Weise, wie auf die Dienste und Daten zugegriffen wird. Technologisch stehen dahinter ein weiterentwickelter Client/Server-Ansatz und die Virtualisierung.

Im heutigen Cloud Computing wird dieser Ansatz weiter gefasst. Die Ressourcen, die einen bestimmten Service zur Verfügung stellen, sind nicht mehr fest allokiert und können auch wechseln. Die ersten Ansätze von Cloud Computing fanden sich in Dienstleistungsrechenzentren, wo kurzfristig für bestimmte Services sehr viele Ressourcen bereitgestellt werden mussten. Die benötigten Ressourcen wurden dynamisch, zumeist mittels Hardware-Virtualisierung, anhand von vorkonfigurierten Abbildern (Images) erstellt und, wenn der Bedarf nicht mehr da war, wieder gelöscht (decomissioned).

Der Begriff Cloud Computing sagt vor allem aus, dass es dem Nutzer egal sein kann, woher seine Services kommen – eben aus der Wolke. Technisch ist einer der wichtigsten Punkte im Cloud Computing heute aber nicht nur, dass sehr dynamisch Ressourcen allokiert werden können, sondern dass die Ressourcen selbst auch dynamisch verschoben werden. Eine zusätzliche Abstrahierung wird also zwischen dem Betriebssystem, der klassischen Hardware-Virtualisierung, und dem angebotenen Service, der Dienstleistung, definiert.

24.5.1 Servicemodelle

Es gibt unterschiedliche Servicemodelle für Cloud Computing. Je nach Abstrahierungsebene wird zwischen IaaS (Infrastructure as a Service), PaaS (Platform as a Service) oder SaaS (Software as a Service) unterschieden.

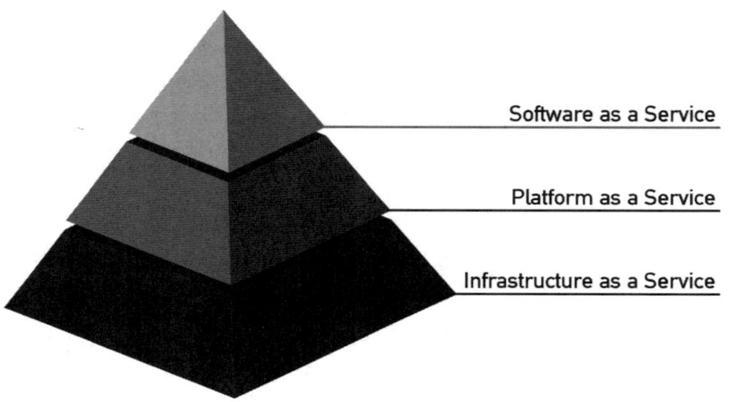

Abb. 24.3: Aufbau der Servicemodelle für Cloud Computing

Das IaaS-Modell wurde schon verwendet, bevor der Begriff Cloud Computing eingeführt worden ist. Die Kunden (z.B. Abteilungen oder Geschäftseinheiten eines Unternehmens) beziehen virtuelle Hardware, verwalten diese Systeme aber weitgehend selbst. Das kann Speicherplatz im Netzwerk sein, eine virtuelle Telefonanlage oder ein installierter Windows-Server.

Beim Ansatz von PaaS wird dem Nutzer eine in der Regel für die Entwicklung von Applikationen und Applikationsumgebungen definierte Plattform zur Verfügung gestellt, er hat aber mit der Verwaltung dieser Plattform nichts zu tun. Die Kunden können beispielsweise die Entwickler eines Unternehmens sein, welche Computerressourcen brauchen, das für die Entwicklung nötige Betriebssystem und die Komponenten dafür aber nicht selbst verwalten möchten. Dabei müssen sie sich auch nicht um die benötigten Dienste (Services) kümmern und können die benötigte Umgebung bei Bedarf nach oben oder unten skalieren, ohne eigene Investitionen zu tätigen.

Bei SaaS erfolgt die Abstrahierung auf Ebene der zu erbringenden Dienstleistung (Anwendungsfunktionalität) und ist damit das, was heute umgangssprachlich am ehesten unter Cloud Computing verstanden wird. SaaS stellt dem Endkunden die benötigten Programme und Daten direkt zur Verfügung. Sie können also Ihr ERP ohne eigene Installation und ohne eigenen Server in der Cloud betreiben, Sie können die Datensicherung inklusive Konzept und Speicher komplett in die Cloud verlagern etc. Sie selbst nutzen lediglich den Zugang via Internet (Intranet), und alles andere ist an die Cloud ausgelagert. Sie müssen sich dabei auch nicht um die Aktualisierung kümmern, da die Software zentral vom Provider verwaltet und gepflegt wird (One-to-many-Ansatz), dazu gehören auch Patches und Updates.

SaaS kommt auch dem Begriff eines älteren Modells am nächsten, nämlich dem Application Service Providing, zu Deutsch dem Anwendungsdienstleister oder kurz ASP genannt. Bei ASP stellt der Dienstleister dem Kunden eine bestimmte Applikation zur Verfügung, und zwar ebenfalls über ein in der Regel öffentliches Netzwerk. Zur Dienstleistung gehören Verwaltung, Betrieb, Aktualisierung (Einspielen von Updates) und Datensicherung, und das Ganze basiert in der Regel ebenfalls auf einem Mietmodell.

Nicht unerwähnt soll in diesem Zusammenhang auch der neuere und alles zusammenfassende Begriff XaaS-Modell sein. Hierbei steht das X für »Everything« und beschreibt die Tatsache, dass als Dienstleistung einfach alles aus der Cloud kommt.

Die Cloud selbst kann unterschiedlich betrieben werden, entweder von einem Unternehmen selbst als Private Cloud oder von einem öffentlichen Anbieter als Public Cloud – und daneben gibt es natürlich auch eine Mischform, die Hybrid Cloud.

24.5.2 Betriebsmodelle

Private Cloud

Auch wenn der Begriff »Cloud« heute zumeist mit Internet-Clouds in Verbindung gebracht wird, werden die entsprechenden Technologien natürlich auch in firmeninternen Rechenzentren verwendet. Dabei nutzen die Unternehmen die Vorteile bezüglich Flexibilität und Dynamik für die Zurverfügungstellung von Ressourcen für die firmeninternen Prozesse.

Public Cloud

Ein Service einer öffentlichen »Wolke« kann von beliebigen Nutzern über das Internet genutzt werden. Dabei müssen natürlich insbesondere auch Datenschutzaspekte genau betrachtet werden. Als Open Cloud werden Systeme bezeichnet, bei denen der Anbieter die Nutzer nicht kennt bzw. nur eine einfache Anmeldung (Registrierung) nötig ist.

Bei einer Exclusive Cloud hingegen besteht zwischen dem Anbieter und den Nutzern in der Regel ein Vertrag.

Der weltweit größte Anbieter von Public-Cloud-Angeboten ist bis heute die Firma Amazon, Konkurrenten wie Google, Microsoft oder Apple folgen deutlich dahinter.

Hybrid Cloud

Dabei handelt es sich um eine Kombination aus firmeninternem Cloud Computing und ergänzenden internetbasierten Cloud-Diensten. Durch die Erweiterungen der privaten Cloud durch Internet-Ressourcen können folgende Ziele verfolgt werden:

- Temporäres dynamisches Erweitern der Leistungsfähigkeit der Wolke ohne eigene Investitionen
- Möglichkeiten der Sicherstellung oder Erweiterung der Ausfallsicherheit durch externe, in die Cloud eingebundene Ressourcen

24.5.3 Angebote aus der Cloud

Je nach gewähltem Service- und Betriebsmodell kann Ihnen die Cloud heute verschiedenste Dienste anbieten.

- Mail-Dienste wie Office 365 oder Webmail
- Webshops, die Sie monatlich mieten und betreiben
- Eine zunehmende Bedeutung erlangt das Backup-to-the-Cloud, das es Ihnen ermöglicht, Ihre wichtigsten Daten (oder Systeme) in der Cloud zu sichern.
- Hosted Security von Antivirenplattformen wie etwa F-Secure PSB bis hin zur Hosted Firewall, die durch Ihren Betreiber unterhalten wird
- Im Endkundenbereich werden auch immer mehr Applikationen direkt aus der Cloud zur Verfügung gestellt, angefangen von Office 365 über die Adobe Creative Cloud bis hin zu ERP-Lösungen verschiedener Hersteller.

Das Angebot ist sehr breit, und daher sind auch die Fragen, die Sie sich stellen müssen, immer zahlreicher. Einige seien an dieser Stelle erwähnt, andere werden Sie sich konkret auf Ihre Bedürfnisse hin stellen müssen:

- Welchen Dienst benötigen wir?
- Verfügen wir über eine genügend zuverlässige Internetanbindung?

- Auch über eine Backup-Leitung?
- Wie viel kosten Betriebsstunden oder Speichermengen oder Postfächer pro Kontingent oder pro Benutzer, das heißt, nach welchem Modell rechnet der gewünschte Dienst die Nutzung ab und was ergeben sich daraus für Jahreskosten?
- Wie sieht es (bei Applikationen wie ERP oder Branchenlösungen in der Cloud) mit der Datensicherung aus? Wer trägt die Verantwortung und wer führt sie durch? Was kostet in diesem Fall ein Restore?
- Welche Datenschutzregelungen sind möglich bzw. welche werden verlangt in dem Land, in dem wir tätig sind, und wie erfüllt ein Anbieter diese?

24.6 Fragen zu diesem Kapitel

1. Wenn Sie unter Windows XP Professional die IP-Adresse für den Rechner manuell zuweisen müssen, wo genau nehmen Sie diese Einstellung vor?
   A. In den Netzwerkverbindungen
   B. Im Arbeitsplatz
   C. In den TCP/IP-Eigenschaften
   D. In den Firewall-Eigenschaften
2. Welches der folgenden Protokolle wird für den Zugriff auf einen Remote-Host verwendet, um über ein Terminalfenster darauf zuzugreifen?
   A. HTML
   B. Telnet
   C. NTP
   D. IMAP
3. Über welches Protokoll werden Internetseiten angesprochen, die mit SSL verschlüsselt sind?
   A. SHTP
   B. SFTP
   C. HTTPS
   D. WPA2
4. Was wird verwendet, um ein Netzwerk in logische Segmente zu unterteilen?
   A. Mehrere Zieladressen
   B. Die Subnetzmaske
   C. Eine erweiterte Netzwerkidentifikation
   D. DHCP

5. Welches ist ein Standardprotokoll zum Empfangen von E-Mails?
   A. POP3
   B. WWW
   C. INIP4
   D. SMTP
6. Mit welchem Protokoll können Sie eine verschlüsselte Verbindung mit einem Internetserver herstellen?
   A. SHHTP
   B. RAS
   C. SSL
   D. WPA2
7. Ein Benutzer möchte über einen Proxyserver eine sichere Internetverbindung benutzen, kann die Verbindung aber nicht aufbauen. Welchen Port muss er im Webbrowser-Proxy überprüfen?
   A. 25
   B. 80
   C. 443
   D. 3389
8. Ein Kunde möchte nur bestimmten Geräten den Zugriff auf ein Wireless-Netzwerk erlauben. Welche Einstellung ist dafür nötig?
   A. DHCP ausschalten
   B. MAC-Filter aktivieren
   C. DNS deaktivieren
   D. HTTP-Übermittlung deaktivieren
9. Die IP-Adresse 200.168.212.226 ist ein Beispiel für welche Netzwerkklasse?
   A. Klasse C
   B. Klasse A
   C. Klasse B
   D. Klasse D
10. Eine Kundin bekundet Schwierigkeiten mit ihrem Mailprogramm. Ihre Firma hat IMAP-Konten, die Mails bleiben aber in der Firewall hängen. Welchen Port muss sie dazu öffnen?
    A. 25
    B. 80
    C. 110
    D. 143

Kapitel 25

Netzwerke einrichten

CompTIA-Prüfungsziele, die in diesem Kapitel behandelt werden:

Für das Examen 220-901

2.3 Erläutern der Eigenschaften und Charakteristika von TCP/IP.

- Gateway

2.6 Installieren und Konfigurieren eines drahtlosen/kabelgebundenen SOHO-Routers und Anwenden der richtigen Einstellungen.

- Kanäle
- DHCP (ein/aus)
- NAT/DNAT
- Basic QoS
- Firmware
- UPnP

Für das Examen 220-902

2.6 Installieren und Konfigurieren einer einfachen Mobilgerät-Netzwerkverbindung und von E-Mails.

- Drahtloses/Mobilfunkdatennetz (aktivieren/deaktivieren)
- Bluetooth
- E-Mail Konfiguration der Firma und des ISP
- E-Mail-Konfiguration für integrierte kommerzielle Anbieter
- VPN

2.7 Zusammenfassendes Darstellen von Methoden und Daten in Bezug auf die Synchronisation von Mobilgeräten.

- Typen von zu synchronisierenden Daten
- Synchronisationsverfahren
- Gegenseitige Authentifizierung für mehrere Dienste (SSO)
- Software-Anforderungen zum Installieren der Anwendung auf dem PC
- Verbindungstypen, die Synchronisation ermöglichen

Die Theorie über Netzwerke bildet die Grundlage. Im Folgenden wenden Sie sich der Frage zu, wie ein kleines Netzwerk in der Praxis eingerichtet werden kann.

Dabei lernen Sie, wie die Grundlagen der vorangegangenen Kapitel jetzt zu einem funktionierenden Netzwerk zusammengefügt werden können.

Sie bauen dies in drei Schritten auf:

- Der Aufbau des physischen Netzwerkes
- Die Einrichtung bei drahtlosen Komponenten
- Die Einrichtung der Software für den Betrieb mit Netzwerkdiensten

25.1 Die Netzwerkverbindung einrichten

Die Netzwerkverbindung wird über das Betriebssystem eingerichtet. Hier stehen durch die Installation von Treibern (beim Einbau der Karte oder beim Neuaufsetzen des Systems) die Netzwerkkarte und vom Betriebssystem die Transportprotokolle zur Verfügung.

25.1.1 Installation von TCP/IP

TCP/IP wird standardmäßig installiert, wenn bei der Hardware-Erkennung eine Netzwerkkarte vorgefunden wird. Haben Sie jedoch ein anderes Protokoll beim Setup installiert, so können Sie TCP/IP nachträglich hinzufügen.

- Klicken Sie über die rechte Maustaste auf die EIGENSCHAFTEN der Netzwerkumgebung.
- Wenn das Protokoll Internet-Protokoll (TCP/IP) nicht installiert ist, fügen Sie es über die Schaltfläche INSTALLIEREN ... hinzu und wählen Sie es aus den zur Verfügung stehenden Protokollen aus.
- Überprüfen Sie, dass das Kontrollkästchen links neben dem Eintrag aktiviert ist.

25.1.2 Verwenden einer statischen IP-Adresse

Standardmäßig erhalten alle Clients unter Windows ihre Adresse von einem sogenannten DHCP-Server (ein Programm zur automatischen, dynamischen Verteilung von IP-Adressen). Es kann aber vorkommen, dass Sie mit statischen Adressen arbeiten möchten. Ein Server, auf dem das DHCP-Programm läuft, benötigt beispielsweise eine feste IP-Adresse, ebenso Netzwerkdrucker, Router oder andere Netzwerkkomponenten. Denn bei diesen Geräten ist es wichtig, dass sie immer unter derselben Adresse wieder erreicht werden können.

Sie können die Eigenschaften des TCP/IP-Protokolls über die Schaltfläche EIGENSCHAFTEN bestimmen, wobei der entsprechende Eintrag angeklickt sein muss.

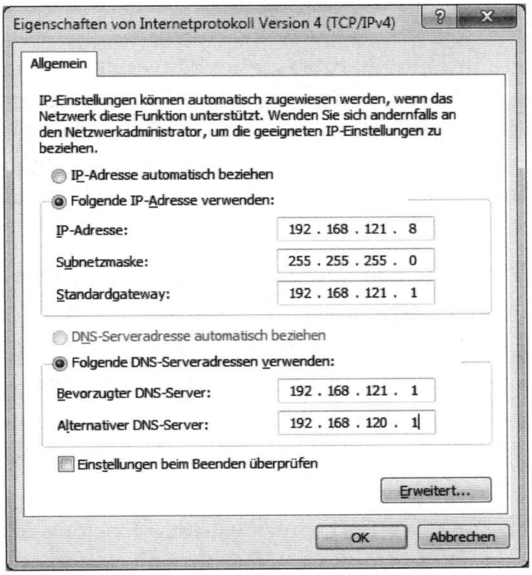

Abb. 25.1: Eigenschaften des TCP/IP-Protokolls

Um die Adressierung erfolgreich zu konfigurieren, benötigen Sie die Adresse selber, die Subnetzmaske, zu der die Adresse gehört, sowie den Standard-Gateway.

Der Standard-Gateway definiert in einem Windows TCP/IP-Netzwerk eine Standardroute. Somit geht jede Kommunikation zwischen zwei Clients, die sich nicht im gleichen Netz befinden, zuerst zwingend an den Standard-Gateway, der danach die Information an die richtige Stelle weiterleitet.

Die Angabe der DNS-Server sagt Ihrem System, welche Hosts die Namensanfragen auflösen. Das können entweder ebenfalls Modems, Router oder auch Server sein.

Beachten Sie, dass ein fataler Fehler auftritt, wenn die IP-Adressen nicht eindeutig sind. Sie erhalten so lange Meldungen über doppelt vorhandene Adressen, bis das Problem beseitigt wurde.

25.1.3 Automatische Vergabe von Adressen

Standardmäßig erhalten alle Clients ihre Adresse von einem DHCP-Server. Dieser sorgt dafür, dass keine Konflikte entstehen und die Adressen dynamisch ohne manuellen Eingriff zugeordnet werden.

Damit Ihr Windows-Client eine IP-Adresse vom DHCP-Server erhält, muss erstens ein solcher Server in Ihrem Netzwerk aktiv sein und zweitens in den Eigenschaften des TCP/IP-Protokolls die Option IP-ADRESSE AUTOMATISCH BEZIEHEN angeklickt sein.

25.1.4 Universal Plug and Play

Universal Plug and Play (UPnP) dient zur herstellerübergreifenden Ansteuerung von Geräten. Das kann alles Mögliche umfassen, von Stereoanlagen über Drucker und Router bis hin zu ganzen Haussteuerungen. Die Ansteuerung erfolgt über ein IP-basiertes Netzwerk mit oder ohne zentrale Kontrolle durch einen Residential Gateway. Es basiert auf einer Reihe von standardisierten Netzwerkprotokollen und Datenformaten.

UPnP wurde ursprünglich von der Firma Microsoft eingeführt; heute spezifiziert das UPnP-Forum diesen Standard und zertifiziert Geräte, die ihm entsprechen.

Da die Basis von UPnP ein IP-Netzwerk ist, muss ein Gerät oder Kontrollpunkt zuerst über eine gültige IP-Adresse verfügen. Dies kann nach dem UPnP-Standard einerseits via DHCP erfolgen oder via Zeroconf, einer Methode zur konfigurationsfreien Vernetzung von Geräten. Zeroconf arbeitet mit APIPA als Adressschema zusammen.

Sobald ein UPnP-Gerät über eine IP-Adresse verfügt, muss es seine Existenz im Netzwerk an die Kontrollpunkte melden. Dies erfolgt via UDP über die Multicast-Adresse 239.255.255.250:1900. Auf die gleiche Weise können Kontrollpunkte auch nach UPnP-Geräten im Netzwerk suchen. In beiden Fällen enthält die »Discovery Message« nur die wichtigsten Angaben über das Gerät und seine Dienste wie z.B. den Gerätenamen, den Gerätetyp und eine URL zur genauen Beschreibung des Geräts.

Nachdem ein Kontrollpunkt ein Gerät gefunden hat, holt er sich per HTTP die Gerätebeschreibung von der URL, welche ihm bei der Lokalisierung mitgeteilt wurde. Diese stellt das Gerät in Form eines XML-Dokuments zur Verfügung. Die Beschreibung beinhaltet Informationen über den Hersteller, die Seriennummer, URL-Adressen für die Steuerung, Ereignisse und die Präsentation. Für jeden Service, den ein Gerät anbietet, werden Kommandos und Aktionen sowie Datentypen und Datenbereiche spezifiziert. Die Beschreibung beinhaltet neben den Diensten, die es anbietet, auch alle eingebetteten Geräte mit deren Diensten. Anhand dieser Informationen kann der Kontrollpunkt das Gerät jetzt steuern.

25.1.5 NAT und DNAT

Trotz der bereits erläuterten Möglichkeiten der klassenlosen Adressierung und der damit verbundenen Möglichkeiten der Subnettierung blieb das Problem der knappen IP-Adressen unter der Version IPv4 weiterhin bestehen. Aus diesem Grund wurden in den 90er-Jahren verschiedene Anstrengungen unternommen, wie der vorhandene Adressraum besser genutzt werden kann. Die Network Address Translation (NAT) ist eine Methode zur Maskierung von Adressen und Single User Account (SUA), ein mit NAT verwandter Begriff, der aussagt, dass die Anfragen aus dem lokalen Netz im Internet oder in entfernten Netzen nur als ein einzelner Rechner erscheinen und nicht mit ihrer originalen Adresse.

Die Network Address Translation (NAT) genannte Technik kümmert sich um folgendes Problem: Die meisten lokalen Netzwerke werden heute mit privaten IPv4-Adressen ausgerüstet. Dies ist zum einen deutlich kostengünstiger als das Mieten offizieller Adressen, zum anderen ist es für die meisten Rechner dieser Welt auch nicht notwendig, dass sie im weltweiten Netzwerk gefunden werden können. Mit dem starken Aufkommen der Internetangebote und von Mails als Kommunikationsmittel stellt sich nun aber die Anforderung, dass diese Rechner auch alle gerne ins Internet möchten – und genau das geht eben mit einer privaten IP-Adresse nicht, da sie nicht eindeutig aufgelöst werden kann und die Anfrage vom nächstbesten Router abgelehnt wird.

Und genau hier kommt NAT ins Spiel. Jedes lokale Netz, das mit dem Internet oder einem entfernten Netz verbunden ist, benötigt dazu mindestens eine öffentliche IP-Adresse, die normalerweise im Router gespeichert wird. Dies kann entweder eine fixe IP-Adresse sein oder eine vom Provider dynamisch zugewiesene Adresse.

NAT ist daher in der Regel im Router zu Hause. Wenn jetzt z.B. ein lokaler Rechner eine Anfrage stellt, die ins Internet geht, so kommt die Anfrage zum Gateway, in der Regel also zum Router, der die Anfrage weiterleitet. Damit die Anfrage gültig ist, muss sie mit der offiziellen IP-Adresse des Routers versandt werden, nicht mit der privaten des lokalen Rechners. NAT legt nun eine Tabelle an und merkt sich, welcher Rechner die Anfrage gestellt hat. Dann wird diese mit der öffentlichen Adresse des Routers maskiert und weitergesendet. Wenn die Anfrage zurückkommt, weiß NAT aufgrund seiner Tabelle noch, woher die Anfrage kam, und leitet sie korrekt weiter.

Bei NAT werden DNAT und SNAT unterschieden, entsprechend der Aufgabe, den Zielrechner (Destination, DNAT) oder die Quelle (Source, SNAT) zu maskieren. SNAT stellt dabei den klassischen Ansatz der Client-Netz-Maskierung dar, da hier die Quellrechner mit der öffentlichen Adresse maskiert werden. DNAT wiederum wird dann eingesetzt (entspricht dann häufig PAT, siehe weiter unten), wenn mehrere Serverdienste unter derselben IP-Adresse angeboten werden sollen.

Während NAT eine Tabelle mit mehreren Quell- und Zieladressen verwalten kann, ist das Konzept von Single User Account (SUA) eine Verschärfung dieses Prinzips. Zwar werden auch hier die privaten Adressen maskiert, aber nach außen tritt das ganze Netz nur noch als ein Rechner auf, alle lokalen Adressen werden mit derselben öffentlichen IP-Adresse maskiert. SUA wird auch Dynamisches NAT genannt.

NAT-Tabellen erfassen lediglich IP-Adressen, um die Zuordnung von privaten zu öffentlichen IP-Adressen zu regeln. Heute werden häufig NAT/SUA-Kombinationen eingesetzt. Diese setzen auf Port-Zuordnungen zur Maskierung auf eine einzige IP-Adresse und bilden daher genau genommen ein NAPT, eine Network Address Port Translation. Dies kann ein Router anhand einer vorgenommenen Programmierung selbstständig durchführen. Bei NAPT, auch nur PAT (Port Address Translation) genannt, werden zur IP-Adresse also auch die Ports umgeschrieben.

Eines noch: NAT und SUA werden zur Verbindung von Netzwerken eingesetzt. Die Tatsache, dass diese Netzwerke eigentlich sonst getrennt sind, verführt manche dazu, NAT als Sicherheitsfeature zu verkaufen. Das ist aber ein Trugschluss, denn NAT enthält keine aktiven Sicherheitskomponenten und dient wie gesagt nur zur Verbindung und nicht zur Trennung der Netzwerke.

25.2 Der Aufbau eines verdrahteten Netzwerks

Zuallererst müssen Sie die Komponenten beschaffen, d.h. Endgeräte mit einer Netzwerkschnittstelle (RJ-45), Kabel mit der richtigen Kategorie und Verbindungsgeräte wie Switches im Haus und Router für die Verbindung ins Internet.

Bei den Kabeln werden Sie heute nicht unter Kategorie 5e gehen, damit Sie das lokale Netzwerk sicher mit 1 Gpbs verbinden können. Das ist besonders bei der Verbindung mehrerer Computer untereinander und zu Netzwerkspeichern (NAS) von Bedeutung. Die meisten Netzwerkdrucker werden dagegen immer noch mit einer 100-Mbps-Schnittstelle ausgerüstet sein.

Nach der Verkabelung kann Ihr Netzwerk z.B. so aussehen:

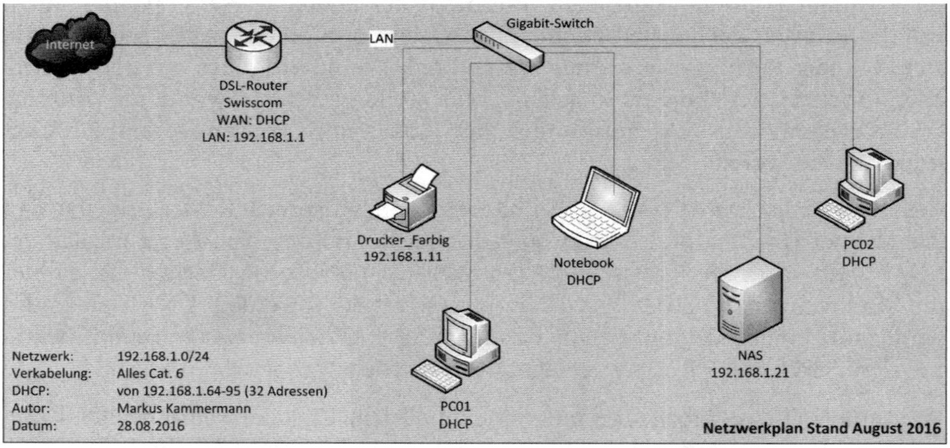

Abb. 25.2: Schema zum Aufbau eines kleinen Netzwerks

Als Nächstes geht es darum, dass Sie die Geräte miteinander in Verbindung setzen. Dazu setzen wir das TCP/IP-Protokoll ein. Die meisten Router für kleinere Netzwerke bringen dazu einen eigenen DHCP-Service mit. Sie müssen also nicht viel mehr tun, als diesen im Router zu konfigurieren.

Achten Sie beim Einsatz mehrerer Geräte darauf, dass in einem Netzwerk nur ein einziger DHCP-Server aktiv sein darf, damit das Netzwerk keine Störungen hat. Wenn Sie also einen Access Point mit DHCP haben und einen Internet-Router und vielleicht noch ein NAS im Netzwerk, müssen Sie bei zwei dieser Geräte den Dienst manuell abschalten – von Haus aus sind sie nämlich meistens aktiviert.

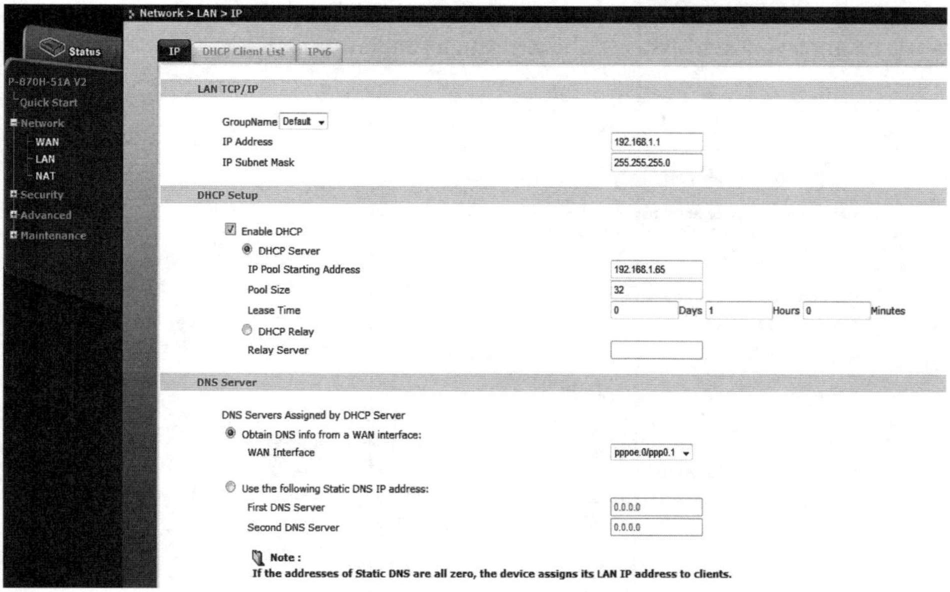

Abb. 25.3: Den DHCP-Dienst im Router einrichten

Jetzt benötigen wir nur noch die entsprechenden Einstellungen bei den Endgeräten, also Druckern und PCs/Notebooks sowie NAS.

Dem Drucker sowie einem eventuell vorhandenen NAS empfehle ich fixe, das heißt statische Adressen zu vergeben. Der Grund dafür liegt darin, dass Sie ja diese Geräte immer wieder erreichen möchten, und darum sollten sie immer unter der gleichen Adresse auffindbar sein, sonst müssen Sie sie immer wieder neu einrichten.

Sowohl Netzwerkdrucker als auch NAS-Speicher verfügen dazu heutzutage über ein Webinterface, über welches sie sich konfigurieren lassen. Die Adresse, unter welcher Sie das Gerät erstmalig einrichten können, ist in der Dokumentation hinterlegt. In über 90 % der Fälle handelt es sich dabei entweder um die Adresse 192.168.1.1 oder 192.168.0.1 – aber wie gesagt: Lesen Sie die Dokumentation, dann sind Sie am effizientesten.

Bei den Computern wiederum verzichten wir in der Regel auf eine statische IP-Adresse. Stattdessen wählen wir hierfür die dynamische Adresse aus, den DHCP-Bezug. Das hat den Vorteil, dass nicht nur die Adresse, sondern auch alle anderen wichtigen Einstellungen für eine erfolgreiche Kommunikation direkt mit der Adresse mitgeliefert werden.

- Die Subnetzmaske
- Die Standard-Gateway-Adresse (meistens der Internet-Router)
- Die DNS-Server

Alle diese Angaben benötigen Sie, damit Sie sowohl mit anderen Geräten im Netzwerk als auch mit dem Internet kommunizieren können.

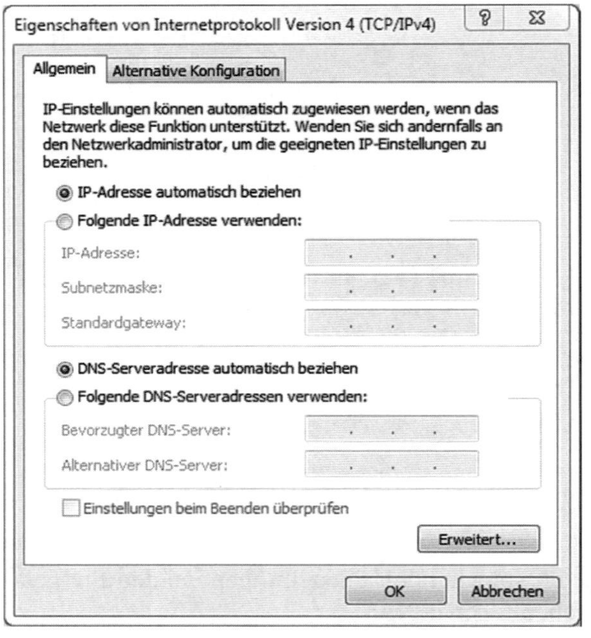

Abb. 25.4: Automatischer IP-Adressbezug

Während die Subnetzmaske Teil Ihres Netzwerkes ist, beschreibt der Gateway den Punkt im Netzwerk, wohin alle Anfragen gestellt werden, die nicht im lokalen Netzwerk beantwortet werden können. Er bildet also den Übergang zum Internet. Fehlt er, werden Anfragen nach außen nicht beantwortet, und Sie haben keinen Internet-Zugang. Die DNS-Server wiederum liefern Ihnen die Antwortserver für die Anfragen im Browser, d.h. sie lösen für Sie die Namen in IP-Adressen auf, damit die Kommunikation aufgebaut werden kann.

Wenn Sie alles eingerichtet haben, können Sie einen ersten Test durchführen, indem Sie eine Testseite drucken, ein Dokument auf dem NAS speichern oder eine Internetseite aufrufen. Bei Problemen lesen Sie dazu im nächsten Kapitel (Abschnitt 26.1, »Der Ansatz zur Fehlersuche«) die möglichen Schritte, wie das Problem gefunden werden kann.

25.3 Drahtlose Netzwerke einrichten

Generell sind bei dem Einsatz von drahtlosen LANs bautechnische und physikalische Gegebenheiten zu berücksichtigen, die die Übertragung und die Ausdehnung der LANs beeinträchtigen.

Klassische Stör- und Dämpfungsfelder für Funknetze sind:

- Andere Access Points in Reichweite (Störung durch Kanalüberlappung)
- Funktelefone (Signalstörung durch Überlappung der Frequenz)
- Mikrowellengeräte (Arbeiten im selben Frequenzbereich, aber mit viel mehr Leistung)
- Halogen (Dämpfung aufgrund der starken Magnetfelder)
- Wasser, z.B. große Aquarien oder feuchte Wände (mittelstarke Dämpfung)
- Massive Mauern, Beton und Stahlbetonwände (starke Signaldämpfung)
- Massive Metallkörper (sehr starke Signaldämpfung)

Achten Sie also darauf, wo und wie Sie einen Access Point aufstellen, damit Sie eine möglichst optimale Leistung erzielen können. Setzen Sie wenn nötig auch Richtantennen oder Repeater ein und richten Sie die Antennen bestmöglich aus.

Bei drahtlosen Netzen besteht darüber hinaus ein direkter Zusammenhang zwischen dem erreichbaren Durchsatz und der maximalen Entfernung zwischen den Knoten: je größer die Entfernung, desto kleiner der erreichbare Durchsatz. Zudem ist die verfügbare Bandbreite immer als Gesamtheit zu verstehen, die durch die Anzahl aktiver Benutzer zu teilen ist! Und da alle angeschlossenen Endgeräte reihum »bedient« werden, kann ein Gerät am Rande des Spektrums die Leistung aller anderen Teilnehmer beträchtlich verschlechtern.

Von daher lohnt sich der Einsatz von Messgeräten, welche anzeigen, welche Kanäle innerhalb der Reichweite bereits belegt sind oder wie weit ein Signal ausgestrahlt bzw. empfangen werden kann. Dies können spezielle Geräte sein oder auch Programme, die auf normalen Systemen installiert werden können – es gibt sogar eine ganze Reihe Apps für mobile Geräte hierfür, auch wenn diese aufgrund der deutlich schlechteren Antennenleistung gegenüber Notebooks nur noch bedingt aussagekräftige Informationen bereitstellen können. Die folgenden Begriffe benötigen wir zum erfolgreichen Einrichten eines drahtlosen Netzwerks:

Attribut	Auswirkungen
SSID	Service Set Identifier. Dies ist eine eindeutige Adresse, die das Netzwerk identifiziert. Die SSID kann in der Regel durch Scannen mit der Verbindungssoftware der drahtlosen Netzwerkkarte gesehen werden. Zahlreiche Access Points bieten aber die Option, die Übermittlung der SSID zu unterdrücken. Um trotzdem auf das Netz zugreifen zu können, muss man die SSID kennen.
WEP	Wired Equivalent Privacy. WEP ist ein Verschlüsselungsverfahren, das einen 40-Bit-, 64-Bit- oder auch 128-Bit-statischen Schlüssel benutzt. Dieser Schlüssel kann mit heutigen Technologien recht einfach geknackt werden und gilt daher als nicht mehr sicher. Ist aber gewiss besser als gar keiner.

Tabelle 25.1: WLAN-Attribute zur Einrichtung

Attribut	Auswirkungen
WPA/WPA2	Wi-Fi Protected Access. WPA setzt auf den gleichen Algorithmus auf wie WEP, nutzt aber dynamische Schlüssel. Mit WPA2-AES (Advanced Encryption Standard, mit Schlüssellängen von 256 Bit) verfügen WPA2-Geräte über zusätzlich erhöhte Sicherheit.
MAC-Filterung	Zusätzlich zu den obengenannten Verschlüsselungsmethoden gibt es die Möglichkeit, den Access Point mit einer MAC-Filterung auszurüsten. Wie wir bereits gesehen haben, hat jedes netzwerkfähige Gerät eine eindeutige ID (die MAC-Adresse). Wenn diese ID im Hotspot erfasst ist, hat das Gerät Zugriff, ansonsten nicht. Dies lässt sich zwar heutzutage auch recht einfach umgehen, man muss aber eine passende MAC-Adresse kennen.

Tabelle 25.1: WLAN-Attribute zur Einrichtung (Forts.)

Wenn Sie einen Access Point einrichten, müssen Sie also zuerst eine SSID vergeben und danach die Verschlüsselung bestimmen, mit der Sie das Netzwerk gegen Angriffe von außen schützen möchten. Dabei ist es gut zu wissen, dass Sie als Betreiber Ihres eigenen Netzwerks dafür haften, wenn andere damit Unfug anstellen und dies auf mangelnde Sicherheitseinstellungen Ihrerseits zurückzuführen ist. Es ist also sicher keine gute Idee, ein unverschlüsseltes drahtloses Netzwerk zu konfigurieren, nur weil dies bequemer ist.

25.3.1 Was ist WPS?

WPS (Wi-Fi Protected Setup) ist eine Methode zum vereinfachten Aufbau von gesicherten drahtlosen Netzwerken. Hierbei dient der Access Point als WPS-Service, der einen voreingestellten Schlüssel bereithält. Diesen kann man direkt am Client eingeben und erhält damit automatisch eine verschlüsselte Verbindung zum Access Point.

Alternativ können Access Point und Client auch über einen Knopf (Push Button) verfügen. Wenn man diesen zeitnah an beiden Stellen drückt, verhandeln Access Point und WLAN-Client rund zwei Minuten miteinander und stellen eine gesicherte Verbindung her. Da die Betonung auf »beide Stellen« liegt, muss man an den Access Point physisch herantreten, man kann nicht von außerhalb als »Fremder« dieses Verfahren aktivieren.

Ebenfalls möglich, aber noch kaum realisiert ist die Verbindung via NFC (Near Field Communication). Hierbei müssen Access Point und Client für die erstmalige Etablierung der Verbindung sehr nahe zueinander sein (unter 30 cm Distanz), um die Verbindung auszuhandeln.

Über die Sicherheit von WPS wird einiges diskutiert. Dennoch stellt das Verfahren einen großen Fortschritt dar, da es grundsätzlich nur verschlüsselte Verbindungen herstellt und auch Personen mit sehr geringem technischen Verständnis ermöglicht, ein WLAN zu etablieren. Von daher verfügen heute im SOHO-Bereich alle Access Points und WLAN-Router über einen WPS-Schlüssel.

Abb. 25.5: Das Logo für Geräte mit WPS-Setup

25.4 Internet- und Mail-Verbindungen einrichten

Jetzt haben wir das Netzwerk soweit konfiguriert. Damit Sie aber auch alle Dienste wie Internet und Mail nutzen können, gibt es verschiedene Einstellungen auf den Computern, welche wir uns an dieser Stelle genauer ansehen. Und weil immer mehr Endgeräte der mobilen Geräteklasse angehören, werden wir uns auch dieser Spezies noch genauer annehmen.

25.4.1 Netzwerkeinstellungen im Router

Zuerst konfigurieren Sie die Netzwerkeinstellungen. Da das Gerät im Allgemeinen zwar Router genannt wird, aber als Gateway funktioniert, der zwei unterschiedliche Netze miteinander verbindet, finden Sie an einem solchen SOHO-Router mindestens einen LAN- und einen WAN-Port, oft aber auch bis zu vier LAN-Ports für den Anschluss von lokalen Geräten. Alternativ dazu können Sie auch Geräte mit einer DSL-Schnittstelle anstelle des WAN-RJ-45-Anschlusses kaufen, dann übernimmt der Router auch noch die Modemfunktion.

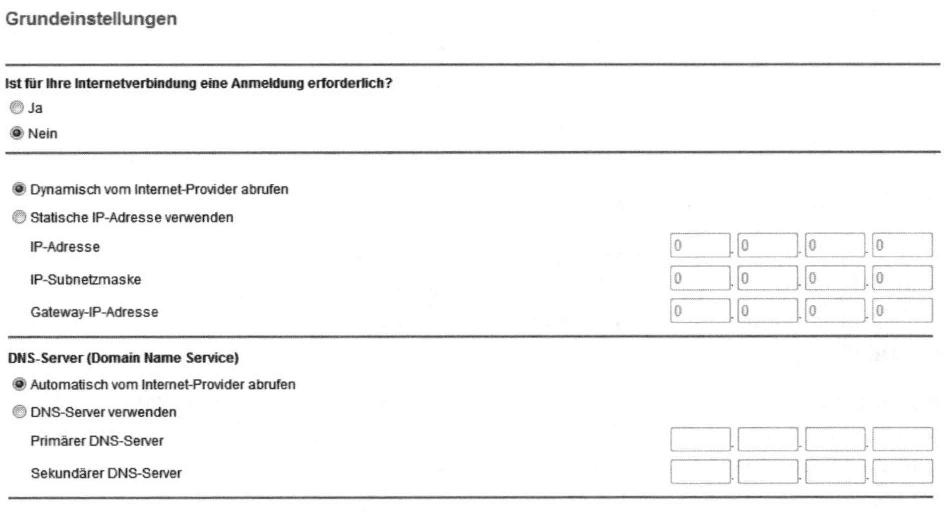
Grundeinstellungen
Ist für Ihre Internetverbindung eine Anmeldung erforderlich?
Ja
Nein
Dynamisch vom Internet-Provider abrufen
Statische IP-Adresse verwenden
IP-Adresse 0 . 0 . 0 . 0
IP-Subnetzmaske 0 . 0 . 0 . 0
Gateway-IP-Adresse 0 . 0 . 0 . 0
DNS-Server (Domain Name Service)
Automatisch vom Internet-Provider abrufen
DNS-Server verwenden
Primärer DNS-Server
Sekundärer DNS-Server

Abb. 25.6: WAN-Port-Einstellungen auf einem Netgear-Router

Demzufolge müssen wir WAN und LAN getrennt konfigurieren. Beginnen wir mit den WAN-Einstellungen. Diese können Sie entweder manuell konfigurieren oder über DHCP beziehen. In beiden Fällen hängt die Konfiguration davon ab, was auf der WAN-Seite angeschlossen wird. Ist es ein DSL-Modem, das dem WAN-Port automatisch eine Adresse zuteilt? Verfügen Sie über einen Kabelanschluss mit fester IP-Adresse?

In der obigen Einstellung werden die Adressinformationen vom WAN-seitigen Modemrouter bezogen.

Anschließend konfigurieren Sie die LAN-Einstellungen. Hier gilt es, den Adressbereich für das LAN zu bestimmen, sowie zu entscheiden, ob Sie den DHCP-Service für Ihre Clients aktivieren möchten oder nicht. Zugleich bildet die LAN-Adresse des Routers auch den Standard-Gateway für Ihre Clients.

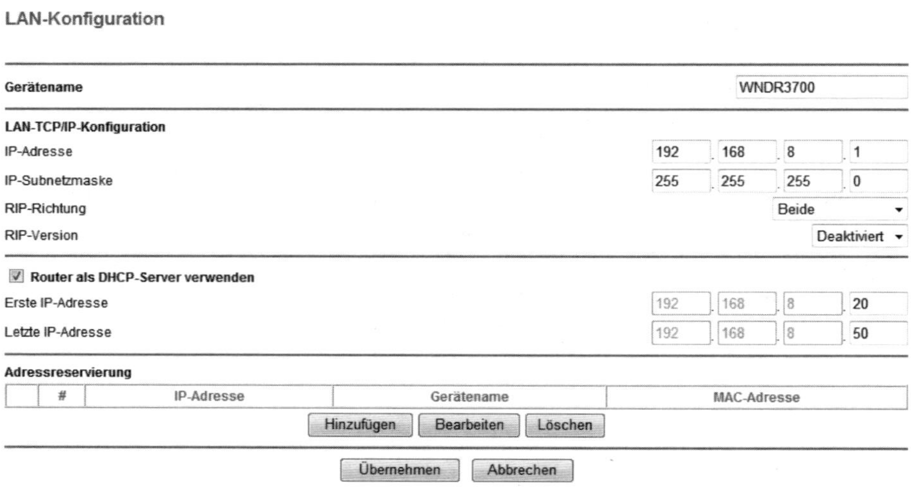

Abb. 25.7: LAN-Konfiguration des Routers

25.4.2 Firewall-Einstellungen

Die Firewall-Einstellungen ermöglichen sowohl das Blockieren von Diensten und Ports als auch das Gegenteil: die dedizierte Weiterleitung als sogenanntes Port-Forwarding (statische Weiterleitung) oder als Port-Triggering (dynamische Weiterleitung).

Fangen wir bei den grundlegenden Firewall-Regeln an. In der folgenden Abbildung sehen Sie, wie die Firewall nach außen (Outbound) einige Dienste zulässt und nach innen (Inbound) ebenfalls nur wenige Dienste offen lässt.

Firewall Rules

Outbound Services

	#	Enable	Service Name	Action	LAN Users	WAN Servers	Log
○	1	☐	POP3	ALLOW always	Any	Any	Not Match
○	2	☐	SMTP-TLS	ALLOW always	Any	Any	Not Match
○	3	☐	S-SMTP	ALLOW always	Any	Any	Not Match
○	4	☐	DNS	ALLOW always	Any	Any	Never
○	5	☐	HTTPS	ALLOW always	Any	Any	Not Match
○	6	☐	FTP	ALLOW always	Any	Any	Not Match
○	7	☐	HTTP	ALLOW always	Any	Any	Never
○	8	☐	RDP	ALLOW always	Any	Any	Always
○	9	☐	SMTP	ALLOW always	Any	Any	Always
○	10	☐	Any(ALL)	BLOCK always	Any	Any	Not Match
	Default	Yes	Any	ALLOW always	Any	Any	Never

Add | Edit | Move | Delete

Inbound Services

	#	Enable	Service Name	Action	LAN Server IP address	WAN Users	Log
○	1	☑	DNS	ALLOW always	192.168.1.33	Any	Never
○	2	☑	HTTPS	ALLOW always	192.168.1.3	Any	Not Match
○	3	☑	HTTP	ALLOW always	192.168.1.33	Any	Not Match
○	4	☑	RDP	ALLOW by schedule, otherwise Block	192.168.1.3	Any	Always
	Default	Yes	Any	BLOCK always	Any	Any	Never

Add | Edit | Move | Delete

Abb. 25.8: Firewall-Regeln

Der Zweck einer solch restriktiven Regelung besteht darin, dass außer den bewusst gewählten Diensten kein unbekannter Verkehr ins und vom Internet möglich ist.

Falls Sie bestimmte Dienste ins lokale Netz durchlassen möchten und auf bestimmte Rechner weiterleiten, richten Sie eine Port-Weiterleitung ein. Eine erweiterte Möglichkeit dazu ist das Port-Triggering, bei welchem Sie nicht nur die Zieladresse, sondern auch den Zielport mit angeben, auf dem der Verkehr weitergeleitet wird. Dabei werden die Ports dynamisch nur dann geöffnet, wenn sie für diese Anfrage benötigt werden. Dies ergibt etwas mehr Sicherheit im Umgang mit eingehendem Datenverkehr.

Falls das Port-Triggering im Zusammenhang mit VoIP genutzt wird, kann es allerdings vorkommen, dass der VoIP-Dienst nur noch erreichbar ist, wenn vorher ein ausgehender Anruf getätigt wurde. Sobald der Port wieder geschlossen wird, ist es wieder nicht möglich, eingehende Anrufe zu empfangen. Einige VoIP-Endgeräte unterstützen daher die Aufrechterhaltung der Weiterleitung durch den Versand von Pseudo-Datenpaketen.

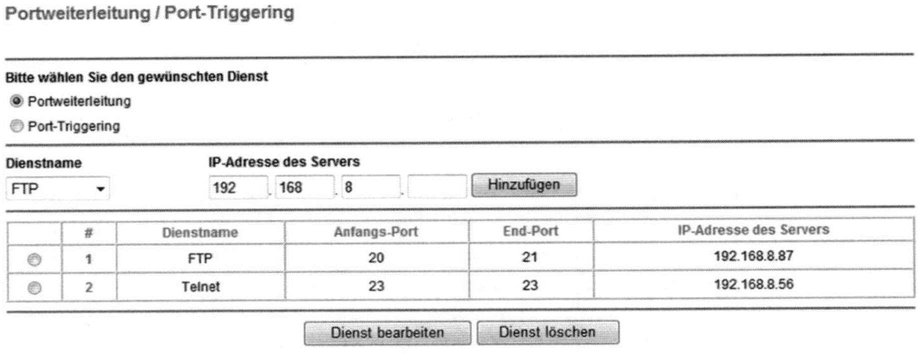

Abb. 25.9: Port-Weiterleitung

Eine weitere Möglichkeit ist das Filtern von Inhalten, die aus dem Internet abgerufen werden können. Hier ordnen die einen Router dies bei den Firewall-Regeln ein, andere (korrekter) zu den sogenannten Proxy-Einstellungen.

In diesen Inhaltsfiltern können Sie Stichworte oder Webseiten eintragen, welche für den Nutzer gesperrt sind. Bei einigen Geräten ist es auch möglich, auf diese Weise bestimmte Dienste zu blockieren, was dann sinnvoll ist, wenn die geöffneten Ports oder Dienste nicht bereits über die Outbound-Regeln der Firewall eingestellt worden sind.

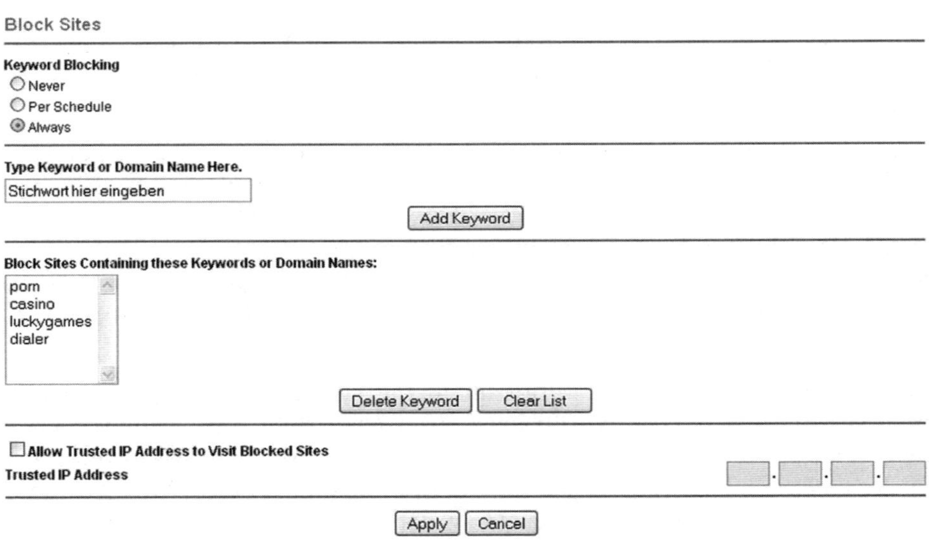

Abb. 25.10: Content-Filtering (Inhaltsfilter)

Damit haben wir die wesentlichen Einstellungen auf dem Router vorgenommen.

25.4.3 Web- und Maileinstellungen für Desktop-Clients

Sofern Sie einen Mailclient wie Mozilla Thunderbird oder MS Outlook einsetzen, müssen Sie auch die Maileinstellungen konfigurieren. Dies entfällt nur dann, wenn Sie einen Webmail-Client einsetzen wie outlook.com oder Google Mail. Hierbei werden die Mailkonten direkt im Browser aufgerufen.

Ein Mailclient wie Outlook oder Thunderbird als eigenes Mailprogramm bietet Einstellungen für das Mailkonto an, damit Sie Mails versenden und empfangen können. Voraussetzung an dieser Stelle ist natürlich, dass Sie die entsprechenden Ports für eingehende und ausgehende Mails in der Firewall geöffnet haben.

Protokoll	Standard-Port	Verschlüsselter Port	Portdienstname
POP3	110	995	POP3 over SSL/TLS
IMAP4	143	993	IMAP4 over SSL/TLS
SMTP (1)	25	587	SMTP over SSL/TLS
SMTP (2)	25	465	Alternative zu 587

Tabelle 25.2: Ports für den Mailverkehr

Jetzt müssen Sie die Einstellungen im Mailprogramm einrichten. Als Beispiel verwenden wir hierzu den Mailclient von Microsoft Outlook 2010.

Wenn Sie ein neues Konto einrichten, benötigen Sie dazu grundsätzlich die Angaben Ihres Providers, bei welchem Sie das Mailkonto unterhalten. Dazu gehören der Benutzername, das (selbst gewählte) Passwort sowie die Angaben zu den Empfangs- und Sendeservern.

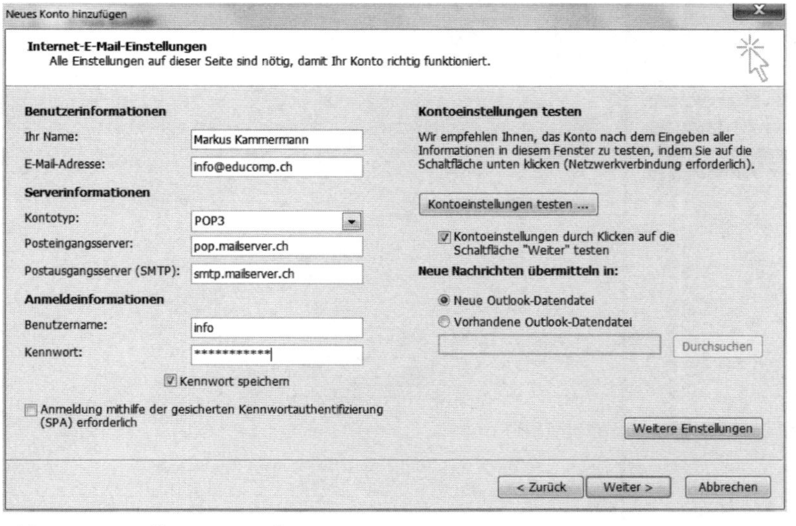

Abb. 25.11: Mailkontoeinstellungen

Besondere Aufmerksamkeit widmen wir dabei den erweiterten Einstellungen, in denen Sie die Ports für den Mailverkehr regeln.

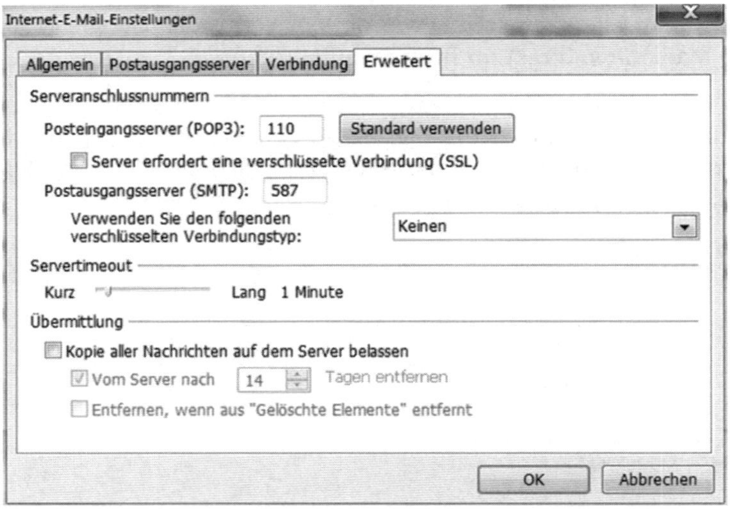

Abb. 25.12: Maileinstellungen für ein POP3-Konto

Im Unterschied dazu sehen diese Einstellungen für ein IMAP-Konto wie folgt aus:

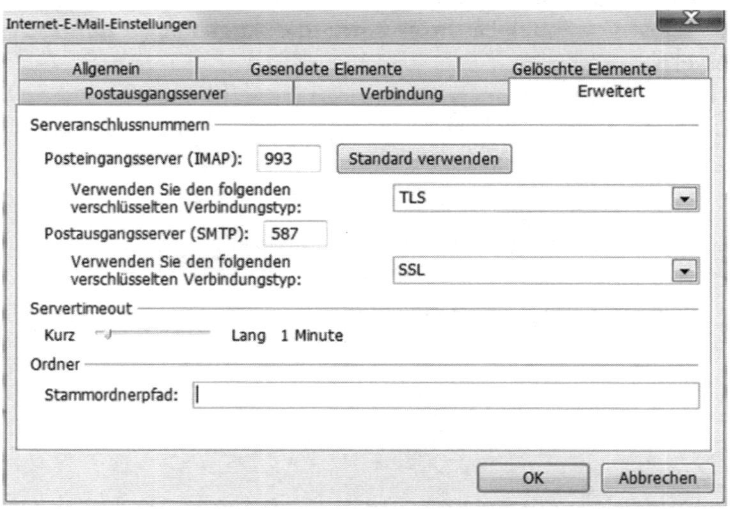

Abb. 25.13: Port-Einstellungen für ein IMAP-Konto

25.4.4 Netzwerkeinstellungen auf dem Smartphone oder Tablet

Mobile Geräte wie ein Smartphone oder ein Tablet kann man nicht einfach mit dem Kabel einstecken und gut ist. Sie sind allesamt eigentlich nur mit drahtlosen Netzwerken ausgerüstet, namentlich mit Bluetooth und WLAN sowie WWAN (Edge, 3G, UMTS, LTE).

Jedes dieser Netzwerke kann man einzeln aktivieren oder deaktivieren, zum einen aus Sicherheitsüberlegungen, zum anderen, weil man mit dem Deaktivieren der nicht benötigten Dienste den Akku länger am Leben erhalten kann. Netzwerkdienste benötigen für den Betrieb ziemlich viel Energie.

Abb. 25.14: Netzwerke zum Aktivieren/Deaktivieren

Am wenigsten Aufwand benötigt dabei die Einrichtung des WWAN, denn die Angaben hierzu liegen beim Provider und werden über die SIM-Karte, die Sie einsetzen, zur Verfügung gestellt.

Das heißt, Sie müssen nichts konfigurieren außer dem Einbau der SIM-Karte. Da diese Dienste aber im Unterschied zu WLAN-Diensten nicht kostenlos verfügbar sind, können Sie die Aktivierung und Nutzung von WWAN-Diensten auf allen mobilen Geräten entsprechend konfigurieren.

In den Systemeinstellungen finden Sie bei allen Smartphones oder Tablets mit SIM-Karte die Möglichkeit, das Datennetz zu aktivieren oder deaktivieren, und Sie können festlegen, welche mobilen Daten während der Aktivierung auf den Dienst zugreifen können.

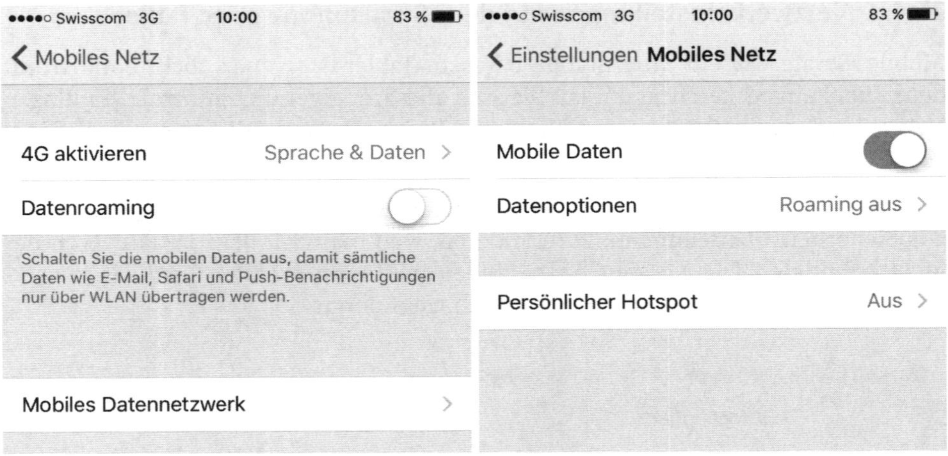

Abb. 25.15: WWAN-Einstellungen auf einem Smartphone.

Entsprechende Einstellungen gibt es auch für den Einsatz des WLAN. Aber hier können Sie die Netzwerke selber einrichten und konfigurieren, ähnlich wie bei einem Desktop oder Notebook. Hierfür gehen Sie ebenfalls in die Einstellungen des Geräts, wählen die Option für WLAN aus und aktivieren es. Anschließend werden Ihnen die verfügbaren Netzwerke angezeigt – und Netzwerke, mit denen Sie bereits einmal verbunden waren, die zurzeit aber nicht verfügbar sind.

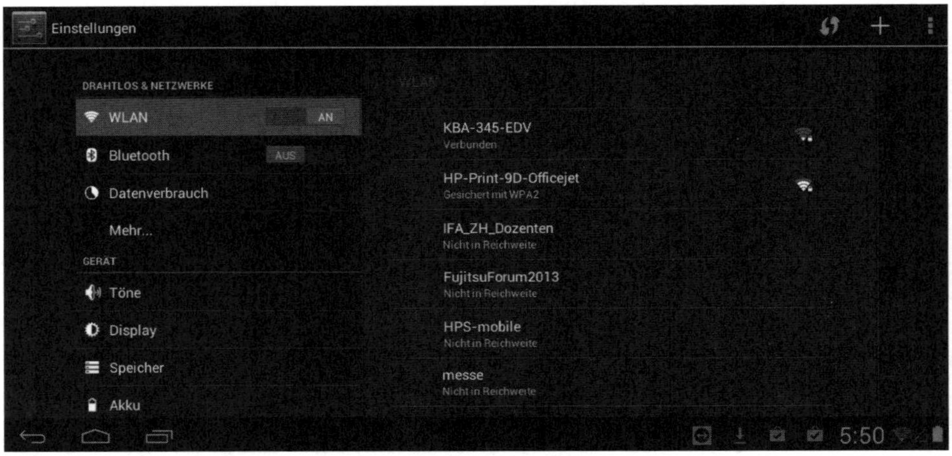

Abb. 25.16: Verfügbare WLANs für ein Android-Tablet

Fast identisch sieht die Sache bei Bluetooth aus. Nur dass Sie hier nicht auf einen Access Point verbinden, sondern in der Regel das Gerät mit einem Computer koppeln oder mit Bluetooth-fähigem Zubehör (Lautsprecher, Mikrofon, Headset).

Wenn sich zwei Bluetooth-Komponenten dabei erstmalig verbinden, müssen sie sich gegenseitig akzeptieren (ähnlich wie die Verbindungsaufnahme bei WLAN). Diesen Prozess nennt man Pairing, zu Deutsch »Paarbildung«. Dabei erzeugen die Geräte einen Code (oder er ist z.B. bei Headsets in einer Konfigurationsdatei gespeichert und in der Dokumentation benannt), welcher als PIN bezeichnet wird und der auf allen beteiligten Geräten eingegeben oder vorhanden sein muss. Dieser Code kann nach der Kommunikation entweder für die Wiederverwendung gespeichert oder auch verworfen werden. Das Pairing macht dann Sinn, wenn sich Geräte immer wieder verbinden möchten und dies automatisch geschehen soll.

Bluetooth kann auch als präferierte Methode bei der Bereitstellung eines Hotspots eingesetzt werden. Dabei wird die mobile Internetverbindung des Geräts für ein oder mehrere andere Geräte freigegeben. Alternativ ist dies meistens mit WLAN oder über USB möglich. In diesem Fall wird auch von Tethering gesprochen.

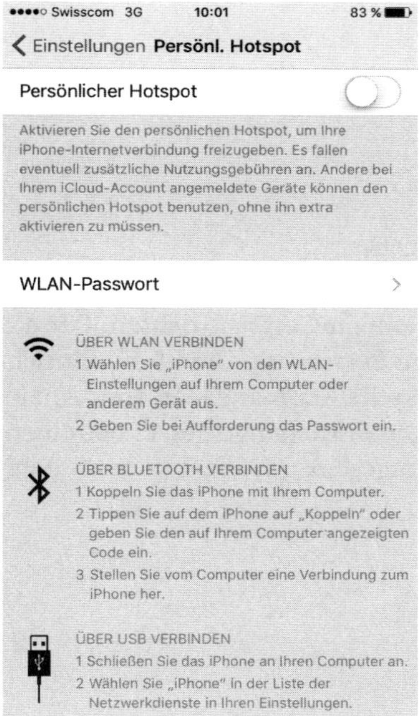

Abb. 25.17: Hotspot-Einstellungen auf einem Smartphone

25.4.5 Mail- und Synchronisationseinstellungen auf mobilen Geräten

Da die mobilen Geräte nicht über große lokale Speichermengen verfügen, werden die Daten in der Cloud gespeichert. Dazu kann man von verschiedenen Anbietern ein Konto beziehen, um Daten, Musik oder Mails mit so einem Konto zu synchronisieren.

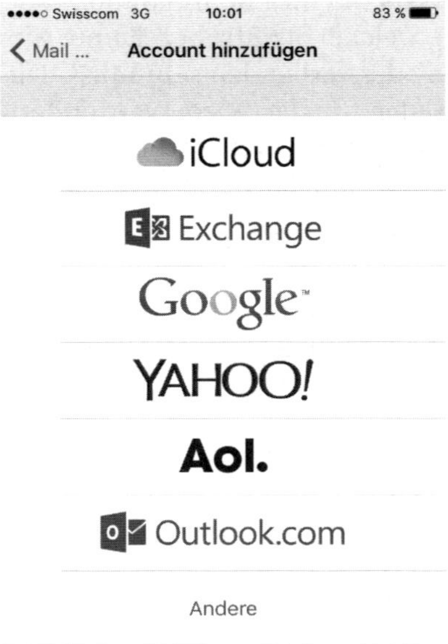

Abb. 25.18: Verfügbare Dienste, um ein Mailkonto einzurichten

Sie können ein oder mehrere Konten auf dem mobilen Gerät einrichten. Für das erste Beispiel wählen wir den Microsoft Exchange Server aus. Damit die Einrichtung funktioniert, benötigen Sie für diesen Dienst die Kontoangaben vom Anbieter, entweder von Ihrer Firma, wenn Sie einen eigenen Exchange Server betreiben, oder vom Anbieter (Provider), falls Sie eine Exchange-Box mieten, was heute zahlreiche Provider anbieten.

Abb. 25.19: Benötigte Angaben für die Einrichtung eines Exchange-Kontos

Falls Sie ein »normales« Mailkonto einrichten möchten, dann können Sie im selben Kapitel etwas nach vorne blättern – für POP- und IMAP-Konten gibt es keine anderen Einstellungen als die dort erwähnten (Abschnitt 25.4.3). Dargestellt wird das Ganze je nach Betriebssystem unterschiedlich.

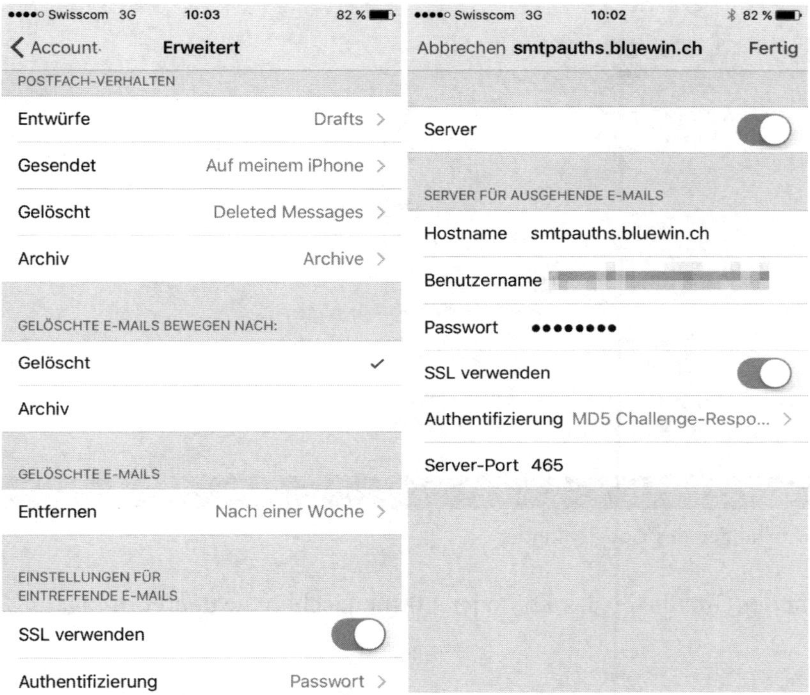

Abb. 25.20: IMAP- und SMTP-Einstellungen auf einem iPhone

Das zweite Beispiel zeigt die Einrichtung eines Online-Kontos wie AOL, Google, Yahoo oder Hotmail; in unserem Fall ist es das Gmail-Konto (Google).

Auch hier werden vom Anbieter die erforderlichen Daten vorgegeben, welche Sie sich entweder von der Einrichtung des Kontos aufgeschrieben haben oder die Sie jetzt bei der Eröffnung eines neuen Kontos festlegen.

Die notwendigen Einstellungen für ein Google-Konto lauten:

- Name (Vorname, Nachname)
- Mailadresse mit @gmail.com
- Passwort (mindestens 8 Zeichen)

Die anderen Einstellungen (Server, Ports etc.) werden von Google Mail im Hintergrund automatisch festgelegt, und Sie haben damit im Unterschied zum vorherigen Beispiel mit Exchange nichts zu tun.

Das Konto steht Ihnen anschließend zur Verfügung, einzige Bedingung: Sie sind online! Dann sehen Sie die Einstellungen zu Ihrem Konto.

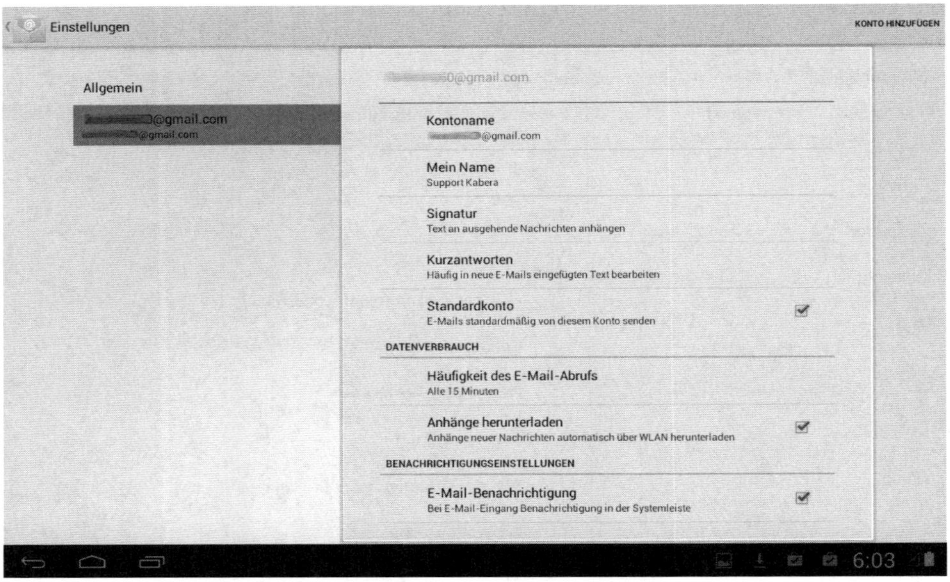

Abb. 25.21: Einstellungen des Google-Kontos

Wenn Sie mit der Gmail-App das Konto jetzt öffnen, sehen Sie den Posteingang.

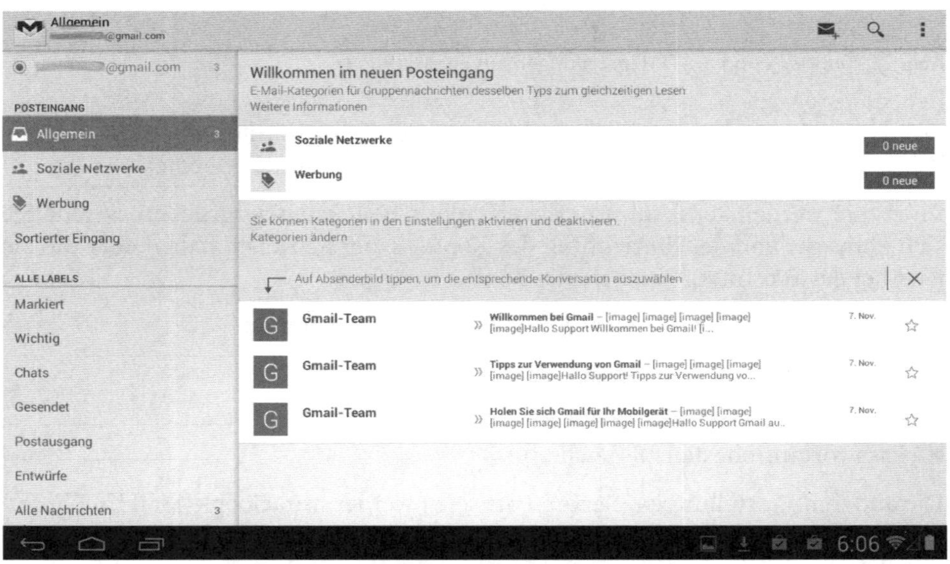

Abb. 25.22: Die Ansicht des Posteingangs in der Gmail-App

Da die Daten des Kontos bei Google (oder Exchange oder ...) liegen, d.h. in der Cloud, können Sie ein solches Konto auch auf mehreren Geräten einrichten, und Sie haben überall und immer dieselben Daten zur Verfügung.

Dasselbe gilt auch, wenn Sie ein Datenkonto wie iCloud oder SkyDrive einrichten.

Mit modernen mobilen Betriebssystemen können Geräte selbst in virtuelle private Netzwerke (VPNs) implementiert werden. Für die Konfiguration werden dieselben Angaben und Einstellungen verwendet wie in Desktop-VPN-Clients.

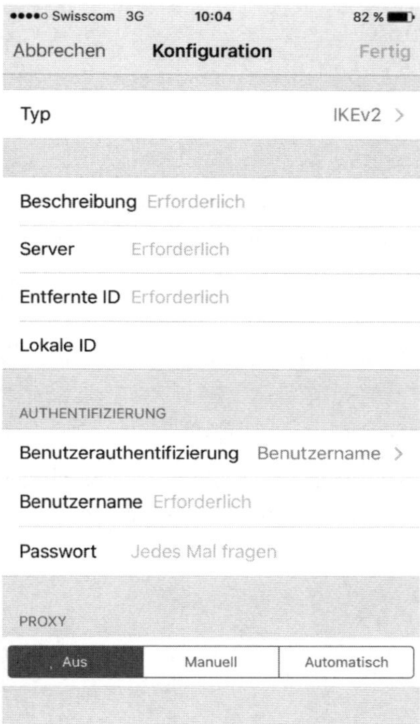

Abb. 25.23: VPN-Konfiguration auf einem mobilen Gerät

25.5 Fragen zu diesem Kapitel

1. Wie kann in einem SOHO-Wireless-Netzwerk verhindert werden, dass unautorisierte Benutzer Zugriff auf vertrauliche Daten erhalten?
   A. Sendeleistung reduzieren
   B. SSID ändern
   C. Verschlüsselung setzen
   D. MAC-Filter aktivieren

2. Welcher Server löst Hostnamen in eine IP-Adresse auf?
   A. DHCP
   B. DNS
   C. Gateway
   D. TCP/IP
3. Ein Kunde kann zwar zu Hause über den Access Point auf das Internet zugreifen, hat aber Probleme, sich mit einem bestimmten Game-Server zu verbinden. Welche Einstellung wird der Techniker überprüfen?
   A. Die SSID auf dem Access Point und dem PC
   B. Die DHCP-Einstellungen auf dem PC
   C. Die Port-Weiterleitungsregeln
   D. Die MAC-Filtereinstellungen
4. Sie installieren bei einem Kunden zu Hause ein drahtloses Netzwerk. Der Kunde möchte gerne sein Netzwerk verbergen. Was werden Sie konfigurieren, um dem Kunden diesen Wunsch zu erfüllen?
   A. Sie schalten das Aussenden der SSID ab.
   B. Sie schalten das Aussenden der WEP-Verschlüsselung ab.
   C. Sie deaktivieren die SSID.
   D. Sie deaktivieren die WPA-Verschlüsselung.
5. Ein Kunde möchte Dokumente und Musik an einem zentralen Ort speichern und mehreren Geräten Zugriff erlauben. Was ist dafür am besten geeignet?
   A. Home Theater
   B. Virtualisierungs-Workstation
   C. NAS-Server
   D. Router
6. Durch den Einbau von welchem Gerät kann man einen Rechner mit einem NAS mit einem UTP-Kabel verbinden?
   A. NIC
   B. USB
   C. FireWire
   D. RJ11

7. Sie haben in Ihrem Rechner eine neue Netzwerkkarte eingebaut und erhalten danach die IP-Adresse 169.254.2.3 zugeordnet. Was ist geschehen?
   A. Es konnte keine dynamische IP-Adresse bezogen werden.
   B. Der PC hat die Adresse vom Internet bezogen.
   C. Es besteht keine Verbindung zum Switch.
   D. Es wurde ein falscher Treiber installiert.
8. Welche der folgenden Antworten ist eine drahtlose Lösung für den Anschluss von Netzwerkgeräten?
   A. IEEE 1394b
   B. IEEE 1284
   C. IEEE 802.3i
   D. IEEE 802.11n
9. Wie heißt das Standardprotokoll zum Versenden von E-Mails, wenn Sie einen Mailclient einrichten?
   A. ISP
   B. POP
   C. NNTP
   D. SMTP
10. Welche Funktion kann auf einem Wireless-Router aktiviert werden, sodass nur ausgewählte Geräte auf das Netzwerk zugreifen können?
   A. Port-Weiterleitung
   B. WPS
   C. MAC-Filterung
   D. DMZ

Kapitel 26

Netzwerkunterhalt und Fehlersuche

CompTIA-Prüfungsziele, die in diesem Kapitel behandelt werden:

Für das Examen 220-901

2.9 Anwenden der richtigen Netzwerk-Tools bei einem gegebenen Szenario.

- Crimpzange, Abisolierzange
- Multimeter, Kabelsuch- und Testgerät, Kabeltester
- Loopback-Stecker
- LSA-Auflegewerkzeug
- WiFi-Analysator

4.4 Reparieren von drahtlosen und kabelgebundenen Netzwerken mit geeigneten Werkzeugen bei einem gegebenen Szenario.

- Häufige Symptome
- Hardwaretools
- Befehlszeilen-Tools

Je komplexer ein Netzwerk ist, desto größer die Anzahl Fehlerquellen, die auftreten können und beseitigt werden müssen. Dieses Kapitel gibt eine Hilfe bei der Lokalisierung von Fehlern im Netzwerk. Wenn Sie allerdings regelmäßig mit Netzwerken arbeiten und diese unterhalten, sei Ihnen an dieser Stelle noch einmal die Ausbildung zum Zertifikat CompTIA Network+ ans Herz gelegt, wozu es, wie bereits erwähnt, unter dem Titel »CompTIA Network+« vom selben Autor ebenfalls ein Buch aus dem mitp-Verlag gibt.

Wir befassen uns in diesem Kapitel mit der Frage, wie wir Fehler feststellen, eine richtige Analyse machen und die Fehler beheben. Unser Augenmerk richtet sich dabei auf die Fehlerbehebung im Zusammenhang mit TCP/IP und verschiedenen Netzwerkdiensten.

26.1 Der Ansatz zur Fehlersuche

Es ist hilfreich, einen logischen Lösungsansatz für ein Problem zu wählen, um den Fehler finden und beheben zu können.

- Was funktioniert?
- Was funktioniert nicht?
- Wie hängen die funktionierenden und die nicht funktionierenden Elemente zusammen?
- Haben die jetzt nicht funktionierenden Elemente zu irgendeinem früheren Zeitpunkt auf diesem Computer und in diesem Netzwerk funktioniert?
- Falls dies der Fall ist, fragen Sie sich, was sich seitdem geändert hat.

Diese Fragen ergeben einen Rahmen für ein logisches Vorgehen, das zuerst den Fehler eingrenzt und erst danach mit einem Lösungsversuch beginnt.

1. Feststellen der auftretenden Symptome
2. Feststellen der betroffenen Bereiche (Systeme, Netzwerke, Komponenten ...)
3. Feststellen, was am System kürzlich geändert wurde
4. Feststellen des wahrscheinlichsten Problemgrundes
5. Formulieren einer Lösung
6. Implementieren der Lösung
7. Testen der Lösung und überprüfen, ob die Lösung Nebeneffekte besitzt
8. Freigabe der Lösung
9. Dokumentation des Problems und dessen Lösung
10. Rückmeldung an die Anwender und die zuständigen Stellen

Auf den Punkt 7 möchte ich noch genauer hinweisen: Falls Sie eine Lösung für ein Problem gefunden haben, testen Sie diese und berücksichtigen Sie dabei, ob diese Lösung auch Nebeneffekte mit sich bringt. Wenn Sie zum Beispiel bei fehlender Konnektivität an einem Switch einen anderen Port testen und dieser funktioniert – fehlt dieser andere Port dann für einen anderen Einsatz oder ist er für die Lösung verfügbar? Wenn Sie den Kanal beim WLAN ändern, um einen besseren Empfang zu erhalten – hat dafür Ihr zweites Büro einen Stock tiefer anschließend einen schlechten Empfang oder ist die Kanalwahl für alle günstiger?

Nach dem Test und der erfolgreichen Implementierung vergessen Sie nicht, Änderungen und entsprechend neue Konfigurationen zu dokumentieren.

Und jetzt wenden wir uns den konkreten Problemen zu, die im Netzwerk auftauchen können – und wie Sie diese beheben können.

26.2 Wenn das Kabel nicht richtig sitzt ...

Zur Behebung von Netzwerkproblemen gibt es eine Reihe Tests und viele Möglichkeiten, um den Ursache auf die Schliche zu kommen. Aber seien Sie sich bewusst: Meistens ist nur das Kabel ausgesteckt ...

Bevor Sie also mit der Suche nach komplexen Ursachen beginnen, prüfen Sie doch einfach, ob die Link-LED am Netzwerkanschluss leuchtet, dann wäre die Grundlage für erfolgreiches Vernetzen und eine weitergehende Fehlersuche immerhin schon gegeben.

Wenn die Verbindung nicht möglich ist, testen Sie das Kabel und reparieren Sie es bei Bedarf oder ersetzen Sie es. Achten Sie dabei auf den richtigen Kabeltyp – das Netzwerk wird gemein langsam, wenn Sie ein defektes Kat.-5e-Kabel durch ein noch herumliegendes Kat.-5-Kabel ersetzen (Auflösung: 1000 Mbps Fullduplex eingetauscht gegen 100 Mbps Halbduplex = 95 % weniger Leistung ...).

Auf der anderen Seite kann natürlich auch ein Switch oder Router nicht mehr funktionieren. Wenn also das Kabel korrekt steckt, überprüfen Sie als Nächstes die Gegenstelle zum Kabel.

Falls Sie eine Verbindung haben, diese aber langsam ist, prüfen Sie mit den nachfolgend erläuterten Programmen, ob eventuell zu viele Verbindungen offen sind oder Programme im Hintergrund Bandbreite verbrauchen.

Bevor wir jetzt zu den eigentlichen Protokolltests weitergehen, sei noch eins gesagt: Auch im Betriebssystem kann eine Netzwerkverbindung aktiviert oder deaktiviert sein, auch das lohnt sich zu überprüfen – besonders bei Notebooks mit WLAN-Schaltern.

26.3 Test einer TCP/IP-Verbindung

Fangen wir mit den Netzwerkprotokollen an, welche wir im letzten Kapitel zusammen angesehen haben. Hierzu gibt es im Betriebssystem selber bereits einige nützliche Hilfsmittel zum Testen einer Verbindung.

26.3.1 ipconfig

Wenn Sie versuchen, in TCP/IP ein Netzwerkproblem zu beheben, sollten Sie als Erstes die TCP/IP-Konfiguration des Computers überprüfen, auf dem das Problem auftaucht. Verwenden Sie den Befehl `ipconfig`, um die Konfigurationsinformationen des Host-Computers zu erhalten, einschließlich IP-Adresse, Subnetzmaske und Standard-Gateway. Bei `ipconfig` handelt es sich um ein Befehlszeilendienstprogramm, das die TCP/IP-Konfiguration des lokalen Computers ausgibt.

Wird `ipconfig` zusammen mit dem Parameter `/all` verwendet, wird ein detaillierter Konfigurationsbericht für alle Schnittstellen angezeigt, einschließlich aller konfigurierten seriellen Anschlüsse. Diese von `ipconfig` ausgegebenen Daten können auf Probleme in der Netzwerkkonfiguration des Computers überprüft werden.

Beim schnellen Wechsel des Geräts in eine neue Netzwerkumgebung kann es sein, dass der Rechner nicht schnell genug eine neue IP über DHCP bezieht. In einem solchen Fall kann es nützlich sein, den Befehl `/release` (IP freigeben) und `/renew` (neue IP beziehen) zu kennen.

Finden Sie mit `ipconfig` eine sogenannte APIPA-Adresse vor (169.254.x.x-Adresse), dann steht Ihnen der DHCP-Service aktuell nicht zur Verfügung, und Sie können die Überprüfung in diese Richtung fortsetzen.

26.3.2 Überprüfen der Verbindung mithilfe von ping

`ping` ist ein Dienstprogramm, das bei der Überprüfung der IP-Verbindungen hilft. Während der Fehlerbehebung wird der Befehl `ping` dazu verwendet, eine ICMP-Echo-Anforderung an einen Ziel-Host-Namen oder eine IP-Adresse zu senden. Verwenden Sie `ping`, um zu überprüfen, ob der Host-Computer eine Verbindung zum TCP/IP-Netzwerk und den Netzwerkressourcen herstellen kann.

Die Befehlssyntax lautet: `ping IP_Adresse`.

Führen Sie die folgenden Schritte aus, wenn Sie `ping` verwenden:

Fragen Sie die Loopback-Adresse ab, um zu überprüfen, ob TCP/IP auf dem lokalen Computer richtig installiert und konfiguriert wurde.

```
ping 127.0.0.1
```

Prüfen Sie über `ping` die IP-Adresse des lokalen Computers, um sicherzustellen, dass sie dem Netzwerk richtig hinzugefügt wurde.

```
ping IP_Adresse_des_lokalen_Hosts
```

Prüfen Sie über `ping` die IP-Adresse des Standard-Gateways, um festzustellen, ob dieser funktioniert und ob eine Kommunikation mit einem lokalen Host auf dem lokalen Netzwerk möglich ist.

```
ping IP_Adresse_des_Standard_Gateways
```

Prüfen Sie über `ping` die IP-Adresse eines Remote-Hosts, um sicherzustellen, dass die Kommunikation über einen Router möglich ist.

```
ping IP_Adresse_des_Remote_Hosts
```

Wenn Sie `ping` zu einem Zeitpunkt nicht erfolgreich verwenden können, prüfen Sie Folgendes:

- Wurde der Computer nach der Installation von TCP/IP erneut gestartet und konfiguriert?
- Ist die lokale IP-Adresse gültig und wird sie im Dialogfeld EIGENSCHAFTEN von Microsoft TCP/IP in der Registerkarte IP-ADRESSE richtig angezeigt?

Geben Sie `ping -?` ein, um herauszufinden, welche Befehlszeilenoptionen verfügbar sind. Standardmäßig wartet `ping` nur 750 ms auf die Antwortrückgabe. Wenn das Remote-System, auf das `ping` angewendet wird, an eine stark verzögernde Verbindung wie z.B. eine Satellitenverknüpfung angeschlossen ist, kann die Antwortrückgabe länger dauern. Mithilfe des Parameters `w` (wait) kann eine längere Wartezeit festgelegt werden.

Beim `ping`-Befehl unter Windows werden automatisch vier Echo-Anforderungen mit der Standardgröße von 32 Byte gesendet. Es kann vorkommen, dass man mehr als nur vier Echo-Anforderungen senden will. Mit `-t` werden solange fortlaufend `ping`-Signale gesendet, bis die Aktion wieder abgebrochen wird (mit CTRL-C). Mit `-l ping_Größe_in_Byte` kann die Paketgröße der gesandten Echo-Anforderungen an die Ziel-IP-Adresse geändert werden.

26.3.3 tracert/traceroute

Einen Schritt weiter geht der Befehl `tracert` oder `traceroute`, je nach Betriebssystem. Mit diesem Befehl können Sie sich die einzelnen Stationen anzeigen lassen, welche das abgesetzte Datenpaket auf dem Weg zum Ziel nimmt. Im Unterschied zu `ping` wird also nicht nur eine Rückmeldung vom Ziel angezeigt, sondern auch von den Stationen (Hops) unterwegs.

Die Sternchen »*«, die Sie dabei ggf. unterwegs angezeigt bekommen, bedeuten, dass die Antwort entweder unterdrückt oder zu langsam ist. Im ersteren Fall handelt es sich oft um eine Firewall, die solche Anfragen nicht beantwortet; im zweiten Fall kann es ein Hinweis auf mögliche Netzwerkprobleme liefern, vor allem wenn nach diesen »*« keine weiteren Stationen mehr angezeigt werden.

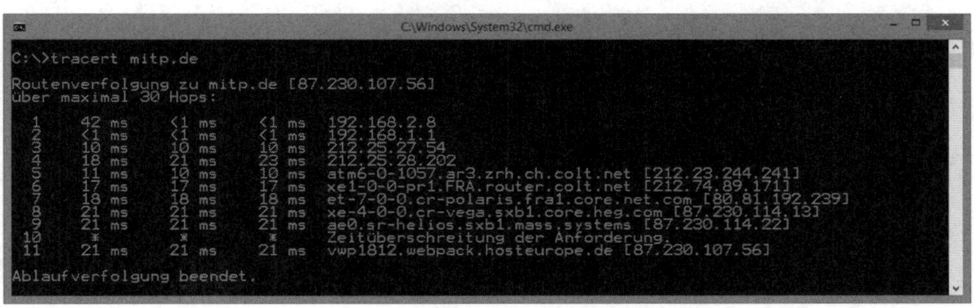

Abb. 26.1: Der Befehl `tracert`

Etwas weniger Information enthält das Kommando `pathping`, das aber im Wesentlichen denselben Dienst leistet.

26.3.4 netstat

Das Kommando `netstat` zeigt Ihnen offene TCP-, UDP- und UP-Netzwerkverbindungen an.

Durch den Aufruf von `netstat` können das verwendete Protokoll, die lokale sowie die entfernte Netzadresse sowie der Zustand der Verbindung eingesehen werden.

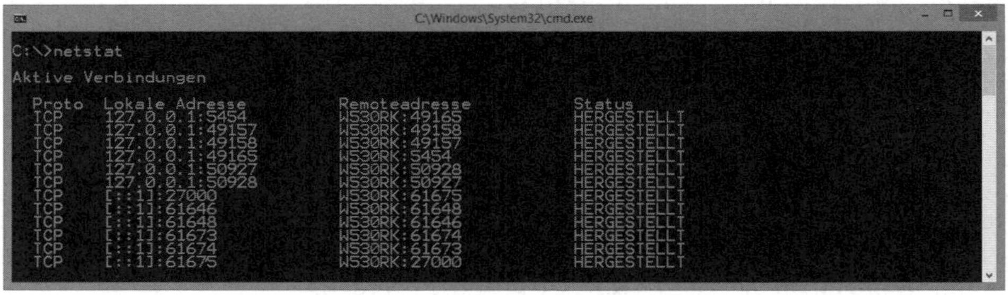

Abb. 26.2: Einfache Anzeige von `netstat`

Mit dem Aufruf von `netstat /?` können Sie sich eine Liste aller Parameter anzeigen lassen, denn `netstat` ist in der Lage, unterschiedliche Ergebnisse anzuzeigen.

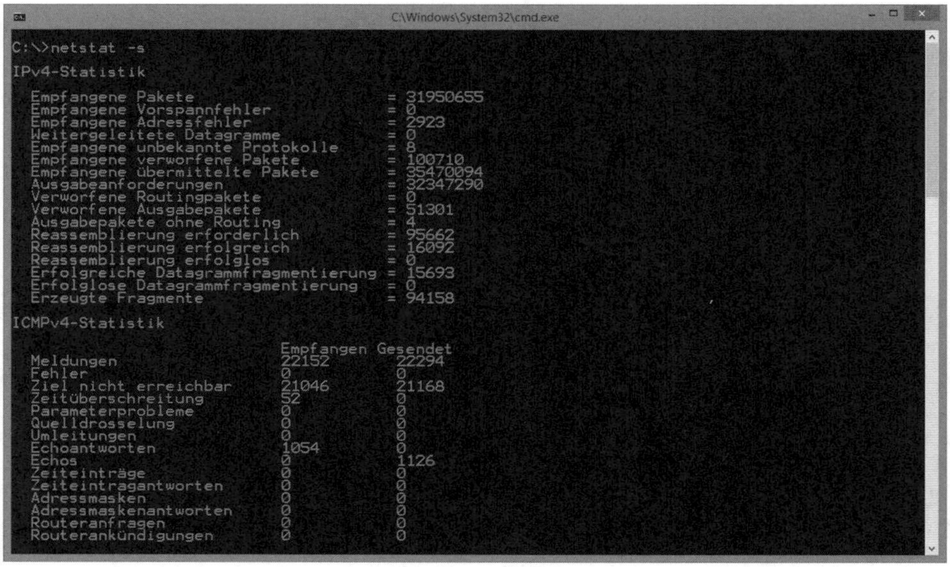

Abb. 26.3: Auszug aus der mit `netstat -s` angezeigten Statistik des Netzwerkverkehrs

So können Sie sich beispielsweise mit `netstat -r` die aktiven Routings oder mit `netstat -s` eine detaillierte Statistik gesendeter und empfangener Datenpakete anzeigen lassen. Damit finden Sie auch heraus, welche Programme zurzeit aktive Verbindungen unterhalten – gefragt oder ungefragt (Hintergrundanwendungen).

26.3.5 Das net-Kommando

Ein weiteres Kommando zum Test einer Netzwerkverbindung ist das `net`-Kommando. Mit der Option `view` lassen sich beispielsweise die Freigaben auf einem System anzeigen.

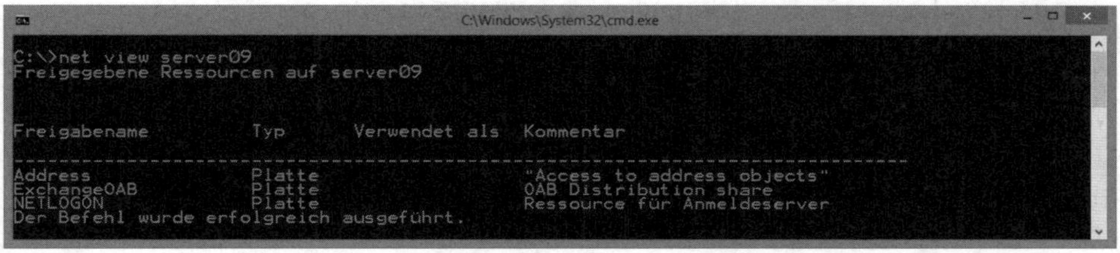

Abb. 26.4: `net view` zeigt die freigegebenen Ressourcen an.

Sie können diese Freigaben nach Computer, allen Domänen oder einer spezifischen Domäne auflisten.

Es gibt noch mehr dieser äußerst nützlichen `net`-Kommandos:

Befehl	Bedeutung
net send	dient Ihnen (oder dem System) dazu, Nachrichten zu versenden (funktioniert nur, wenn der Nachrichtendienst aktiviert ist)
net print	erlaubt es Ihnen, einen Drucker lokal anzubinden
net share	zeigt Ihnen auf Ihrem lokalen Rechner gültige Freigaben an
net stop service	stoppt einen Dienst
net start service	startet einen Dienst
net time	gibt die aktuelle Zeit aus

Tabelle 26.1: `net`-Kommandos

Eine Erweiterung des `net`-Kommandos für die Administration einer Active Directory Domäne ist `netdom`. Beispielsweise wird damit das Beitreten zu einer Windows-Domäne ermöglicht.

26.4 Troubleshooting bei der Namensauflösung

Probleme bei der Namensauflösung treten dann auf, wenn ein zugeteilter Name (WINS, DNS, NetBIOS) im Netzwerk nicht aufgelöst wird und dadurch die zugehörige Zieladresse nicht bestimmt werden kann.

Entsprechend geht es zuerst um die Frage: Welchen Namensraum verwenden Sie in Ihrem Netzwerk? Geht es um ein DNS-Problem oder um ein WINS-Problem?

Typische Fehlerquellen, die sich zur Überprüfung anbieten, sind:

- Falsche oder fehlende Eintragungen in den Hosts-Dateien
- Falsche oder fehlende Eintragungen im DHCP-Server
- Mehrere konkurrierende DHCP-Server

NetBIOS über TCP/IP (NetBT) wertet NetBIOS-Namen als IP-Adressen aus. TCP/IP stellt viele Optionen für die NetBIOS-Namensauswertung zur Verfügung, z.B. lokale Zwischenspeicherabfrage (Cache-Lookup), WINS-Server-Abfrage, Broadcast, DNS-Server-Abfrage und LMHOSTS- und HOSTS-Abfrage.

26.4.1 nbtstat

`nbtstat` ist ein hilfreiches Dienstprogramm zur Fehlerbehebung bei Problemen bezüglich der NetBIOS-Namensauswertung. Wenn das Netzwerk normal funktioniert, löst NetBIOS über TCP/IP (NetBT) die NetBIOS-Namen in IP-Adressen auf. Dabei werden u.a. ein lokaler Cache, Anfragen an vorhandene WINS-Server oder die Suche in LMHOSTS und DNS-Abfragen eingesetzt. Der NetBIOS-Namenscache enthält die NetBIOS-Namen, die kürzlich von diesem Computer aufgelöst wurden, und die Suchergebnisse. Diese Art der Auflösung ist sehr schnell, aber auf die Namen im Cache limitiert.

Mit `nbtstat` können die Einträge der Verbindungen und des Caches angezeigt und nötigenfalls berichtigt werden.

- `nbtstat -n` zeigt Namen an, die von Anwendungen wie beispielsweise Server und Redirector lokal im System registriert worden sind. Dabei können Sie aufgrund der unterschiedlichen Dienste, welche registriert werden, einen Computernamen auch mehrere Male sehen. So sehen Sie zum Beispiel in Abbildung 25.5 den NetBIOS-Namen SERVER09 einmal als Arbeitsstation (<00>) und einmal als Dateidienst (<20>) registriert.
- `nbtstat -c` zeigt den NetBIOS-Namen-Cache an, in dem Adresszuordnungen für andere Computer enthalten sind.
- `nbtstat -R` lädt die Datei LMHOSTS neu, nachdem alle Namen aus dem NetBIOS-Namen-Cache geräumt wurden.

- `nbtstat -a` <Name> führt einen NetBIOS-Adapterstatusbefehl gegen den mit `Name` angegebenen Computer aus. Der Adapterstatusbefehl bewirkt die Rückgabe der lokalen NetBIOS-Namenstabelle des betreffenden Computers und der MAC-Adresse der Netzwerkadapterkarte.

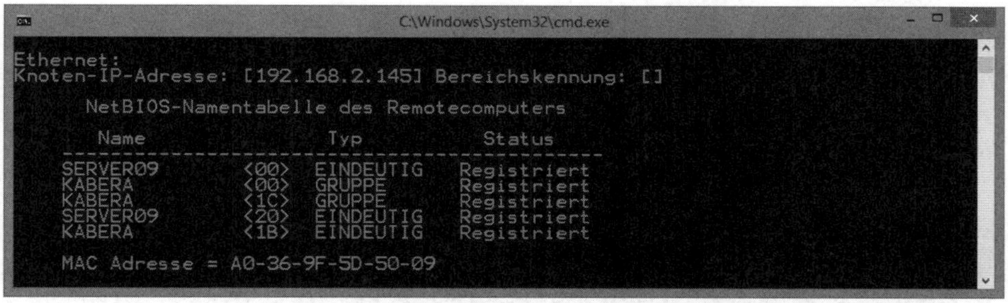

Abb. 26.5: Ausgabe des Kommandos `nbtstat -a` für den Rechner Server09

26.4.2 nslookup

Mit dem Werkzeug `nslookup` können Sie DNS-Ressourceneinträge auf ihre Richtigkeit hin überprüfen bzw. IP-Adressen und Domänen anhand einer DNS-Anfrage auflösen. Das Programm ist unter Windows, Unix und MacOS verfügbar.

Wenn Sie `nslookup` mit dem gesuchten Servernamen angeben:

```
nslookup mitp.de
```

wird der Nameserver der angefragten Adresse antworten. Der Begriff »nicht autorisierende Antwort« besagt dabei lediglich, dass der angefragte Server, hier der DNS-Server server07.kabera.ch, für die Verwaltung des angefragten Servers nicht zuständig ist. Er kennt ihn also sozusagen nur vom Hörensagen und gibt die empfangene Antwort weiter.

Das sieht dann wie folgt aus:

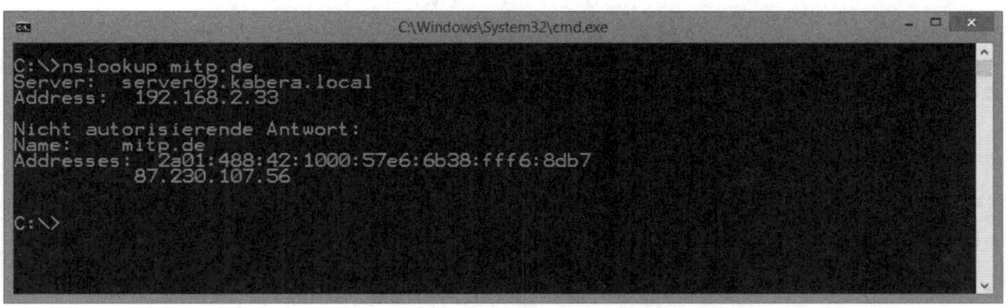

Abb. 26.6: Überprüfung von Nameserver-Antworten mit `nslookup`

Bei der direkten Abfrage wie im obigen Beispiel wird die Antwort daher auch fast immer »nicht autorisiert« sein, da man ja meist lokal über den eigenen DNS-Server abfragt.

Dem kann abgeholfen werden, indem Sie das Kommando `nslookup` im interaktiven Modus verwenden.

Im interaktiven Modus rufen Sie das Kommando zuerst auf und nehmen dann Verbindung mit dem gewünschten DNS-Server auf. Anschließend können Sie mit verschiedenen Optionen und Parametern arbeiten. So lassen sich nicht nur IP-Adressen von Webservern erfragen, sondern auch Mailserver und weitere Dienste.

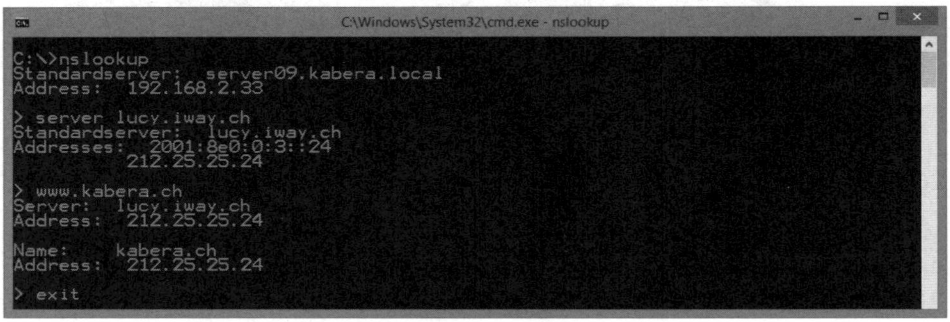

Abb. 26.7: `nslookup` – im interaktiven Modus gestartet

In oben stehendem Beispiel sehen Sie, wie `nslookup` zuerst im interaktiven Modus gestartet, anschließend der Standardserver für die Abfrage geändert und dann nach einem Webserver in dieser Domäne gefragt wird. Da der Nameserver für die Verwaltung dieser Domäne zuständig ist, kommt auch keine »nicht autorisierende ...«, sondern eine autorisierte Antwort (erkennt man lediglich daran, dass eben da kein »nicht autorisierend« steht).

Das Ganze geht auch umgekehrt, indem Sie anstelle einer DNS-Adresse eine IP-Adresse angeben und danach fragen – das nennt sich dann Reverse Lookup.

Mit `exit` können Sie den interaktiven Modus wieder verlassen.

26.5 Hinweise zur Verlegung von Kabeln

Bei der Verlegung und der Installation von Netzwerkkabeln ist einiges zu beachten, um eine optimale Leistung zu erzielen.

Als Erstes sollten Sie sich Folgendes überlegen:

- Wo werden die Kabel verlegt? (Wohnung, Büros, Haus, Garage etc.)
- Wie lang ist die zurückgelegte Strecke?

- Wo wird die Kabelführung verlegt (direkt neben der Stromleitung, in einem separaten Schacht, sind starke metallische Komponenten in der näheren Umgebung vorhanden etc.)?
- Welchen Durchsatz soll das Kabel bieten (soll es heutigen Mindestanforderungen genügen oder bereits für zukünftige Netzausbauten gerüstet sein)?

Je nachdem, wie Sie obige Fragen beantwortet haben, können Sie anschließend entscheiden, welche Art von Verkabelung eingesetzt werden muss. Eckpunkte zu dieser Entscheidung sind:

- Feste Verkabelung (Gebäudeverkabelung) oder freiliegend (Patchkabel)
- Geschirmte oder nicht geschirmte Kabel
- Kupferkabel oder Lichtwellenleiter
- Plenum- oder Non-Plenum-Kabel (Feuerfestigkeit)
- IEEE-Standard für 100, 1000 oder gar 10.000 Mbit/s

Beachten Sie auch, welche Werkzeuge Sie je nach Kabel für die Verlegung benötigen. Beachten Sie zudem generell Folgendes:

- Datenkabel sind grundsätzlich mit großer Sorgfalt zu behandeln. Ihre Lagerung und Installation sollte nur in einer trockenen Umgebung erfolgen, um Schäden durch Korrosion (Kupferkabel) zu verhindern.
- Kanten und Ecken auf der Verlegestrecke müssen soweit möglich geglättet oder abgerundet werden, und beim Einziehen und Verwenden der Kabel sind Quetschungen sowie zu starker Druck und Zug auf die Kabel zu vermeiden.
- Vernachlässigen Sie beim Installieren den Biegeradius nicht: Zu starkes Biegen kann bei Kupferkabeln zu Aderrissen führen und damit zu massiven Leistungseinbußen. Bei Lichtwellenleitern führen solche Risse sogar zur totalen Unterbrechung der Übertragungsleitung.

Wenn Sie die Datenkabel parallel zu anderen Leitungen verlegen, achten Sie zudem darauf, dass Sie insbesondere Stromkabel in einer getrennten Bahn verlegen können, z.B. durch Abtrennungen in Kabelkanälen oder durch Auseinanderlegen der Kabelstränge.

26.6 Werkzeuge zur Kabelverlegung und zum Test

Zur Abisolierung von Kabeln, d.h. der Entfernung von Kabelmantel und Isolierung von Kabeln werden je nach verwendetem Kabel Abisolierzangen oder Kabelmesser eingesetzt. Bei Twisted-Pair-Kabeln sind die Werkzeuge oft zugleich Abisolier- und Anschlusswerkzeug, da im selben Werkzeug die dünnen Isolierungen entfernt und das Kabel in den Stecker eingepresst wird.

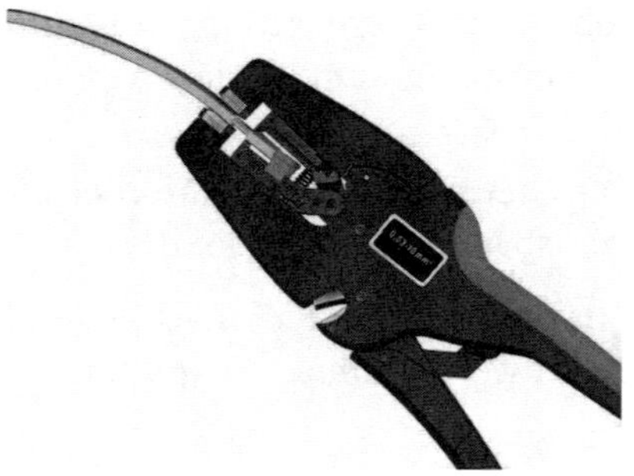

Abb. 26.8: Abisolierzange

Wenn Sie zudem mit Metall arbeiten müssen, z.B. um einen Zugang zu öffnen, kann auch eine Blechschere von Nutzen sein.

Das Anschließen von Kabeln an Dosen oder Patchfelder wird auch als Anlegen oder Auflegen bezeichnet. Beim Anlegen werden die einzelnen Adern der Kabel in das Anlegewerkzeug gelegt und danach gleichzeitig abisoliert und zwischen die Kontakte montiert.

Da diese Anschlusstechnik ohne Löten und Schrauben durchgeführt wird, existiert auch der Begriff LSA für löt-, schraub- und abisolierfreie Technik. Entsprechend finden Sie auch den Begriff LSA-Werkzeug. Auf Englisch finden Sie dafür auch den Begriff »Punch Down Tool«, anlehnend an die Handlung, nämlich durch Druck auf das Gerät die Ader in die Kontakte zu pressen.

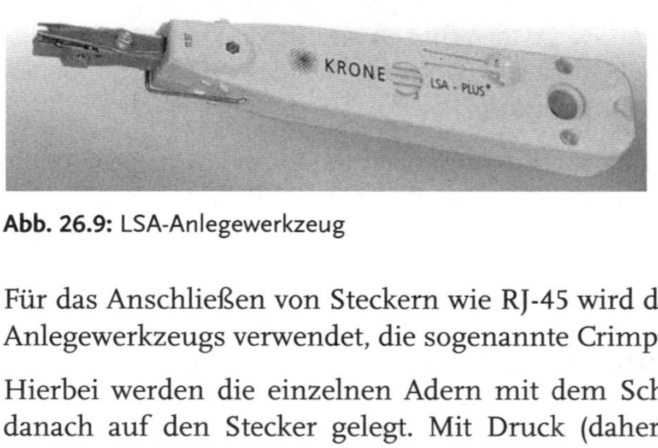

Abb. 26.9: LSA-Anlegewerkzeug

Für das Anschließen von Steckern wie RJ-45 wird dagegen eine Zange statt eines Anlegewerkzeugs verwendet, die sogenannte Crimpzange.

Hierbei werden die einzelnen Adern mit dem Schneidwerkzeug abisoliert und danach auf den Stecker gelegt. Mit Druck (daher die großen zwei Hebel der Zange) werden danach die Adern in die Kontakte des Steckers gepresst.

Ist das Kabel einmal angeschlossen, muss das Netzwerk auch geprüft werden. Das einfachste Testmittel für Steckertests unter RJ-45 ist ein Loopback Plug, auch Loop Plug genannt. Dabei werden die Sende- und Empfangskabel auf denselben Stecker geschlauft und an die Schnittstelle angeschlossen (Leitung 1 auf Position 3 und 2 auf 6 verbinden). Damit kann anschließend überprüft werden, ob die Schnittstelle selber die Konnektivität herstellt, also funktioniert. Damit kann man aber auch einem System »vorgaukeln«, dass es an ein Netzwerk angeschlossen ist, falls dies notwendig ist.

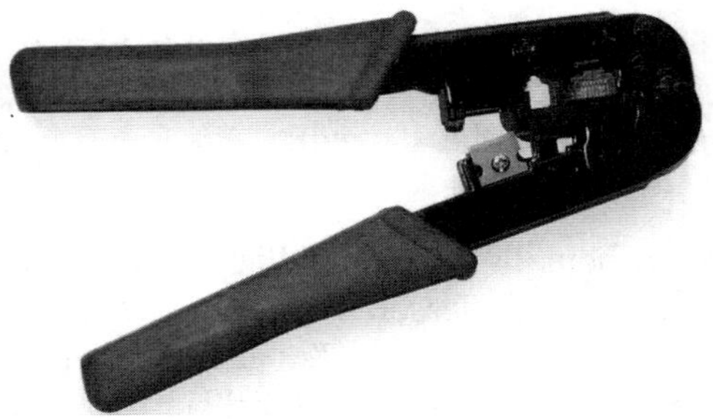

Abb. 26.10: Crimpzange für RJ-45

Ein anderes einfaches Gerät hierfür ist der Kabeltester, welcher anhand von Stromsignalen feststellt, ob die Leitung beispielsweise von Stecker zu Stecker oder von Anschlussdose zu Patchpanel durchgängig ist – und bei mehreren Adern auch, ob die Verdrahtung richtig ist.

Kabeltester werden verwendet, um Kabel auf Leitungsunterbrechungen und andere Verdrahtungsfehler zu überprüfen. Wurde etwa eine Leitung versehentlich an den falschen Kontakt angeschlossen, dann wird dies durch den Kabeltester angezeigt. Der Kabeltester sollte daher zum Standardwerkzeug jeder Installation gehören.

Beim Kabeltest wird sichergestellt, dass alle Leitungen der passenden Norm entsprechen, z.B. EIA-568-B für Anschlusskabel.

Die Kabelfunktionstests selber sind in der Norm TIA/EIA-568-B.1 beschrieben. Folgende Tests sind dabei typischerweise vorgesehen:

- Leitungsunterbrechung. Die Leitungen in den Kabeln bilden keinen geschlossenen Ende-zu-Ende-Pfad. Dies ist in der Regel auf eine unsachgemäße Terminierung oder einen Kabelbruch zurückzuführen.
- Kurzschluss. Die Leiter in den Kabeln berühren einander und können so ihre Funktion nicht mehr erfüllen. Das tritt am häufigsten an Kabelenden auf, wenn die Kabel für die Verdrahtung in die Stecker oder Anschlussdosen auf einer zu langen Strecke abisoliert wurden und die Leiter freiliegen und sich so berühren können.
- Split-Pairs. Die Leiter verschiedener Paare wurden versehentlich zu einem neuen Paar zusammengefasst und bilden jetzt eine falsche Verdrahtung ab, welche nicht zur Kommunikation im Netzwerk geeignet ist.

- Verdrahtungsfehler. Leiter in einem mehrpaarigen Kabel sind falsch angeschlossen und führen zu einer Fehlkommunikation.

Ein Multimeter können Sie einsetzen, um Spannung und Stromfluss zu messen. In der Regel können Sie ein Multimeter auch zwischen Gleich- und Wechselstrom umschalten.

Professionelle Multimeter verfügen darüber hinaus über einen großen Funktionsumfang der Messbereiche. Neben der genauen Erfassung von Strom, Spannung und Widerstand können solche Multimeter auch die Kapazität, Frequenz und Temperatur von Kabelstrecken messen.

Um Kabel in Gebäuden zu verlegen, gibt es ebenfalls unterschiedliche Hilfsmittel. Da wäre zum einen das Kabeleinziehband, mithilfe dessen man ein Kabel durch eine Wand ziehen kann. Zuerst zieht man das eine Ende des Kabeleinziehbandes durch die Wand bis dahin, wo das Ende des Netzwerkkabels lokalisiert ist. Das Netzwerkkabel wird jetzt am Einziehband befestigt und das Einziehband nun vorsichtig wieder zurückgezogen und damit gleichzeitig das Netzwerkkabel durch die Wand verlegt.

Auch Umlenk- und Führungsrollen werden eingesetzt, um Kabel beim Verlegen nicht über weite Strecken über einen Boden oder gar über eine Kante zu ziehen.

Damit das Kabel beim Verlegen einwandfrei erhalten bleibt und auch bei kürzerem Verlegen gut erreichbar ist, kann man zudem sogenannte Kabelziehstrümpfe verwenden. Diese werden am Ende des Kabels angebracht, sodass ein Zugband daran befestigt werden kann. Der Strumpf wird dabei über das Ende des Kabels gestreift, und die letzten 10 bis 15 cm werden fest mit Isolierband abgeklebt. Wenn das Kabel gespannt wird, zieht sich dadurch der Strumpf fester um den Kabelmantel. Kabelziehstrümpfe sind nur für Einzelkabel gedacht, d.h. sie werden im Allgemeinen nicht für ein Verteilerkabelbündel verwendet.

26.7 Probleme beim Aufbau drahtloser Netzwerke

Der Aufbau drahtloser Netzwerke nach den Standards der 802.11 erfordert in erster Linie ein präzises Einhalten der Anforderungen, wie wir sie bereits besprochen haben. Das heißt, die Einrichtung von SSID und Sicherheitsmerkmalen muss sorgfältig vorbereitet und auf allen beteiligten Systemen durchgeführt werden.

- Die Übertragungstechnik und die Frequenz. Damit alle angeschlossenen Clients einwandfrei kommunizieren können, müssen sie denselben Standard unterstützen. Dabei gibt es zwar eine gewisse Abwärtskompatibilität von 802.11n nach 802.11g und von dort nach 802.11b – nicht aber umgekehrt. Wenn Ihr Access Point also 802.11n anbietet und keinen Mischmodus, Ihr Client aber nur 802.11b unterstützt, kommt keine Kommunikation zustande.

- Die Kanalwahl. WLAN 802.11 b/g sendet in dem stark ausgelasteten Frequenzbereich von 2,4 GHz. Um Interferenzen zu minimieren, sollten Sie nach Möglichkeit einen Kanal wählen, der nicht in der Nähe eines Nachbarnetzes liegt, oder gar in den Frequenzbereich von 5 GHz (802.11 a/n) ausweichen.
- Die Art der Verschlüsselung. Sie sollten nicht vergessen: je höher der Verschlüsselungsaufwand ist, desto eingeschränkter ist die effektive Bandbreite. Das ist zwar sicherer, bringt aber mehr Bruttodatenaufkommen.

26.8 Fragen zu diesem Kapitel

1. Als sich ein Benutzer über fehlenden Internetzugang beklagt, möchte der Techniker als Erstes die IP-Adresse überprüfen. Wie kann er dies ausführen?
   A. Start – Ausführen – `ipconfig /all` schreiben – OK klicken und die Resultate lesen
   B. Start – Ausführen – `cmd` schreiben – OK – `ipconfig /flushdns` schreiben – Enter drücken
   C. Start – Ausführen – `cmd` schreiben – OK – `ipconfig /release` schreiben – Enter drücken und die Resultate lesen
   D. Start – Ausführen – `cmd` schreiben – OK – `ipconfig /all` schreiben – Enter drücken und die Resultate lesen
2. Mit welchem Befehl in der Kommandozeile kann der DHCP-Lease erneuert werden?
   A. `ipconfig /release`
   B. `ipconfig /new`
   C. `renew ipconfig`
   D. `winipcfg /new`
   E. `dhcp /new`
   F. `ipconfig /renew`
3. Wie lautet das Kommando, um die lokale Netzschnittstelle zu testen?
   A. `ping 111.111.111.111`
   B. `ping ::1`
   C. `ping 10.0.0.1`
   D. `ping \\localhost`
4. Die Netzwerkleistung verschlechtert sich zu bestimmten Zeiten zusehends. Mit welchem Dienstprogramm kann die Quelle des Engpasses festgestellt werden?
   A. `ping`
   B. `tracert/traceroute`
   C. `arp`
   D. `netstat`

5. Mit welchem Werkzeug kann ein Netzteil auf Fehler überprüft werden?
   A. Loopback-Stecker
   B. Kabeltester
   C. Kabelschlaufe
   D. Multimeter
6. Ein Benutzer kann auf keine Netzwerkressource zugreifen. Was machen Sie zuerst?
   A. Überprüfen, ob die Link-LED an der NIC leuchtet
   B. Den Treiber für die Netzwerkkarte neu installieren
   C. Die NIC ersetzen
   D. In der Systemsteuerung das Protokoll TCP/IP neu konfigurieren
7. Sie müssen testen, ob ein neu verlegtes Netzwerkkabel durchgängig Kontakt hat. Mit welchem Gerät prüfen Sie dies?
   A. Multimeter
   B. Kabeltester
   C. Crimpzange
   D. TDR
8. Sie konfigurieren einen SOHO-Router für einen Kunden und möchten die Anfrage von SMTP-Meldungen auf den PC durchlassen. Welchen Port öffnen Sie?
   A. 20
   B. 25
   C. 80
   D. 443
9. Ein Techniker möchte die Namensauflösung mit `nslookup` überprüfen. Was muss er vorher installieren, damit dies möglich ist?
   A. NetBIOS
   B. IXP/SPX
   C. Ethernet
   D. TCP/IP
10. Welcher drahtlose Standard kann im 5-GHz-Netzwerk eingesetzt werden?
   A. 802.11n
   B. 802.11i
   C. 802.11g
   D. 802.11b

Kapitel 27

Datensicherheit

CompTIA-Prüfungsziele, die in diesem Kapitel behandelt werden:

Für das Examen 220-901

2.5 Vergleich und Gegenüberstellung verschiedener WiFi-Netzwerkstandards und Verschlüsselungstypen.

- Verschlüsselungstypen

Für das Examen 220-902

3.1 Erkennen von häufigen Sicherheitsbedrohungen und Anfälligkeiten.

- Bösartige Software (Malware), Phishing, Spear Phishing, Spoofing
- Social Engineering
- Shoulder Surfing, Tailgating
- Zero-Day-Attacke, Zombies und Botnetze
- Brute-Force-Attacken, Wörterbuch-Angriffe
- Nichtkompatible Systeme
- Verletzungen der bewährten Sicherheitsverfahren
- Man-in-the-Middle

3.2 Vergleich und Gegenüberstellung von gebräuchlichen Präventionsverfahren.

- Physische Sicherheit
- Digitale Sicherheit
- Benutzerschulung/AUB

3.3 Vergleich und Gegenüberstellung von grundlegenden Sicherheitseinstellungen des Windows-Betriebssystems.

- Benutzerauthentifizierung

3.6 Anwenden der geeigneten Datenzerstörungs- und Entsorgungsmethoden bei einem gegebenen Szenario.

- Physische Zerstörung
- Bewährte Recycling- oder Wiederverwendungsverfahren

5.3 Zusammenfassendes Darstellen der Behandlung von verbotenen Inhalten/Aktivitäten und Erläutern von Datenschutz-, Lizenzierungs- und Richtlinienbegriffen.

- Reaktion auf einen Sicherheitsvorfall
- Personenbezogene Daten
- Einhaltung der Unternehmensrichtlinien für Endbenutzer und der bewährten Sicherheitsverfahren

Das Einrichten und Betreiben von Computern ist heute untrennbar mit dem Thema Sicherheit verbunden. Das hat wesentlich mit der weltweiten Vernetzung durch das Internet zu tun. Fast jedes System kann mit wenigen Schritten an das Internet angeschlossen werden, sei es um zu surfen, Mails zu versenden oder zu empfangen oder elektronische Einkäufe zu tätigen.

Wo so viele Möglichkeiten entstehen, entsteht leider auch das Bedürfnis einiger, sich daran unrechtmäßig zu bereichern – sei es, dass man Ihnen unerwünschte Mails mit Werbung zustellt oder dass Viren auf Ihr System gelangen, die Daten löschen oder manipulieren, oder auch, dass man versucht, Ihre Benutzerdaten von Handels- oder Bankkonten auszulesen, um damit dann auf eigene Faust, aber zu Ihren Lasten, Geld auszugeben.

Dieses und das nächste Kapitel dienen daher dazu, die wichtigsten Bedrohungen und die besten Schutzmöglichkeiten zu beschreiben und zu erklären. Bei diesem Kapitel liegt der Schwerpunkt auf dem Thema Datensicherheit, im nächsten auf konkreten Maßnahmen und Mitteln, wie Sie Ihre Systeme, besonders nach außen, schützen können.

27.1 Es war einmal ein Benutzer

Damit Sie an einem Geldautomaten Geld beziehen können, müssen Sie sich in einem ersten Schritt identifizieren. Das tun Sie in der Regel, indem Sie eine Kontokarte mit Ihren persönlichen Angaben einführen. Damit geben Sie sich dem Geldautomaten zu erkennen. In einem zweiten Schritt authentifizieren Sie sich, meist mit einem Passwort. Damit sagen Sie dem Geldautomaten, dass Sie auch tatsächlich derjenige sind, der Sie auf der Kontokarte zu sein behaupten.

Was sagt uns dieses Beispiel? Erstens: Der Umgang mit Sicherheitsmerkmalen ist vielen bekannt und in bestimmten Bereichen des täglichen Lebens vertraut. Zweitens: Sicherheit besteht grundsätzlich aus zwei Schritten: *Identifizierung* und *Authentifizierung*. Oder übersetzt in deutsche Begriffe: *Wer bin ich* sowie *Ich bin der, der ich behaupte zu sein.*

Wenn wir jetzt den Geldautomaten verlassen und zu unseren Computersystemen wechseln, so bleibt der Grundsatz der gleiche: Identifikation und Authentifizierung. Nur die Mittel heißen jetzt anders: Benutzername und Passwort.

Der Benutzername dient zur Bestimmung der Person, die das System nutzen kann. Dabei können auf einem Computer durchaus verschiedene Benutzernamen eingerichtet werden. Der Sinn dieser Möglichkeit besteht darin, dass man unterschiedlichen Benutzern auch unterschiedliche Berechtigungen zuteilen kann. So darf etwa Benutzer »Albert« Programme installieren, Benutzer »Egbert« dagegen nur Programme starten. Unter Windows 7 z.B. nennt sich das auf einer einen Seite »Administratorkonto« (darf fast alles) und auf der anderen Seite »Eingeschränktes Konto« (darf vorwiegend ausführen und kaum etwas ändern).

Die Authentifizierung kann über verschiedene Mittel erfolgen. Klassisch wird das Passwort eingesetzt, mit dem man sich am System anmeldet. Aber auch andere Authentifizierungsmittel sind möglich, etwa die Verwendung eines Fingerabdrucklesegeräts (biometrisches Lesegerät) oder einer SmartCard.

Wenden wir uns dem Passwort noch etwas genauer zu. Passwörter sind natürlich nicht informatikspezifisch. Denken Sie etwa an das Passwort, meist PIN genannt, für Ihre VISA-Karte. Und ähnlich werden Passworte auch in der Informatik eingesetzt. Jeder Benutzer hat seine eigenen Daten, auf die er zugreifen möchte. Ohne Passwort ist aber nicht nachvollziehbar, ob dies auch tatsächlich der Benutzer ist oder jemand anders. Ohne Passwort gibt es also keine eindeutige Authentifizierung.

Aus diesem Grund bestehen Zugangsdaten im Netzwerk immer aus zwei Teilen: dem Benutzernamen *und* dem Passwort. Dieses Passwort ist persönlich und an den Benutzernamen gebunden.

Was aber, wenn der Benutzername »Büro« und das Passwort »Büro« lautet? Dann ist das Prinzip ad absurdum geführt. Daher gibt es Passwortregeln, die Sie unbedingt befolgen sollten:

- Der Benutzername ist persönlich, aber öffentlich, d.h. anderen bekannt.
- Das Passwort ist persönlich, aber auch geheim, d.h. anderen nicht bekannt.
- Der Benutzername und das Passwort lauten *niemals* gleich.

Je nach Vorgaben werden unterschiedliche Anforderungen an die Komplexität des Passworts gestellt. Besonders wichtig sind diese Anforderungen bei Single Sign-on, d.h. wenn das Passwort für mehrere Anwendungen und Systeme gültig ist.

Dazu gehören:

- Passwortlänge
- Komplexität (Groß- und Kleinschreibung, Sonderzeichen)
- Minimales und maximales Kennwortalter (wie lange das Passwort gültig ist)
- Chronik der Passworte (wie viele bisherige Passwörter sich das System merkt, sodass sie nicht erneut verwendet werden können)

Daneben wäre es eher ungünstig, das Passwort auf einen gelben Zettel zu schreiben, und ihn an den linken Rand des sonst so grauen Monitors zu kleben – auch wenn er sich dort hübsch macht!

Auch der Name des Freundes, der Kinder oder der Chefin sind suboptimal. Ähnliches gilt für das Geburtsdatum des prämierten Riesenkaninchens zu Hause oder weitere geistreiche Vorschläge aus dem persönlichen Umfeld.

Ein sicheres Passwort lautet also weder denise und auch nicht esined oder gar meerschweinchen44, sondern GR43bd14Pt oder wenn möglich: wR5.1$GB9,2d.

Viele Hersteller bauen mittlerweile auch Schranken in ihre Software ein, sodass ein Passwort mindestens 6 oder gar 8 Stellen aufweisen muss, manchmal wird auch verlangt, dass zumindest Zahlen und Zeichen gemischt eingesetzt werden müssen. Sonderzeichen wie im letzten Beispiel sind wiederum nicht immer möglich.

Zudem fordern auch die Hersteller von Betriebssystemen wie Windows oder MacOS die Anwender mittlerweile bei der Ersteinrichtung ausdrücklich auf, zum Starten des Systems ein Passwort anzulegen.

Eins noch: Damit man Passwörter einsetzen kann, braucht es natürlich auch Benutzer, denn ein Passwort kann nicht »niemandem« zugewiesen werden. Überlegen Sie sich also zuerst, welche Benutzer ein System benötigen, erfassen Sie diese, und vergeben Sie dann die Passwörter.

Beim Erstellen der Benutzernamen achten Sie auch darauf, dass Sie individuelle Namen vergeben, nicht den Benutzer »allgemein« – nur so können Sie einerseits individuelle Einstellungen vornehmen, wie z.B. eigene Mailadressen oder Datenordner, aber auch individuell nachvollziehen, wer wann ein System bedient hat.

27.2 Physische Sicherheit

Je nachdem ob Sie einen Server, ein Desktopgerät oder ein Notebook bzw. ein mobiles Gerät einsetzen, benötigt es mehr oder weniger und sehr unterschiedliche physische Sicherheitsmaßnahmen.

Dazu gehören:

- Zutritt: haben nur Berechtigte Zutritt oder kann sich jeder Zugang verschaffen zum Raum oder zum System? (Stichworte NAS, Server)
- Aufstellung: Wie sicher ist das Gerät aufgestellt? Kann man es einfach mitnehmen oder ist es, z.B. im Fall eines Notebooks, durch ein Schloss gesichert?
- Ist das Gerät großer Wärme oder direkter Sonneneinstrahlung ausgesetzt? Diese Faktoren erhitzen das Innere des Gerätes schnell übermäßig, was zu Fehlfunktionen und Schäden führen kann.

- Wie ist die Stromversorgung aufgebaut? Besteht eine USV für einen Rechner oder ist er direkt an der Stromversorgung angeschlossen?

Je größer die Informatikumgebung ist, desto gründlicher müssen diese Fragen geklärt werden.

Der Zutritt muss auf zwei Ebenen geregelt werden: physisch und logisch. Obwohl die logische Sicherheit nicht Teil dieses Kapitels ist, soll auch dieser Aspekt im Zusammenhang mit dem Zutritt respektive dem Zugriff kurz erwähnt werden. Denn auch das Gestalten und regelmäßige Wechseln von sicheren Passwörtern gehört zur Sicherheit dazu. Das gilt für den Remote-Zugriff auf den Server genauso wie für andere Netzwerkkomponenten, auf die man mittels Software-Account Zugriff hat.

Die Regelung des physischen Zutritts (Zugang) beginnt beim Gebäude selber, geht weiter zur Zutrittsberechtigung zum Serverraum und endet bei der Absicherung der Server. Nur so sind die Systeme selber letztlich gegen unberechtigten Zutritt und Zugriff richtig gesichert.

27.2.1 Zuerst einmal abschließen

Dabei können ganz unterschiedliche Schließsysteme zum Einsatz kommen:

- Schlüssel
- Badge oder Keycard
- Biometrisches System
- Hybride Systeme

Schließsysteme sind wichtig, aber sie sind nicht besser als der, der sie verwaltet. Nach der Installation muss das Schließsystem auch verwaltet werden, Ein- und vor allem Austritte von Mitarbeiter müssen im System hinterlegt werden, sodass beispielsweise Schlüssel von austretenden Systemadministratoren wieder eingezogen werden, Badges ihre Gültigkeit verlieren oder biometrische Systeme die entsprechenden Personen nicht mehr akzeptieren.

Und nicht zuletzt müssen die Systeme auch zweckgerichtet eingesetzt werden. Es nützt das beste System nichts, wenn der Techniker einen Holzkeil in die Türe klemmt, um schneller hinein- und hinausgelangen zu können und ein Serverraum danach stundenlang für alle zugänglich ist.

Zum Thema Zutritt gehört auch die Überwachung. Wird der Zugang zu kritischen Räumen überwacht, und wenn ja wie? Gibt es eventuell eine Videoüberwachung oder gar Bewegungsmelder?

Und wie ist die Alarmierung geregelt, wenn jemand unberechtigt den Raum betritt oder ohne die korrekte Berechtigung Zutritt erlangt?

Gerade in sensiblen Bereichen (Rechenzentren, Geldautomaten etc.) ist auch der Einsatz von Wachpersonal eine nicht zu unterschätzende Form von Zutrittsregelung, welche in Zusammenhang mit Zutrittsausweisen oder Kontrolllisten eine wirkungsvolle Maßnahme darstellt.

Um hochsichere Räume wie ein Rechenzentrum zu schützen, werden diese nebst obigen Sicherheitssystemen meist mit physischen Barrieren ausgerüstet, sogenannten Schleusen, englisch auch Man Trap genannt.

Am effizientesten sind in diesem Zusammenhang die Mannschleusen oder Drehschleusen. Nachdem sich der Zutrittswillige authentifiziert hat, kann er die Schleuse betreten, diese schließt sich hinter ihm und öffnet den Zugang erst, wenn keine weitere Person die Schleuse mehr betreten kann. Dies ermöglicht eine hohe Kontrollsicherheit. Besonders sensible Drehschleusen sind zudem mit Gewichtssensoren ausgestattet, damit sich bestimmt nicht mehr als eine Person in der Schleuse befinden kann und sich niemand im Huckepack oder durch dichtes Beieinanderstehen einschleichen kann (sogenanntes Tailgating). Ergänzt werden kann diese Schleuse durch einen Wachposten oder eine Videoüberwachung, die das Geschehen überwacht.

Wichtig ist beim Einsatz von Schleusen natürlich, dass außerhalb dieser Schleusen kein Zutritt möglich ist. Bei geschlossenen Räumen ist dies kaum ein Problem (Mauern), aber wenn es um ganze Gelände oder Gebäude geht, muss allenfalls mit weiteren Maßnahmen wie einer Videoüberwachung oder mit Umzäunungen gearbeitet werden, um einen unberechtigten Zutritt zu verhindern.

27.2.2 Bau- und Gebäudeschutz

Der Einbruchschutz wird primär durch den Bau selber gewährleistet, d.h. durch den Einsatz von einbruchsicheren Türen und Fenstern sowie durch die bereits beschriebenen Maßnahmen der Überwachungs-, Schließ- und Zutrittssysteme, die Gebäude und sensible Räume vor unerlaubtem Eintreten schützen.

Auch der Einsatz von Safes für die Aufbewahrung wichtiger Dokumente oder auch Datenträger gehört zu den wichtigen Maßnahmen des Einbruchsschutzes.

Wer einen Server im Keller stehen hat, sollte sich überlegen, wie gut dieser gegen Hochwasser geschützt ist – bevor die nächste Überschwemmung alle Daten wegspült! Ansprechende Beispiele zu dieser Thematik hatten wir ja in den Nachrichten der letzten Jahre genug! Während der Schutz vor Hochwasser bzw. von außen eindringenden Wassers vor allem eine bauliche Angelegenheit ist (z.B. Hochwasserschotte oder Wasserschotttüren), kann gegen die anderen Wasserschäden auch durch die Raum- und Anlagegestaltung einiges unternommen werden, z.B. durch Hohlböden für die Aufnahme geringer Wassermengen. Wichtig ist immer auch eine sorgfältige Planung und Installation der Klimaanlagen, damit kein Kondenswasser in Berührung mit elektrischen Anlagen kommen kann.

27.2.3 Schutz einzelner Systeme und Datenträger

Das Abschließen von Geräten ist eine Möglichkeit. Entsprechend dem bekanntesten Hersteller nennen sich diese Schlösser Kensington Lock. Es handelt sich dabei um Schlösser, die auf ein Gegenstück im System (vorwiegend mobile Systeme) aufbauen und eine hohe Sicherheit gewährleisten.

Nicht zuletzt ist es auch wichtig, sein eigenes Verhalten so zu gestalten, dass die Sicherheit gewährleistet ist. Dazu gehört das Abmelden vom Arbeitsplatz, wenn man weggeht, sodass der Bildschirm gesperrt wird. Auch Datenträger gehören weggeschlossen und liegen nicht offen herum. Zum Anmelden wiederum können Sie nebst Passwörtern auch Badges oder biometrische Elemente einsetzen.

Besonders problematisch sind in diesem Zusammenhang mobile Datenträger wie CDs, DVDs oder Speicherkarten und USB-Sticks. Achten Sie hier besonders darauf, dass Sie diese Datenträger nicht verlieren oder liegen lassen.

27.3 Datensicherung

Mit obigen Anmerkungen sind wir aber erst am Anfang des Themas Datensicherheit. Denn nicht nur das Gerät, sondern auch die Daten wollen geschützt sein. Neben dem Passwortschutz gegen Missbrauch der Daten kommt hier Datensicherung als Schutz vor Datenverlust eine große Bedeutung zu. Warum sollte man Daten sichern?

- Ein Unternehmen, welches länger als 15 Arbeitstage ohne funktionierende EDV auskommen muss, hat eine Überlebenschance von 25 %.
- Eine durchschnittliche Firma, die einen Computerausfall erleidet, der länger als 10 Tage dauert, kann sich zu 50 % nie mehr ganz erholen. Die Hälfte dieser Firmen gibt innerhalb von fünf Jahren den Betrieb auf.
- Die Chance, ein Desaster zu überleben, welches das Datenverarbeitungszentrum der Firma betrifft, stehen 7:100. Die Chancen, einen solchen Fall zu erleben, stehen 1:100.

Das sind nur ein paar Ergebnisse unterschiedlicher Studien zum Thema Datenverlust in den letzten Jahren (Quelle: Egbert Wald: »Backup und Disaster Recovery«, mitp-Verlag [vergriffen]). Und Sie finden leicht mehr solcher, durchaus seriös erarbeiteten Analysen zu diesem Thema.

27.3.1 Das Datensicherungskonzept

Eine Datensicherung ist aber weit mehr als nur das Kaufen eines Laufwerks und das Wechseln des Bands. Es gibt wichtige Fragen zu klären, bevor ein Datensicherungskonzept umgesetzt wird. Dazu gehören die sogenannten sieben W-Fragen:

- WAS – Welche Daten werden gesichert?
- WANN – Tagsüber, in der Nacht, online oder offline (Datenbanken)?
- WIE OFT – Täglich, wöchentlich, monatlich?
- WIEVIEL – Wie viele verschiedene Sicherungen werden aufbewahrt?
- WER – Wer trägt die Verantwortung für Sicherung und Kontrolle?
- WIE – Welches Medium wird eingesetzt, welche Software?
- WO – Wie ist die Aufbewahrung geregelt?

Auch der Einsatz einer Sicherungssoftware will gut überlegt sein. Sie können wohl mit einem betriebssystemeigenen Programm von Zeit zu Zeit eine manuelle Sicherung durchführen, aber in einem Netzwerk gibt es wichtige Themen wie die folgenden: Kann die Software zentral eingesetzt und über das ganze Netzwerk genutzt werden? Gibt es eine zentrale Administration? Ist diese mit der vorhandenen Rechtestruktur vereinbar? Welche Betriebssysteme werden unterstützt? Netware, Windows, Linux sind in einem größeren Netzwerk schnell einmal das notwendige Minimum. Können Sie dafür dieselbe Software einsetzen oder müssen Sie unterschiedliche Programme einsetzen – und supporten?

Wichtig ist auch die Frage nach dem Grad der Automatisierung: Können tägliche Abläufe zeitgenau gesteuert werden? Können mehrere Generationen von Sicherungen geplant werden – und wie reagiert das System bei Fehlern? Erstellt es Warnungen und Meldesysteme bei Fehlern?

Und nicht zuletzt ist ein Stichwort immer häufiger im Umlauf: die sogenannte Disaster Recovery. Damit sprechen wir einen immer wichtigeren Punkt an: Das System wird als Ganzes gesehen. Eine vollständige Windows Server-Installation mit Mail- und ISA-Server ist aufwendig zu installieren. Es ist im Schadensfall nicht damit getan, dass auf einer Bandkassette die Daten vorhanden sind – denn leider benötigen Sie zuerst drei Tage, bis das System soweit installiert ist, dass es die Daten wieder verarbeiten kann ... hier setzt die Disaster Recovery ein. Sie ermöglicht es, neben den Daten auch ganze Systeme wiederherzustellen.

Hier gerät die Bandsicherung etwas ins Hintertreffen. Zwar ist es möglich, Systeme mit CD und Bandlaufwerk zu starten, aber moderne Recovery-Systeme sind in der Lage, ein ganzes System auf ein zweites Plattensystem zu kopieren und so den Wiederanlauf entscheidend zu verkürzen.

Das bringt auch eine neue Generation Software mit sich, die lange ihr Dasein als sogenannte »Image«-Software gepflegt hat. Sie wird heute aber zunehmend im Bereich der Sicherung eingesetzt, weil es durch verschiedene Methoden möglich ist, schnell und zuverlässig aktuelle Abbilder von Systemen und Servern zu erzeugen und so den Wiederanlauf zu beschleunigen.

27.3.2 Methoden der Datensicherung

Damit man nicht immer stundenlang auf eine Sicherung warten muss, gibt es klassisch drei Verfahren der Sicherung:

- **Normal**
  Bei der normalen Sicherung werden alle ausgewählten Dateien kopiert und als gesichert markiert (das Archiv-Attribut wird gelöscht). Im Sicherungsverfahren Normal benötigen Sie lediglich die aktuellste Kopie der Sicherungsdatei oder des Bandes, um sämtliche Dateien wiederherzustellen. Das Sicherungsverfahren Normal führen Sie normalerweise aus, wenn Sie das erste Mal einen Sicherungssatz erstellen.
- **Differenziell**
  Bei der differenziellen Sicherung werden Dateien kopiert, die seit der letzten Sicherung des Typs Normal oder Inkrementell erstellt bzw. geändert wurden. Dateien werden nicht als gesichert gekennzeichnet (d.h. das Attribut Archiv wird nicht gelöscht). Wenn Sie eine Kombination aus normaler und differenzieller Sicherung durchführen, ist es zum Wiederherstellen von Dateien und Ordnern erforderlich, dass Ihnen die letzte normale sowie die letzte differenzielle Sicherung zur Verfügung stehen.
- **Inkrementell**
  Bei einer inkrementellen Sicherung werden nur die Dateien gesichert, die seit der letzten Sicherung des Typs Normal oder Inkrementell erstellt bzw. geändert wurden. Dabei werden die gesicherten Dateien als solche markiert (d. h. das Attribut Archiv wird deaktiviert). Wenn Sie eine Kombination aus normalen und inkrementellen Sicherungen verwenden, benötigen Sie zum Wiederherstellen Ihrer Daten zum einen den letzten normalen Sicherungssatz und zum anderen alle inkrementellen Sicherungssätze

Die Sicherung der Daten in der Kombination von normalen und inkrementellen Sicherungen belegt den wenigsten Speicherplatz und stellt daher auch die schnellste Sicherungsmethode dar. Die Wiederherstellung der Dateien nimmt jedoch mehr Zeit in Anspruch, da der vollständige Sicherungssatz auf mehrere Datenträger verteilt ist.

Wie schon angesprochen, gehört auch die Frage nach der Aufbewahrung der Sicherungen zum Konzept. Was nützt Ihnen eine tägliche Datensicherung, wenn Ihre Mitarbeiterin die Daten am Montag löscht und es erst am Donnerstag bemerkt, Sie aber nur eine Generation an Sicherung haben – also die vom Mittwoch?

Es gibt vor allem ein Konzept das in dieser Hinsicht eingesetzt wird: das Generationenprinzip, auch Großvater-Vater-Sohn-Prinzip (GVS) genannt. Mit ihm lassen sich über eine beliebige Zeit die Daten auf mehreren Generationen von Bändern sichern.

Mo	Di	Mi	Do	Fr
Tag1	Tag2	Tag3	Tag4	Woche1
Tag1	Tag2	Tag3	Tag4	Woche2
Tag1	Tag2	Tag3	Tag4	Woche3
Tag1	Tag2	Tag3	Tag4	Monat1
....				Woche1
....				Woche2

Tabelle 27.1: Tabelle mit einem GVS-Rotationsschema

Beim abgebildeten Beispiel verwenden Sie einen Satz Bänder für Montag bis Donnerstag, am Freitag verwenden Sie ein Wochenband mit Vollsicherung. Da jetzt die Daten inkl. Veränderungen der Woche auf dem Freitagsband vorhanden sind, können Sie die Tagesbänder in der nächsten Woche wieder einsetzen. Dasselbe gilt für die Wochenbänder nach vier Wochen. Am Ende des Jahres haben Sie letztlich 12 Monatsbänder, die Sie dann aufbewahren können oder durch ein »Jahr1«-Jahresband ersetzen und ebenfalls wieder einsetzen können.

Dasselbe Prinzip lässt sich natürlich auch mit Plattensicherungen durchführen, indem Sie entweder die entsprechende Anzahl Platten oder Partitionen einsetzen (aufwendig) oder für die Sicherung entsprechende Ordner »Tag1«, »Tag2« etc. anlegen und so sichern.

27.3.3 Sichern und Wiederherstellen

Sie haben die Möglichkeit, sogenannte Wiederherstellungspunkte zu erstellen. Sie finden diese Möglichkeit in der Systemsteuerung im Applet System unter der Option Computerschutz.

Abb. 27.1: Wiederherstellungspunkt erstellen

Hiermit handelt es sich um einen Snapshot der aktuellen Einstellungen und Registry-Einträge. Somit kann man jederzeit zum funktionierenden Zustand vor den Änderungen zurückkehren, z.B. nach Installation eines neuen Programms, das nicht ordnungsgemäß funktioniert, oder Änderungen an Systemeigenschaften, die ein normales Arbeiten einschränken. Diese Möglichkeit bietet Windows XP indirekt auch an: Bei einem Absturz wurde der Computer meist im abgesicherten Modus gestartet, mit der Auswahlmöglichkeit LETZTE ALS FUNKTIONIEREND BEKANNTE KONFIGURATION.

Sie haben auch die Möglichkeit, ein komplettes Abbild des ganzen Systems zu erstellen (inkl. Bootloader), ein sogenanntes Image. Unter Sichern und Wiederherstellen haben Sie unter Windows Vista die Möglichkeiten DATEIEN SICHERN und COMPUTER SICHERN. DATEIEN SICHERN ermöglicht das Sichern von Dateien mit einer bestimmten Dateiendung (nur falls diese auch von Windows erkannt und unterstützt werden).

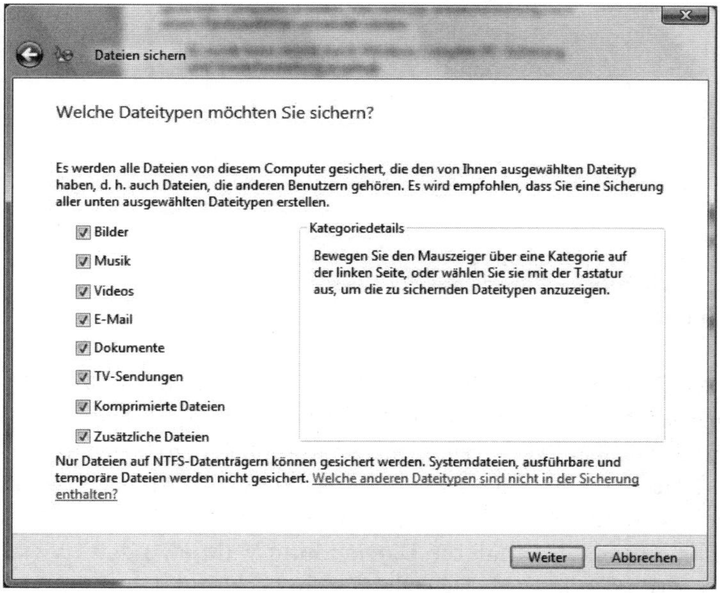

Abb. 27.2: Dateien sichern

COMPUTER SICHERN hingegen erlaubt es, ein Image der gesamten Festplatte zu erstellen. Dies wird auch »Windows Complete PC-Sicherung« genannt. Als Speichermedium kann eine Festplatte oder Partition gewählt werden (außer derjenigen, auf der das aktuell zu sichernde Windows installiert ist) oder eine CD/DVD. Achtung: Die Windows Complete PC-Sicherung ist für die Home-Versionen nicht verfügbar! Der Datenträger, auf den gesichert wird, muss zwingend im NTFS-Format vorliegen, da sonst kein Abbild erfolgen kann.

In Windows 7 stehen alle Optionen der »Sicherung und Wiederherstellung« für alle Windows-Versionen zur Verfügung. Das Fenster SICHERN UND WIEDERHERSTELLEN sieht aber etwas anders aus. Sie können hier ein »Systemabbild erstellen« (was der Windows Complete PC-Sicherung entspricht) oder eine (regelmäßige) Sicherung einrichten.

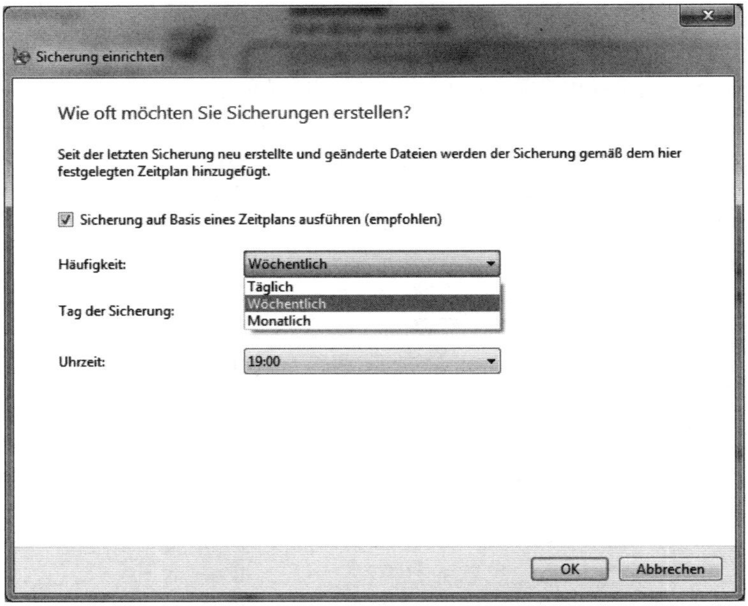

Abb. 27.3: Sicherung einrichten

Während Sie unter Windows Vista nur die Möglichkeit haben, dass Windows die Auswahl mehrheitlich selbst übernimmt, können Sie bei Windows 7 selbst wählen, welche Ordner und/oder Laufwerke mitgesichert werden sollen. Sei es für das Systemabbild sowie für das regelmäßige Backup, unter Windows 7 können Sie die Sicherung (neben Festplatte und CD/DVD) auch im Netzwerk erstellen (z.B. Server oder NAS). Das Sicherungsfile erhält die Dateiendung WIM (Windows Vista) oder die Dateiendung ZIP (Windows 7). Diese lässt sich direkt mit dem Windows Explorer (WIM erst ab Windows Vista) öffnen und browsen. Somit kann man problemlos ein einzelnes File oder einen ganzen Ordner (inklusive Unterordner) wiederherstellen. Letzteres lässt die Möglichkeit offen, die gesicherten Dateien zu einem späteren Zeitpunkt mit einem anderen System bzw. Rechner wieder einzulesen. Aber Achtung: Die Sicherungen sind für jeden Benutzer einsehbar, der Zugriff auf den Sicherungsdatenträger hat! Die Idee von Microsoft ist natürlich, dass der User die Sicherungsdateien, falls nötig, über die Möglichkeit »Wiederherstellen« holt. Selbstverständlich kann man mit Wiederherstellen auch eine Sicherung einlesen, die nicht mit dem aktuellen System erstellt wurde.

Um ein komplettes Abbild der Festplatte (Image) wiederherzustellen, kann man unter Windows 7 einen Systemreparaturträger erstellen (eine bootbare CD/DVD). Dies hilft, den Rechner zu starten und das gespeicherte Abbild wieder herzustellen. Es reicht aber auch ein Windows-Installationsdatenträger. Einige Computerhersteller bieten von Haus aus auch eine Wiederherstellungspartition an, worin das Abbild vorhanden ist. Dies kann aber nur gebraucht werden, falls die vorhandene Festplatte nicht defekt ist und wieder eingesetzt werden soll.

27.4 Datenlöschung

Wenn Daten nicht mehr benötigt werden, müssen sie gelöscht werden. Viele Benutzer gehen dabei davon aus, dass das Betätigen der Delete-Taste dies für sie erledigt. Doch dem ist nicht so.

Durch das Löschen von Daten im Betriebssystem werden lediglich die Einträge in der Dateizuordnungstabelle gelöscht, die Daten selber bleiben unversehrt erhalten, bis der Platz möglicherweise wieder für neue Daten gebraucht wird.

In zwei Fällen ist dieses Verhalten problematisch: wenn Sie Datenträger entfernen oder entsorgen und wenn Sie Systeme weitergeben oder verkaufen. In diesen Fällen müssen Sie sicherstellen, dass die Daten auch wirklich nicht mehr auf dem Datenträger enthalten sind.

Die einfachste Methode, um dies zu verhindern, ist die physikalische Zerstörung des Datenträgers. Sie können eine SD-Karte, eine Festplatte oder eine DVD mit dem Hammer oder einem Shredder zerstören, sodass sicher keine Daten mehr gelesen werden können. Banken oder Versicherungen wählen z.B. diesen Weg, wenn eine Festplatte bei Austausch oder Ersatz das Gebäude verlässt.

Falls Sie aber den Datenträger nur neu einrichten möchten oder den Datenträger mit dem System weiterverkaufen, dann gibt es spezielle Verfahren, sogenannte Datenlöschverfahren. Dabei werden die Datenträger nach einem bestimmten Verfahren mehrfach mit Werten überschrieben, sodass es unmöglich ist, die vorherigen Daten je wieder herzustellen. Da die Betriebssysteme diese Verfahren nicht selber bereitstellen, gibt es dafür spezielle Programme, auch als Freeware, d.h. kostenfrei zu nutzende Software.

27.5 Datenschutz und Datensicherheit

Das Thema Sicherheit umfasst zwei wesentliche Grundlagen: den Schutz der Daten und den Schutz der Person vor gesammelten Daten. Während Ersteres ein organisatorisches und technisches Problemfeld ist, welches von den Betreibern einer Infrastruktur gelöst werden muss, wird das Thema »Schutz der Person vor Datensammlungen« auf Gesetzesebene gelöst. Dafür haben etwa Deutschland, Österreich oder die Schweiz ihre nationalen Datenschutzgesetze.

Im deutschsprachigen Raum hat sich darüber hinaus der Begriff IT-Grundschutz durchgesetzt, welcher übergreifend alle Bedürfnisse der Informatiksicherheit beschreibt. Federführend ist dabei das Bundesamt für Sicherheit in der Informationstechnik.

Der Begriff des IT-Grundschutzes umfasst:

- Physische Sicherheit
- Organisatorische Sicherheit
- Technische Sicherheit

Dieses Dispositiv ist auch bekannt als die drei Grundsäulen:

- Verbindlichkeit
- Vertraulichkeit
- Verfügbarkeit

Wichtig ist an dieser Stelle: Wenn Sie Daten erheben, und seien Sie auch nur eine Einzelfirma, die Ihre Kundendaten auf dem PC verwaltet, sind Sie den nationalen Bestimmungen des Datenschutzgesetzes unterstellt. Dieses regelt sowohl den Umgang mit Daten, die Art, wie Daten gesammelt werden dürfen, aber auch die Aufbewahrung und den Schutz der Daten vor unbefugtem Zugriff, die Pflicht der Manipulationsfreiheit und die Informationspflicht gegenüber den Betroffenen.

So müssen Datensammlungen gesetzeskonform angelegt werden, d.h. es dürfen nur themenbezogene Daten erhoben werden, sie dürfen nicht ohne Weiteres besonders schützenswerte Informationen enthalten, und die Daten müssen rechtmäßig erworben sein. Das alles regelt die Konformität der Daten.

Der Begriff »besonders schützenswert« wiederum stellt eine Klassifizierung der Daten dar. Unter schützenswerte Daten gehören im Wesentlichen Angaben zu Gesundheit, Religion, Rassenzugehörigkeit oder politischer Gesinnung und Zugehörigkeit, aber auch Krankenakten oder polizeiliche Ermittlungen.

Weitere Informationen dazu finden Sie etwa beim BSI unter `www.bsi.de` oder bei `www.melani.admin.ch`, der Schnittstelle von Datenschutz und Internetkriminalität bei den Schweizern.

27.6 Verschlüsselungstechnologie

Ein Passwort ist eine sinnvolle Sache. Aber sobald wir unser Passwort im Internet einsetzen, müssen wir es ja über das Netz versenden. Damit setzen wir das Passwort natürlich dem Risiko des Diebstahls oder Missbrauchs aus. Zudem gibt es einige Protokolle wie SMTP oder POP3, welche Passworte im Klartext übermitteln, d.h. sodass sie jeder lesen kann.

Um dieses Lesen von Daten und speziell von Passwörtern zu verhindern, wurde die Verschlüsselung von Texten entwickelt. Dies bedeutet, man nimmt den Text und kodiert diesen anhand eines festgelegten Schemas. Das war schon zu Cäsars Zeiten in Rom so, wurde im 2. Weltkrieg durch das Thema »Enigma-Verschlüsselung« sehr bekannt und heißt heute in der Informatik »Einsatz von Schlüsseln«. Die Verschlüsselungsvorschrift selber wird Algorithmus genannt und ist in der Regel ein mathematisches Verfahren. Die Güte bzw. Sicherheit einer Verschlüsselung hängt sowohl von der Qualität des Algorithmus wie auch von der Schlüssellänge ab. Als Kern eines guten Algorithmus gilt heute die Bedingung, dass er aus den übertragenen Daten selber nicht mehr herleitbar ist.

Verschlüsselungen werden ständig weiterentwickelt, denn wenn die einen *ver*schlüsseln, versuchen die anderen genauso hartnäckig, Wege zum *Ent*schlüsseln zu finden. Die zweite Sorte netter Menschen nennt man dann Hacker, weil sie den Schlüssel hacken, der die Daten vor dem Lesen schützen soll.

27.6.1 Symmetrisch oder asymmetrisch

Bei symmetrischer Verschlüsselung gibt es nur einen Schlüssel, den beide Parteien zum Ver- und Entschlüsseln verwenden. Der Schlüssel muss daher vorab beiden Parteien bekannt sein. Der Nachteil ist, dass der Schlüssel sicher an beide Parteien übermittelt werden muss.

Bei der asymmetrischen Verschlüsselung werden zwei Schlüssel eingesetzt. Der Schlüssel des Versenders setzt sich dabei aus einem privaten und einem öffentlichen Teil zusammen und der Schlüssel des Empfängers ebenfalls. Bekannt ist beiden gemeinsam nur der öffentliche Teil, der private Schlüssel hingegen ist nur der jeweiligen Partei bekannt.

Zum Verschlüsseln wird der öffentliche Schlüssel des Empfängers benutzt, zum Entschlüsseln der private Schlüssel des Empfängers.

Die bekanntesten symmetrischen Verfahren sind DES, 3DES und AES. Advanced Encryption Standard (AES) ist das aktuelle Nachfolgesystem der beiden älteren Verfahren DES (56-Bit-Verschlüsselung) und 3DES und wird auch nach dem zugrunde liegenden Rijndael-Algorithmus bezeichnet, benannt nach den beiden Entwicklern Joan Daemen und Vincent Rijmen. Der Rijndael-Algorithmus besitzt eine variable Blockgröße von 128, 192 oder 256 Bit und dazu eine variable Schlüssellänge von 128, 192 oder 256 Bit.

Das bekannteste asymmetrische Verfahren ist RSA. RSA wird so nach seinen Erfindern Ronald L. Rivest, Adi Shamir und Leonard Adleman benannt, die den Algorithmus im Jahre 1977 publiziert haben.

Aufgrund der beschriebenen Schlüsselverteilung ist die asymmetrische Verschlüsselung wesentlich sicherer, aber in der Praxis leider auch um Faktor mehrere Hundert langsamer als die symmetrische Verschlüsselung. Für die Übermittlung großer Datenmengen ist es daher nicht geeignet.

Dies führt zum Einsatz von hybriden Verfahren. Das heißt, die Datenübermittlung erfolgt mit symmetrischer Verschlüsselung, die Übermittlung der Schlüssel dagegen mit RSA, sodass diese möglichst sicher ist.

27.6.2 Digitale Signatur

Die digitale Signatur ist zwar ebenfalls ein kryptografisches Verfahren, verschlüsselt aber nicht die Daten selber, sondern bescheinigt nur den Absender und so die Authentizität der Nachricht.

Digitale Signaturen basieren auf asymmetrischen Verfahren und bestehen somit aus einem privaten und einem öffentlichen Schlüssel.

27.6.3 PKI – Digitale Zertifikate

Ein digitales Zertifikat dient dazu, den Eigentümer sowie weitere Eigenschaften eines öffentlichen Schlüssels zu bestätigen. Durch ein Zertifikat können Teilnehmer einer verschlüsselten Kommunikation die Identität und Zuordnung eines öffentlichen Schlüssels feststellen und seine Berechtigung überprüfen.

Mit Public Key Infrastructure (PKI) wird in der Kryptologie ein System bezeichnet, das solche digitalen Zertifikate ausstellen, verteilen und prüfen kann. Diese Zertifikate enthalten in der Regel folgende Informationen:

1. Den Namen des Zertifikatsausstellers
2. Informationen zu den Regeln und Verfahren, unter denen das Zertifikat ausgegeben wurde
3. Informationen zur Gültigkeitsdauer des Zertifikates
4. Den öffentlichen Schlüssel, zu dem das Zertifikat Angaben macht
5. Den Namen des Eigentümers des öffentlichen Schlüssels
6. Weitere Informationen zum Eigentümer des öffentlichen Schlüssels
7. Angaben zum zulässigen Anwendungs- und Geltungsbereich des öffentlichen Schlüssels
8. Eine digitale Signatur des Ausstellers über alle anderen Informationen

27.6.4 SSL und TLS

Das SSL-Verfahren (Secure Sockets Layer) dient zur Verschlüsselung von Datenübertragungen im Internet. SSL erlaubt Server- und optional auch eine Client-Authentifikation mithilfe von X.509-Zertifikaten.

SSL unterstützt verschiedene kryptografische Verfahren mit variablen Schlüssellängen, z.B. RC4 mit 40- oder 128-Bit-Schlüsseln (entwickelt von RSA Data Security), den Data Encryption Standard (DES, 56-Bit-Schlüssel) und Triple-DES, wobei die Daten drei Mal mit DES verschlüsselt werden.

Eine SSL-Verbindung kann man leicht am ersten Teil der URL erkennen, da sich der Adressteil http:// in https:// ändert.

Die Internet Engineering Task Force IETF erstellte im Jahre 1999 auf Basis von SSL einen offenen Standard, genannt Transport Layer Security (TLS), der im Wesentlichen identisch mit SSL 3.0 ist. Häufig wird TLS 1.0 aber auch als SSL 3.1 bezeichnet. TLS 1.x ist abwärtskompatibel zu SSL 2.0 und SSL 3.0.

Alle aktuellen Weiterentwicklungen laufen unter dem TLS-Standard, aktuell (2009) ist TLS 1.2 (RFC 5246). Am häufigsten implementiert wird aber immer noch TLS 1.0, nach und nach auch TLS 1.1 (RFC 4346).

SSL arbeitet als Client-Server-Dialog. Das heißt, dass ein Client wie z.B. ein Webbrowser versucht, mit einem Server, z.B. einem Webserver, eine sichere SSL-Verbindung aufzubauen.

Damit diese Kommunikation auch tatsächlich eine Sicherheit darstellt, muss der Server ein Zertifikat anbieten. Dieses wiederum kann man selber erstellen oder aber von einer autorisierten Zertifikatsstelle beziehen.

Vergleichen wir zwei solche Zertifikate: ein »inoffizielles« und ein offizielles Zertifikat.

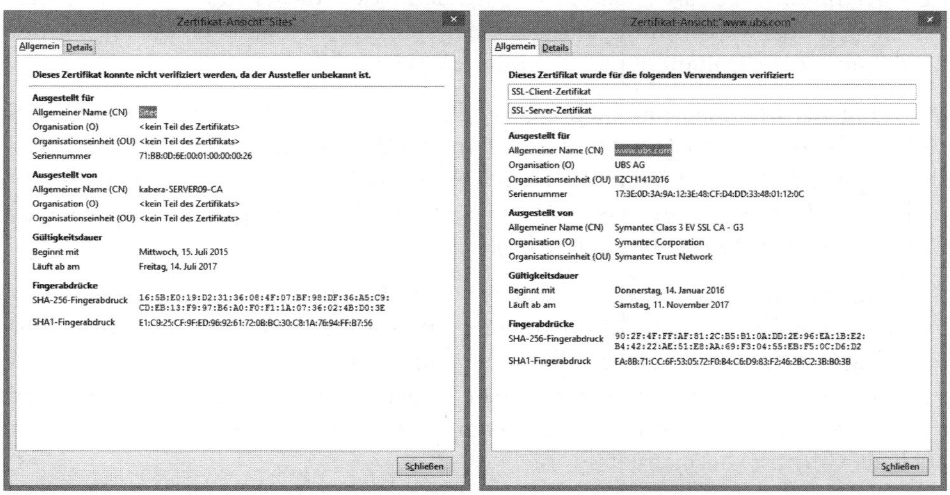

Abb. 27.4: Zertifikatsvergleich: links ein privates, rechts ein autorisiertes Zertifikat

Offizielle Zertifikate werden demzufolge von Zertifizierungsstellen ausgestellt und müssen auch entsprechend bezahlt werden. Sie verfügen über ein Ausstellungs- und ein Ablaufdatum und müssen regelmäßig erneuert werden.

27.7 Malware ist böse

Schadsoftware hat mit aller anderen Software gemeinsam, dass sie zunächst auf den Computer gelangen und dort in der Regel durch einen Benutzer auch ausgeführt werden muss, um den effektiven schadhaften Code ausführen zu können. Momentan wird Schadsoftware meist als E-Mail-Anhang oder als im Mailtext eingebetteter Link zum Opfer geschickt und die Ausführung mit einer überzeugend klingenden Story begünstigt. So steht dann in der Mail, dass eine Paketlieferung nicht erfolgen konnte und die Details dazu im Anhang zu finden sind. Leider enthält der Anhang nicht die gewünschten Informationen, sondern eine Schadsoftware.

Gab es vor 25 Jahren nur den Begriff Virus, so gibt es mittlerweile eine ganze Familie von unterschiedlichen Programmen, die unter dem Begriff Schadsoftware zusammengefasst werden, der damit weiter gefasst ist als nur Viren. Auf Englisch werden all diese netten Programme unter dem allgemein gebräuchlichen Sammelbegriff *Malware* geführt.

Am harmlosesten ist noch die *Adware*: Werbung, die angezeigt wird, z.B. wenn man Webseiten besucht, oder Programme, die man kostenlos benutzen kann, die dafür aber Werbung einblenden. Im Zeitalter der mobilen Apps und Games ist Adware mittlerweile fast allen ein Begriff, denn viele dieser mobilen Apps finanzieren sich über Werbeeinblendungen oder sie verdienen ganz einfach das große Geld damit wie namhafte Film- und Musikportale.

Werbung, die per Mail ungefragt zugestellt wird, nennt man dagegen *Spam*. Hier steht nicht der technische Missbrauch im Vordergrund, sondern der Versuch, Ihnen etwas anzudrehen. Häufig handelt es sich dabei um Dinge, die sich offiziell nicht so einfach bewerben lassen wie etwa der Bezug von illegalen Medikamenten oder Raubkopien bzw. gefälschten Waren.

Spyware geht mindestens einen Schritt weiter. Hierbei handelt es sich um Programme, die Ihre Surfgewohnheiten im Internet aufzeichnen und die Daten ungefragt an Dritte weiterleiten. Ein Grenzfall hierzu ist Google Analytics. Dieses Programm arbeitet im Hintergrund vieler Webseiten, wo es die Aufrufe analysiert und diese Analyse weiterleitet, und zwar ungefragt. Solche Grenzfälle werden auch als *Grayware* bezeichnet.

Spyware-Programme können aber auch noch mehr. Sie können Downloader für Schadprogramme auf Ihrem Rechner ablegen, welche die gesammelten Daten weiterleiten, sobald eine Internetverbindung besteht. Sie können aber auch noch weitergehen und versuchen, Sie auf bestimmte Seiten zu leiten, etwa indem sie die Startseite des Browsers ändern. Der Übergang zum Virus kann letztlich fließend sein, indem die Spyware auch das System verändert, die Systemsteuerung blockiert oder es Ihnen auf andere Weise unmöglich macht, die Kontrolle über Ihren Rechner zurückzuerlangen. Besonders beliebt sind in diesem Zusammenhang Programme, die man vermeintlich nützlich findet und selbst herunterlädt. Und mit denen man sich die Spyware damit ungefragt einfängt, wie viele der sogenannten »PC Tuner«- und »Speed up«-Programme. Programme, die dann wiederum Toolbars mitbringen, die z.B. die Startseite ändern, welche anschließend wiederum nicht nur Ihr Surfverhalten aufzeichnen, sondern Sie auch mit Werbung eindecken, nicht beabsichtigte Webseiten öffnen und damit das Tor zu weiterem Schaden weit aufmachen.

Eine ganz spezielle Gattung sind in diesem Zusammenhang die sogenannten Antispyware-Programme, die sich just in dem Moment anbieten – ja, über so eingeblendete Werbungen –, in dem man sich fragt, wie man Hilfe bekommen soll. Also scheint doch das die Lösung zu sein, doch die Betonung liegt auf »scheint«, denn diese Programme sind genau das Gegenteil von dem, was sie behaupten: Sie installieren nämlich weitere Spyware und graben sich gründlich ins System ein, sodass sie oft nur noch schwer zu entfernen sind.

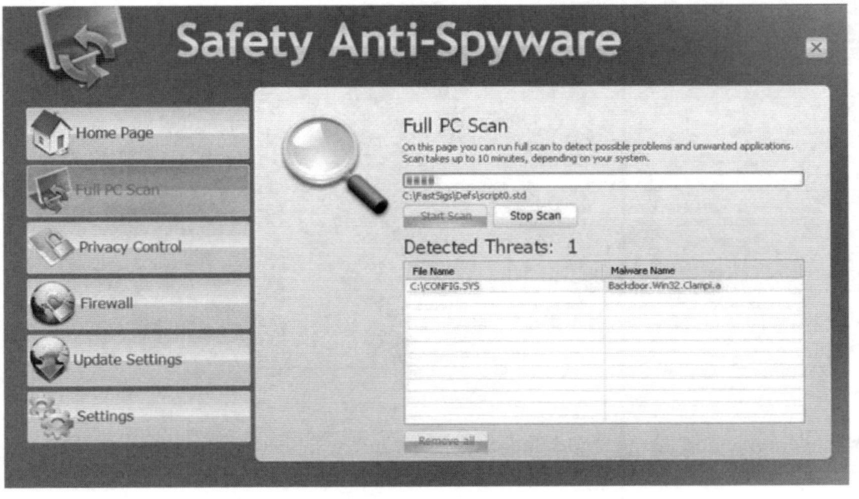

Abb. 27.5: Sieht gut aus – ist aber böse

Dann gäbe es da noch die *Crimeware*. Crimeware ist nicht Schadsoftware per se, sondern Software, die Sie nutzen oder kaufen können, um Malware zu erstellen. Vorzugsweise suchen Sie diese nicht mit Google, sondern in eher verborgenen Netzen wie dem Darknet. Es gibt dort sogar Anbieter, die Ihnen »Crimeware as a

Service« anbieten, aber auch ganze Frameworks, die es ermöglichen, basierend darauf Malware zu entwickeln.

Viren sind ein Ärgernis für alle Computerbenutzer, da ihre Folgen meist verheerend sind. Angefangen vom Verlust eines Programms über veränderte Dokumente bis hin zur kompletten Neuinstallation des Betriebssystems reicht die Palette der möglichen Schäden. Die Ansicht, dass nur Software-Raubkopierer mit Viren zu kämpfen haben, ist seit der Verbreitung des Internets deutlich überholt. Das Internet mit seinem globalen Austausch von Informationen ist geradezu ein Eldorado für Viren und begünstigt in hohem Maße deren Weiterverbreitung rund um den Globus.

Dabei geht es längst nicht mehr um das Programmieren eines Schädlings an sich. Hinter der Verbreitung von Schadsoftware stehen heute handfeste wirtschaftliche Interessen. Malware wird in ein- und ausgehende Bedrohungen unterschieden. Diese wiederum werden in verschiedene Klassen unterteilt, wie die folgende Übersicht zeigt:

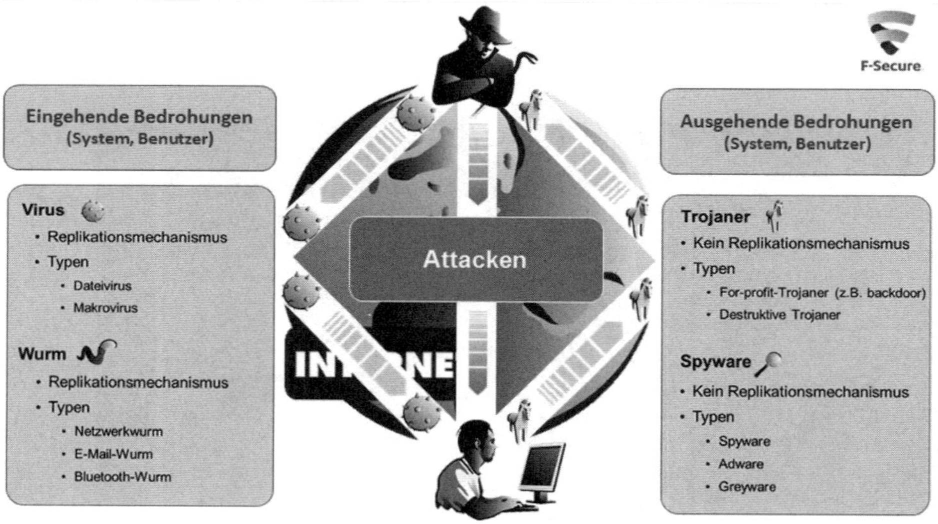

Abb. 27.6: Eingehende und ausgehende Bedrohungen (Quelle: F-Secure)

Malware kann über verschiedene Möglichkeiten auf das System gelangen. Das kann via Floppy-Laufwerk, CD-ROM, DVD-ROM, USB-Drive, Mail, die Verwendung oder Installation einer Anwendung oder das Surfen im Internet geschehen.

Eine Malware-Infektion kann folgende Symptome auslösen:

- Hardware-Probleme
- Fehlermeldungen im Startvorgang des Systems

- Dokumente können nicht geöffnet werden oder sind nicht mehr vorhanden.
- Die Computermaus ist blockiert.
- Der Monitor beginnt zu flimmern.
- Programme ändern plötzlich ihre Dateigröße.
- Nicht identifizierbare Dateien sind plötzlich auf der Festplatte vorhanden.
- Auf Datenträger kann nicht mehr zugegriffen werden.
- Das Computersystem kann nicht mehr gestartet werden.

Arbeitsweise einer Malware

Viren und andere Schadsoftware greifen das Zielsystem auf verschiedene Arten an. Die Infektion eines Programms oder Betriebssystems, welche immer ausgelöst wird, also nicht selbständig erfolgt, kann auf verschiedene Arten erfolgen:

- Anhänge in Nachrichten (Mail-Attachments)
- Besuch von Websites
- Flash Cards (z.B. Geburtstagswünsche)
- Auslösung durch den Start einer infizierten Anwendung
- Neustart des Computersystems
- Anschließen eines USB-Sticks

Es wird dabei zwischen der Infektionsphase und der Angriffsphase unterschieden.

Am Beispiel einer Infektion mittels Mail erklärt heißt dies: Der Benutzer bekommt eine E-Mail mit einem Attachment. Solange er das Attachment nicht öffnet, passiert nichts. Sobald er aber das Attachment lesen möchte, wird das Virus ausgelöst und das System infiziert. Anschließend kann das Virus beispielsweise weitere Mails an alle Adressaten seines Mailprogramms verschicken und somit Tausende weitere Systeme infizieren und dadurch seinen Angriff ausführen.

Der (hoffentlich bekannte) Tipp

Der beste Schutz gegen eine Virusinfektion ist die Kombination einer Antiviruslösung mit aktuellen Signaturen (Updates) zusammen mit einem eigenverantwortlichen Handeln am System.

27.7.1 Virenarten

Klassische Computerviren sind ausführbare Programme, für die die Fähigkeit der Selbstreproduktion über ein Wirtsprogramm besonders charakteristisch ist. Unabhängig von der Selbstreproduktion verfügen Viren über eine Wirkfunktion, in der Literatur auch als Fracht oder »Schadroutine« bezeichnet. Sie waren die Viren der ersten Stunde, befinden sich aber in den letzten Jahren stark auf dem Rückzug.

Klassische Wirtsprogramme für Viren sind ausführbare Dateien (Programme) mit den Endungen »EXE« und »COM«. Aber auch dynamische Bibliotheken unter Windows (Endung »DLL«) sind mögliche Träger von Viren.

Früher weit verbreitet waren auch sogenannte Bootsektor-Viren, die sich nicht an Programme, sondern direkt an den Boot-Code des Systems klammern. Dieser Boot-Code befindet sich auf Disketten und/oder Festplatten und sorgt eigentlich für den Start eines Betriebssystems.

Makroviren

Makroviren sind in der Makrosprache eines Anwendungsprogramms geschriebene Routinen. Diese Makroroutinen sind in den zu bearbeitenden Text, die Tabelle o.Ä. und für den normalen Anwender meist unsichtbar eingebettet. Der Anwender aktiviert diese Routinen automatisch, wenn er den Text oder die Tabelle mit dem entsprechenden Anwendungsprogramm lädt, bearbeitet oder speichert.

Gegenüber klassischen Viren müssen sich Makroviren an die Funktionalität des Anwendungsprogramms anbinden. Damit der Anwender jedoch nicht mitkriegt, dass er zu den scheinbaren Informationen noch einen Virus bekommen hat, benutzt ein Makrovirus sogenannte Automakrofunktionen. Ein Automakro besitzt einen vordefinierten Namen und wird ohne Bestätigung des Anwenders bei den entsprechenden Aktionen automatisch ausgeführt.

Die Firma Microsoft ist sich der Makroproblematik bei ihren Office-Produkten bewusst und zeigt eine Warnung beim Öffnen von Dokumenten, in denen Makros gefunden werden. Makros lassen sich aktivieren oder im Zweifelsfalle deaktivieren.

Somit ist klar, wo Makroviren zu finden sind. Nun stellt sich aber die Frage, was Makroviren eigentlich alles tun können.

Zum einen ist es Makros erlaubt, sämtliche Office-Komponenten wie Word, Excel, Access, PowerPoint und Outlook fernzusteuern. So kann also ein Word-Makro mit Outlook eine E-Mail versenden oder direkt in ein aktuell in Bearbeitung befindliches Dokument eigenen Text einfügen. Das Beispiel des Melissa-Virus zeigte dies auf sehr eindrückliche Art und Weise. Melissa war ein Word-Makro-Virus und erschien am 26.3.1999. Innerhalb eines Wochenendes verbreitete er sich weltweit. Von einem befallenen Computer aus versandte der Virus mittels Microsoft Outlook Mails an bis zu 50 gespeicherte Einträge aus jedem Adressbuch, das er fand. Dies hatte bei etlichen größeren Organisationen zu einer Überlastung des Mail-Systems geführt. Eine weitere Schadensfunktion bestand darin, dass ein mehrzeiliger Text in das gerade geöffnete Dokument geschrieben wird, wenn die Minuten der aktuellen Uhrzeit dem laufenden Tag des Monats entsprechen. (z.B. am 30.3. jeweils um 8:30, 9:30 usw.) Zudem schaltete er den Makrovirus-Schutz in Office ab.

Wurm

Würmer sind eine ganz besondere Art von Viren, denn sie benötigen kein Wirtsprogramm zu ihrer Weiterverbreitung. Sie vermehren sich fast ausschließlich über Netzwerkverbindungen, befallen aber keine Dateien, sondern sind komplett eigenständige Programme. Der Schaden für den Anwender liegt meistens darin, dass sie die vorhandene Rechenzeit und Speicherkapazität eines Computers verbrauchen. Dies kann im Extremfall (falls sämtliche Rechenzeit nur für den Wurm verbraucht wird) zu einem Ausfall des befallenen Rechners führen, was im Fachjargon auch als »Denial of Service« bezeichnet wird.

Trojanisches Pferd

Trojanische Pferde sind Programme, die vorgeben, etwas Nützliches zu leisten, oder unbemerkt an fremde Software angehängt wurden. Sie nisten sich unbemerkt im (ungeschützten) System ein und spionieren es aus. Die so gesammelten Informationen werden meistens ins Internet weitergeleitet (z.B. per E-Mail). Zudem besteht auch die Möglichkeit, dass der infizierte Rechner von außen manipuliert werden kann.

Die Bedrohung für den Benutzer besteht in erster Linie im Verlust der Vertraulichkeit von eigenen Dateien und Passwörtern. Basierend auf diesen gestohlenen Informationen sind jedoch bösartige Manipulationen oder sonstige Schäden möglich.

Verbreitet werden trojanische Pferde wie das klassische Virus durch Programme bzw. Codefragmente. Es ist auch möglich, die Funktionen des klassischen Virus und eines trojanischen Pferdes zu kombinieren.

Neben eher belustigenden Gags wie zum Beispiel das automatische Aus- und Einfahren des CD-ROM-Schlittens im 5-Sekunden-Intervall können Screenshots (FUNKTION SCREENDUMP) gemacht oder die Tastatureingaben (Funktion LISTEN) aufgezeichnet werden. Mit Letzterem lassen sich auf einfachste Weise Passwörter und sonstige Eingaben protokollieren und sammeln.

Botnetze

Ein Botnet oder Botnetz ist ein hierarchisch aufgebautes Rechnernetzwerk mit einem Master-Server als Auftraggeber. Dieser verteilt Befehle und Anweisungen an alle an ihn angeschlossenen Rechner. Mittels dieser Befehle nutzt der Master-Server seine Macht, um gezielt Systeme von vielen Rechnern aus anzugreifen und lahmzulegen. Man nennt diese eine DDoS-Attacke (Distributed Denial of Service), das heißt, man belastet ein System so stark, dass es keine Anfragen mehr entgegennehmen kann. Von dieser Verwendung her kann man rückschließen, dass Botnets vor allem von Hackern gepflegt und verwendet werden.

Der Begriff Bot kommt von Robot und bezeichnet einen Rechner, der ohne Einwilligung des Besitzers automatisch läuft. Manchmal wird auch der Begriff Zombie genannt, weil die Rechner ohne Kontrolle durch den Besitzer agieren. Da nicht nur die Malware-Firmen, sondern auch die Sicherheitsfirmen aufgerüstet haben und mit Hochdruck solche Zentralen suchen (und auch finden!), arbeiten neueste Botnet-Attacken ohne zentrale Rechner nach dem Peer-to-Peer-Prinzip. Hier wird es sehr schwer, diese Attacken nach Auslösung zu beenden.

Es ist unschwer zu erkennen, dass die Zeit für die Angreifer gekommen ist, aus dem »Schaden am System« zum »Schaden zum Erwirtschaften von Geld« überzugehen. Das heißt, die Ziele werden immer präziser ausgesucht, und neue Formen wie gezielte Angriffe (Targeted Attacks) oder gar APT (Advanced Persistent Attacks), welche über einen langen Zeitraum erfolgen, führen zu direkten (und großen) wirtschaftlichen Schäden bei den Betroffenen.

Spoofing

Spoofing ist ein Angriff, bei dem über Netzwerkpakete eine falsche Identität vorgetäuscht wird. Ziel von Spoofing-Angriffen kann es sein, einen Angreifer unkenntlich zu machen oder falsche Webseiten als echt vorzutäuschen.

Die verschiedenen Spoofing-Attacken in Einzelnen:

- ARP-Spoofing Mit gefälschten ARP-Paketen (Zuordnung von IP-Adresse zu MAC-Adresse) wird der ARP-Cache des Opfers manipuliert. In der Folge sendet er seine Pakete an ein anderes System, was als Vorbereitung zu Man-in-the-Middle-Angriffen genutzt werden kann. Die Manipulation von ARP-Caches wird auch als ARP-Poisoning bezeichnet.
- IP-Spoofing Ein Angreifer sendet IP-Pakete mit einer falschen Absenderadresse ab. Damit verschleiert er seine Identität. Eventuelle Antwortpakete werden allerdings an die falsche (»gespoofte«) Adresse gesendet, sodass sie beim Angreifer nicht ankommen. IP-Spoofing wird deshalb meist nur bei DoS-Angriffen eingesetzt.
- DNS-Spoofing Durch die Manipulation eines DNS-Servers (»Cache-Poisoning«) oder das Senden falscher DNS-Antworten wird die Zuordnung eines Rechnernamens zur IP-Adresse gefälscht. Damit wendet sich der Client bei kommenden Anfragen an ein falsches System, das sich im Besitz des Angreifers befindet.
- Web-Spoofing Beim Web-Spoofing wird eine falsche oder in Teilen falsche Webseite als echt vorgetäuscht. Das kann über DNS-Spoofing oder auch über Phishing-Angriffe geschehen.

Aber auch andere Spoofing-Varianten sind denkbar, etwa ein Identitätsdiebstahl durch Anmeldung mit einem falschen Account.

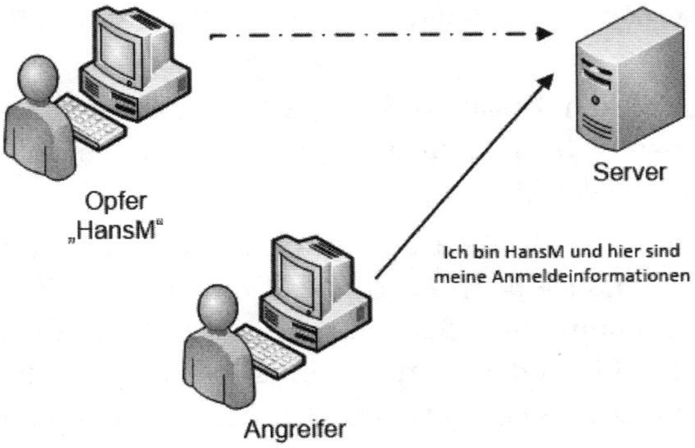

Abb. 27.7: So funktioniert Spoofing

Und was kommt noch?

Die Zukunft in diesem Gebiet liegt somit weniger in der Entdeckung der zweihunderttausendsten Windows Vista-Sicherheitslücke, sondern in Folgendem:

- Angriffe mit gezielten Attacken
  - Vor allem in der Nutzung von »Zero Day«-Schwachstellen, d.h. die betroffene Hard- oder Software lässt sich noch nicht schützen weil die Schwachstelle nicht entdeckt wurde. Der Angriff wird daher auch Zero Day Exploit genannt, weil er zur Entdeckung oder zeitgleich mit der Entdeckung der Schwachstelle erfolgt und keine Software oder Firewall das System bis dahin schützen konnte.
- Social Engineering via Mobiltelefone
  - SMS/Instant Messaging/MMS-Phishing: Das Ziel all dieser Angriffe ist es, den Benutzer dazu zu verleiten, seine Benutzerdaten und Passwörter vorzugsweise von Bank- und Postkonten auf einer gefälschten Webseite oder SMS-Adresse einzutragen. Dazu werden ihm SMS oder Instant Messages bzw. MMS zugestellt, welche täuschend echt Nachrichten einer wirklichen Institution gleichen, stattdessen den Benutzer aber auf eine Adresse der Betrüger umleitet.
- Die Entwicklung von Rootkits
  - Das Verstecken von Trojanern oder Spyware vor dem Benutzer durch die Installation von zusätzlicher Software, welche diese Prozesse vor dem Betriebssystem verbergen soll, wird allgemein üblich.
- Trojaner im Finanzsektor, hier stehen noch einige Entwicklungen an:
  - Phishing: Hierbei wird der Benutzer durch das Angebot eines Hyperlinks (z.B. via E-Mail) dazu verleitet, auf diesen Link zu klicken und damit den Benutzer auf eine gefälschte Webseite zu locken. Diese sieht beispielsweise der Webseite der eigenen Bank so ähnlich, dass der Benutzer die Täu-

schung nicht bemerkt und seine Zugangsdaten fälschlicherweise dort einträgt.

  - Spear Phishing perfektioniert diesen Ansatz, indem die Phishing-Mail vorgibt, aus dem internen oder nahen Umfeld zu stammen. Beliebter Ansatzpunkt hierfür ist die Nutzung sozialer Medien.
  - Pharming: Hierbei wird die lokale »Hosts«-Datei durch einen Virus oder einen Trojaner so manipuliert, dass sie beim Aufruf bestimmter Webseiten automatisch eine gefälschte Version dieser Seite anzeigt – mit demselben Ziel wie beim Phishing. Beiden Methoden gemeinsam ist das Ziel, an die vertraulichen Daten der Benutzer zu gelangen, um sich damit Zugang zu deren Geld zu verschaffen.
- Peer-to-peer-Botnets
  - Diese werden immer kleiner, schneller und so schwerer zu fassen.

27.7.2 Social Engineering

Unter Social Engineering verstehen wir keine technische Bedrohung, sondern einen Angreifer (als Social Engineer bezeichnet), der auf sozialer Ebene, sprich von Mensch zu Mensch, an Daten oder Informationen gelangt, um sie danach zu seinen Gunsten zu verwenden.

Social Engineering beruht auf den Eigenschaften der meisten Menschen, dass ...

- sie anderen Menschen helfen möchten,
- sie das Bedürfnis haben, anderen Menschen vertrauen zu können,
- sie selber gerne geachtet oder beliebt sein möchten,
- sie Ärger und Konflikten tendenziell ausweichen.

Diese Eigenschaften machen sich Social Engineers zunutze, indem sie beispielsweise an die Hilfsbereitschaft appellieren. Beispiele dazu:

> *»Ich bin ein Kollege aus der Abteilung in Bern, ich muss nur schnell meine E-Mails abrufen. Darf ich kurz dein System benutzen?«*
>
> *»Ich bin Journalist und mache einen Artikel über kreative Unternehmer. Erzählen Sie mir doch etwas über Ihren Werdegang und die aktuellen Vorhaben.«*
>
> *»Ich habe ein Problem, nur Sie können mir helfen.«*

Ziele der Social Engineers sind:

- Industriespionage: Durch Zugriff ins Unternehmensnetzwerk heikle Informationen über neue oder einzigartige Produkte beschaffen

- Datendiebstahl: Durch Zugriff auf Unternehmensdatenbanken Adress- oder sogar Kreditkarteninformationen der Kunden erlangen
- Identitätsdiebstahl: Durch Zugriff auf die Netzwerkanmeldeserver Benutzernamen und Passwörter der Mitarbeiter erlangen

Verwandte Tätigkeiten sind auch der Versuch, jemandem über die Schulter zu schauen, um an Informationen zu gelangen (sogenanntes Shoulder Surfing) oder der Versuch, sich zusammen mit einer berechtigten Person gleichzeitig Zutritt zu einem Raum oder einer Abteilung zu verschaffen (sogenanntes Tailgating).

27.7.3 Umgang mit illegalen Inhalten

Das Internet bietet eine Vielzahl von Informationen und Daten an. Nicht alles, was angeboten ist, ist dabei legal zugänglich. Ob es sich um illegale Musik oder Filme handelt, Adressdaten von gehackten Accounts, die gehandelt werden, oder Bildmaterial, das nicht zugänglich sein sollte – achten Sie im Umgang mit dem Internet auf den Rechtsanspruch der Urheber und auf die Legalität der angebotenen Inhalte.

Stellen Sie illegales Material fest, melden Sie dies an die vorgesetzten Stellen und setzen Sie dieses Material nicht ein.

Falls im Sie im Kundendienst arbeiten und an solche Informationen gelangen, unternehmen Sie nichts an einem System von Kunden, sondern rapportieren Sie immer an Ihre verantwortlichen Vorgesetzten.

Um eventuelle Fragen zu beantworten, werden Beweismittel in Form von Logdaten, Festplatten-Images und anderen Daten gesammelt, gesichert und analysiert.

27.8 Fragen zu diesem Kapitel

1. Welche Begriffe zählen zur Gruppe der Malware? Wählen Sie zwei aus:
   A. Spyware
   B. Freeware
   C. Trojaner
   D. Shareware
   E. Spiele
2. Welches ist das sicherste Passwort?
   A. Juno171998
   B. s1A@r4A&3
   C. 9ca5ruwo
   D. comptia44

3. Sie möchten Ihr System mit Windows 8 auf Windows 8.1 aktualisieren. Was ist die beste Aktion, bevor Sie dies tun?
   A. Sie formatieren die Festplatte.
   B. Sie aktualisieren alle Gerätetreiber.
   C. Sie sichern das ganze System mit einem Vollbackup.
   D. Sie richten verschiedene Partitionen ein.
4. Wann dürfen Kopien von vertraulichen Kundendaten angefertigt werden?
   A. Wenn der Techniker es zur Datensicherung für nötig hält.
   B. Es dürfen nie Kundendaten kopiert werden.
   C. Wenn die Daten öffentlich bekannt sind.
   D. Wenn der Kunde zu Datensicherungszwecken einverstanden ist.
5. Ein Techniker ordnet sensible Dokumente in geschützten Ordnern. In denselben Ordnern gibt es aber auch als nicht-sensible Dokumente markierte Elemente. Wie nennt sich die Sicherheitsvorkehrung zur Markierung von Dokumenten und Daten?
   A. Ausnahmeregelung
   B. Dateiattribute
   C. Klassifizierung
   D. Dateisicherheit
6. Ein Techniker möchte eine nicht mehr gebrauchte Festplatte entsorgen. Nach den Unternehmensrichtlinien muss der gesamte Inhalt der Festplatte zuerst gelöscht werden. Welcher Kommandozeilenbefehl macht genau dies?
   A. FORMAT
   B. DEL */s
   C. DELDSK
   D. CHKDSK
7. Welche der folgenden Methoden wird zur Authentifikation eingesetzt?
   A. Benutzername
   B. SmartCard
   C. Fingerabdruckleser
   D. Firewall

8. Ein Anrufer behauptet, er sei Techniker in Ihrer Firma und benötige Ihren Benutzernamen im Netzwerk, um etwas zu überprüfen. Sie verweigern ihm dieses Anliegen aber – welche Art von Bedrohung haben Sie damit abgewehrt?
   A. Social Engineering
   B. Trojanische Attacke
   C. Denial of Service-Attacke
   D. Hackerangriff
9. Ein Schädlingsbekämpfer bittet um den Zugang zu den Computerräumen eines Unternehmens. Die Angestellten des Empfangs wissen nichts von einem Termin und geben der Person kein Zutritt. Welcher Typ von Sicherheitsbedrohung konnte durch dieses Verhalten verhindert werden?
   A. War Driving
   B. Social Engineering
   C. Shoulder Surfing
   D. Phishing
10. Nach einer Vireninfektion des Notebooks verfügt ein Benutzer über keine lokalen Administratorrechte mehr. Die Analyse des Technikers ergibt, dass der Computer zurückgesetzt und die Daten aus einem Backup wiederhergestellt werden müssen. Welches Tool ist zum Zurücksetzen am besten geeignet?
   A. Wiederherstellungs-CDs des Systemherstellers
   B. Wiederherstellungskonsole
   C. Das Backup vom Vortag
   D. Systemwiederherstellung

Kapitel 28

So schützen Sie Ihre Systeme

CompTIA-Prüfungsziele, die in diesem Kapitel behandelt werden:

Für das Examen 220-901

1.10 Vergleich und Gegenüberstellung der Typen von Anzeigegeräten und deren Merkmale.

- Blickschutz-/Blendschutzfilter

2.5 Vergleich und Gegenüberstellung verschiedener WiFi-Netzwerkstandards und Verschlüsselungstypen.

- Verschlüsselungstypen

2.6 Installieren und Konfigurieren eines drahtlosen/kabelgebundenen SOHO-Routers und Anwenden der richtigen Einstellungen.

- DMZ
- Portweiterleitung, Port Triggering

Für das Examen 220-902

3.2 Vergleich und Gegenüberstellung von gebräuchlichen Präventionsverfahren.

- Prinzip der geringsten Rechte

3.3 Vergleich und Gegenüberstellung von grundlegenden Sicherheitseinstellungen des Windows-Betriebssystems.

- NTFS oder Freigabegenehmigungen
- Gemeinsam genutzte Dateien und Ordner
- Systemdateien und -ordner
- BitLocker
- EFS

3.4 Einrichten und Durchsetzen von bewährten Sicherheitsverfahren zum Sichern einer Workstation.

- Bewährte Passwortmethoden
- Kontoverwaltung

- Autorun deaktivieren
- Datenverschlüsselung
- Patch-/Updateverwaltung

3.5 Vergleich und Gegenüberstellung verschiedener Methoden zum Sichern von Mobilgeräten.

- Bildschirmsperren
- Remote Wipe
- Locator-Anwendungen
- Fernsicherungsanwendungen
- Beschränkungen wegen fehlgeschlagener Anmeldeversuche
- Antivirus-/Antimalware
- Patchen/Betriebssystem-Updates
- Biometrische Authentifizierung
- Volle Geräteverschlüsselung
- Multi-Faktor-Authentifizierung, Authentifikator-Anwendungen
- Vertrauenswürdige oder nicht vertrauenswürdige Quellen
- Firewalls
- Richtlinien und Vorgehensweisen

3.7 Sichern von drahtlosen und kabelgebundenen SOHO-Netzwerken bei einem gegebenen Szenario.

- Speziell für drahtlose Netzwerke
- Standardbenutzernamen und Passwörter ändern
- MAC-Filter aktivieren
- Statische IP-Adressen zuweisen
- Firewall-Einstellungen
- Portweiterleitung/Port Mapping, Ports deaktivieren
- Inhalt filtern/Elterliche Kontrollen
- Firmware aktualisieren
- Physische Sicherheit

4.2 Beheben von häufigen PC-Sicherheitsproblemen mit geeigneten Werkzeugen und bewährten Verfahren.

- Häufige Symptome
- Werkzeuge
- Bewährtes Verfahren zum Entfernen von Malware

5.3 Zusammenfassendes Darstellen der Behandlung von verbotenen Inhalten/Aktivitäten und Erläutern von Datenschutz-, Lizenzierungs- und Richtlinienbegriffen.

- Reaktion auf einen Sicherheitsvorfall
- Einhaltung der Unternehmensrichtlinien für Endbenutzer und der bewährten Sicherheitsverfahren

Um ein System praktisch zu schützen, gibt es zahlreiche technische, aber auch organisatorische Maßnahmen. Das beginnt beim Passwort setzen im BIOS, sodass keine unberechtigte Person das System mehr starten kann, und geht über verschiedene Hard- und Software-Lösungen bis hin zur Firewall, die Ihre Systeme gegen andere Netze nach außen abriegelt. Schauen Sie sich in diesem Kapitel diese Möglichkeiten genauer an.

28.1 Sicherheitsmaßnahmen am System

Fangen wir beim System selber an, egal ob Netbook, Notebook oder Desktop-PC. Jedes dieser Systeme verfügt über ein BIOS bzw. ein UEFI. Und diese bieten Ihnen alle die Möglichkeit, Passwörter zu setzen. In der Regel gibt es zwei Möglichkeiten: zum einen das Passwort zum Schutz des BIOS vor Änderungen, zum anderen ein Passwort, das man setzen kann, um das System vor unberechtigtem Starten zu schützen.

28.1.1 Das BIOS-Passwort

Ins UEFI gelangen Sie jeweils beim Systemstart. Der Weg dorthin ist bei jedem Hersteller etwas anders. Viele zeigen die notwendige Kombination beim Starten auch an, z.B. die Taste F10 für HP-Systeme oder die Taste F2 bei Fujitsu-Systemen. Zahlreiche UEFI lassen sich auch mit dem Drücken der Entfernen-Taste (Delete) in die Bootumgebung starten.

Der Vorteil eines BIOS-Passwortes besteht darin, dass beim Start eines Systems der Schutz nicht erst mit Eingabe von Benutzername und Passwort des Betriebssystems einsetzt, sondern bereits beim Hochfahren des Systems selber. Dadurch können mehr unerwünschte Manipulationen ausgeschlossen werden, z.B. das unberechtigte Booten von fremden Datenträgern wie USB-Stick oder DVD. Das unterbindet beispielsweise auch Versuche, das Betriebssystempasswort durch das Durchsuchen der Festplatte auszuspionieren.

Wobei ausdrücklich anzumerken ist, dass es ja heute eigentlich ein UEFI-Passwort ist, es aber immer noch BIOS-Passwort genannt wird.

Aber es gibt auch Nachteile. Der wichtigste ist: Das Passwort ist batteriegespeichert. Das heißt, wenn jemand die CMOS-Batterie des Rechners entfernt und einige Minuten wartet, wird das Passwort (wie auch alle anderen veränderbaren Einstellungen im UEFI) auf die Fabrikwerte zurückgesetzt, und der Start ist wieder möglich. Das gilt für die Mehrheit der Systeme, aber nicht für alle, die Hersteller lassen sich hierzu auch mal wieder etwas Neues einfallen, vor allem bei mobilen Systemen.

Bei vielen Systemen gibt es auch die Möglichkeit, durch DIP-Switches oder Jumper das CMOS zurückzusetzen, auch dies führt zu einer Löschung des Passwortes.

Zum anderen gibt es von zahlreichen Herstellern sogenannte »Backdoor«-Passwörter, d.h. systemseitig integrierte Passwörter, die den Start ebenfalls erlauben. Und Listen mit diesen Passwörtern kursieren durchaus auch im Internet.

Eine weitere Methode besteht darin, die Festplatte vom BIOS aus zu verriegeln. Das Passwort »sitzt« hierbei auf der Platte selber. In den ATA-Spezifikationen ist dafür die Funktion eines Sicherheitspasswortes definiert. Gesteuert und gesetzt wird das Passwort aus dem BIOS.

Die ATA-Spezifikation erlaubt dabei das Setzen von zwei 32 Byte langen Passwörtern: einem Benutzerpasswort für das Starten und einem Master-Passwort zum Ändern der Einstellungen. Meist wird diese Funktion bei Notebooks verwendet, kann aber auch bei allen anderen ATA-Platten eingesetzt werden.

28.1.2 Intrusion Detection

Die »Gehäuse wird geöffnet«-Funktion nennt sich Intrusion Detection (also gleich wie die Systeme, welche Netzwerkeindringlinge entdecken) und merkt sich, wenn ein System geöffnet wird. Diese Funktion und der dazu nötige Sensor werden vom BIOS aus verwaltet.

Es handelt sich dabei um einen kleinen Kontaktschalter, der so im Inneren des Gehäuses angebracht ist, dass er mit dem abnehmbaren Gehäusedeckel in Kontakt kommt. Bei geschlossener Abdeckung ist der Schaltkreis des Schalters geschlossen. Beim Öffnen der Abdeckung drückt diese nicht mehr gegen den Schalter, und der Schaltkreis wird dadurch unterbrochen. Das BIOS registriert dieses Ereignis und gibt bei jedem weiteren Start eine Warnung aus oder fährt das System unmittelbar nach dem Start wieder herunter, bis die Warnung zurückgesetzt wird. Die Warnung kann in den BIOS-Einstellungen zurückgesetzt werden.

28.1.3 Trusted Platform Module

Beim Trusted Platform Module (TPM) handelt es sich um einen Chip, der im System verbaut wird und dieses um verschiedene Sicherheitsfunktionen erweitert. Der Chip ist Bestandteil der TCG-Spezifikation der Trusted Computing Group (TCG). Wichtig: Dieser Chip ist nicht benutzergebunden, sondern maschinengebunden, d.h. an die konkrete Hardware, in welcher er verbaut wird.

Dazu folgt nun ein Zitat des deutschen Bundesamtes für Sicherheit in der Informationstechnik (BSI):

> *Der Aufbau eines vertrauenswürdigen Personal Computers beinhaltet nach der Spezifikation 1.2 der Trusted Computing Group (TCG) eine Erweiterung der herkömmlichen PC-Architektur um ein Subsystem, welches aus einem Core Root of Trust for Measurement (CRTM), einem Trusted Platform Module (TPM) und dem Trusted Software Stack (TSS) besteht.*
>
> *Das TPM ist ein Prozessor, der wegen der Komplexität und der Angreifbarkeit von Software als separater Chip auf dem Mainboard von PCs eingebaut wird. Neben dem TPM als hardwarebasierte Kernkomponente werden weitere Hilfskomponenten des Subsystems in Form einer BIOS-Erweiterung – das CRTM – und der Softwaresteuerung – der TSS – spezifiziert. Die gesamte Funktionalität des Subsystems wird durch diese Kernkomponenten bestimmt. Das Subsystem hat die Aufgabe, den mit anderen Systemen verbundenen, am Internet angeschlossenen Computer in einem nachweisbar vertrauenswürdigen Zustand zu halten. Dazu muss der Computer bereits bei seiner Herstellung vertrauenswürdig sein. Alle nachfolgenden Benutzer- und Programmaktionen müssen so ausgeführt werden, dass diese Vertrauenswürdigkeit über die gesamte Betriebsdauer des Systems erhalten bleibt.*
>
> *(Quelle:* `www.bsi.de` *zum Thema TPM)*

Der Chip selber verhält sich passiv und kann weder den Bootvorgang noch den Betrieb direkt beeinflussen. Er enthält aber einen eindeutigen kryptografischen Schlüssel und kann damit zur Identifikation eines Systems genutzt werden. Das TPM-Modul kann im BIOS aktiviert oder auch gänzlich deaktiviert werden.

Um den Nutzen von TPM zu gewähren, gibt es aber Anwendungen wie z.B. das Sicherheitscenter bei HP-Systemen, welche ein aktiviertes TPM-Modul voraussetzen.

28.2 Sicherheit im Umgang mit Freigaben

Im Umgang mit Daten richten wir unser Augenmerk an dieser Stelle vor allem auf den Umgang mit Daten im Netzwerk.

Neben dem Einrichten von Benutzern, wie wir es bereits besprochen haben, können Sie Daten über Freigaben im Netzwerk zugänglich machen. Grundlage dafür bleibt aber ein sinnvolles Benutzerkonzept und die Aufteilung der Benutzer nach Administratoren und Benutzern. Denken Sie auch daran, das Konto »Gast« im Normalfall deaktiviert zu lassen, um keine ungeschützten Zugriffe zu ermöglichen.

Bei der Freigabe von Dateien und Ordnern greifen entweder die Freigabeberechtigungen oder aber die Rechte auf Dateiebene, in unserem (Windows-)Fall sind dies die NFTS-Rechte.

Die NTFS-Berechtigungen bieten Ihnen allerdings mehr Möglichkeiten und sind, wo konkurrierend, stärker als die Freigaberechte.

Die NTFS-Berechtigungen werden standardmäßig von übergeordneten Verzeichnissen an sämtliche enthaltenen Unterverzeichnisse und Dateien weitergegeben. Die Vererbung von Berechtigungen kann jedoch deaktiviert oder aber von oben erzwungen werden.

Beim Verschieben oder Kopieren von Dateien oder Ordner innerhalb derselben NTFS-Partition behält diese ihre ursprünglichen Berechtigungen.

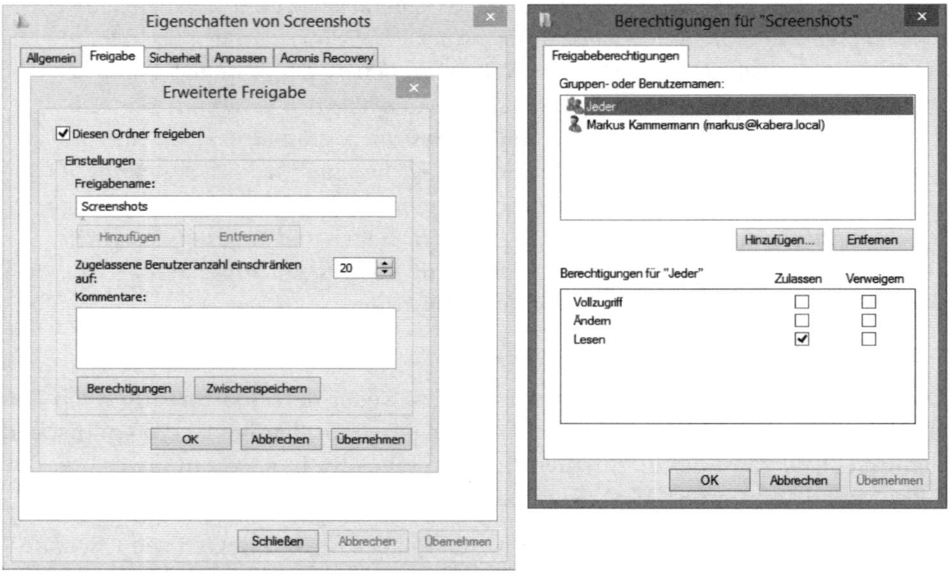

Abb. 28.1: Freigabeberechtigungen

Beim Verschieben einer Datei oder eines Ordners innerhalb des gleichen NTFS-Laufwerks werden die ursprünglichen Berechtigungen beibehalten.

Bei allen anderen Aktionen dagegen übernehmen Dateien oder Ordner die Berechtigungen des Ziels.

Ist das Ziel eine FAT-Partition, so gehen sämtliche Berechtigungen verloren, da FAT dies nicht unterstützt. Die Daten können ohne Einschränkungen von jedem eingesehen werden.

Wenn Sie die Rechte übertragen möchten, so können Sie den Besitz der Datei übernehmen. Benutzer mit höheren Rechten oder Administratoren können die Besitzrechte übernehmen oder anderen Benutzerkonten übertragen und dem alten Besitzer somit entziehen.

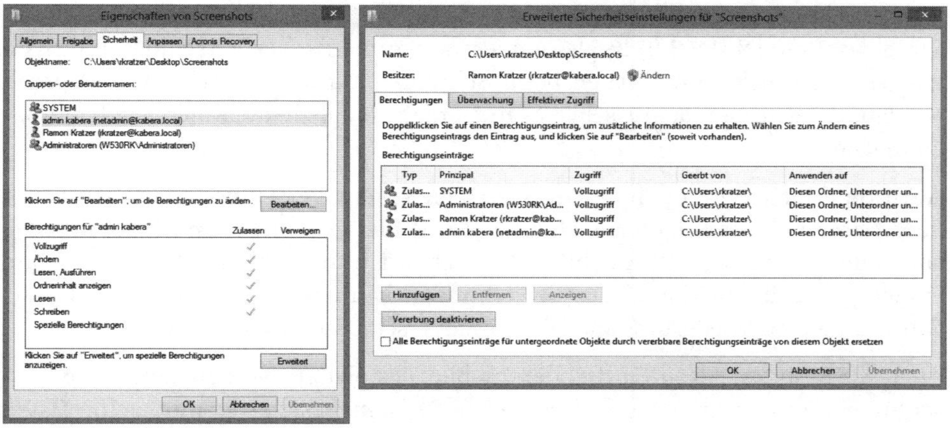

Abb. 28.2: NTFS-Berechtigungen auf einer Datei

Über das Kommando `cacls` in der Kommandozeile können Sie zudem die aktuellen Zugriffsberechtigungen von Dateien und Ordnern anzeigen und mittels Parametern auch ändern.

Seit Windows 2000 (also schon sehr lange) haben Sie außerdem die Möglichkeit, die Daten lokal auf dem System über das Encrypted File System (EFS) zu verschlüsseln. Seien Sie aber vorsichtig, da die Daten bei einem verloren gegangenen Passwort nicht mehr entschlüsselt und gelesen werden können.

Mit Windows Vista und Windows 7 kommt BitLocker als Festplattenverschlüsselung zum Einsatz. Allerdings verfügen nur die Versionen Ultimate und Enterprise über diese Möglichkeit. BitLocker benötigt eine eigene Partition auf der Festplatte und startet über das Betriebssystem. Er greift dabei auf das bereits erwähnte TPM-Modul zu, um zu prüfen, ob die Hardware unverändert und somit vertrauenswürdig ist. Die Verschlüsselung erfolgt über AES mit 128 oder 256 Bit. Zudem kann die Eingabe einer Authentifizierung über PIN oder USB-Stick gefordert werden.

28.3 Der Einsatz von Verschlüsselungstechnologie

Im letzten Abschnitt haben wir kurz verschiedene Ansätze zur Verschlüsselung betrachtet. Die Verschlüsselungstechnologien lassen sich nun auf verschiedene Weise für den Schutz von Computersystemen einsetzen.

28.3.1 Lokaler Einsatz

Die Verschlüsselung kann auf dem lokalen System eingesetzt werden, um Daten schwer zugänglich zu machen. Das machen sich insbesondere Programme zur Verschlüsselung von Datenträgern zunutze.

Windows kennt beispielsweise das Encrypting File System (EFS), ein in NTFS seit Windows 2000 (NTFS 3.0) implementiertes, symmetrisches Verschlüsselungsverfahren, mit welchem die Daten beim Schreiben auf die Festplatte verschlüsselt werden. Ohne diesen Schlüssel ist es nicht mehr möglich, die Daten wieder lesbar zu machen.

Auch die Hersteller von mobilen Systemen setzen Verschlüsselung ein. Unter dem Namen Trusted Platform Module (TPM) bieten sie hier ein Modul an, welches selber mit einem RSA-Schlüssel versehen ist und dazu dient, die Hardware eindeutig zu identifizieren. Damit verbunden kann der Hersteller eines Geräts dann seinerseits wiederum eine Festplattenverschlüsselung integrieren.

Auch USB-Sticks, Flash-Cards oder mobile Festplatten werden heute mit Verschlüsselungssoftware ausgeliefert, welche es dem Besitzer erlaubt, seine Daten vor Zugriff zu schützen, sei es bei Verlust oder Diebstahl.

28.3.2 Mailprogramme

Wenn Sie Mailprogramme wie Mozilla Thunderbird oder MS Outlook einsetzen, richten Sie dort auch Ihre Mailkonten ein, sei es als POP3-Konto oder als IMAP4-Konto. Um den Datenverkehr mit diesen Mailclients sicherer zu gestalten, können Sie sowohl den Empfang wie auch den Versand von Mailnachrichten verschlüsseln.

Dies führt dazu, dass Sie im Mailclient die Einstellungen für den Server und den zu benutzenden Port anpassen müssen.

Als Verschlüsselungstechnologie wird anschließend SSL/TLS eingesetzt.

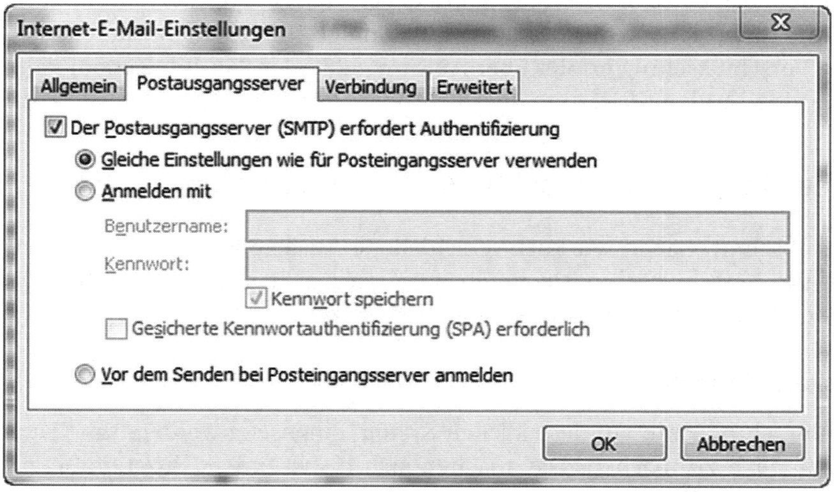

Abb. 28.3: Postausgangsserver authentifizieren

Die Ports zum Senden und Empfangen von verschlüsselten Mailnachrichten ändern:

Protokoll	Standard-Port	Verschlüsselter Port	Portdienstname
POP3	110	995	POP3 over SSL/TLS
IMAP4	143	993	IMAP4 over SSL/TLS
SMTP (1)	25	587	SMTP over SSL/TLS
SMTP (2)	25	465	Alternative zu 587

Tabelle 28.1: Portnummern für verschlüsselten Mailversand

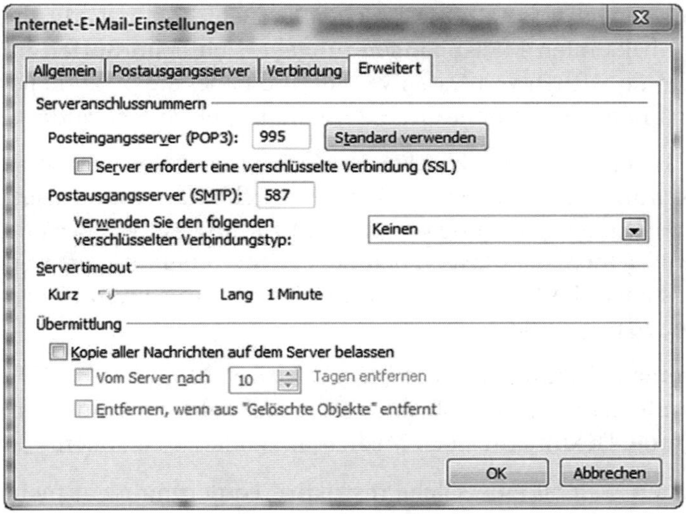

Abb. 28.4: Port-Anpassung für die Postserver

28.3.3 Einsatz im Internet

Auch im Internet werden Daten für die Übertragung verschlüsselt. Hierbei handelt es sich um die SSL-Verschlüsselung bzw. deren Nachfolger TLS.

28.4 Schutz gegen Schädlinge

Wie wir in Kapitel Abschnitt 27.7, »Malware ist böse«, gesehen haben, gibt es verschiedene Arten von Schadsoftware: von der relativ harmlosen Adware bis hin zu Trojanern. Um gegen diese Gefahren gewappnet zu sein, setzen Sie auf Ihrem System Sicherheitsprogramme ein: vom im Betriebssystem Windows eingebauten Windows Defender über Antivirenprogramme bis hin zu ganzen Sicherheitsanwendungen, die eine Software-Firewall oder auch einen Registry-Schutz enthalten.

Sie sollten aber auch ganz einfache Maßnahmen nicht vernachlässigen: Erstellen Sie keine Benutzerkonten ohne (sicheres) Passwort. Deaktivieren Sie die Autostart-Funktion für Anwendungen, die nicht zwingend mit dem Systemstart zusammenhängen, und halten Sie Ihr System mit Sicherheitsupdates aktuell.

28.4.1 Virenbekämpfung

Ein durchdachtes Virenschutzkonzept basiert auf zwei Säulen: zum einen auf einem **funktionierenden Backup**, damit verloren gegangene Informationen wieder restauriert werden können, und zum anderen auf der Basis von **Kontrollen**. Damit sind Kontrollen zur Prävention (Virenvorbeugung) oder Inspektionen gemeint, welche den aktuellen Datensatz nach Viren überprüfen. Auch die Schulung und Sensibilisierung der Anwender muss Teil eines solchen Konzeptes sein, damit alle wissen, wie man mit unbekannten Mailanhängen umgeht, sich beim Surfen im Internet oder beim sicheren Öffnen von Daten verhält und dabei die Sicherheitsrichtlinien einhält. Dazu finden Sie am Ende dieses Abschnitts mehr Informationen.

Grundsätzlich gilt ein System so lange als infiziert, bis man sich vom Gegenteil überzeugt hat. Diese Kontrolle ist zwingend periodisch durchzuführen, da selbst die beste Prävention nicht hundertprozentig vor einer Infizierung mit Viren schützen kann. Weiter ist zu beachten, dass fast täglich neue Viren programmiert werden. Dies bedeutet, dass auch die Programme zum Aufspüren von Viren immer dem aktuellen Stand anzupassen sind.

Viren lauern in Programmen, Dokumenten, auf austauschbaren Medien (z.B. USB-Sticks). Vereinfacht könnte man also als erste präventive Maßnahme formulieren: Tausche weder Programme, Dokumente noch Medien mit anderen Personen.

In der heutigen vernetzten Welt ist eine solche restriktive Forderung nicht mehr denkbar. Aber sie weist den Weg für mögliche Ansätze. Viren können sich erst weiter verbreiten, wenn das Wirtsprogramm gestartet bzw. das Wirtsdokument bearbeitet wird. Es ist also durch organisatorische Maßnahmen dafür zu sorgen, dass jedes fremde Programm, jede unbekannte Diskette und jedes zu bearbeitende Dokument zuerst auf Viren untersucht wird. Die Untersuchung kann automatisch im Hintergrund erfolgen (Stichwort: Virenwächter). Alle aktuellen Virenschutzwerkzeuge bieten die Installation eines solchen Wächters an.

Des Weiteren müssen die Anwender für das Thema Viren sensibilisiert werden, sodass sie selber den ersten Schritt gegen eine Weiterverbreitung bzw. eine Infektion ausführen können und sich der möglichen Gefahren bewusst sind. Die Mentalität »Mir passiert das schon nicht« muss aus den Köpfen verschwinden, da sie mit der heutigen Realität nichts mehr gemein hat. Schulen Sie Ihre Mitarbeiter im sicheren Umgang mit Daten, Internet und Mail, damit Viren keinen Erfolg haben.

Diese Sensibilisierung ist zwingend notwendig, sie umfasst den sicheren Umgang mit Mail und Internet genauso wie den Umgang mit Daten von mobilen Datenträgern. Dabei gilt immer der Grundsatz: Zuerst scannen, dann öffnen. Bei Mails heißt das, Anhänge zuerst zu speichern. Handelt es sich dann um einen Virus, wird das Antivirenprogramm die Datei beim Speichern erkennen und den Anwender zum Handeln auffordern.

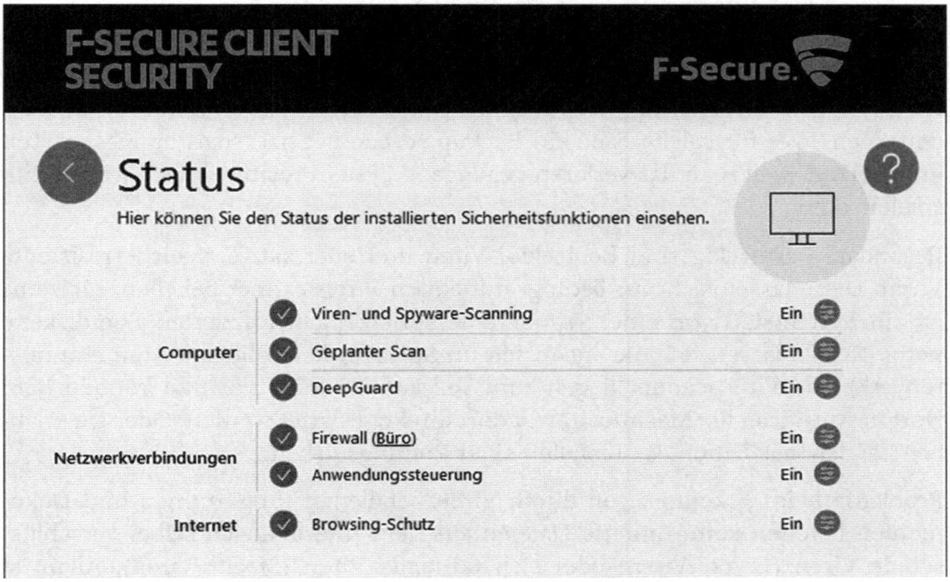

Abb. 28.5: Antivirenprogramm mit aktivierter Echtzeitüberwachung

28.4.2 Suchen und Entfernen von Viren

Wenn ein Rechner zunehmend langsam wird oder nicht mehr reagiert, ungewohnte Software-Fehler und Abstürze auftreten oder ungefragt Pop-up-Fenster erscheinen, kann dies auf das Vorhandensein von Malware hindeuten.

Mitunter reagieren auch die Provider, indem sie eine Mail schicken, dass Ihr System verseucht ist. In der Schweiz wissen wir von Providern, die nach wiederholter Mahnung das System vom Internet trennen, bis man bestätigt, dass das Problem wirklich behoben ist.

Die Hersteller von Antivirensoftware liefern dazu sogenannte Viren-Enzyklopädien, in denen der Virus, seine Verbreitung und sein Gefahrenpotenzial beschrieben werden. Dazu gibt es auch Hinweise, wie das System korrekt von diesem Schädling befreit werden kann.

Das Entfernen von Viren umfasst im Grunde zwei Schritte. Zuerst muss das Virus gesucht und dessen Typ bestimmt werden. Das geschieht am zuverlässigsten anhand der oben erwähnten Herstellerdatenbanken. Sind Standort und Virustyp bekannt, kann das Virus, falls möglich, gelöscht werden. Auch hier gilt: Halten Sie sich wo irgend möglich an die Anleitung der Antivirensoftware-Hersteller. Leider ist es nicht immer möglich, das Virus ohne Zerstören des Wirtprogramms bzw. Wirtdokuments zu löschen. Es ist also wichtig, neben den Virenschutzwerkzeugen ein organisiertes und funktionierendes Backup-Wesen aufzuziehen. Ausfälle aufgrund nicht wiederherstellbarer Dokumente lassen sich so vermeiden. Insbesondere muss hier auf Viren hingewiesen werden, welche die Partitionstabelle modifizieren. Meistens lassen sich diese nur mit einer kompletten Neupartitionierung und Neuformatierung der Festplatte mit anschließender Systeminstallation entfernen. Wer für solche Fälle ein Backup vorbereitet hat, spart einiges an Zeit und Nerven, weil man das verloren gegangene System relativ einfach wieder einspielen kann.

Besonders hartnäckig sind Bootsektor-Viren und/oder aktive, speicherresistente Viren. Diese lassen sich nur bedingt mit einem Virenscanner beheben. Meistens ist ein Systemstart von einer »sauberen«, sprich: nicht infizierten Bootdiskette nötig. Nur so lassen sich die ansonsten im Speicher befindlichen Viren eliminieren. Aktuelle Virenscanner liegen zum Teil auf CD-ROM vor und können (z.B. Norton AntiVirus für Macintosh) von dort direkt gestartet werden. Oder sie erlauben bei der Installation das Erstellen einer Rettungsdiskette.

Probleme beim Erkennen von durch Viren befallenen Programmen und Dokumenten bereiten komprimierte Dateien aus dem Internet, sich selber verschlüsselnde Viren (Crypto-Viren) oder sich tarnende Viren (Stealth-Viren). Allen ist gemein, dass das binäre Muster verändert wurde. Ohne dieses eindeutige binäre Muster ist das Virensuchprogramm nicht mehr in der Lage, die Viren aufzuspüren. Dem treten jetzt moderne Antivirenprogramme mit einer sogenannten heuristischen Suche entgegen, sodass auch Virensignaturen gefunden werden, die noch keinem bestimmten Virus zugewiesen wurden.

Neben der Bereinigung durch Löschen ist es auch möglich, infizierte Dateien in die Quarantäne zu stellen. Das bedeutet, dass die Datei nicht mehr aktiv ist und nicht mehr auf sie zugegriffen werden kann. Sie bleibt aber im System (geschützt) vorhanden.

Planen Sie neben der Echtzeitüberprüfung, die standardmäßig immer eingeschaltet ist, auch regelmäßige Datenträgerüberprüfungen ein, die ein System in festen Abständen nach Viren durchsuchen. Auch das hilft, die Sicherheit zu erhöhen.

Etliche Hersteller von Antivirenprogrammen bieten Ihnen zudem die Möglichkeit, ein System ab einer »sauberen« CD/DVD zu booten, auf der im Wesentlichen nur der Virenscanner und ein kleines Bootprogramm installiert sind, meistens ein Linux-System. Mithilfe dieser Bootumgebung können Sie dann das System auf Viren hin überprüfen, ohne dass das eigentliche Betriebssystem dazu gestartet werden muss. Auf diese Weise können auch Viren gefunden werden, die sich im

Betriebssystem verbergen (sogenannte Rootkits) oder die das System beim Starten unter ihre Kontrolle bringen wollen. Auch der abgesicherte Modus von Windows kann hier behilflich sein, weil er nur die notwendigsten Treiber lädt.

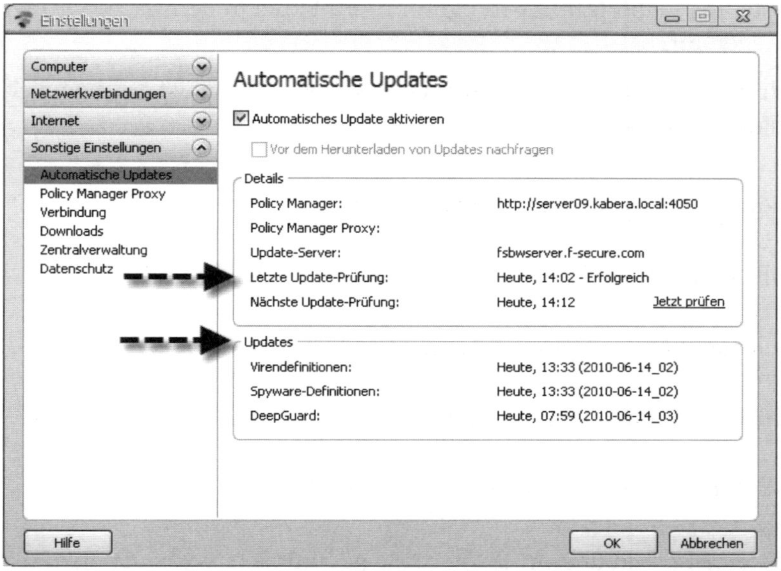

Abb. 28.6: Überprüfen Sie, ob die Antiviren-Aktualisierungen auch wirklich aktuell sind.

Damit Antiviren-Programme einen möglichst hohen Schutz garantieren, müssen die Programme selber bzw. ihre Suchmaschinen (AV Engines) sowie die Virensignaturen auf dem aktuellsten Stand gehalten werden. Dies geschieht meistens durch die automatischen Updates dieser Programme, die sich täglich aktualisieren. Überprüfen Sie, ob dies auch wirklich der Fall ist.

28.4.3 Die Überprüfung von Systemdateien

Nach einem Virenbefall oder wenn Sie den Verdacht haben, dass die Systemdateien möglicherweise nicht mehr in ihrem originalen Zustand sind, können Sie mit einem Hilfsprogramm Ihres Betriebssystems diese Dateien überprüfen und wenn notwendig auch reparieren.

Tipp

Führen Sie vor einer solchen Reparatur eine Sicherung des Systems durch.

Mit dem Systemdateiüberprüfungsprogramm SFC kann ein angemeldeter Administrator alle geschützten Dateien durchsuchen, um ihre Versionen zu überprüfen.

Wenn das Systemdateiüberprüfungsprogramm feststellt, dass eine geschützte Datei überschrieben wurde, holt es die korrekte Version der Datei aus dem Cache-Ordner (%Systemroot %\System32\Dllcache) oder aus den Windows-Installationsdateien. Im nächsten Schritt wird die inkorrekte Datei durch die korrekte Version ersetzt. Das Systemdateiüberprüfungsprogramm prüft zudem den Cache-Ordner und füllt ihn wieder auf.

Das Kommando `sfc` kann dazu auch mit verschiedenen Optionen versehen werden. Die wichtigsten lauten:

- `/scannow`
  Überprüft sofort alle geschützten Systemdateien.
- `/scanonce`
  Überprüft alle geschützten Systemdateien einmal beim nächsten Neustart.
- `/scanboot`
  Überprüft alle geschützten Systemdateien bei jedem Start.
- `/cancel`
  Bricht alle auszuführenden Überprüfungen von geschützten Systemdateien ab.
- `/quiet`
  Ersetzt alle falsche Versionen ohne Benutzeraufforderung.
- `/purgecache`
  Leert den Dateicache und überprüft sofort alle geschützten Systemdateien.

28.5 Die Verteidigung des Netzwerks

Natürlich muss auch technisch alles getan werden, um Angreifern den Zugriff auf das firmeninterne Netzwerk zumindest zu erschweren. Dazu können an der Schnittstelle nach außen Geräte wie Firewalls installiert werden. Aber das ist längst nicht mehr alles. Firewalls werden heute auch innerhalb eines Unternehmens eingesetzt, um Angriffe auch dann zu blockieren, wenn sie innerhalb der Firma starten. Zudem werden Systeme zur Angriffserkennung und sogar Angriffsbekämpfung eingesetzt, um das Netzwerk immer besser zu schützen.

28.5.1 Das Passwort lautet nicht 1234

Was ich bei Netzwerken als Allererstes feststelle: Es werden viele Maßnahmen getroffen, um ein modernes, selbst kleinstes Netzwerk zu schützen. Da werden Firewalls installiert, Anti-Malware installiert, VPN konfiguriert und MAC-Filter gesetzt – und alles auf Geräten, auf die man heute lokal über eine Webschnittstelle zugreifen kann. Und wie oft treffe ich dann diese Kombination an: »admin« und »1234« als Benutzernamen und Passwort? Daher: Wann immer Sie ein Gerät für Ihr Netzwerk kaufen, egal ob Router oder Managed Switch, Access Point oder Firewall: Als Erstes gehen Sie hin und ändern Sie das Standardpasswort ab, damit niemand ungefragt Zugriff darauf nehmen kann.

Dokumentieren Sie die Änderung und schließen Sie das neue Passwort sicher weg – damit haben Sie den ersten wichtigen Schritt zur Verteidigung des Netzwerks erfolgreich absolviert.

28.5.2 Data Loss Prevention

DLP steht für Data Loss Prevention oder auch Data Leak Prevention. Grundsätzlich ist unter der in Deutsch übersetzten »Datenverlust-Vermeidung« der unerwünschte Abfluss von Daten zu verstehen. Das heißt, DLP umfasst organisatorische und technische Maßnahmen, welche verhindern sollen, dass Daten, die gemäß Datenhaltungskonzept schützenswert sind, nicht ungewollt verschwinden können, z.B. durch Löschen oder durch Diebstahl. Gerade die Diskussion um die gestohlenen Bankdaten hat dieses Thema eine Zeit lang weit in den Vordergrund betroffener IT-Abteilungen gerückt, damit sich diese Fälle nicht wiederholen können.

Grundlage einer DLP-Lösung ist die Nachverfolgbarkeit einer jeden Änderung an einer Datei (Erstellen, Ändern, Kopieren, Löschen). Damit ist die Nachverfolgbarkeit des Datenflusses durch Bearbeitung und Kopieren oder Löschen von Daten gegeben.

Erweitern kann man eine solche Lösung, indem man z.B. Datenträger mit einer ID versieht und festen Benutzern zuteilt. Diese können dann nur noch diese Datenträger (z.B. USB-Sticks) in der Firma benutzen, dagegen werden keine eigenen Sticks zugelassen. Auch Zugriffsregeln, basierend auf dem Least-Privilege-Ansatz, und eine konsequente Handhabung der Firewalls und Proxys sowie Regeln für den Versand von Mailanhängen dienen der Effizienz von DLP.

Moderne DLP-Lösungen, die als solche verkauft werden, bestehen entweder nur aus Software oder aus einer Kombination von Software und eigens dafür bereitgestellter Hardware.

28.5.3 VPN

Viele Firmen bieten ihren Mitarbeitern die Möglichkeit, sich von zu Hause aus ins Netzwerk einzuwählen. Damit diese Einwahlmöglichkeit nicht zu einem Sicherheitsrisiko wird, muss der Zugang sicher ausgelegt werden. Heute wird das mittels Virtual Private Network (VPN) realisiert. Wie der Name andeutet, handelt es sich dabei um ein virtuelles Netzwerk, das mittels Software aufgebaut wird, um so ein in sich geschlossenes Netzwerk über die vorhandenen physikalischen Netze zu legen. Man spricht in diesem Zusammenhang auch von »Tunnel«, weil man einen Tunnel durch das öffentliche Netz baut, um sich ins private Netzwerk einzuloggen.

Damit VPN möglich wird, müssen auf beiden Seiten der Kommunikation entsprechende VPN-Server und/oder Clients installiert werden. Häufig ist es dabei so, dass in der Firma der VPN-Gateway als Gerät zur Verfügung steht und bei den Mitarbeitenden eine Software wie Softremote oder Fortinet zum Einsatz kommt.

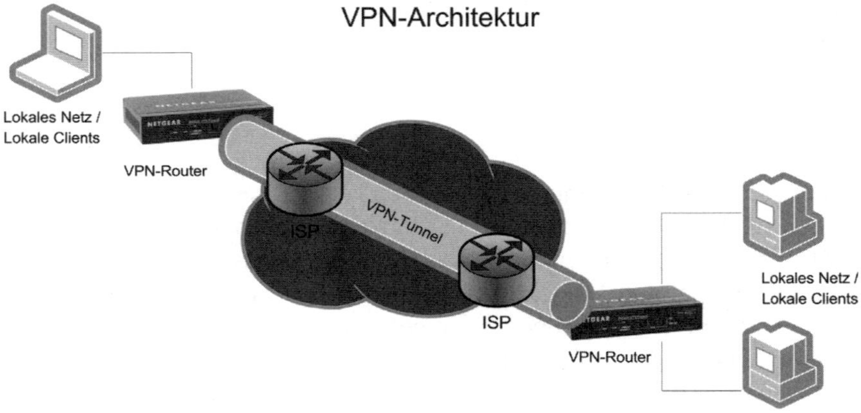

Abb. 28.7: Aufbau einer VPN-Verbindung

28.5.4 Firewalls

Als Firewall wird verallgemeinernd eine Applikation bezeichnet, welche den eingehenden Netzwerkverkehr überprüft und so das interne Netz vor Schaden schützt. Eine Firewall kann als reine Applikation auf bestehenden Servern oder Rechnern installiert oder als dedizierte Firewall eingesetzt werden, d.h. als Gerät. Man spricht in diesem Zusammenhang auch von Hardware-Firewalls und Software-Firewalls, obwohl dies höchstens umgangssprachlich richtig ist, da die Funktionalität einer Firewall immer softwaregesteuert ist.

Eine Software-Firewall wird auf bestehenden Rechnern installiert. Sie ist abhängig vom Betriebssystem und setzt auf den Netzwerkschnittstellen auf.

Eine Hardware-Firewall ist ein eigenständiges Gerät mit eigenem Betriebssystem. Sie wird zwischen das äußere und das interne Netzwerk geschaltet und trennt die Netze physisch.

Abb. 28.8: Netgear ProSafe Firewall

Diese beiden Ansätze führen zu einem unterschiedlichen Level an Sicherheit, aber auch an Kosten.

Unabhängig von obiger Definition ist die eigentliche Funktionalität der Firewall eine Software, die den Netzwerkverkehr nach verschiedenen Gesichtspunkten überprüft.

Es gibt drei Arten von Firewalls:

- Paketfilter
  Absender und Empfängeradresse werden überprüft, der Verkehr wird aufgezeichnet.
- Stateful Inspection
  (SPI) Wie Paketfilter-Firewall, zusätzlich: Traffic Control, Port Filtering, Encryption Control
- Application Level Gateway Proxy Content Scanning (oberhalb Transport Layer)

Die Firewall kann also auf verschiedenen Schichten des Netzwerks aktiv sein, von OSI-Layer 3 (Paketfilter) über Layer 5 (Stateful Inspection) bis zur Anwendungsschicht (Application Level Gateway).

Damit eine Firewall effektiv ist, müssen dafür Regeln definiert werden. Auf einer SPI-Firewall definieren Sie, auf welchen Ports Netzwerkverkehr nach außen und innen die Firewall passieren darf. Im folgenden Beispiel wurde die Firewall mit Regeln für den Zugriff »nach innen« definiert. Dabei handelt es sich um Server, die in einer DMZ stehen, einer sogenannten Demilitarisierten Zone, d.h. sie stehen zwischen dem Internet und dem eigentlichen lokalen Netzwerk zwischen zwei Firewalls, und die erste Firewall lässt bestimmte Anfragen zu.

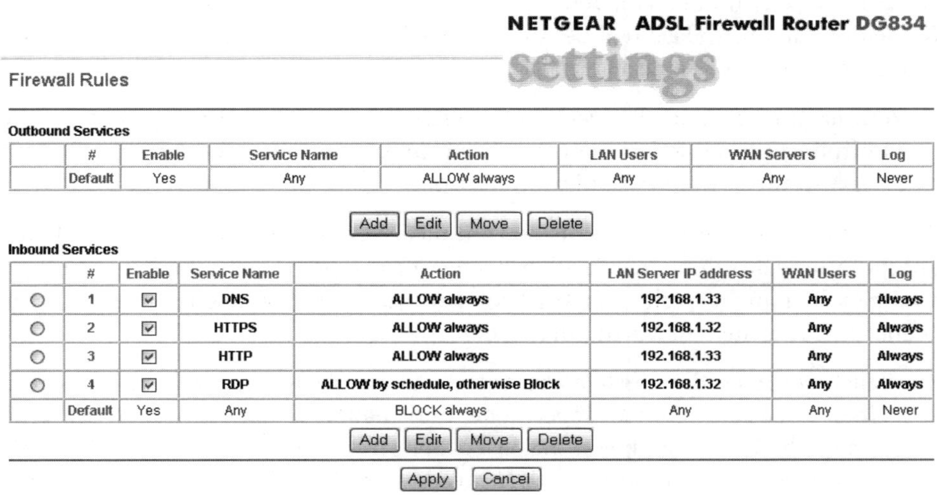
NETGEAR ADSL Firewall Router DG834

settings

Firewall Rules

Outbound Services

	#	Enable	Service Name	Action	LAN Users	WAN Servers	Log
	Default	Yes	Any	ALLOW always	Any	Any	Never

Add Edit Move Delete

Inbound Services

	#	Enable	Service Name	Action	LAN Server IP address	WAN Users	Log
○	1	☑	DNS	ALLOW always	192.168.1.33	Any	Always
○	2	☑	HTTPS	ALLOW always	192.168.1.32	Any	Always
○	3	☑	HTTP	ALLOW always	192.168.1.33	Any	Always
○	4	☑	RDP	ALLOW by schedule, otherwise Block	192.168.1.32	Any	Always
	Default	Yes	Any	BLOCK always	Any	Any	Never

Add Edit Move Delete

Apply Cancel

Abb. 28.9: Konfiguration einer Firewall mit Regeln für den Zugang zur DMZ

Firewalls können auch um weitere Funktionen erweitert und ergänzt werden. Wenn der ausgehende Verkehr überprüft und gespeichert wird, hat er eine Proxy-Funktion, man kann SPAM-Schutz integrieren oder auch den Virenschutz.

Port-Weiterleitung (engl. Port Forwarding) ist die Möglichkeit, in der Firewall eine Regel zu setzen, die anhand der Quelladresse und/oder des Quellports eine Anfrage automatisch auf eine vordefinierte Zieladresse und/oder einen Zielport weiterleitet.

Standardmäßig werden nach innen (inbound) alle Ports geschlossen, sodass keine direkten Abfragen von außen auf Ihr Netzwerk erfolgen können. Hierzu können Sie aber bei Bedarf auch Ausnahmen formulieren, etwa wenn Sie einen Webserver im eigenen Netz betreiben, den Sie dann von außen über Port 80 zugänglich machen möchten, ähnlich wie es im obigen Beispiel auch schon erwähnt ist.

28.5.5 Der Proxyserver

Der Proxyserver selber ist nicht im engeren Sinne eine Firewall, da er eigentlich für das Management der Netzwerkverbindung zuständig ist. Da aber die Paketfilterung Teil dieses Managements ist, gibt es hier Überschneidungen.

Grundsätzlich ist ein Proxy ein Verbindungselement zwischen einem lokalen Netzwerk und weiteren Netzwerken wie z.B. dem Internet. Der Proxy übernimmt die Anfragen aus dem lokalen Netzwerk und sendet sie als »seine« Anfragen an das nächste Netzwerk, vergleichbar mit NAT. Im Unterschied zu NAT kann der Proxy aber sowohl aus- wie auch eingehende Datenpakete überprüfen. So kann er beispielsweise Anfragen aus dem lokalen Netzwerk ablehnen, die den Begriff »X-Game« enthalten, sodass der Benutzer anstelle der gewünschten Informationen eine entsprechende Meldung erhält.

In Vermischung mit der Firewall-Funktionalität gibt es auch Proxyserver, welche Ports öffnen und schließen oder nur bestimmte Anwendungen bzw. Geräte mit einer bestimmten IP-Adresse hindurchlassen.

Entsprechend müssen Sie jeweils sowohl die Firewall wie auch den Proxydienst überprüfen, wenn Benutzer darüber klagen, dass eine Anwendung oder ein System plötzlich nicht mehr ins Internet kommt oder nur noch eingeschränkte Dienste im Internet zur Verfügung stehen.

Zusätzlich verfügen die meisten Proxyserver über einen Cache, d.h. sie speichern von einem Benutzer einmal abgerufene Informationen über eine gewisse Zeit, sodass dieselbe Information vom nächsten Benutzer nicht noch einmal vollständig heruntergeladen werden muss, sondern aus diesem Cache bezogen werden kann.

Als Unternehmen können Sie solche Proxyserver einsetzen, um den aus- und eingehenden Netzwerkverkehr zu regulieren, wie die aktuellen Diskussionen um die Sperrung von Webseiten der Social Networks in Unternehmen zeigen. In gewissen Ländern zwingen aber auch die Regierungen die Provider, allen Benutzern einen Proxyserver zur Verfügung zu stellen (also faktisch aufzuzwingen), damit unliebsame Inhalte nicht abgerufen werden können. Wir sprechen dann von der Internet-Zensur.

28.6 Sicherheit in drahtlosen Netzwerken

Wir haben bereits über die Einrichtung von drahtlosen Netzwerken gesprochen. Der Umstand, dass die Signale nicht kabelgebunden, sondern »frei« durch die Luft übertragen werden, führt dazu, dass für drahtlose Netzwerke besondere Überlegungen zum Schutz vor fremdem Zugriff gemacht werden müssen.

Hierzu zählt vor allem die Verschlüsselung der Daten für den Transport, aber auch sekundäre Mittel wie eine richtig eingerichtete Zugangsliste. Gesteuert werden diese Möglichkeiten von den Fähigkeiten der installierten Hardware, sei es vom Access Point oder durch die installierte drahtlose Netzwerkkarte.

Der allererste Schritt bei der Einrichtung ist immer: Standardzugang und Standardpasswort abändern. Denn nichts ist leichter, als mit »admin« und »password« alle Sicherheitseinrichtungen zu umgehen indem man auf den Router oder WLAN-Router zugreifen und alles abschalten kann, was einen stört ...

Wie wir gesehen haben, benötigen wir unabhängig vom Aufbau des Netzwerks zumindest eine eindeutige Adresse, welche das Netzwerk identifiziert. Diese Identifikation nennt sich Service Set Identifier (SSID).

Welche Werte müssen Sie nun kennen, damit Ihr drahtloses Netzwerk funktioniert?

Die SSID kann in der Regel durch Scannen mit der Verbindungssoftware der drahtlosen Netzwerkkarte gesehen werden. Zahlreiche Access Points bieten aber die Option, die Übermittlung der SSID zu unterdrücken. Das Beacon-Frame wird dadurch um einen Teil seiner Information beschnitten, und der Client muss die SSID selber kennen (Wissen statt Suchen).

Das ist allerdings nicht die ganze Wahrheit. Denn diese SSID wird trotzdem bei jedem Verbindungsversuch eines Clients unverschlüsselt ausgesendet und kann dadurch mit gängigen Netzwerkanalyseprogrammen ausgelesen werden.

Weitaus wichtiger ist für die Sicherheit daher die Einrichtung einer guten Verschlüsselung. Hierzu stehen verschiedene Verfahren zur Auswahl.

WEP ist die älteste Verschlüsselungstechnik. Die Abkürzung heißt ausgeschrieben »Wired Equivalent Privacy« und bedeutet damit »Sicherheit wie bei einem Kabelnetz«. Diese Technik benutzt entweder einen 40-Bit-, einen 64-Bit- oder in neuerer Ausführung einen 128-Bit-statischen Schlüssel, um die Kommunikation zu verschlüsseln. Bald zeigte sich, dass dieser Schlüssel relativ einfach geknackt werden kann und daher zumindest aus heutiger Sicht als nicht mehr sicher gilt.

Wi-Fi Protected Access (WPA) ist ein Zwischenschritt, um die bekannten Mängel von WEP zu beheben, aber noch bevor der Standard 802.11i endgültig verabschiedet worden ist. Der durch die IEEE in 802.11i verabschiedete Standard ist dann WPA2.

WPA2 setzt zwar auf den gleichen Algorithmus auf wie WPA, nutzt aber dynamische Schlüssel durch das Protokoll TKIP (Temporal Key Integrity Protocol), was Angriffe deutlich aufwendiger macht. Mit AES (Advanced Encryption Standard, mit Schlüssellängen von 256 Bit) verfügen WPA2-Geräte zudem über erweiterte Sicherheitsmechanismen, welche die Sicherheit zusätzlich erhöhen.

Da alle diese Verfahren in der Regel mit einem für Sender und Empfänger gleichen Schlüssel versehen sind (sogenannte symmetrische Schlüssel), müssen die Schlüssel selber zudem eine minimale Länge und Komplexität enthalten, sonst können sie genauso leicht geknackt werden wie ein WEP-Schlüssel.

Wählen Sie also auch hier nicht ein Schlüsselwort wie »12345«, sondern einen mindestens 20 Zeichen langen Schlüssel. Einige Hersteller schlagen auch schon 28 Zeichen vor.

Wichtig

Die verwendete Verschlüsselung muss bei Sender und Empfänger gleich eingestellt sein, nur dann kann eine gültige Kommunikation hergestellt werden.

Als letzte Möglichkeit können Sie eine Zugangsliste einrichten, auch MAC-Filter genannt. Hierdurch erstellen Sie im Access Point eine Liste mit den MAC-Adressen der Geräte, welche für den Netzzugriff zugelassen sind. Dies ist aber nur als Ergänzung und nicht etwa als Alternative zur Verschlüsselung zu verstehen.

Und so kann dies dann in der konkreten Konfiguration aussehen:

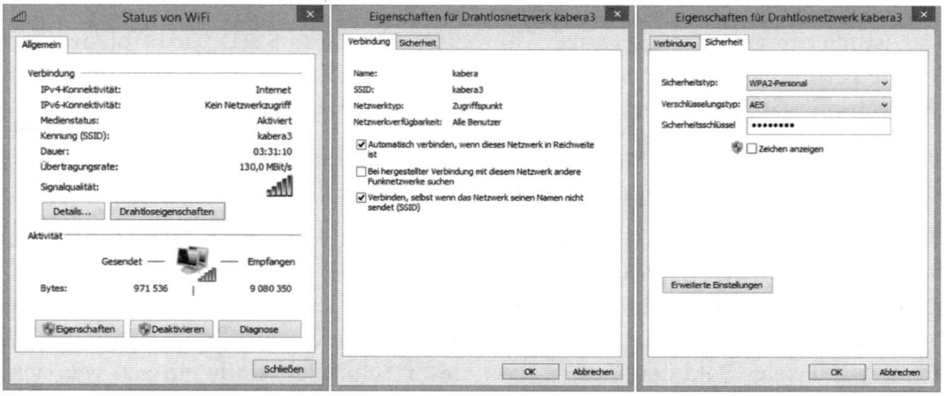

Abb. 28.10: Konfiguration einer drahtlosen Netzwerkkarte

Seitens des Access Points wird dies wie folgt konfiguriert:

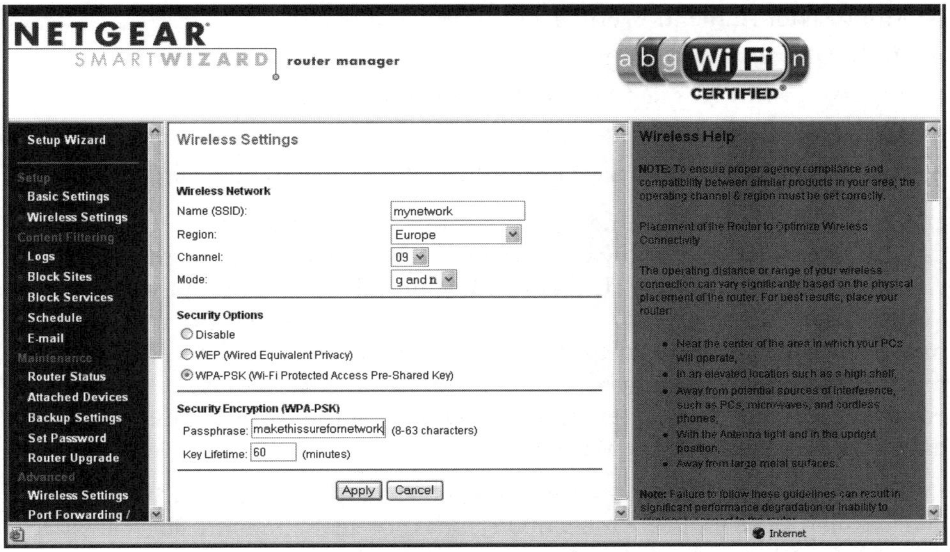

Abb. 28.11: WLAN-Einstellungen im Router

Nebst der Einrichtung der Hardware ist auch deren Aufstellung von Bedeutung, indem Sie zum Beispiel in kleineren Räumen die Sendeleistung des Routers reduzieren oder die Antennen so ausrichten, dass sie nicht unnötig in die falsche Richtung abstrahlen. Dazu gibt es verschiedene Typen von Antennen, die nicht einfach rundstrahlen (omnidirektional), sondern nur einem relativ schmalen Winkel bedienen.

28.7 Sicherheit bei mobilen Geräten

Besonderes Augenmerk gilt natürlich der Einrichtung von Sicherheitsmaßnahmen bei mobilen Geräten.

Die Möglichkeiten sind entsprechend vielfältig:

- Bildschirmsperren (Fingerabdruck, Gesichtserkennung, Muster, Passcode)
- Remote Wipe
- Locator-Anwendungen
- Fernsicherungsanwendungen
- Beschränkungen wegen fehlgeschlagener Anmeldeversuche
- Antivirus-/Antimalware
- Patchen/Betriebssystem-Updates

- Biometrische Authentifizierung
- Volle Geräteverschlüsselung
- Multi-Faktor-Authentifizierung
- Authentifikator-Anwendungen
- Vertrauenswürdige oder nicht vertrauenswürdige Quellen
- Firewalls
- Richtlinien und Vorgehensweisen (BYOD, Profilsicherheitsanforderungen)

Die erste wichtige Maßnahme: Es dürfen nur starke Passwörter verwendet werden. Zudem sind die Vergabe von zusätzlichen BIOS-Passwörtern, eine TPM-Aktivierung und die Speicherplattenverschlüsselung notwendig, wenn ein Gerät bei Verlust oder Diebstahl nicht eine offene Informationsquelle für dessen Finder bzw. Dieb sein soll. Bei Smartphones gilt es zudem, einen sicheren PIN-Code für die SIM-Karte zu generieren bzw. die Sicherheitsvorkehrungen für die wiederholte Falscheingabe von PIN-Codes zu aktivieren und auf jeden Fall dafür zu sorgen, dass die Code-Abfrage jedes Mal erfolgt.

Um Ihnen etwas die Problematik zu verdeutlichen: Allein in der Stadt Zürich werden beispielsweise im Jahr rund 9.000 Handys auf dem Fundbüro abgegeben, und das ist kein Schreibfehler: eine Stadt, neuntausend Handys in einem Jahr – rund 25 % davon werden nie wieder abgeholt. Die Schweizer Bundesbahnen gehen von rund 10.000 gefundenen Mobiltelefonen pro Jahr aus – nicht mitgerechnet diejenigen, die liegengelassen, aber danach gestohlen werden ...

Zudem sind mobile Geräte auch gezielt Angriffen ausgesetzt. Gerade Smartphones und Tablets dürften verstärkt ins Visier von Online-Kriminellen geraten. Viele Nutzer solcher Geräte seien sich der Gefahren nicht bewusst: So haben laut einer Umfrage im Auftrag des BSI 47 % noch nie ein Sicherheits-Update auf ihr Mobiltelefon aufgespielt. Zwar verlieren Schwachstellen in Betriebssystemen immer mehr an Bedeutung, dafür ist andere Software stärker gefährdet: Java, Adobe Flash, Adobe Reader oder Mediaplayer sind sehr weit verbreitet und zeigen sich besonders verwundbar. Leicht bedienbare Exploit-Kits und Virenbaukästen zum Infizieren eines Rechners oder Smartphones sind mittlerweile für jeden verfügbar und werden ständig erweitert. Kein Wunder, dass aus diesen Gründen in Unternehmen teils sehr strenge Regeln in Bezug auf die Benutzung von Handys gelten. Ein Ansatz, der verfolgt werden kann, ist die Trennung von Privat- und firmeneigenem Handy.

Auch dem Deaktivieren nicht benötigter Schnittstellen, namentlich von Infrarot, USB, Bluetooth und WLAN-Schnittstellen, gehört besondere Beachtung geschenkt. Insbesondere Bluetooth und WLAN gehören bei Nichtgebrauch deaktiviert, um keinen Angriffspunkt zu bieten und das Gerät nicht für Datenspionage zu öffnen.

Multifaktorauthentifizierungen werden sehr häufig über die Angabe von Benutzername und Passwort sowie den Besitz einer Smartcard realisiert. Dabei wird der

Zugriff auf die Smartcard oft noch durch die Angabe einer zusätzlichen Smartcard-PIN geschützt. In das System gelangt nur, wer über beides verfügt. Der Begriff Multifaktor beruht dabei auf der Tatsache, dass grundsätzlich mehrere unterschiedliche Authentifikationsmittel zum Einsatz kommen. Die Amerikaner kennen in diesem Zusammenhang zur einfacheren Unterscheidung die Begriffe:

- Something you know: Passwort oder PIN
- Something you have: Smartcard oder RSA-Token
- Something you are: Fingerabdrücke, Retinamuster oder Venenmuster
- Somewhere you are: Geolokationserkennung, mittels IP oder RFID
- Something you do: Verhaltenserkennung, z.B. Analyse des Tippverhaltens

Wer häufig auswärts mit dem Notebook arbeitet, muss die Bildschirmsperre aktivieren, damit ein unbeaufsichtigtes Gerät nicht unbefugt benutzt werden kann. Auf Smartphones und Tablets reichen die Methoden von einfachen Passcodesperren über Mustersperren bis hin zu in moderneren Geräten verbauten Fingerabdruck- und Gesichtserkennungssperren.

Ein Bildschirmfilter verhindert während des Arbeitens am System, dass Personen, die nicht direkt vor dem Gerät sitzen, Inhalte lesen. Auch das ist eine Einschränkung der Angreifbarkeit, z.B. gegen das Shoulder Surfing (dem Ablesen von Informationen, indem man jemandem über die Schulter blickt).

Eine weitere wichtige Sicherheitsmaßnahme ist die Implementierung von Löschmöglichkeiten bei Diebstahl oder Verlust, insbesondere von Smartphones. Diese Funktionalität wird Remote Wipe oder Remote Sanitation genannt.

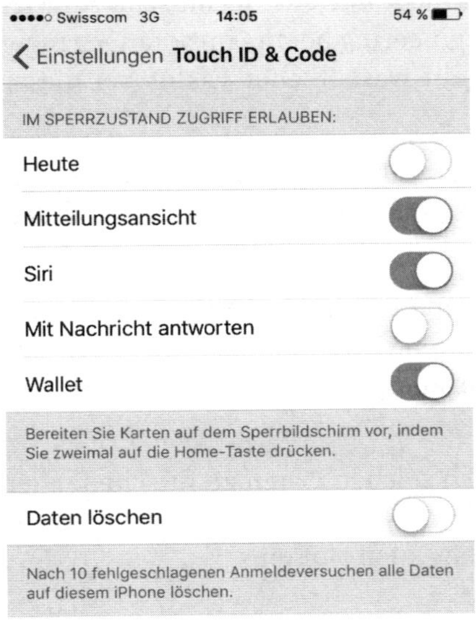

Abb. 28.12: Datenlöschung bei unerlaubtem Zugriff

Eine weitere Möglichkeit sind die Locator Apps, welche es ermöglichen, ein Gerät aufzufinden. Dazu können Sie bei verschiedenen Anbietern Ihr Smartphone oder Tablet eintragen und dann über einen webbasierten Dienst das Telefon wieder auffinden lassen. Damit verbunden kann auch eine Tastatursperre verfügt werden oder Sie lassen einen Remote Wipe durchführen, um die Daten zu löschen, damit niemand etwas damit anfangen kann.

Locator und Löschfunktionen sind nützlich, bedingen aber, dass das Gerät eingeschaltet wird, und eventuell (Locator) ist es darauf angewiesen, dass entweder eine SIM-Karte oder ein GPS-Signal aktiv ist, um die Ortung zu ermöglichen.

Nicht zuletzt sollten Sie dem GPS in mobilen Geräten Beachtung schenken. Durch die Nachverfolgung des GPS-Signals durch sogenannte GPS-Tracker sind Sie unter Umständen ein leichtes Ziel für Diebe und Angreifer, da Sie ihnen ein Profil Ihrer Wege und Ihres Aufenthaltsortes liefern. Auf der anderen Seite kann man natürlich das GPS auch einsetzen, um sein Gerät zu lokalisieren, falls es abhandengekommen ist. Auf jeden Fall müssen Sie sich Gedanken dazu machen, ob Sie die GPS-Funktion aktiviert haben wollen und für welchen Zweck Sie sie benötigen, ohne sich unnötigen Risiken auszusetzen.

Das BSI geht im Übrigen soweit zu sagen, dass Geräte wie Smartphones oder Tablets gar nicht mit sensiblen Daten in Berührung kommen sollten – aber erklären Sie das mal Ihren mobiltelefonbegeisterten Mitarbeitern ...

28.8 Zwischen Recht und Unrecht

Der Schutz von Systemen und Netzwerken ist nicht nur eine technische Angelegenheit. Wie wir anhand des Themas Social Engineering bereits im vorangegangenen Kapitel gesehen haben, ist der Mensch ein wesentlicher Faktor bei dieser Problemstellung.

Gerade im Zusammenhang mit den Nutzungsgewohnheiten und -möglichkeiten im Internet gibt es ein weites Feld von Fehlverhalten und Unrecht, das zuweilen recht munter genutzt wird ...

Als Techniker ist es wichtig, in so einem Fall eine beschriebene Vorgehensweise oder die Befehlskette im Unternehmen zu kennen. Unternehmen Sie nichts auf eigene Faust, sondern informieren Sie die zuständigen Personen, wenn Sie auf illegales Material oder illegale Daten stoßen.

Es ist im Übrigen auch nicht Ihre Aufgabe, nach solchen Daten zu forschen. Hier geht es wirklich darum, was zu tun ist, wenn Sie etwa im Rahmen eines Festplattendefekts oder einer Datensicherung auf solche Daten stoßen.

Bei Feststellung grober illegaler Tätigkeiten kommt sodann ein eigenes Verfahren zum Tragen, die sogenannte Forensik. Hierbei werden Spezialisten das System so sichern, dass eine eindeutige Beweisführung möglich ist. Wichtige Instrumente (Witnesses) für diese Beweissicherung sind:

1. Digitalkamera, um Fotos vom Tatort zu schießen
2. Aufnahmegerät, um Aussagen eventueller Zeugen zu dokumentieren

Zusätzlich ist es immer empfehlenswert, die eigenen Aufwände für die Untersuchung zu dokumentieren. Forensische Arbeiten sind oft sehr zeit- und kostenintensiv, sodass eine Aufzeichnung über die eingebrachten Arbeitsstunden und sonstige Kosten Transparenz schafft und klärt, ob die Kosten für die Aufklärung in einem gesunden Verhältnis zum zuvor entstandenen Schaden stehen.

Für Ihr eigenes Verhalten gilt umgekehrt: Halten Sie sich von illegalen Tätigkeiten fern, arbeiten Sie zuverlässig und verzichten Sie auf Handlungen, welche andere oder Sie selber kompromittieren können.

28.9 Fragen zu diesem Kapitel

1. Ein Techniker stellt fest, dass die BIOS-Ereignisanzeige eine »Chassis-Intrusion«-Meldung anzeigt. Was dürfte der Grund dieser Meldung sein?
   A. Es liegen lose Teile im Gehäuse.
   B. Eine Schraube eines DVD-Laufwerks ist locker.
   C. Das Gehäuse des Computers wurde geöffnet.
   D. Ein Hacker versuchte, in den PC einzudringen.
2. Ein Kunde möchte einige Benutzer seines Haushalts davon abhalten, dass sie abends zu lange im Internet sind. Er besitzt ein Windows Vista-System. Welches Hilfsmittel des Betriebssystems kann er dazu einsetzen?
   A. Windows Defender
   B. Windows Firewall
   C. User Account Control (UAC)
   D. Jugendschutz einrichten (Parental Control)
3. Sie möchten Ihr Windows 7-System gegen Spyware schützen. Welches Programm ist dazu standardmäßig bereits installiert?
   A. Windows Firewall
   B. Windows Defender
   C. User Account Control (UAC)
   D. Jugendschutz (Parental Control)

4. Eine Kundin beschwert sich, dass ihr drahtloses Netzwerk in letzter Zeit langsam geworden ist, vor allem seit das Stockwerk über ihr neu bezogen worden ist. Welche wirksame Sicherheitsmaßnahme werden Sie einrichten, um das Netz gegen Missbrauch von außen besser zu schützen?
   A. SSID ändern
   B. DHCP abschalten
   C. Firmware im Access Point aktualisieren
   D. MAC-Filter aktivieren
5. Ein Techniker dokumentiert den Fund von illegalem Material auf einer Workstation. Was sollte der Techniker vor der Einlagerung des PCs vornehmen?
   A. Allen Benutzern Administratorrechte geben.
   B. Die Einlagerung des PCs schriftlich festhalten.
   C. Die Festplatte zerstören.
   D. Ein Backup der Festplatte erstellen.
6. Welches ist die stärkste Verschlüsselung für drahtlose Netzwerke?
   A. TKIP
   B. SSL
   C. WPA
   D. WPA2
7. In der Firma wurden in den letzten drei Monaten mehr als zehn Notebooks entwendet. Mit welcher Methode kann die Firma wenigstens dafür sorgen, dass die Firmendaten möglichst gut geschützt sind?
   A. Installation einer Dateiverschlüsselungssoftware auf den Notebooks
   B. Installation einer Sicherheitsrichtlinie mit komplexen Passwörtern
   C. Installation von VPN für alle, die ein Notebook nutzen wollen
   D. Installation einer umfassenden Antivirenlösung
8. In der Firma werden zahlreiche Notebooks für die Vertriebsmitarbeiter eingesetzt. Die Mitarbeiter sind viel unterwegs und greifen von verschiedensten Standorten auf das Firmennetz zu. Mit welcher Methode kann die Firma dafür sorgen, dass die Firmendaten und deren Übertragung möglichst sicher sind?
   A. Installation einer umfassenden Antivirenlösung
   B. Installation einer Sicherheitsrichtlinie mit komplexen Passwörtern
   C. Installation von VPN für alle, die ein Notebook nutzen wollen
   D. Installation einer Dateiverschlüsselungssoftware auf den Notebooks

9. Wie wird ein PC an einen neuen Benutzer weitergegeben?
   A. Der Techniker notiert sich das Datum, die Zeit und den neuen Benutzer.
   B. Der Techniker übergibt den PC dem Benutzer in Anwesenheit einer zweiten Person.
   C. Der Techniker merkt sich, wann und wem der PC übergeben wurde.
   D. Der Techniker meldet den Wechsel einem Vorgesetzten.
10. Was muss ein Techniker machen, bevor er einen PC, der aufgrund von verbotenen Aktivitäten beschlagnahmt wurde, in einer anderen Abteilung installiert?
   A. Die verbotenen Aktivitäten identifizieren.
   B. Den Abteilungswechsel dokumentieren.
   C. Die verbotenen Aktivitäten melden.
   D. Eine Datensicherung durchführen.

Teil V

Die Prüfungen CompTIA A+

Lernziele

Nach den vier thematischen Teilen folgt in diesem letzten Teil die Prüfungsvorbereitung. Wenn Sie alle bisherigen Themen bearbeitet und verstanden haben, sind Sie jetzt soweit, um sich auf die Zertifizierung vorzubereiten.

Die folgenden und letzten Kapitel ermöglichen es Ihnen, die folgenden Lernziele zu erreichen:

- Sie erlangen durch die erfolgreiche Beantwortung der Testfragen die Prüfungsreife für die beiden Zertifizierungsprüfungen 220-901 und 220-902.
- Sie können die Themen (Objectives) den jeweiligen Inhalten zuordnen.
- Sie sind organisatorisch auf die Prüfungen vorbereitet und wissen wo und wie Sie sich für die Prüfungen anmelden können und was Sie dazu benötigen.

In diesem Teil:

Kapitel 29

Die CompTIA A+-Prüfungen

Wenden wir uns zum Schluss des Buches den aktuellen CompTIA A+-Prüfungen zu. Diese bestehen aus zwei computergestützten Examen, welche zur Mehrheit aus Multiple Choice-Fragen, aber auch simulationsbasierten Fragen bestehen.

Die Prüfungsgebiete werden dabei unterschiedlich gewichtet. Sie können diese Gewichtungen nach Prüfung geteilt anhand folgender Tabelle ersehen.

Für das Examen 220-901		
1.0	Hardware	34 %
2.0	Netzwerke	21 %
3.0	Mobile Geräte	17 %
4.0	Fehlerbehebung bei Hardware und Netzwerken	28 %

Für das Examen 220-902		
1.0	Windows-Betriebssysteme	29 %
2.0	Andere Betriebssysteme und Technologien	12 %
3.0	Sicherheit	22 %
4.0	Software-Fehlerbehebung	24 %
5.0	Arbeitsabläufe	13 %

Die Prozentzahlen geben Ihnen einen Anhalt, in welchem Verhältnis die Fragen in den Prüfungen in etwa anzutreffen sind. Die Fragen sind allerdings nicht nach Gebieten gekennzeichnet, sondern folgen einfach eine nach der anderen, ohne bestimmte Reihenfolge.

Die einzelnen Gebiete sind in den sogenannten »Objectives« genau beschrieben. Von daher gilt, auch wenn ich mich wiederhole: Gehen Sie auf die Website der CompTIA zur A+-Zertifizierung, laden Sie sich diese Objectives herunter – und lesen Sie sie. Stellen Sie sicher, dass Sie sich unter den geforderten Stichworten konkrete Inhalte oder Standards vorstellen können, sodass Sie für die Prüfung bereit sind.

29.1 Was von Ihnen verlangt wird

Die Prüfung findet in einem offiziellen Prüfungscenter bei Pearson VUE statt. Auf deren Websites können Sie sich online anmelden, ein Konto auf Ihren Namen eröffnen und danach die Prüfung planen.

Das A+ Hardware-Examen enthält folgende Eckwerte:

Dauer der Prüfung	90 Minuten
Anzahl Fragen	Maximal 90
Empfohlene Voraussetzungen	500 Stunden Felderfahrung* empfohlen
Skala	von 100 bis 900
Anzahl Punkte fürs Bestehen	675
Verfügbare Sprachen	Englisch, Deutsch
Prüfungscode	220-901

*Felderfahrung meint praktische Erfahrung in der Support- und Systemtechnikumgebung

Die Prüfung A+ Operating Systems weist folgende Eckwerte auf:

Dauer der Prüfung	90 Minuten
Anzahl Fragen	Maximal 90
Empfohlene Voraussetzungen	A+ 220-901
Skala	von 100 bis 900
Anzahl Punkte fürs Bestehen	700
Verfügbare Sprachen	Englisch, Deutsch
Prüfungscode	220-902

Wichtig

Dies sind Angaben, die sich verändern können. Prüfen Sie daher unbedingt auf der Website von CompTIA (`www.comptia.org`) die aktuell gültigen Bedingungen für die Prüfung!

29.2 Wie Sie sich vorbereiten können

Folgendes möchte ich Ihnen für Ihre Vorbereitung und die Prüfung noch mitgeben:

- Arbeiten Sie alle Unterlagen seriös durch, und besuchen Sie wenn möglich ein Training für Systemtechnik auf Basis CompTIA A+.
- Unterschätzen Sie den Faktor »Erfahrung« nicht! Braindumps, d.h. Sammlungen von Prüfungsfragen und deren Antworten, sind dafür kein Ersatz und helfen gerade bei praxisorientierten Fragen wenig.
- Planen Sie Ihre Prüfung – das geht auch online (Pearson VUE).
- Sie müssen sich im Prüfungscenter zweifach ausweisen können, d.h. mit zwei unterschiedlichen rechtsgültigen Dokumenten.
- Sie dürfen nichts in den Prüfungsraum mitnehmen.
- Sie haben exakt 90 Minuten. Der erste Teil besteht aber aus Informationen, die nicht zu den 90 Minuten zählen (Präambel). Nach den 90 Minuten wird die Prüfung geschlossen und ausgewertet. Das Ergebnis sehen Sie kurze Zeit später direkt auf dem Bildschirm.
- Lassen Sie keine Frage unbeantwortet!
- Vergessen Sie nicht, den Prüfungsreport aus dem Center mitzunehmen, es ist Ihr rechtlicher Nachweis für das Absolvieren der Prüfung.

29.3 Wie eine Prüfung aussieht

Damit Sie sich von der konkreten Prüfung ein Bild machen können, stelle ich Ihnen diese anhand einiger Screenshots hier einmal vor. Die CompTIA Germany GmbH und Pearson VUE haben uns dafür freundlicherweise folgende prüfungsnahen Abbildungen zur Verfügung gestellt. Zum Thema der performancebasierten Fragen komme ich dann nach Vorstellung der folgenden Bildschirminhalte ebenfalls zu sprechen.

Auf dem Begrüßungsbildschirm erhalten Sie alle wichtigen Informationen zum Ablauf der Prüfung noch einmal vorgestellt. Auch die Tatsache, dass nicht alle Fragen zwingend in die Wertung mit einfließen werden.

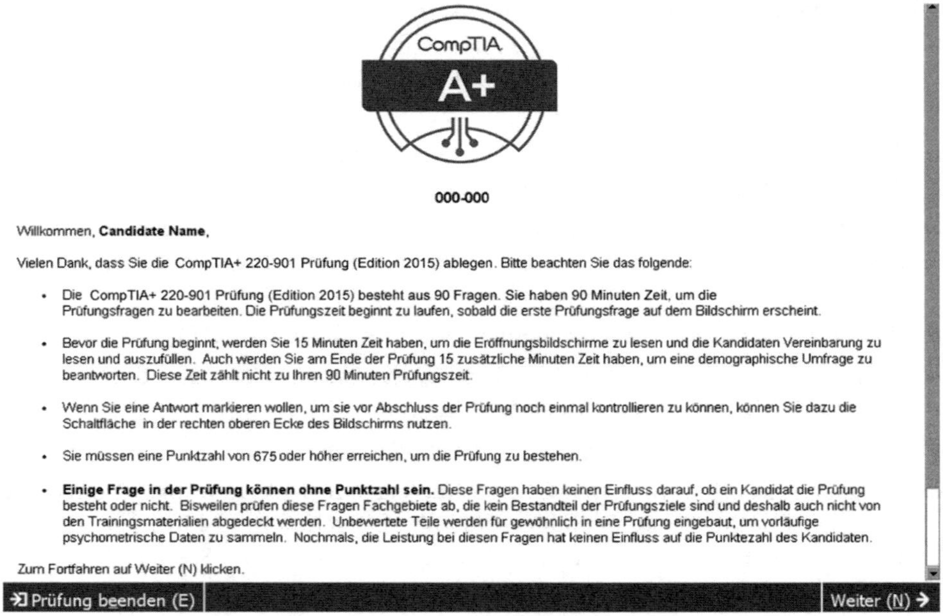

Abb. 29.1: Begrüßungsbildschirm zur Prüfung (Abbildungen © CompTIA und Pearson VUE, 2010)

Nach einigen Eingangsfragen startet der Test. Sie werden noch einmal auf die Zeit hingewiesen und können den Test anschließend manuell starten:

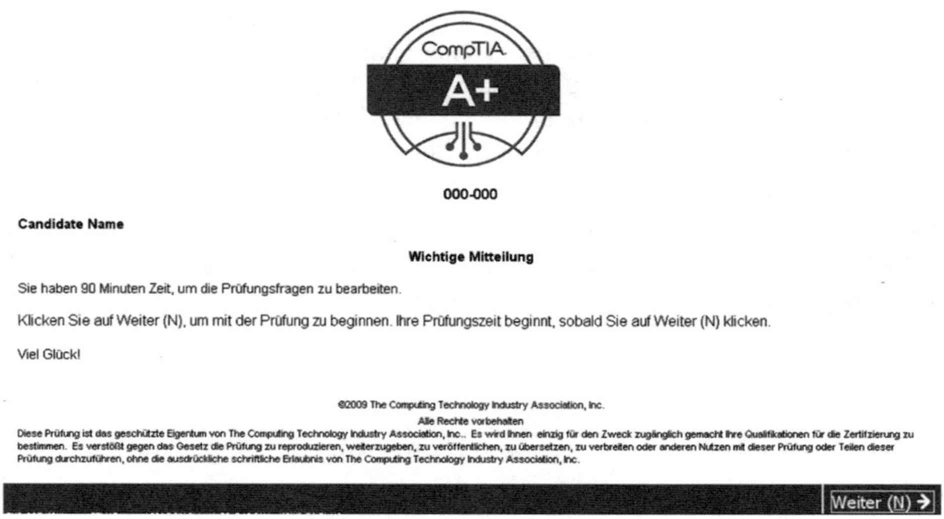

Abb. 29.2: Bildschirm mit wichtigen Hinweisen, bevor die Prüfung effektiv startet

Dabei gibt es zwei Sorten von Fragen: die Entscheidungsfragen und die Mehrfachauswahlfragen. Die Entscheidungsfragen erkennen Sie am runden Knopf, dem »Radio Button«. Bei diesen Fragen können Sie nur eine Antwort auswählen, es ist immer nur die zuletzt gewählte Antwort aktiv.

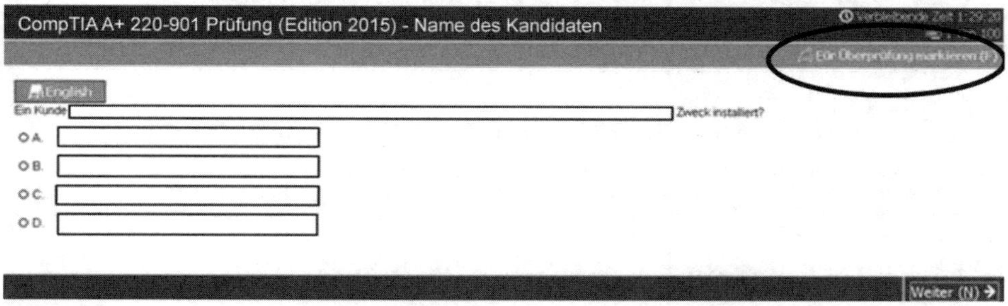

Abb. 29.3: Fragen mit Radio Button

Zugleich sehen Sie auf dem eben gezeigten Bildschirmausschnitt oben rechts (eingekreist) auch die Auswahlmöglichkeit für die nachträgliche Überprüfung. Sie können also jede Frage, bei der Sie unsicher sind, markieren und später noch einmal anschauen. Den Übersichtsbildschirm dazu zeige ich Ihnen gleich.

Doch zuerst schauen wir uns noch den zweiten Fragetyp an: die Mehrfachauswahlfragen (Check Box).

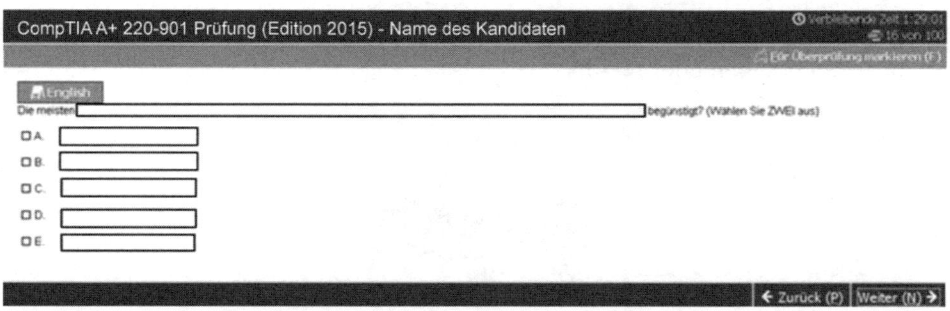

Abb. 29.4: Fragen mit Mehrfachauswahl

Die Fragen mit den Check Box-Antworten erlauben Ihnen im Unterschied zu den Radio Button-Antworten die Auswahl von mehreren Antworten. Hier ist es wichtig, dass Sie in der Frage genau lesen, wie viele Antworten gefragt sind, ob zwei oder drei oder »Alle, die richtig sind«.

Nachdem Sie mit allen Fragen fertig sind, erscheint der Review-Bildschirm. Hier sehen Sie, welche Fragen Sie unvollständig beantwortet haben, und können diese noch einmal anwählen. Sie können auch genau die auswählen, welche Sie vorher für den Review markiert haben.

Abb. 29.5: Der Bildschirm mit der Übersicht zu allen Fragen

Nach Beendigung der Prüfung sehen Sie den Bildschirm, der Ihnen anzeigt, ob Sie bestanden haben oder nicht.

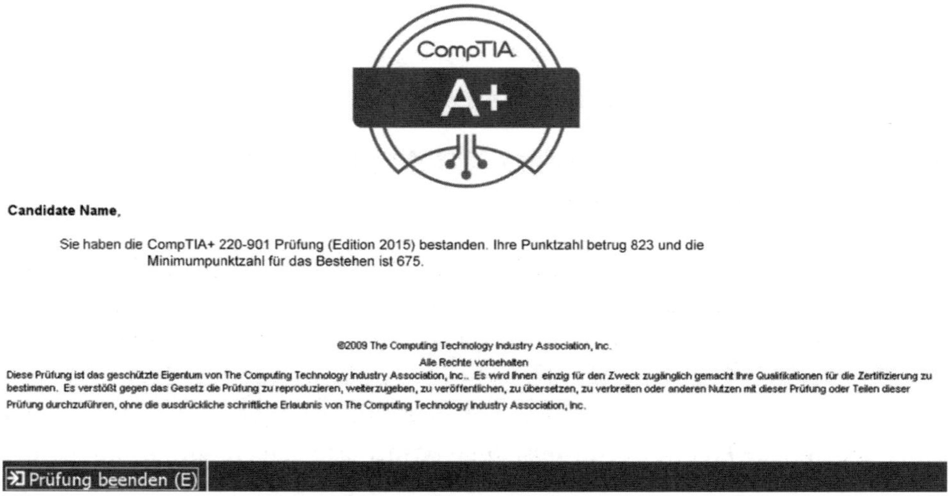

Abb. 29.6: Bildschirm mit dem Prüfungsergebnis

Anschließend wird Ihnen der Punktebericht (Score Report) angezeigt.

CompTIA
A+

CompTIA+ 220-901 Prüfung (Edition 2015) Punktebericht

KANDIDAT:	Ramon Kratzer
KANDIDATEN ID:	[redacted]
REGISTRIERUNGSNUMMER:	[redacted]
PRÜFUNG:	CompTIA+ 220-901 (Edition 2015)
DATUM:	[redacted]
PRÜFUNGSORTNUMMER:	SZ57
MINDESTPUNKTZAHL:	675
Kandidaten Punktzahl:	823
Bestanden/Nicht bestanden:	Bestanden

Die CompTIA A+ 220-901 Prüfung (Edition 2015) hat eine gestaffelte Punktzahl zwischen 100 und 900.

Sie haben eine oder mehrere Fragen in den folgenden Zielgebieten falsch beantwortet:

- 2.2 Erklären und interpretieren Sie anhand einer konkreten Situation häufige Hardware- und Betriebssystemprobleme und deren Ursachen.
- 6.2 Beweisen Sie anhand einer konkreten Situation passende Kommunikationsfähigkeit und Professionalität am Arbeitsplatz.
- 2.3 Bestimmen Sie anhand einer konkreten Situation die Troubleshooting-Methoden und Tools für Drucker.
- 2.4 Erklären und interpretieren Sie anhand einer konkreten Situation häufige Laptopprobleme und bestimmen Sie die geeignete Troubleshooting-Methode.
- 2.1 Erklären Sie die Troubleshooting-Theorie anhand einer konkreten Situation
- 4.1 Fassen Sie die allgemeinen Netzwerkgrundlagen zusammen, einschließlich der Technologien, Geräte und Protokolle.
- 4.2 Kategoriesieren von Netzwerkkabeln und –verbindungen und deren Einsatz.
- 3.4 Erklären Sie die grundlegenden Bootsequenzen, Methoden und Startup Hilfsprogramme.
- 4.3 Die verschiedenen Netzwerktypen vergleichen und gegenüberstellen.
- 1.3 Klassifizieren Sie die Stromversorgungsarten und deren Charakteristika.
- 1.7 Unterscheidung der verschiedenen Anzeigegeräte und deren Eigenschaften.

Abb. 29.7: Punktebericht nach der Prüfung (Hier von der Vorversion)

Lassen Sie sich im Prüfungszentrum auf jeden Fall den Score Report ausdrucken und mitgeben, er ist Ihr Nachweis, dass Sie die Prüfung abgelegt haben. Sollten Sie nicht bestanden haben, gibt Ihnen der Bericht zudem wertvolle Hinweise darauf, in welchen Themen Sie sich verbessern können.

Nach erfolgreichem Bestehen beider Prüfungen, sowohl 220-901 als auch 220-902, erhalten Sie Ihr persönliches Zertifikat, welches Sie als »A+ certified« ausweist:

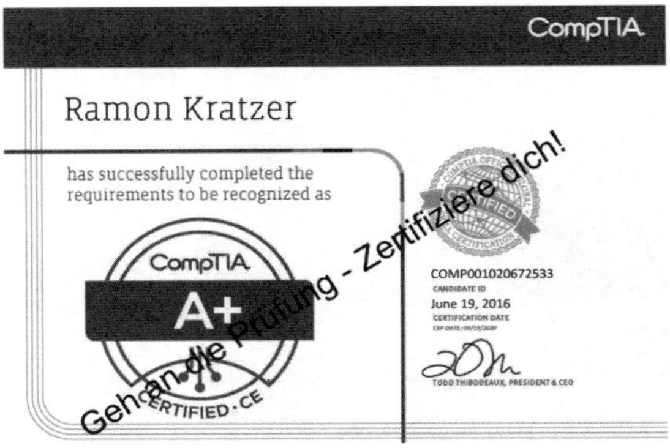

Abb. 29.8: Zertifikat nach beiden erfolgreichen Prüfungen

Sie haben es schon bei den Prüfungsvorgaben gelesen, es heißt nicht mehr »90 Fragen« oder wie früher »100 Fragen«, sondern exakt »maximal 90 Fragen«. Diese relative Anzahl der Fragen hängt mit der Tatsache zusammen, dass neben den Multiple Choice-Fragen auch Simulationen, »performance based Questions« genannt, enthalten sein können. Dies sind Fragen bei denen Sie eine Handlung ausführen müssen. Somit benötigen Sie dafür auch mehr Zeit als für eine Multiple Choice-Frage, und abhängig von der Anzahl der Simulationsfragen geht die Anzahl der Gesamtfragen dann eben entsprechend zurück.

Hierzu ein Beispiel. Sie erhalten eine Ausgangslage dargestellt wie folgt:

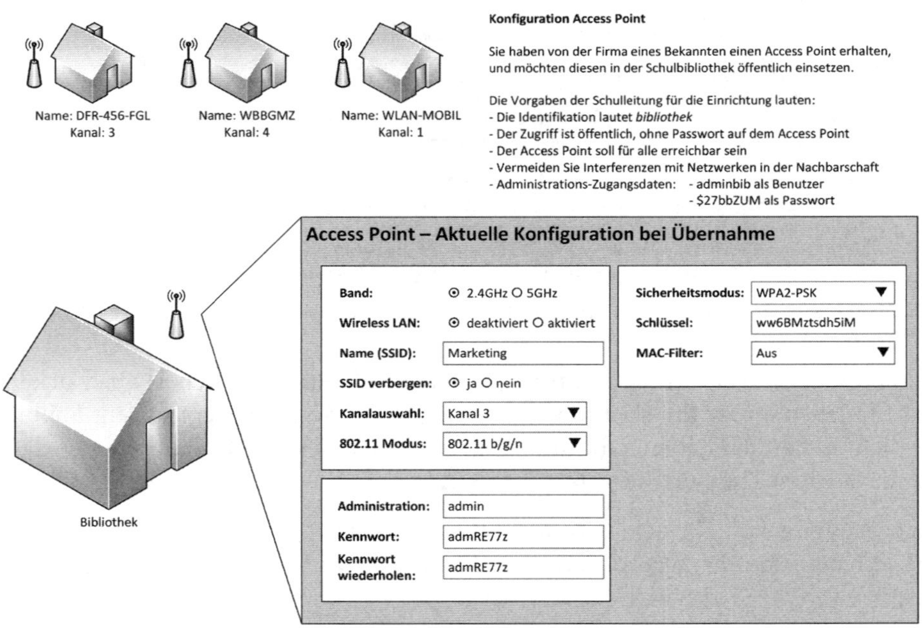

Oben rechts sehen Sie in dieser Grafik die Aufgabe, welche Sie erfüllen müssen, nämlich durch Ziehen mit der Maus und das Ausfüllen von Feldern die vorliegende Konfiguration so zu verändern, dass sie den Anforderungen entspricht.

Wenn Sie fertig sind, sieht Ihre Frage danach so aus:

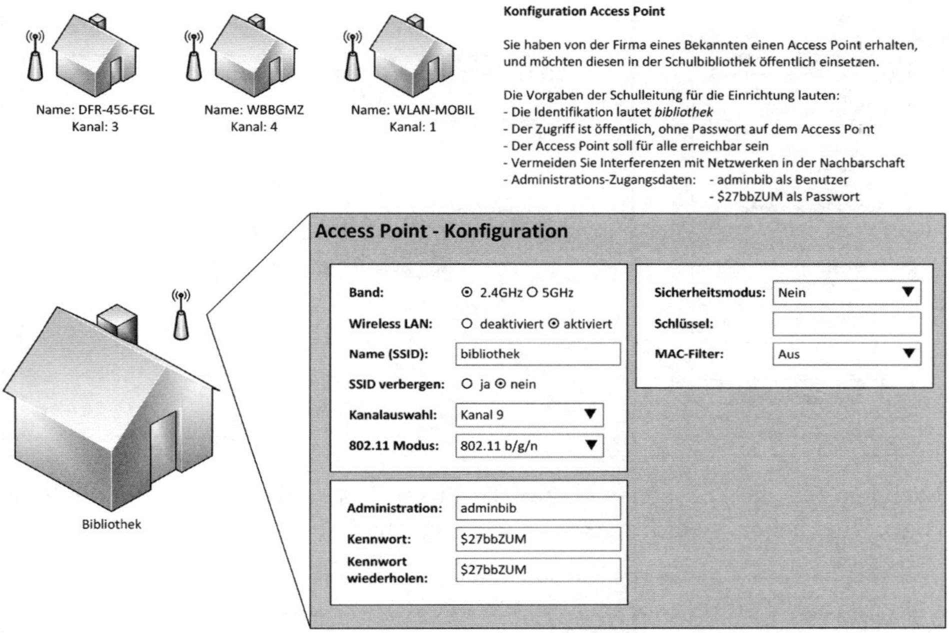

Eine andere Form dieser Fragen besteht darin, dass Sie eine Liste mit Komponenten oder eine Auswahl von RAID-Leveln oder dergleichen erhalten und diese Liste dann gemäß Anforderung zusammenstellen müssen.

Das kann in einem Beispiel wie folgt aussehen, wiederum zuerst die Aufgabe:

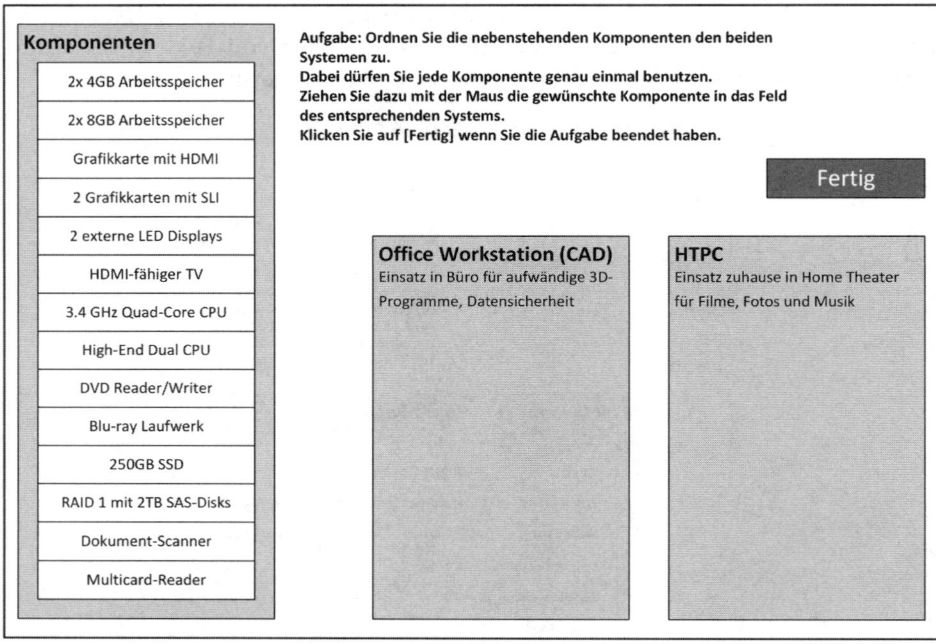

Nachdem Sie alle Komponenten aus der linken Liste einem der beiden Systeme zugeordnet haben, sieht Ihre Lösung wie folgt aus:

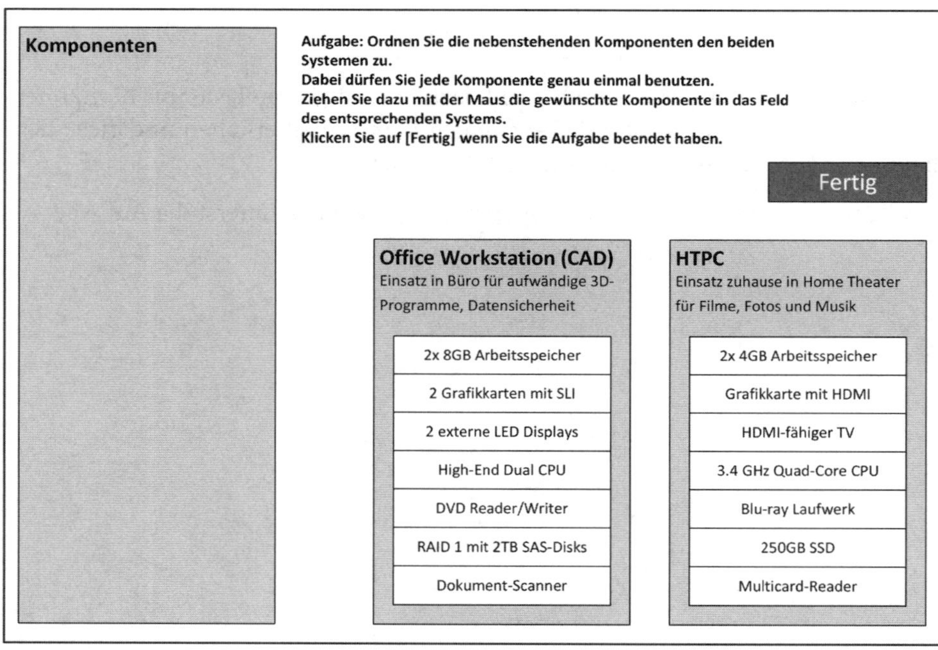

Auf diese Weise beantworten Sie durch Zuordnungen die leistungsbasierten Fragen.

29.4 Beispielfragen zu CompTIA A+

Die folgenden Fragen geben Ihnen die Möglichkeit, Ihr Wissen zu überprüfen. Sie finden dabei eine Auswahl von Fragen vor, wie Sie sie in den beiden Prüfungen 220-901 und 220-902 antreffen können.

Dabei geht es nicht darum, Ihnen hier Originalfragen zu präsentieren, sondern den bisher bearbeiteten Stoff möglichst breit abzufragen, damit Sie selber sehen können, wo Sie möglicherweise noch Lücken aufweisen.

29.4.1 Beispielfragen zu Examen 220-901

1. Welches Werkzeug wird benötigt, um einen RJ-45-Stecker an ein Patchkabel anzubringen?
   A. LSA-Auflegewerkzeug
   B. Loopback Plug
   C. Crimpzange
   D. Kabeltester
2. Ein Benutzer merkt, dass die aktuell gedruckten Farben eines Laserdruckers nicht mehr mit früheren Ergebnissen übereinstimmen. Wie können die Farben wiederhergestellt werden?
   A. Duplexer ersetzen
   B. Anderes Papier benutzen
   C. Fixiereinheit ersetzen
   D. Drucker kalibrieren
3. Wie wird RAID einem Anwender, der sich nicht damit auskennt, am besten erklärt?
   A. »RAID steht für Redundant Array of Independent Disks.«
   B. »RAID nutzt mehrere Festplatten, um Leistung und Datensicherheit zu erhöhen.«
   C. »RAID nutzt Data Striping, um die Schreibgeschwindigkeit zu verringern, sowie Paritätsbits, damit Daten von einer defekten Festplatte wiederhergestellt werden können.«
   D. »RAID ist ein dynamisch-logisches Disk Management System.«

4. Welcher Display-Stecker verfügt über 15 Pins?
   A. RGB
   B. VGA
   C. HDMI
   D. DVI-D
5. Welche Lösung verspricht die möglichst geräuscharme Kühlung eines Computersystems?
   A. Flüssigkeitsbasierte Kühlung
   B. Seitenbleche
   C. Zusätzliche Lüfter
   D. Wärmeleitpaste
6. Mit welchen Hilfsmitteln wird häufig Staub aus einem Computer entfernt? (Zwei Antworten)
   A. Baumwolle und Alkohol
   B. Vakuum
   C. Druckluft
   D. Staubwedel
7. Ein Techniker möchte den Arbeitsspeicher von fünfzehn Windows 7-Notebooks von 2 GB auf 4 GB ausbauen. Einige Laptops verfügen über DDR2-Speicher, einige über DDR3. Für die Aufrüstung wurde DDR3-Arbeitsspeicher gekauft. Welches Problem wird wahrscheinlich auftreten?
   A. Die DDR2-Notebooks funktionieren, vorausgesetzt, der DDR2-Speicher ist im ersten DIMM-Slot installiert.
   B. Nur die DDR3-Notebooks funktionieren mit dem neuen Speicher.
   C. Die DDR2-Speicher passen in die DIMM-Slots und funktionieren.
   D. Die DDR3-Speicher funktionieren, wenn die CAS (CL)- Werte identisch sind.
8. Eine Technikerin soll bei einem Kunden das Problem lösen, dass sich ein Computersystem regelmäßig automatisch ausschaltet. Nach Ankunft bemerkt sie einen Rauchgeruch aus dem Computer. Was sollte sie unternehmen?
   A. Das System herunterfahren und die CPU ersetzen.
   B. Das System herunterfahren und das Netzteil ersetzen.
   C. Einen zusätzlichen Gehäuselüfter einbauen.
   D. Die Seitenverkleidung zur besseren Luftzirkulation entfernen.

9. Welches RAID-Level vergrößert ein Volume, ohne zusätzliche Sicherheit oder Spiegelung zu bieten?
   A. RAID 0
   B. RAID 1
   C. RAID 5
   D. RAID 10
10. Eine Technikerin bemerkt, dass ein PC keine IP-Adresse erhält. Welches Hilfsmittel kann sie einsetzen, um die Netzwerkkarte zu überprüfen?
   A. Loopback-Stecker
   B. ESD-Armband
   C. Kabeltester
   D. IPConfig
11. Ramon untersucht einen Laptop, der regelmäßig Display-Störungen hat. Was sind wahrscheinliche Probleme? (Zwei Antworten)
   A. Integrierte Grafikkarte ist fehlerhaft und/oder bald defekt.
   B. Grafiktreiber wurden nicht direkt von Microsoft Update installiert.
   C. Inkompatible oder ungetestete Grafiktreiber wurden installiert.
   D. Die Betriebstemperatur des Grafik-Chipsatzes wurde im BIOS nicht richtig eingestellt.
   E. Die im BIOS eingestellte Taktrate ist niedriger als diejenige der Grafikkarte.
12. Welcher der folgenden Wireless-Standards ist rückwärtskompatibel mit 802.11g?
   A. 802.11a
   B. 802.11b
   C. 802.11n
   D. 802.1ac
13. Was ist der beste Schutz gegen Stromausfälle und Datenverlust?
   A. Netzteil mit automatischer Umschaltung
   B. Unterbrechungsfreie Stromversorgung
   C. Überspannungsschutz
   D. Stromfilter
14. Was muss noch gemacht werden, damit eine neu eingebaute PCI-Soundkarte nach der Montage funktioniert?
   A. Treiber installieren
   B. Das BIOS aktualisieren
   C. Die Jumper konfigurieren
   D. Das Betriebssystem mit neuer Software ausrüsten

15. Eine Kundin bemängelt, dass sie nach der Installation einer neuen Firewall keine E-Mails mehr versenden kann. Die Einstellungen welches Ports sollten überprüft werden?
    A. 21
    B. 25
    C. 110
    D. 443
16. Welche Erweiterungssteckplätze erlauben die höchsten Übertragungsraten für High-End-Grafikkarten? (Zwei Antworten)
    A. PCIe
    B. AGP 8x
    C. PCI
    D. SATA
    E. EIDE
17. Welcher der folgenden Speichertypen überlebt einen Sturz auf den Boden am ehesten?
    A. SCSI-HDD
    B. Solid State Disk
    C. EIDE-HDD
    D. SATA-HDD
18. Welcher 802.11-Standard verfügt über die theoretisch niedrigste Datenrate?
    A. A
    B. B
    C. G
    D. N
19. Welche Eigenschaften sind bei der Auswahl von Komponenten für eine CAD-Workstation am wichtigsten?
    A. Mehrere Netzwerkkarten
    B. Maximal verfügbarer Arbeitsspeicher
    C. Sehr viel dedizierte Festplattenkapazität
    D. Mehrere große HD-Monitore
    E. Leistungsstarke Grafikkarte
    F. Leistungsstarke Soundkarte
    G. Leistungsstarker Prozessor

20. Welche Eigenschaft von Arbeitsspeicher schützt vor zufälligen Inkonsistenzen bei der Datenübertragung?
    A. Niedrige Latenz
    B. Dual-Channel
    C. ECC
    D. Single-Channel
21. Welches Protokoll ist zur sicheren Übertragung von großen Dateien am besten geeignet?
    A. Telnet
    B. SSH
    C. FTP
    D. SFTP
22. Nach der Installation eines MFP bemerkt der Techniker, dass der Scanner nicht funktioniert. Was ist wahrscheinlich der Grund dafür?
    A. Das USB-Kabel ist am falschen Port eingesteckt.
    B. Der Drucker-Treiber ist nicht korrekt installiert.
    C. Der Scanner ist noch nicht entsichert.
    D. Der Scanner wurde noch nicht ausgerichtet und kalibriert.
23. Welcher Kabeltyp hat eine maximale Übertragungsrate von 1 Gbps?
    A. CAT3
    B. CAT5
    C. CAT5e
    D. CAT6
24. Ein Notebook ist mit 512 MB Hauptspeicher installiert, zeigt aber nur 448 MB RAM an. Was erklärt dieses Verhalten am besten?
    A. Der Laptop verwendet eine Grafikkarte mit Shared-Memory-Technik.
    B. Das Betriebssystem unterstützt nur 448 MB RAM.
    C. Eines der beiden installierten RAM-Module ist defekt.
    D. Das RAM ist nicht richtig montiert und zeigt nur einen Teil der Kapazität an.

25. Welche Komponenten sollten einem Benutzer, der einen Home-Theater-PC für die Benutzung mit einem großen LCD-Bildschirm konfiguriert, am ehesten empfohlen werden? (Zwei Antworten)
    A. Große SATA-Festplatte
    B. RAID-Array
    C. Zwei Monitore
    D. HDMI-Ausgang
    E. TV-Tuner
26. Was wird nach der Installation eines Strichcodelesers üblicherweise gemacht?
    A. Programmcodes einlesen
    B. Leser im BIOS aktivieren
    C. Infrarotports im Geräte-Manager aktivieren
    D. Jumper anpassen
27. Mit welchem Steckertyp können externe Geräte angeschlossen werden? (Zwei Antworten)
    A. IEEE1394
    B. eSATA
    C. EIDE
    D. SATA
    E. Molex
28. Welche Aussage über die IP-Adresse 10.10.1.180 ist korrekt?
    A. Es handelt sich um eine private IP-Adresse.
    B. Es handelt sich um eine ungültige IP-Adresse.
    C. Es handelt sich um eine IPv6-IP-Adresse.
    D. Es handelt sich um eine unvollständige IP-Adresse.
29. Welche Komponenten sind bei einer CAD/CAM-Workstation wichtig? (Zwei Antworten)
    A. Gigabit-Netzwerkkarte
    B. HDMI-Ausgang
    C. Maximaler Arbeitsspeicher
    D. Leistungsstarker Prozessor
    E. High-End-Audioausgang

30. Welches Laptop-Zubehör ermöglicht es, mehrere Displays anzusteuern, obwohl der Laptop nur einen Videoausgang besitzt?
    A. Docking-Station
    B. VGA-zu-DVI-Adapter
    C. Verstellbare Bildschirmhalterung
    D. PCMCIA-Karte
31. Welche Eigenschaft von TCP/IP wird benutzt, um die Netzwerk- und Host-Teile einer IP-Adresse zu unterschieden?
    A. DNS-Adresse
    B. Standard-Gateway
    C. Subnetz-Maske
    D. DHCP Lease
32. Welche Verbindung ermöglicht die weiteste Übertragung von Daten?
    A. Bluetooth
    B. Singlemode Glasfaser
    C. RG-6-Kabel
    D. CAT6-Kabel
33. Welcher der folgenden RAM-Typen kann in einer Dual-Channel-Konfiguration eingesetzt werden?
    A. RIMM
    B. SSD
    C. DDR3
    D. SDRAM
34. Ein Benutzer möchte ein kabelloses Heimnetzwerk aufbauen. Er möchte jedoch nicht, dass seine Nachbarn das Netzwerk entdecken. Was kann er dagegen unternehmen?
    A. SSID-Übermittlung unterdrücken
    B. WEP-Verschlüsselung aktivieren
    C. Proxyserver-Adresse konfigurieren
    D. Eine Zugriffsliste definieren
35. Welches Eingabegerät ermöglicht es mehreren PCs, ein Display zu teilen?
    A. Router
    B. Bridge
    C. KVM
    D. Kabellose Tastatur

36. Welchen Erweiterungssteckplatz findet man nur in Desktop-Systemen vor?
    A. PCI-Express
    B. Express Card 34
    C. Express Card 54
    D. PCMCIA
37. Wo werden grundlegende Systemfunktionen wie die Bootreihenfolge, die Stromspannung für den Prozessor und SATA-Optionen festgelegt?
    A. MBR
    B. CMOS
    C. VRAM
    D. BIOS
38. Welcher Stecker wird oft mit Glasfaser in Verbindung gebracht?
    A. RJ-12
    B. RJ-45
    C. LC
    D. HDMI
39. Welcher der folgenden Ports muss offen sein, um sich über RDP mit einem PC zu verbinden?
    A. 22
    B. 80
    C. 443
    D. 3389
40. Nachdem Sie das Motherboard eines Laptops aufgrund eines Defekts ausgetauscht hat, merkt Romina, dass der Wireless-Empfang stark schwankt. Was sollte die Technikerin als Erstes machen?
    A. Sicherstellen, dass der Wireless-Schalter des Laptops in der richtigen Position ist.
    B. Überprüfen, ob die WiFi-Antenne richtig mit der Wireless-Karte verbunden ist.in
    C. Die Wireless-Karte ersetzen, da sie mit dem neuen Motherboard nicht funktioniert.
    D. Alle Netzwerktreiber neu installieren.

41. Welcher Kabeltyp zur Übertragung von Videosignalen erzeugt am ehesten ein verringertes, verschlechtertes Signal über eine große Distanz?
    A. HDMI
    B. DisplayPort
    C. DVI
    D. VGA
42. Welche/s Signal/e überträgt ein DVI-D-Kabel generell?
    A. Audio
    B. Audio und Video
    C. Video
    D. Digitales Audio
43. Durch welche Ports wird normaler Web-Verkehr geleitet?
    A. 80 und 443
    B. 4043 und 8080
    C. 22 und 53
    D. 110 und 587
44. Wie kann eine APIPA-Adresse eines PCs lauten, der keine Adresse von einem DHCP-Server erhalten konnte?
    A. 10.11.12.13
    B. 65.71.169.254
    C. 169.254.1.111
    D. 192.168.1.0
45. Welches Wireless-Protokoll ist auf den Bereich von 5 GHz begrenzt?
    A. 802.11a
    B. 802.11b
    C. 802.11g
    D. 802.11n
46. Ein Techniker ist auf der Fehlersuche, warum ein PC den Startvorgang nicht abschließt und lediglich Piepstöne abgibt. Was sollte zuerst überprüft werden?
    A. Typ des SATA-Kabels der Festplatte
    B. Ladung der CMOS-Batterie
    C. Verfügbarer Strom für die Festplatte
    D. Arbeitsspeicherkonfiguration

47. Wie hoch ist die maximale Übertragungsrate von USB 2.0?
    A. 120 Mbps
    B. 240 Mbps
    C. 360 Mbps
    D. 480 Mbps
48. Welche der folgenden Technologien hat die kürzeste Reichweite, um kabellos zu drucken?
    A. TCP/IP über 802.11g
    B. TCP/IP über Cat. 5e
    C. Bluetooth
    D. Infrarot
49. Ein Laserdrucker gibt nur noch leere Blätter aus. Welcher Prozess des Druckers sollte zuerst überprüft werden?
    A. Fixierung
    B. Papierverarbeitung
    C. Tonertransfer
    D. Entwicklung
50. Ein Techniker bekommt einen Anruf, weil der Computer eines Kunden nicht mehr richtig startet und nur die Fehlermeldung »invalid system disk« erscheint. Was sollte der Techniker als Erstes überprüfen?
    A. Sicherstellen, dass das Betriebssystem korrekt installiert ist.
    B. Sicherstellen, dass sich die Datei boot.ini auf der Festplatte befindet.
    C. Sicherstellen, dass alle Wechsellaufwerke leer sind.
    D. Sicherstellen, dass der Computer im abgesicherten Modus startet.
51. Welche Einstellung führt am ehesten zu einem IP-Adressen-Konflikt?
    A. Benutzerdefinierte DNS-Adressen
    B. QoS
    C. UPnP
    D. Statische IP-Adressen
52. Die Technikerin Katja muss ein Netzwerkkabel vom Arbeitsplatz eines Benutzers bis zum Verteilerschrank nachverfolgen. Welches Hilfsmittel kann ihr dabei nützlich sein?
    A. Kabeltester
    B. Multimeter
    C. Loopback-Stecker
    D. Toner and Probe

53. Wie ist es möglich, Pixelfehler auf Laptop-Displays zu beseitigen?
    A. Inverter ersetzen
    B. Rückseite ersetzen
    C. Hintergrundbeleuchtung ersetzen
    D. LCD ersetzen
54. Wo kann eine Technikerin die Unterstützung für USB 1.1-Geräte einschalten?
    A. MBR
    B. HCL
    C. BIOS
    D. GPT
55. Welcher Netzwerktyp stellt ein Netzwerk um eine Person dar?
    A. LAN
    B. PAN
    C. Cloud
    D. MAN
56. Ein Techniker hat bei einem Kunden ein Display installiert. Welche Aussage zur nativen Auflösung eines Displays ist richtig?
    A. Sie hat die tiefste Auflösung.
    B. Sie verursacht Pixelinterpolation.
    C. Sie hat die niedrigste Bildwiederholfrequenz.
    D. Sie bietet die höchste Qualität.
57. Welcher Standard wird auf einem Wireless-Router eingesetzt, um Geschwindigkeiten bis 150 Mbps zu unterstützen?
    A. 802.11a
    B. 802.11b
    C. 802.11g
    D. 802.11n
58. Nach der Installation einer neuen seriellen Schnittstellenkarte müssen die Kommunikationsparameter konfiguriert werden. Wie lautet die häufigste Konfiguration?
    A. Acht Datenbits, gerade Parität, zwei Stoppbits
    B. Sieben Datenbits, keine Parität, ein Stoppbit
    C. Acht Datenbits, keine Parität, ein Stoppbit
    D. Sieben Datenbits, ungerade Parität, ein Stoppbit

59. Welche Funktion von Windows vergibt einem Client eine Standard-IP-Adresse, wenn kein DHCP-Server verfügbar ist?
    A. APIPA
    B. ARP
    C. SMB
    D. DNS
60. Wofür ist das DNS-Protokoll in einem TCP/IP-Netzwerk zuständig?
    A. Ermöglicht Fernverbindung zu Ressourcen im Netzwerk
    B. Ermöglicht separate Kontroll- und Datenverbindung zwischen Netzwerkressourcen
    C. Ermöglicht Zuweisung von benutzerfreundlichen Namen zu Netzwerkressourcen
    D. Ermöglicht automatische Adressierung von Ressourcen im Netzwerk
61. Eine Technikerin wurde beauftragt, das Betriebssystem auf einem Desktop-Rechner neu zu installieren. Die Installations-CD des Betriebssystems hat sie bereits eingelegt. Was muss im BIOS wahrscheinlich noch konfiguriert werden, damit die Installation erfolgreich begonnen werden kann?
    A. BIOS-Passwort setzen
    B. Das BIOS auf den aktuellen Stand aktualisieren
    C. Boot-Reihenfolge einstellen
    D. Datum und Uhrzeit des Systems kontrollieren
62. Welches Werkzeug wird benutzt, um sicherzustellen, dass Netzwerkkabel sicher im Wandanschluss befestigt sind?
    A. Crimpzange
    B. Kleiner flacher Schraubendreher
    C. Abisolierzange
    D. Auflegewerkzeug
63. Für welches Gerät könnten am ehesten Treiber notwendig sein, damit es vom Betriebssystem erkannt und benutzt werden kann?
    A. Lautsprecher
    B. LCD-Monitor
    C. Scanner
    D. Projektor

64. Welche Aussage beschreibt die Funktion von DHCP am besten?
    A. Blockiert MAC-Adressen mit Sicherheitsverstößen
    B. Übersetzt IP-Adressen zu Namen
    C. Verschlüsselt Datenverkehr in einem Netzwerk
    D. Weist in einem Netzwerk IP-Adressen an Clients zu
65. Was leitet Wärme als Erstes vom Prozessor ab?
    A. Wärmeleitpaste
    B. Gehäuselüfter
    C. Ableitbleche
    D. Kühlkörper
66. Welche Eigenschaft eines Prozessors zeigt dem Betriebssystem logische Prozessorkerne als physische Kerne an?
    A. XD-Bit
    B. Hyperthreading
    C. MMU-Virtualisierung
    D. 64-Bit-Architektur
67. Welches der folgenden Geräte sollte in einem Heimnetzwerk in einer DMZ platziert werden?
    A. Backup-Server
    B. Gaming-Server
    C. Smartphone
    D. Wireless-Drucker
68. Ramon muss die defekte 10/100Mbps-Netzwerkkarte eines Windows 10-Computers ersetzen. Was ist nötig, damit eine neue 1-Gbps-Netzwerkkarte korrekt funktioniert?
    A. Die Treiber der neuen Netzwerkkarte müssen installiert werden.
    B. Die Geschwindigkeit wird 10/100 Mbps nicht überschreiten, und der PC muss digital signierte Treiber unterstützen.
    C. Der PC muss die Geschwindigkeit der Karte unterstützen.
    D. Das Netzwerkkabel muss in jedem Fall ersetzt werden.
69. Welches Gerät führt am wahrscheinlichsten die Network Address Translation (NAT) durch?
    A. Router
    B. Switch
    C. Hub
    D. Modem

70. Wie wird ein DSL-Modem üblicherweise mit der Außenwelt verbunden?
    A. Kabel-TV Koaxial
    B. Glasfaserkabel
    C. Wireless-Adapter
    D. Haushaltstelefonanschluss
71. Welches Gerät wandelt digitale Signale in analoge Signale um?
    A. Modem
    B. Switch
    C. Hub
    D. Router
72. Welches der folgenden Geräte übermittelt Daten zu jedem Port, egal zu welchem Ziel?
    A. Firewall
    B. Router
    C. Switch
    D. Hub
73. Was sind die Komponenten einer aktiven CPU-Kühlung?
    A. Kühlkörper und Wärmeleitpaste
    B. Kühlkörper, Radiator und Wärmeleitpaste
    C. Kühlkörper, angebauter Lüfter und Wärmeleitpaste
    D. Kühlkörper, Gehäuselüfter und Wärmeleitpaste
74. Beim Vorbeigehen an einem Server mit einem RAID-5-Array bemerkt ein Techniker laute Klickgeräusche. Wodurch entstehen diese wahrscheinlich?
    A. Die normalen Schreib- und Lesegeräusche bei RAID-Einsatz
    B. Das Betriebssystem wurde beim Hochfahren nicht gefunden.
    C. Ausfall einer Festplatte
    D. Ausfall des RAID-Arrays
75. Mainboards welcher Größe passen in ein ATX-Gehäuse?
    A. BTX
    B. ITX
    C. Ultra ATX
    D. Micro ATX

76. Wie wird eine Grafikerweiterungskarte mit dem Netzteil verbunden?
    A. 8-Pin 12 Volt
    B. PCIe 6-Pin
    C. 20-pin Molex
    D. 6-Pin Mini-Din
77. Welche Verschlüsselungsmethode ist am unsichersten?
    A. WPA
    B. WPA2
    C. TKIP
    D. WEP
78. Beim Booten erscheint nach dem Herstellerlogo die Meldung »Datum und Uhrzeit sind nicht vorhanden«. Was ist ein möglicher Grund dafür?
    A. Der Computer wurde nicht ordnungsgemäß heruntergefahren.
    B. Die CMOS-Batterie muss ersetzt werden.
    C. Das Betriebssystem kann nicht mehr mit dem NTP-Server verbinden.
    D. Das System-BIOS ist korrupt.
79. Welcher Anschlusstyp wird auf dem Bild dargestellt? 
    A. VGA
    B. Seriell
    C. Parallel
    D. DVI
80. Welche Erweiterungskarte muss in einem PC installiert werden, um Videos von einer Spielekonsole aufzunehmen?
    A. Videoaufzeichnungskarte
    B. High-End-Grafikkarte
    C. Netzwerkkarte
    D. RAID-Controller
81. Die Leistung der Drahtlosverbindung auf verbundenen PCs schwankt stark. Was könnte helfen, das Problem zu lösen?
    A. MAC-Filter aktivieren
    B. Broadcast-Kanal ändern
    C. Wireless-Verschlüsselung aktivieren
    D. SSID-Broadcasting deaktivieren

82. Ein Kunde benutzt an seinem Arbeitsplatz einen externen Monitor für sein Notebook. Welches ist die schnellste Möglichkeit, zwischen den beiden Displays umzuschalten oder den Desktop auf beiden Displays anzuzeigen?
    A. Funktionstasten auf der Tastatur
    B. Task-Manager
    C. Display-Einstellungen in der Systemsteuerung
    D. Monitore an- und ausschalten
83. Welche Komponente teilt ein LAN in mehrere Segmente auf und bietet zusätzliche lokale Netzwerkanschlüsse?
    A. Hub
    B. Modem
    C. Switch
    D. Access Point
84. Welches Gerät benötigt eine POTS-Leitung?
    A. Modem
    B. Router
    C. Switch
    D. Hub
85. Welche Komponente sollte einem Benutzer empfohlen werden, der regelmäßig 3D-Animationssoftware benutzt?
    A. Spezialisierte Grafikkarte
    B. Mehrkern-Prozessor
    C. TV-Tuner/Recorder
    D. Backup-Bandlaufwerk
86. Auf welche Eigenschaft eines Beamers muss vor allem geachtet werden, wenn dieser in einem hellen Raum eingesetzt wird und ein möglichst gut lesbares Bild erzeugen soll?
    A. Auflösung
    B. Lumen
    C. Kontrast
    D. HDMI-1.4-Kompatibilität
87. Welche Funktionstaste kann verhindern, dass eine Verbindung mit dem Internet hergestellt werden kann?
    A. Wireless
    B. Display-Sperre
    C. Lautstärke
    D. Bluetooth

88. Jürgen installiert und konfiguriert für einen Kunden ein drahtloses SOHO-Netzwerk. Der Kunde möchte nur fünf Computern den Zugriff auf das Netzwerk gewähren und einen IP-Adressbereich definieren. Was muss durch den Techniker konfiguriert werden? (Zwei Antworten)
    A. DMZ
    B. DHCP
    C. ARP
    D. SSID
    E. MAC-Filter
89. Welches Teil eines Laserdruckers würde ein Techniker als Erstes ersetzen, wenn der Drucker Probleme mit der Aufnahme von Papier aus dem ersten Papierfach hat?
    A. Toner
    B. Transportband
    C. Rollen
    D. Bildtrommel
90. Ein Techniker hat in einem Computer neuen Arbeitsspeicher verbaut: ein DDR3-1066-MHz-Modul sowie ein DDR3-1333-MHz-Modul. Das Mainboard unterstützt DDR3-Arbeitsspeicher bis zu einer Geschwindigkeit von 1600 MHz. Wie hoch wird die Geschwindigkeit des Systems sein?
    A. 800 MHz
    B. 1000 MHz
    C. 1066 MHz
    D. 1600 MHz

29.4.2 Beispielfragen zu Examen 220-902

1. Welcher Befehl wird verwendet, um eine Verbindung mit einem Netzlaufwerk aufzubauen?
    A. NBTSTAT
    B. NET USE
    C. NETMAP
    D. NETSTAT
2. Welcher Typ von Sicherheitsbedrohung sammelt sensitive Informationen ohne Software?
    A. Grayware
    B. Shoulder Surfing
    C. Malware
    D. Man-In-The-Middle Exploits

3. Welches Dateisystem ist für optische Medien am besten geeignet?
   A. FAT32
   B. EXT3
   C. CDFS
   D. NTFS
4. Welches Benutzerkonto sollte deaktiviert werden, um die Sicherheit zu erhöhen?
   A. Standard-User
   B. Gast
   C. Administrator
   D. Power-User
5. Auf einem Computer erscheint immer wieder die Meldung, dass nicht genügend virtueller Speicher vorhanden ist, und auch die Geschwindigkeit verschlechtert sich dann. Wo kann dieses Problem behoben werden?
   A. System → Remote-Einstellungen
   B. System → Geräte-Manager
   C. System → Wartungscenter
   D. System → Systemeigenschaften → Erweitert
6. In welchen Windows-Versionen ist Windows Aero vorhanden? (Zwei Antworten)
   A. Windows 7 Home Premium
   B. Windows XP
   C. Windows Vista Enterprise
   D. Windows 8 RT
   E. Windows 7 Starter
7. Wie nennt sich eine Methode zur Installation eines Betriebssystems über das Netzwerk?
   A. USB 3.0-Installation
   B. IEEE 1394-basierte Installation
   C. PXE-basierte Installation
   D. Methode P56
   E. NTFS-Installation
8. Gegen welche Bedrohung hilft das Shreddern von Dokumenten?
   A. Dumpster Diving
   B. Malware
   C. Phishing
   D. Trojaner

9. In welcher Situation ist die Nutzung eines lokalen virtuellen Systems am geeignetsten?
   A. Auf einem PC mit minimalem Arbeitsspeicher.
   B. Beim Test eines Patches vor dessen Installation auf mehreren Systemen.
   C. In einer Thick Client-Konfiguration.
   D. In einer Gaming Workstation-Konfiguration.
10. Nach dem Update des Grafikkartentreibers ist nur noch ein Teil der Anzeige sichtbar, und der Text ist sehr groß. Was ist wahrscheinlich der Grund dafür?
    A. Die Bildschirmaktualisierungsrate ist zu tief eingestellt.
    B. Die Bildschirmaktualisierungsrate ist zu hoch eingestellt.
    C. Die Bildschirmauflösung ist zu tief eingestellt.
    D. Die Bildschirmauflösung ist zu hoch eingestellt.
11. Ein Techniker geht nach der Troubleshooting-Theorie vor, um ein Computerproblem bei einem Kunden zu lösen. Welcher Schritt wird nach der Überprüfung der Systemfunktionalität durchgeführt?
    A. Problem identifizieren
    B. Plan zum weiteren Vorgehen erstellen
    C. Theorie testen, um Ursache festzustellen
    D. Befunde, Verfahren und Ergebnisse dokumentieren
12. Ein Kunde meldet sich beim Techniker, weil es jeweils nach der Anmeldung sehr lange dauert, bis der Desktop geladen ist. Welches Tool kann helfen, das Problem zu beseitigen?
    A. Datenträgerverwaltung
    B. FIXMBR
    C. MSCONFIG
    D. SFC
13. Wie kann am besten dokumentiert werden, wer einen Server-Raum zu welcher Zeit betreten hat?
    A. Biometrisches Schloss
    B. Zutrittsprotokoll
    C. Personenschleuse
    D. Schlüssel
14. Welcher Befehl hat unter Windows 7 zur Folge, dass beim nächsten Systemstart eine Überprüfung der Dateisystemstruktur durchgeführt wird?
    A. CHKDSK
    B. SCANDISK
    C. ROBOCOPY
    D. MSCONFIG

15. Ein Techniker hat in einem Unternehmen ein neues Kabelnetzwerk eingerichtet und möchte sicherstellen, dass nur die dafür vorgesehenen Systeme mit dem Netzwerk verbunden werden können. Wie kann er dies sicherstellen?
    A. Den PCs starke Passwörter vergeben.
    B. Ein Angriffserkennungssystem aufbauen.
    C. Den Computern statische IP-Adressen vergeben.
    D. Die zusätzlichen Ports des Routers deaktivieren.
16. Welches Betriebssystem bietet volle Unterstützung für 8 GB DDR3-Arbeitsspeicher?
    A. Windows 7 Professional x86
    B. Windows 7 Home Premium x64
    C. Windows XP Professional
    D. Windows Vista Home Premium x86
17. Wie wird ein Programm genannt, welches bei der Installation auf einem System heimlich schädliche Software mitinstalliert?
    A. DDoS-Attacke
    B. Wurm-Attacke
    C. Phishing-Attacke
    D. Trojaner-Attacke
18. Was gehört zu Geschäftspraktiken in der IT?
    A. Immer die schnellste Lösung vorschlagen.
    B. Die Zufriedenheit der Kunden sicherstellen.
    C. Immer die billigste Lösung vorschlagen.
    D. Alle möglichen Lösungswege offerieren.
19. Zu welcher Gruppe von Sicherheitsbedrohung gehören Shoulder Surfing und Telefon-Phishing?
    A. Social Engineering
    B. Man-In-The-Middle
    C. Virus-in-system
    D. Spyware
20. Der unter dem Namen C$ freigegebene Ordner ist ein Beispiel für ...?
    A. Administrative Freigabe
    B. Berechtigungspropagierung
    C. Vererbte Berechtigungen
    D. Lokale Freigabe

21. Ein Benutzer möchte das Verhalten seines Laptops beim Schließen des Deckels ändern. Wo kann dies am direktesten angepasst werden?
    A. Display-Einstellungen
    B. Energieoptionen
    C. Personalisierungseinstellungen
    D. Geräte-Manager
22. Romina muss den Standard-Installationspfad für Programme anpassen. Über welches Tool gelingt dies unter Windows?
    A. REGSRV32
    B. REGEX
    C. REGEDIT
    D. MSCONFIG
23. Jürgen möchte sicherstellen, dass vor der Neuinstallation von Windows 7 Home Premium auf einem Laptop alle Daten gelöscht sind. Mit welcher Prozedur gelingt ihm dies?
    A. Virtuelle RAID-Konfiguration
    B. Schnellformatierung
    C. Neue Partition erstellen
    D. Formatierung
24. Wie werden die NTFS-Berechtigungen einer Datei beibehalten?
    A. Die Datei an einen anderen Ort auf dem gleichen Volume kopieren.
    B. Die Datei an einen anderen Ort auf einem anderen Volume kopieren.
    C. Die Datei an einen anderen Ort auf einem anderen Volume verschieben.
    D. Die Datei an einen anderen Ort auf dem gleichen Volume verschieben.
25. Warum muss eine Beweismittelkette intakt bleiben?
    A. Um die Datensicherheit während Beweisinspektionen sicherzustellen.
    B. Um sicherzustellen, dass Beweise nicht liegen bleiben.
    C. Um sicherzustellen, dass Beweise für Gerichtsverfahren zulässig sind.
    D. Um sicherzustellen, dass Beweise zum Eigentümer zurückkehren.
26. Mit welcher Anwendung kann herausgefunden werden, ob andere Benutzer an einem Windows-System angemeldet sind?
    A. MSINFO32
    B. Task-Manager
    C. Systemsteuerung → Benutzerkonten
    D. CMD

27. Unter welchem Reiter von MSCONFIG kann konfiguriert werden, welche Programme beim Systemstart ausgeführt werden?
    A. Systemstart
    B. Dienste
    C. Tools
    D. Start
28. Wie kann Shoulder Surfing vorgebeugt werden?
    A. Native Auflösung
    B. Auto Adjust
    C. Entmagnetisierung
    D. Bildschirmfilter
29. Was ist der Zweck der Schaltfläche »Zusätzliche Treiber...« auf der Registerkarte »Freigabe« der Druckereigenschaften?
    A. Hinzufügen weiterer Treiber, um einen anderen Drucker zu emulieren.
    B. Hinzufügen zusätzlicher Treiber für andere Druckermodi.
    C. Hinzufügen zusätzlicher Treiber für andere Betriebssysteme.
    D. Hinzufügen zusätzlicher Treiber für andere Drucker auf dem Computer.
30. Ein Techniker wurde beauftragt drei heimnetzgruppenfähige Systeme aufzusetzen. Welche Version von Windows wird dazu benötigt?
    A. Windows XP oder Windows Vista
    B. Windows Vista Enterprise
    C. Windows XP Professional x64 Edition
    D. Windows 7
31. Welche Sicherheitsvorkehrung ist oft in Laptops verbaut?
    A. Fingerabdruckscanner
    B. Gehäusesensor
    C. Hypervisor
    D. Schlüsselanhänger
32. Nach dem Starten einer Workstation erscheint kein Login-Screen. Welcher Befehl kann benutzt werden, um in der Recovery-Konsole eine neue Boot-Sektor-Partition zu schreiben?
    A. FIXMBR
    B. BOOTCFG
    C. FIXBOOT
    D. BOOTFIX

33. Zu welchem Thema können in MSDS Informationen gefunden werden?
    A. Changelogs
    B. Lizenzform
    C. Gefahrenbereiche
    D. Anti-Malware
34. Welche Sicherheitsmaßnahme ist ein Beispiel für das Prinzip der geringsten Rechte auf einem Heim-PC?
    A. Antispyware-Software installieren
    B. Ein Standard-Benutzerkonto für die Kinder erstellen
    C. Finanzdaten in einem separaten Ordner ablegen
    D. Firewall für Online-Gaming ausschalten
35. Ein Computer verfügt über kein optisches Laufwerk. Wie kann trotzdem am einfachsten ein Betriebssystem installiert werden?
    A. Notfall-Wiederherstellungs-CD
    B. Floppy Disk anschließen
    C. USB-Festplatte
    D. Bluetooth-Verbindung
36. Welches Dateisystem wird eingesetzt, wenn die Festplatte mit verschiedenen Betriebssystemen benutzt werden soll?
    A. NTFS
    B. FAT16
    C. CDFS
    D. FAT32
37. Welche Protokolle können eingesetzt werden, um ein Smartphone mit einem Mail-Server zu verbinden? (Zwei Antworten)
    A. SMTP
    B. POP3
    C. RDP
    D. SMB
    E. RSS
38. Wo kann die IP-Adresse auf einem iOS-Gerät abgelesen werden?
    A. Allgemein → Einstellungen → WLAN → SSID-Name → Netzwerk → IP-Adresse
    B. Einstellungen → Allgemein → Netzwerk → WLAN → SSID-Name → IP-Adresse
    C. WLAN → SSID-Name → Informationen → IP-Adresse
    D. Standortdienste → Einstellungen → WLAN → SSID-Name → Netzwerk → IP-Adresse

39. Ein Benutzer möchte Windows 8.1 auf einem PC mit einer RAID-Karte installieren. Alle Kabel sind korrekt angeschlossen, trotzdem werden vom Installationsmedium her keine Festplatten erkannt. Was kann der Benutzer machen, damit sie erkannt werden?
    A. Bei Aufforderung F8 drücken.
    B. Aktualisierung auswählen, um eine Neuerkennung zu erzwingen.
    C. S-ATA im BIOS aktivieren.
    D. Den zu ladenden Treiber auswählen.
40. Welche Sicherheitsbedrohung setzt oft auf E-Mails, um die Benutzer zu täuschen?
    A. Phishing
    B. Viren
    C. Spyware
    D. Shoulder Surfing
41. Was kann zur Erhöhung der Sicherheit von Arbeitsstationen in den Gruppenrichtlinien konfiguriert werden?
    A. BitLocker-Passwort
    B. Komplexitätsvoraussetzungen
    C. BIOS-Passwort
    D. Wake on LAN
42. Welcher Kontotyp unterliegt den meisten Einschränkungen?
    A. Administrator
    B. Standard
    C. Gast
    D. Power-User
43. Ein Techniker möchte auf einem Mac über das Terminal und den apt-get-Befehl ein Softwarepaket installieren. Was muss er machen, wenn immer die Meldung erscheint, er habe keine Berechtigungen, diese Aktion auszuführen?
    A. Terminal mit Rechtsklick anwählen und auf »Als Administrator ausführen« klicken
    B. Vor dem eigentlichen Befehl »sudo« anfügen
    C. UAC Einstellungen des Benutzers anpassen
    D. Vi-Editor einsetzen

44. Mit welchem Systemsteuerungselement kann das Streaming von Bildern, Musik und Videos von einem Windows 7-PC zu anderen Windows 7-PCs aktiviert werden?
    A. Center für erleichterte Bedienung
    B. Automatische Wiedergabe
    C. Synchronisierungscenter
    D. Heimnetzgruppe
45. Bei der Wartung eines Computers merkt ein Techniker, dass auf dem Desktop viele Verknüpfungen zu ungeeigneten Webseiten vorhanden sind. Wie sollte der Techniker reagieren? (Zwei Antworten)
    A. Das Problem gemäß seinem Dienstweg melden.
    B. Die Beweise sicherstellen.
    C. Alle Änderungen protokollieren.
    D. Die Daten auf dem Computer sofort löschen.
46. Welche Komponente sollte unbedingt korrekt recycelt werden?
    A. Gehäuse aus Plastik
    B. CRT-Bildschirme
    C. Papier
    D. Tintenpatronen
    E. Tonerkartuschen
47. Ein Benutzer meldet sich am Helpdesk, weil Personen E-Mails von seinem Account erhalten, die er nie verschickt hat. Wie sollte gehandelt werden?
    A. Boot.ini des PCs auf schädliche Einträge überprüfen
    B. Passwort des Accounts ändern
    C. Mail-Client aktualisieren
    D. Teureren Spam-Filter installieren
48. Ein Benutzer hat auf seinem Smartphone seit zwei Tagen keinen Zugriff auf seine Mails mehr, obwohl er mit dem Internet verbunden ist. Was kann als Erstes versucht werden, um das Problem zu lösen?
    A. Das Smartphone neu starten
    B. Den Mail-Account neu einrichten
    C. Das Smartphone synchronisieren
    D. Das Betriebssystem aktualisieren

49. Welchen Befehl würde ein Techniker benutzen, um ein Verzeichnis nach oben oder unten zu navigieren?

    A. DIR

    B. RD

    C. CD

    D. MD

50. Ein Benutzer muss regelmäßig für kurze Zeit von seinem PC weggehen und ist beunruhigt, dass jemand Zugriff auf seine Daten hat. Wie kann er dem am besten vorbeugen?

    A. Computer sperren

    B. Computer ausschalten

    C. Anmelden mit Gast-Konto

    D. Bildschirmschoner-Passwort setzen

51. Was sollte auf einem Smartphone für erhöhte Sicherheit als Erstes erledigt werden?

    A. Zugangscode konfigurieren

    B. GPS deaktivieren

    C. Updates herunterladen

    D. Antivirus-Software installieren

52. Welcher Kommandozeilenbefehl muss nach dem Entfernen eines Virus eventuell ausgeführt werden?

    A. DXDIAG

    B. MSCONFIG

    C. FIXMBR

    D. SCANDSK

53. Welches Kommandozeilentool gibt die zu einem Domain-Namen gehörende IP-Adresse aus?

    A. VERIFY

    B. IPCONFIG

    C. NSLOOKUP

    D. TRACERT

54. Welches Betriebssystem bietet volle BitLocker-Funktionalität?

    A. Windows XP

    B. Windows 7 Professional

    C. Windows Vista Home

    D. Windows 7 Enterprise

55. Ein Benutzer kann lokal auf seinem eigenen PC im freigegebenen Ordner »Dokumente« Dateien erstellen und löschen, nicht aber, wenn er remote darauf zugreift. Was muss er anpassen?

    A. Schreibschutzattribut

    B. Freigabeberechtigungen

    C. Firewall-Einstellungen

    D. NTFS-Berechtigungen

56. Ein Angestellter hat Schwierigkeiten mit einer Suchmaschine. Jedes Mal, wenn er auf einen Link in den Suchergebnissen klickt, wird er auf eine andere Seite umgelenkt, und es erscheint die Meldung, dass die Seite vom Content-Filter des Unternehmens geblockt wurde. Die eigentlich aufgerufene Seite sollte von den Richtlinien nicht blockiert sein, und der Angestellte benötigt die Informationen von der Seite, um seine Arbeit zu erledigen. Was setzt der Techniker am besten ein, um das Problem zu lösen?

    A. Anti-Malware-Software

    B. Zurücksetzen auf Werkseinstellungen

    C. Wiederherstellungskonsole

    D. Systemwiederherstellung

57. Ein böswilliger Benutzer erhielt durch die Verwendung einer Liste mit oft benutzten Passwörtern Zugriff auf mehrere Benutzerkonten. Wie wird eine solche Attacke genannt?

    A. Zero Day-Attacke

    B. Spoofing

    C. Brute Force-Attacke

    D. Wörterbuchattacke

58. Eine Bank hat sich neue PCs für ein Büro gekauft. Welche Methode ist am geeignetsten, um die Daten von den alten Computern zu löschen?

    A. Degaussing

    B. Formatieren

    C. Jumper ändern

    D. Schnellformatierung

59. Ein System-Engineer möchte sechs Server seines Unternehmens auf einem physischen Server zusammenlegen. Was ist bei der neuen Konfiguration am wichtigsten, um Stabilität sicherzustellen?

    A. Hardware-Anforderungen der Clients

    B. Sicherheitsanforderungen an Server-Software

    C. Hardware-Ressourcen des Servers

    D. Netzwerkressourcen

60. Was muss auf einem mobilen Gerät installiert werden, um zu verhindern, dass Daten eingesehen werden können, wenn das Gerät verloren geht?
    A. Fernlöschung
    B. Antivirus
    C. GPS-Locator
    D. Remote Backup-Programm
61. Sie haben für einen freigegebenen Ordner, der über eigene Berechtigungen verfügt, ebenfalls NTFS-Berechtigungen konfiguriert. Was trifft zu, wenn ein Benutzer über das Netzwerk auf diesen Ordner zugreift?
    A. Die am wenigsten restriktive Berechtigung wird angewendet.
    B. Nur die NTFS-Berechtigungen werden angewendet.
    C. Die restriktivere Berechtigung wird angewendet.
    D. Nur diese Netzwerkfreigabeberechtigungen werden angewendet.
62. Ein Benutzer wird von einem technischen Support angerufen. Der Anrufer kennt den Benutzernamen und weiß, dass auf dem Computer Windows installiert ist. Er weist den Benutzer an, die Ereignisanzeige zu öffnen und sich die Logs anzusehen. Derweil erklärt er ihm die Auswirkungen von Viren. Zum Schluss fragt er den Benutzer nach seinem Passwort, um sein System zu schützen. Wie wird diese Art von Informationsbeschaffung genannt?
    A. Social Engineering
    B. Phishing
    C. Tales Selling
    D. Shoulder Surfing
63. Wie wird der Begriff Open Source Software am besten definiert?
    A. Software, deren Code der Öffentlichkeit nicht zugänglich ist
    B. Software, welche offiziell lizenziert wurde
    C. Software, deren Code eingehend überprüft wurde
    D. Software, deren Code der Öffentlichkeit zugänglich ist
64. Wie wird die Tatsache genannt, dass ein Unterordner die Berechtigungen des übergeordneten Ordners übernimmt?
    A. Permission Propagation
    B. Vererbung
    C. Provisioning
    D. SSO

65. Welches Sicherheitskonzept umfasst, Benutzern nur so viele Rechte zu geben, wie sie für ihre Arbeit unbedingt benötigen?
    A. Deny all
    B. Allow all
    C. Most privilege
    D. Least privilege
66. Nach der Installation einer neuen Grafikkarte erhält der Bildschirm nach dem Start kein Signal mehr. Welche Funktion von Windows 8 löst dieses Problem?
    A. Komponentenverwaltung
    B. Die Reparaturkonsole
    C. Geräte-Manager
    D. Task-Manager
67. Eine Technikerin muss in einem Linux-Umfeld das Kennwort eines Benutzers zurücksetzen. Wie lautet der entsprechende Kommandozeilenbefehl?
    A. sudo passwd *benutzername*
    B. chown *benutzername*
    C. su *benutzername*
    D. sudo pwd *benutzername*
68. Ein Kunde erhält auf dem Bildschirm seines VoIP-Telefons die Meldung, dass eine doppelte IP-Adresse vorhanden ist. Was kann als Erstes versucht werden, um das Problem zu lösen?
    A. MAC-Adresse ändern
    B. Verkäufer anrufen
    C. Andere LAN-Verbindung testen
    D. Telefon neustarten
69. Welches Kommando gibt in einer Linux-Umgebung oder auf einem Mac das aktuelle Verzeichnis aus?
    A. shell
    B. dir
    C. pwd
    D. ls
70. Was ist für Clients in einer virtualisierten Umgebung am wichtigsten?
    A. Eine schnelle Netzwerkverbindung
    B. Eine leistungsfähige CPU
    C. Sehr viel Arbeitsspeicher
    D. Eine große Festplatte

71. Beim Versuch, einen lokalen Benutzer-Account auf einer Arbeitsstation zu eröffnen, erhält die Technikerin immer wieder die Fehlermeldung »Password does not meet the complexity requirements.«. Mit welchem Dienstprogramm können die Kriterien für das Passwort identifiziert werden?
    A. Lokale Sicherheitseinstellungen
    B. Benutzer und Gruppen
    C. Ressourcenmonitor
    D. MSCONFIG
72. Eine Mitarbeiterin bittet einen Techniker zu überprüfen, ob ihr Computer im Büro eingeschaltet und mit dem Internet verbunden ist, damit sie sich von zuhause einloggen kann. Welchen Befehl kann der Techniker zur Überprüfung ausführen?
    A. NSLOOKUP
    B. NETSTAT
    C. PING
    D. IPCONFIG
73. Welches der folgenden Passwörter ist das sicherste?
    A. gbbr2qymmp
    B. kennwort1234
    C. T?-44mdfjUU2
    D. passwortzugangneu1
74. Eine Technikerin hat vor Kurzem von einem PC Spyware entfernt. Nun erhält der Benutzer Fehlermeldungen über installierte Systemdateien. Welches Tool kann die Technikerin einsetzen, um zu überprüfen, ob alle Systemdateien intakt und in ihrer originalen Form sind?
    A. Reparaturkonsole
    B. SFC
    C. FIXMBR
    D. ASR
75. Wenn bestimmte Buchstaben auf der Tastatur gedrückt werden, erscheinen stattdessen Zahlen auf dem Bildschirm. Was behebt das Problem?
    A. Tastaturlayout ändern
    B. Num Lock ausschalten
    C. Treiber der Tastatur aktualisieren
    D. Tastatur ersetzen

76. Ein Benutzer hat eine Datei für eine Arbeitskollegin im Netzwerk freigegeben, diese kann jedoch nicht darauf zugreifen. Der Benutzer ist davon überzeugt, dass er ihr die Lese- und Schreibrechte erteilt hat. Wo könnte das Problem liegen?
    A. Der Arbeitskollegin ist der Zugriff auf einen übergeordneten Ordner erlaubt.
    B. Der Arbeitskollegin ist der Zugriff auf einen übergeordneten Ordner verweigert.
    C. Der übergeordnete Ordner ist ein Archivordner.
    D. Der Benutzer muss den übergeordneten Ordner freigeben.
77. Welche Technik wird bei Social Engineering hauptsächlich eingesetzt, um Sicherheitsschranken zu umgehen?
    A. Installation von Grayware
    B. Wurmübertragung
    C. Soziale Manipulation
    D. Malware-Installation
78. Wie kann ein Virus entfernt werden, der das Aktualisieren der Antivirus-Software verhindert?
    A. Wiederherstellungskonsole
    B. REGEDIT
    C. Abgesicherter Modus
    D. MSCONFIG
79. Ein Benutzer teilt Ihnen am Telefon mit, dass sein Computer nicht mehr funktioniert. Mit welcher Frage können Sie vermutlich an die meisten Informationen gelangen?
    A. »Können Sie sich anmelden?«
    B. »Lässt sich der Computer anschalten?«
    C. »Ist der Internetzugriff möglich?«
    D. »Was genau funktioniert nicht?«
80. Wie wird das unautorisierte Folgen einer Person durch einen per Badge gesicherten Eingang genannt?
    A. Tailgating
    B. Headcounting
    C. Linking
    D. Shredding

81. Welcher Energiemodus in Windows speichert den Inhalt des Hauptspeichers in eine Datei auf der Festplatte?
    A. Wake on LAN
    B. Standby
    C. Energie sparen
    D. Ruhezustand
82. Ein Angestellter klagt über die Langsamkeit seines Computers. Der Techniker vermutet, dass ein Virus der Grund dafür ist, und führt darum einen Scan mit einer Antivirus-Software durch. Ein Virus wurde tatsächlich gefunden und entfernt, trotzdem ist der Computer nicht schneller. Was sollte der Techniker als Nächstes machen?
    A. Die Befunde, Maßnahmen und Ergebnisse dokumentieren.
    B. Einen Plan für das weitere Vorgehen zur Lösung des Problems erstellen.
    C. Eine neue Idee verfolgen oder das Problem eskalieren.
    D. Präventive Maßnahmen implementieren.
83. Was kann als bootfähiges Gerät eingesetzt werden?
    A. USB-Festplatte
    B. HDMI
    C. OEM-Wiederherstellungs-CD
    D. FDISK
84. Wie wird das Sammeln von Informationen durch unautorisiertes Beobachten genannt?
    A. Wurm
    B. Phishing
    C. Spyware
    D. Shoulder Surfing
85. Eine Technikerin möchte einen Computer, der von einem Virus befallen ist, neu installieren. Wie sollte sie vorgehen, um vorher alle Installationen und somit auch den Virus von der Festplatte zu löschen?
    A. Standardformatierung
    B. Low-Level-Formatierung
    C. Shreddern
    D. Degaussing

86. Ein Kunde kann keine Webseiten mehr aufrufen. Welcher Befehl kann vom Techniker erst einmal ausgeführt werden, um das Problem zu identifizieren?
    A. NETSTAT
    B. NET SHOW
    C. IPCONFIG
    D. TRACERT
87. Ein Benutzer erhält die Fehlermeldung, dass die Vertrauensstellung zur Domäne unterbrochen wurde. Was kann unternommen werden, um das Problem zu lösen?
    A. Den Computer neu zur Domäne hinzufügen.
    B. PC neu starten, weil die Vertrauensstellung damit wiederhergestellt wird.
    C. Das BIOS auf die neuste Version updaten.
    D. Das Betriebssystem auf Windows 8 aktualisieren.
88. Ein Techniker wurde beauftragt, eine Netzwerkkarte in einen PC mit Windows 8.1 Professional einzubauen. Er baut die Karte korrekt ein, lädt die mitgelieferten Windows Vista-Treiber und startet den Computer neu. Daraufhin wird ein Blue Screen angezeigt, und das System kann nicht ordnungsgemäß hochgefahren werden. Wie kann er das Problem lösen, ohne dabei einen Datenverlust zu riskieren? (Zwei Antworten)
    A. Die Netzwerktreiber entfernen.
    B. Windows Vista Service Pack 2 installieren.
    C. Windows 8.1 Professional neu installieren.
    D. Windows 8.1 Service Pack 1 installieren.
    E. Im abgesicherten Modus starten.
89. Welche Sicherheitsbedrohung kann durch Schulung und Sensibilisierung der Benutzer vermindert werden?
    A. Attacke durch Rootkits
    B. Attacke durch Viren
    C. Angriff durch Social Engineering
    D. Angriff durch Adware im Browser
90. Was können Drehkreuze und andere Personenschleusen verhindern?
    A. Shoulder Surfing
    B. Tailgating
    C. Rootkits
    D. Viren

A

Anhänge

A.1 Hier finden Sie die Prüfungsthemen

Auf den folgenden Seiten haben wir Ihnen alle Stichworte aus den Prüfungsgebieten der beiden Prüfungen zu den Inhalten dieses Buchs zugeordnet. So können Sie in der Prüfungsvorbereitung gezielt einzelne Stichworte nachschlagen, bei denen Sie Ihre Kenntnisse verbessern möchten oder etwas nachschlagen wollen.

A.1.1 Zum Examen 220-901

1.0 Hardware	Kapitel/ Abschnitt
1.1 Konfigurieren von Einstellungen und Nutzung von BIOS/UEFI-Tools an einem PC bei einem gegebenen Szenario.	
■ Firmware-Upgrades – BIOS aktualisieren	11.2.4
■ BIOS-Komponentendaten	4.4
■ RAM	4.4
■ Festplatte	4.4
■ DVD-Laufwerk	4.4
■ Zentraleinheit (CPU)	4.4
■ BIOS-Konfigurationen	4.4.2
■ Bootsequenz	4.4.2
■ Geräte aktivieren und deaktivieren	4.4.2
■ Datum/Uhrzeit	4.4.2
■ Taktraten	4.4.2
■ Virtualisierungsunterstützung	4.4.2
■ BIOS-Sicherheit (Passwörter, Laufwerkverschlüsselung: TPM, Lo-Jack, sicheres Booten)	4.4.2
■ Integrierte Diagnosefunktionen	4.4
■ Überwachung	4.4
■ Temperaturüberwachung	4.4
■ Lüfterdrehzahlen	4.4
■ Intrusion Detection/Mitteilung	4.4

1.0 Hardware	Kapitel/ Abschnitt
▪ Spannung	4.4
▪ Takt	4.4
▪ Busgeschwindigkeit	4.4
1.2 Erläutern der Bedeutung von Motherboard-Komponenten, deren Zweck und Eigenschaften.	
■ Größen	4.2.5
▪ ATX	4.2.5
▪ Mikro-ATX	4.2.5
▪ Mini-ITX	4.2.5
▪ ITX	4.2.5
■ Erweiterungssteckplätze	5
▪ PCI	5.2
▪ PCI-X	5.3
▪ PCIe	5.4
▪ miniPCI	5.4
■ RAM-Steckplätze	4.3
■ CPU-Sockel	4.1.3
■ Chipsätze	4.1
▪ North Bridge	4.1
▪ South Bridge	4.1
■ CMOS-Batterie	11.2.6
■ Stromanschlüsse und -arten	11.5
■ Lüfterstecker	11.3
■ Frontplatten-/Deckplattenstecker	5.4
▪ USB	5.4
▪ Audio	5.4
▪ Netzschalter	5.4
▪ Netzkontrolllampe	5.4
▪ Laufwerksaktivitätsanzeige	5.4
▪ Reset-Taste	5.4
■ Busgeschwindigkeiten	5.6
1.3 Vergleich und Gegenüberstellung verschiedener RAM-Typen und deren Merkmale.	
■ Typen	4.3
▪ DDR	4.3.2

1.0 Hardware	Kapitel/ Abschnitt
■ DDR2	4.3.2
■ DDR3	4.3.2
■ SODIMM	4.3.4
■ DIMM	4.3.4
■ Parität oder Nicht-Parität	4.3.1
■ ECC oder Nicht-ECC	4.3.1
■ RAM-Konfigurationen	4.3.3
○ Einkanal oder Zweikanal oder Dreikanal	4.3.3
■ Einseitig oder doppelseitig	4.3.4
■ Gepuffert oder ungepuffert	4.3.1
■ RAM-Kompatibilität	4.3
1.4 Installieren und Konfigurieren von PC-Erweiterungskarten.	
■ Soundkarten	11.8
■ Grafikkarten	11.8
■ Netzwerkkarten	11.8
■ USB-Karten	11.8
■ FireWire-Karten	11.8
■ Thunderbolt-Karten	11.8
■ Speicherkarten	11.8
■ Modem-Karten	11.8
■ Wireless-/Mobilfunkkarten	11.8
■ TV-Tunerkarten	11.8
■ Video-Capture-Karten	11.8
■ Riser-Karten	11.8
1.5 Installieren und Konfigurieren von Speichergeräten und Nutzung geeigneter Medien.	
■ DVD-Laufwerke	7.4
■ CD-ROM/CD-RW	7.4.1
■ DVD-ROM/DVD-RW/DVD-RW DL	7.4.2
■ Blu-ray	7.4.3
■ BD-R	7.4.3
■ BD-RE	7.4.3
■ Magnetfestplattenlaufwerke	7.1
■ 5400 U/min	7.1.1
■ 7200 U/min	7.1.1

1.0 Hardware	Kapitel/ Abschnitt
▪ 10.000 U/min	7.1.1
■ Hot-Swap-fähige Laufwerke	7.1.4
■ Solid State/Flash Drives	7.2, 7.3
▪ Compact Flash	7.3.2
▪ SD	7.3.2
▪ Micro-SD	7.3.2
▪ Mini-SD	7.3.2
▪ xD	7.3.2
▪ SSD	7.2
▪ Hybrid	7.2
▪ eMMC	7.2
■ RAID-Typen	7.1.5
▪ 0	7.1.5
▪ 1	7.1.5
▪ 5	7.1.5
▪ 10	7.1.5
■ Bandlaufwerk	7.5
■ Speichermedienkapazität	7.4, 7.5
▪ CD	7.4.1
▪ CD-RW	7.4.1
▪ DVD-RW	7.4.2
▪ DVD	7.4.2
▪ Blu-ray	7.4.3
▪ Band	7.5
▪ DVD DL	7.4.2
1.6 Installieren von verschiedenen Typen von CPUs und Anwendung der geeigneten Kühlmethoden.	
■ Sockeltypen	4.1.3
▪ Intel: 775, 1155, 1156, 1366, 1150, 2011	4.1.3
▪ AMD: AM3, AM3+, FM1, FM2, FM2+	4.1.3
■ Eigenschaften	4, 11
▪ Geschwindigkeiten	4.1.1
▪ Cores	4.1.1
▪ Cache-Größe/-Typ	4.1.5
▪ Hyper-Threading	4.1.1

1.0 Hardware	Kapitel/ Abschnitt
■ Virtualisierungsunterstützung	11.2.3
■ Architektur (32 Bit oder 64 Bit)	4.1.2
■ Integrierter Grafikprozessor	4.1.2
■ Execute Disable Bit	4.4
■ Kühlung	11.3
■ Kühlkörper	11.3.4
■ Lüfter	11.3.3
■ Wärmeleitpaste	11.3.2
■ auf Flüssigkeitsbasis	11.3.5
■ Lüfterlos/passiv	11.3.1
1.7 Vergleich und Gegenüberstellung verschiedener PC-Anschlussschnittstellen, deren Eigenschaften und Zweck.	
■ Physische Verbindungen	6
■ USB 1.1 oder 2.0 oder 3.0	6.4
○ Steckertypen: A, B, Mini, Micro	6.4.3
■ FireWire 400 oder FireWire 800	6.5
■ SATA1 oder SATA2 oder SATA3, eSATA	6.1
■ Weitere Steckertypen	6, 8, 23
○ VGA	8.5.5
○ HDMI	8.5.5
○ DVI	8.5.5
○ Audio	8.7
○ Analog	8.7
○ Digital (optischer Stecker)	8.7
○ RJ-45	23.4.1
○ RJ-11	23.4.1
○ Thunderbolt	6.6
■ Drahtlose Verbindung	23.6
■ Bluetooth	23.6.2
■ RF	23.6.3
■ IR	23.6.1
■ NFC	23.6.4
■ Eigenschaften	3, 6
■ Analog	3.1
■ Digital	3.1

1.0 Hardware	Kapitel/ Abschnitt
■ Entfernungsbeschränkungen	6
■ Datenübertragungsraten	6.9
■ Qualität	6
■ Frequenzen	6
1.8 Installieren einer Stromversorgung nach vorgegebenen Spezifikationen.	
■ Steckerarten und ihre Spannungen	11.5
■ SATA	11.5
■ Molex	11.5
■ 4/8-Pin 12V	11.5
■ PCIe 6/8-Pin	11.5
■ 20-Pin	11.5
■ 24-Pin	11.5
■ Spezifikationen	11.5
■ Leistung	11.5
■ Zweischienensystem	11.5
■ Größe	11.5
■ Anzahl von Steckern	11.5
■ ATX	11.5
■ Mikro-ATX	11.5
■ Zweispannungsoptionen	11.5
1.9 Wählen der geeigneten Komponenten für eine kundenspezifische PC-Konfiguration zur Erfüllung von Spezifikationen oder Bedürfnissen des Kunden bei einem gegebenen Szenario.	
■ Grafik/CAD/CAM Design-Workstation	11.1.2
■ Multicore-Prozessor	11.1.2
■ High-End-Grafik	11.1.2
■ Maximale RAM-Bestückung	11.1.2
■ Workstation zur Audio-/Video-Bearbeitung	11.1.2
■ Spezialisierte Sound- und Grafikkarte	11.1.2
■ Großes schnelles Festplattenlaufwerk	11.1.2
■ Zwei Monitore	11.1.2
■ Virtualisierungs-Workstation	11.1.2
■ Maximale RAM- und CPU-Core-Bestückung	11.1.2
■ Spiele-PC	11.1.3
■ Multicore-Prozessor	11.1.3
■ High-End-Grafik/Spezialisierter Grafikprozessor	11.1.3

1.0 Hardware	Kapitel/ Abschnitt
▪ HD-Soundkarte	11.1.3
▪ High-End-Kühlung	11.1.3
■ Heimkino-PC	11.1.3
▪ Surround-Sound-Anlage	11.1.3
▪ HDMI-Ausgang	11.1.3
▪ HTPC-Kompaktformfaktor	11.1.3
▪ TV-Tuner	11.1.3
■ Standard Thick Client	11.1.1
▪ Desktop-Anwendungen	11.1.1
▪ Erfüllt die empfohlenen Anforderungen für ausgewählte Betriebssysteme	11.1.1
■ Thin Client	11.1.4
▪ Basisanwendungen	11.1.4
▪ Erfüllt die Mindestanforderungen für ausgewählte Betriebssysteme	11.1.4
▪ Netzwerkverbindung	11.1.4
■ Heimserver-PC	11.1.3
▪ Streamen von Medien	11.1.3
▪ Filesharing	11.1.3
▪ Druckerfreigabe	11.1.3
▪ Gigabit-Netzwerkkarte	11.1.3
▪ RAID-Array	11.1.3
1.10 Vergleich und Gegenüberstellung der Typen von Anzeigegeräten und deren Merkmalen.	
■ Typen	8.5
▪ LCD	8.5.2
○ TN oder IPS	8.5.2
○ Fluoreszierende oder LED-Hintergrundbeleuchtung	8.5.2
▪ Plasma	8.5
▪ Projektor	8.5.6
▪ OLED	8.5.2
■ Wiederholrate/Bildfrequenz	8.5
■ Auflösung	8.5.4
■ Native Auflösung	8.5.4
■ Helligkeit/Lumen	8.5.6
■ Analog oder Digital	8.5
■ Blickschutz-/Blendschutzfilter	28.7

1.0 Hardware	Kapitel/ Abschnitt
■ Mehrere Anzeigen	8.5.5
■ Seitenverhältnisse	8.5.4
■ 16:9	8.5.4
■ 16:10	8.5.4
■ 4:3	8.5.4
1.11 Erkennen gebräuchlicher PC-Steckertypen und der zugehörigen Kabel.	
■ Monitorsteckertypen	8, 23
■ DVI-D	8.5.5
■ DVI-I	8.5.5
■ DVI-A	8.5.5
■ DisplayPort	8.5.5
■ RCA	8.5.5
■ HD15 (d.h. DE15 oder DB15)	8.5.5
■ BNC	23.4.3
■ miniHDMI	8.5.5
■ miniDin-6	8.5.5
■ Monitorkabeltypen	8, 23
■ HDMI	8.5.5
■ DVI	8.5.5
■ VGA	8.5.5
■ Komponenten-Videokabel	8.5.5
■ Composite-Kabel	8.5.5
■ Koaxialkabel	23.4.3
■ Gerätekabel und -stecker	6, 8
■ SATA	6.1
■ eSATA	6.1
■ USB	6.4
■ FireWire (IEEE1394)	6.5
■ PS/2	8.1.2
■ Audio	8.7
■ Adapter und Konverter	12.4
■ DVI zu HDMI	12.4
■ USB A zu USB B	12.4
■ USB zu Ethernet	12.4
■ DVI zu VGA	12.4
■ Thunderbolt zu DVI	12.4

1.0 Hardware	Kapitel/ Abschnitt
■ PS/2 zu USB	12.4
■ HDMI zu VGA	12.4
1.12 Installieren und Konfigurieren von gebräuchlichen Peripheriegeräten.	
■ Eingabegeräte	8, 27
■ Maus	8.1.2
■ Tastatur	8.1.1
■ Scanner	8.4
■ Strichcodelesegerät	8.4
■ Biometrische Geräte	8.2
■ Spielekonsolen	8.1.7
■ Joysticks	8.1.7
■ Grafiktablett	8.1.6
■ Bewegungssensor	27.2.1
■ Touchpads	8.1.4
■ Smart Card-Lesegeräte	8.2
■ Digitalkameras	8.8
■ Mikrofon	8.7
■ Webcam	8.8
■ Camcorder	8.8
■ Ausgabegeräte	8, 9, 12
■ Drucker	9
■ Lautsprecher	12.5
■ Anzeigegeräte	8.5
■ Ein- und Ausgabegeräte	3, 8
■ Touchscreen	8.1.5
■ KVM	8.3
■ Smart-TV	3.5.1
■ Set-Top-Box	3.5.1
■ MIDI-fähige Geräte	8.7
1.13 Installieren von SOHO-Multifunktionsgeräten/Druckern und Konfigurieren der jeweiligen Einstellungen.	
■ Richtige Treiber für ein gegebenes Betriebssystem verwenden	9.8
■ Konfigurationseinstellungen	9.8
○ Duplex	9.8
○ Sortieren	9.8

1.0 Hardware	Kapitel/ Abschnitt
○ Ausrichtung	9.8
○ Qualität	9.8
■ Device Sharing	9.8
■ Kabelgebunden	9.8
○ USB	9.8
○ Seriell	9.8
○ Ethernet	9.8
■ Drahtlos	9.8
○ Bluetooth	9.8
○ 802.11(a,b,g,n,ac)	9.8
○ Infrastruktur oder Adhoc	9.8
■ Integrierter Druckserver (Hardware)	9.8
■ Cloud-Drucken/Remote-Drucken	9.7
■ Öffentliche/gemeinsam genutzte Geräte	9.8
■ Gemeinsame Nutzung von lokalen/Netzwerkgeräten über Betriebssystemeinstellungen	9.8
○ TCP/Bonjour/AirPrint	9.8
■ Datenschutz	9.8
○ Benutzerauthentifizierung am Gerät	9.8
○ Festplatten-Caching	9.8
1.14 Vergleich und Gegenüberstellung der Unterschiede zwischen verschiedenen Drucktechnologien und dem zugehörigen Bildverarbeitungsprozess.	
■ Laserdrucker	17.3.2
■ Bildtrommel, Fixiereinheit, Transferband, Farbübertragwalze, Einzugsrollen, getrennte Pads, Duplexeinheit	17.3.2
■ Bildverarbeitungsprozess: Verarbeiten, Aufladen, Belichten, Entwickeln, Transferieren, Fixieren und Reinigen	17.3.2
■ Tintenstrahldrucker	13.7.4
■ Tintenpatrone, Druckkopf, Walze, Einzug, Duplexeinheit, Druckwagen und Riemen	13.7.4
■ Kalibrierung	13.7.4
■ Thermodrucker	13.7.1
■ Einzugsvorrichtung, Heizelement	13.7.1
■ Spezial-Thermopapier	13.7.1
■ Mechanischer Drucker	13.7.3
■ Druckkopf, Band, Traktortransport	13.7.3

1.0 Hardware	Kapitel/ Abschnitt
■ Impact-Papier	13.7.3
■ Virtuell	9.7
■ In Datei drucken	9.7
■ In PDF drucken	9.7
■ In XPS drucken	9.7
■ In Bild drucken	9.7
1.15 Durchführen einer ordnungsgemäßen Druckerwartung bei einem gegebenen Szenario.	
■ Laserdrucker	9.3
■ Toner wechseln, Wartungskit anwenden, Kalibrierung, Reinigung	9.3
■ Thermodrucker	9.2
■ Papier wechseln, Heizelement reinigen, Ablagerungen entfernen	9.2
■ Mechanischer Drucker	9.1
■ Band wechseln, Druckkopf wechseln, Papier wechseln	9.1
■ Tintenstrahldrucker	9.4
■ Köpfe reinigen, Patronen wechseln, Kalibrierung, Papierstaus beheben	9.4

2.0 Netzwerke	Kapitel/ Abschnitt
2.1 Erkennen der verschiedenen Typen von Netzwerkkabeln und -steckern.	
■ Glasfaser	23.4.4
■ Stecker: SC, ST und LC	23.4.4
■ Twisted Pair	23.4.1
■ Stecker: RJ-11, RJ-45	23.4.1
■ Verkabelungsstandards T568A, T568B	23.4.1
■ Koaxial	23.4.3
■ Stecker: BNC, F-Stecker	23.4.3
2.2 Vergleich und Gegenüberstellung der Eigenschaften von Steckern und Kabeln.	
■ Glasfaser	23.4.4
■ Typen (Singlemode oder Multimode)	23.4.4
■ Geschwindigkeits- und Übertragungsbeschränkungen	23.4.4
■ Twisted Pair	23.4.1
■ Typen: STP, UTP, CAT3, CAT5, CAT5e, CAT6, CAT6e, CAT7, Plenum, PVC	23.4.1

2.0 Netzwerke	Kapitel/ Abschnitt
▪ Geschwindigkeits- und Übertragungsbeschränkungen	23.4.1
▪ Splitter und Auswirkungen auf die Signalqualität	23.4.1
■ Koaxial	23.4.3
▪ Typen: RJ-6, RJ-59	23.4.3
▪ Geschwindigkeits- und Übertragungsbeschränkungen	23.4.3
▪ Splitter und Auswirkungen auf die Signalqualität	23.4.3
2.3 Erläutern der Eigenschaften und Charakteristika von TCP/IP.	
■ IPv4 oder IPv6	24.1
■ Öffentlich oder Privat oder APIPA/Link lokal	24.2
■ Statisch oder dynamisch	24.2
■ Client-seitige DNS-Einstellungen	24.2.2
■ Client-seitiges DHCP	24.2.3
■ Subnetzmaske oder CIDR	24.2.1
■ Gateway	25.1.2
2.4 Erläutern von gebräuchlichen TCP- und UDP-Ports, -Protokollen und deren Zweck.	
■ Ports	21, 24
▪ 21 – FTP	24.3.2
▪ 22 – SSH	24.3.7
▪ 23 – TELNET	24.3.6
▪ 25 – SMTP	24.3.8
▪ 53 – DNS	24.2.2
▪ 80 – HTTP	24.3.3
▪ 110 – POP3	24.3.9
▪ 143 – IMAP	24.3.9
▪ 443 – HTTPS	24.3.3
▪ 3389 – RDP	21.5.8
▪ 137-139 NetBIOS/NetBT	24.3.1
▪ 445 – SMB/CIFS	24.3.1
▪ 427 – SLP	24.2.1
▪ 548 – AFP	24.2.1
■ Protokolle	24
▪ DHCP	24.2.3
▪ DNS	24.2.2
▪ LDAP	24.2.4

2.0 Netzwerke	Kapitel/ Abschnitt
■ SNMP	24.3.10
■ SMB	24.3.1
■ CIFS	24.3.1
■ SSH	24.3.7
■ AFP	24.2.1
■ TCP oder UDP	24.1
2.5 Vergleich und Gegenüberstellung verschiedener WiFi-Netzwerkstandards und Verschlüsselungstypen.	
■ Standards	23.5
■ 802.11 a/b/g/n/ac	23.5
■ Geschwindigkeiten, Entfernungen und Frequenzen	23.5
■ Verschlüsselungstypen	28.6
■ WEP, WPA, WPA2, TKIP, AES	28.6
2.6 Installieren und Konfigurieren eines drahtlosen/kabelgebundenen SOHO-Routers und Anwenden der richtigen Einstellungen.	
■ Kanäle	25.3
■ Portweiterleitung, Port Triggering	28.5.4
■ DHCP (ein/aus)	25.1.3
■ DMZ	28.5.4
■ NAT/DNAT	25.1.5
■ Basic QoS	23.9
■ Firmware	28.5
■ UPnP	25.1.4
2.7 Vergleich und Gegenüberstellung von Internet-Verbindungstypen, Netzwerktypen und deren Merkmalen.	
■ Internet-Verbindungstypen	23.8
■ Kabel	23.8.3
■ DSL	23.8.2
■ Wählverbindung	23.8.1
■ Glasfaser	23.8.5
■ Satellit	23.8.4
■ ISDN	23.8.1
■ Mobilfunk	23.8.6
○ Tethering	23.8.6
○ Mobiler Hotspot	23.8.6
■ Drahtloser Internet-Dienst für Geräte in Sichtverbindung	23.6

2.0 Netzwerke	Kapitel/ Abschnitt
■ Netzwerktypen	23.2
■ LAN	23.2
■ WAN	23.2
■ PAN	23.2
■ MAN	23.2
2.8 Vergleich und Gegenüberstellung von Netzwerkarchitekturgeräten, deren Funktionen und Merkmalen.	
■ Hub	23.7.2
■ Switch	23.7.4
■ Router	23.7.6
■ Zugangspunkt	23.7.3
■ Bridge	23.7.3
■ Modem	23.7.5
■ Firewall	28.5.4
■ Patchfeld	26.6
■ Repeater/Extender	23.7.2
■ Ethernet über Stromleitung	23.4.5
■ PoE-Injektor (Strom über Ethernet-Kabel)	23.7.4
2.9 Anwenden der richtigen Netzwerk-Tools bei einem gegebenen Szenario.	
■ Crimpzange	26.6
■ Abisolierzange	26.6
■ Multimeter	26.6
■ Kabelsuch- und Testgerät	26.6
■ Kabeltester	26.6
■ Loopback-Stecker	26.6
■ LSA-Auflegewerkzeug	26.6
■ WiFi-Analysator	26.7

3.0 Mobilgeräte	Kapitel/ Abschnitt
3.1 Installieren und Konfigurieren von Laptop-Hardware und Komponenten.	
■ Erweiterungsoptionen	12
■ Express-Karte /34	12.4
■ Express-Karte /54	12.4
■ SODIMM	12.3

3.0 Mobilgeräte	Kapitel/ Abschnitt
▪ Flash	12.3
▪ Ports/Adapter	12.4
○ Thunderbolt	12.4
○ DisplayPort	12.4
○ USB zu RJ-45-Dongle	12.4
○ USB zu WiFi-Dongle	12.4
○ USB zu Bluetooth	12.4
○ DVD-Laufwerk mit USB	12.4
■ Hardware-/Geräteaustausch	14
▪ Tastatur	14.4
▪ Festplattenlaufwerk	14.3
○ SSD oder Hybrid oder Magnetplatte	14.3
○ 1,8" oder 2,5"	14.3
▪ Speicher	14.3
▪ Smart Card-Lesegerät	14.8
▪ DVD-Laufwerk	14.8
▪ Wireless-Karte	14.6
▪ Mini-PCIe	14.6
▪ Bildschirm	14.5
▪ DC-Buchse	14.2
▪ Batterie	14.2
▪ Touchpad	14.4
▪ Plastik/Rahmen	14.7
▪ Lautsprecher	14.1
▪ Systemboard	14.1
▪ Zentraleinheit (CPU)	14.1
3.2 Erläutern der Funktion von Komponenten im Display eines Laptops.	
■ Typen	8.5.2
▪ LCD	8.5.2
○ TN oder IPS	8.5.2
○ Fluoreszierende oder LED-Hintergrundbeleuchtung	8.5.2
▪ OLED	8.5.2
■ WiFi-Antennenstecker/Anordnung	14.6
■ Webcam	8.8

3.0 Mobilgeräte	Kapitel/ Abschnitt
■ Mikrofon	8.7
■ Inverter	8.5.2
■ Digitizer	8.1.4
3.3 Anwenden der richtigen Laptop/ Merkmale bei einem gegebenen Szenario.	
■ Spezielle Funktionstasten	14.4
■ Doppelanzeigen	14.4
■ Drahtloses Netz (ein/aus)	14.4
■ Mobilfunk (ein/aus)	14.4
■ Lautstärkeeinstellungen	14.4
■ Bildschirmhelligkeit	14.4
■ Bluetooth (ein/aus)	14.4
■ Tastaturbeleuchtung	14.4
■ Touchpad (ein/aus)	14.4
■ Bildschirmausrichtung	14.4
■ Medienoptionen (Schnellvorlauf/Rücklauf)	14.4
■ Bluetooth (ein/aus)	14.4
■ Flugmodus	14.4
■ Docking Station	12.3
■ Physisches Laptop-Schloss und Kabelschloss	12.6
■ Drehbare/abnehmbare Filter	28.7
3.4 Erläutern der Eigenschaften verschiedener Typen von anderen Mobilgeräten.	
■ Tablets	3.4
■ Smartphones	3.4
■ Wearable-Technologiegeräte	3.5.2
■ Smart Watches	3.5.2
■ Fitness Tracker	3.5.2
■ Brillen und Kopfhörer	3.5.2
■ Phablets	3.4
■ eBook Reader	3.5.1
■ Intelligente Kamera	8.8
■ GPS	8.8
3.5 Vergleich und Gegenüberstellung von Zubehör und Ports anderer Mobilgeräte.	
■ Verbindungstypen	12, 23, 25
■ NFC	23.6.4

3.0 Mobilgeräte	Kapitel/ Abschnitt
■ Proprietäre verkäuferspezifische Ports (Kommunikation/Strom)	12.5
■ microUSB/miniUSB	12.5
■ Lightning	12.5
■ Bluetooth	23.6.2
■ IR	23.6.4
■ Hotspot/Tethering	25.4.4
■ Zubehörteile	12.5
■ Kopfhörer	12.5
■ Lautsprecher	12.5
■ Spielekonsolen	12.5
■ Docking-Station	12.5
■ Zusatz-Batteriepacks/Batterieladegeräte	12.5
■ Schutzhüllen/Abdichtung gegen Wasser	12.5
■ Kreditkarten-Lesegeräte	12.5
■ Speicher/MicroSD	12.5

4.0 Fehlerbehebung bei Hardware und Netzwerken	Kapitel/ Abschnitt
4.1 Beheben von häufigen Problemen in Bezug auf Motherboards, RAM, CPU und Stromversorgung mit geeigneten Werkzeugen bei einem gegebenen Szenario.	
■ Häufige Symptome	13
■ Unerwartete Abschaltungen	13.1.3
■ Einfrieren des Systems	13.1.4
■ POST-Code-Pieptöne	13.1.1
■ Leerer Bildschirm beim Booten	13.3
■ BIOS-Uhrzeit und Einstellungen setzen sich zurück	13.2.1
■ Versuche, zum falschen Gerät zu booten	13.2.1
■ Ständiges Neubooten	13.1.3
■ Kein Strom	13.8
■ Überhitzung	13.1.4
■ Lautes Geräusch	13.1.5
■ Intermittierender Gerätefehler	13.9
■ Lüfter drehen sich – andere Geräte erhalten keinen Strom	13.1.5
■ Anzeigelampen	13.1.5

4.0 Fehlerbehebung bei Hardware und Netzwerken	Kapitel/ Abschnitt
▪ Rauch	13.8
▪ Brandgeruch	13.8
▪ Proprietäre Absturzbildschirme	13.3
▪ Aufgeblähte Kondensatoren	13.2
■ Werkzeuge	26.6
▪ Multimeter	26.6
▪ Strommessgerät	26.6
▪ Loopback-Stecker	26.6
▪ POST-Karte/USB	26.6
4.2 Reparieren von Festplattenlaufwerken und RAID-Arrays mit geeigneten Werkzeugen bei einem gegebenen Szenario.	
■ Häufige Symptome	13.2, 13.4
▪ Schreib-/Lesefehler	13.4.1
▪ Langsame Leistung	13.4.1
▪ Lautes Klickgeräusch	13.4.1
▪ System bootet nicht	13.2.2
▪ Laufwerk nicht erkannt	13.2.2
▪ Betriebssystem nicht gefunden	13.4.1
▪ RAID nicht gefunden	13.4.1
▪ RAID hört auf zu arbeiten	13.4.1
▪ Proprietäre Absturzbildschirme (blauer Bildschirm/Windrad)	13.4.1
▪ S.M.A.R.T.-Fehler	13.4.1
■ Werkzeuge	10, 16, 21
▪ Schraubendreher	10.1
▪ Außengehäuse	10.1
▪ CHKDSK	16.6.4
▪ FORMAT	16.6.4
▪ Dateiwiederherstellungs-Software	21.8
▪ Bootrec	21.8.4
▪ Diskpart	21.5.3
▪ Defragmentierungstool	21.5.1
4.3 Beheben von häufigen Video-, Projektor- und Anzeigeproblemen bei einem gegebenen Szenario.	
■ Häufige Symptome	13.3
▪ VGA-Modus	13.3

4.0 Fehlerbehebung bei Hardware und Netzwerken	Kapitel/ Abschnitt
■ Kein Bild auf dem Bildschirm	13.3
■ Abschalten wegen Überhitzung	13.3
■ Tote Pixel	13.3
■ Bildartefakte	13.3
■ Falsche Farbmuster	13.3
■ Dunkles Bild	13.3
■ Bildflackern	13.3
■ Bildverzerrung	13.3
■ Geometrieverzerrung	13.3
■ Einbrennen	13.3
■ Übergroße Bilder und Symbole	13.3
4.4 Reparieren von drahtlosen und kabelgebundenen Netzwerken mit geeigneten Werkzeugen bei einem gegebenen Szenario.	
■ Häufige Symptome	
■ Keine Verbindung	26.1
■ APIPA/lokale Verbindungsadresse	26.3
■ Eingeschränkte Verbindung	26.3
■ Lokale Verbindung	26.2
■ Sporadische Verbindung	26.7
■ IP-Konflikt	26.3
■ Langsame Datenübertragungsraten	26.3
■ Schwaches RF-Signal	26.3
■ SSID nicht gefunden	26.7
■ Hardwaretools	26.6
■ Kabeltester	26.6
■ Loopback-Stecker	26.6
■ LSA-Auflegewerkzeuge	26.6
■ Kabelsuch- und Testgerät	26.6
■ Abisolierzangen	26.6
■ Crimpzange	26.6
■ Suchfunktion für drahtlose Netzwerke	26.6
■ Befehlszeilen-Tools	26
■ PING	26.3.2
■ IPCONFIG/IFCONFIG	26.3.1
■ TRACERT	26.3.3

4.0 Fehlerbehebung bei Hardware und Netzwerken	Kapitel/ Abschnitt
■ NETSTAT	26.3.4
■ NBTSTAT	26.4.1
■ NET	26.3.5
■ NETDOM	26.3.5
■ NSLOOKUP	26.4.2
4.5 Beheben und Reparieren von häufigen Problemen mit Mobilgeräten unter Einhaltung der ordnungsgemäßen Verfahren.	
■ Häufige Symptome	
■ Keine Anzeige	14.5
■ Dunkle Anzeige	14.5
■ Flackernde Anzeige	14.5
■ Tasten bleiben stecken	14.4
■ Intermittierende drahtlose Verbindung	14.6
■ Batterie wird nicht geladen	14.2
■ Geister-Cursor/Zeigerdrift	14.4
■ Kein Strom	14.2
■ Num-Lock-Anzeige leuchtet	14.4
■ Keine drahtlose Verbindung	14.6
■ Keine Bluetooth-Verbindung	14.6
■ Keine Anzeige an externem Monitor	14.8
■ Touchscreen reagiert nicht	14.9
■ Apps werden nicht geladen	14.9
■ Langsame Leistung	14.1
■ E-Mail kann nicht entschlüsselt werden	14.9
■ Äußerst kurze Batterielebensdauer	14.2
■ Überhitzung	14.1
■ System eingefroren	14.1
■ Kein Ton aus den Lautsprechern	14.1
■ GPS funktioniert nicht	14.6
■ Aufgeblähte Batterie	14.2
■ Demontageprozesse für den richtigen Wiederzusammenbau	14.1

4.0 Fehlerbehebung bei Hardware und Netzwerken	Kapitel/ Abschnitt
■ Dokumentieren und Kennzeichnen von Kabel- und Schraubenpositionen	14.1
■ Teile organisieren	14.1
■ Ressourcen des Herstellers heranziehen	14.1
■ Verwendung geeigneter Handwerkzeuge	14.1
4.6 Reparieren von Druckern mit geeigneten Werkzeugen bei einem gegebenen Szenario.	
■ Häufige Symptome	
■ Streifen	13.7
■ Blasser Druck	13.7
■ Geisterbilder	13.7
■ Toner nicht auf Papier fixiert	17.3.2
■ Zerknittertes Papier	13.7
■ Kein Papiereinzug	13.7
■ Papierstau	13.7
■ Keine Verbindung	13.7
■ Verstümmelte Zeichen auf dem Papier	13.7
■ Senkrechte Linien auf der Seite	13.7
■ Hängende Druckerwarteschlange	13.7
■ Fehlermeldungen, dass Speicher zu gering ist	13.7
■ Zugang verweigert	13.7
■ Drucker druckt nicht	13.7
■ Farbdruck in falscher Druckfarbe	13.7
■ Drucker kann nicht installiert werden	13.7
■ Fehlercodes	13.7
■ Druck von leeren Seiten	13.7
■ Kein Bild auf der Druckeranzeige	13.7
■ Werkzeuge	13.7
■ Wartungs-Kit	13.7
■ Tonerstaubsauger	17.3.2
■ Druckluft	13.7
■ Druckerspooler	13.7

A.1.2 Zum Examen 220-902

1.0 Windows-Betriebssysteme	Kapitel/ Abschnitt
1.1 Vergleich und Gegenüberstellung verschiedener Merkmale und Anforderungen von Microsoft-Betriebssystemen (Windows Vista, Windows 7, Windows 8, Windows 8.1).	Kapitel
■ Merkmale:	
■ 32 Bit oder 64 Bit	17.1.1 17.2.2 17.3.2
■ Aero, Gadgets, Benutzerkontensteuerung, BitLocker, Schattenkopie, Systemwiederherstellung, Ready Boost, Seitenleiste, Kompatibilitätsmodus, Virtual XP-Modus, Easy Transfer, Verwaltungstools, Defender, Windows Firewall, Sicherheitscenter, Ereignisanzeige, Dateistruktur und Pfade, Kategorieansicht oder Klassische Ansicht.	16.5
■ Nebeneinander angeordnete Apps, Metro-Oberfläche, Anheften, OneDrive, Windows Store, MultiMonitor-Aufgabenleisten, Charms, Startbildschirm, Power Shell, Live-Anmeldung, Wartungscenter.	19.1 19.5
■ Upgrade-Pfade – Unterschiede zwischen Vor-Ort-Upgrades, Kompatibilitätstools, Windows Upgrade OS Advisor	17.1.2 17.2.3 17.3.5
1.2 Installieren von Windows PC-Betriebssystemen mit geeigneten Methoden bei einem gegebenen Szenario.	
■ Bootmethoden	16, 17
■ USB	17.1.4
■ CD-ROM	17.1.4
■ DVD	17.1.4
■ PXE	17.1.4
■ Solid State/Flash Drives	16.5
■ Netboot	17.1.4
■ Externe/Hot-Swap-fähige Laufwerke	17.1.4
■ Interne Festplatte (Partition)	17.1.4
■ Installationstyp	17, 21
■ Unbeaufsichtigte Installation	17.1.4
■ Upgrade	17.1.2
■ Saubere Installation	17.1.2
■ Reparaturinstallation	17.1.2
■ Multiboot	17.1.2
■ Fernnetzinstallation	17.1.2

1.0 Windows-Betriebssysteme	Kapitel/ Abschnitt
▪ Image-Bereitstellung	17.1.2
▪ Wiederherstellung/Partition	21.8.4
▪ Aktualisieren/Wiederherstellen	21.8.4
■ Partitionierung	7.1.3
▪ Dynamische	7.1.3
▪ Grundlegende	7.1.3
▪ Primäre	7.1.3
▪ Erweiterte	7.1.3
▪ Logische	7.1.3
▪ GPT	7.1.3
■ Dateisystemtypen/Formatierung	16.3.3
▪ ExFAT	16.3.3
▪ FAT32	16.3.3
▪ NTFS	16.3.3
▪ CDFS	16.3.3
▪ NFS	16.3.3
▪ ext3, ext4	16.3.3
▪ Schnellformatierung oder vollständige Formatierung	7.1.3
■ Bei Bedarf alternative Treiber von Dritten laden	17.1.2
■ Workgroup oder Domäneneinrichtung	17.4
■ Uhrzeit-/Datums-/Regions-/Spracheinstellungen	18, 19, 20
■ Treiberinstallation, Software und Windows Updates	21.5.5
■ Wiederherstellung der Partition ab Werk	21.8.4
■ Ordnungsgemäß formatiertes Bootlaufwerk mit den richtigen Partitionen/ Format	21.8.4
1.3 Anwenden der richtigen Microsoft-Befehlszeilentools bei einem gegebenen Szenario.	
■ TASKKILL	18.1.3
■ BOOTREC	21.8.4
■ SHUTDOWN	21.5.7
■ TASKLIST	18.1.3
■ MD	16.6.4
■ RD	16.6.4
■ CD	16.6.4
■ DEL	16.6.4

1.0 Windows-Betriebssysteme	Kapitel/ Abschnitt
■ FORMAT	16.6.4
■ COPY	16.6.4
■ XCOPY	16.6.4
■ ROBOCOPY	16.6.4
■ DISKPART	21.5.3
■ SFC	28.4.3
■ CHKDSK	16.6.4
■ GPUPDATE	16.6.4
■ GPRESULT	16.6.4
■ DIR	16.6.4
■ EXIT	16.6.4
■ HELP	16.6.4
■ EXPAND	16.6.4
■ [Befehlsname] /?	16.6.4
■ Verfügbare Befehle mit Standardrechten oder Administratorrechten	16.6.4
1.4 Anwenden der richtigen Microsoft-Betriebssystemfunktionen bei einem gegebenen Szenario.	
■ Verwaltung	18, 21
■ Computerverwaltung	21
■ Gerätemanager	18.3.1
■ Lokale Benutzer und Gruppen	21.1
■ Lokale Sicherheitsrichtlinie	18.5
■ Systemmonitor	21.4
■ Dienste	18.6
■ Systemkonfiguration	18.4
■ Taskplaner	21.5.1
■ Komponentendienste	21.5
■ Datenquellen	21.5
■ Druckverwaltung	21.3
■ Windows-Arbeitsspeicherdiagnose	21.4
■ Windows Firewall	18.9.2
■ Erweiterte Sicherheit	18.9
■ MSCONFIG	21.4.2
■ Allgemeines	21.4.2
■ Booten	21.4.2

1.0 Windows-Betriebssysteme	Kapitel/ Abschnitt
■ Dienste	21.4.2
■ Starten	21.4.2
■ Tools	21.4.2
■ Task-Manager	18.1.3
■ Anwendungen	18.1.3
■ Prozesse	18.1.3
■ Leistung	18.1.3
■ Netzwerk	18.1.3
■ Benutzer	18.1.3
■ Festplattenverwaltung	21.5
■ Laufwerkstatus	21.5
■ Bereitstellen	21.5
■ Initialisierung	21.5
■ Partitionen vergrößern	21.5
■ Partitionen unterteilen	21.5
■ Partitionen verkleinern	21.5
■ Laufwerksbuchstaben zuweisen/ändern	21.5
■ Laufwerke hinzufügen	21.5
■ Arrays hinzufügen	7.1.5
■ Speicherplätze	7.1.5
■ Sonstiges	17.1.2
■ User State Migration Tool (Migrationstool für den Benutzerstatus; USMT)	17.1.2
■ Windows Easy Transfer	17.1.2
■ Windows Upgrade Advisor	17.1.2
■ Systemprogramme	16, 18, 21
■ REGEDIT	18.7
■ COMMAND	16.6.2
■ SERVICES.MSC	16.6.4
■ MMC	18.8
■ MSTSC	21.5.8
■ NOTEPAD	16.6.4
■ EXPLORER	16.6.4
■ MSINFO32	21.4.1
■ DXDIAG	21.4.3
■ DEFRAG	21.5.1

1.0 Windows-Betriebssysteme	Kapitel/ Abschnitt
■ Systemwiederherstellung	21.8.4
■ Windows Update	21.5.5
1.5 Anwenden der Programme der Windows-Systemsteuerung bei einem gegebenen Szenario	
■ Internet-Optionen	18.2
■ Verbindungen	18.2
■ Sicherheit	18.2
■ Allgemeines	18.2
■ Datenschutz	18.2
■ Programme	18.2
■ Erweitert	18.2
■ Anzeige/Anzeigeeinstellungen	18.2
■ Auflösung	18.2
■ Farbtiefe	18.2
■ Aktualisierungsrate	18.2
■ Benutzerkonten	18.2
■ Ordneroptionen	18.2
■ Versteckte Dateien anzeigen	18.2
■ Erweiterungen ausblenden	18.2
■ Allgemeine Optionen	18.2
■ Ansichtsoptionen	18.2
■ System	18.2
■ Leistung (virtueller Speicher)	18.2
■ Remoteeinstellungen	18.2
■ Computerschutz	18.2
■ Windows Firewall	18.2
■ Energieoptionen	18.2
■ Ruhezustand	18.2
■ Energiesparpläne	18.2
■ Standby/Anhalten	18.2
■ Standby-Modus	18.2
■ Programme und Funktionen	18.2
■ HomeGroup	18.2
■ Geräte und Drucker	18.2
■ Sound	18.2

1.0 Windows-Betriebssysteme	Kapitel/ Abschnitt
■ Fehlersuche	18.2
■ Netzwerk- und Freigabecenter	18.2
■ Gerätemanager	18.2
1.6 Installieren und Konfigurieren von Windows-Netzwerken auf einem Client/ Desktop-Computer.	
■ HomeGroup oder WorkGroup	17.4
■ Domänen einrichten	17.4.2
■ Netzwerkfreigaben/administrative Freigaben/Laufwerke zuordnen	21.2
■ Druckerfreigabe oder Netzwerkdrucker zuordnen	21.3
■ Netzwerkverbindungen herstellen	18.2
■ VPN	18.2
■ Wählverbindungen	18.2
■ Drahtlos	18.2
■ Kabelgebunden	18.2
■ WWAN (Mobilfunk)	18.2
■ Proxyeinstellungen	18.2
■ Remotedesktopverbindung	21.5.8
■ Remoteunterstützung	21.5.8
■ Einstellungen für Heimnetzwerk oder Firmennetzwerk oder Öffentliches Netzwerk	17.1.5
■ Firewall-Einstellungen	18.9.2
■ Ausnahmen	18.9.2
■ Konfiguration	18.9.2
■ Windows Firewall aktivieren/deaktivieren	18.9.2
■ In Windows eine andere IP-Adresse konfigurieren	17.1.5
■ IP-Adressierung	17.1.5
■ Subnetzmaske	17.1.5
■ DNS	17.1.5
■ Gateway	17.1.5
■ Netzwerkkarteneigenschaften	23.7.1
■ Halbduplex/Vollduplex/Auto	23.7.1
■ Geschwindigkeit	23.7.1
■ Wake-on-LAN	23.7.1
■ QoS	23.9
■ BIOS (auf Netzwerkkarte)	23.7.1

1.0 Windows-Betriebssysteme	Kapitel/ Abschnitt
1.7 Durchführen allgemeiner vorbeugender Wartungsverfahren mit den geeigneten Windows-Betriebssystemtools.	
■ Bewährte Methoden	16, 27
■ Geplante Sicherungen	27.3
■ Geplante Datenträgerwartung	21.5.1
■ Windows Update	21.5.5
■ Patch-Management	21.5.5
■ Treiber-/Firmware-Updates	21.5.5
■ Antivirus-/Antimalware-Updates	21.5.5
■ Tools	21, 27
■ Sicherheitskopien	27.3
■ Systemwiederherstellung	21.8.4
■ Wiederherstellungsimage	27.3
■ Programme zur Datenträgerwartung	21.5.1

2.0 Andere Betriebssysteme und Technologien	Kapitel/ Abschnitt
2.1 Erkennen von gebräuchlichen Merkmale und Funktionen der Betriebssysteme Mac OS und Linux.	
■ Bewährte Methoden	22.7
■ Geplante Sicherungen	22.7.1
■ Geplante Datenträgerwartung	22.7
■ System-Updates/App Store	22.7.2
■ Patch-Management	22.7.2
■ Treiber-/Firmware-Updates	22.7.2
■ Antivirus-/Antimalware-Updates	22.7.2
■ Tools	22.7
■ Sicherung/Time Machine	22.7.1
■ Wiederherstellen/Snapshot	22.7.1
■ Bildwiederherstellung	22.7.1
■ Programme zur Datenträgerwartung	22.7
■ Shell/Terminal	22.7.3
■ Screensharing	22.7.6
■ Force Quit	22.7

2.0 Andere Betriebssysteme und Technologien	Kapitel/ Abschnitt
■ Merkmale	22
■ Mehrere Desktops/Mission Control	22.5
■ Schlüsselbund	22.7.4
■ Spotlight	22.3.1
■ iCloud	22.7.5
■ Gesten	22.5
■ Finder	22.3.2
■ Remote Disc	22.7.6
■ Dock	22.3.1
■ Boot Camp	22.6
■ Grundlegende Linux-Befehle	22.8
■ ls	22.8
■ grep	22.8
■ cd	22.8
■ shutdown	22.8
■ pwd oder passwd	22.8
■ mv	22.8
■ cp	22.8
■ rm	22.8
■ chmod	22.8
■ chown	22.8
■ iwconfig/ifconfig	22.8
■ ps	22.8
■ su/sudo	22.8
■ apt-get	22.8
■ vi	22.8
■ dd	22.8
2.2 Einrichten und Anwenden von client-seitiger Virtualisierung bei einem gegebenen Szenario.	
■ Zweck von virtuellen Maschinen	16.4
■ Ressourcenanforderungen	16.4
■ Emulatoranforderungen	16.4
■ Sicherheitsanforderungen	16.4

2.0 Andere Betriebssysteme und Technologien	Kapitel/ Abschnitt
■ Netzwerkanforderungen	16.4
■ Hypervisor	16.4
2.3 Erkennen von grundlegenden Cloud-Konzepten.	
■ SaaS	24.5.2
■ IaaS	24.5.2
■ Paas	24.5.2
■ Öffentlich oder Privat oder Hybrid oder Gemeinschaft	24.5.2
■ Schnelle Anpassbarkeit	24.5
■ Abruf	24.5
■ Ressourcenpooling	24.5
■ Nutzungsabhängiger Dienst	24.5
2.4 Zusammenfassendes Darstellen der Eigenschaften und des Zwecks von Diensten, die von Netzwerk-Hosts bereitgestellt werden.	
■ Server-Rollen	24.4
■ Webserver	24.4
■ Dateiserver	24.4
■ Druckserver	24.4
■ DHCP-Server	24.4
■ DNS-Server	24.4
■ Proxyserver	24.4
■ Mail-Server	24.4
■ Authentifizierungsserver	24.4
■ Internet-Gerät	24.4
■ UTM	24.4
■ IDS	24.4
■ IPS	24.4
■ Legacy/eingebettete Systeme	24.4
2.5 Erkennen der Grundmerkmale von mobilen Betriebssystemen	
■ Android oder iOS oder Windows	16.7.2
■ Open Source oder Closed Source/herstellerspezifisch	16.7.2
■ App-Quelle (Play Store, App Store und Store)	16.7.2
■ Bildschirmausrichtung (Beschleunigungsmesser/Gyroskop)	16.7.2
■ Bildschirmkalibrierung	16.7.2
■ GPS und Geotracking	16.7.2
■ WiFi-Anrufe	16.7.2

2.0 Andere Betriebssysteme und Technologien	Kapitel/ Abschnitt
■ Startprogramm/Benutzeroberfläche	16.7.2
■ Virtueller Assistent	16.7.2
■ SDK/APK	16.7.2
■ Notfallmeldung	16.7.2
■ Mobiler Bezahldienst	16.7.2
2.6 Installieren und Konfigurieren einer einfachen Mobilgerät-Netzwerkverbindung und von E-Mails.	
■ Drahtloses/Mobilfunkdatennetz (aktivieren/deaktivieren)	25.4.4
■ Hotspot	25.4.4
■ Tethering	25.4.4
■ Flugmodus	25.4.4
■ Bluetooth	25.4.4
■ Bluetooth aktivieren	25.4.4
■ Koppeln aktivieren	25.4.4
■ Gerät zum Koppeln finden	25.4.4
■ Den richtigen PIN-Code eingeben	25.4.4
■ Verbindung testen	25.4.4
■ E-Mail-Konfiguration der Firma und des ISP	25.4.5
■ POP3	25.4.5
■ IMAP	25.4.5
■ Port- und SSL-Einstellungen	25.4.5
■ Exchange, S/MIME	25.4.5
■ E-Mail-Konfiguration für integrierte kommerzielle Anbieter	25.4.5
■ Google/Posteingang	25.4.5
■ Yahoo	25.4.5
■ Outlook.com	25.4.5
■ iCloud	25.4.5
■ PRI-Updates/PRL-Updates/Baseband-Updates	14.9
■ Funk-Firmware	14.9
■ IMEI oder IMSI	14.9
■ VPN	25.4.5
2.7 Zusammenfassendes Darstellen von Methoden und Daten in Bezug auf die Synchronisation von Mobilgeräten.	
■ Typen von zu synchronisierenden Daten:	16.7.2
■ Kontakte	16.7.2

2.0 Andere Betriebssysteme und Technologien	Kapitel/ Abschnitt
■ Programme	16.7.2
■ E-Mail	16.7.2
■ Bilder	16.7.2
■ Musik	16.7.2
■ Videos	16.7.2
■ Kalender	16.7.2
■ Lesezeichen	16.7.2
■ Dokumente	16.7.2
■ Standortdaten	16.7.2
■ Daten sozialer Medien	16.7.2
■ eBooks	16.7.2
■ Synchronisationsverfahren	16.7.2
■ Mit der Cloud synchronisieren	16.7.2
■ Mit dem Desktop synchronisieren	16.7.2
■ Gegenseitige Authentifizierung für mehrere Dienste (SSO)	27.1
■ Software-Anforderungen zum Installieren der Anwendung auf dem PC	16.7.2
■ Verbindungstypen, die Synchronisation ermöglichen	16.7.2

3.0 Sicherheit	Kapitel/ Abschnitt
3.1 Erkennen von häufigen Sicherheitsbedrohungen und Anfälligkeiten.	
■ Bösartige Software (Malware)	27.7
■ Spyware	27.7
■ Viren	27.7.1
■ Würmer	27.7.1
■ Trojaner	27.7.1
■ Rootkits	27.7.1
■ Ransomware	27.7.1
■ Phishing	27.7.1
■ Spear Phishing	27.7.1
■ Spoofing	27.7.1
■ Social Engineering	27.7.2
■ Shoulder Surfing	27.7.2
■ Zero-Day-Attacke	27.7.1
■ Zombie/Botnet	27.7.1

3.0 Sicherheit	Kapitel/ Abschnitt
■ Brute-Force-Attacken	27.7.1
■ Wörterbuch-Angriffe	27.7.1
■ Nichtkompatible Systeme	27.7.1
■ Verletzungen der bewährten Sicherheitsverfahren	27.5
■ Tailgating	27.2
■ Man-in-the-Middle	27.7.1
3.2 Vergleich und Gegenüberstellung von gebräuchlichen Präventionsverfahren	
■ Physische Sicherheit	27, 28
■ Türen abschließen	27.2.1
■ Personenschleuse	27.2.1
■ Kabelschlösser	27.2.3
■ Sichern physischer Dokumente/Passwörter/Schreddern	27.4
■ Biometrie	27.2
■ Ausweis	27.2.1
■ Key Fobs	27.2.1
■ RFID-Ausweis	27.2.1
■ Smart Card	27.2.3
■ Token	27.2.3
■ Blickschutzfilter	28.7
■ Zugangskontrollliste	27.2
■ Digitale Sicherheit	28
■ Antivirus-/Antimalware-Updates	28.4.1
■ Firewalls	28.5.4
■ Benutzerauthentifizierung/sichere Passwörter	28.5.1
■ Multi-Faktor-Authentifizierung	28.7
■ Verzeichnisberechtigungen	28.2
■ VPN	28.5.3
■ DLP	28.5.2
■ Ports deaktivieren	28.5.4
■ Zugriffskontrolllisten	28.2
■ Smart Card	28.7
■ E-Mail-Filter	28.4.1
■ Vertrauenswürdige/nicht vertrauenswürdige Softwarequellen	28.4
■ Benutzerschulung/AUB	28.4.1
■ Prinzip der geringsten Rechte	28.5.2

3.0 Sicherheit	Kapitel/ Abschnitt
3.3 Vergleich und Gegenüberstellung von grundlegenden Sicherheitseinstellungen des Windows-Betriebssystems.	
■ Benutzer und Gruppen	21.1
■ Administrator	21.1
■ Hauptbenutzer	21.1
■ Gast	21.1
■ Standardbenutzer	21.1
■ NTFS oder Freigabegenehmigungen	28.2
■ Zulassen oder Ablehnen	28.2
■ Verschieben oder Kopieren von Ordnern und Dateien	28.2
■ Dateiattribute	28.2
■ Gemeinsam genutzte Dateien und Ordner	28.2
■ Administrative oder lokale Freigaben	28.2
■ Berechtigungspropagierung	28.2
■ Vererbung	28.2
■ Systemdateien und -ordner	28.4.3
■ Benutzerauthentifizierung	27.1
■ Single Sign-On	27.1
■ Als Administrator oder Standardbenutzer ausführen	21.1
■ BitLocker	28.2
■ BitLocker-To-Go	16.5.3
■ EFS	28.3.1
3.4 Einrichten und Durchsetzen von bewährten Sicherheitsverfahren zum Sichern einer Workstation.	
■ Bewährte Passwortmethoden	28
■ Einstellen sicherer Passwörter	27.1
■ Passwortablauf	27.1
■ Standardbenutzernamen/Passwörter ändern	27.1
■ Vom Bildschirmschoner verlangtes Passwort	27.1
■ BIOS/UEFI-Passwörter	28.1.1
■ Passwörter verlangen	27.1
■ Kontoverwaltung	18, 21, 28
■ Benutzergenehmigungen beschränken	28.5
■ Anmeldezeitbeschränkungen	28.5
■ Gastkonten deaktivieren	21.1

3.0 Sicherheit	Kapitel/ Abschnitt
■ Sperre wegen fehlgeschlagener Versuche	28.1
■ Timeout/Bildschirmsperre	28.7
■ Autorun deaktivieren	28
■ Datenverschlüsselung	27.6
■ Patch-/Updateverwaltung	28.5.2
3.5 Vergleich und Gegenüberstellung verschiedener Methoden zum Sichern von Mobilgeräten.	
■ Bildschirmsperren	28.7
■ Fingerabdrucksperre	28.7
■ Gesichtssperre	28.7
■ Mustersperre	28.7
■ Passcodesperre	28.7
■ Remote Wipe	28.7
■ Locator-Anwendungen	28.7
■ Fernsicherungsanwendungen	28.7
■ Beschränkungen wegen fehlgeschlagener Anmeldeversuche	28.7
■ Antivirus-/Antimalware	28.7
■ Patchen/Betriebssystem-Updates	28.7
■ Biometrische Authentifizierung	28.7
■ Volle Geräteverschlüsselung	28.7
■ Multi-Faktor-Authentifizierung	28.7
■ Authentifikator-Anwendungen	28.7
■ Vertrauenswürdige oder nicht vertrauenswürdige Quellen	28.7
■ Firewalls	28.7
■ Richtlinien und Vorgehensweisen	28.7
■ Privatgerät oder firmeneigenes Handy	28.7
■ Profilsicherheitsanforderungen	28.7
3.6 Anwenden der geeigneten Datenzerstörungs- und Entsorgungsmethoden bei einem gegebenen Szenario.	
■ Physische Zerstörung	27.4
■ Schredder	27.4
■ Bohrer/Hammer	27.4
■ Elektromagnetisch (Entmagnetisierung)	27.4
■ Verbrennung	27.4
■ Verwertungsnachweis	27.4

3.0 Sicherheit	Kapitel/ Abschnitt
■ Bewährte Recycling- oder Wiederverwendungsverfahren	27.4
■ Low-Level-Format oder Standardformat	27.4
■ Überschreiben	27.4
■ Laufwerk komplett löschen	27.4
3.7 Sichern von drahtlosen und kabelgebundenen SOHO-Netzwerken bei einem gegebenen Szenario.	
■ Speziell für drahtlose Netzwerke	25, 28
■ Die Standard-SSID ändern	28.6
■ Verschlüsselung einstellen	28.6
■ SSID Broadcast deaktivieren	28.6
■ Antenne und Zugangspunkt anordnen	28.6
■ Funkleistungspegel	28.6
■ WPS	25.3.1
■ Standardbenutzernamen und Passwörter ändern	28.5
■ MAC-Filter aktivieren	28.5
■ Statische IP-Adressen zuweisen	28.5
■ Firewall-Einstellungen	28.5.4
■ Portweiterleitung/Port Mapping	28.5.4
■ Ports deaktivieren	28.5.4
■ Inhalt filtern/Elterliche Kontrollen	28.5.4
■ Firmware aktualisieren	28.5
■ Physische Sicherheit	27.2

4.0 Softwarefehlerbehebung	Kapitel/ Abschnitt
4.1 Beheben von Problemen mit PC-Betriebssystemen mit geeigneten Werkzeugen bei einem gegebenen Szenario.	
■ Häufige Symptome	21
■ Proprietäre Absturzbildschirme (blauer Bildschirm/Windrad)	21.9.1
■ System bootet nicht	21.8
■ Unsachgemäße Abschaltung	21.9
■ Spontanes Abschalten/Neustarten	21.9
■ Gerät startet nicht/erkannt	21.8
■ Meldung, dass dll-Datei fehlt	21.8
■ Dienste starten nicht	21.9
■ Kompatibilitätsfehler	21.9
■ Langsame Systemleistung	21.7

4.0 Softwarefehlerbehebung	Kapitel/ Abschnitt
■ Bootet in den abgesicherten Modus	21.8.1
■ Datei wird nicht geöffnet	21.9
■ NTLDR fehlt	21.8
■ Bootkonfigurationsdaten fehlen	21.8
■ Betriebssystem fehlt	21.8
■ Grafikoberfläche fehlt	21.8.2
■ GRUB/LILO fehlt	21.8
■ Kernel Panic	21.9
■ Grafische Oberfläche wird nicht geladen	21.8.2
■ Falsche Anordnung/Ausrichtung bei mehreren Monitoren	21.9
■ Werkzeuge	16, 18, 21
■ BIOS/UEFI	4.4.2
■ SFC	28.4.3
■ Protokolle	21.6
■ Systemwiederherstellungsoptionen	21.8
■ Reparaturdisketten	21.8.4
■ Preinstallation Environments	21.8.4
■ MSCONFIG	21.4.2
■ DEFRAG	21.5.1
■ REGSRV32	16.6.4
■ REGEDIT	18.7
■ Ereignisanzeige	21.6
■ Abgesicherter Modus	21.8.1
■ Befehlseingabeaufforderung	16.6
■ Deinstallieren/Neu installieren/Reparieren	21.9
4.2 Beheben von häufigen PC-Sicherheitsproblemen mit geeigneten Werkzeugen und bewährten Verfahren.	
■ Häufige Symptome	27
■ Popups	27.7
■ Browserumleitung	27.7
■ Sicherheitswarnungen	27.7
■ Langsame Systemleistung	27.7
■ Internetverbindungsprobleme	27.7
■ Sperre des PC/Betriebssystems	27.7
■ Anwendungsabsturz	27.7
■ Betriebssystem-Updatefehler	27.7
■ Betrügerisches Antivirusprogramm	27.7

4.0 Softwarefehlerbehebung	Kapitel/ Abschnitt
■ Spam	27.7
■ Umbenannte Systemdateien	27.7
■ Dateien verschwinden	27.7
■ Dateiberechtigungsänderungen	27.7
■ Gekaperte E-Mail	27.7
○ Antworten von Benutzern zu E-Mail	27.7
○ Automatische Antworten von unbekannten gesendeten E-Mails	27.7
■ Zugang verweigert	27.7
■ Ungültiges Zertifikat (Trusted Root CA)	27.6.4
■ Werkzeuge	28
■ Antiviren-Software	28.4
■ Antimalware-Software	28.4
■ Wiederherstellungskonsole	21.8.4
■ Terminal	22.7.3
■ Systemwiederherstellung/Snapshot	21.8.3
■ Preinstallation Environments	21.8.3
■ Ereignisanzeige	21.6
■ Aktualisieren/Wiederherstellen	21.5.5
■ MSCONFIG/Sicheres Booten	21.4.2
■ Bewährtes Verfahren zum Entfernen von Malware	28.4.2
■ Malware-Symptome identifizieren	28.4.2
■ Infiziertes System unter Quarantäne stellen	28.4.2
■ Systemwiederherstellung deaktivieren (in Windows)	28.4.2
■ Infiziertes System wiederherstellen	28.4.2
○ Antimalware-Software aktualisieren	28.4.2
○ Such- und Entfernungstechniken (abgesicherter Modus, Preinstallation Environment)	28.4.2
■ Scans planen und Updates ausführen	28.4.2
■ Systemwiederherstellung aktivieren und einen Wiederherstellungspunkt erstellen (in Windows)	28.4.2
■ Den Endbenutzer schulen	28.4.2
4.3 Beheben von häufigen Problemen bei mobilen Betriebssystemen und Anwendungen mit geeigneten Werkzeugen bei einem gegebenen Szenario.	
■ Häufige Symptome	14.9
■ Dunkle Anzeige	14.9
■ Intermittierende drahtlose Verbindung	14.9
■ Keine drahtlose Verbindung	14.9
■ Keine Bluetooth-Verbindung	14.9

4.0 Softwarefehlerbehebung	Kapitel/ Abschnitt
■ Keine Übertragung zum externen Monitor	14.9
■ Touchscreen reagiert nicht	14.9
■ Apps werden nicht geladen	14.9
■ Langsame Systemleistung	14.9
■ E-Mail kann nicht entschlüsselt werden	14.9
■ Äußerst kurze Batterielebensdauer	14.9
■ Überhitzung	14.9
■ System eingefroren	14.9
■ Kein Ton aus den Lautsprechern	14.9
■ Ungenaue Touchscreen-Reaktion	14.9
■ Systemsperre	14.9
■ Werkzeuge	14.9
■ Hard Reset (Vollrückstellung)	14.9
■ Soft Reset (Teilrückstellung)	14.9
■ Laufende Anwendungen schließen	14.9
■ Auf Werkseinstellungen zurückstellen	14.9
■ Konfigurationen/Einstellungen anpassen	14.9
■ Apps deinstallieren/neu installieren	14.9
■ Erzwungener Abbruch	14.9
4.4 Beheben von häufigen Problemen bei mobilen Betriebssystemen und Anwendungen mit geeigneten Werkzeugen bei einem gegebenen Szenario.	
■ Häufige Symptome	14.9
■ Signalabfall/schwaches Signal	14.9
■ Energieverlust	14.9
■ Langsame Datenraten	14.9
■ Unbeabsichtigte WiFi-Verbindung	14.9
■ Unbeabsichtigte Bluetooth-Kopplung	14.9
■ Durchgesickerte personenbezogene Dateien/Daten	14.9
■ Datenübertragungsgrenzwert überschritten	14.9
■ Unbefugter Kontozugang	14.9
■ Unbefugter Root-Zugriff	14.9
■ Unbefugte Standortverfolgung	14.9
■ Unbefugte Kamera-/Mikrofonaktivierung	14.9
■ Hohe Ressourcenauslastung	14.9
■ Werkzeuge	14.9
■ Anti-Malware	14.9
■ App-Scanner	14.9

4.0 Softwarefehlerbehebung	Kapitel/ Abschnitt
■ Rückstellung auf die Werkseinstellungen/Saubere Installation	14.9
■ Apps deinstallieren/neu installieren	14.9
■ WiFi-Analysator	14.9
■ Erzwungener Abbruch	14.9
■ Basisstation-Analysator	14.9
■ Sichern/wiederherstellen	14.9
○ iTunes/iCloud/Apple Konfigurator	14.9
○ Google Sync	14.9
○ OneDrive	14.9

5.0 Arbeitsabläufe	Kapitel/ Abschnitt
5.1 Anwenden der richtigen Sicherheitsverfahren bei einem gegebenen Szenario.	
■ Geräteerdung	10.1.1
■ Richtiger Behandlung und Lagerung von Komponenten	10.1.1
■ Antistatikbeutel	10.1.1
■ ESD-Ableitbänder	10.1.1
■ ESD-Matten	10.1.1
■ Selbsterdung	10.1.1
■ Umgang mit Giftmüll	10.5
■ Batterien	10.5
■ Toner	10.5.2
■ CRT	10.5
■ Persönliche Sicherheit	
■ Vor der PC-Reparatur den PC vom Netz trennen	10.1
■ Schmuck abnehmen	10.1
■ Hebetechniken	10.1.2
■ Gewichtsbeschränkungen	10.1.2
■ Schutz vor elektrischen Bränden	10.2
■ Kabelmanagement	10.2.2
■ Sicherheitsbrille	10.2
■ Luftfiltermaske	10.2
■ Einhaltung der örtlichen Bestimmungen	10.5
5.2 Anwenden der richtigen Kontrollmaßnahmen bei einem Szenario mit potenziellen Umweltauswirkungen.	
■ SDB-Dokumentation für Behandlung und Entsorgung	10.2.1
■ Achten auf Temperatur, Luftfeuchtigkeit und ordnungsgemäße Lüftung	10.3

5.0 Arbeitsabläufe	Kapitel/ Abschnitt
■ Überspannungen, Spannungsabfälle, Stromausfälle	13.8
■ Netzausfallschutz	13.8
■ Überspannungsschutz	13.8
■ Schutz vor Schwebteilchen	10.2
■ Gehäuse	10.2
■ Luftfiltermaske	10.2
■ Staub und Ablagerungen	10.2
■ Druckluft	10.2
■ Vakuen	10.2
■ Einhaltung der örtlichen Bestimmungen	10.5
5.3 Zusammenfassendes Darstellen der Behandlung von verbotenen Inhalten/ Aktivitäten und Erläutern von Datenschutz-, Lizenzierungs- und Richtlinienbegriffen.	
■ Reaktion auf einen Sicherheitsvorfall	28.8
■ Erstreaktion	28.8
○ Identifizieren	28.8
○ Über die entsprechenden Kanäle melden	28.8
○ Daten-/Geräteerhaltung	28.8
■ Nutzung der Dokumentation/Dokumentationsänderungen	28.8
■ Beweiskette	28.8
○ Verfolgen von Beweisen/Dokumentationsprozess	28.8
■ Lizenzierung/DRM/EULA	16.7.3
■ Open-Source- oder kommerzielle Lizenz	16.7.3
■ Persönliche Lizenz oder Firmenlizenz	16.7.3
■ Personenbezogene Daten	27.5
■ Einhaltung der Unternehmensrichtlinien für Endbenutzer und der bewährten Sicherheitsverfahren	27.5
5.4 Demonstrieren von ordnungsgemäßen Kommunikationstechniken und professionellem Herangehen.	
■ Geeignete Sprache verwenden – Fachjargon, Abkürzungen und Slang wenn zutreffend vermeiden	15.5.3
■ Eine positive Haltung einnehmen/Zuversicht ausstrahlen	15.5
■ Aktiv zuhören (Notizen machen) und den Kunden möglichst nicht unterbrechen	15.5
■ Kulturelle Einfühlsamkeit zeigen	15.5
■ Wo zutreffend die richtigen Berufsbezeichnungen verwenden	15.5
■ Pünktlich sein (bei Verspätung den Kunden kontaktieren)	15.5
■ Ablenkungen meiden	15.5
■ Persönliche Anrufe	15.5

5.0 Arbeitsabläufe	Kapitel/ Abschnitt
■ IMs senden/Websites von sozialen Medien	15.5
■ Gespräche mit Kollegen während des Umgangs mit dem Kunden	15.5
■ Persönliche Unterbrechungen	15.5
■ Umgang mit einem schwierigen Kunden oder einer schwierigen Situation	15.8.1
■ Auseinandersetzungen mit dem Kunden vermeiden und nicht in die Defensive gehen	15.8.1
■ Die Probleme des Kunden möglichst nicht einfach abtun	15.8.1
■ Nicht vorschnell urteilen	15.8.1
■ Für Klarheit bei den Aussagen des Kunden sorgen (offene Fragen stellen und das Problem eingrenzen, das Problem mit eigenen Worten wiederholen oder Fragen stellen, um zu prüfen, ob man den Kunden richtig verstanden hat)	15.8.1
■ Erlebnisse nicht über soziale Medien bekannt geben	15.8.1
■ Erwartungen/Zeitplan festlegen und erfüllen und dem Kunden den jeweiligen Stand mitteilen	15.5
■ Wenn zutreffend andere Reparatur-/Austauschmöglichkeiten anbieten	15.5
■ Die erbrachten Dienstleistungen ordnungsgemäß dokumentieren	15.5
■ Zu einem späteren Zeitpunkt beim Kunden/Benutzer nachfragen, ob er zufrieden ist	15.5.2
■ Ordnungsgemäß mit den vertraulichen Materialien von Kunden umgehen	15.5
■ Auf einem Computer, Desktop, Drucker usw.	15.5
5.5 Theoretisches Erläutern der Fehlerbehebung bei einem gegebenen Szenario.	
■ Stets die Unternehmensrichtlinien, -verfahren und die Auswirkungen auf das Unternehmen in Betracht ziehen, bevor Änderungen umgesetzt werden.	15.1
■ Das Problem identifizieren	15
■ Den Benutzer befragen und Änderungen erkennen, die der Benutzer am Computer vorgenommen hat; vor eigenen Änderungen Sicherungskopien erstellen.	15
■ Theorie der wahrscheinlichen Ursache erstellen (Offensichtliches hinterfragen)	15
■ Bei Bedarf anhand der Symptome eine externe oder interne Untersu- chung durchführen	15
■ Theorie testen, um Ursache zu bestimmen	15
■ Nach Bestätigung der Theorie nächste Schritte zur Problembehebung festlegen	15
■ Falls Theorie nicht bestätigt, erneut neue Theorie aufstellen oder eskalieren	15
■ Einen Aktionsplan zur Lösung des Problems aufstellen und die Lösung umsetzen	15
■ Vollständige Systemfunktionalität prüfen und gegebenenfalls präventive Maßnahmen ergreifen	15
■ Befunde, Aktionen und Ergebnisse dokumentieren	15

A.2 Antworten zu den Problemen von Kapitel 13

Problem »Startprobleme«

- Die Tastatur ist nicht richtig eingesteckt.
- Es handelt sich um einen PS/2-Anschluss: Die Pins sind verbogen.
- Die Tastatur ist defekt.
- Es handelt sich um eine neue Tastatur, Lisa hat keine Geduld, der USB-Treiber muss vom System erst installiert werden, was automatisch geschieht, jedoch mehrere Minuten dauern kann.
- Oder ganz gemein: Eine der benötigten Tasten ist defekt.

Problem »Störrische Mäuse«

- Der Untergrund ist nicht geeignet (z.B. Glastisch), und an einigen Stellen funktioniert die Abtastung nicht. Mausmatte verwenden.
- Der optische Abtaster der Maus ist defekt.
- Ein internes Gerät am selben Busstrang ist defekt. CD/DVD Brenner, Kartenleser testen. Nach dem Austausch der defekten Komponente läuft auch die Maus wieder, ohne stehen zu bleiben.

Problem »RAM ist nicht RAM«

- Der Speicherbaustein wurde nicht richtig eingebaut und sitzt nicht korrekt im Steckplatz.
- Der Baustein war defekt oder ist beim Einbau durch elektrostatische Ladung zerstört worden (Lisa und ihr Kollege haben sich nicht geerdet).
- Der falsche Baustein wurde eingesetzt. Wenn der Computer bisher einen PC2700 DDR-Speicherriegel verwendete, kann z.B. kein PC1600 eingebaut werden, wenn das Board nicht in der Lage ist herunterzutakten.
- Die Latenz oder der Waitstate lassen sich zwischen den verschiedenen Speicherriegeln nicht synchronisieren.

Problem »Und plötzlich wurde es schwarz«

- Der Prozessorventilator sitzt nicht mehr korrekt bzw. hat sich von der Befestigung gelöst. Er arbeitet zwar (man hört ihn), aber die Kühlleistung reicht aufgrund der falschen Position nicht mehr aus. Durch die Überhitzung versagt der Prozessor seinen Dienst, was zum Neustart führt.
- Der Ventilator des Prozessors arbeitet aufgrund defekter Bauteile nicht mehr richtig. Durch die Überhitzung versagt der Prozessor seinen Dienst, was zum Neustart führt. Nach einer längeren Pause hat sich der Prozessor wieder abgekühlt, und das Ganze geht von Neuem los ...

- Der Prozessor ist fehlerhaft, und durch die Erwärmung kommt es zu Fehlfunktionen.
- Ganz gemein: Der Prozessor der Grafikkarte erleidet dasselbe Schicksal, und der Neustart wird hierdurch und nicht etwa durch den Systemprozessor ausgelöst (leider ebenfalls keine Erfindung des Autors ...).

Problem »Mysteriöse Datenverluste«

- Die Festplatte weist einen Defekt auf. Einige Blöcke oder Sektoren sind nicht mehr ansprechbar, was zu unvorhersehbaren Datenverlusten führt. Die Platte muss ersetzt werden.
- Der IDE/SATA-Controller weist einen Defekt auf und spricht die Festplatte nicht mehr korrekt an. Der Controller muss ersetzt werden. Falls er on board ist, muss damit auch das ganze Mainboard ersetzt werden.

Problem »Zu guter Letzt«

Hier handelte es sich um ein typisches Problem von Arbeiten ohne Vorbereitung. Wir haben längere Zeit bei Kabel und Anschlüssen den Fehler gesucht, die Lösung war, dass der Einbau ohne ESD-Schutz erfolgte und das Mainboard einen Schaden erlitt durch elektrische Überspannung. Nur der Ersatz des Boards löste das Problem in diesem Fall.

Wie gesagt, das sind keine »theoretischen« Lösungen und vor allem daher auch nicht vollständig im Sinne einer abschließenden Aufzählung, sondern diese Probleme sind aufgetreten, und die obigen Lösungen haben diese Probleme jeweils beheben können.

A.3 Antworten zu den Kapitelfragen

Kapitel 2	Richtige Antwort
Frage 1	C
Frage 2	B
Frage 3	D
Frage 4	A
Frage 5	C
Frage 6	A, D
Frage 7	B
Frage 8	D
Frage 9	C
Frage 10	A

Fragen zu den PC-Bestandteilen		
PC vorne	1	DVD-Laufwerk (CD-Laufwerk)
	2	Card Reader
	3	Floppy Laufwerk (sofern noch vorhanden)
	4	Soft-Power-Schalter
	5	HDD-LED
	6	USB-Frontanschlüsse
	7	Audio-Anschlüsse
	8	FireWire-Anschluss
	9	USB-3.0-Anschlüsse
PC hinten	1	PS/2-Mausanschluss
	2	PS/2-Tastaturanschluss
	3	USB 2.0-Anschlüsse
	4	Serieller Anschluss (COM1)
	5	VGA-Anschluss für Monitor
	6	DVI-Anschluss für Monitor
	7	Netzwerkanschluss (RJ-45)
	8	Audiosystemanschlüsse Line in
	9	Audiosystemanschlüsse Lautsprecher
	10	Audiosystemanschlüsse Mikrofon
	11	USB-3.0-Anschlüsse
	12	DisplayPort
PC innen	1	PCI-Express 1x (mehrere Anschlüsse)
	2	Batterie
	3	SATA-Anschlüsse (mehrere Anschlüsse)
	4	PCI-Anschluss (mehrere Schnittstellen)
	5	EIDE-Anschluss (2 Anschlüsse, für RAID)
	6	BIOS
	7	Southbridge (Chipset)
	8	Northbridge (Chipset)
	9	PCI-Express 16x
	10	RAM-Bänke, Dual Channel (2 x 2)
	11	EATX-Connector (ATX 2.0 24polig) 12 Volt
	12	IDE-Floppy-Anschluss
	13	LGA-Prozessorsockel
	14	Anschlussblock für Onboard-Schnittstellen

Kapitel 3	
Frage 1	B
Frage 2	D
Frage 3	C
Frage 4	A
Frage 5	C
Frage 6	A
Frage 7	B
Frage 8	C
Frage 9	A
Frage 10	D

Kapitel 4	
Frage 1	C
Frage 2	B
Frage 3	D
Frage 4	A
Frage 5	B
Frage 6	A
Frage 7	C
Frage 8	C
Frage 9	B
Frage 10	D

Kapitel 5	
Frage 1	C
Frage 2	A, D
Frage 3	D
Frage 4	D
Frage 5	B
Frage 6	C
Frage 7	A
Frage 8	B
Frage 9	D
Frage 10	C

Kapitel 6	
Frage 1	C
Frage 2	D
Frage 3	C
Frage 4	C
Frage 5	B
Frage 6	C
Frage 7	B
Frage 8	A
Frage 9	D
Frage 10	B

Kapitel 7	
Frage 1	A
Frage 2	A
Frage 3	C
Frage 4	C
Frage 5	B
Frage 6	C
Frage 7	B D E
Frage 8	D
Frage 9	B
Frage 10	B

Kapitel 8	
Frage 1	C
Frage 2	D
Frage 3	A
Frage 4	D
Frage 5	A
Frage 6	A
Frage 7	B D E
Frage 8	D
Frage 9	B
Frage 10	A

Kapitel 9	
Frage 1	C
Frage 2	C
Frage 3	A
Frage 4	B
Frage 5	C
Frage 6	A
Frage 7	B
Frage 8	D
Frage 9	A
Frage 10	B

Kapitel 10	
Frage 1	B
Frage 2	A
Frage 3	A
Frage 4	B E
Frage 5	B C
Frage 6	B
Frage 7	D
Frage 8	C
Frage 9	B
Frage 10	A

Kapitel 11	
Frage 1	D
Frage 2	C
Frage 3	C
Frage 4	D
Frage 5	D
Frage 6	B E
Frage 7	C
Frage 8	B
Frage 9	C
Frage 10	B

Kapitel 12	
Adapter-Quiz	1 Thunderbolt – RJ45 2 DisplayPort – HDMI 3 USB – WLAN 4 USB – RJ45 5 USB – SD Card 6 Thunderbolt – USB 7 DisplayPort – HDMI
Frage 1	A
Frage 2	A
Frage 3	B
Frage 4	C
Frage 5	C
Frage 6	A
Frage 7	D
Frage 8	D
Frage 9	A
Frage 10	B

Kapitel 13	
Frage 1	B
Frage 2	D
Frage 3	B
Frage 4	A
Frage 5	A C
Frage 6	C
Frage 7	A
Frage 8	D
Frage 9	C
Frage 10	B

Kapitel 14	
Frage 1	A
Frage 2	A D
Frage 3	B
Frage 4	B
Frage 5	D
Frage 6	D
Frage 7	C
Frage 8	A B
Frage 9	B
Frage 10	D

Kapitel 15 Richtig oder	Falsch?
	01. Falsch
02. Richtig	
	03. Falsch
	04. Falsch
	05. Falsch
06. Richtig	
	07. Falsch
	08. Falsch
09. Richtig	
	10. Falsch
Frage 1	C
Frage 2	B
Frage 3	A
Frage 4	B
Frage 5	C
Frage 6	B
Frage 7	D
Frage 8	B
Frage 9	B
Frage 10	C

Kapitel 16	
Frage 1	C
Frage 2	D
Frage 3	B
Frage 4	D
Frage 5	C
Frage 6	A
Frage 7	B
Frage 8	A
Frage 9	B
Frage 10	A

Kapitel 17	
Frage 1	A
Frage 2	D
Frage 3	B
Frage 4	A
Frage 5	C
Frage 6	C
Frage 7	D
Frage 8	B
Frage 9	A
Frage 10	A

Kapitel 18	
Frage 1	B
Frage 2	C
Frage 3	D
Frage 4	A
Frage 5	D
Frage 6	D
Frage 7	B
Frage 8	A
Frage 9	D
Frage 10	A

Kapitel 19	
Frage 1	D
Frage 2	BC
Frage 3	A
Frage 4	B
Frage 5	B
Frage 6	D
Frage 7	A
Frage 8	C
Frage 9	B
Frage 10	D

Kapitel 20	
Frage 1	BC
Frage 2	B
Frage 3	A
Frage 4	C
Frage 5	D
Frage 6	C
Frage 7	A
Frage 8	A
Frage 9	B
Frage 10	D

Kapitel 21	
Frage 1	C
Frage 2	A
Frage 3	A C
Frage 4	B
Frage 5	A
Frage 6	C E
Frage 7	A
Frage 8	D
Frage 9	B
Frage 10	B

Kapitel 22	
Frage 1	B
Frage 2	A
Frage 3	C
Frage 4	B
Frage 5	D
Frage 6	A
Frage 7	A
Frage 8	B
Frage 9	D
Frage 10	C

Kapitel 23	
Frage 1	B
Frage 2	B
Frage 3	D
Frage 4	D
Frage 5	A
Frage 6	C
Frage 7	D
Frage 8	C
Frage 9	A
Frage 10	D

Kapitel 24	
Frage 1	C
Frage 2	B
Frage 3	C
Frage 4	B
Frage 5	A
Frage 6	C
Frage 7	C
Frage 8	B
Frage 9	A
Frage 10	D

Kapitel 25	
Frage 1	C
Frage 2	B
Frage 3	C
Frage 4	A
Frage 5	C
Frage 6	A
Frage 7	A
Frage 8	D
Frage 9	D
Frage 10	C

Kapitel 26	
Frage 1	D
Frage 2	F
Frage 3	B
Frage 4	B
Frage 5	D
Frage 6	A
Frage 7	B
Frage 8	B
Frage 9	D
Frage 10	A

Kapitel 27	
Frage 1	A C
Frage 2	B
Frage 3	C
Frage 4	D
Frage 5	C
Frage 6	A
Frage 7	C
Frage 8	A
Frage 9	B
Frage 10	A

Kapitel 28	
Frage 1	C
Frage 2	D
Frage 3	B
Frage 4	D
Frage 5	B
Frage 6	D
Frage 7	A
Frage 8	C
Frage 9	A
Frage 10	B

A.4 Antworten zu den Beispielfragen

A.4.1 Antworten zu Examen 220-901

Frage	Richtige Antwort	Frage	Richtige Antwort	Frage	Richtige Antwort
1	C	31	C	61	C
2	D	32	B	62	B
3	B	33	C	63	C
4	B	34	A	64	D
5	A	35	C	65	A
6	B C	36	A	66	B
7	B	37	D	67	B
8	B	38	C	68	A
9	A	39	D	69	A
10	A	40	B	70	D
11	A C	41	D	71	A
12	C	42	C	72	D
13	B	43	A	73	C
14	A	44	C	74	C
15	B	45	A	75	D
16	A B	46	D	76	B
17	B	47	D	77	D
18	B	48	D	78	B
19	B E G	49	B	79	A
20	C	50	B	80	A
21	D	51	D	81	B
22	C	52	D	82	A
23	C	53	A	83	C
24	A	54	C	84	A
25	D E	55	B	85	A
26	A	56	D	86	B
27	A B	57	D	87	A
28	A	58	C	88	B E
29	C D	59	A	89	C
30	A	60	C	90	C

Sie haben diesen Test erfolgreich absolviert, wenn Sie rund 70 Fragen richtig beantwortet haben.

A.4.2 Antworten zu Examen 220-902

Frage	Richtige Antwort	Frage	Richtige Antwort	Frage	Richtige Antwort
1	B	31	A	61	C
2	B	32	C	62	A
3	C	33	C	63	D
4	B	34	B	64	B
5	D	35	C	65	D
6	A C	36	D	66	B
7	C	37	A B	67	A
8	A	38	C	68	D
9	B	39	D	69	C
10	C	40	A	70	A
11	D	41	B	71	A
12	C	42	C	72	C
13	A	43	B	73	C
14	A	44	D	74	B
15	D	45	A C	75	B
16	B	46	B E	76	B
17	D	47	B	77	C
18	B	48	A	78	C
19	A	49	C	79	D
20	A	50	A	80	A
21	B	51	A	81	D
22	C	52	C	82	B
23	D	53	C	83	A
24	D	54	D	84	D
25	C	55	B	85	A
26	B	56	A	86	C
27	A	57	D	87	A
28	D	58	A	88	A E
29	B	59	C	89	C
30	D	60	A	90	B

Sie haben diesen Test erfolgreich absolviert, wenn Sie rund 75 Fragen richtig beantwortet haben.

A.5 Zumindest aus Nostalgie: Die ASCII-Tabelle

Die ASCII-Zeichen können aufgerufen werden, indem Sie die ALT-Taste plus den ASCII-Code eingeben.

Beispiel: ALT-64 → @

ALT		ALT		ALT		ALT		ALT		ALT		ALT	
32		64	@	96	`	128	Ç	160	á	192	+	224	Ó
33	!	65	A	97	a	129	ü	161	í	193	-	225	ß
34	"	66	B	98	b	130	é	162	ó	194	-	226	Ô
35	#	67	C	99	c	131	â	163	ú	195	+	227	Ò
36	$	68	D	100	d	132	ä	164	ñ	196	-	228	õ
37	%	69	E	101	e	133	à	165	Ñ	197	+	229	Õ
38	&	70	F	102	f	134	å	166	ª	198	ã	230	µ
39	'	71	G	103	g	135	ç	167	º	199	Â	231	þ
40	(	72	H	104	h	136	ê	168	¿	200	+	232	Þ
41	)	73	I	105	i	137	ë	169	®	201	+	233	Ú
42	*	74	J	106	j	138	è	170	¬	202	-	234	Û
43	+	75	K	107	k	139	ï	171	½	203	-	235	Ù
44	,	76	L	108	l	140	î	172	¼	204	¦	236	ý
45	-	77	M	109	m	141	ì	173	¡	205	-	237	Ý
46	.	78	N	110	n	142	Ä	174	«	206	+	238	¯
47	/	79	O	111	o	143	Å	175	»	207	¤	239	´
48	0	80	P	112	p	144	É	176	_	208	ð	240	-
49	1	81	Q	113	q	145	æ	177	_	209	Đ	241	±
50	2	82	R	114	r	146	Æ	178	_	210	Ë	242	_
51	3	83	S	115	s	147	ô	179	¦	211	Ê	243	¾
52	4	84	T	116	t	148	ö	180	¦	212	È	244	¶
53	5	85	U	117	u	149	ò	181	Á	213	i	245	§
54	6	86	V	118	v	150	û	182	Â	214	Í	246	÷
55	7	87	W	119	w	151	ù	183	À	215	Î	247	¸
56	8	88	X	120	x	152	ÿ	184	©	216	Ï	248	°
57	9	89	Y	121	y	153	Ö	185	¦	217	+	249	¨
58	:	90	Z	122	z	154	Ü	186	¦	218	+	250	·
59		91	[	123	{	155	ø	187	+	219	_	251	¹
60	<	92	\	124	|	156	£	188	+	220	_	252	³
61	=	93	]	125	}	157	Ø	189	¢	221	¦	253	²
62	>	94	^	126	~	158	×	190	¥	222	Ì	254	_
63	?	95	_	127		159	ƒ	191	+	223	_	255	

A.6 Glossar und Abkürzungen

AC	Alternating Current, Wechselstrom, für Anschlüsse von Stromkabeln oder Netzteilen
ACK	Acknowledge (Bestätigung), Signal in der TCP-Kommunikation
ACL	Access Control List (Zugriffskontrollliste) zum Schutz von Ressourcen können diese Mittels ACL nur bestimmten Gruppen oder Benutzern zur Vefügung gestellt werden
ACPI	Advanced Configuration and Power Interface. Energieeinstellungen welche im Betriebssystem vorgenommen werden können.
ACT	Activity (LED an der Netzwerkkarte)
Adapterkarte	Erweiterungskarte oder Steckkarte für einen Steckplatz
ADC	Analog Digital Converter (Analog-Digital-Wandler)
ADF	Automatic Document Feeder, Automatischer Dokumenteinzug, für Scanner oder auch bei MFP-Geräten
Adressbus	Eine Vielzahl von meist parallelen Leitungen, die eine Adresse übertragen
Adressraum	Anzahl der Objekte, die eine CPU oder ein anderer Chip adressieren kann
ADSL	Asymmetrical Digital Subscriber Line, Leitungstechnologie für Datenverkehr
AGP	Accelerated Graphics Port, Anschluss innerhalb der PCI-Architektur für Grafikkarten. Der AGP (Accelerated Graphics Port) stellt mittels Steckplatz eine Punkt-zu-Punkt-Verbindung für eine Grafikkarte zum Mainboard und per Definition keinen Bus dar. Das heißt, es hat normgemäß keine Mainboards mit mehreren AGP-Slots gegeben. Außerdem erfüllt der AGP die Spezifikation eines PCI-Steckplatzes mit einem Takt von 66 MHz. Gegenüber einem herkömmlichen PCI-Slot konnten CPU und Grafikchip Daten mit der doppelten Geschwindigkeit übertragen.
AHCI	Advanced Host Controller Interface, 64-Bit-Schnittstelle für die Ansteuerung von SATA-Geräten
ALU	Arithmetical Logical Unit (Arithmetische und logische Einheit der CPU)
AMD	Advanced Micro Devices, Hersteller von Prozessoren und Chips
AMR	Audio Modem Riser, spezieller Steckplatz in PCI-Architekturen vertreten, für Modems oder Audioerweiterungen.
ANSI	American National Standards Institute. Vergleichbar mit DIN oder ISO.
API	Application Program Interface (Schnittstelle für Anwendungsentwickler)

APIPA	Automatic Private Internet Protocol Addressing
APM	Advanced Power Management (Genormte Stromsparfunktion)
AppleTalk	(Alte) Kommunikationsprotokolle von Apple
ARM	Advanced Risc Machine, Hersteller von Prozessoren, die er designt und lizenziert, aber nicht selber herstellt, z.B. für Tablets oder Smartphones
ARP	Address Resolution Protocol, Protokoll zur Zuordnung einer IP-Adresse zu einer bestimmten physischen Adresse (MAC-Adresse)
ARQ	Automatic Retransmission reQuest
ASCII	American Standard Code for Information Interchange (Zeichentabelle)
ASIC	Application Specific Integrated Circuit, anwendungsbasierte, integrierte Schaltungen z.B. in SoC (System on a Chip)
ASPI	Advanced SCSI Programming Interface (SCSI-Programmierschnittstelle)
ASR	Automatic System Recovery, Möglichkeit der automatischen Systemwiederherstellung
Assembler	Übersetzungsprogramm, welches Befehle in Maschinencode umwandelt
AT	Advanced Technology (Der AT war der Nachfolger des PC/XT)
ATA	Advanced Technology Attachment (in Zusammenhang mit EIDE)
ATAPI	Advanced Technology Attachment Packet Interface
ATM	Asynchronous Transfer Mode
ATX	Advanced Technology Extended (Formfaktor für Mainboards und Gehäuse)
AUI	Attachment Unit Interface
A/V	Audio/Video
Basic	Beginners all purpose symbolic instruction code (Programmiersprache)
Batch	Stapelverarbeitungsdatei, Befehle werden zeilenweise abgearbeitet.
Baudrate	Übertragungsrate in Bit pro Sekunde. (Genauer: Anzahl Taktwechsel pro Sekunde, da auch noch Start-, Stopp-, und Paritätsbit mitgesandt werden.)
BBS	Bulletin Board System (Elektronisches Mailboxsystem)
Benchmark	Testverfahren zur Überprüfung von effektiven Computerleistungen
BGA	Ball Grid Array, Sockel für Prozessoren
BHO	Browser Helper Object
Binär	Dual (Zweier), bestehend aus 0 und 1
BIOS	Basic Input Output System (Grundlegendes Ein-/Ausgabesystem)

Bit	Grundlegendes Element in der elektronischen Datenverarbeitung. 1 Bit stellt die kleinste Informationseinheit (0 oder 1) dar.
Bitmap	Bilddatenformat, welches ein Bild durch verschiedene Bildpunkte darstellt
B-Kanal	Basiskanal einer ISDN-Verbindung
BNC	Bayonet-Neill-Concelman oder British Naval Connector
Booten	Starten des PCs. Laden der Grundprogramme für den Rechner.
BRI	Basic Rate Interface (ISDN-Basisanschluss)
Bridge	Hardware zur Verbindung von zwei Netzwerken auf OSI-Layer 2
BSOD	Blue Screen of Death (der berühmte Blue Screen von Windows)
BTX	Balanced Technology Extended (Mainboard-Faktor, auch Gehäuse)
Busmaster	Eine Einheit oder ein Chip, welche selbstständig einen Bus steuern kann
Byte	Kombinierte Informationseinheit aus 8 Bit
C++	Objektorientierte Programmiersprache
Cache	Schneller Zwischenspeicher, z.B. auf der CPU oder im Kontroller einer Disk
cacls	Change Access Control List (Anwendung)
CAPI	Common ISDN Application Programming Interface (Schnittstelle zwischen ISDN-Hard- und Software)
CAPTCHA	Completely Automated Public Turing Test To Tell Computers and Humans Apart
CCD	Charged Coupled Device (Halbleiterspeicher)
CCFL	Cold Cathode Fluorescent Lamp (Kaltkathodenröhre)
CD	Compact Disc
CDFS	Compact Disc File System
CD-ROM	Compact Disc-Read-Only Memory
CD-RW	Compact Disc-Rewritable
Centrino	Notebook Prozessor- und Chipsetdesign von Intel
Centronics	Standardisierter Anschluss für die parallele Ansteuerung von Druckern
CF	Compact Flash (Speicherkartentyp)
CFS	Central File System, Common File System
CGA	Color Graphics Adapter (alter Standard für Grafikkarten)
Chip	Hochintegrierter Schaltkreis mit bis zu mehreren Millionen Transistoren
CISC	Complex Instruction Set Computer, Befehlssatz einer Prozessorarchitektur

CMOS	Complementary Metal-Oxide Semiconduct
CNR	Communication Network Riser, spezieller Steckplatz in PCI-Architekturen vertreten, für Netzwerkerweiterungen.
COBOL	Programmiersprache für kommerzielle Anwendungen
COM1	Communication Port 1 (DOS-Bezeichnung für die erste serielle Schnittstelle)
Compiler	Übersetzerprogramm, welches programmierten Code in Maschinensprache codiert. Compilierte Programme laufen sehr schnell ab.
CON	DOS-Bezeichnung für Tastatur. CON leitet sich von Console ab.
Coprozessor	Spezieller Prozessor, welcher den Funktionsumfang eines bestehenden Prozessors erweitert oder unterstützt. Heute nur noch eine Funktion, früher ein Chip.
CPU	Central Processing Unit (Zentrale Verarbeitungseinheit). Die CPU bildet das Herz eines PCs.
CRIMM	Continuity-Rambus Inline Memory Module
Crossgrade	Umstieg auf ein ähnliches Produkt eines anderen Herstellers
CRT	Cathode-Ray Tube, Röhrenmonitor
CSMA/CD	Carrier Sense Multiple Access with Collision Detection
Cursor	Positionsanzeiger auf dem Bildschirm
DAC	Digital to Analog Converter (Digital-Analog-Wandler)
DAT	Digital Audio Tape
DB-25	serial communications D-shell connector, 25 pins
DB-9	9 pin D shell connector
DC	Direct Current, Gleichstrom
DDoS	Distributed Denial of Service, ein Angriff aus dem Internet gesteuert
DDR	Double Data-Rate, Verfahren bei Arbeitsspeicher diesen Typs
DDR RAM	Double Data-Rate Random Access Memory
DDR SDRAM	Double Data-Rate Synchronous Dynamic Random Access Memory
Debug	Fehlerbeseitigungsverfahren beim Erstellen und Prüfen von Programmen
DEP	Data Execution Prevention, Funktion zur Verhinderung unerlaubter Befehle
DFS	Distributed File System, Dateisystem
DHCP	Dynamic Host Configuration Protocol, zur Verteilung dynamischer IP-Adressen an Systeme im lokalen Netzwerk
DIMM	Dual Inline Memory Module, Aufbau von Arbeitsspeichern
DIN	Deutsche Industrie Norm

DIP	Dual-Inline-Package. Ein Gehäuse mit Kontakten auf gegenüberliegenden Seiten. Die DIP-Schalter sind vor allem von älteren Druckermodellen her noch bekannt (scherzhaft auch als Mäuseklaviere benannt).
D-Kanal	Steuerkanal einer ISDN-Verbindung
DLP	Digital Light Processing, Verarbeitungseinheit für Beamer
DLT	Digital Linear Tape, Bandsorte und Technologie für Bandsicherungen
DMA	Direct Memory Access
DMI	Direct Media Interface
DMZ	Demilitarisierte Zone, teilgesicherte Zone zwischen dem Internet und dem eigenen lokalen Netz zum Schutz vor Zugriffen aus dem Internet ins LAN
DNS	Domain Name Service, Domain Name Server, System zur Auflösung von Namen in IP-Adressen
DOCSIS	Data Over Cable Service Interface Specification, Spezifikationen für das Übertragen von Daten über Kabel-TV.
Dongle	An LPT- oder USB-Port aufsteckbares Gerät zum Schutz von Raubkopien
DOS	Disk Operating System (Betriebssystem), altes Betriebssystem ohne grafische Oberfläche
DPMS	Display Power Management Signaling
DRAM	Dynamic RAM, Konstruktion von Arbeitsspeicher
DSL	Digital Subscriber Line, Signal für den Internetzugang
Dump	Ausdruck des gegenwärtigen Inhalts des Arbeitsspeichers
DVD	Digital Video Drive oder Digital Versatile Disc
DVD-R	Digital Video Disc-Recordable
DVD-RAM	Digital Video Disc-Random Access Memory
DVD-ROM	Digital Video Disc-Read Only Memory
DVD-RW	Digital Video Disc-Rewritable
DVI	Digital Visual Interface, Anschluss für Monitore
E/A	Ein-/Ausgabe
EBDIC	Extended Binary Coded Dezimal Interchange Code (Binärcode, welcher vorwiegend auf Großrechnern verwendet wird)
ECC	Error Correction Code
ECP	Extended Capabilities Port (Paralleler Port, bidirektional)
EDO	Enhanced Data Out (RAM-Bausteine)
EEPROM	Electrical Eraseable PROM (Elektrisch löschbarer PROM)
EFS	Encrypting File System

EGA	Enhanced Graphics Adapter
EIDE	Enhanced Integrated Device Electronics. Erweiterung des bisherigen IDE-Standards auf zwei Controller (primär und sekundär) und damit verbunden die direkte Ansteuerung von maximal vier Geräten, namentlich Floppy, Festplatten und CD-/DVD-Laufwerken. Mit wenigen Änderungen erweiterte Ultra-DMA/33 (auch Ultra-ATA genannt) und später ATA-66/100/133 die etablierte EIDE-Schnittstelle. Entsprechend der genannten Zahl erhöhte sich auch die Geschwindigkeit für die Datenübertragung auf 66 der 100 bzw. 133 MB/s. Um dabei keine Probleme mit dem günstigen IDE-Kabel zu bekommen, wurde mit der neuen Betriebsart eine zusätzliche Fehlererkennung eingeführt. Zudem verwendet ATA-100 ein 80-adriges anstelle eines 40-adrigen Kabels. Beim 80-adrigen Kabel wird jede zweite Ader mit der Masse verbunden. Dadurch werden die dazwischen liegenden Signaladern besser voneinander abgeschirmt.
EISA	Extended Industrial Standard Architecture. Die Extended Industrial Standard Architecture (EISA) ist die Weiterentwicklung des ISA-Standards als Reaktion der wichtigsten Hardware-Hersteller auf den technologischen MCA-Ansatz von IBM (siehe MCA). Wesentlich war die Erweiterung der Steckplätze auf 32 Bit bei einer Taktfrequenz von 8,33 MHz unter Berücksichtigung, dass bestehende ISA-Komponenten weiter genutzt werden können. EISA-Geräte stellten 8-Bit-, 16-Bit- und 32-Bit-Steckplätze zur Verfügung und wurden von 32-Bit-Prozessoren voll unterstützt. ISA-Karten in EISA-Steckplätzen bremsten die Maschine zudem nicht aus.
EMI	Electromagnetic Interference
EMP	Electromagnetic Pulse
EPP	Enhanced Parallel Port
EPROM	Eraseable PROM (löschbares PROM). Das PROM kann durch Bestrahlung mit UV-Licht gelöscht werden.
EPS	Encapsulated Postscript, Druckersprache
ERD	Emergency Repair Disk zur Reparatur von Windows-Systemen
ESD	Electrostatic Discharge, elektrostatische Entladung
ESDI	Enhanced Small Device Interface (Alte Schnittstelle zwischen einem Festplattencontroller und einem Festplattenlaufwerk)
Ethernet	Verkabelungssystem für lokale Netzwerke (LAN)
EVA	Grundprinzip des Computers: Eingabe-Verarbeitung-Ausgabe
EVDO	Evolution Data Optimized, Evolution Data Only
EVGA	Extended Video Graphics Adapter/Array, Auflösung für Monitore
EXT	Extended File System (Dateisystem: ext 2, ext3, ext4), Dateisystem für Linux
exFAT	Weiterentwicklung von FAT (siehe FAT)
FAT	File Allocation Table, Dateizuordnungstabelle

FAT12	12-Bit File Allocation Table (für Disketten)
FAT16	16-Bit File Allocation Table
FAT32	32-Bit File Allocation Table
FDD	Floppy Disk Drive, auch Diskettenlaufwerk genannt. Auf einer Floppy Disk werden die Daten magnetisch codiert auf den Datenträger (die Diskette) übertragen. Sie werden über ein eigenes IDE-Kabel an das Mainboard angeschlossen, wobei man beim Anschluss darauf achten muss, dass die Pin-1-Anschlüsse auf der richtigen Seite zu liegen zu kommen und das Kabel nicht verkehrt herum angeschlossen wird. Bei den 3½"-Disketten befindet sich in der zentralen Metallscheibe ein Indexloch. Dieses Loch wird für die Übertragung der Drehbewegung benötigt (300 rpm). Beim Formatieren der Diskette wird aufgrund der Position des Mitnehmerloches auf dem Datenträger eine magnetische Adressmarke gesetzt. Somit erkennt der Schreib-/Lesekopf die exakte Position des Startsektors auf der Diskette.
FDDI	Fiber Distributed Data Interface
FERPA	Family Educational Rights and Privacy Act (vgl. Jugendschutzgesetz)
FIFO-Speicher	First In/First Out (Speicher, welcher immer diejenigen Daten zuerst zum Lesen freigibt, welche als Erste angekommen sind)
Firmware	Software, welche mit dem Gerät fest verdrahtet mitgeliefert wird
Floppy-Disk	Diskette, ehemals externes Laufwerk mit 3.5« Datenträgern
Floptical	Laufwerke mit sehr hoher Dichte (VHD, Very High Density).
FM	Frequenzmodulation
Fn	Function (typischerweise eine Taste auf der Tastatur)
Formatieren	Verfahren zur logischen oder physikalischen Einteilung von Medien und dem Anlegen von Tabellen (File Allocation Tables) zur Dateiorganisation
FORTRAN	Programmiersprache
FPM	Fast Page-Mode (RAM)
FQDN	Fully Qualified Domain Name
Frame	Informationseinheit auf einer CD. Ein Frame besteht aus 24 Bytes.
FRU	Field Replaceable Unit
FSB	Front Side Bus
FTP	File Transfer Protocol
Fuzzy Logic	Unscharfe oder mehrwertige Logik. Fuzzy Logic ermittelt nicht wie die übliche Logikwerte wie Ja oder Nein, sondern die Grauzonen dazwischen.
Gateway	Komponente, um verschiedene inhomogene Netzwerke zu verbinden
Gb	Gigabit
GB	Gigabyte

GDI	Graphics Device Interface
GHz	Gigahertz
GPRS	General Packet Radio System (Mobiltelefonie, Datennetz)
GPS	Global Positioning System
GSM	Global System For Mobile Communications (Mobiltelefonie, Sprachnetz)
GUI	Graphical User Interface (Grafische Eingabemaske auf einem Client)
HAL	Hardware Abstraction Layer
Hardcopy	Ausgabe des Bildschirminhaltes auf den Drucker
Hardware	Oberbegriff aller mechanischen und elektronischen Teile eines Systems
HAV	Hardware Assisted Virtualization
HCL	Hardware Compatibility List (Kompatibilitätsliste von Microsoft)
HD	High Density (hohe Speicherdichte, ehemals Angabe bei Disketten)
HD	High Definition (Bezeichnung für digitale Qualität bei Audio, Video)
HDA	Head Disk Assembly (Kopf-Disketten-Montageeinheit)
HDC	Hard-Disc-Controller (Festplatten-Controller, veralteter Begriff)
HDCP	High-bandwidth Digital Content Protection
HDD	Hard Disk Drive (Festplatte)
HDMI	High Definition Media Interface (Bildschirmanschluss)
Hertz	Hz, Maßeinheit für die Frequenz, Anzahl Schwingungen pro Sekunde
HFS/HFS+	Hierarchical File System (Apple-Dateisystem)
HPFS	High Performance File System
HTML	Hypertext Markup Language (Seitenbeschreibungssprache für Internetseiten)
HTPC	Home Theater PC
HTTP	Hypertext Transfer Protocol
HTTPS	Hypertext Transfer Protocol Over Secure Sockets Layer
Hub	Verteiler für die sternförmige Verbindung verschiedenster PCs in einem LAN
I/O	Input/Output, Ein- und Ausgabeschnittstelle zur Peripherie
IC	Integrated Circuit (integrierter Schaltkreis)
ICH	I/O Controller Hub
ICMP	Internet Control Message Protocol
Icon	Darstellungssymbol auf grafischen Oberflächen
ICR	Intelligent Character Recognition

ICS	Internet Connection Sharing
IDE	Integrated Drive Electronics, früher: Intelligent Device Electronics. Beschreibt einen Standard, welchen Western Digital und Compaq 1986 zur Ablösung von bislang proprietären Festplattenstandards wie ESDI oder ST506 definierten. Die ganze Intelligenz der Schnittstelle ist im Laufwerk selber integriert, sodass kein separater Hostadapter notwendig ist. Durch diese Integration wurde es möglich, die Transferrate gegenüber älteren Standards ohne teure Erweiterungen merklich zu erhöhen. Der IDE-Standard erlaubte es zudem, zwei Geräte an einem Bus zu betreiben: eines als Master, das andere als Slave (»Sklave«). Allerdings konnte dieser Standard nur Geräte bis 504 MB Speichergröße adressieren. Die Schnittstelle zum sogenannten AT-Bus (Advanced Technology) wurde über ein 40-adriges Kabel hergestellt, das die Daten von der Festplatte-Controller-Einheit über eine Art einfachen Hostadapter direkt in 16-Bit-Breite auf den Datenbus schob. Der eigentliche Festplattencontroller saß auf der Steuerelektronik der Platte.
IDS	Intrusion Detection System
IEEE	Institute of Electrical and Electronics Engineers (Organisation)
IIS	Internet Information Services (Microsoft Web Server)
IMAP	Internet Mail Access Protocol
Interface	Schnittstelle
Internetworking	Kommunikation zwischen physikalisch getrennten Netzwerken
Interpreter	Programm, welches zur Abarbeitung von in höheren Programmiersprachen erstellten Programmen gebraucht wird
Interrupt	Unterbrechungsnummer eines Hardware-Devices
IOH	Input Output Hub
IoT	Internet of Things, Umschreibung für ein weitgehend autonom agierendes Netzwerk von Maschinen, das sich untereinander verbindet und Steuerungs- und Überwachungsaufgaben wahrnimmt
IP	Internet Protocol, DAS Protokoll für Netzwerke, auch im Internet
IPCONFIG	Internet Protocol Configuration, Programm zur Konfigurationsanzeige
IPP	Internet Printing Protocol, erlaubt das Drucken über IP – auch via Cloud
IPS	In Plane Switching. Panel-Technologie zur Herstellung von Flachbildschirmen mit hoher Farbtreue.
IPSEC	Internet Protocol Security, verschlüsseltes IP-Protokoll
IR	Infrared
IrDA	Infrared Data Association, Verband zur Spezifikation von IR
IRQ	Interrupt Request (Unterbrechungsanforderung).

ISA	Industrial Standard Architecture, Bussystem-Architektur der 1980er-Jahre. Eine erste Norm bildete der ISA-Bus für die sogenannten XT-Computer. Er verfügte über 62 Leitungen, wovon 8 für die Datenübertragung reserviert waren. Von daher stammt auch der Begriff »8-Bit-Bus«. Er wurde bald darauf im Jahr 1982 vom AT-ISA-Bus mit einem 16-Bit-Datenbus abgelöst, welcher den sogenannten 16-Bit-ISA-Standard bildete. Bei der Normierung orientierte man sich am Original IBM-AT und legte die Busfrequenz auf 8,33 MHz fest. Der ISA-Standard bot 8-Bit-(XT) und 16-Bit- (AT) Steckplätze.
ISDN	Integrated Services Digital Network (Digitales Netz für Ton, Bild und Daten)
ISO	Industry Standards Organization
ISP	Internet Service Provider
ITIL	Information Technology Information Library
ITU	International Telecommunications Union (früher CCITT)
JBOD	Just a Bunch Of Disks
JFS	Journaling File System
Kb	Kilobit
KB	Kilobyte
Kompatibilität	Verträglichkeit verschiedener Hard- und Software-Komponenten zueinander
LAN	Local Area Network (Lokales Netzwerk)
LBA	Logical Block Addressing (HDD-Beschreibungsmethode)
LC	Lucent Connector (LWL-Stecker)
LCD	Liquid Crystal Display (Flüssigkeitskristallanzeige)
LDAP	Lightweight Directory Access Protocol
LED	Light Emitting Diode (Lichtaussendende Diode)
LFP	Large Format Printer
Li-on	Lithium-Ion (meist Akkus)
LiPoly	Lithium-Ion Polymer (Akku)
LocalTalk	Ehemaliges, einfach zu installierendes Apple-Netzwerk
Low-Level-Format	Physische Formatierung
LPD/LPR	Line Printer Daemon/Line Printer Remote
LPT	Line Printer Terminal (DOS-Bezeichnung für den parallelen Ausgang)
LPX	Low Profile Extended
LS	LaserServo (Aufzeichnungsverfahren für 3½«-Disketten mit 120 MB)
LTO	Linear Tape Open, Standard für Datensicherungsmedien und -laufwerke

LUN	Logical Unit Number (Logische Unterteilung von SCSI-Geräten)
LVD	Low Voltage Differential, Übertragungsverfahren für SCSI mit U320 als letztem SCSI-Standard der noch in Produktion ging. Danach Ersatz durch SAS.
M2M	Machine to Machine, beschreibt den Umstand, dass Computer direkt miteinander kommunizieren ohne das Eingreifen eines Menschen. Wichtig im Aufbau des Internet of Things das stark auf M2M basiert.
MAC	Media Access Control, Hardware-Adresse auf jeder Netzwerkschnittstelle, um die Schnittstelle eindeutig zu identifizieren.
MAU	Media Access Unit
Makro	Gespeicherte Befehlsfolge, welche auf einen Hotkey (Tastenkürzel) gelegt wird und danach abgerufen werden kann
MAN	Metropolitan Area Network, Topologie für regionale Netzwerke, die in der Regel auf Glasfasertechnologie beruhen
MAPI	Messaging Application Programming Interface, Schnittstelle zwischen dem Microsoft Mailprogramm und dem Netzwerk zur Übertragung von Nachrichten an das Netzwerk.
Matrixdrucker	Drucker, welcher mit Nadeln ein zweidimensionales Feld (Matrix) beschreibt
Mb	Megabit
MB	Megabyte
MBR	Master Boot Record, Startsektor für Betriebssysteme im (alten) BIOS.
MBSA	Microsoft Baseline Security Analyzer, Programm zur Analyse der eingerichteten Sicherheitsmaßnahmen auf einem Computer. Läuft unter Windows und stammt von Microsoft.
MCA	Micro Channel Architecture, die Architektur der IBM PS/2. Durch die rasante Weiterentwicklung der Prozessoren auf einen 32-Bit breiten Datenbus (Intel 386er) mussten im PC Engpässe beseitigt werden. IBM entwickelte 1987 dazu die Micro Channel Architecture für seine PS/2-Maschinen, ein völlig neues, zum ISA-Bus inkompatibles Bussystem. Es unterscheidet sich in Spannung und geometrischer Anordnung der Kontakte, wurde aber von niemanden übernommen und verschwand wieder vom Markt.
MCR	Multivariant Curve Resolution
Memory	Speicher
MFD	Multi-Function Device
MFM	Alter Standard zur Aufzeichnung von Daten auf Festplatten
MFP	Multi-Function Product/Multi Functional Printer
MHz	Megahertz
MicroDIMM	Micro Dual Inline Memory Module
MIDI-Interface	Musical Instrument Digital Interface, Digitalanschluss für Musikinstrumente

MIME	Multipurpose Internet Mail Extension
MIMO	Multiple Input Multiple Output, Antennentechnik für WLAN
MLC	Multi Level Cell
MLI	Multiple Link Interface
MMC	Microsoft Management Console
MMX	Multimedia Extensions (Befehlssatz für eine CPU)
MO	Magneto-optische Speicher
Modem	Modulator/Demodulator
MP3	Moving Picture Experts Group – Audio Layer 3
MP4	Moving Picture Experts Group – Audio Layer 4
MPEG	Moving Picture Experts Group
MPR/MPRII	Alte Norm, welche die Strahlungsarmut von Monitoren festlegt
MSCONFIG	Microsoft-Systemkonfigurationsanzeige
MSDS	Material Safety Data Sheet
MTBF	Mean Time Between Failures (mittlere Zeitspanne zwischen zwei Ausfällen). MTBF wird als Zuverlässigkeitsangabe bei Geräten verwendet.
MUI	Multilingual User Interface
MUMIMO	Multi User Multiple Input Multiple Output, Antennentechnik bei 802.11ac
MVA	Multi-domain Vertical Alignment (Panel-Technologie)
NAC	Network Access Control
NAS	Network-Attached Storage, Netzwerkspeichergeräte für das LAN
NAT	Network Address Translation, verbirgt die lokale IP-Adresse gegenüber dem Internet und ordnet die Anfragen ans Internet den einzelnen internen Rechnern zu um die Antworten zuzustellen
NetBEUI	Networked Basic Input/Output System Extended User Interface
NetBIOS	Networked Basic Input/Output System
NFS	Network File System, netzwerkbasiertes Dateisystem
NIC	Network Interface Card, Netzwerkschnittstellenkarte oder -chip
NiCd	Nickel Cadmium (Akku)
NiMH	Nickel Metal Hybrid (Akku)
NLX	New Low-Profile Extended, Formfaktor für Mainboards
NNTP	Network News Transfer Protocol
NTFS	New Technology File System (Windows-Dateisystem)
NTLDR	New Technology Loader, Bootloader für Windows-Systeme
NTP	Network Time Protocol
NUL	Bezeichnung für Nullausgang. Logische Schnittstelle ohne Ein-/Ausgang.

OCR	Optical Character Recognition (Optische Zeichenerkennung)
ODBC	Open Database Connectivity (Offene Anwendungsprogrammierschnittstelle)
ODI	Open Data Link (Normierte Treiberart für Novell-Netzwerke)
OEM	Original Equipment Manufacturer, Herstellerbezeichnung
OLE	Object Linking and Embedding
OLED	Organic Light Emitting Diode, Bildschirmtechnologie
OMR	Optical Mark Recognition
OO	Objektorientierte Technologien zur Applikationsentwicklung
Orange Book	Enthält sämtliche Spezifikationen für beschreibbare CDs
OS	Operating System (Betriebssystem)
OS/2	32-Bit-PC-Betriebssystem von IBM
OSI	Open System Interconnection
OSR	Original Equipment Manufacturer Service Release
PAN	Personal Area Network
Paritätsbit	Bit zur Überprüfung, ob der Informationsfluss fehlerfrei erfolgt
Partitionieren	Unterteilen eines physischen Datenträgers in mehrere logische Einheiten
PASCAL	Höhere Programmiersprache
PATA	Parallel Advanced Technology Attachment
PBR	Partition Boot Record
PC	Personal Computer
PCI	Peripheral Component Interconnect (Bussystem)
PCIe	Peripheral Component Interconnect Express (Bussystem)
PCI-Ex	Peripheral Component Interconnect Express (Bussystem)
PCI-X	Peripheral Component Interconnect eXtended (Bussystem)
PCH	Platform Controller Hub, Nachfolger der Southbridge, Chipsatz
PCL	Print Control Language, Drucker (Seitenbeschreibungssprache)
PCMCIA	Personal Computer Memory Card International Association. Vereinigung für die Herstellung von Steckkarten für mobile Geräte, PCMCIA-Karten genannt. Es gibt drei verschiedene Typen (TYP I, TYP II und TYP III), die sich im Wesentlichen durch ihre Höhe unterscheiden. Ablösung durch Express Card.
PDA	Personal Digital Assistant, Vorläufer der Smartphones mit eigenem Betriebssystem und Anwendungen wie Kalender oder Telefonbuch. In der Regel aber noch ohne die später so wichtig Internet-Konnektivität.
Peer-to-Peer	Netzwerk, bei dem jeder PC sowohl Client als auch Server sein kann
Pentium	Prozessorenfamilie von INTEL

PGA	Pin Grid Array (Gehäuseform von Chips, bei welcher die Anschlüsse als Stifte an der Unterseite des Gehäuses vorstehen)
PGA2	Pin Grid Array 2
PII	Personally Identifiable Information (personenbezogene Daten)
PIN	Personal Identification Number
PIO	Programmed Input/Output
Pixel	Picture Element (Bezeichnung für einen einzelnen Bildpunkt, der auf dem Bildschirm dargestellt wird)
PKI	Public Key Infrastructure
PLCC	Plastic Leaded Carrier Chip (Eine spezielle Gehäuseform der Chips, bei welcher auf allen vier Seiten des Gehäuses Kontakte vorstehen)
PnP	Plug & Play
POP3	Post Office Protocol 3, Protokoll zum Empfang von Mails
PoS	Point of Sale (Verkaufsort)
POST	Power-On Self Test, Selbsttest des Systems beim Hochfahren
PostScript	Seitenbeschreibungssprache für Drucker
POTS	Plain Old Telephone Service, kompliziert für analoge Telefonie
PPP	Point-To-Point Protocol
PPTP	Point-To-Point Tunneling Protocol
PRI	Primary Rate Interface, ISDN-Primäranschluss
PRN	DOS-Bezeichnung für den ersten parallelen Drucker. PRN entspricht LPT1
PROM	Programmable Read-Only Memory, programmierbares ROM. Ein Festwertspeicher, dessen Speicherdaten im letzten Herstellungsschritt oder vom Benutzer vor Ort programmiert werden können.
Protected Mode	Zusätzlicher Betriebsmodus ab dem 80286-Prozessor
PS/2	Personal System/2 Connector, Anschluss für Maus und Tastatur
PSTN	Public Switched Telephone Network
PSU	Power Supply Unit (Netzteil zur Stromversorgung)
PVA	Patterned Vertical Alignment (Panel-Technologie)
PVC	Permanent Virtual Circuit
PXE	Preboot Execution Environment
QoS	Quality Of Service
QPI	Quick Path Interconnect
Query	Abfragesprache zur Abfrage von Informationen aus Datenbanksystemen
RAID	Redundant Array of Inexpensive (Independent) Disks
RAM	Random Access Memory (Speicher mit wahlfreiem Zugriff oder Direktzugriffsspeicher)

RAS	Remote Access Service
RBAC	Role-Based Access Control, Rule-Based Access Control
RDP	Remote Desktop Protocol. Protokoll von Microsoft zur Herstellung einer Remote Deskop Verbindung über das Internet.
RDRAM	RAMBUS® Dynamic Random Access Memory. Kurzzeitig verfügbare RAM-Bausteine für die damals eingeführten Intel Pentium 4-Systeme. Proprietäre Technologie, die kurz darauf von DDR-RAM als wesentlich günstigere Technologie verdrängt wurde. Das technologisch interessante war die wesentlich höhere Taktrate als die damals existierenden PC-SDRAM.
Real Mode	Betriebsmodus der 80x86-Prozessoren
Record Locking	Schutzmechanismus, damit in einer Datenbank ein einzelner Record nur von einem Benutzer pro Zeiteinheit bearbeitet werden kann.
Redundanz	Elemente einer Information, welche keine Zusatzinformationen enthalten, oder bereits vorhanden sind, betrachtet man als Ballast (redundant).
Reset	Taste zum Zurücksetzen des PCs, löscht den Inhalt aller flüchtigen Speicher.
RF	Radio Frequency
RFC	Request For Comment
RFI	Radio Frequency Interference
RG 58	Koaxiales, abgeschirmtes Netzwerkkabel mit 50 Ohm Impedanz
RGB	Red Green Blue (Farbraum)
RIMM	RAMBUS® Inline Memory Module
RIP	Routing Information Protocol
RIS	Remote Installation Service
RISC	Reduced Instruction Set Computer
RJ	Registered Jack (genormte Buchse)
RJ-11	Registered Jack Function 11 (Telefoniestecker)
RJ-45	Registered Jack Function 45 (Netzwerkstecker)
RMA	Returned Materials Authorization, Rückgabeschein für Garantiefälle
ROM	Read Only Memory (Nur-Lesespeicher)
RS232	Recommended Standard 232 (Schnittstelle für den seriellen Datenverkehr)
RTC	Real Time Clock (Echtzeituhr)
SAA	System Application Architecture (Standardisierungsregeln über das Aussehen und Aufbau von grafischen Oberflächen (Windows))
Sampling	Zerlegung von Bildern oder Tonspuren in Teilstücke oder einzelne Punkte

SAN	Storage Area Network, Speichernetzwerk
SAS	Serial Attached SCSI, Schnittstelle für Laufwerke, vor allem bei Servern
SATA	Serial Advanced Technology Attachment, Schnittstelle
SC	Subscription Channel
Scancode	Ein Code, der auf der Tastatur jede Taste eindeutig kennzeichnet
Scanmatrix	Eine Matrix aus gekreuzten Leitungen (in einer Tastatur befindlich)
SCP	Secure Copy Protection, sicheres Datenübertragungsprotokoll
SCSI	Small Computer Systems Interface. Die SCSI-Schnittstelle ist eine Bus-orientierte Geräteschnittstelle, an welcher sich verschiedene Endgeräte wie Bandlaufwerke oder Festplatten an einem sogenannten Hostadapter betreiben lassen. Die Laufwerke werden über den SCSI-Bus verbunden und durch den Hostadapter gesteuert. SCSI beruht auf einem parallelen Bussystem, d.h. alle Geräte sind durch einen 50- bzw. 68-poligen parallelen Leitungsstrang verbunden und wurden über verschiedene Standards weiterentwickelt von SCSI über Ultra SCSI bis letztendlich Low Voltage Differential (LVD). Danach wurde SCSI durch SAS abgelöst.
SCSI ID	Small Computer System Interface Identifier (einem SCSI-Gerät zugewiesene Kennung, über die der Hostadapter kommunizieren kann). Diese Nummer muss innerhalb eines Systems eindeutig sein sonst kommt keine Kommunikation zu Stande.
SD	Card Secure Digital Card
SDRAM	Synchronous Dynamic Random Access Memory. Alte Bauform von Arbeitsspeichern für PC und Server. SDRAM wurden synchron zum Taktsignal angesteuert und boten Taktraten bis 166 MHz.
SEC	Single Edge Connector
SFC	System File Checker (Anwendung)
SFF	Small Form Factor
SFT	System Fault Tolerance
SGRAM	Synchronous Graphics Random Access Memory
Sidegrade	Wechsel auf ein Produkt im ähnlich gelagerten Produktsegment eines anderen Herstellers
SIMM	Single In-line Memory Modul
SIP	Single In-line Package (Speichermodulen mit 1 Pinreihe)
SLC	Single Level Cell
SLI	Scalable Link Interface (Grafikkarten)
Slot	Steckplatz für Erweiterungskarten
S.M.A.R.T	Self-Monitoring, Analysis And Reporting Technology
SMB	Server Message Block, Small To Midsize Business

SMD	Surface Mounted Device (elektronische Bauteile, welche automatisch auf der Leiterplatine bestückt und mit Infrarot verlötet werden können)
Smilies	Spezielle Symbolik, um »Gefühle« in elektronischen Systemen zu übermitteln
SMTP	Simple Mail Transport Protocol
SNMP	Simple Network Management Protocol
SoC	System on a Chip, vor allem im IoT-Bereich und bei Kleinstsystemen verfolgtes Design bei dem das ganze System auf einer Platine auf- und zusammengebaut ist, inkl. CPU und Speicher.
SoDIMM	Small Outline Dual Inline Memory Module (Notebook RAM)
SOHO	Small Office/Home Office, Begriff für ein bestimmtes Arbeitsumfeld
SP	Service Pack, gefolgt von einer Nummer, z.B. SP1
SPDIF	Sony-Philips Digital Interface Format
SPGA	Staggered Pin Grid Array, Prozessorensockel
Spreadsheet	Tabellenkalkulationsprogramm (z.B. Excel, Lotus 123, Calc)
SPX	Sequenced Package Exchange
SQL	Structured Query Language, Datenbankabfrage- und Programmiersprache
SRAM	Static Random Access Memory, Festspeicher, der Informationen auch beim Abschalten des Systems nicht verliert.
SSD	Solid State Drive, Flash-Speicher-Laufwerk
SSH	Secure Shell, sicheres Übertragungsprotokoll
SSID	Service Set Identifier, wird zur Identifikation des WLAN benötigt
SSL	Secure Sockets Layer, Verschlüsselungstechnologie
ST	Straight Tip (Steckertyp)
STP	Shielded Twisted Pair (geschirmte verdrehte Kabel)
SVGA	Super Video Graphics Array, Super VGA, Auflösung von 800x600
SXGA	Super Extended Graphics Array
Tape	Magnetband zur Speicherung von Daten
TB	Terabyte
TCO	Strahlenschutznormen betreffs Strahlung der Monitore (z.B. TCO-06)
TCP/IP	Transmission Control Protocol/Internet Protocol
TDR	Time Domain Reflectometer (Messgerät)
Terminator	Abschlusswiderstand, Element für das ordnungsgemäße Funktionieren von SCSI-Geräten. Durch die Terminierung konnte ein Rückschlagen des Signals verhindert werden (Bouncing).
TFTP	Trivial File Transfer Protocol, unsicheres Datenübertragungsprotokoll
TIFF	Tag Image File Format, Bilddatenformat

TKIP	Temporal Key Integrity Protocol, Verschlüsselung für WLAN
TN	Twisted Nematic , Panel-Technologie für LCD-Monitore
TPM	Trusted Platform Module
TrueType-Schrift	Schriftverfahren für frei skalierbare Schriften
TSR	Terminate and Stay Resident (speicherresidentes Programm)
UAC	User Access Control
UART	Universal Asynchronous Receiver and Transmitter (Modem-Baustein)
UDF	User Defined Functions, Universal Disk Format, Universal Data Format
UDMA	Ultra Direct Memory Access
UDP	User Datagram Protocol
UL	Underwriter's Laboratory
UNC	Universal Naming Convention
UNIX	Betriebssystem-Software
UPS	Uninterruptible Power Supply, USV
URL	Uniform Resource Locator
USART	Universal Synchronous and Asynchronous Receiver and Transmitter
USB	Universal Serial Bus
USMT	User State Migration Tool
USV	Unterbrechungsfreie Stromversorgung
Utility	Dienstprogramm für Datenpflege, Hardwareanalyse usw.
UTP	Unshielded Twisted Pair
UXGA	Ultra eXtended Graphics Array, Auflösung 1280 x 1024 Pixel
VBR	Volume Boot Record
VESA	Video Electronics Standards Association
VFAT	Virtual File Allocation Table
VGA	Video Graphics Adapter, heute nur noch als Auflösung: 640 x 480 Pixel. Früher: Monitore, die gleichzeitig 256 Farben darstellen konnten.
VLB	VESA Local Bus, PC-Architektur zu Beginn der 1990er Jahre. Lokale Busse stellen einen vom normalen Bus getrennten Datenpfad für die schnelle Datenübertragung von einer Grafik- oder Speicherkarte direkt zur CPU bereit. Der 32 Bit breite Vesa Local Bus (VLB) wurde speziell für den Intel 80486-Prozessor entwickelt. Er war kompatibel zu 8-Bit- und 16-Bit-ISA und unterstützte gewisse »Plug & Play«-Funktionen. Dieser lokale Bus und alle an ihm angeschlossenen Komponenten wurden mit derselben Geschwindigkeit getaktet wie der Prozessor. Es führte zum Übergang zur PCI-Architektur.

VLM	Virtual Loadable Module (Ausführbares Programm (Netware))
VM	Virtuelle Maschine
VMM	Virtual Memory Manager
VoIP	Voice Over Internet Protocol
VPN	Virtual Private Network
VRAM	Video Random Access Memory
WAN	Wide Area Network
WAP	Wireless Application Protocol
WAP	Wireless Access Point
WEP	Wired Equivalent Privacy
WIFI	Wireless Fidelity
WINS	Windows Internet Name Service
WLAN	Wireless Local Area Network
WORM	Write Once Read Many. Lese- und Schreibverfahren für Wechseldatenträger. Die WORM-Datenträger können einmal beschrieben und dann immer wieder gelesen werden, ähnlich einer klassischen CD. WORM definiert eher ein Verfahren als eine Laufwerktechnologie, so gibt es mittlerweile auch WORM-Bandlaufwerke. WORM wird hauptsächlich zur Langzeitarchivierung von größeren Datenbeständen verwendet, da die Daten nicht veränderbar sind nach dem Schreiben.
WPA	Wireless Protected Access. Verschlüsselungstechnologie für drahtlose Netzwerke. Heute weitgehen durch WPA2 abgelöst.
WUXGA	Wide Ultra eXtended Graphics Array, Auflösung: 1280 x 800 Pixel
XFS	eXtended File System (Unix)
XGA	eXtended Graphics Array, Auflösung: 1024 x 768 Pixel
X-Modem	Datentransferprotokoll
ZFS	Ursprünglich: Zettabyte File System, heute nur noch »ZFS«
ZIF	Zero Insertion Force (CPU-Sockel)
ZIP	zigzag inline package
Z-Modem	Datentransferprotokoll

Stichwortverzeichnis